朴正熙의 결정적 순간들

62년 생애의 62개 장면

朴正熙의 결정적 순간들

62년 생애의 62개 장면

趙 甲 濟

기파랑

머리글

살아 있는 모든 것들을 사랑하였던 사람

나무 한 그루, 풀 한 포기도

《朴正熙 傳記》(全13권) 작업을 일단 끝낸 뒤 아들 志晩(지만)씨를 만났더니 이런 말을 했다.
"아버지는 생명 있는 모든 것들을 사랑하신 분이셨어요. 나무, 꽃, 강아지를 그렇게 좋아하실 수가 없었습니다. 그런 측면에서 아버지를 쓴 글이 없더군요."
내가 제대로 보지 못한 면을 지적한 것이다. 朴正熙 死去 30주년에 즈음하여 13권의 傳記 가운데 특히 드라마틱한 부분을 뽑아 이 책을 만들면서 새삼 志晩씨의 충고가 이 분을 이해하는 데 핵심이란 생각이 들었다.
그가 山林녹화에 성공한 것은 의무감에서라기보다는 숲과 나무를 사랑한 결과일 것이다. 그가 富國强兵(부국강병)에 성공한 것은 못 살고 힘없는 사람들을 사랑한 결과일 것이다.

그의 日記엔 낙엽, 꽃, 나무, 구름 등에 대한 감상적 표현들이 아주 많다. 작은 것에 대한 따뜻한 애정과 관심이 느껴진다. 그의 일기는 권력자의 日記가 아니라 소학생의 日記처럼 순수하다. 너무 꾸밈이 없어 "대통령이란 분의 일기에 깊은 맛이 없다"라고 말할지 모른다. 당시 朴 대통령과 비슷한 나이가 되어 보니 절대적 권력을 잡고도 초등학생과 같은 순수한 정신을 유지하였다는 것이 대단하게 보인다. 순진함은 物情을 모를 때의 마음상태이고 순수한 것은 이 세상의 더러운 것들을 다 겪고 나서도 맑은 마음을 유지하는 것, 淸濁(청탁)을 다 들여 마시되 맑은 魂(혼)을 유지하는 자세이다.

朴 대통령이 1973년 7월3일 경주 불국사 復原(복원) 준공식에 참

석하여 내린 지시문엔 이런 대목이 있다.

「불국사 주차장의 1~2호 변소 뒤편에 벚꽃나무를 植栽(식재)하여 미화할 것. '화랑의 집' 뒤편 남산에 自生하고 있는 꼬불꼬불하고 클 수 없는 잡목은 제거하고 적합한 樹種(수종)으로 대체할 것.」

사람들은 "대통령이 화장실 주변에 나무 심는 것까지 간섭해야 하는가"라고 의아해 할 수 있다. 朴 대통령은 자동차로 지방을 다니면서 창밖을 살펴보다가 가끔 수행원에게 "저기 좋은 느티나무가 있었는데, 누가 베었어?"라고 묻기도 하였다. 한국의 山野를 자신의 캔버스라고 생각하고 나무 한 그루, 풀 한 포기도 그냥 지나치지 않았다.

1975년 8월27일, 대통령은 이발을 하고 나서 기자실에 들렀는데, 한 기자가 "산림녹화의 비방은 무엇입니까?"라고 물으니 이렇게 설명하였다.

"나무도 사람과 같이 생각해서 대접해야 합니다. 여러분이 산에 가보면 알겠지만, 나무도 사람이 만지는 것을 싫어해요. 등산로 근처의 나무들은 시들거나 축 늘어져 있는 데 반해서 사람들이 잘 가지 않는 한적한 곳에 있는 나무들은 싱싱하다는 것을 금방 느낄 수 있어요. 삼성의 이병철 씨가 용인공원을 만들기 전에 산림에 관계되는 대학 교수들을 만나 산림녹화 방법을 물어봤는데, 그때 어떤 교수가 아무런 수식사도 없이 '入山금지를 시키면 됩니다'라고 간단히 대답했다고 하더군요. 그래서 이병철씨는 '이 사람이 누굴 놀리나' 하고 더 이상은 묻지 않았답니다. 뒤에 이병철씨가 일본에 가서 총독부 시절 산림에 관한 일을 한 관리를 만나보았는데, 그 사람도 같은 얘기를 했답니다."

1936년에 발간된 《대구사범 교우회지》제4호에 실린 5학년생 朴正熙(당시 19세)의 '大自然(대자연)' 이란 제목의 詩.

1. 정원에 피어난
아름다운 장미꽃보다도
황야의 한 구석에 수줍게 피어 있는
이름 없는 한 송이 들꽃이
보다 기품 있고 아름답다.

2. 아름답게 장식한 귀부인보다도
명예의 노예가 된 영웅보다도
태양을 등에 지고 大地를 일구는 농부가
보다 고귀하고 아름답다.

3. 하루를 지내더라도 저 태양처럼
하룻밤을 살더라도 저 파도처럼

느긋하게, 한가하게
가는 날을 보내고 오는 날을 맞고 싶다. 이상

작고 약하고 어려운 사람들에 대한 애정

朴正熙는 視覺的(시각적) 아름다움을 느낄 줄 아는 감수성의 소유자였다. 그가 건설한 한국의 중화학공업은 엄청난 重量感을 가진 조선소와 제철소로 상징된다. 한반도에서 일찍이 보지 못하였던 스케일 감각이었다. 朴正熙와 鄭周永의 합작품인 울산 공업단지는 2008년 780억 달러의 수출을 올려 세계최대의 공업도시로 팽창하였다. 이런 거창한 사업 뒤에 숨은 들꽃, 농부 등 작은 것들에 대한 애정이야말로 朴正熙의 眞面目(진면목)일 것이다.

모든 살아 있는 것을 사랑하였다는 朴正熙가 가장 사랑한 것은 한국사람, 특히 가난하고 어렵고 약한 사람들이었다. 흔히 그를 평하여 "자신의 恨을 민족의 恨으로 여기고 한풀이를 하는 과정에서 나라를 발전시킨 사람이다"고 하는데, 민족을 자신의 몸처럼 사랑하였다는 이야기의 다른 표현일 것이다.

1951년 朴正熙가 9사단 참모장으로 근무할 때 북한군의 포격과 기습으로 하루 평균 서른 명꼴로 戰死者(전사자)가 발생했다. 어느 날 두 명밖에 죽지 않았다는 보고를 사단장에게 올린 작전참모가

"오늘은 좋은 날이니 회식을 시켜주십시오"라고 했다. 김종갑 사단장이 박정희를 불러 준비를 시켰더니 그는 정색을 하고 이렇게 말하는 것이었다.

"한 명도 안 죽었다면 모르지만 두 명밖에 안 죽었다고 축하하자는 데는 반대합니다. 그 두 사람의 부모는 아마 대통령이 죽은 것보다도 더 슬플 겁니다."

1963년 그가 '국가와 혁명과 나'를 朴相吉씨에게 구술, 代筆(대필)시킬 때의 일이다. 어느 날 朴 의장이 호주머니에서 종이를 하나 꺼내더니 "이것을 좀 넣어줄 수 없습니까"라고 어색하게 말하더라고 한다.

「땀을 흘려라/돌아가는 기계소리를 노래로 듣고…/2등 객차에 불란서 시집을 읽는 소녀야/나는 고운 네 손이 밉더라/고운 손으로는 살 수가 없다/고운 손은 우리의 적이다」

박노해 시인을 연상시키는 내용이다. 그는 이런 '서민적 반골정신'을 권력자가 되고나서도 죽을 때까지 유지한 사람이었다. 朴 대통령은 1972년 연두 순시 때 노동청을 방문, 이런 말을 했다.

"작년에 구로동 어느 수출 공단에 갔을 때입니다. 아주 정밀한 기계를 취급하는 職工(직공)인데, 그 작은 것을 들여다보고 작업하기 때문에 視力이 대단히 피로하기 쉽고 또 어두우면 아주 작업에 지장이 많고, 가보니 저쪽 구석에서 컴컴한 거기서 일하는데 불은 여기서 거꾸로 뒤로 비치는 이런 작업을 하고 있는데, 현장에 가서 지적을 했지만, 책임자가 다니다가 그런 작업을 하는 사람한테는 電氣를 하나 따로 더 달아 준다든지 조명을 더 밝게 해준다든지 이런 것은 간단한 착안입니다."

朴正熙는 가장 작은 郡을 방문한 유일한 대통령이다. 국가재건최고회의 의장 시절이던 1962년 10월 해군배로 울릉도를 찾았다. 그는 위험한 고비를 두 번 넘겼다. 도동 항구에서 작은 경비정을 타고 먼 바다에 떠 있는 本船으로 떠나려고 할 때 풍랑이 일었다. 경비정은 흔들리다가 전복될 뻔했다. 위기를 감지한 해군 참모총장이 "바다로 뛰어내리자"고 했다. 그때 풍랑은 더욱 거세어져 배를 해안에서 멀리 밀어내고 있었다. 전송 나왔던 島民(도민)들이 아우성을 치면서 밧줄을 던져 겨우 경비정을 해안으로 끌어당길 수 있었다. 해안 가까이 갔을 때 朴 의장을 비롯한 乘船者(승선자)들이 한 사람씩 바다로 첨벙 첨벙 뛰어내렸다. 다행히 水深은 사람의 키를 넘지 않았다. 바닷물에 흠뻑 젖은 朴 의장 일행은 산을 넘어 건너편 학동 항구로 갔다. 그쪽 바다가 조용하다는 것이었다.

학동 항구에서 경비정을 타고 본선에 다다랐을 때 또다시 풍랑이 거세게 일었다. 朴 의장은 밧줄로 묶어 만든 줄사다리를 타고 本船에 오르는데 파도가 덮쳤다. 朴 의장은 비틀거렸고 하마터면 미친 듯이 출렁이는 바다 속으로 떨어질 뻔했다. 동행하였던 〈동아일보〉

李萬燮 기자(국회의장 역임)는 "만약 그 자리에서 박 의장의 신변에 어떤 일이 발생했더라면 이 나라의 운명도 그날의 파도만큼이나 심하게 바뀌었을 것"이라고 회고하였다. 朴 의장은 "이래서 국가 원수가 한 번도 울릉도를 방문한 적이 없는 모양이야"라고 했다.

"가난은 나의 스승이고 은인이다."

작고 낮은 곳에 대한 그의 관심은 겸손하고 소박한 인간성의 반영이었다. 아들 志晚씨에게서 들은 이야기.

"아버지는 가끔 술을 많이 드시고 내 침대로 쳐들어와서 주무시기도 했습니다. 過飮(과음)을 하셔서 내 침대에 토해놓으신 적도 있었습니다. 그럴 때면 아버지는 다음날 아침에 나를 불러 '지만아, 어제 정말 미안했다'고 사과하시는 거에요."

당시 청와대 출입기자로 일하였던 분의 증언도 비슷하다. 朴 대통령은 출입기자들과 자주 회식을 했다고 한다. 한번은 야당 총재에 대하여 좀 과격한 말을 했는데 그 다음 번에 회식을 할 때 대통령이 갑자기 기자들을 향하여 고개를 숙여 절을 하면서 '내가 그때는 과한 이야기를 했는데 이 자리를 빌려 사과한다'고 말하더란 것이다.

朴正熙 대통령은 號(호)가 없었다. 고령 朴씨 문중에서 호를 지어 올린 적이 있는데, 이 보고를 받은 그는 "박정희란 이름 석 자로 충

분하다"고 거절하였다. 한 보좌관이 모 외국 대학에서 명예박사 학위를 주기로 했다는 보고를 하니 朴 대통령은 "박사는 나와는 어울리지 않는다"면서 거절하였다. 朴 대통령은 18년간 재임했으나, 그 흔한 명예박사 학위가 하나도 없다.

朴 대통령은 私信을 쓸 때는 절대로 '大統領 朴正熙' 라고 하지 않았다. '朴正熙 拜' 라고만 했다.

朴 대통령은 자신의 생일에 대해서도 무심했다. 그의 생일은 호적에 잘못 적혔다. 그날을 생일이라고 생각한 장관들이 축하 인사를 해도 그냥 받아주었다.

호, 명예박사, 생일, 직함 등에 신경을 별로 쓰지 않았던 朴 대통령은 권위적인 것들을 생래적으로 싫어했다. 그렇지만 그가 지도한 체제는 권위주의 체제로 불린다. 그는 특히 권력을 빙자한 횡포를 미워하였다. 그는 虛禮虛飾(허례허식)도 싫어하였다. 항상 淸貧한 마음자세를 죽을 때까지 유지한 분이었다. 그가 죽을 때 '허름한 시계를 차고, 도금이 벗겨진 넥타이핀을 꽂고, 헤어진 혁대를 두르고 있었던 것' 은, 그리하여 屍身을 검안한 군의관이 '꿈에도 각하라고 생각하지 못했던 것' 은 그런 사람이었기 때문이다.

그는 《국가와 혁명과 나》에서 "가난은 본인의 스승이자 恩人이다"면서 "본인의 24시간은, 이 스승, 이 恩人과 관련 있는 일에서 떠날 수가 없다. '소박하고, 근면하고, 정직하고, 성실한 서민사회가 바탕이 된, 자주독립된 한국의 창건'―그것이 본인의 소망의 전부다"라고 썼다. 자신이 특권계층, 파벌적 계보, 君臨(군림)사회를 증오하는 이유도 거기에 있다고 강조하였다.

뒷모습

1979년 10월26일, 박정희가 김재규로부터 가슴에 최초의 한 발을 맞았을 때 대통령의 왼편에 앉아 있던 가수 심수봉은 자신 쪽으로 쓰러진 그를 부축하여 앉히면서 비명을 질렀다. 오른편에 있던 신재순 여인이 일어나 심수봉 쪽으로 가서 대통령의 등에 손을 댔다. 뜨거운 게 물컹 잡혔다. 피였다. 한 차례 총성이 멎자 실내 화장실로 피했던 경호실장 車智澈이 문을 빼꼼히 열고 머리만 내밀고는 "각하, 괜찮습니까?"라고 물었다. 신재순이 보니 총 맞은 차지철의 오른 손목에서 피가 뚝뚝 떨어지고 있었다.
"난 괜찮아."
대통령은 나지막하게 말했다. 심수봉이 앉았던 방석이 대통령의 流血(유혈)로 적셔졌다. 申양은 손수건 같은 것을 찾았으나 보이지 않았다. 피가 솟고 있는 대통령의 등에 손을 꼭 댔다. 신재순의 손가락 사이로 선혈이 콸콸 쏟아지고 있었다. 박정희의 숨소리는 '크르렁, 크르렁' 하고 있었다.

"각하, 정말 괜찮습니까?"

申양이 물었다.

"응, 나는 괜찮아……."

申씨는, "나는 괜찮아"라는 生前 마지막 말의 뉘앙스가 "난 괜찮으니 너희들은 여기를 빨리 피하라"는 뜻이었다고 말한 적이 있다.

1950년 戰時 부산에서 맞선을 보던 날 陸英修는 朴正熙 소령의 뒷모습을 먼저 보았다고 한다.

"군화를 벗고 계시는 뒷모습이 말할 수 없이 든든해 보였어요. 사람은 얼굴로는 속일 수 있지만 뒷모습으로는 속이지 못하는 법이에요."

궁정동 安家에서 朴正熙가 보여 준 최후의 모습이 바로 그의 뒷모습일 것이다. 가난과 亡國과 戰亂(전란)의 시대를 살면서 마음속 깊이 뭉쳐 두었던 恨의 덩어리를 뇌관으로 삼아 잠자던 민족의 에너지를 폭발시켰던 사람. 쏟아지는 비난에 대하여서는 "내가 죽거든 내 무덤에 침을 뱉어라"면서 일체의 변명을 생략한 채, 총탄에 가슴을 뚫리고도 '체념한 듯 담담하게(신재순 증언)' 최후를 맞은 이가 '살아 있는 모든 것들을 사랑한' 혁명가 朴正熙였다.

이 책은 2006년에 나온 《朴正熙 傳記》13권(조갑제닷컴)에서 뽑은 62개의 장면들을 모은 것이다. 주로 그의 인간적인 측면에 초점을 맞추어 選定하였다. 朴正熙 死去 30주년을 맞은 2009년 초에 출판사 '기파랑'의 安秉勳 사장께서 그런 출판 아이디어를 제시하셨다. 安 사장은 조선일보 在職(재직) 시절 필자에게 朴正熙 전기를 신문에 매일 연재할 수 있도록 도와주셨다. 朴 대통령 시절 청와대 출입기자였던 安 사장은 지금은 유명한 말이 된 "내 무덤에 침을 뱉어라!"라는 근대화 혁명가의 말년 獨白을 필자에게 전해 주신 분이기도 하다.

2009년 10월 著者

차례

머리말		4
1	出生 證言	21
2	박정희의 手記 - '나의 소년 시절'	27
3	꼴찌 학생	35
4	제자들이 본 자상한 교사	47
5	軍人의 길로	61
6	1945년 8월15일의 朴正熙	73
7	국군장교가 되다!	85
8	그가 가장 비참하였을 때	91
9	6·25 남침일의 박정희	109
10	"신랑 육영수군과 신부 박정희양은…"	119
11	38線의 봄	125
12	陸本의 深夜 참모회의	135
13	朴槿惠 출생과 李龍文의 죽음	149
14	일과 사람	157
15	淸貧한 군인	163
16	4·19의 소용돌이 속에서	175

17	독한 마음으로 쓴 편지	185
18	5·16 군사혁명, 한강다리에서	195
19	몰래 양말 빠는 권력자	205
20	朴正熙와 李秉喆의 역사적 만남	219
21	케네디에게 당당하게 원조 요청	229
22	울릉도 방문	249
23	한 운명적 인간의 裸像	255
24	방황하는 사람	261
25	"다시는 나와 같은 불행한 군인이…"	281
26	1963년 대통령 선거: 15만 표차의 선택	287
27	광부들, 西獨에 가다!	305
28	6·3사태… 다시 계엄령	313
29	대통령과 광부들이 함께 흘린 눈물	329
30	철없는 학생들과 위선적 지식인	337
31	朴正熙-존슨 회담과 越南파병	343
32	弔辭: 朴正熙가 李承晩에게	359
33	"학생들이 정치깡패의 자리에 들어섰다"	369

34	실무 국장과 다섯 시간 토론	377
35	"대통령병 환자들을 싹 쓸어버리겠다"	385
36	《殉敎者》의 작가가 본 祖國	395
37	박정희와 마르코스의 라이벌 의식	401
38	박정희 후보 선거 연설	415
39	북한 특공대, 서울을 치다!	439
40	싸우면서 일하고 일하면서 싸운다	457
41	統一의 철학·戰略·전술	471
42	동해안에 北 게릴라 부대 상륙	489
43	"국민이 나를 이렇게 대접해!"	499
44	공화당 實權派 숙청	511
45	10월維新-두번째 쿠데타	521
46	尹必鏞 사령관 숙청의 내막	535
47	金大中 납치 사건	551
48	"호랑이 굴로 들어가라!"	569
49	'魔彈의 射手' 文世光, 박정희를 향해 돌진하다!	581
50	부인 잃고 詩人이 된 대통령	599

51	越南이 망하던 날의 日記	617
52	浦項 석유는 가짜였다!	643
53	전쟁에 가장 가까이 갔던 날	657
54	美軍철수를 둘러싼 카터와의 갈등	669
55	거대한 비전: 중화학공업건설	689
56	이슬숲 프로젝트	703
57	카터와 朴正熙, 앙숙의 對座	715
58	釜馬사태와 金載圭	723
59	카빈과 효자손	739
60	殺意의 탄생	761
61	金載圭, '야수의 마음으로' 朴正熙를 쏘다!	771
62	"짜라투스트라는 이렇게 말하였다"	795

1
出生 證言

생명을 지우려는 어머니와
死鬪(사투)한 끝에 세상을 보다!

1917년(출생)의 세상
李光洙의 '無情' 신문연재
한강 인도교 준공
미국, 對獨 선전포고
러시아 혁명

디딜방아의 머리를 배에 대고 뒤로 자빠지다

朴正熙(박정희) 바로 위의 누님 朴在熙(박재희·1996년에 83세로 작고)는 한국인의 운명을 바꾼 한 생명의 탄생을 목격한 사람이다. 1987년 10월6일, 서울시 서대문구 창천동의 2층 자택에서 나에게 동생이 태어난 과정을 이렇게 이야기하였다.

"며느리 둘을 보신 어머님이 동생을 임신하셨을 때는 貴熙(귀희) 언니가 형부 殷龍杓(은용표) 씨와 결혼한 뒤였습니다. 언니는 정희가 태어나던 해에 딸을 낳았지요. 그러므로 마흔다섯에 임신한 어머니는 딸과 함께 아기를 밴 것을 퍽 부끄럽게 생각한 것 같습니다.

그때는 또 집안이 원체 가난하여 식구가 하나 더 느는 것이 큰일이었습니다. 그래서 어머니는 아기를 지우려고 백방으로 애를 쓰셨습니다. 시골사람들이 흔히 쓰는 방식대로 간장을 한 사발이나 마시고 앓아누우시고, 밀기울(밀을 빻아서 체로 가루를 빼고 남은 찌꺼기)을 끓여서 마셨다가 까무러치기도 했답니다. 섬돌에서 뛰어내려 보기도 하고, 장작더미 위에서 곤두박질쳐 보기도 했더랍니다.

아무리 해도 안 되니까 수양버들 강아지의 뿌리를 달여 마시고는 정신을 잃어버렸대요. 정신을 다시 차리고 보니 뱃속의 아기가 놀지 않더랍니다. '이제 됐구나' 하고 생각했는데 며칠 지나니까 또 놀더래요. 그 뒤 어머니는 일부러 디딜방아의 머리를 배에다 대고 뒤로 자빠져 버렸어요. 낙태를 시키려고 스스로 방아에 깔려버린 것이지요. 그때 나는 네 살이었는데, 그 광경을 보고 어머니가 죽는다고 울고불고 했답니다. 어머니는 허리를 못 쓸 정도로 다치셨는데 뱃속 아기는 여전히 놀고 있더랍니다. 그래서 어머니는 '할 수 없다. 아기가 태어나면 솜이불에 돌돌 싸서 아궁이에 던져버리리라'고 작심하고 아기 지우는 일을 포기했더랍니다."

박재희의 증언에 등장하는, 어머니와 같은 시기에 임신한 딸은 박정희의 큰누님 朴貴熙(박귀희·1974년에 작고)를 가리킨다. 박귀희의 아들 殷熙萬(은희만)이 어머니로부터 들은 이야기는 이러했다.

"한번은 내(귀희)가 친정에 다니러 갔는데 어머니께서 누구한테도 말을 못 하시겠다면서 임신한 사실을 나에게 털어놓으시는 거야. 어머니와 나는 뒷동산에 올라갔단다. 나는 어머니가 다치실 때를 대비하기 위하여 낮은 데 서 있었지. 어머니는 높은 데서 몇 번이나 뛰어내렸어. 한번은 내가 어머니를 부축하다가 함께 엉켜서 뒹굴기도 했단다. 정희가 태어나기 열흘 전에 나는 큰딸 鳳男(봉남·1995년에 작고)이를 낳았다."

다시 박정희의 누님 박재희의 추억은 계속된다.

"동생 정희가 태어나던 날의 기억은 어제 일처럼 생생합니다. 그날 저는 혼자 마당에서 놀고 있었습니다. 갑자기 어머니 생각이 나서 '엄마야' 하고 찾아봐도 안 보여요. 방문을 열어보니까 어머니는 이불을 덮어쓴 채 끙끙 앓고 계셨습니다. 나는 어머니가 또 아기 지우는 약을 먹고 그러시는 줄 알고 겁이 나서 아버지를 찾으러 논으로 뛰었습니다. 아버지가 만들어 주신 꽃신을 신고 달렸습니다. 돌밭에 넘어져 발등에서 피가 솟구치는 것도 아랑곳하지 않고 한 오리는 뛰었을 거예요. 숨이 차서 헐떡거리니 나락을 베고 계시던 아버지가 보시고 얼른 논에서 나오시더니 대님을 풀어서 저의 상처를 동여맨 뒤 나를 업고서 집으로 오셨습니다."

태어날 수 없는 생명이 될 뻔한 아기가 세상의 빛을 본 것은 1917년 11월14일(음력 9월30일) 오전 11시경이었다.

"삽작문을 들어서는데 울음소리가 들리더군요. 아버지와 함께 방으로 뛰어들어갔습니다. 어머니는 혼자 아기를 씻어 옆에 뉘어 놓고 당신도 기진맥진해 있었습니다. 아기가 새빨갛고 꼬물꼬물 하던 것이 예쁘게 보였어요."

어머니 젖 안 나와 큰누님이 젖을 물리기도

경상북도 善山郡(선산군) 龜尾面(구미면) 上毛里(상모리)의 金烏山(금오산) 자락 맨 끝에 자리한 허름한 초가집 삽작문에는 그 날 붉은 고추와 숯을 끼운 새끼줄이 내걸렸다. 박정희가 배냇생명을 마감하고 태어난 이후에도 난관은 이어졌다.

"어머니는 젖꼭지가 말라붙어서 정희는 모유 맛을 모르고 자라났습니다. 밥물에 곶감을 넣어 끓인 멀건 죽 같은 것을 숟가락으로 떠 먹였습니다. 그게 우유 대용이었지요. 변비가 생겨 혼이 난 적도 있었지요."

박재희의 이 말을 뒷받침하는 것은 아들 은희만에게 한 박정희의 큰누님 박귀희의 生前(생전) 술회이다.

"딸을 낳은 뒤에 産後(산후)조리를 하고 친정에 갔더니 정희가 태어났더구나. 어머니는 젖이 나오지 않아 내가 정희에게 젖을 물려주었단다. 시집에서 나와 낙동강을 배로 건너서 30분만 걸으면 친정에 도착할 수가 있어 나는 젖을 먹여주려고 자주 상모리에 갔었지."

다시 박재희의 증언.

"정희가 두 살 때, 아직 기어 다닐 적인데 어머니가 정희를 큰형님 [장남 東熙(동희)의 아내]에게 맡겨 놓고 출타를 하셨어요. 형님은 바느질을 하고 계셨던 것 같은데, 정희가 기어 다니다가 문지방 아래로 굴러 떨어졌어요. 그 아래로는 화로가 놓여 있었는데 정희는 벌건 화로에 처박히면서 한 바퀴 굴렀어요.

시뻘건 숯을 온 몸에 뒤집어쓰고 말았지요. 머리카락과 눈썹이 다 탔어요. 형님과 나는 정희의 얼굴에서 숯을 털어내고 입 속에 들어간 숯을 끄집어내는 데 정신이 팔려 양쪽 저고리의 소매에 불이 붙어 타들어가는 것을 뒤늦게 알았어요. 저고리를 찢다시피 하여 불을 껐는데, 양쪽 팔뚝에 심한 화상을 입었습니다. 아버지는 황토를 물에 짓이겨 상처에다 바르고는 베 조각으로 감아 놓았어요. 화기가 빠지고 한 달 만에 겨우 딱지가 앉았는데, 그때의 화상 흉터는 정희가 죽을 때까지 남아 있어 소매가 짧은 옷을 잘 입지 않았지요. 이 사건 뒤에 뽀얗던 정희가 까무잡잡하게 되더군요."

2
박정희의 수기(手記) – 나의 소년시절

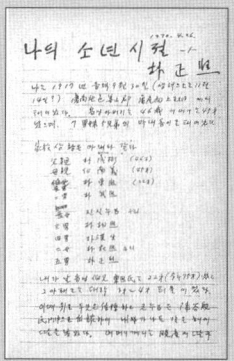

박정희 대통령이 1970년 4월 26일에 쓴
《나의 소년 시절》을 인용해 본다.
맞춤법을 요즈음 식으로 고치고
한자를 한글로 바꾸었을 뿐 원문
그대로 싣는다.

1926년(보통학교입학)의 세상

金鍾泌(전 국무총리) 출생
純宗 사망, 6·10만세운동
金九, 임시정부 국무령 취임
영국에서 첫 TV 시험 방송
소련 공산당 레온 트로츠키 실각

학교에 가다

상모동이란 마을은 1910년대의 우리나라 농촌을 그대로 상징하는 가난한 마을이었다. 이 마을에는 선산 김씨 數戶(수호)가 그래도 부유한 편이었고, 기타는 거의가 한량없이 가난한 사람들만이 90여 호가 6개 소부락群(군)으로 나뉘어 옹기종기 모여 살고 있었다. 상모동에 와서는 약 1600평 정도의 외가 衛土(위토)를 소작하면서 근근이 양식은 유지가 되고 형들이 성장하여 농사를 돕게 되니 생활은 약간씩 나아졌다. 아버지는 家事(가사)에 거의 무관심하고 출타하는 일이 대부분이었으므로 집안 살림을 꾸려나가는 데 어머니의 고생이 이만저만이 아니었다. 어머니는 어려서 良家(양가)의 閨秀(규수)로 태어나서 출가 전까지는 고생이라고는 별로 모르고 자랐으나 출가 후는 계속된 고생 속에서도 우리 7형제를 키우시느라고 모든 것을 바치셨다.

이러한 생활 속에서도 어머니는 셋째 형 상희 씨를 구미보통학교에 입학시켜 공부를 시키셨다. 그 당시 이 마을에서 보통학교를 다니는 학생은 상희형 하나뿐이었다. 내 나이 9세가 되던 해 아버지와 어머니는 나를 구미보통학교에 입학시켰다. 이때 형은 벌써 졸업을 했다. 이 때 우리 洞里(동리)에서는 (세 아이가) 보통학교에 입학을 했다. 다른 두 아이는 나보다도 나이가 몇 살 위이고 입학 전에 교회에 다니면서 新學(신학)을 약간 공부한 실력이 있다고 해서 처음부터 3학년에 입학을 하고 나는 1학년에 입학을 했다.

상모동에서 구미읍까지는 약 8km. (입학날은) 1926년 4월1일이라고 기억한다. 오전에 네 시간 수업을 했으니까 학교수업 개시가 8시라고 기억한다. 20리 길을, 새벽에 일어나서 8시까지 지각하지 않고 시간에 닿기는 여간 고생이 아니었다. 시간이 좀 늦다고 생각하면 20리 길을 거의 뛰어야 했다. 동리에 시계를 가진 사람이 아무도 없으니 시간을 알 도리가 없고, 다만 가다가 매일 도중에서 만나는 우편배달부를 오늘은 여기서 만났으니 늦다, 빠르다 하고 짐작으로 판단한다. 또 하나는 경부선을 다니는 기차를 만나는 지점에 따라 시간의 빠르고 늦다는 것을 짐작하기도 한다. 그러나 가끔 기차 시간표가 변경되면 엉뚱한 착오를 낼 때도 있었다.

그러나 봄과 가을은 沿道(연도)의 풍경을 구경하면서 상쾌한 마음으로 학교에 다니는 것이 기쁘기만 했다. 여름과 겨울은 고생이 이만저만이 아니다. 여름에 비가 오면 책가방을 허리에 동여매고 삿갓을 쓰고 간다. 아랫도리 바지는 둥둥 걷어 올려야 한다. 학교에 가면 책보의 책이 거의 비에 젖어 있다. 겨울에는 솜바지저고리에 솜버선을 신고 두루마기를 입고 목도리와 귀걸이를 하고 눈만 빠꼼하게 내놓고 간다. 땅바닥이 얼어서 빙판이 되면 열두 번도 더 넘어진다. 눈보라가 휘몰아치면 앞을 볼 수가 없다. 시골 논두렁길은 눈이 많이 오고 눈보라가 치면 길을 분간할 수가 없게 되기도 한다. 사곡동 뒤 솔밭길은 나무가 우거지고 가끔 늑대가 나온다 해서 혼자는 다니지를 못했다. 어느 눈보라가 치는 아침에 이곳을 지나다가 눈 위에서 늑대 두 마리가 서로 희롱하는 것을 보고 겁을 집어먹고 마을 아이 셋이 집으로 되돌아오느라 학교에 가지 못했다. 그 이후에도 그곳을 지날 때는 늑대가 나오는 것 같은 생각이 들어서 눈이 똥그랗게 되어서 서로 아무 말도 않고 앞만 보고 빨리빨리 지나가곤 했다. 그런데 이 솔밭이 해방 후에 고향에 돌아와 보니 나무 한 그루 없이 싹 벌목을 해서 뻘건 벌거숭이 산이 되어 있었다.

학교 다니는 나보다도 더 고생을 하는 분이 어머니다. 시계도 없이 새벽 창살을 보시고 일어나서 새벽밥을 짓고 도시락을 싸고 다음에 나를 깨우신다. 겨울에 추울 때는 세숫대야에 더운 물을 방안에까지 들고 와서 아직 잠도 덜 깬 나를 세수를 시켜주시고 밥을 먹여주신다. 눈도 덜 떨어졌는데, 밥이 먹힐 리 없다. 밥을 먹지 않는다고 어머니한테서 꾸지람을 여러 번 들었다. 아침밥을 먹고 있으면 같은 동네의 꼬마 친구들이 삽작 곁에 와서 가자고 부른다. 어머니는 그 애들을 방안으로 불러들여 구들목에 앉히고 손발을 녹이도록 권하신다. 밥을 먹고 채비를 차리고 나면 셋이 같이 새벽길을 떠난다. 아직 이웃집에서는 사람들이 일어나지도 않은 새벽길을, 얼어붙은 시골길을 미끄러지면서 뛰어간다.

밭두렁 길을 뛰어가다가 뒤를 돌아보면 청녕둑(집 앞에 있는 산 이름) 소나무 사이에 우리들을 보내놓고 애처로워서 지켜보고 서 계시는 어머니의 흰 옷 입은 모습이 희미하게 보인다. 학교에서 돌아오는 시간이 늦어도 어머니께서는 늘 그 장소에 나와 계시거나 더 늦을 때는 동네 어귀 훨씬 밖에까지 형님들과 같이 나오셔서 "정희 오느냐," "정희야"하고 부르시면 "여기 가요"하고 대답하면서 집으로 돌아간다.

"왜 좀 일찍 오지 이렇게 늦느냐"하며 걱정을 하시면서 어머니는 자기가 두르고 온 목도리를 나에게 또 둘러주신다. 뛰어왔기 때문에 땀이 나서 춥지도 않은데, 어머니가 자꾸만 목에다 둘러주시는 것이 귀찮게 여겨질 때도 있었다. 집에 돌아가면 구들목 이불 밑에 나의 밥그릇을 따뜻하게 넣어두었다가 밥을 다 먹을 때까지 어머니는 상머리에 앉아서 지켜보신다.

신고 온 버선을 벗어보면 흙투성이다. 어머니는 밤에 버선을 빨아서 구들목 이불 밑에 넣어서 말린다. 내일 아침에 또 신고 가야 하기 때문이다. 하루 종일 얼었다가 저녁을 먹고 온돌방에 앉으면 갑자기 졸음이 오기 시작한다. 숙제를 하다가 그대로 엎드려 잠이 들어 버린다. 어머니가 억지로 나를 깨워서 소변을 보게 하고 옷을 벗겨서 그대로 재우면 곤드레가 되어 떨어져 자 버린다. 나의 나이 9세에서 15세까지 6년 동안을 이렇게 지냈다.

키 작은 사연

학교에 가지고 간 도시락이 겨울에는 얼어서 찬밥을 먹으면 나는 흔히 체해서 가끔은 음식을 토하기도 하고 체하면 때로는 아침밥을 먹지 않고 가기도 했다. 이럴 때는 하루 종일 어머니는 걱정을 하신다. 그러나 그 당시 시골에는 소화제라고는 아무것도 없었다. 며칠 동안 밥을 먹지 못하면 이웃집의 침장이 할아버지가 있었는데 거기에 가서 침을 맞았다. 이상하게도 그 침을 맞으면 체증이 낫는 것 같았다. 나의 왼손 엄지손가락 뿌리에는 지금도 침을 맞은 자국에 빨간 반점이 남아 있다. 이 반점을 보면 지금도 어머니와 이웃집 침장이 할아버지가 생각난다.

한없이 평화스럽지만 가난한 나의 고향, 가끔 학교에 가져가야 할 돈이 필요하면 어머니가 한푼 두푼 모아두신 1전·5전·10전짜리 동전을 궤짝 구석에서 찾아내어 나에게 주신다. 한 달에 월사금(수업료)이 그 당시 돈으로 60전이었다. 매월 이것을 납부하는 것이 농촌에서는 큰 부담이었다. 특히 우리 집 형편으로서는 큰 돈이었다.

어머니께서는 한 푼이라도 생기면 나의 학비를 위해서 모아 두신다. 때로는 쌀을 몇 되씩 팔아서 모아 두신다. 계란 1개가 1전이었다고 기억이 난다. 형들이 달라면 '없다' 하시고 알뜰히 알뜰히 모아 두신다. 어머니는 담배를 좋아하셨다. 때로 담배가 떨어져도 나의 학비를 위해 모아두신 돈은 쓰실 생각을 아예 안 하신다.

때로는 학교에 가져가야 할 돈이 없으면 계란을 몇 개 떨어진 양말짝에 싸서 주신다. 이것을 가지고 가서 학교 앞 문방구점에 가면 일본인 상점 주인이 계란을 이리 저리 흔들어 보고 상한 것 같지 않으면 1개 1전씩 쳐서 연필이나 공책(노트)과 교환하여 준다. 이 계란을 들고 가다가 비 오는 날이나 얼어서 빙판이 된 날 미끄러져 넘어지면 계란이 팍삭 깨어져 버린다. 이런 날은 하루 종일 기분이 언짢다. 집에 돌아와서 어머니에게 말씀드리면 계란을 깨었다는 꾸지람은 한 번도 하시는 법이 없다. "딱하지. 넘어져서 다치지나 않았느냐"고 하실 뿐이다.

[해설: 구미보통학교 1, 2학년과 5, 6학년 때 우등상을 받았던 박정희가 질병으로 결석한 일수는 1학년 때 18일, 2학년 때 20일, 3학년 때 16일이었다. 4학년 이후에 건강상태는 좋아져 5학년 때 하루, 6학년 때 사흘을 결석했을 뿐이다. 구미공립보통학교 6학년 때인 1931년 박정희 소년의 키는 135.8cm, 몸무게는 30kg, 가슴둘레 66.5cm로 발육상태 평가는 丙(병)이었다. 박정희 소년은 3학년 때부터 급장을 했다. 작은 체구의 박정희는 쉬는 시간에 운동장에서

친구들과 땅따먹기 놀이를 자주 했다고 한다. 작은 조약돌을 손가락으로 튕기고 뼘을 크게 벌려 영토를 차지하는 놀이였다.]

어느 늦봄날이었다. 보통학교 2~3학년 시절이라고 기억이 난다. 20리 시골길을 왕복하니 배도 고프고 봄날이라 노곤하기 그지없었다. 집에 돌아오니 정오가 훨씬 넘었다. 삽작에 들어서니 부엌에서 어머니께서 혼자서 커다란 바가지에 나물에 밥을 비벼서 드시다가 "이제 오느냐. 배가 얼마나 고프겠느냐" 하시며 부엌으로 바로 들어오라고 하시기에 부엌에 책보를 든 채 들어가 보니 어머니께서는 바가지에 비름나물을 비벼서 막 드시려다가 내가 돌아오는 것을 보시고 같이 먹지 않겠느냐고 하시기에 같이 먹었다.

비름나물 비빔밥

점심 때가 훨씬 넘었으니 시장도 하지만 보리가 절반 이상 섞인 밥에 비름나물과 참기름을 넣고 비빈 맛은 잊을 수가 없는 별미다. 나는 요즘도 가끔 內子(내자)에게 부탁하여 비름나물을 사다가 비빔밥을 만들어 먹어 보곤 한다.

엄동의 추운 겨울에는 저녁을 먹고 나면 가족들이 한 방에 모인다. 세상사 여러 가지 이야기가 시간 가는 줄 모른다. 아버지와 형들이 한방에 모여 있으니 아버지가 계신고로 형들은 담배를 피우지 못한다. 아버지께서 눈치를 알아차리시고 슬그머니 사랑방으로 내려가신다. 형들에게 담배를 마음대로 피우도록 자리를 비워주시는 셈이다.

밤이 늦어지면 이야기도 한물 가고 모두들 밤참 생각이 난다. 어머니께서 홍시나 곶감을 내어놓으실 때도 있고, 때로는 저녁에 먹다 남은 밥에다가 지하에 묻어둔 배추김치를 가져와서 김치를 손으로 찢어서 밥에 걸쳐서 먹기도 한다. 이것이 시골농촌의 겨울밤 간식이다. 가끔은 묵을 내오는 때도 있었다.

[해설: 박 대통령은 워낙 비름나물을 좋아하였으나 1970년대 후반부터는 시장에서도 비름나물을 구할 수 없었다. 朴鶴奉(박학봉) 부속실장과 李光炯(이광형) 부관은 할 수 없이 씨앗을 사 가지고 와서 청와대 본관 뒷동산에 작은 밭을 일구고 심었다. 이 부관은 미끈미끈한 비름나물이 맛이 없었으나 대통령은 고추장과 참기름을 보리 섞인 쌀밥에 비벼 다른 반찬은 거들떠보지도 않고 맛있게 먹는 것이었다. 대통령은 가난했던 시절을 잊지 않으려고 비름나물 비빔밥을 먹는 것 같았다.]

3
꼴찌 학생

대구 사범에서 박정희는
73명 중 73등한 꼴찌였다!

1932년(입학)의 세상
李奉昌의사, 일본 天皇에게 폭탄 투척
尹奉吉의사, 상해에서 폭탄 투척
일본의 괴뢰 만주국 설립
히틀러의 나치당, 선거에서 제1당
인도의 간디, 反英운동 시작

이유 있는 꼴찌

박정희가 다닌 대구사범 5년간(1932~1937년)의 성적표는 대구사범의 후신인 경북대학교 사범대학에서 공개를 금지시켜 왔기 때문에 세상에 알려지지 않았었다. 박정희의 집권시절에 나온 傳記類(전기류)에서는 1등만 한 구미보통학교의 성적표는 소개하면서도 사범학교 시절의 성적은 그냥 '우수한 편', '중간 정도' 식으로 넘어갔었다.

필자는 작고한 李洛善(이낙선·상공부 장관 역임)이 남긴 메모와 자료들을 1991년에 열람했었다. 그가 육군 소령으로서 국가재건최고회의 의장 비서로 있을 때인 1962년에 모아 두었던 '박정희 파일' 중에서 사범학교 성적표를 발견했다.

박정희는 입학 시험에서는 100명 중 51등으로 합격했으나 1학년 석차는 97명 중 60등으로 내려갔다. 2학년 때는 83명 중 47등으로 약간 올라갔다가 3학년 때는 74명 중 67등, 4학년 때는 73명 중 73등, 5학년 때는 70명 중 69등을 했음이 밝혀졌다. 이 성적표가 그의 시대에 공개되지 않았던 것도 '꼴찌 출신 대통령'이란 구설수를 차단하기 위해서였을 것이다.

박정희의 행동 평가도 나빴다. 품행을 의미하는 '操行(조행)' 평가는 5년간 '양, 양, 양, 가, 양' 이었다. 2학년 담임은 그를 '음울하고 빈곤한 듯함'이라 적었다. 3학년 때는 '빈곤, 활발하지 않음, 다소 불성실'이라 되어 있고 4학년 때는 '불활발, 불평 있고, 불성실'이라고 적혀 있다.

志操(지조)는 '堅實(견실)', 습관은 '寡言(과언)', 사상은 '穩正(온정)', 학습태도는 '보통'으로 평가됐다. 더 놀라운 것은 장기 결석이다. 2학년 때 10일, 3학년 때 41일, 4학년 때 48일, 5학년 때 41일이다. 기숙사비를 마련하기 위해 고향에 가서 돈이 마련될 때까지 눌러 앉았기 때문이다.

박정희는 성적이 꼴찌권을 맴도는 바람에 한 달에 7원씩 나오는 官費(관비)를 받을 수 없었다. 당시 7원이면 대략 쌀 반 가마값이었다. 반에서 40등 이내에 드는 관비생들은 7원을 받으면 식비로 4원 50전, 기타 共用(공용)으로 2원을 기숙사에 내야 했다.

기숙사의 운영은 학생들이 자치적으로 하고 있었다. 박정희는 집에서 부쳐주는 식비를 기다리다가 늦어지면 외상밥 또는 눈칫밥을 먹는 기분을 느꼈을 것이다. 자존심이 강한 그는 이럴 때면 고향인 상모리로 내려가 버리는 것이었다. 박정희의 조카인 박재석(박정희의 둘째 형 박무희의 장남)은 "월사금은 없고 돈까지 준다"는 대구사범에 다니는 삼촌이 시도 때도 없이 돈을 구하러 내려와서는 며칠씩 놀다가 가는 것을 이해할 수 없었다.

삼촌 박정희는 이불 보퉁이와 빨래감을 갖고 와서 어머니한테 맡겨놓고는 〈조선일보〉 선산지국을 운영하던 박상희의 집을 찾아와서는 눌어붙는 것이었다. 박상희는 박재석을 불러들인 다음 손바닥만 한 메모지에 글을 써 주는 것이었다. "우리 조카를 보내는데 제 동생의 학비 후원 부탁드립니다"는 취지의 내용이었다. 이런 메모를 가지고 박재석은 구미면장, 곡물검사소장 같은 구미면 내의 유지들을 찾아다녔다.

"그 분들은 일하다가 말고 제가 드린 쪽지를 읽으시고는 돈을 봉투에 넣어 건네 주시는 것이었습니다. 적게는 1원, 많게는 5원씩 주셨습니다. 저는 이 봉투들을 상희 삼촌에게 드리는데, 그 분은 열어볼 생각도 않고서 '네 아제 갖다 줘라'고 말하는 것이었습니다. 기분이 좋지는 않으셨지요. 좀 골치아파했지요."

 박정희의 상모리 친구들은 나팔소리를 듣고서 그가 왔다는 것을 알곤 했다. 뒷동산에 올라 부르는 군용 나팔 소리. 그것은 가난과 꼴찌, 그리고 일제의 억압에 찌들린 자신의 마음을 달래려는 하나의 몸부림이었으리라.

'말이 없고 항상 성난 사람 같은 인상'

 박정희 학생의 성적표 '취미' 란에는 '검도'라고 되어 있다. 이밖에도 박정희는 사격, 나팔, 육상에 뛰어났다. 학업에서는 꼴찌였지만, 교련 시간에는 소대장이었다. 군사 및 체육과목에서 활발했다는 것은 그의 신체발육상태가 많이 향상된 것을 반영한다. 5학년 때 그는 키가 159.2cm에 몸무게는 59.5kg, 가슴둘레 88cm로서 '甲(갑)'의 평가를 받았다. 학과 중에서 그래도 성적이 괜찮은 과목은 역사, 지리, 조선어였다. 이 '박정희 파일'에는 동기생(대구사범 4회)인 石光守(석광수·작고·〈국제신문〉 상무 역임)가 이낙선 소령에게 보낸 편지가 철해져 있었다. 학창시절의 박정희를 평한 편지였다.

 「말이 없고 항상 성난 사람처럼 웃음을 모르고 사색하는 듯한 태도가 인상 깊었다. 동기생 중 누구와 친하게 지냈는지조차 알 수 없다. 5학년 때 검도를 시작하였으므로 크게 기술이 있었다고는 보지 않는다. 권투는 기숙사에서 그저 연습을 했을 정도이지 도장에는 나가지 않았다. 군악대에 들어가서 나팔수가 되었다. 축구도 잘했고 주로 자신의 심신 연마에 노력했다. 성적에는 두각을 나타내지는 못했으나 (머리는) 우수한 편이었고 열심히 시험공부를 하지는 않았다.」

동기생 曺增出(조증출·문화방송 사장 역임)이 써 보낸 인물평도 있었다.

「대체로 내성적인 편이었고 항상 무엇인가를 구상하고 있는 듯하였으나 外表(외표)하지 않은 관계로 그의 진정한 위인됨을 파악한 學友(학우)가 희소하였다. 다른 학우들은 장차의 이상 및 포부에 대하여 종종 피력하였으나 그는 일절 침묵을 지켜왔고 交友(교우)의 범위도 그다지 넓지 않았다고 기억한다. 검도에는 전교에서 손꼽히는 勇者(용자)로서 방과 후에는 죽검을 들고 연습을 하는 모습을 종종 발견할 수 있었다. 평소에 학우들과 장난칠 때도 검도하는 흉내를 내어 머리를 치곤 했다. 나팔의 제 1인자로서 큰 버드나무 아래서 하급생들을 데리고 나팔 연습하는 모습이 기억에 새롭다. 기계체조도 잘했다. 4, 5학년 여름 휴가 때는 대구 80연대에 들어가서 군사 훈련을 받았는데, 박정희는 교련에 매우 취미를 가진 것으로 기억난다. 시범 때 그가 자주 조교로 뽑혀 나왔다. 특히 총검술은 직업군인을 능가할 정도로 우수하였다.」

조증출은 이 편지에서 당시 대구사범의 분위기를 이렇게 묘사하였다.

「일본 정신이 투철한 교육자들만 모아 놓았기 때문에 교육 이념이 천황 절대 숭배로 출발하여 신격화로 끝나는 교육이었다. 그럴수록 학생들 사이에서는 민족적 의분심이 불타올라 소위 '무저항적 반항'을 일삼았다. 소설을 읽을 때도 일본인의 작품은 의식적으로 읽지 않고서 세계 문학 전집을 읽었다. 기숙사에서도 탄압에 굴하지 않고 조선·동아일보를 구독하였고 '개벽' 같은 잡지도 읽었다. 특히 신문 연재 소설 중에서는 '상록수'가 기억에 남는다. 사회주의적 경향을 가진 학생들도 있었으나 대개가 민족운동을 전개하는 한 방편이었다.

1학년이 기숙사에 입사하면 선배들이 민족의식을 고취시켜 주었다. 선배들은 우리에게 기숙사 안에서는 게다를 신지 못하게 하였다. 국어 담당이신 金永驥(김영기) 선생이 국어 시간에 우리 국사 이야기를 해 주신 것이 많은 감명을 주었다. 박정희는 특히 국사에 흥미를 가지고 있었던 것이 기억난다. 기숙사 생활은 대체로 유쾌하고 유익하였다. 박정희의 인품은 이 사생활을 통해서 배양되었다고 해도 과언이 아니다. 단체 생활을 5년간 해왔기 때문에 공덕심과 희생적 봉사 정신을 도야하게 되었고, 小我(소아)를 大義的(대의적) 입장에서 버릴 수 있는 정신적 素地(소지)를 함양하였다.」

박정희는 학업에서는 바닥을 기고 기숙사비를 내지 못해 고향으로 내려가 장기간 결석을 해야 하는 二重苦(이중고)에 시달리고 있었지만 군사 훈련과 체육에는 열성적으로 참여하고 있었음을 알 수 있다.

皇民化(황민화)를 목적으로 한 학과교육을 충실히 하여 모범생이 되는 길은 포기하고 군사 교육에는 열심이었던 것이 박정희였다. 박정희의 이런 선별적 수용이 "나는 민족혼을 너희들에게 팔지는 않겠다. 그 대신 군사문화의 실질은 적극적으로 배우겠다"는 계산에 의한 것이라면 그의 꼴찌는 '이유 있는 꼴찌'라는 이야기가 되는 것이다.

"금강산아! 머리를 들 수 없구나"

1932년 4월8일 대구사범 대강당에서 열린 4기 입학식에서 박정희도 다른 학생들처럼 히라야마 마사시(平山正) 교장에게서 깊은 인상을 받았을 것이다. 히라야마 교장은 학생들을 향해서는 일본말로 연설을 한 뒤에 학부형들을 향해서는 유창한 우리말로 인사를 했던 것이다.

박정희가 대구사범 4기 입학생으로서 교정에 첫 발을 들여놓았을 때 분위기는 무거웠다. 3년 선배인 尋常科(심상과) 1기 학생들 중 27명이 사회주의자 玄俊赫(현준혁) 교사가 조직한 독서회(사회과학연구회) 사건에 연루되어 구속되고 퇴학을 당한 직후였기 때문이다. 1기로 입학한 한국인 학생은 93명 중 86명인데 졸업자는 55명이었다. 탈락자 31명은 거의가 抗日(항일) 운동에 관계했다가 퇴학을 당한 것이었다.

광복 뒤 김일성의 지시로 암살되는 공산주의자 현준혁이 대구사범의 교사로 부임한 것은 1929년이었다. 평남 개천 사람인 그는 경성제대 철학과를 졸업하자마자 대구에 첫 직장을 구해서 온 것이었다.

박정희가 3학년일 때인 1934년 4월에 또 독서 사건이 터졌다. 1기 선배인 4학년생 중 진두현 등 여섯 학생들이 독서회를 만들어 사회주의 책들을 읽다가 퇴학당한 뒤에 구속되었다. 진두현을 유치장에 집어넣으면서 조선인 형사가 말했다.

"玄(현)이란 새끼가 뿌린 씨앗은 참으로 놀랍구나. 그러나 이번만은 뿌리째 뽑고 말 것이야."

이 말을 듣는 순간 진두현은 〈조선일보〉에서 읽은 칼럼 한 구절이 생각났다는 것이다.

"조선사람은 감옥살이를 2~3년 해야만 옳은 조선 사람이 될 수 있다."

진두현은 "나도 이젠 옳은 조선 사람이 되기 위한 수련으로써 옥살이를 한다"는 각오를 다졌다는 것이다.

이 사건이 있은 지 한 달 뒤인 5월에 박정희는 3학년생들과 함께 금강산으로 수학여행을 갔다. 철원에서 전철로 갈아타서 내금강 입구 말휘리역에 도착하니 태평여관에서 큰 旗(기)를 가지고 나와서 여행단을 환영해 주었다. 조선인이 경영하는 이 여관에서는 학생들을 정성들여 모셨다. 조선 음식도 맛있었고 잠자리도 쾌적했다. 다음날 내금강을 구경한 뒤에 도착한 곳은 日人(일본인)이 경영하는 구미산장이었다.

일본인 주인의 대접이 영 시원치 않았다. 1박3식에 돈은 태평여관보다도 세 배나 많은 2원을 받으면서 저녁은 맛없는 일본식이고, 잠자리는 흙바닥에 가마니를 깔고 그 위에 재우는 것이었다. 화가 난 학생들은 내일 점심 도시락은 이 여관 것으로는 먹고 싶지 않으니 만들지 말고 식대는 돌려달라고 요구하였다.

일본인 주인은 내일 도시락 반찬은 이미 준비하였으니 먹든지 안 먹든지 돈은 내야 한다고 말하는 것이었다. 조선인 학생들은 오기가 발동했다. 다음날 아침에 여관을 나설 때 여관에서 준비해둔 도시락을 아무도 갖고 가지 않는 것이었다. 일본인 인솔 교사가 "오늘 가는 길은 매우 힘하다. 무슨 사고라도 나면 책임지지 않는다"면서

도시락을 가져갈 것을 권해도 듣지 않았다. 학생들은 점심을 굶어가면서 외금강을 구경하고 무사히 목적지에 도착하였다. 인솔 교사도 이 사건을 불문에 부쳤는데, 도리카이(鳥飼) 교장이 이를 알고는 철저한 조사를 지시했다.

鄭明模(정명모), 鄭憲旭(정헌욱) 두 사람이 주동자로 몰려 퇴학을 당하고 유만식은 무기정학, 다른 일곱 명은 1주간의 근신처분을 당했다. 학교에서는 이들 학생들의 부모를 불렀다. 학생들에 대한 조사가 진행되고 있는 이틀 동안 이들 부모들은 복도에서 대기해야 했다. 이 사건은 '금강산 비로봉 사건'으로 불린다.

박정희와 동기생인 이정찬은 꼼꼼하고 빈틈없는 성격 그대로 이 금강산 여행 중에 들르는 상점과 공원관리사무소에서마다 기념도장을 받아와서는 스탬프集(집)을 만들었다.

여기에 친구들의 한마디를 실었는데 유독 박정희가 쓴 글이 튄다. 맞춤법을 현대식으로 약간 고쳐서 소개한다.

「금강산 일만 이천 봉, 너는 세계의 명산!
아! 네 몸은 아름답고 森嚴(삼엄)함으로 천하에 이름을 떨치는데
다 같은 삼천리 강산에 사는 우리들은
이같이 헐벗었으니 과연 너에 대하여 머리를 들 수 없다
금강산아, 우리도 분투하야 너와 함께 천하에 찬란하게….
온정리에서 정희 씀.」

'귀부인 보다도, 영웅보다도…'

다른 동기생들은 "아! 평생에 보고 싶던 우리 금강산이여! 이제

보고 나니 晩時之歎(만시지탄)이 없을 수 없네"식으로 자연을 자연으로만 보는데, 박정희는 조국의 운명을 한탄하고 있다. 이는 말이 없고 생각이 많은 열일곱살 학생의 마음속에서 중대한 문제의식이 자라나고 있다는 것을 엿보게 한다. 박정희를 '근대화 혁명가'로 만든 비범한 성격은 자신의 한을 민족의 한과 한덩어리로 파악한 점이다. 공동체가 아닌 자신의 한만을 풀려고 했더라면 그는 이기적인 입신출세주의자의 길을 걸었을 것이다. 박정희가 구미보통학교시절에도 특별히 정의감이 있는 소년이었는지는 알 길이 없다. 정의감이 가르쳐지는 것인지 타고나는 것인지에 대한 논란도 있을 것이다. 그러나 박정희는 대구사범에 와서는 정의감이 강한 학생임을 엿보게 하는 몇 가지 흔적을 남기고 있다.

 1936년에 발간된 《대구사범 교우회지》 제4호에 실린 5학년생 박정희의 시를 읽어본다.

「대자연
1. 정원에 피어난
아름다운 장미꽃보다도
황야의 한 구석에 수줍게 피어 있는
이름 없는 한 송이 들꽃이
보다 기품 있고 아름답다.

2. 아름답게 장식한 귀부인보다도
명예의 노예가 된 영웅보다도
태양을 등에 지고 大地를 일구는 농부가

보다 고귀하고 아름답다.

3. 하루를 지내더라도 저 태양처럼
하룻밤을 살더라도 저 파도처럼
느긋하게, 한가하게
가는 날을 보내고 오는 날을 맞고 싶다. 이상」

이 시를 한 일본기자에게 읽어보게 했더니 "언어감각이 참 뛰어나고 순수한 마음이 들어 있다"고 놀라는 것이었다. "일본어의 운율도 잘 맞아떨어져 노래 가사 같다"고도 했다. 실제로도 박정희는 자신의 詩에 다가 1, 2, 3의 번호를 붙여놓아 그가 작사한 몇 가지 노래의 가사를 연상시킨다. 마지막에 '以上(이상)'이라고 써 놓은 것이 인상적이다.

여기에서도 끊고 맺는 것이 분명한 것을 좋아하는 박정희의 정신자세를 엿볼 수 있다. 무엇보다도 이 시에서 느낄 수 있는 것은 다소곳하고 소박한 것에 대한 박정희의 동경이다. 들꽃과 농부로 상징되는 약자와 소박성, 거기에 대칭되는 귀부인과 영웅 사이에서 박정희는 약자 편에 서겠다는 것을 이미 선언하고 있다. 박정희가 죽을 때까지 유지해 간 강자와 부자에 대한 반골의식과 소박성은 이미 대구사범 교정에서 틀이 잡히기 시작했던 것이다.

4
제자들이 본 자상한 교사

인간사랑 · 나라사랑의 실천가

1937년(교사부임)의 세상
中日전쟁 발발, 南京 대학살
소설가 김유정 · 이상, 영화인 나운규 사망
스탈린, 연해주 韓人 등 소수민족 강제이주
독일공군, 스페인 게르니카 폭격

문경보통학교 부임

　박정희가 문경공립보통학교에서 3년간(1937~1940년) 교사로 근무하다가 군인의 길로 들어섰기 때문에 교사로서의 박정희는 불만에 차 있어 불성실한 근무 자세를 보였을 것이라는 선입감을 가질 수 있다. 이것은 오해다. 교사 박정희는 대구사범에서 배운 전인교육을 어린 학생들을 상대로 실천하려고 했고, 김영기 등 조선인 교사들로부터 배운 민족혼의 중요성을 학생들에게 심어주려고 했던 이였다. 한 제자(주영배)는 그를 '方定煥(방정환) 선생을 연상시키는 선생님'이라고 평할 정도였다. 1962년에 작성된《이낙선(작고·전 상공부장관·당시 최고회의 의장 비서) 비망록》중에서 박정희 선생의 제자 鄭順玉(정순옥)의 회상기를 싣는다.
「글이라 하기엔 부끄럽습니다만, 20년 전 은사로 모셨던 선생님을 지금 이 나라 영도자로 모시게 되니 기쁨과 두려움을 금할 길 없어 어린 시절 제자로 돌아가서 기쁘고 슬펐던 추억을 몇 가지 더듬어 보겠습니다. 선생님께서 저의 학교에 부임하셨을 때 저는 소학교 4학년이었습니다.
　어느 일요일 동무들 몇 명이 저의 집을 찾아와 새로 오신 선생님께 가보자고 하기에 선생님 하숙집을 찾아갔습니다. 어린 호기심에 선생님 방안은 얼마나 장치가 잘 되어 있나 하고 방안을 살펴 보았습니다. 선생님 책상 위에 커다란 액자 하나가 걸려 있었습니다. 그 사진에 배가 불룩 나오고 앞가슴 양편에 단추가 주룩 달려 있는 외국 사람이었습니다. 우리들은 저 사람이 누구냐고 물었습니다. 선생님은 영웅 나폴레옹이라면서 그의 전기를 자세히 이야기하여 주셨습니다. 4월 어느 날 봄 소풍을 가게 되었습니다. 저희들은 고운 옷으로 갈아입고 여러 가지 음식을 준비하여 가지고 학교에 모여 교장 선생님의 훈시를 듣고 출발하였습니다. 그때 선생님은 등산복에 어깨에는 나팔을 메고 길다란 막대기를 가지고 오셨습니다. 우리가 장난을 하거나 줄이 삐뚤어지면 한 대씩 맞아가면서 목적지인 문경 남쪽 鎭南橋(진남교)에 도착하였습니다.

  우리는 선생님과 점심을 먹고 노래를 부르고 즐겁게 놀고 있는데 한 아이가 물에 빠져 죽는다고 고함을 치는 소리가 들렸습니다. 그 순간 박 선생님은 깊은 물 속으로 뛰어들었습니다. 저희들은 선생님이 죽는다고 고함을 치며 다른 5, 6명의 선생님들과 함께 둑에서 벌벌 떨고 있는데 한참 만에 박 선생님이 다 죽은 아이를 물 속에서 건져내었습니다. 선생님은 그 아이에게 인공호흡을 시켜 물을 토하게 하니 그제서야 깨어나는 아이를 보니 선생님이 하느님같이 고마웠습니다.

  어느 일요일 저희들은 박 선생님과 일본 선생 두 분이 노는 자리에 갔습니다. 일본 선생 한 분이 말하기를 조선 여성은 예의가 없느니 젖가슴을 다 드러내고 물동이를 이고 다니느니 하고 우리나라 여성들의 흉을 보고 있었습니다. 박 선생님은 우리들을 향해서 우리말로 "너희들 저 말 잘 새겨들어라"고 하셨습니다. 박 선생님은 우리끼리 있을 때는 꼭 우리말을 쓰자고 다짐하기도 했습니다. 철없는 우리들은 아무 의미도 모르고 "선생님 조선 말 하면 퇴학당하는데, 왜 그래요"하고 반박을 한 기억이 납니다. 그때 선생님께서는 얼마나 마음이 아프셨겠습니까.

어느덧 우리들은 6학년이 되었습니다. 그해 봄 소풍은 5, 6년생이 우리 학교에서 70리나 되는 산고개를 넘어 金龍寺(김용사)라는 데에 가서 하룻밤을 쉬고 돌아오게 되었습니다. 돌아오는 길에 소낙비를 만났습니다. 우리 어린것들이 70리 산고개를 다 넘도록 비는 그치지 않아 미끄러져 웃는 아이, 넘어져 우는 아이, 고인 물 속에 일부러 들어가 첨벙대는 아이… 웃으며 울면서 넘어가고 있는데, 먼 행길이 보이면서 트럭이 한 대 달려오고 있었습니다.

우리들은 인솔하는 선생님께 저 차를 잡아가지고 우리들을 태워 달라고 졸랐습니다. 그러는 사이 그 트럭은 우리 앞에 도착하였습니다. 그 차는 바로 박 선생님이 우리를 마중하려고 몰고 오신 차였습니다. 저희들은 물귀신처럼 되었지만 얼마나 반가웠는지 모릅니다. 선생님은 우리들을 차에 태워 주시면서 추위에 떨고 있는 우리들에게 노래를 부르자고 하셨습니다. 그리고는 가지고 오신 나팔을 부시면서 우리들에게 용기를 나게 하셨습니다. 서글펐던 소풍이 웃음과 즐거움으로 변하여 지금까지 기억에 생생합니다.

저희들이 졸업한 후 선생님은 학교를 떠나시게 되었습니다. 어느 날 동생 편에 박 선생님께서 학교를 그만두시고 떠나신다는 말을 듣고 너무나 섭섭하여 선생님을 뵈러 학교로 갔습니다. 선생님은 어디로 가신다는 말씀은 안 하시고 가서 편지를 해주겠다고만 말씀하셨습니다. 선생님은 또 "너희들에게 꼭 마지막으로 부탁할 말은 공부 잘하여 씩씩하고 굳센 조선여성이 되어 달라는 것이다"고 하셨습니다. 저희들은 선생님을 다시는 못 뵈올 줄 알고 울었습니다. 얼마 후 선생님께서는 저희들에게 편지를 보내 주셨는데, 봉투에 만주군관학교라고 적혀 있었습니다. 선생님의 편지 구절에는 언제나 "공부 잘하여 훌륭한 사람이 되어다오. 올해도 풍년이 들어 잘살 수 있도록 기원한다"는 말씀이 있었습니다.」

매력 있는 男선생

지금 서울 강동구 고덕동 아파트에 살고 있는 정순옥 할머니는 "박 선생이 구해낸 물에 빠진 아이는 정극모였는데, 결혼도 않고 있다가 6·25 직전에 죽었다"고 증언했다. 박정희의 이 용감한 행동은 그 목격자가 많이 살아 있어 '과장된 신화'가 아님을 알 수 있었다. 사고 현장인 문경 남쪽 진남교에 가보았더니 그 밑을 흐르는 강은 폭이 약 100m이고 물살이 셌다. 상당한 수영실력과 용기가 없으면 뛰어들기가 어려운 곳이다.

박정희는 정순옥의 아버지 鄭漢洙(정한수)와 친했다. 당시 마흔 살을 갓 넘었던 정한수는 문경보통학교 교사를 지낸 적도 있었다. 두 사람이 술자리에서 농담하는 것을 정순옥은 엿들은 적이 있다. 정한수는 박정희에게 "내 사위하라"면서 "앞으로는 나를 아버지라 불러라"고 했다. 박정희는 자신이 결혼했다는 사실을 누구한테도 알리지 않고 있었다. 혼자 하숙하고 있는 박정희를 모두들 총각이라 생각하고 있었다. 그래서 정한수는 서울에 가서 살고 있던 정순옥의 언니에게 장가들라면서 그런 농담을 했다. 박정희는 정한수가 자꾸 아버지라 부르라고 하자 웃으면서 "저의 형님이시지요"라고 했다. 박정희는 정순옥을 만나면 가끔 "너의 언니도 너를 닮았나"라고 물었다.

박정희가 사실은 결혼하여 딸(박재옥)이 있다는 사실이 알려진 것은 박정희가 문경에 부임한 지 3년째 되는 1939년 어느 날이었다. 박정희의 셋째 형 상희가 동생을 보러 왔다가 정한수를 만났다. 이 야기를 나누던 중 박상희가 동생이 결혼한 사실을 말했던 것이다. 며칠 뒤 정한수는 정순옥에게 들으라는 듯이 "야, 그 박 선생은 결혼하셨단다"라고 말하는 것이었다. 물론 그 뒤로는 婚談(혼담)이 사라졌다.

정순옥이 6학년 때, 박정희는 식사만 林昌發(임창발)의 집에서 하고 기거는 학교 숙직실에서 하고 있었다. 자연히 박정희는 숙직도 자원해서 하는 일이 잦았다. 그럴 때면 나이가 찬 정순옥 등 다 큰 처녀들이 숙직실로 우 몰려가서 놀다오곤 했다. 숙직실 바로 아래 교장 사택이 있어 이런 모습이 눈에 거슬렸던 모양이었다. 하루는 일본인 담임교사 스즈키가 정순옥과 여학생들에게 넌지시 "일본에서는 다 큰 처녀들은 저녁에는 외출을 하지 않는단다. 너희들도 조심해라"고 말하는 것이었다. 눈치 빠른 정순옥은 이 말이 박정희 선생님을 겨냥해서 하는 것이라고 해석했다.

"저는 예사롭지 않은 가정 환경 때문에 눈치도 빠르고 조숙한 편이었습니다. 그런 저의 눈에 비친 박 선생님은 절대로 교사로 평생을 보낼 분이 아니었습니다. 못 다루는 악기도 없었고 못 하시는 운동도 없었고… 하여튼 매력 있는 남자였습니다."

빈부귀천을 가리지 않는 선생님

박정희 교사에 대한 제자들과 주민들의 증언들을 종합하면 이런 이미지이다. 아침마다 나팔 불고 청소에 철저한 사람, 운동과 병정

놀이를 좋아하고 학생들과 잘 놀아 주는 선생, 일본사람들에게 얕보여서는 안된다고 끊임없이 투지를 불어넣어 주던 분, 빈부귀천을 가리지 않고 제자들을 사랑한 사람, 일본인들도 어려워한 대담한 배짱, 술을 좋아하는 교사, 가정 방문을 많이 하고 학부형들과 잘 어울렸던 선생, 나팔·스파이크 달린 운동화·목검으로 기억되는 사람, 그리고 교사로 만족할 분이 아니라는 느낌을 준 선생. 周永培(주영배·전 초등학교장)는 자신이 3학년일 때 막 부임해 와서 담임이 되었던 박정희를 이렇게 묘사했다(《이낙선 비망록》에 있는 증언록 발췌).

「박정희 선생님은 "건강한 몸에 건전한 정신이 깃든다"는 말을 자주 했다. 청소시간에는 마스크를 하고 나와서 총채를 휘두르면서 학생들과 같이 청소를 했다. 깔끔한 성격의 그분은 청소에는 매우 까다로웠다. 청소 당번이 가서 "청소 다 했습니다"라고 보고하면 꼭 와서 확인을 하는 것이었다. 꼼꼼히 살펴보고 부족한 점이 발견되면 두 번 세 번 "다시!" 하고 지시하는 것이었다. 천장의 거미줄을 걷어 내거나 유리창을 닦는 청소를 할 때는 키가 작은 어린이들이 할 수 없으므로 박 선생이 직접 해주기도 했다. 방과 후에는 어김없이 운동장에 나가 철봉 체조를 하고 달리기를 했다. 박 선생은 5학년에게는 조선어를 가르쳤다. 한글을 배워야 민족혼을 이어 갈 수 있다고 암시했다. 나는 5학년 상급생들이 "박 선생은 사상가야"라고 하는 말을 들은 적이 있다. 상급생들이 "왜 우리나라가 망했지", "우리나라의 국기는 어떻게 생겼나"라고 소곤대는 것을 듣고는 박 선생의 가르침을 받은 영향이라고 생각했다. 박 선생은 빈부귀천을 가리지 않은 분이었다. 모든 학급원을 똑같이 대우해주시면서 개성을 살려 주셨다.」

주영배는 박정희가 자신의 집을 찾아 준 일을 평생 잊지 못하겠다고 썼다.

「가정 실습 지도시 문경에서 12km나 떨어진 벽촌에 있는 저희 집에까지 오시겠다고 하셨습니다. 기뻐서 부모님에게 여쭈었더니 "이렇게 먼 곳까지 오시겠니"라고 하셨지만 선생님은 자전거를 타고 정말 오셨습니다. 농촌이라 별다른 접대는 없었지만 만족하시고 가셨습니다. 선생님의 모습이 산모롱이로 숨어들 때는 울고 싶도록 감사했어요.」

立哨(입초) 배치 후 우리 역사 강의

제자 全慶俊(전경준)은 "선생님은 열등아나 사고아 등의 가정을 자주 방문했다"고 기억했다. 월사금을 내지 못하는 어린이들에게 자신의 월급을 떼내어 도와주었다고도 한다. 박 선생은 또 학교에서 가까운 제자 咸成伯(함성백)의 집에 종종 찾아와서는 그의 형과 농업 진흥에 대해 의논하기도 했다. 학교에선 農繁期(농번기)인 봄·가을에 학생들에게 4~5일씩의 휴가를 주어 농사와 가사를 돕도록 했다. 이 기간에 박정희는 학급원들의 가정을 찾아가서 농업과 가사 실태를 조사했다. 제자 김경운은 자기 집을 찾아온 박 선생이 보리밥과 살구를 맛있게 먹고 가던 기억을 오래 간직했다.

박정희가 문경공립보통학교에 부임했을 때 조선총독부는 전임 우가키 총독의 시책을 이어받아 농촌진흥정책에 주력하고 있었다. 이 정책의 하나로 문경공립보통학교는 문경갱생농원(문경면 하리)

과 신북갱생농원(신북면 갈평리)을 경영하는 지정학교가 되어 있었다. 전국적으로 시행되고 있던 이런 지정 학교 제도는 교사들이 농촌 마을의 지도를 맡고 학교는 농촌개발운동을 이끌어 갈 마을의 중견 인물들을 양성한다는 목적을 갖고 있었다. 1937년 당시 경북에는 이런 지정 학교가 31개 교, 장래에는 180개 교로 확대한다는 계획을 갖고 있었다.

문경보통학교가 경영 주체로 되어 있었던 이 두 농원의 원장은 아리마(有馬近芳) 교장, 園監(원감) 1명, 지도원 1명, 강사 약간 명으로 되어 있었다. 이 농원에서는 농촌개혁의 지도자감인 젊은이들을 합숙시켜 9개월 과정의 교육을 시켰다. 농장에서 농사도 짓고 강의도 들었다. 근로체험에 의한 농민 정신의 도야와 自治自營(자치자영)의 농민 정신 함양, 그리고 '황국 농민'으로서의 자각이 교육 목표였다. 농촌진흥정책의 분위기를 돋우기 위해 '농촌진흥가'란 노래를 만들어 보급하기도 했다.

박정희 교사도 이 농원에 나가서 강의를 한 적이 있었다. 일본 시모노세키 대학교 교수이던 崔吉城(최길성)이 현장 조사를 한 결과를 보면 박정희는 문경보통학교 부설 신북간이학교에 대리 출강을 40일 정도 한 적이 있다고 한다. 2년제 보통학교인 이 신북간이학교에는 姜光乙(강광을) 선생 한 사람이 근무하고 있었는데 이 분이 40일간 출장을 간 사이 박정희가 대리 강의를 하면서 신북농장에도 나가서 지도를 했다는 것이다. 지금 문경에는 그때 박정희로부터 지도를 받았던 농민들 중 金成煥(김성환) 등 세 사람이 살아 있다.

최길성 교수는 박정희의 농촌진흥정책 현장체험이 1970년대에 새마을운동을 추진하는 데 있어서 많은 발상을 제공했을 것이라고 주장했다. 崔(최) 교수는 새마을운동과 농촌진흥정책의 유사성을 비교하는 표도 만들었다. 운동의 이념은, 박정희 대통령의 새마을이 '자조, 자립, 협동, 충효애국' 이고 그것의 집약적 표현이 국민교육헌장이었던 데 대해서 우가키 총독의 농촌 진흥은 '자립, 근검, 협동공영, 충군애국' 과 교육칙어였다. 박정희, 우가키 두 사람 다 농촌 출신 군인이었다. 두 운동의 현장지도자들은 새마을 연수원과 農道(농도)강습소에 의해 각각 양성되었다. 새마을노래와 농촌진흥가, 경제개발 5개년 계획과 농가경제 5개년 계획, 育林日(육림일)과 愛林日(애림일), 모범 마을의 선정 등 공통점이 적지 않은 것이 사실이다.

제자 李永泰(이영태)는 박정희 선생이 조선어 시간에 태극기에 대해서 가르쳐주었다고 증언했다. 박정희는 복도를 향해서 立哨(입초)를 배치한 뒤 우리나라의 역사를 가르쳐주었다고 한다. 대구사범 때 김영기 선생이 쓰던 방법이었다. 박 선생은 또 음악시간엔 '황성옛터' 와 '심청의 노래' 를 가르쳐주었다.

이영태는 박 선생을 통해서 임시정부가 상해에 있다는 것도 알았다. 이영태는 박 선생이 경찰 지서의 사찰주임인 오가와 순사부장하고 자주 논쟁하는 것을 보았다. 제자 朴俊福(박준복)의 증언에 따르면 박 선생은 일본인 교사들하고도 사이가 좋았는데, 아리마 교장과 야나자와(柳澤) 교사와는 말다툼 하는 것을 본 적이 있다고 한다.

"나는 대장이 될란다"

박정희가 담임했던 5학년의 급장이었던 申現均(신현균)은 박 선생이 특히 우리말의 지도에 열성을 보였다고 기억했다. 박 선생은 운동회 때 100m 달리기에서 일본인 교사 쓰루다에게 졌는데, 연습을 많이 하여 다음 시합에서는 그를 물리쳐 문경에선 이름을 날리게 되었다.

박 선생은 제자들을 모아서 나팔조를 만들고 지도했다. 박 선생은 새벽 4~5시만 되면 학교 운동장에 올라가 마을을 내려다보고 나팔을 불었다. 마을 사람들은 "야, 박 선생 나팔소리다. 일어나서 소여물을 끓여야겠다"고 하는 것이었다. 그는 잠든 민족을 깨워 일으키는 연습을 하고 있었던 셈이다.

대구사범 동창생들에게 '박정희' 하면 즉각 '나팔수'란 말이 떠오르듯이 문경사람들에게 '박 선생' 하면 '새벽 나팔소리'가 연상된다. 제자 신현균은 1962년에 "지금도 아침 6시 서울제일방송에서 기상 나팔 소리가 들릴 때마다 선생님 생각이 간절합니다"라고 썼다(《이낙선비망록》). 문경 어린이들은 귀에 못이 박인 박 선생의 나팔소리에 맞추어 노래를 부르기도 했다. 黃實光(황실광) 할머니가 지금도 기억하는 가사.

"데데쿠루 데키와 미나미나 고로세(튀어나오는 적들은 모두모두 죽여라)."

박정희는 마을 청년들을 모아서 악단을 만든 뒤 출장공연도 했다. 박정희는 대통령 시절에 "산으로 둘러싸인 문경이 답답하게 느껴졌다"고 회고했었다. 답답한 것은 지형 때문만은 아니었을 것이다. 혼자 있기를 좋아한 박 선생에게 있어서 나팔은 답답한 마음을 달래주는 친구였다. 소년기에 이순신과 나폴레옹의 전기를 읽으면서 군인이 되겠다는 꿈을 키웠고 대구사범 시절에 그런 소질을 확인한 박정희는 교사가 되어서는 그 꿈을 구체화시키게 된다. 박 선생이 부임한 첫해, 그가 담임했던 3학년 반의 급장이었던 주영배(전 초등학교 교장)는 이렇게 물은 적이 있었다. 박 선생이 심심하면 자신에게 "니는 임마, 커서 뭐가 될래"라고 물어서 되받은 것이었다.

"선생님은 그러면 이 담에 뭐가 될 낍니꺼."

"나. 나중에 봐라. 나는 대장이 될란다. 전장에 나가서 용감히 싸워 이기는 대장이 될란다."

문경의 박 선생은 토요일 오후나 일요일에는 아이들을 불러모아서 학교 앞산에 올라갔다. 그리고는 편을 갈라서 전쟁놀이를 시켰다. 나무 막대기를 주워 와서 총으로 사용하도록 했다. 박 선생은 목검을 들고 '얏, 얏 하면서 검도도 가르쳐 주었다. 제자 朴命來(박명래·전 점촌초등학교 교장)는 가을 운동회 때 박 선생이 지도하여 전쟁놀이를 단체 경기로 보여준 것을 기억하고 있다. 학생들에게 목총을 만들게 하여 실을 잡아당기면 화약이 터져서 폭음이 들리도록 했다. 박 선생은 재빠른 아이들은 일본군으로, 동작이 굼뜨는 아이들은 중국군으로 편성하여 고지전을 벌이는 연출을 했다. 물론 중국군이 패퇴하는 것으로 끝났다.

6학년생 박명래는 중대장이 되어 "돌격!"하면서 달려가니 많은 부하들이 따라 주어 기분이 좋았다는 것이다. 학예회 때도 박 선생의 학급에서는 '지원병 출정'이란 제목의 연극을 했다. 각본은 박정희가 썼다. 당시 군국주의 분위기에 호응하는 내용이었던 것으로 보인다. 이 무렵 일본군은 중일전쟁을 확대시켜 대륙의 심장부로 뛰어들고 있었다. 난징(南京)과 쉬저우(徐州)가 함락되자 일제는 보통학교까지도 학생들을 모아서 축하대회를 열도록 했다.

1939년에 1학년 담임이었던 박 선생은 숙직실에서 기거하고 있었다. 숙직하는 날에는 학생들에게 미리 알려주었다. 1학년 학생들은 집에서 저녁을 먹고 놀러갔다. 박 선생은 귀한 과자를 어디서 구했는지 아이들에게 나눠 준다는 소문이 돌아서 과자를 얻어먹으러 오는 아이들이 많았다. 이종기는 숙직실에서 들은 박 선생의 구수한 이야기를, 입안에서 녹아들던 과자 맛과 함께 지금도 기억하고 있다.

"우리는 조선사람이다, 우리 글과 우리 역사를 알아야 한다는 말씀을 하시면서 이순신 이야기를 재미있게 해주시는 것이었습니다. 교과서에 등장하는 일본의 영웅들이 이순신 장군에게 패주하는 이야기를 듣는 것만으로도 대단한 충격이었습니다. 선생님은 거북선 그림을 그려가면서 실감 있게 전투장면을 묘사하시는 것이었습니다. 왜놈들이 배 지붕으로 올라오면 송곳으로 찌르게 만들었다느니 물 속으로 잠수까지 했다느니 하시면서 몸짓을 해가며 연기를 하시는데 흥분 그 자체였습니다."

박정희는 아리마 교장을 설득하여 나팔 네 개를 구입했다. 그리고는 박영래·조영호·전세호·홍봉출을 나팔수로 뽑아 지도했다. 이들은 한 달 후부터는 조회 시간에 등장하여 학생들이 조회를 끝내고 교실로 들어갈 때 나팔 소리에 발을 맞추도록 했다. 운동회나 遠足(원족, 소풍의 일본식 표현·편집자 注) 때도 나팔수들이 행진곡을 불어 분위기를 돋우었다. 박정희는 1938년에는 이미 만주군관학교에 시험을 칠 준비를 하고 있었다. 그가 김순아 여인의 하숙집을 나와서 학교 숙직실에서 기거하기 시작하면서 시험 공부를 할 시간도 갖게 되었다.

5
軍人의 길로

"박정희는 血書를 쓰고 滿軍에 갔다"

1940년(군관학교 입학)의 세상
나치 독일, 프랑스 점령
독일 공군, 런던 폭격
상해임시정부, 광복군 사령부 창설
일본, 독일·이탈리아와 동맹조약 체결

血書(혈서)

나는 박정희를 '교사, 군인, 혁명가'라고 표현한다. 이 세 가지 이력과 性格이 한 몸에 통합되어 있다. 그는 국민들을 군대식으로 가르치고 국가를 혁명적으로 改造한 사람이다. 그가 문경 산골의 국민학교 교사직을 그만두고 군인의 길로 가지 않았더라면 혁명가는 될 수 없었을 것이다.

1998년 서울 강남구에 살고 있던 유증선 할아버지는 나이가 87세였지만, 상당히 또렷한 기억력을 갖고 있었다. 그는 박정희와 함께 교사 생활을 했던 분들 중에서는 유일한 생존자였다. 지금까지 박정희 선생에 대한 증언들은 거의 전부가 제자들에 의해서 이루어졌다. 자연히 과장과 오해, 그리고 미화가 있을 수 있었다. 그런 점에서 동료 교사 유증선의 증언은 객관적이고 좀더 정확할 것이다. 그의 증언을 요약해본다.

「내가 문경공립보통학교에 부임한 것은 1938년 4월 초로서 박정희 선생이 근무 중일 때였다. 나의 아내는 임신 중이라 친정으로 보내고 하숙집을 찾아야 했다. 그때 학교 숙직실은 박정희 선생이 이미 차지하고 있었다. 나는 박 선생의 양해를 얻어서 한 방에서 同宿(동숙)했다. 당시 나는 50원의 월급을 받고 있었다. 생활비를 줄이려고 시작한 숙직실 생활은 아리마 교장이 개입하면서 중단되었다. 그는 점잖게 "숙직실은 숙직 교사들을 위한 것인데, 두 분이 여기서 잠을 자면 곤란하지 않은가"라고 했던 것이다. 나는 짐을 싸들고 하숙집을 구해서 내려갔다. 박 선생은 김순아 여인의 하숙집으로 돌아갔다.

 우리가 숙직실에서 가까이 지낼 때 박정희 선생은 도무지 말이 없었다. 그러나 할 말은 반드시 하는 사람이었다. 강직한 성품에서 나는 "이 사람은 군인이 되어야 할 사람이구나"하는 생각을 했다. 그가 바로 대쪽이었다. 남이 싫어하고 피하는 일도 자신의 판단에 따라 해야 하는 일이라고 생각하면 거침없이 자신의 소신을 밝히고 해치우는 것이었다. 나는 어떻게 이런 성격을 갖게 되었는지 신기했다.

 한번은 운동장에서 나를 옆에 세워놓고 기계체조를 해 보였다. 그는 가볍게 철봉을 잡더니 '大車輪(대차륜)'을 하는 것이었다. 철봉에 매달려 몸을 쉬지 않고 휘휘 돌리는 것이었다. 꼭 철봉에 붙어 있는 것같이 자유자재였다. 공부벌레들만 있다고 하는 대구사범에서 저런 운동을 언제 배웠는지 놀랄 따름이었다.

 박 선생은 교사들과는 비사교적이었지만 희한하게도 어린이들에게는 다정다감하게 대하는 것이었다. 코흘리개들과도 사근사근 이야기를 잘도 하는 것이었다. 보통 교사들이 제자들과 잘 어울리지 않는 것은 권위를 지키는 것이 교육상 더 유리하다고 판단하기 때문이다. 그런데 박 선생은 반대였다. 소풍을 가면 박 선생은 무슨 이야기를 하는지 아이들과 어울려 웃고 노래 부르는 것이 꼭 어린아이 같았다.」

 유증선 할아버지는 안동교육대학 국문학과 교수를 지낸 뒤 은퇴했다. 그는 박정희가 왜 만주군관학교에 갔느냐에 대해서 通說(통설)과는 다른 새로운 증언을 했다.

「1938년 5월경이라고 생각된다. 숙직실에서 같이 기거하면서 솔직한 이야기를 서로 털어놓을 때였다. 박 선생이 이렇게 말하는 것이었다.

"저는 아무래도 군인이 되어야겠습니다. 제 성격이 군인 기질인데, 문제는 일본 육사에 가려니 나이가 많다는 점입니다. 만주군관학교는 덜 엄격하다고 하지만, 역시 나이가 걸립니다."

박 선생은 호적상의 나이를 고치기 위한 방도를 이야기하면서 형 박상희에 대해서도 주섬주섬 말하는 것이었다. 자신의 존재에 비해서 형은 굉장한 사람이라는 의식을 깔고 하는 말이었다.

"우리 형님은 지금 고향에서 면장을 하고 있소. 성격도 활달하시고, 저는 이렇게 작고 보잘 것이 없지만 형님은 체격이 크고 외모도 훤칠하시지요. 저는 형님을 존경합니다."

나는 박 선생에게 "그러면 그 형님의 도움을 받아서 호적을 고칠 수 있지 않느냐"고 했다. 박 선생은 며칠동안 고향에 다녀와서 나이를 고친 것으로 알고 있다. 그가 한 살 낮추었다고 말한 것을 기억하고 있다. 그것으로 문제가 끝날 것 같지가 않았다. 신원조회를 하면 학교에 있는 박 선생의 기록과 호적이 서로 틀려 말썽이 생길 것 같았다. 나와 박 선생은 숙직실에서 밤새 고민했다. 우리가 연구한 것은 '어떻게 하면 만주군관학교 사람들이 환영할 수밖에 없는 행동을 취할 것인가' 였다.

내가 문득 생각이 나서 "박 선생, 손가락을 잘라 혈서를 쓰면 어떨까"라고 했다. 그는 즉각 찬동했다. 즉시 행동에 옮기는 것이었다. 바로 옆에 있던 학생 시험 용지를 펴더니 면도칼을 새끼손가락에 갖다 대는 것이었다. 나는 속으로 설마 했는데 손가락을 찔러 피를 내는 것이었다. 박 선생은 핏방울로 시험지에다 '盡忠報國 滅私

奉公(진충보국 멸사봉공)'이라고 썼다. 그는 이것을 접어서 만주로 보냈다. 그때 편지가 만주까지 도착하는 데는 1주일쯤 걸릴 때였다. 한 보름이 지났을까, 누군가가 만주에서 발행되는 신문에 박 선생 이야기가 실렸다고 말하는 것이었다. 나는 어떤 과정을 거쳐서 그 혈서가 신문에 보도되었는지 알 수 없다. 그때 만주에 가 있던 대구 사범 교련주임 아리카와 대좌가 도와줘서 그 혈서건이 신문에 났는 지, 아니면 만주군관학교에서 신문에 자료를 제공했는지 알 수 없 지만, 어쨌든 목적은 달성된 것이다.

그로부터 며칠 뒤 아리카와가 보낸 편지가 박 선생 앞으로 도착했 다.

박 선생은 "아리카와 대좌가 그렇게 군인이 되고 싶으면 자기에 게 한번 다녀가라고 했다"고 말했다. 그 며칠 뒤 박 선생은 만주에 다녀온 것으로 알고 있다. 아리카와를 만난 모양이었다. 그는 옆구 리에 《동양사》 등 몇 권의 책들을 들고 왔는데 "한번 시험을 쳐보라 고 했으니 해볼 수밖에 없지"라고 했다.

그 직후에 우리는 교장의 지시로 숙직실을 떠나 하숙집으로 옮겼 던 것이다. 박 선생은 아마도 교장한테 다시 양해를 얻어 숙직실로 돌아온 것 같다. 지금도 기억에 남는 것이 숙직실에도 나폴레옹 초 상화를 걸어놓은 박 선생이다. 붉은 망토에 훈장을 주렁주렁 달고 말을 탄 나폴레옹이었다.

내 아들 柳浩文(유호문·전 건설부 산업입지국장)은 1939년에 문 경보통학교에 입학했는데, 담임선생은 박 선생이었다. 이 해 가을 에 박정희는 만주군관학교에 입학 시험을 쳤다. 박 선생이 일본인 교장과 싸우고 만주로 떠났다는 이야기가 있는데 싸운 일이 없다.

내가 1939년 봄에 한 3주간 일본 시찰 여행을 한 적이 있는데, 그
때 그런 일이 있었다면 몰라도. 나는 박 선생이 만주군관학교로 떠
날 때쯤, 즉 1940년 봄에 영주로 전근을 갔다. 그 뒤에 소식을 들으
니 박 선생이 만주군관학교를 거쳐서 일본 육사를 졸업한 뒤에 긴
칼을 차고 문경에 들러 대환영을 받았다는 것이었다. 나는 속으로
'역시 가야 할 길을 갔구나' 하고 생각했다. 5·16 혁명 직전에 그가
대구에서 2군 부사령관으로 있을 때 만났더니 그는 영어책을 읽고
있다가 불쑥 이런 말을 하는 것이었다.
"우리나라가 이래서야 되겠습니까. 뭔가 새로 태어나지 않으면
안 될 기운이 일어나고 있는 것 같은데 어떻게 생각하십니까."
나는 "정치에 관심이 없어 그런 건 잘 모르겠습니다"고 말했을 뿐
이다. 마지막으로 박 선생을 만난 것은 그가 죽기 석 달 전이었다.
내 아들과 제자들도 함께 청와대로 초청하여 옛날 이야기로 꽃을
피웠다. 대통령은 나를 보고 "어. 대머리가 되셨네요"라고 말하여
좌중이 폭소를 터트렸다.」

滿洲行(만주행)

박정희 선생이 혈서를 써서 만주군관학교에 입학 시험을 칠 수 있
도록 허락을 받았다는 동료 교사 유증선의 증언은 지금까지의 통설
과 상반된다. 통설은 박정희가 교장과 싸우고 교사직을 그만둔 뒤
만주로 갔다는 것이다. 이런 통설은 박정희가 대통령으로 있을 때
많이 유포되었다. 이 통설은 한 걸음 더 나아가서 박정희가 "독립운
동을 할 힘을 기르기 위해서 滿軍(만군) 장교가 되려고 했다"는 신

화로 발전하기도 했다.

　여러 사람들의 증언을 종합할 때 혈서說(설)이 더 신빙성이 있어 보인다. 박정희는 대구사범 재학 때나 문경 교사 시절에 늘 군인이 되겠다는 꿈을 키워 가고 있었다. 교장과의 불화 때문에 충동적으로 군인의 길을 선택한 것이 아니라 오랜 집념의 실천이었다. 1962년에 당시 최고회의 의장 비서였던 이낙선 중령이 정리해둔 비망록에서도 비슷한 대목이 발견된다.

　「원래 일본 육사는 연령초과였고 만주군관학교도 연령초과였으나 군인이 되고자 하는 일념에서 군관학교에 편지를 하였다. 그 편지가 만주 신문에 났다(이렇게 군관을 지원하는 애국 정신이 있다고…). 이 신문을 보고서 姜(강) 대위가 적극적으로 후원하게 되었고, 그와의 상면은 만주의 여관에서였다. 그로부터 강은 박의 引導人(인도인)이 되었고, 강은 당시 시험관이었다. 강-울산인.」

　이낙선 중령이 당시 취재한 내용도 유증선의 증언과 거의 일치하고 있다. 그러면 신화는 어떻게 탄생했던가. 대구사범 동기생으로서 그때 문경과 가까운 상주에서 교사로 근무하고 있던 권상하(전 대통령 정보비서관)의 증언.

　「1939년 10월 아니면 11월에 박정희가 보따리를 싸들고 나를 찾아 왔다. 머리를 길렀다고 질책하는 視學(시학·장학사) 및 교장과 싸운 뒤 사표를 던지고 나오는 길이라는 것이었다. 그는 만주로 가서 대구사범 교련주임 시절에 자신을 총애해 주었던 아리카와 대좌를 만날 예정이라고 했다. 우리집에서 하룻밤을 잔 뒤 열차편으로 떠나는 정희를 전송했다.」

　박정희는 권상하 이외에도 몇 사람들에게 비슷한 말을 한 것으로 드러나고 있다. 그러나 박정희는 1939년 10월에 만주군관학교 입학시험을 치르고 학교로 돌아와서 계속해서 근무하다가 다음해 3월에 만주로 떠난 것으로 확인되고 있다. 박정희가 아리마 교장을 패주었다느니 술상을 뒤엎었다느니 싸우고 갔다느니 하는 말들은 뒷받침되지 않고 있다.

더욱 이상한 것은 1976년 2월17일 대통령 공보비서관 鮮于煉(선우연)이 작성하여 박 대통령의 결재까지 받아둔 '대통령 이력서'의 내용이다. 이 자료는 박 대통령이 읽고서 교정을 본 흔적이 남아 있다. 이 자료는 박정희가 만주로 떠난 동기에 대해서 '道(도) 장학사가 나이가 많은 아리마 교장에게 불손한 태도를 취하는 것을 보고 혐오를 느낀 것이 교사직 사임 원인의 하나이다'고 했다. 아리마 교장이 여기서는 동정의 대상으로 둔갑하고 있다. 박정희는 그러면 왜 이런 신화가 만들어질 소지가 있는 말을 했을까. 혹시 자신의 만주 行(행)을 합리화하기 위해서 스스로 꾸며낸 말이 아닐까. 박정희보다 네 살 위인 누님 박재희는 생전에 이런 증언을 남겼다.

"긴 칼 차고 싶어서 갔지"

"동생이 가끔 내 집에 와서는 '죽어도 선생질 더 못해 먹겠다'고 말하곤 했어요. 어느 날 밤늦게 동생이 또 저를 찾아왔습니다. 만주군관학교로 가기로 결심했다고 하는 거예요. 아버님과 상희 형에게 교사를 그만두겠다는 이야기를 꺼냈다가 호통만 들었다면서 만주로 갈 수 있도록 노자를 달라고 했습니다. 며칠 뒤에 돈을 받아서는 본가에 들르지도 않고서 만주로 갔지요."

박정희의 둘째 형 박무희의 장남 재석에 따르면 박상희는 동생이 안정되고 대우받는 교사직을 팽개치고 만주군관학교에 들어가려고 하는 것을 몹시 못마땅하게 생각했다고 한다.

여러 번 경찰서와 감옥에 끌려간 적이 있는 항일투사 박상희는 동생의 변절을 허용하기가 힘들었을 것이다. 박정희는 이러한 비난에 대한 일종의 변명거리로서 일본인 교장 및 시학과의 충돌설을 꾸며내거나 과장하여 퍼뜨린 것이 아닐까. 모든 신화에는 작은 근거가 있듯이 박정희의 신화도 작은 사실에서 출발했을 가능성이 있다. 박정희가 만주로 시험을 치러 간 시기에 어떤 사건이 있었던 것은 사실인 듯하다. 제자 황실광은 박 선생보다는 다섯 살 아래로서 졸업한 뒤에도 박 선생한테 자주 놀러갔다. 1939년 10월 어느 날 하숙집에 갔더니 그는 화를 삭이지 못하고 있었다.

"이제 너하고도 자주 만날 기회가 없을 것 같다. 나쁜 놈 같으니 센진(鮮人)이 뭐야, 센진이. 그래 놓고도 지서장을 불러와 화해를 하라니. 내가 다른 것은 몰라도 그런 것으로는 화해 못 한다."

박 선생이 전해준 사연은 아리마 교장이 視學을 접대하는 술자리에서 조선인을 모욕하는 발언을 했고 자신이 크게 반발했는데 이런 논리였다는 것이다.

"내선일체의 정신은 조선인과 일본인이 하나가 되어 美英鬼畜(미영귀축)을 몰아내자는 것이 아닌가. 그런데 당신들은 조선인을 차별함으로써 천황의 뜻을 어기고 있는 것이 아닌가."

朴교사가 천황을 들먹이면서 교장을 몰아세우자 아리마가 당황하여 일본 경찰을 중간에 넣어 화해를 꾀했다는 것이다. 이 정도의 충돌이 우연의 일치로 만주군관학교 시험 시기와 비슷한 때에 발생했기 때문에 "항일 의식이 강렬한 박 선생이 악질 일본인 교장과 싸우고 독립을 준비하기 위하여 만주로 갔다"는 과장이 이루어졌을 가능성이 있다. 정작 박 대통령은 자신에 대한 소년용 傳記를 준비하고 있던 김종신 공보비서관이 "각하는 왜 만주에 가셨습니까?"라고 묻자 단순명쾌하게 이야기했다.

"긴 칼 차고 싶어서 갔지."

사소한 사연은 어쨌든 이 말이 박정희의 만주행 미스터리에 대한 가장 정직한 해답일 것이다. 박정희는 1939년 10월 만주 무단장(牧丹江)성에 있는 만주군 6관구 사령부內 장교구락부에서 만주국 육군군관학교 제2기 시험을 치렀다. 시험과목은 수학, 일본어, 작문, 신체검사 등이었다. 李再起(이재기·작고·육군 대령 예편)도 같은 장소에서 시험을 치렀다. 이재기는 시험이 시작되기 직전에 만주군 대위가 국민복을 입은 청년을 데리고 들어오길래 시험 감독관인줄 알았다. 그런데 그 청년이 수험생 자리에 앉는 게 아닌가. 나중에 알고 보니까 대위는 간도 특설대에 근무하던 강재호였고 수험생은 박정희였다. 다음해 1월4일자 〈만주국 공보〉에 '육군군관학교 제2기 예과생도 채용고시 합격자 공보'가 실렸다. 박정희는 240명 합격자(조선인이 11명 포함) 가운데 15등, 李翰林(이한림·전 1군사령관)은 봉천에서 시험을 치렀는데 20등이었다.

박 선생을 졸졸 따라다니던 5학년생 강신분·어유남·서광옥은 박 선생이 만주로 떠난다는 소식을 듣고 하숙집을 찾아갔다. 울면서 매달리는 이들에게 박 선생은 "우리 조선 사람은 조선 사람으로서 할 일이 있다"면서 선물들을 하나씩 나누어주더라는 것이다. 박정희가 문경을 떠날 때는 많은 유지들과 학부모, 학생들이 버스정류장에 나와서 전송했다. 박정희는 고향에 들렀다가 3월 하순에 구미역 北行線(북행선) 플랫폼에서 어머니와 헤어졌다.

　칠순 나이의 백남의는 박정희의 옷자락을 붙들면서 "늙은 어미를 두고 왜 그 먼 곳에 가려고 하느냐"고 했다. 老眼(노안)에 눈물이 맺히는 것을 뒤로 하고 박정희는 기차에 올랐다. 박정희가 뒤돌아보니 그의 어머니는 흰옷 그림자가 보이지 않을 때까지 손을 들어 흔들고 있었다. 박정희가 군인의 길을 결단하지 않았더라면 그가 정권을 잡는 일은 없었을 것이고 한국도 다른 길을 걸었을 것이다.

6
1945년 8월15일의 朴正熙

만주군 장교로서 광복을 맞은 그는
한동안 자신의 정체성을 잃어버린다.

1945년의 세상
독일과 일본의 패망으로 제2차 세계대전 종료
美蘇, 한반도에 38도선 긋고 군 진주
李承晚 귀국, 민족대단결 호소
뉘렌베르크 재판
모스크바 3相회의, 한반도 신탁통치 결정

광복의 그날

만리장성 북쪽의 열하성에 포진하고 있던 만주군 8團(단)의 네 조선인 장교들. 1945년 8월9일 소련군의 참전을 가장 먼저 안 것은 반벽산의 단본부에 있던 團長(단장)부관 朴正熙 중위였다. 그는 7월 1일자로 중위로 진급했었다.

8단은 만리장성 북쪽에 흩어져 있는 全 병력(약 4000명)을 싱룽에 집결시켰다가 상부의 명령에 따라 내몽골의 뚜어룬(多倫)으로 북진하라는 작전 임무를 부여받았다. 박정희는 이런 명령을 신현준의 제6연을 비롯한 예하 부대에 전달했다. 그때 방원철이 속해 있던 중화기중대는 만리장성을 넘어 남쪽으로 내려가 일본군과 합동작전을 벌이고 있었는데 통신이 되지 않았다.

당시 만주군은 대대급 부대만이 발전식 무전기를 갖고 다녔다. 한 30분간 발전기를 돌리고 통신기를 틀어야 송·수신이 되는 고물이었다. 방원철이 선임장교로 있던 중화기 중대가 만리장성 남쪽에서 작전을 마치고 반벽산에서 20리쯤 떨어진 孤山子(고산자)의 본부로 돌아온 것은 8월13일 오후. 목욕을 하려는데, 박정희 중위가 전화를 걸어왔다. 긴장된 목소리였다.

"형님, 고생하셨습니다. 지금부터 기밀유지를 위해서 조선어를 쓰겠습니다. 지난 9일 소련군이 침공하여 전면전에 돌입하였습니다. 우리는 상부의 명령에 따라서 싱룽에 집결했다가 뚜어룬으로 진격하게 되었습니다. 내일 새벽 5시까지 반벽산에 도착해주십시오. 반벽산에서 부대를 정비하여 싱룽으로 향합니다. 장비를 최대한 가볍게 꾸려주십시오."

이 순간 방원철도 아차 했다. 그 한 달 전 平泉(평천)에 주둔하던 헌병 상위 문용채가 엽서를 보내왔던 것이다. '건국동맹 군사분맹'의 연락책인 문용채는 이 엽서에서 "나는 持病(지병)을 치료하기 위해서 봉천으로 간다. 방 중위도 몸이 좋지 않은 것을 내가 잘 알고 있는데, 휴가를 얻어서 우선 건강을 회복하도록 하는 것이 어떨까"라고 했다. 방 중위는 이 편지를, "이제 일제의 패망이 임박했으니 휴가를 내어 후방으로 빠졌다가 거사하자"는 취지로 이해했다. 그래서 상부에 휴가를 신청했더니 일본군과의 합동작전이 끝난 뒤 한 달간의 휴가를 주겠다는 약속을 받았던 것이다.

방원철의 중화기 중대 약 250명은 당나귀 50마리에 짐을 싣고서 14일 새벽에 반벽산으로 출발했다. 폭우가 쏟아지기 시작했다. 반벽산에 집결한 8단 병력은 행군대열로 재편성하여 바로 싱룽으로 출발했다. 반벽산-싱룽은 약 60km의 거리였지만 강원도 산악지대처럼 험했다. 차는 다닐 수 없었다.

당나귀와 보병으로 구성된 긴 행렬이 연일 계속되는 폭우를 뚫고 이동했다. 절벽과 계곡을 따라 난 길을 걷자니 하루 50리가 고작이었다. 방원철의 중대에서는 졸면서 걷던 병사가 절벽 아래로 떨어져 죽기도 했고, 급류를 건너다가 떠내려가기도 했다.

신현준의 중대도 식량과 탄약을 실은 당나귀가 물에 떠내려가는 사고를 당하는가 하면 정체불명의 부대로부터 야간기습을 당하기도 했다. 알고 보니 우군부대가 오인사격을 해온 것이었다.

8월15일, 16일도 행군이었다. 일본이 항복한 사실도 모르고 그들은 걷고 있었다. 폭우를 맞으면서 잠을 자고 깨어나면 또 걸어야 하는 상황에서 발전기를 한참 돌려야 작동하는 무전기를 켤 여유도 없었던 것이다. 8월17일 방원철의 부대가 싱룽에 거의 당도했을 때 무전기를 작동시켰다. 아무 방송도 잡히지 않았다. 이리저리 돌리고 있는데, 중국어 방송이 나오는 것이었다. 그 순간 蔣介石(장개석)의 육성연설이 방송되고 있었다. 방원철은 그 연설을 지금도 생생하게 기억하고 있다.

"일본은 14년에 걸친 중국 침략전쟁에서 완전히 패망하여 항복하였습니다. 동북지방에서는 조선 사람들이 우리보다도 더 심한 압제를 받았습니다. 조선 사람들 중에는 일본인에게 빌붙어 나쁜 짓을 한 사람도 있습니다만, 일체의 보복행위를 금하는 바입니다. 東北辨事處(동북변사처)를 조직하여 왕 장군(중국군 소속 조선인 金弘壹·김홍일 장군을 지칭)을 파견하기로 하였으니 자중자애해주시기 바랍니다."

뒤따라오던 신현준은 싱룽에 당도하여 중화민국의 靑天白日旗(청천백일기)가 휘날리고 있는 것을 보고서야 세상이 바뀌었다는 것을 알았다. 신현준·방원철의 증언에 따르면 중국인 8단장은 매우 원만하게 이 사태를 관리했다고 한다.

박정희 등 조선인 장교 네 명은 일본인 장교 13명과 함께 무장해제를 당했다. 당제영 단장은 일본인 장교들을 싱룽 소재 일본군 게도(下道)부대에 인계했다. 다른 만주군 부대에서는 일본인 장교들이 중국인 사병들에 의해서 피살되는 사고가 빈발하고 있었다.

朴正熙의 25時

만주군 중위 박정희가 일본인 장교들과 함께 그 만주군에 의해서 무장해제를 당했을 때 느꼈던 감상은 신현준 상위처럼 착잡했을 것이다. 그의 회고록 《노해병의 회고록》을 인용한다.

「만주군 장교가 된 이래로 계속 소중히 아끼고 있던 손때 묻은 軍刀(군도), 권총, 쌍안경을 고스란히 바치게 되었을 때의 그 심정이란 마치 하늘을 날던 새가 날개를 잃은 것과 같은 것이었다. 그러나 나는 조국해방의 기쁨을 안고 희망찬 장래를 기대하면서 전진하기로 결의하였다.」

머나먼 만리장성 산중에서 그토록 고대하던 광복의 그날을 맞은 박정희, 아니 다카키 마사오는 그러나 잃은 것이 더 많은 자신을 발견하게 되었다. 교사라는 안정된 직장을 버리고 군인의 길을 결단했던 그는 일본이 항복하는 순간 자신이 서 있던 자리가 바로 일본 편이었음을 알게 되었다. 미국의 원폭과 소련의 참전에 의해 앞당겨진 광복이었기에, 그 광복의 소식조차도 이틀 뒤에야 알았듯이 이 결정적인 순간에 박정희는 역사의 격류 속에 무력한 존재로 내던져지고 말았다.

일제의 압제에 대해서는 그토록 반발한 그였지만 그 일본 장교들과 같은 취급을 받아 軍刀(군도)도, 계급도, 월급(약 150원)도 박탈당한 박정희였다. 이때야 비로소 그는 박상희 형이 그토록 말리던 만주행을 후회도 해보았을 것이다. 민족해방의 순간에 서서 기쁨보다도 걱정이 앞서게 된 박정희의 25시. 나라가 힘이 없으면 국민이 구차 해진다는 이 실감, 광복이 몰고온 모순과 곤혹과 갈등의 이 체험이 박정희를 自主人(자주인)으로 빚어내는 원동력이 된다.

한편 소련 하바로프스크 북동 약 70km 아무르 강변 브야츠크에 있던 88특별저격 여단 본부에서 광복을 맞은 金日成(김일성) 소련군 대위는 박정희 만주군 중위와는 처지가 뒤바뀌었다. 쫓는 편에서 있던 박정희가 오히려 쫓기는 입장에 서게 되었고, 김일성은 북한으로의 금의환향을 꿈꾸게 되었던 것이다.

김일성은 한의사인 아버지를 따라 만주로 이주한 뒤 중국인 학교에서 공부하고, 19세에 중국공산당에 가입했다. 중국공산당이 지도하던 東北抗日連軍(동북항일연군)의 중대장급 지휘관이 되어 빨치산 투쟁을 하던 김일성은 1941년 무렵 만주군과 일본군의 공격을 피해 소련으로 건너갔다. 소련 극동방면군은 이 중국인·조선인 혼성부대를 88여단이란 첩보부대로 재편성하였다.

여단장은 중국인 周保中(주보중), 김일성 대위는 제1대대장이었다. 소련군은 조선어까지도 서툴던 이 33세의 대위를 신화 속의 김일성 장군으로 조작하여 평양으로 데리고 들어간다. 김일성은 조국을 떠난 지 20여 년간 줄곧 중국과 소련 공산주의자들의 부하로 있음으로 해서 조선 사람들의 생활과 애환과는 유리되었다. 그는 사실상 중국화된 조선인이었다.

김일성·김정일 집단의 심리적 특징이 된 마적단적 시각, 즉 북한을 점령지로, 동포들을 노획물로 생각하고 자신들의 변태적 호화판 생활에는 아무런 양심의 갈등을 느끼지 않는 특징은 외세에 소속되고 외세에 조종된 만주 경험에서 우러난 바 크다.

박정희·김일성 두 사람 모두 비슷한 시기에 만주를 경험하고 비슷한 시기에 조국으로 돌아왔다가 15년 뒤에는 서로 대결자의 입장에 서게 된다. 두 사람이 만주를 어떻게 경험했는가 하는 것이 그 뒤 한반도의 운명에 적지 않은 영향을 끼치게 된다.

만주군 8단은 싱룽에 주둔하고 있던 일본군 게도부대를 무장 해제시키고, 장비를 접수했다. 그런 뒤 당일 밤으로 싱룽 지역에서 퇴거할 것을 명령했다. 당제영 단장이 예하부대에 하달한 훈령은 이런 요지였다고 신현준은 지금도 기억하고 있다. 그 내용이 양반스러웠기 때문이다.

「1. 오늘 밤에 한해서 초병들은 사전 허가 없이는 일체의 사격행위를 금한다.

2. 우리 8단이 오늘 작별하는 일본군 계도부대와 재회할 때는 적대관계에 놓이게 될지도 모른다.

3. 그럼에도 우리는 오늘까지 동맹 관계를 맺고 생사고락을 함께 해온 전우였다는 사실을 저버릴 수는 없다.

4. 의리를 존중함이 인간의 도리일진대, 우리는 마지막 순간까지 그 도리를 다해야 하느니라.」

세 조선인 북경으로…

8단의 당제영 상교(대령)는 박정희 등 조선인 장교들을 직위해제한 뒤에도 8단에 손님처럼 남아 있게 해주었다. 그런 상태에서 8월을 다 보내고 벌써 만리장성으로 남하하는 가을 기운을 느끼게 해주는 9월 어느 날, 박정희와 이주일이 신현준을 찾아왔다. 방원철은 봉천을 향해서 떠난 뒤였다. 박정희가 입을 뗐다.

"이제 세상이 완전히 바뀌었습니다. 우리가 택할 진로에 대하여 의견을 나누었으면 합니다. 중국 사정은 형님이 제일 잘 알고 계실 터이니 귀국을 위해서 어떤 노선을 선택해야 할지 말씀해 주십시오."

"군자는 대로행이라고 하는 말을 명심해야 하네. 봉천을 경유하여 귀국하는 길은 소련군이 점령하고 있는 데다가 봉천까지의 철로가 두절되어 있네. 북경을 경유하는 길이 멀기는 하지만 가장 안전하지 않을까."

만주국이 망했으니 만주군 8단은 고아처럼 되어버렸다. 당제영 단장은 장개석과 毛澤東(모택동)을 놓고 어느 편에 붙을까 저울질을 하고 있었다. 8단은 부대를 정비한 뒤 미윈(密雲)이라는 소읍까지 이동하여 사태를 관망하기로 했다. 박정희 등 세 사람은 이 기회에 미윈까지만 동행한 다음 헤어지기로 했다. 세 조선인은 당 단장에게 작별인사를 하고 기차편으로 북경으로 향했다. 신현준은 회고록에서 9월21일에 북경에 도착했다고 쓰고 있다. 박정희 일행은 동포가 경영하던 음식점 덕경루에서 며칠을 묵으면서 앞날을 걱정했다.

만주·중국 전선에서 광복을 맞은 조선인 장병들은 북경으로 몰려들고 있었다. 수십 명이 덕경루에서 寄宿(기숙)했다. 상해 임시정부는 崔用德(최용덕) 중국군 소장을 동북판사처장에 임명하여 이들을 광복군 산하에 편입시키려고 했다. 신현준, 이주일, 박정희는 이 광복군에 들어가기로 했다. 북경 시내 北新橋(북신교)라는 곳에 제지공장이 있었다. 이 공장 건물과 마당이 광복군의 병영이 되었다. 박정희는 광복된 뒤에 광복군에 들어간 것에 대해서 쑥스러워했다고 전해진다.

광복된 뒤 광복군으로

광복된 뒤에 일본군·만주군 출신 장병들로 편성된 북경의 광복군은 대한민국 임시정부 산하의 '광복군 제3지대 駐平津大隊(주평진대대)'로 불리게 되었다. 평진은 北京(북경)과 天津(천진)에서 따온 단어였다. 이 부대의 대대장에는 신현준 전 만주군 상위, 1중대장에는 이주일 전 만주군 중위, 2중대장에는 박정희 전 만주군 중위, 3중대장에는 尹瑛九(윤영구) 전 일본군 소위, 정훈관에는 鄭弼善(정필선) 광복군 공작원, 군의관에는 嚴在玩(엄재완)이 임명되었다.

이 부대를 관리한 사람은 장개석 군대의 소장 출신 최용덕이었다. 최 소장과의 연락책임자로 李成佳(이성가) 중국군 중위가 평진대대에 주재했다. 원래 상부에서는 이 평진대대를 박정희 중위에게 맡겨 지휘하려고 했었다. 그가 만주군관학교와 일본 육사를 우등으로 졸업했다는 사실로 해서 평가가 높았기 때문일 것이다.

박정희는 상부에 대해서 "나이로 보나 계급으로 보나 신현준 상위가 나보다 위인데, 내가 지휘관이 되면 질서가 잡히지 않는다"고 사양했다. 박정희는 그렇게 해놓고 신현준을 찾아와서 "형님께서 이 부대를 맡아야 하니 부디 다른 의견을 제시하지 마시고 받아주십시오"라고 간청하더란 것이다.

약 200명의 이 평진대대원들은 귀국 날짜를 기다리는 것이 주된 임무였다. 학병 출신으로서 이 광복군에 속했던 朴基赫(박기혁·연세대 부총장 역임)은 "고향으로 돌아가기 위해서 그런 집단을 만든 것이다. 배편을 기다리면서 규율이 있어야 했고, 그래서 군사편제로 조직된 것이다. 광복군이란 말에 어울리는 이념이 있었던 것도 아니었다"고 했다. 광복군의 일과는 훈련이었지만 가장 큰 문제는 먹는 것이었다. 신현준·박정희 등 간부들은 최용덕과 함께 북경에 있는 동포들에게서 식량을 얻어 와서 부하들을 먹이느라 애를 먹었다.

　신현준은 회고록에서 "구걸해오다시피 하였다"고 했다. 병영으로 쓰고 있던 제지공장 안에는 식당도 없었다. 병사들은 숙소에서 식사를 했고 간부 요원들은 취사장 옆에 한 20명이 앉을 수 있는 식탁을 마련했다. 의자가 없어 식탁 주변에 둘러서서 담소하면서 먹었다. 신현준은 "밥도 먹고 죽고 먹고 굶을 때도 있었다"고 했다. 이때 박정희는 노래 하나를 작사, 작곡하여 혼자서 콧노래로 부르곤 했다. 신현준은 하도 이 노래를 많이 들어서 50여 년이 지난 요새도 기억한다.

　「조팝 깡다리에 / 소금국만 먹어도 / 광복군 정신만은 / 씩씩하게 살아 있다.」

　박정희가 대통령이 된 다음에 지은 '새마을 노래'와 비슷한 경쾌한 곡이다. 박정희는 평생 울분이나 고통을 나팔 불기, 노래 부르기, 기타 치기, 단소 불기 같은 음악을 통해서 위로받으려고 했다. 음악까지도 그는 아주 실용적으로 이용하였다.

　박정희나 신현준은 이 평진대대 안에서 친일시비에 휘말린 적은 없다고 한다. 광복군 병사들은 계급장은 떼고 일본군·만주군 군복을 개조하여 그대로 입고 다녔다. 진짜 광복군 출신 張俊河(장준하·전 사상계 사장·작고)가 이때 박정희와 만나 나쁜 사이가 되었다는 풍설은 사실이 아니다. 신현준에 따르면 좌·우익 대립이 벌써 이 평진부대 안에서 벌어지고 있었다고 한다.

　"눈에 안 보이는 38선이 부대원들 사이에 그어지는 것 같았습니다. 그들이 밤을 새워 사상문제로 토론을 벌이는 일도 잦았어요. 박정희 중대장이 어느 이념에 경도되어 있었는지 뚜렷한 기억은 없지만, 하나 기억에 남는 것은 여운형 선생을 '줏대 있는 지도자' 라고 평가하던 일입니다."

공산주의에 生來的(생래적) 거부감

신현준은 그 사건을 1945년 12월10일 오전 10시에 일어났다고 기억하고 있다. 평진대대의 전 병력을 이끌고 야외에 나가서 훈련을 하고 있는데 갑자기 전방에서 기관총 사격소리가 들렸다. 위협사격이었다. 이어서 일단의 중국군(장개석 국민당군) 부대가 나타났다.

그들은 "모두 훈련을 중지하고 손을 들고 나오라"고 하더니 아무 설명도 없이 北新區(북신구)의 병영으로 행진시켰다. 그리고는 신현준·박정희·이주일 등 장교 출신 간부들을 몽땅 영창에 집어넣고는 문을 잠그고 사라져버렸다. 영문을 알 수 없었다. 신현준은 평진부대를 편성할 때부터 중국공산당 계열의 조선인 공작원들이 몇 사람 묻어온 것을 알고 있었다.

이들은 집회를 갖고 부대원들에 대한 포섭활동도 거의 공공연히 벌이고 있었다. 이 공산주의자들이 협조를 해주지 않는 간부진을 혼내주기 위하여 중국군에게 모략을 하여 이런 일이 일어났다고 신현준은 생각했다. 간부들은 몇 시간 지난 뒤 풀려났으나 이 경험은 박정희에게 오래 기억되었다. 훗날 딸 박근혜에게 박 대통령은 북경에서의 일화를 들려주면서 이국 땅에서도 단결하지 못하고 분열한 조선인의 민족성에 대해서 개탄하였다. 박정희는 평진대대에서 처음으로 공산당과 실체적인 접촉을 할 수 있었고, 그 첫 경험은 매우 기분 나쁜 기억이 되었다. 하루는 박정희가 중대를 훈련시키고 있는데, 몇 사람이 앞으로 나오더니 "당의 회의 때문에 먼저 가봐야 겠다"고 말하는 것이었다.

"잔말 말고 훈련이나 받아!"

박정희는 일부러 더 고된 훈련을 시켰다. 그날 저녁 공산주의자들은 박 중대장을 규탄하는 회의를 소집했다. 그들은 자고 있는 박정희를 불러내는 것이었다.

"중대장 동무는 당의 중대한 회의를 무시했으니 책임을 지시오."

이런 선동에 "옳소!"라고 외치며 동조하는 사람들도 많았다. 박정희는 "옳기는 뭐가 옳아. 돌아가 잠들이나 자!"라는 말을 남기고는 나와 버렸다. 숙소에 돌아온 박정희는 '동무' 라는 말을 곱씹으면서 화를 삭이느라 애를 먹었다고 한다.

동양적·무사적 서열의식과 예절에 철저한 박정희로서는 나이와 계급을 무시하고 맞먹으려드는 공산주의식 인간관계에 生來的(생래적)인 거부감을 느낀 것이다. 박 대통령은 김종신 공보비서관에게 "그때 보니까 이놈 저놈들이 나서서 군대를 팔아먹으려 하더군"이라고 말하기도 했다.

우리끼리는 좌·우익으로 갈리고 중국과의 관계에서는 親(친)장개석 파, 親(친)모택동 파로 또 한번 찢겨져 서로 평진대대의 주도권을 잡으려고 싸우는 조선인들의 심성에 절망한 것이 박정희였다. 이 절망은 곧 거대한 문제의식으로 자라난다.

7
국군장교가 되다!

박정희는 나이가 8~9세나 어린
중대장 밑에서 생도로서의 훈련을
묵묵히 잘 받았다.

1946년의 세상
국군의 前身인 남조선국방경비대 창설
美군정청, 서울대학교 설립
좌익, 대구 폭동
제1회 UN총회(파리)
칸 영화제 南佛에서 개막

세 번째 사관학교

　만주군관학교와 일본 육사 유학동기인 李翰林(이한림)은 1946년 2월에 미 군정청이 창설한 국군의 前身(전신) 남조선국방경비대에 들어갔다. 그해 여름 이한림 副尉(부위·중위)는 5월1일에 창립된 남조선국방경비사관학교의 교관 겸 학생대장으로 부임하였다. 이 때 서울로 올라온 과거의 단짝 박정희를 만났다. 을지로 5가의 어느 허름한 여관에서였다.
　박정희는 "우리 군대가 어떤지 한번 알아보려고 왔다"고 말하는 것이 입대할 마음이 있는 것 같았다.
　"되도록 빨리 들어오게. 시골에 틀어박혀서 이때까지 뭘 했나."
　"세상 구경했지. 아무리 봐도 세상 돌아가는 것이 수상한 걸."
　"그래 시골은 어때."
　"난장판이야. 어떻게 돌아가는 판인지 알 수 없군. 서울 구경도 할 겸 올라왔는데, 군대에 다시 들어갈 생각이 내키는군."
　"어서 들어오게. 잘 생각했네. 나는 그 사이 이북·이남을 두루 살펴봤는데 이 길밖에 없겠어. 이북은 일사천리야. 공산주의자들이 사전에 딱 정해놓고 밀고나가고 있어."
　고향으로 돌아온 박정희는 박재희 누님에게 말했다.
　"구미에서 무슨 취직을 하겠어요. 아무래도 서울에 올라가서 알아 봐야겠어요."
　그 다음날부터 박정희는 자전거를 빌려 타고 다니면서 노잣돈을 마련하고 있었다. 진실 누님(큰누나인 박귀희) 댁에 갈 때 박정희는

"돈을 빌리면 하루 자고 오고 못 빌리면 저녁에 돌아오겠다"고 했다. 저녁에 돌아온 그는 "에이, 돈이 있으면 내가 보태주고 싶더라"고 하는 것이었다. 박재희의 남편 한정봉이 여비를 마련해주어 서울로 떠나게 된 전날 밤 박재희는 열병에 걸려 누워 있었다. 상희 오빠가 무엇을 들고 들어오더니 머리 쪽 선반 위에 올려놓으면서 "야, 이것좀 잘 간수해두어라"고 말하는 것이었다. 다음날 아침 박정희가 나타나더니 선반 위를 더듬었다. 무엇을 내리는데 카메라였다.

"누님, 나 이것 가지고 갈 테니 형님한테는 내가 기차 탄 뒤에나 이야기하세요."

"그것 비싼 거야."

"갖고 가서 필요하면 팔아서 쓸 거예요."

카메라가 없어진 것을 안 박상희는 애꿎게도 재옥이 어머니를 불러 호통을 쳐 눈물을 쏟게 만들었다. 박정희가 서울로 간 지 한 열흘이 지나 박재희에게 편지가 한 통 날아왔다. 박정희가 보낸 것이었는데 사관학교에 들어갔다는 보고였다.

박정희는 1946년 9월24일 조선경비사관학교 제2기생으로 입학했다. 만주군관학교·일본 육사에 이은 세 번째의 사관학교이자 만주군·일본군에 이은 세 번째의 군복이었다. 입시경쟁률은 2 대 1, 입학생은 263명이었다. 중국군·만주군·일본군에서 장교로 근무한 경력자가 35명이었다. 나이 분포는 20세에서 30대 초반까지, 평균 연령은 22.3세였다. 2기생들은 나이와 경력의 차이가 가장 큰 생도들로 꼽힌다. 박정희는 당시 29세로서 나이나 경력면에서 최상층부에 속했다.

생도대는 2개 중대로 편성되었고 중대장 요원은 趙炳乾(조병건·

당시 20세), 吳一均(오일균·당시 21세) 參尉(참위·소위) 등이었다. 조·오, 두 사람은 일본 육사 60기 출신으로서 박정희보다 3년 후배. 박정희는 나이가 8~9세나 어린 중대장 밑에서 생도로서의 훈련을 묵묵히 잘 받았다. 박정희와 같은 중대에 속했던 孫熙善(손희선·육군 소장 예편·국가안보회의 상임위원 역임)은 키가 비슷한 沈興善(심흥선·총무처 장관·육군대장), 박정희와 함께 대열의 끝에서 뛰어 다녔다. 박정희는 불평 한마디 없이 늘 꼿꼿한 몸가짐을 흐트러뜨리지 않았다.

"조선은 文弱하여 망했다"

일제 때 조선 지원병훈련소로 쓰였던 泰陵(태릉)의 경비사관학교 건물은 창틀은 있으나 유리는 끼워져 있지 않은 데도 있었다. 도끼가 없어 구석기 시대 사람처럼 돌로써 장작을 패어 취사를 하기도 했다. 모포에는 이가 버글버글했다. 내무생활은 일본식이었다. 토요일마다 빈 병으로 내무반 바닥을 닦아 번쩍번쩍 빛이 나도록 했다. 흉년이 들어 강냉이밥과 고구마를 많이 먹어야 했다. 그래서 변비로 고생하는 사람들도 많았다. 박정희로서는 6년 전 만주군관학교에서 겪었던 고통이었다. 겨울에 거행된 졸업식에 여름옷을 입고 참석해야 할 만큼 피복 보급이 원활하지 못했다. 그래도 독립국가의 기반이 되는 국군을 만든다는 뜨거운 가슴들이 있었다.

일제의 대륙 침략과 태평양전쟁 도발은 수십만 명의 조선 사람들을 군인으로 만들어 놓았다. 광복이 되었을 때는 실전 경험이 풍부한 아주 큰 병력 자원이 존재하게 되었다. 특히 일본군·만주군의 군복을 입고서도 조국의 문제로 고민했던 많은 장교들이 배출된 것은, 일제가 의도한 것은 아니지만, 建軍(건군)과 6·25 동란에 대비한 인력 양성이란 의미를 갖게 되었다. 이들은 식민지 출신자로서의 군대 경험을 통해 군대가 독립 국가를 유지하는 데 있어서 가장 중요한 기반임을 실감했다. 국가와 군대의 관계에 대한 이런 直視(직시)와 각성은 문약한 문민통치의 전통이 유구하게 흘러오던 우리나라에서는 이례적인 것이었다. 일본 육사 56기 출신으로 군번 1번을 부여받았던 李亨根(이형근·육군참모총장 역임)은 이렇게 회고했다.

「일본 천황이 항복을 선언한 바로 그 날 나는 일본 육군 대위로서 도쿄에 있었는데, 바로 英親王(영친왕) 李垠(이은)을 찾아갔다. 조국이 없는 군인으로서 충성을 바칠 대상을 찾아 헤매던 나는 가끔 (고종의 아들인) 그분을 찾았는데, 그때마다 일본말을 쓰고 일본식으로 응대해주어 기분이 별로 좋지 않았었다. 그런데 이 날은 달랐다. 뜻밖에도 청산유수와 같은 유창한 우리말로 열렬하게 충고하는 것이었다.

"조선과 일본은 다 같은 유교국가이면서도 일본은 尙武(상무) 정신을 발전시켜 무사도를 전통으로 삼았는데, 조선은 武(무)를 천시하여 文弱(문약)에 빠지고 文尊武卑(문존무비)라는 폐습을 이어 오다가 결국은 무사를 존중하는 일본에 병탄당하고 말았소. 나는 언젠가는 우리 조상들, 즉 조선 왕가를 대표하여 문약풍조를 없애지 못하여 亡國(망국)을 초래한 잘못을 우리 동포들 앞에서 깊이 사과하고 싶었소."」

8
그가 가장 비참하였을 때

구속되어 전기고문 받고,
동거녀는 떠나고, 어머니는 죽고

1948년의 세상
대한민국 건국
여순14연대 반란. 제주도 4·3사건
유고 티토, 독자노선 선언
트루먼 美 대통령 再選
도쿄전범재판, 도조 히데키 등 7명에게 교수형 선고

토벌사령부 작전장교

1948년 10월19일 밤 8시쯤 비상나팔을 신호로 하여 여수 주둔 14연대에서 반란이 일어났다. 이 연대는 제주도 공비토벌작전에 출동하기 위하여 대기 중이었다. 연대 내의 남로당 조직책인 池昌洙(지창수) 상사가 주동이 된 이날 밤의 반란으로 20여 명의 장교들이 현장에서 사살되었다. 14연대가 여수를 점령하자 순천에 파견되어 있던 2개 중대도 호응하여 순천을 점령했다. 이 반란으로 여수에서 군인들과 공무원 1200명이 피살되었다. 순천에서도 400여 명의 인명피해가 발생했다. 육군본부는 21일자로 광주 5여단 사령부 내에 반군토벌사령부를 설치하고 사령관에 송호성 준장을 임명하여 2여단(여단장 원용덕 대령)과 5여단(김백일 대령)을 지휘하도록 했다.

22일, 정부는 여수와 순천에 계엄령을 선포했다. 며칠 뒤 토벌군 사령관이 원용덕으로 교체되었다. 참모장은 당시 육군 정보국장 백선엽, 작전 및 정보참모는 정보국 첩보과장 겸 전투정보과장 김점곤 소령이었다. 김 소령은 內勤(내근) 데스크 일을 맡고 있었다. 사령관과 참모장이 일선 전투 지역을 돌아다니면서 지시를 하면 이를 받아 처리하는 일이었다. 예하부대에 작전명령 하달, 보급 관리, 경찰과의 연락 등이 주 임무였다.

김점곤은 柳陽洙(유양수) 소위에겐 경찰과의 연락업무를 맡겼다. 김 소령은 전투정보과 이기건 소위도 불러내렸다. 김점곤은 작전참모 업무를 보좌할 사람을 찾다가 과거의 부하였던 朴正熙(박정희) 소령이 생각났다. 그는 사관학교의 중대장 요원으로 있던 박 소령을 토벌사령부 근무로 발령내도록 원용덕 사령관에게 건의했다. 원 대령도 8연대장 시절에 박정희를 데리고 있었고, 그의 탁월한 능력을 잘 알고 있었으므로 쾌히 승낙했다. '좌익장교' 박정희 소령은 좌익 반란군을 진압할 토벌군사령부의 작전장교로 일하게 된 것이다.

김점곤의 증언.

「戰史(전사) 기록에는 박정희가 작전참모로 적혀 있는데 사실과 다릅니다. 나를 보좌하여 상황판 정리, 작전관계 보고서 작성 따위의 일을 했지요. 아주 능숙하게 일을 했고, 이상한 낌새는 느낄 수 없었습니다. 따라서 항간에서 이야기하듯 반란군에 유리하게 부대 배치를 했다는 소문도 사실이 아닙니다.」

광주 토벌사령부에 내려온 짐 하우스먼 대위는 미 군사고문단장의 특사 자격이었다. 박정희에 대해서는 '미국 사람을 싫어하는 인물'이란 정보가 있어 그는 통역을 중간에 넣어 대화를 걸어보았다. 박정희는 영어를 상당히 이해하는 것 같았으나 영어로 말하려 하지는 않았다. 박정희는 이때 속으로 깊은 고민에 빠져 있었을 것이다. 이미 始動(시동)이 걸린 숙군수사가 자신에게까지 다가오지 않을까 불안에 휩싸여 있었겠지만, 누구한테도 의논할 수 없는 문제였다.

이런 박정희를 더욱 불안하고 곤혹스럽게 만드는 사건이 생겼다. 박정희와 함께 남로당에 속해 있던 '군내의 좌익 거물' 최남근 15연대장이 토벌사령부로 연행되어 온 것이다.

15연대는 마산에 주둔하고 있었다. 여수 14연대가 반란을 일으키자 최남근은 하동 방면으로 출동하라는 명령을 받았다. 10월21일 그는 1개 대대를 이끌고 지리산에 도착했다. 이때 반란군의 기습을 받았다. 崔 연대장은 趙始衡(조시형·농림부 장관 역임) 소위와 함께 반군에 붙들렸다가 엿새 뒤에 하동군 화개장터에 나타났다. 최남근은 나중에 군법회의에서 이렇게 말했다.

"반란군 두목 金智會(김지회) 부대와 부딪쳤을 때 그를 죽일 수도 있었는데, 같은 말씨이고 같은 함경도고 해서 인간적인 양심상 죽이지 못하였다. 그래서 내가 손을 들고 합류하였다. 비록 좌익사상을 가졌지만, 어제의 전우들이 골육상잔한다는 것은 가슴 아픈 일이며, 또한 나를 아껴준 상관이나 부하들을 배신할 수 없어서 탈출하였다. 김지회의 처가 묵인하여 빠져나올 수 있었다."

최창륜, 朴正熙에게 남로당 탈퇴 권유

군 당국에서는 최남근이 叛軍(반군)에 붙잡힌 상황부터가 의심스러운 점이 많다고 판단하여 광주 토벌군사령부에 일단 연금시켰다. 여기서 그를 신문한 이는 김점곤 소령이었다. 김 소령은 8연대 중대장으로 있을 때 원용덕의 후임으로 온 최남근 연대장을 모셨던 적이 있었다. 그때부터 미군 방첩대는 최를 의심하고 있었다. 그는 초급장교 시절에 가족을 데리고 온다면서 두 달 동안이나 부대를 이탈하여 북한에 다녀온 적이 있었다고 한다.

김점곤은 과거의 상관 최남근의 계급장을 스스로 떼게 했다. 잠은 장교 숙소에서 재웠다. 김점곤 소령은 이기건 소위를 부르더니 "오늘 밤 최남근과 박정희가 서로 할 말이 많을 것이니 주의하라"고 당부했다(이기건 증언). 과연 그날 밤 최남근과 박정희는 밤새도록 소곤소곤하더란 것이다.

김점곤 소령은 최남근에게 자술서를 쓰도록 했다. 읽어보니 다른 목격자들의 증언과 맞지 않았다. 그렇다고 강제수사를 할 수도 없었다. 김 소령은 자신의 소견서를 봉투에 넣어 최남근과 함께 숙군 수사본부가 된 육군본부 정보국으로 송치했다. 육본에서는 11월8일자로 최남근을 4여단 참모장으로 전보 발령했다.

그 직후 서울로 철수한 김점곤 소령은 인사차 백선엽 정보국장을 찾아갔다. 마침 그때 미군 방첩대 장교가 들어오더니 최남근에 관련된 자료를 내놓는 것이었다. 백 국장은 서랍 속에 넣어두었던 김점곤의 소견서를 꺼내 대조하더니 안색이 변하는 것이었다. 즉시 최남근을 체포하라고 4연대로 전보를 쳤다. 최는 부임하지 않고 달아났음이 밝혀졌다. 며칠 뒤 그는 대전에서 체포되었다. 그는 군법회의에서 이런 진술을 남겼다.

"내가 이미 국군을 배반한 반역자가 되었는데, 군법회의에 회부되면 필경 김지회에 대하여 언급하지 않을 수 없어 이중의 배반자가 된다. 그래서 군인생활을 청산하고 조용히 살기 위하여 도망하였다."

박정희는 최남근의 체포가 바로 자신의 체포로 이어질 수 있을 것이라는 생각을 했겠지만 달아나지는 않았다. 그는 여수 14연대의 반란이 진압된 뒤 서울로 철수하여 육군본부 작전교육국 과장 요원으로 발령받았다. 이 무렵 최창륜이 나타났다. 2년 8개월 전에 여운형의 지시에 따라 박승환 등 동지들과 함께 북한에 들어가 인민군 창설 요원으로 일했던 최창륜이 지옥을 경험하고 탈출해 온 것이었다.

만주군관학교 출신인 최창륜은 1기 후배인 박정희를 왕십리의 자기 집으로 불렀다. 그는 자신이 체험한 공산주의의 악마성을 열심히 이야기해 주면서 빨리 남로당으로부터 발을 빼라고 설득했다. 박 소령이 돌아간 뒤 최창륜은 옆 방에 있던 만주군 후배 朴蒼岩(박창암·육군 준장 예편)에게 "돌아서라고 했더니 박정희는 신중하게 고개를 끄덕이더구먼"이라고 말했다고 한다.

군내의 남로당 조직에 깊숙이 빠져 있던 박정희 소령은 북한 공산주의를 체험하고 월남한 만주군관학교 선배 최창륜의 말을 듣고 마음이 흔들렸을 것이다. 최창륜은 남북합작에 대한 희망을 품고 월북했다가 김일성 일당의 행태를 가까이서 본 뒤 절망한 과정을 설명했다. 최창륜·박창암·박임항·방원철 등 만주군 출신 장교들은 광복 직후 박승환을 중심으로 서울에 모였다가 여운형의 지시를 받고 김일성의 인민군 창설에 참여하기 위하여 1946년 초에 월북했었다.

"이놈들은 공산주의의 탈을 쓴 마적단"

광복 전 박승환은 만주군 조종사로 있으면서 여운형의 밀명을 받아 민족의식이 강한 조선인 만주군 장교들 수십 명을 포섭하여 항일조직을 만든 사람이다.

만주군 출신 동지들을 모아놓고 박승환은 "김일성이 만들고 있는 인민군에 기간요원으로 참여했다가 나중에 남북이 합작할 때 남북한 군대 양쪽에 포진하고 있는 우리가 통일의 주도권을 잡아야 한다"고 설득했다. 당시 만주군 출신들은 남한에 상륙한 미군의 행태와 이에 영합한 일부 한국인들의 작태에 분노하고 있었다.

그들은 소련군에 대해서는 "가난하긴 하지만 미군보다는 나을 것이다"라는 환상을 지니게 되었다. 박승환과 만주군 동지들은 월북하여 김일성을 만났다. 김일성은 이들을 창군작업에 참여시키지 않고 각급 학교에 배치하여 반공학생들을 宣撫(선무)하는 데 이용했다.

방원철은 김일성과 측근들의 호화판 생활을 보고 충격을 받았다. 굶주리는 인민들과 사병들을 코앞에 두고 김일성 일당이 거리낌없이 벌이는 酒池肉林(주지육림)의 향연과 교양 없는 행동거지를 목격한 방원철은 "이놈들이 공산주의의 탈을 쓴 마적단이로구나. 정치집단이 아니라 깡패집단이다"라는 결론에 도달했다.

1947년 박승환과 동지들은 몽땅 숙청되어 감옥에 들어갔다가 박승환은 옥사하고 최창륜 등 다른 사람들은 1948년 9월에 출소하자마자 남한으로 탈출했다. 최창륜과 박창암은 남쪽에 남아 있던 몇몇 동지들이 남로당에 들어가 버린 것을 발견하고는 그들을 찾아다니면서 손을 떼도록 설득하고 있었다.

최창륜은 자신의 이런 '공산주의 절망체험'을 만주군관학교 후배 박정희 소령에게 들려주었다. 공산주의를 체험한 사람이 공산주의를 관념만으로 아는 사람을 설득하는 이런 모습은 지금껏 한국에서 되풀이되고 있는 풍경이다. 박정희 또한 공산주의에 중독된 골수분자는 아니었다. 형의 피살과 이재복·최남근 인맥이 인정을 앞세워 접근하여 박정희의 반골적 기질을 자극하자 자연스럽게 공산당 조직에 휩쓸려 든 것이었다.

박정희 소령의 체포에 대해서는 용산 관사에서 동거하던 이현란 여인의 증언이 실감난다.

「밥을 해놓고 기다리고 있는데, 이효 대위가 찾아왔어요. 술을 마신 모양인데 저에게 돈을 얼마 주면서 당분간 기다리라고 해요. 미스터 박이 출장 갔다는 겁니다. 그랬다면 아래채로 전화를 했거나 메모라도 전해 왔을 텐데 밤새 생각해도 이상했습니다. 다음날 강문봉 대령 부인에게 찾아가서 물었더니 부인이 "아직도 몰랐느냐"면서 남편을 불러서 (체포 사실을) 알려주는 거예요. 너무나 기가 막혔습니다.

지금도 그 생각만 하면 가슴이 떨릴 정도로 쇼크를 받았습니다. 많은 사람들이 관사에 왔다갔다했습니다. 나이는 어리고 의지할 데가 없는 저로서는…. 이북에서 그게 싫어 왔는데 빨갱이 마누라라니. 얼마 후 (수사담당자) 김창룡이가 찾아와서 경위를 설명해주었습니다. 미스터 박의 메모도 전해주었습니다.

"미안해 어쩔 줄 모르겠다. 이것 하나만 믿어주라. 육사 7기생 졸업식에 간다고 면도를 하고 아침에 국방부로 출근하니 어떤 사람이 귀띔해 주더라. 내가 얼마든지 차 타고 달아날 수 있었는데 현란이를 사랑하기 때문에 안 갔다. 이것이 나에게 얼마나 불리한 것인지 아는가."

그러나 난 괘씸했습니다.」

電氣고문

박정희 소령이 수감된 곳은 지금 신라호텔 부근의 남산 기슭에 있던 헌병대 영창이었다. 박정희는 여기서 수사에 협조하기로 결심한다.

그가 수사팀장인 김창룡 1연대 정보주임(소령)에게 써낸 자술서를 읽어본 사람으로서 유일한 생존자는 당시 육군본부 정보국 특무과장(소령)이던 金安一(김안일·육군 준장 예편). 박정희와는 사관학교 동기였고 20여년 전, 기독교 목사로 재직하던 그는 이렇게 말했다.

　"김창룡한테 들었는데 박 소령은 구속되자마자 이런 때가 올 줄 알았다면서 자술서를 쭉 써내려갔다고 합니다. 그 내용인즉 대구폭동에 가담했다가 피살된 박상희 형의 집을 찾아가 보았더니 이재복(남로당 군사부 책임자)이가 유족들을 도와주고 있더랍니다. 李(이)는 '공산당 선언' 같은 책자를 가져다 주면서 남로당에 가입하라고 꾀었고, 형의 원수를 갚으라고 하더랍니다. 자술서를 읽어보니 박 소령은 이념적 공산주의자가 아니고 인간관계에 얽혀서, 또 복수심 때문에 남로당에 들어간 감상적 공산주의자라는 생각이 들었습니다."

　박정희는 자신이 알고 있는 軍內(군내) 남로당 조직원들의 이름들을 많이 털어놓았다. 특히 박 소령이 중대장으로 1년 남짓 근무했던 사관학교 내의 남로당 세포에 대해서 많은 정보를 제공했다고 한다.

　박정희와 친밀했던 육군본부 정보국 전투정보과 김점곤 과장은 김창룡 소령을 따로 불러 때리지 말고 수사하라고 부탁했다고 한다. 그러나 박정희는 혹독한 고문을 받았다.

　자술서를 잘 썼다고 해서 부드럽게 대접하면서 수사를 할 수 있는 분위기가 아니었다. 그 해 4월3일부터 시작된 제주도 폭동과 여순 14연대 반란사건을 통해서 군내 좌익이 저지른 동료 군인들에 대한 학살은 많은 수사관들을 난폭하게 만들었다.

숙군수사의 기본 성격은 숙청이었다. 적법절차와 인도주의가 낄 수 있는 여지는 좁았다.

박정희는 헌병대 영창에서 한동안 있다가 서대문 형무소로 넘어갔다. 여기에는 全軍(전군)에서 붙들려온 숙군 피의자 1000여 명이 건물 2개 동에 수용되어 있었다.

김창룡은 형무소에서 방을 빌려 상주하면서 신문을 벌이고 있었다. 박정희 소령과 같은 무렵에 구속된 金道榮(김도영·육사 1기 출신·육군 대령 예편)은 김창룡의 조사실로 불려갔다. 김창룡 소령, 李漢晉(이한진) 대위 등 수사관들과 마주하게 되었다. 한 구석에서 누군가가 전기고문을 받으면서 비명을 지르고 있었다. 박정희였다. "너도 불지 않으면 저렇게 된다"고 겁을 주기 위해서 고문하는 것 같았다.

김 소령을 신문하던 사람이 "너 이러다간 죽으니 우선 아무나 대고 재판받을 때 부인하라"고 충고했다. 김 소령은 우선 살고 보자는 생각에서 같은 연대의 장교 두 사람을 찍었다. 이 둘은 구속되어 조사를 받고 풀려났다. 김 소령도 재판에서 무죄를 선고받고 석방되자마자 공비토벌에 투입되었다. 경인지구 부대의 숙군 책임자는 특별부대(군수지원 업무담당) 정보처장 車虎聲(차호성) 소령.

그는 서대문 형무소에서 김창룡의 조사실 옆방을 쓰고 있었다. 어느 날 김창룡 방에 들어갔더니 박정희 소령이 우두커니 혼자 앉아 있었다. 차 소령은 친면이 있는 그에게 말했다.

"박 형! 이왕 자백하려면 깨끗이 털어놓으세요. 솔직히 불어야 속도 후련해질 것이오. 너무 걱정 마시오."

박정희는 "이미 다 털어놓았다"고 대답했다. 박정희를 신문한 사람은 일제시대 학병 출신으로서 힘이 장사인 이한진 대위. 그는 사관학교 5기생으로서 당시 중대장 박정희와는 사제지간이었다. 박정희와 육사 동기이고 그와 친하다가 최남근에게 포섭될 뻔했던 한웅진 대위는 이즈음 박정희를 면회 간 적이 있었다. 박정희는 처참한 몰골이었다. 무좀으로 고생한다고 해서 약을 사넣어 주고 왔다.

'박정희의 세포'

박정희가 '남로당 세포'라고 털어놓은 사람들 가운데는 억울한 사람들도 있었다. 아마도 고문을 이기지 못해서 허위진술을 한 것이리라. 그들 중 한 사람이 육군항공사관학교(공군사관학교의 전신) 교수부장 朴元錫(박원석·공군참모총장 역임) 대위였다. 1949년 1월 박정희 담당 수사관인 이한진이 사관학교 5기 동기생이기도 한 박 대위를 연행해 갔다. 항공사관학교 교장 金貞烈(김정렬·공군 참모총장, 국방장관, 국무총리 역임·작고)은 일본 사관학교 4년 후배인 박원석 대위가 그럴 리가 없다고 확신했다.

다음날 명동 증권거래소 건물 안에 있던 김창룡의 수사본부를 찾아갔다. 음산한 분위기였다. 곳곳에서 신음소리, 수사관의 고함소리가 어두컴컴한 복도를 타고 들려왔다. 김창룡은 관동군 헌병 출신으로서 정규 일본 육사 출신에게는 고분고분한 특징이 있었다. 그는 김정렬에게 예의를 갖추었다.

"아니, 남의 교수부장을 빨갱이라고 잡아가면 어떻게 하오."

"아닙니다. 그놈은 빨갱이가 틀림없습니다."

"증거가 있소."

"예, 있습니다. 이것을 보십시오."

김창룡이 차트를 펼쳐 보였다. 웬만한 사람의 키를 넘을 만큼 큰 차트에는 남로당 수뇌부를 頂點(정점)으로 하여 밑으로 피라미드 모양으로 퍼져 나간 남로당 군사조직표가 그려져 있었다.

깨알 같은 글씨로 조직원들의 이름들이 적혀 있었다. 박원석 대위의 이름은 박정희 소령 밑에 올라 있었다.

"아니, 박원석이가 무엇을 했길래."

"드러난 것은 없지만 박정희의 세포입니다."

김정렬은 박정희가 일본 육사 57기 유학생대에 다닐 때 박원석이 58기로서 그때부터 서로 알고 지낸 정도로만 짐작하고 있었는데 같은 세포라니 어리둥절할 뿐이었다. 김정렬은 몇 달 전의 일이 생각났다.

항공사관학교 창설을 주도할 간부 7명이 육군사관학교에서 15일간 교육을 받는데 담당 중대장이 박정희 소령이었다. 박 소령은 일제시대의 군 경력이 훨씬 선배인 김정렬과 朴範集(박범집)을 매일 저녁 숙소에 초대하여 술과 음식을 대접했다.

김정렬은 박정희가 만주군관학교를 수석으로 졸업한 것을 알고 유심히 그를 관찰했다. 名望(명망)대로의 인물됨이었다. 그런데 그가 좌익이라니. 김정렬이 "박원석은 물론이고 박정희 소령도 내가 보기엔 빨갱이가 아닌 것 같은데…"라고 했더니 김창룡은 "아닙니다. 그는 확실합니다"라고 자신있게 대답했다.

김정렬 교장이 가만히 생각해보니 박원석 교수부장을 구해내려면 上線(상선)으로 되어 있는 박정희의 무고함을 증명하면 될 것 같앉다. 그래서 수사책임자 김창룡 소령에게 다짐하듯 재차 물었다.
"만약 박정희 소령이 빨갱이가 아니라는 것이 입증되어 풀려나온다면 어떻게 하겠소."
"그야 박원석이는 자동적으로 풀려나오게 되겠죠."
"박정희가 빨갱이가 아니면 박원석은 그저 나오는 것이오?"
"예, 그렇습니다."

白善燁의 결심

김정렬은 육군참모차장이던 정일권 대령을 찾아갔다. "만주군 후배인 박정희가 빨갱이로 몰려 있으니 살려내라"는 식으로 다그쳤다.
"지금 김창룡이가 나까지 빨갱이로 보고, 나를 못 잡아서 안달인데 내가 어떻게 하겠소."
"아니 그게 무슨 소리요. 참모차장인데 한번 따져볼 수는 있지 않습니까?"
"아이고! 김창룡이 이야기는 하지도 마시오."
김정렬은 백선엽 육본 정보국장을 찾아갔다. 백 대령은 숙군수사의 총책임자였다. 백선엽 대령도 김정렬의 救命(구명) 요청에 대해 難色(난색)을 보였다. 그도 "형님, 말도 마십시오. 김창룡이는 지금 나를 잡아넣지 못해서 안달입니다"라고 하더란 것이다(《김정렬 회고록》).
이에 대해서 백선엽 전 육군대장은 "김정렬 씨가 와서 박원석 대위를 선처해달라고 말한 적은 있지만, 박정희에 관한 언급은 없었다. 김창룡은 나의 지시를 잘 따르는 부하였다"고 말했다.

김정렬은 일본 육사 5기 선배인 채병덕 준장의 서울 용산구 갈월동 자택을 찾아갔다. 그는 지금의 합참의장에 해당하는 국방부 참모총장으로 있었다. 김정렬 교장의 말을 듣더니 채병덕은 즉시 김창룡을 불렀다. 김정렬은 다른 방으로 피했다. 김창룡과 이야기를 나누고 돌려보낸 뒤 채병덕은 김정렬을 다시 불러 이렇게 말했다.

"김창룡이가 말하기를 박정희가 남로당 프락치인 것은 확실한데, 풀어줄 길은 있다고 하는구먼."

김창룡이 제시한 '살릴 길'은 이러했다.

「수사관들이 공산주의자들을 잡으러 갈 때 열 번만 박정희 소령을 앞세우고 동행한다. 만약 박정희가 남로당 세포가 아니면 아무런 거리낌 없이 여기에 협력하여 누명을 벗을 것이요, 그가 공산주의자라 하더라도 열 번을 배신하게 만들면 그 세계에서 영원히 추방되어 전향하지 않을 수 없을 것이다.」

설명을 마치자 채병덕은 김정렬에게 물었다.

"박정희 소령이 거기에 응해줄지 몰라."

"아, 그거야 물론 당연히 응하겠죠."

다음날 일찍 김정렬은 다시 김창룡을 찾아갔다. 박정희가 적극적으로 협력하겠다고 말했다는 것이다. 그 일을 하는 데는 한 보름이 걸릴 것이라고 했다. 김창룡이 아무리 숙군수사의 실력자라고 해도 박정희를 마음대로 풀어줄 수는 없었다. 절차를 밟아야 했다.

전국적 규모로 벌어지고 있던 숙군수사를 총괄하고 있던 것은 육본 정보국 특무과장 김안일 소령이었다. 이 특무과는 SIS(Special Investigation Section)라 불렸다.

이 科(과)는 곧 육군특무대로 확대되고 이 부대가 방첩대·보안사령부로 바뀌면서 두 대통령, 두 정보부장을 배출하는 등 한국 현대사를 주름잡는 권력기관으로서 역사의 전환기마다 중심적 역할을 하게 된다. 김안일은 김창룡이 박정희를 살려주자고 하자 그를 지금의 조선호텔 근방에 있던 특무과 사무실로 불러 직접 신문했다.

"그는 자포자기도 하지 않았지만 그렇다고 특별히 생에 애착이 있는 것 같지도 않았습니다. 의식적으로 태연한 척하는 것도 아니고. 그래서 내가 백선엽 국장에게 살려주자는 제의를 했습니다. 자기 조직을 털어놓은 공산주의자는 거세된 宦官(환관)과 같아 풀어주어도 안심할 수 있다고 판단한 겁니다."

백선엽 국장은 김안일의 건의를 받아들여 박 소령을 면담하기로 했다. 김안일이 수갑을 찬 박정희를 데리고 정보국장실로 들어와서 백 국장 옆에 앉았다.

백선엽은 석 달 전 여순 14연대 반란군 토벌사령부의 참모장일 때 박정희 소령을 작전장교로 데리고 있었다. 마주 앉은 박정희의 모습은 처연했다. 生死(생사)의 기로에 선 한 연약한 인간이 생명을 애원하는 순수한 모습, 그것이 백선엽을 움직였다. 그는 "저를 도와주십시오"라며 백선엽 국장에게 애원조로 말했다. 백선엽은 박정희의 그 말에 무심코 "도와드리지요"라고 대답하고 말았다. 백선엽 장군은 지금도 그 결정적인 말이 '무심코' 나왔다고 또렷이 기억하고 있었다.

"그 말이 결국 그를 살린 것입니다. 도와주겠다고 약속해놓고는 '어떻게 살리나' 하고 고민을 많이 했습니다. 통수 계통을 따라 재가를 받아야 했으니까요. 그 분이 살아난 것은 간단합니다. 저와 직접 대면했기 때문입니다. 숙군 수사 책임자인 저에게 아무도 박정희를 살려달라고 부탁하지 않았습니다. 당시 무서운 수사 선풍이 불고 있어 누구도 감히 저에게 그런 말을 할 수 없을 때였습니다. 제 앞에 앉아 있던 그 분의 측은한 모습, 거기에 저의 마음이 움직인 겁니다."

생애 최악의 나날들

개인적 친분으로 친다면 최남근 중령이야말로 백선엽이 구해야 할 인물이었다. 최남근은 봉천군관학교 선배이고 간도특설대에서 같이 근무했으며, 함께 38선을 넘어와 같은 날 임관하여 군번도 백선엽 바로 앞이었다. 그런 백선엽은 숙군수사가 시작되자 잠적한 최남근을 체포하라는 명령을 내리는 입장이 되었다.

김안일의 기억에 따르면 김창룡이 박정희 구명 사유서를 겸한 신원 보증서를 적어 자신과 함께 백선엽 국장에게 갔다고 한다. 백 국장은 "너희들도 여기에 도장을 찍어"라고 하여 세 사람이 박정희의 신원 보증인이 되었다. 붉은색 안경을 쓰고 세상을 보던, 저승사자 같은 김창룡이 박정희를 살렸다는 것—우리 현대사의 뒤안길에서 벌어졌던 수많은 기구한 인연 중의 하나이다.

1950년 2월 박정희와 동거중이던 이현란이 집을 나가버리자 박정희는 그녀를 찾아 사방을 헤매고 다녔다. 이현란을 자신에게 소개시켜 주었던 이효 소령의 부인 우 씨에게 편지를 한 통 맡겼다.

우 씨가 이현란을 찾아내 박정희의 편지를 보였더니 그녀는 웃기만 하더라는 것이다. 이현란의 생전 증언에 따르면 가출한 뒤 한 번 박정희에게 전화를 걸었다고 한다.

박정희가 자신에 대해서 '교만하다느니 못됐다느니' 험담한다는 소문이 들려와 화가 났던 이현란은 박정희에게 "비신사적으로 행동하지 말라"고 경고했다고 한다. 박정희는 관사에 혼자 남게 되었다. 서른세 살의 홀아비가 된 것이다.

그해 여름 어머니도 별세했다. 박정희가 친구들을 배신하여 살아 남았다고 생각하는 이들은 그의 근처에 가지도 않으려 했다. 박정희도 자격지심에서 사람 접촉을 피했다. 어머니도, 친구도, 연인도 떠난 1950년의 봄은 박정희의 생애에서 최악의 나날들이었다.

이때의 박정희를 아주 가깝게 관찰한 것은 육사 2기 동기생인 한웅진 중령이었다. 당시는 이름이 韓忠烈(한충렬)이었던 그는 韓雄震(한웅진)으로 개명할 때 박정희와 의논할 정도로 형제처럼 가까웠다. 3연대 3대대장으로서 지리산에서 여순 14연대 반란사건의 지휘자 김지회·홍순석을 사살한 한웅진은 중령으로 특진하여 정보국 산하의 방첩부대(CIC) 본부장으로 취임하였다. 이 부대는 조선호텔 건너편에 '대륙공사'란 회사 간판을 걸고 활동하고 있었다. 保安司(보안사)의 전신인 이 조직은 아직 독립 부대로 떨어져 나가지 않고 있었다. 한웅진은 방첩수사 책임자로서 박정희를 마음놓고 만날 수 있었고, 박정희는 동생처럼 아끼던 네 살 아래의 한웅진을 하나의 보호막으로 생각하고 있었다. 한웅진은 결혼하여 전주에 집이 있었지만, 이때는 경교장 근방의 언덕바지(서울강북삼성 병원 근방) 2층집에서 하숙을 하고 있었다. 박정희는 퇴근한 뒤에 이 하숙집에 자주 놀러 왔다. 한웅진의 生前(생전) 증언.

「박정희는 비참한 모습이었습니다. 술에 취해서 내 방에 기어 들어와서는 울기도 하고 잠을 못 이루면서 고민도 많이 했습니다. 나한테 하소연을 하다가 흐느끼고, 그러다가 밤이 늦어 취한 몸으로 아무도 없는 관사를 향해서 돌아가던 뒷모습을 잊을 수 없습니다. 생활은 어렵고, 아내는 가출하고, 어머니는 충격으로 죽고, 친구들은 외면하고, 장래의 희망은 사라지고…. 그 분의 인생에서 가장 어두운 시절이었지요.」

이 한웅진은 5·16 거사 때의 그 결정적인 순간에 박정희와 同行者(동행자)가 되어 한강을 건넌다. 그는 박정희의 가장 허약한 모습과 가장 강인한 모습을 다 본 사람이다. 박정희는 이 무렵 생활비가 모자라 육본 장교들을 찾아다니면서 돈을 꾸기도 했다. 자존심이 강한 그로서는 아주 드문 행동이었다. 6·25 남침 얼마 전에 박정희는 정보국 제5과장 차호성을 찾아오더니 자신의 복직탄원서에 서명을 해달라고 부탁하는 것이었다. 박정희는 숙군 수사에 참여했던 장교가 서명을 해주어야 효과가 있을 것이라고 말하는 것이었다. 차호성은 흔쾌히 서명했다.

9
남침일의 박정희

고향에 가 있다가 연락받고 복귀

1950년의 세상

美 트루먼, 한국전에 파병 결정
중공군, 한국전에 개입, 1·4후퇴
중국, 티벳 강제 점령
6·25직전, 李承晩의 결단으로 농지개혁
中·蘇 우호 동맹

폭풍 전야의 金鍾泌 중위

　육군본부 전투정보과는 유양수 과장의 지도하에 '年末(연말) 종합 적정 판단서'를 만들고 있었다. 연례적인 보고서였지만 북한의 전쟁 준비 상황이 감지되고 있을 때였기 때문에 남침 가능성을 검토하는 데 主眼點(주안점)을 두었다. 1949년 12월17일에 육본 정보국이 상부에 올린 이 판단서의 총론 부분은 박정희가 썼다고 한다. 판단서는 이런 결론을 내렸다.
　「1950년 봄을 계기로 하여 적정의 급진적인 변화가 예기된다. 북괴는 全(전) 기능을 동원하여 전쟁 준비를 갖추고 나면 38도선 일대에 걸쳐 전면 공격을 취할 기도를 갖고 있다고 판단된다.」
　柳陽洙(유양수) 육본 정보국 전투정보과장은 6월15일쯤 장도영 국장에게 '남침 임박'을 강조하는 정보 보고를 다시 한 번 했는데, 국장이 화를 냈다고 한다. 대강 이런 취지의 말을 하는 것이었다.
　"유 과장, 당신 보고는 말이야, 순수한 군사적 입장에서만 본다면 설득력이 있을 수 있어. 그러나 내 생각은 다르다. 이 문제를 너무 강조하지 않는 게 좋겠어. 같이 근무하기가 곤란해."
　다음날 유양수 과장은 6월26일자로 6사단 정보참모로 부임하라는 전근 명령을 받았다. 후임 과장은 발령이 나지 않았다. 이 때문에 국군은 6·25 남침을 당했을 때 핵심 중의 핵심인 전투정보과장이 空席(공석)이었다. 과장뿐 아니라 북한반장도 공석이었다. 북한반장 白(백) 대위는 그 며칠 전 자살했다.
　백 대위는 그때 남북무역을 이용한 정보 수집을 관장하고 있었다.

무역업자를 지정하여 북으로는 약품과 차량 부속품을 보내고 북으로부터는 명태 같은 것들을 받아오면서 이를 기회로 삼아 북한에 대한 정보를 수집하는 것이었다. 백 대위는 이 일을 하다가 돈을 만지게 되었고, 그 돈으로 외도를 한 사실이 밝혀져 다른 부대로 좌천되게 되었다.

 그 며칠 뒤 백 대위는 육본 근처에 있던 김종필 중위의 하숙집을 찾아왔다. 2층 방으로 올라온 백 대위는 김 중위에게 편지를 건네더니 계단을 뛰어서 내려가는 것이었다. 불길한 예감이 든 김 중위는 따라서 내려갔다. 백 대위는 권총을 꺼내더니 심장 부위를 겨냥하고는 "김 중위, 나 간다"란 말을 남기고 방아쇠를 당겼다. 백 대위의 등 뒤 벽에 붙어 있던 거울이 산산조각나는 소리와 함께 백 대위는 쓰러졌다. 김 중위가 그의 입과 코에 손을 대보니 마지막 숨을 몰아쉬고 있었다. 그때 잠옷 바람으로 있던 김 중위는 그대로 뛰쳐나가 육본을 향해서 달리기 시작했다.

 이 사건으로 북한반의 선임 장교가 된 김종필 중위는 과장과 반장이 공석이 된 상황에서 다가오는 인민군의 남침을 맨 앞에서 받아내게 되었다. 6월8일 포천 파견대 양문리 초소에서 "일단의 장교를 대동한 인민군 고급지휘관이 전방 고지에 나타나 종일 정찰을 했다"고 보고해 왔다. 9일에는 같은 현상이 동두천과 高浪浦(고랑포) 건너편 고지에서도 목격되었다. 숲谷(전곡) 지방 도로를 따라 차량 행렬이 南下(남하)하는 것도 관찰됐다.

 19일, 동두천 파견첩보대장 金正淑(김정숙) 대위는 전곡—연천 사이에서 먼지를 일으키며 기동하는 전차 수 대를 발견했다. 다음날엔 더 많은 戰車群(전차군)과 自走砲群(자주포군)이 보였다. 6월

22일 고랑포 파견대장 金炳學(김병학) 중위는 "남천에 있던 인민군 1사단이 38선 바로 북쪽 구화리까지 남하했다"고 보고해 왔다. 도강용 주정이 강변으로 이동하고 있다는 보고도 김종필 중위에게 들어왔다.

"포탄이 아군 진지에 떨어집니다"

이 무렵 작전정보실장으로 불리던 비공식 문관 박정희는 어머니의 1주기 제사를 지내기 위해서 구미로 내려갔다. 그는 떠나기 앞서 김종필·이영근 중위 등을 불러 놓고 "상황이 심상치 않으니 무슨 일이 있으면 구미 경찰서를 통해서 연락해 달라"고 당부했다. 23일 24시를 기해서 채병덕 육군총참모장은 인민군의 대규모 훈련(사실은 훈련으로 위장한 개전준비)에 대비하여 78일간 유지해온 對北경계령을 해제하고 예하부대는 휴가를 실시해도 좋다고 지시했다. 6월24일은 토요일이었다. 오전 10시, 김종필 중위는 장도영 국장에게 급박한 상황을 보고한 뒤 이렇게 말했다.

"적의 전면공격이 임박한 것 같습니다. 내일은 일요일이라 전방 부대에서 외출을 내보낼 텐데, 저는 불길한 예감이 자꾸 듭니다. 뭔가 대비를 해야 하겠습니다."

"응, 나도 동감이야. 일반 참모들을 데리고 갈 테니 상황실에 브리핑 준비를 해두게."

30분 후, 김종필 중위는 육본 인사국장 申尙澈(신상철) 대령, 작전국장 張昌國(장창국) 대령, 군수국장 楊國鎭(양국진) 대령, 고급부관 黃憲親(황헌친) 대령, 그리고 장도영 정보국장 앞에서 "적이 기습을 한다면 내일 같은 일요일의 未明(미명)을 선택할 가능성이 높다"고 보고했다. 김종필은 긴급대책을 건의했다.

「전군에 비상 태세를 명령할 것. 대통령에게 긴급한 상황을 보고하고 정부의 대비를 건의할 것. 적의 주공로로 예상되는 동두천과 조공로로 예상되는 개성 정면에 강력한 정찰조를 침투시켜 적정을 확인할 것. 비상 경보망의 정비. 이 시간 이후 정보국과 작전국이 합동근무반을 편성하여 작전상황실에서 근무토록 할 것.」

김종필 중위의 이 보고에 대해서 작전국장과 군수국장은 냉담한 반응을 보였다. 다만 전방부대에 경계강화를 지시하고 장병들의 외출·외박은 지휘관의 재량에 따라 조절하도록 했다. 육본의 다른 참모들을 움직이는 데 실패한 장도영 국장은 정보국 차원에서 최선을 다해 보기로 한다. 동두천과 개성의 전면에 결사 정찰조를 침투시키기로 했다. 김종필 중위가 起案(기안)한 정찰계획에 따라 김경옥 대위가 인솔한 분대병력은 기관단총과 무전기를 휴대하고 深夜(심야)에 개성 송악산 서쪽 기슭을 타면서 38선을 넘어갔다. 김정숙 대위가 인솔한 정찰조는 전곡을 동쪽으로 돌아 연천으로 향했다. 두 정찰조는 38선을 넘어간 뒤 "적에게 발각되었다"는 소식을 전하고는 연락이 두절되고 말았다.

김종필 중위는 24일 밤 정보국 야간 당직장교였다. 저녁 7시, 그는 정보국의 각 지구 파견대와 전방 4개 사단 정보참모에게 두 시간마다 한 번씩 상황을 보고하도록 지시했다. 밤 9시 옹진반도와 춘천에서 가벼운 총격전이 있었다는 보고가 들어왔다. 38선 일대에서는 호우, 서울에서도 기온이 내려가면서 비가 내리기 시작했다. 김종필 중위는 '불안, 초조, 그리고 야릇한 기대마저 뒤섞인 기분으로' 벽에 걸린 둥근 시계를 응시하곤 했다.

이 시각 육군본부 장교구락부에선 開館(개관) 연회가 질펀하게 벌어지고 있었다. 미 군사고문관들과 수도권의 국군 지휘관들이 참석했다. 술과 춤과 여인들이 있었다. 장도영 국장도 이 파티에 끼었다가 자정 무렵에 관사로 돌아가 잠자리에 들었다. 25일로 바뀌어 새벽 3시, 포천에 나가 있던 첩보파견대장이 김종필 중위에게 제1보를 전해왔다. "전차군을 동반한 대병력이 양문리 만세교 일대에서 공격해오고 있다"는 것이었다.

거의 동시에 7사단 정보장교가 전화를 걸어왔다.

"떨어집니다. 大口徑(대구경) 포탄이 아군 진지에 떨어집니다. 전차도 밀려오고 있습니다."

마른침을 삼키면서 숨이 넘어가듯 절규하는 목소리가 수화기를 울리고 있었다. 김종필 중위는 "왔구나. 드디어 오고야 말았구나"라고 중얼거리면서 한동안 넋 잃은 사람처럼 앉아 있었다.

朴正熙의 6·25 일기

1975년 6월25일자 일기에 박정희 대통령은 25년 전의 그날을 적었다.

「1950년 6월25일 나는 고향집에서 어머님 제사를 드리고 문상객들과 사랑방에서 담화를 하고 있었다. 낮 12시 조금 지나서 구미읍 경찰서에서 순경 한 사람이 급한 전보를 가지고 왔다. 장도영 대령이 경찰을 통해 보낸 긴급전보였다. '今朝未明(금조미명) 38선 전역에서 적이 공격을 개시, 목하 전방부대는 적과 교전 중. 급히 귀경'이라는 내용이었다. 새벽 4시에 38선에서 전쟁이 벌어졌어도 낮 12시까지 시골 동네에서는 아무도 아는 사람이 없었다. 이 동리에는 라디오를 가진 사람이 한 사람도 없었기 때문이다. 오후 2시경 집을 떠나 도보로 구미로 향했다. 경부선 上行(상행) 열차에 병력을 만재한 군용열차가 계속 北行하는 것을 볼 수 있었다.

25일 야간 北行 열차를 탔으나 군 병력 前送(전송)관계로 도중 역에서 몇 시간씩 정차를 하고 기다려야 했다. 이 열차가 서울 용산역에 도착한 것은 27일 오전 7시경이었다. 거리를 다니는 사람들의 표정은 모두 불안에 싸여 있고 위장을 한 군용차량들이 거리를 질주하고 서울의 거리에는 살기가 감돌기만 하였다. 용산 육본 벙커 내에 있는 작전상황실에 들어가니 25일 아침부터 밤낮 2晝夜(주야)를 꼬박 새운 작전국·정보국 장교들은 잠을 자지 못해서 눈이 빨갛게 충혈되어 있고 질서도 없고 우왕좌왕 전화통화로 실내는 장바닥처럼 떠들썩하기만 하였다.」

1950년 6월28일 밤 2시쯤 육본이 용산에서 철수할 때 박정희의 거동에 대한 목격증언으로서는 전투정보과 소속 육사 8기 출신 서정순 중위의 그것이 유일하다. "한강 다리가 끊어진 뒤 뚝섬 쪽으로 가는 것 같았다"는 것이다. 그 후의 목격담은 정보국 5과장 車虎聲(차호성) 소령에 의하여 이어진다. 그의 생전 증언.

「27일 밤에 저는 미아리 전선을 시찰하고 자정이 지나서 육본에 돌아왔는데, 텅 비어 있었습니다. 버리고 간 서류와 지도가 널려 있었어요. 부하 장교들을 데리고 한강다리 쪽으로 가 보았더니 폭파된 뒤였어요. 다리 위엔 시체들이 널려 있고 강에는 추락한 차량들이 수북이 쌓여 있었습니다. 할 수 없이 광나루까지 걸어가서 거기서 헤엄쳐서 건넜습니다. 천호동 쪽에 도착하니 동이 터 훤해지더군요.

저쪽에 누군가가 우두커니 앉아 있는 것이 보였습니다. 가까이 가니 "차 형! 접니다" 하고 불러요. 박정희였습니다. 남루한 작업복에 모자를 쓰고 있었어요. 그의 이야기인즉 나룻배를 타고 건넜다는 겁니다. 우리는 함께 시흥을 향해서 걷기 시작했습니다. 관악산 근방에서 적의 야크기가 격추되어 불타고 있는 것을 보았습니다. 박정희는 아직 폭탄이 남아 있을지 모르니 가까이 가지 말라고 하더군요. 점심 때 누렇고 길쭉한 오이를 따 가지고 오는 아주머니를 만나 갖고 있는 돈을 주고 한 광주리를 다 샀습니다. 저, 박정희, 부하 세 사람이 허기진 배를 채우려고 오이를 다 먹었는데, 그야말로 꿀맛이었습니다. 그날 오후에 박정희와 헤어졌어요. 그는 시흥으로 가고 저는 낙오병 수습을 위해서 강변에 남았습니다."

육군본부는 시흥에 있는 보병학교로 이전했다. 장도영 정보국장은 한강다리가 끊어진 직후 김백일 육본 참모부장과 함께 새벽에 작은 보트를 타고 손바닥을 노 삼아 저으면서 한강을 건넜다. 아침 일찍 보병학교에 가보니 전투정보과 장교들은 보이지 않았다. 장도영 국장은 아직 도착하지 않은 요원들 가운데 '좌익 전력자' 박정희가 끼어 있다는 데 생각이 미쳤다. 육본은 28일 오후 다시 수원으로 옮겼다.

김종필 중위 일행은 시흥의 임시 육본으로 갔다가 다시 수원으로 갔다. 일제시대에 만든 수원청년훈련소에 정보국이 들어갔다고 해서 거기로 갔더니 박정희가 정문에 서서 자신들을 맞아주는 것이 아닌가. 김 중위는 마음이 놓였다. "저분은 역시 북으로 가지 않으셨구나" 하는 안도감. 박정희에게 있어서 6·25 남침은 자신에 대한 사상적 의구심을 해소시키는 계기가 되었다. 그는 이날 한강을 남쪽으로 건너는 선택을 했기 때문에 11년 뒤 그 한강을 반대방향으로 건너 정권을 장악하게 되는 것이다.

10
"신랑 육영수 군과 신부 박정희 양은…"

수십만명의 中共軍이 총공세를
펼치면서 UN軍을 다시 38선으로
밀어붙이고 있던 1950년 겨울,
朴正熙는 두번째 결혼식을 올렸다.
장인의 거센 반대를 묵살하고.

이경령·육영수 母女의 반란

　동생 육예수가 아버지 육종관으로부터 호통을 듣고 나오자 陸英修(육영수)는 마지막으로 아버지를 설득하려고 사랑방으로 들어갔다. 육종관은 대전으로 간다면서 집을 나가 버렸다. 母女(모녀)는 대구로 떠나지 못하고 두 시간쯤 기다렸다. 육영수는 "인사만이라도 드리고 가야 한다"고 마냥 기다리려고 했으나 예수는 "언니, 아버지가 반대하는 결혼을 척 해버리는 것도 로맨틱하잖아" 하면서 출발을 권했다. 어머니 이경령이 나섰다.
　"너희 아버지가 언제 네 결혼 걱정하는 것 보았니. 어서 너희들이 나 먼저 가라. 나는 내일 아버지 모시고 갈 테니."
　육영수·예수 자매는 군용파카를 입고 송재천 중위가 몰고 온 트럭 짐칸에 타고 대구로 출발했다. 이날 집안에서 있었던 일로 해서 신경이 곤두섰던 육영수는 차 안에서 심한 위경련을 겪었다. 예수가 언니의 배를 주물러 주었지만 통증은 계속되었다. 밤 10시에 두 자매가 도착한 곳은 대구 三德洞(삼덕동)의 李正雨(이정우) 집 사랑채였다. 박정희 중령은 9사단 사령부가 대전에서 대구로 옮겨오자 이 집을 얻어 두었던 것이다.
　박정희는 육영수를 잠시 사랑채의 한 방에 눕혔지만, 육영수는 그날 밤을 딴 집에서 보냈다. 아직 정식으로 결혼하기 전이었기 때문이다. 다음날, 즉 1950년 12월11일 육영수는 동생을 데리고 미장원에 갔다가 간밤의 고통으로 엉망이 된 얼굴을 보고 놀랐다. 예수는 "언니, 내일이 결혼식인데 어떡하지"하고 울상이 되었다. 이날 오후 어머니 이경령이 혼자서 대구로 내려왔다. 전날 밤늦게 돌아온 남편과 싸우고 온 것이었다. 두 사람의 싸움은 점잖게 진행되었다고 전한다.

서로 옆방에 앉은 채로 한마디씩 주고받는 식이었다. 육종관이 자기 방에 앉아 "집안도 알아보지 않고 딸을 치우는 부모가 어디 있나" 하고 소리치면 이경령은 안방에서 "영수가 그렇게 마음에 들어 하는데도 가만 있으란 말이에요"라고 외친다. 남편이 소실을 다섯 명이나 집안에 들여도 순종하던 이경령으로서는 이런 '점잖은 싸움'도 대단한 도전이었다.

다음날 일찍 이경령이 대구로 출발할 때 이미 결심이 섰다. 이경령은 딸 편을 들기로 함으로써 육종관과 헤어지는 것이다. 이날 이후 두 사람은 사실상 별거 상태로 들어가고 만다. 육종관은 서울 사직동에 살던 큰 개성댁과 함께 여생을 보내고 이경령은 육영수와 함께 살게 된다. 순종적인 여성상의 전형처럼 보였던 이경령·육영수 모녀의 육종관에 대한 반란은 그들의 내면에 그동안 쌓여갔던, 바람피우는 남자에 대한 공통된 증오심이 공동 전선의 형식으로 發露(발로)된 때문이리라.

훗날 박정희는 정권을 잡자 친인척들의 집에 경찰관들을 배치하여 이권청탁 등 비행에 휘말리는 것을 감시케 했다. 서울에 살던 장인 집 앞에도 경찰이 진을 치자 육종관은 "사위놈이 날 감시하려는 구나" 하고 이경령이 자주 출입하는 친척집에 가서 이런 부탁을 했다고 한다.

"내가 영수한테도 전화를 제대로 할 수 없는데 여기 너희 외숙모(이경령)가 자주 온다고 해서 찾아왔다. 내가 무슨 독립운동 하는 것도 아닌데 형사들이 우리 집에 와 앉아 있으니 성가셔 죽겠다. 너희 외숙모한테 이야기 좀 전해라. 제발 형사들 좀 보내지 말라고."

이 말이 박정희에게 전달되어 육종관에 대한 감시가 풀렸다고 한다.

'억센 기품'과 '온화함'의 화합

박정희·육영수의 결혼식은 12월12일 오후 대구 계산동 천주교성당에서 열렸다. 박정희의 가족으로는 큰형 박동희, 조카 박재석·박영옥이 참석했다. 대구 시장 허억이 주례석에 오르자 모닝코트를 입은 박정희 중령이 독특한 걸음걸이로 입장했다. 육영수는 꽃바구니를 든 두 소녀를 앞세우고 박정희의 대구사범 은사 김영기 선생의 손에 이끌려 들어왔다. 육영수의 들러리는 김재춘 중령의 부인 장봉희와 육예수.

주례 허억은 신랑 신부와 만난 적이 없었다. 그는 주례사를 하면서 "신랑 육영수 군과 신부 박정희 양은…"이라고 序頭(서두)를 떼 장내는 웃음바다가 되었다. 그러나 송재천은 얼굴이 하얘졌다. 송 중위는 신부용 금반지를 하나 사 갖고 있었다.

그는 반지 匣(갑)이 너무 커서 반지만 꺼내 호주머니에 넣어두었다. 그런데 예물 교환 시간에 맞추려고 반지를 찾으니 잡히지 않았다. 마음이 급해진 송재천은 김재춘한테 돈을 타서 뛰어나갔다. 금반지를 새로 구입하여 겨우 예물 교환 시간에 댈 수 있었다. 송 중위가 나중에 차분히 반지를 찾아보니 시계 호주머니에 들어 있었다.

이날 박정희의 은사 김영기는 이런 요지의 축사를 했다.

「창천에 기러기 훨훨 날아가는 맑고 갠 오늘, 신랑 박정희 군과 신부 육영수 양은 바라건대 세상은 회오리바람처럼 그칠 줄 모르니… 신랑의 억센 기품과 아름다운 신부의 온화함이 화합되어 서로 도와, 푸른 강가에 원앙새 한 쌍 훨훨 날아 따뜻한 보금자리를 마련하고…」

 이 결혼식을 준비하는 데 애썼던 대구사범 동기생 이성조의 회고.

「하객은 비교적 많은 편이었지만 피로연은 조촐했지요. 전란 중이라 뭐가 있었겠습니까. 동기생들이 밤새워 피로연을 준비했는데 성당 뒤편에 밤, 대추, 오징어로 한 상 차렸습니다. 순수한 우정으로 마련한 자리였습니다. 이날 우리 동기생들은 다짐을 했어요. "박정희의 신혼생활을 도와주지는 못할망정 방해하지는 말자"고 말입니다. 결혼식이 끝나자 우리는 뿔뿔이 흩어져 각각의 삶 속으로 돌아갔지요. 전쟁 중에 모두가 갈 길이 바빴거든요.」

 박정희도 결혼식 다음날 사단사령부로 출근했다. '신혼여행'이란 개념이 생소하던 때였다. 박정희가 세든 사랑채는 방이 세 개였다. 큰방은 박정희, 두 번째 방은 이경령과 육영수·육예수, 세 번째 방은 운전병과 부관이 썼다. 이 집에는 부엌이 없었다. 육영수는 예수와 함께 현관을 부엌으로 개조하였다.

 박정희는 퇴근하고 귀가하여 식사를 할 때는 주로 처제와 대화하는 편이었다. 그는 아내를 '영수'라고 불렀고 아내는 '저 보세요'라고 얼버무렸다. 박정희가 아침에 눈을 뜨면 아내는 따뜻하게 데운 세숫물을 대야에 받쳐들고 마루에 서 있었다. 육영수는 머리를 곱게 빗고 엷은 화장도 했다. 육영수는 집안에서도 흐트러진 모습을 보이지 않았다. 박정희로서는 처음으로 안락한 가정생활을 맛보게 된 것이다.

11
38線의 봄

"벚꽃은 지고 갈매기 너훌너훌
거울 같은 호수에 나룻배 하나
鏡浦臺(경포대) 난간에 기대인 나와 英(영)"

1951년의 세상
리지웨이 8군 사령관, 서울 재탈환
맥아더 유엔군 사령관 해임
거창 양민학살 사건
휴전회담, 판문점에서 시작

사병의 죽음과 대통령의 죽음

9사단장으로서 석 달 동안 박정희 참모장과 함께 일했던 金鍾甲(육군 중장 예편)은 "사단의 안살림을 완전히 참모장에게 맡기고 나는 작전에만 신경을 썼다"고 증언했다.

"충원·보급 등 행정적인 업무를 워낙 꼼꼼하게, 또 정직하게 처리해주어 저는 걱정할 일이 없었죠. 솔직히 말해서 작전에 대해서도 저보다도 더 많이 알더군요. 사단사령부가 자주 옮겨 다니고 작전지역은 넓고 험준하여 지휘하는 데 어려움이 많았습니다. 사단장이 대대장 얼굴도 모르고 장교들을 한데 모아 훈시할 기회도 없었습니다. 예비연대를 둘 처지도 못 되어 훈련과 교육을 제대로 못 하니 전투에서 신병들의 손실이 매우 많았습니다."

1951년 초, 겨울의 강원도 산악전에서 박정희 참모장은 실탄 공급보다도 주먹밥 공급에 더 신경을 써야 했다. 전선에서는 연기를 낼 수 없어 후방에서 만든 주먹밥을 일선 사병들에게 날라다 주었다. 그 사이 주먹밥은 얼음덩어리가 되어 있곤 했다. 주먹밥과 실탄 수송을 맡은 노무자들의 실정은 더욱 비참했다. 일선 사단마다 이런 노무자들을 2000명씩 데리고 있었다. 이들은 25~40세 연령층으로서 기혼자가 많았다. 1년 기한으로 징집된 이들을 내보내고 나면 보충이 안 된다고 해서 기한을 넘기고도 붙들려 있는 사람들이 많았다.

당시 김종갑의 9사단에서는 큰 접전이 없더라도 인민군의 포격과 기습으로 하루 평균 서른 명꼴로 전사자가 발생했다. 어느 날 두 명밖에 죽지 않았다는 보고를 올린 작전참모가 "오늘은 좋은 날이니 회식을 시켜주십시오"라고 했다. 김종갑 준장은 박정희 참모장을 불러 준비를 시켰더니 그는 정색을 하고 말하는 것이었다.

"한 명도 안 죽었다면 모르지만 두 명밖에 안 죽었다고 축하하자는 데는 반대합니다. 그 두 사람의 부모는 아마 대통령이 죽은 것보다도 더 슬플 겁니다."

김종갑 사단장은 속으로 '건방지게 무슨 반대야'라고 생각했었는데 그 박정희가 대통령이 되고 나서 문득 그때 그 말이 떠올랐다고 한다. 1951년 3월3일자로 이성가 준장이 새 사단장으로 부임했다. 그는 1950년 11월 말 평양 북방의 서부전선에서 8사단장으로 있을 때 중공군의 기습을 받아 사단이 붕괴되는 사태를 겪었다. 이 책임을 지고 군법회의에 넘어갔다가 사면되어 사단장으로 복귀한 것이다. 9사단은 3월6일자로 3군단에서 1군단 소속으로 변경되었다. 이성가 사단장이 부임하자마자 정선군 송계리 송계국민학교에 들어 있던 사단 사령부로 '걸어다니는 공수부대' 인민군 10사단을 요격하라는 명령이 떨어졌다.

인민군 10사단은 석 달 전 국군 9사단 정면을 침투, 후방 깊숙이 진출하여 유엔군의 보급로를 습격하는 등 게릴라 전술을 구사하다가, 국군 2사단의 집요한 추격을 받으면서 약 2000명의 잔존병력을 데리고 태백산맥을 타는 귀환길에 올랐다. 9사단의 29·30연대와 수도사단의 1개 대대는 3월14일 강릉 남쪽 약 50km 산악에서 매복하고 있다가 북상하는 인민군 10사단을 때렸다. 그 뒤 열흘간 대관령·오대산·발왕산 일대의 산악지대에서 9사단은 '쥐 잡기 작전'을 벌였다. 주·야간 계속된 산악전투에서는 차량과 중화기도 별 도움이 되지 않았다. 연대장도 뛰어다녀야 했다(30연대장 손희선 증언).

인민군 10사단은 도피 및 탈출만 한 것이 아니었다. 국군의 허점이 보이면 기습도 감행했다. 10사단은 큰 타격을 받고 지휘부와 일부 병력만이 오대산을 넘어 인민군 지역으로 귀환할 수 있었다. 《9사단史(사)》에는 '송계리 전투'로 유명해진 이 전투에서 9사단 병력 중 115명이 전사하고 77명이 실종, 264명이 부상했다고 기록되어 있다. 2188명의 적병을 사살했다고 기록되어 있는데 이것은 약간 과장인 것 같다. 적 생포 612명, 박격포 2문과 소총 약 900정 및 기관총 30정의 노획은 정확할 것이다. 인민군 10사단의 침투를 허용했던 9사단으로서는 結者解之(결자해지)의 통쾌한 복수를 한 셈이다.

박정희 참모장은 쥐 잡기식 소탕작전 중 눈 덮인 산중에 흩어진 부대원들에게 탄약과 주먹밥을 날라다 주느라고 애를 먹었다. 생포한 포로들을 조사해보니 인민군이 남한지역에서 끌어모은 학생들과 여자들이 많았다. 인민군이 유엔군에 밀려 퇴각할 때 데려갔다가 다시 끌고 내려온 이들이었다. 이 송계리 전투는 창설된 지 다섯 달밖에 되지 않은 9사단에 자신감을 심어주었다. 정일권 총참모장이 부대를 방문해 노획한 장비를 시찰하고 표창했다.

戰線의 봄

1951년 전선에 봄이 찾아오자 유엔군은 반격에 나섰다. 3월6일 리지웨이 사령관은 '리퍼(Ripper)작전'으로 불리는 총반격을 명령했다. 유엔군은 3월14일 서울을 70일 만에 재탈환했다. 중공군은 결전하지 않고 서울에서 철수했다. 全 전선에서 유엔군은 북진을 계속하여 동부에서는 38선을 돌파했다. 미국 정부는 서울 재탈환과 38선 돌파라는 이 기회를 놓치지 않으려 했다. 미 국무부는 휴전 제안문 초안을 만들어 유엔 참전국 정부에 회람시킨다. 공산군 남침 이전 상황에서 휴전하자는 것이 제안의 핵심이었다.

1951년 3월23일자로 9사단은 3군단의 예비대로 돌아 휴식·교육·훈련을 할 수 있는 여유를 얻었다. 사단사령부는 강릉시의 남쪽 6km 명주군 구산리에 두었다. 박정희 참모장의 지휘로 사단은 군장검사를 실시하여 망실품을 교체하고 소대·중대 훈련을 시행했다.

4월15일, 박정희는 대령으로 승진했다. 며칠 뒤 박정희는 연락병을 보내 대구의 육영수를 군용 앰뷸런스에 태워 데리고 왔다. 육영수는 남편의 어깨에 무궁화 세 개가 달려 있는 것을 보고 "어머, 참모장님 계급장이 달라졌나 보네요"라고 했다. 그리고는 남편을 향해서 "어깨가 꽉 찬 것 같아 보기가 좋네요"라고 하니 박정희는 씩 웃기만 했다. 강릉에서 두 사람은 뒤늦은 신혼여행을 즐겼다.

육영수도 군복을 입고 박정희를 따라 경포대를 다녀오기도 했다. 꿈같은 전선의 신혼생활을 일주일간 보내고 돌아간 아내에게 박정희는 사진과 편지, 그리고 自作詩(자작시)를 보내주었다. 육영수는 식구들에게 사진을 자랑하고 다녔다.

육영수의 언니 육인순은 "어머나, 참 아름다웠겠구나. 두 사람이 전쟁통에서 참 오붓한 시간을 가졌겠구나"라고 말했다. 조카 홍소자는 이모가 보여주는 사진을 대하자 "군인과의 사랑이라 해봐야 삭막할 것이라고 생각했는데 그게 아니었다"는 것이다.

"두 사람의 사이는 사진이 다 말해주고 있었습니다. 정말 말이 필요없는 사진이었습니다."

박정희가 붉은 선이 그려진 罫紙(괘지)에 써 보낸 시의 제목은 '春三月 素描(춘삼월 소묘)' 였다.

「벚꽃은 지고 갈매기 너훌너훌 / 거울 같은 호수에 나룻배 하나 / 鏡浦臺(경포대) 난간에 기대인 나와 英(영) / 老松(노송)은 亭亭(정정) 亭子(정자)는 우뚝 / 복숭아꽃 수를 놓아 그림이고야 / 여기가 鏡浦臺냐 古人(고인)도 찾더라니 / 거기가 東海(동해)냐 여기가 鏡浦(경포)냐 / 백사장 푸른 솔밭 갈매기 날으도다 / 春三月(춘삼월) 긴긴날에 때 가는 줄 모르도다 / 바람은 솔솔 호수는 잔잔 / 저 건너 봄 沙場(사장)에 갈매기 떼 날아가네 / 우리도 노를 저어 누벼 볼거나」

육영수는 이 시의 '나와 英' 이란 글귀의 '英' 자에 연필로 동그라미를 그려놓고 '나, 영수' 라고 적어두었다. 말미에 '1951년 4월 25일' 이라 적혀 있는 이 시를 육영수는 오랫동안 간직하면서 두고두고 읽어보곤 했다.

1951년 4월 25일, 9사단은 1군단에서 3군단으로 배속 변경되면서 강원도 강릉에서 오대산 북쪽 龍浦里(용포리)로 이동, 폭 10km의 전방을 맡았다. 이틀 뒤 이성가 사단장이 태백산지구 전투사령관으로 나가고 崔모 준장이 후임으로 들어왔다. 그가 부임하자마자 그 때까지 박정희 참모장 중심으로 인화가 잘 유지되던 사령부의 분위기가 돌변했다.

어느 날 최모 사단장은 일선을 시찰하다가 연대의 배치가 자신의 명령대로 되어 있지 않다고 생각했다. 그는 작전참모 박춘식 중령에게 오후 참모회의에서 이를 해명하라고 지시했다. 박 중령은 박정희 참모장과 함께 작전 명령이 잘못되었나 조사를 해보았으나 부대배치는 작전명령대로 되어 있음을 확인했다.

참모회의에서 박춘식 중령은 사단장이 결재한 작전명령서를 가지고 와서 해명했다. 최 사단장은 "내가 이걸 보고 사인했나, 보지 않고 했지"라고 억지를 부리면서 작전참모를 모욕적으로 질책하는 바람에 참모진과 사단장 사이에 큰 금이 가 버렸다. 참모들은 사단장파와 참모장파로 갈리기 시작했다. 그때 정훈부장은 〈용금옥시대〉의 저자이자 시인이기도 한 이용상 대위였다. 그의 회고.

「밤이 되면 산중턱의 다 찌그러진 한옥인 참모장 숙소에 삼삼오오 모여드는 참모들은 언제나 그 얼굴이 그 얼굴, 즉 참모장파이고 화제는 언제나 사단장 흉담이었으니 사단장의 인품은 언제나 '원가절감' 당하는 것이 보통이었다. 어느 날 밤 K참모가 "참모장님! 사단장 각하께서 포마드를 공급하지 않는다고 며칠째 기합 주는데, 포마드도 군수품 품목에 들어 있습니까" 하고 물었다.

"포마드라니. 머리에 바르는 것 말이야."

"예, 그렇습니다."

박정희 대령은 순간 매서운 눈초리로 변하더니 "중공군이 30리 밖에 와 있는 판국에 포마드는 무슨 놈의 포마드야. 길가에 말똥·소똥 많지 않던가. 그것 부스러지지 않은 걸로 깡통에 담아서 갖다줘요."

박 대령의 이 한마디에 모여 앉은 사람들은 呵呵大笑(가가대소)했다.」

生鮮(생선) 사건

박정희·김재춘 병참참모·이용상, 이 세 사람은 짬만 나면 개울가로 가서 개를 잡아 안주로 삼았다. 문제는 술인데 후방에서 귀하게 구해 온 청주나 국산 위스키가 없으면 의무실에서 에틸알코올을 가져와 물에 타서 마셨다.

어느 날이었다. 박정희 참모장 막사에 참모들이 모여 있는데 김시진 헌병대장이 강릉에 갔다오는 길이라면서 생선회 한 접시와 위스키 한 병을 들고 오더니 놓고 나갔다. 그리고는 옆에 있는 사단장 막사로 들어가는 것이었다. 이 광경을 보고 한 참모가 박정희 대령에게 말했다.

"참모장님, 이상한데요. 사단장님이 평소 술도 좋아하지 않는데, 이 야전에서 웬 생선회를 찾을까요."

참모들은 걱정스러운 표정을 지으면서 귀를 사단장 막사로 기울였다. 관련자와 목격자들의 증언을 종합하면 상황은 대체로 이런 식으로 진행되었다.

"생선회 왔습니다."

"그래, 그래. 빨리빨리 들어오라고 그래."

최 사단장이 급히 야전의자를 펼치는 소리가 들렸다. 김시진은 자기보고 앉으라는 신호인 줄 알고 의아했다고 나중에 실토했다. 영문을 모른 김시진은 "사단장님 시키시는 대로 동해안에 가서 싱싱한 생선회를 가져왔습니다"라고 되풀이했다.

"그러니까 빨리 들여보내라고."

"글쎄, 여기 생선회가…."

갑자기 우당탕 하는 소리가 들렸다. 참모장실에서 귀를 기울이던 박정희 이하 참모들은 웃음을 참으려고 애썼다. 사단장의 고함소리가 들려왔다.

"야, 이 새끼야. 내가 살아 있는 생선 먹고 싶다고 했지, 죽은 생선 먹고 싶다고 했나. 눈치도 없는 놈아."

군내에서 유명해진 이 '생선 사건'의 후일담이 있다. 5·16 거사 직후 김시진은 反혁명분자로 몰리고 있었다. 혁명주체 김재춘이 박정희 소장을 찾아가 말했다고 한다.

"9사단에 있을 때 그 사람은 생선이라는 말이 여자를 가리킨다는 것도 모를 만큼 순진한 사람이란 사실 잘 아시지 않습니까. 우리가 데려다가 씁시다."

김시진은 청와대 정보 비서관으로 발탁되었고, 집에서 쉬고 있던 최 예비역 장군도 박정희의 배려로 국가안전보장회의 상임위원으로 구제되었다. '생선 사건'이 있은 며칠 뒤 박정희 참모장은 아프다면서 출근을 하지 않더니 의무부장으로부터 진단서를 끊어와서 사단장 앞에 내어놓고는 대구 집으로 정양을 가야겠다고 했다. 이 무렵 박정희는 전출을 위해 노력했고, 상부에서는 그를 대구에 있는 육군정보학교장으로 발령을 낼 참이었다.

12
陸本의 深夜 참모회의

이승만 대통령을 제거하는 쿠데타 모의,
그 현장에서 박정희는 침묵을 지켰다.

1952년의 세상

李承晚 대통령, 동해에 평화선 선포
직선제 개헌, 대통령 선거에서 李承晚 재선
미국, 공화당 아이젠하워 대통령 당선
미국, 수소폭탄 실험 성공
영국 런던에서 스모그로 4000여명 사망

"張勉이 최선이다"

1948년 국회에서 선출된 李承晩(이승만) 초대 대통령의 임기는 1952년 7월23일에 끝나게 되어 있었다. 1952년, 戰線(전선)은 38도선에서 고착되어 소모적인 高地(고지) 쟁탈전이 되풀이되고 있었다. 전 해 여름부터 판문점에서는 공산군 측과 유엔군 측이 휴전회담을 지루하게 전개하고 있었다. 이승만은 독립운동을 할 때부터 공산주의를 콜레라균에 비교하여 "인간은 호열자와 타협할 수 없다"고 말하곤 했다.

휴전회담이 자신의 반대에도 불구하고 진행되자 李(이) 대통령은 "더운 밥 먹고 식은 소리를 하고 있다"며 노골적으로 불만을 털어놓았다. 한국을 따돌린 휴전협상을 성사되도록 내버려두지 않겠다고 公言(공언)하는 李 대통령을 미국 정부는 걸림돌로 인식하기 시작했다. 이승만은 1952년 1월18일 일방적으로 동해에 평화선을 선포하여 세계를 놀라게 했다. 2월12일 미국은 평화선을 인정할 수 없다고 이승만에게 통보했다.

1951년 5월4일 3인칭으로 쓰인 이승만 대통령 日誌(일지)에는 이렇게 적혀 있다.

「미국대사 무초가 찾아와서 趙炳玉(조병옥) 내무장관의 사표를 수리한 데 대해서 항의했다. 조병옥은 무초의 사람이며 무초는 그를 통해서 다음 선거를 좌지우지하려고 했다. 조병옥이 무대에서 사라진 지금 무초는 새 사람을 찾고 있는데 그런 인물이 바로 온화한 張勉(장면) 총리이다. 이번 선거는 미국의 전쟁계획을 위해서 중요하다. 자기네 말을 잘 듣는 대통령을 앉힐 수 있다면 미국은 중공에 한국의 절반을 떼어 줄지도 모른다. 이승만을 再選(재선)시키게 되면 그런 계획이 성사될 수 없다. 이승만은 한국의 완전한 독립을 계속해서 주장할 것임을 미국은 잘 알고 있기 때문이다.」

1951년 11월 이승만은 대통령 직선제와 兩院制(양원제)를 골자로 하는 개헌안을 국회에 제출했다. 1952년 1월18일 이 개헌안은 찬성 19, 반대 143, 기권 1로 무참하게 부결되었다. 야당 연합 세력(원내 자유당, 민국당, 민우회)은 4월17일 내각책임제로의 개헌안을 국회에 제출했다. 서명한 의원 수가 개헌 정족수인 123명이나 되었다.

정상적인 절차로는 이승만 대통령이 국회에서 재선되기는 불가능하다는 사실이 명백해졌다. 무초 미국 대사는 1952년 2월15일 국무부에 보낸 電文(전문)에서 "이승만에 대항할 대통령 후보로 떠오르는 李範奭(이범석), 申翼熙(신익희), 장면, 許政(허정) 가운데 최선의 희망은 장면이다"라고 했다.

3월3일 주한 미국 대사관은 "현행 헌법하에서 선거가 이루어지면 이승만이 재선될 가능성은 50% 이하이다. 이승만, 신익희, 장면은 똑같은 확률을 갖고 있다. 미국의 국익에서 판단할 때 張勉의 당선이 가장 바람직스럽다. 그는 이승만에 비해서 합리적이고 유순하다"고 했다.

무초의 미국 대사관은 張勉 총리의 선거지원본부가 아닌가 착각이 들 정도로 적극적으로 움직였다. 그 전략의 핵심은 이승만이 경찰, 특무대, 헌병 같은 수사 기관과 청년단 및 우익 단체를 이용하여 국회의원들을 협박하지 못하게 견제하는 것이었다. 국회의원들이 자유의사로 투표할 수만 있도록 해주면 張勉의 당선이 가능하다고 본 것이다.

태풍의 눈 李鍾贊 육군참모총장

이승만은 "대한민국 국회가 미국의 영향권 아래에 들어갔다"고 판단하고 대응에 나선다. 4월20일, 그는 '무초의 사람'인 장면 총리를 해임하고, 후임 총리에는 '경찰의 代父(대부)' 張澤相(장택상)을 지명했다. 내무장관에는 민족청년단의 설립자 이범석, 국방장관에는 강직한 李起鵬(이기붕)을 밀어내고 申泰英(신태영)을 임명했다. 5월14일, 이승만은 재차 대통령 직선제 개헌안을 국회에 제출했다. 金性洙(김성수) 부통령은 대통령을 비난하는 성명을 낸 뒤 사직서를 제출하고는 부산항에 정박 중인 미군 병원선으로 피신했다. 미국 대사관은 김성수와 장면에게 신변안전을 위한 聖域(성역)을 제공하고 있었다.

임시 수도 부산에서는 개헌문제로 親(친)이승만 시위와 야당의 반대, 미국 측의 음모설로 政局(정국)이 긴박하게 돌아가고 있었다. 밴플리트 미 8군사령관은 李鍾贊 육군 참모총장이 좋아하는 아이스크림을 상자 째 들고 자주 육본을 찾아와서 密談(밀담)을 나누고 있었다. 柳珍山(유진산) 의원 등 야당 측에서도 李 총장에게 자주 사람을 보냈다.

李鍾贊 총장이 有事時(유사시)에 임명권자인 이승만의 병력 동원 명령을 따를 것인가, 작전 지휘권자인 밴플리트의 지시를 따를 것인가가 문제였다. 그때 부산엔 전투병력이 없었다. 원용덕 소장이 지휘하는 소수의 헌병들이 있을 뿐이었다. 이승만은 부산에 계엄령

을 내릴 경우 동원할 부대를 手中(수중)에 갖고 있질 않으니 답답했다. 어느 날 신태영 국방장관이 전화를 걸어 총장을 찾다가 없으니 李龍文(이용문) 작전국장을 바꿔달라고 했다. "병력을 차출하여 부산으로 보내 원용덕 소장의 지휘를 받게 하라"는 전화 지시를 받고 난 이용문은 단호하게 말했다.

"제가 작전국장으로 있는 한 절대로 파병은 못 합니다. 전쟁 중인데 병력을 빼내 정치적으로 사용하는 것은 利敵(이적) 행위입니다."

그리고는 전화기를 '쾅!' 내려놓았다. 5월25일, 이승만 정부는 부산, 경남, 전남·북 일원에 비상계엄령을 선포하고 계엄사령관에 이종찬 육군참모총장, 영남지구 계엄사령관에 원용덕 육군소장을 임명했다. 부산 근교의 金井山(금정산)에 공비가 출몰한 것이 계엄 사유였다.

朴正熙, '국군장병에게 고함'을 起草(기초)

5월26일 아침, 계엄군은 부산에 있는 임시 국회의사당으로 출근하던 국회의원들이 탄 통근 버스가 검문에 불응한다고 국회의원들을 태운 채 헌병대로 끌고 갔다. 끌려간 의원들 가운데 徐範錫(서범석) 의원 등 5명은 국제공산당사건에 연루된 혐의로 구속되었다.

6월2일에는 郭尙勳(곽상훈) 의원 등 6명이 같은 혐의로 구속되었다. 이 11명은 내각제 개헌을 추진하는 핵심 세력이었다. 반공 검사로 유명했던 선우종원도 공산당 혐의를 받고 피해 다니다가 미 8군 정보처의 주선으로 밀항선을 타고 일본으로 달아나 망명했다.

야당 탄압에 앞장선 것은 日帝(일제) 고등계 형사 출신들이 포진한 치안국 사찰과, 김창룡의 육군 특무대, 원용덕의 헌병대였다. 군정시대의 수도경찰청 수사과장 盧德述(노덕술)도 反民特委(반민특위)를 피해 헌병대에 들어가 장교로 근무하고 있었다. 이들은 독립운동가들을 쫓던 솜씨를 反이승만 계열의 국회의원들 사냥에 발휘하고 있었다. 이승만은 친일경찰들을 도구로, 反이승만 세력은 미군과 미국 대사관을 지원세력으로 이용하고 있었다.

국회의원 통근차가 헌병대로 끌려간 26일 오후 4시, 대구 육본에서 열린 참모회의는 격앙되어 있었다. 이종찬 총장의 생전 증언.

「국회 사태를 보고하면서 金宗平(김종평) 정보국장은 쿠데타적 사건이라고 했다. 나는 "군이 정치에 이용되어선 안 된다"고 강경하게 말했다. 참모들은 자기들끼리 회의를 한 뒤 보고하겠다고 했다. 한 시간쯤 지나니 각 부대에 보낼 훈령을 만들어 놓았다고 보고해서 상황실에 갔더니 칠판에 "군은 동요하지 말고 국토방위의 신성한 임무만 다하라"는 요지가 쓰여 있었다.」

'육군 장병에게 고함'이란 제목으로 유명해진 이 육군본부 훈령 217호는 이용문 국장을 대리하여 참모회의에 참석한 박정희 차장이 기초한 것이었다. 요지는 이러했다.

「군은 국가 민족의 수호를 유일한 사명으로 하고 있으므로 어느 기관이나 개인에 예속된 것이 아닐 뿐 아니라 변천무쌍한 政事(정사)에 좌우될 수 없는, 국가와 더불어 영구불멸히 존재하여야 할 신성한 국가의 公器(공기)이므로 군인 된 자, 誰何(수하)를 막론하고 국가방위와 민족수호라는 본분을 떠나서는 일거수일투족이라도 절대로 허용되지 아니함은 재론할 여지가 없는 것이다. 정치 변동기에 처하여 군의 본질과 군인의 본분을 망각하고 의식 · 무의식을 막론하고 政事(정사)에 간여하여 경거망동하는 자가 있다면 累卵(누란)의 위기에 있는 국가의 운명을 一朝(일조)에 멸망의 淵(연)에 빠지게 하여 恨(한)을 천추에 남기게 될 것이다. 忠勇(충용)한 육군 장병 제군, 거듭 제군의 각성과 자중을 촉구하니 여하한 사태에서라도 각자 소임에 一心不亂(일심불란) 헌신하여 주기를 바란다. 육군 참모총장 육군 중장 李鍾贊.」

육본 작전국 차장 박정희 대령이 기초한 '육군 장병에게 고함'(육본 훈령 217호)은 이승만 대통령에 대한 정면도전이었다. 이종찬 육군 참모총장은 군의 정치적 중립이란 명분을 내세우면서 부산 지역에 계엄군을 파견하라는 대통령의 명령을 거부한 것이다. 부산 지역 계엄사령관 원용덕 소장 휘하의 헌병대 2개 중대 병력에만 의존해야 했던 이승만은 불안했다. 이승만은 이때 경찰과 특무대를 통해서 "육본 내의 흥사단 인맥(평안도 인맥을 지칭)이 장면 전 총리와 결탁하여 반역을 꾀하고 있다"는 정보를 받고 있었다.

육본 내의 평안도 인맥이라고 하면 평양 출신인 李龍文(이용문) 국장이 핵심이다. 이용문은 평양고등보통학교 후배인, 장면 전 총리의 비서실장 선우종원과 접촉하여 "함께 혁명을 일으키자"고 부추긴 적이 있으므로 그 정보는 상당히 정확한 것이었다.

詩人(시인) 具常은 1970년대에 한 신문에 회고담을 연재하면서 "이 훈령을 쓴 사람의 이름은 지금 밝힐 수 없다"고 썼다.

陸本의 深夜(심야) 참모회의

1952년 6월 초는 이승만에게는 피를 말리는 순간의 연속이었다. 미군이 곧 계엄령을 선포하여 야당을 이승만의 압박으로부터 자유롭게 해줄 것이란 소문이 부산 政街(정가)에 나돌아 숨어 다니던 국회의원들로 하여금 용기를 갖도록 했다. 야당 의원들의 신변을 미군이나 국군이 보호해줄 수 있다면 국회에서 새 대통령이 선출될 것이고 이승만 정권은 끝나는 것이다.

이 무렵 육본에서 深夜(심야) 참모회의가 열렸다. 증언자 安光鎬(안광호·육군 준장 예편, 대한무역진흥공사 사장 역임·작고)는 당시 총장 비서실장이었다. 안광호의 부친 安秉範(안병범)은 일본 육사 출신으로서 6·25 남침 직후 서울을 빠져 나오지 못하고 인왕산에서 할복자살했다. 안씨의 두 동생도 전사했다.

안씨는 문제의 심야 참모회의가 열린 날을 계엄령 선포 1주일 뒤인 6월1, 2일경으로 기억했다. 총장 전속 부관 유병일 중령이 자신에게 전화를 걸어와 육본 회의실로 나가니 참모들이 모여 있었다고 한다. 이종찬 총장과 유재흥 참모차장은 보이지 않았다.

이종찬 총장은 5월28일 이승만 대통령에게 辭意(사의)를 표명한 뒤에는 관사에서 칩거 중이었고 유재흥 차장이 대리하고 있었다. 안광호의 生前(생전) 증언.

「이상하게도 이용문 작전국장은 보이지 않고 박정희 차장이 대신 참석했다. 유병일 부관이 나에게 議題(의제)를 설명해 주었다. 후방에서 공비 토벌 임무를 맡고 있는 2개 대대를 부산으로 보내 원용덕의 헌병대 병력을 견제하자는 것이었다. 아주 간단한 병력 이동 같았지만 그것이 어떤 결과를 빚을지는 모든 참모들이 잘 알고있었다. 이승만이 유일하게 의존하고 있던 헌병대가 무력화되면 야당이 지배하는 국회에 의해서 이승만 대통령은 실각할 것이다.

내가 회의장에 도착하기 전에 이미 논의가 상당히 진행된 것 같았다. 투입 병력의 지휘관으로 박경원, 이용 같은 사람들의 이름이 거론되고 있었다. 내 느낌으로는 회의의 대세는 파병하는 방향으로 기운 것 같았다. 나는 퍼뜩 이종찬 총장을 생각했다. 그분의 持論(지론)이 '군은 정치에 개입해서는 안 된다' 는 것인데 오늘 회의는 친위 쿠데타를 견제한다는 명분으로 또 다른 쿠데타를 감행하는 것이 아닌가 하는 생각이 들었다.

참모들은 나 보고 이종찬 총장 대신 유재흥 차장을 참모회의 의장으로 모시고 나오라고 했다. 그때가 밤 2시쯤. 나는 대령이고 그는 소장이었지만 우리는 친구 사이였다. 나의 先親(선친)과 그의 선친 유승열 장군도 친구였다. 나는 유재흥 차장을 지프에 태워 육본으로 가는 차중에서 상황을 설명해주었다. 유재흥이 "그러면 어떻게 하면 좋을까"라고 물었다. 나는 이런 요지의 설명을 했다.

"잘하면 혁명이 될지는 모르겠다. 성공 여부는 일선의 사정에 달려 있다. 군단장, 사단장급이 반발하면 수습은 쉽지 않을 것이다. 그러면 전쟁 수행에 차질이 생긴다. 성공해도 군이 혁명했다는 오점을 남긴다. 미국의 지지가 절대적으로 중요한데 밴플리트가 자주 이종찬 총장을 찾아오긴 했지만 이렇다 할 言質(언질)을 준 것은 없다."

이런 내 의견을 듣더니 유 차장이 말했다.

"안 대령, 이러면 어떨까. 군의 정치 불개입을 선언한 지난 5월26일 현재의 입장엔 변함이 없다고."

나는 "그게 좋겠다"고 찬동했다. 유재흥 차장이 참모회의장에 들어가더니 사회를 보기 시작했다. 김종평 정보국장이 의제를 설명한 뒤 "작전참모도 가능하다고 합니다"라고 말했던 것으로 기억한다. 인사참모는 일선 장병들의 사기나 軍紀(군기)에 영향을 주지 않으려면 신속하게 치러져야 하는데 그 판단은 인사참모가 내릴 수 있는 것이 아니라고 했다. 유재흥 차장이 이용문 작전국장을 대리하여 작전참모로 참석한 박정희 대령에게 물었다. 박 대령은 싱긋이 웃으면서 말하는 것이었다.

"그 문제는 상부에서 결심하시기에 달려 있습니다. 그러나 한다면 지장이 없게끔 수배는 됩니다."

나는 지금도 그때 박 대령의 그 묘한 웃음이 뇌리에 선명하게 남아 있다. 군수참모는 "그 문제는 G2(정보), G3(작전)에서 결정할 문제이지 우리와는 상관이 없다"고 했던 것 같다. 개인적으로 물으니 어느 참모도 "꼭 해야 한다"고 말하지 않았다. 참모들의 의견을 다 들은 다음 유재흥 차장이 말했다.

"그러면 육본의 태도를 분명히 하겠다. 오늘 현재 육본의 결심엔 변동이 없다."

회의를 마치고 나가는데 김종평 국장이 내 어깨를 툭 치면서 "안 대령, 잘 됐수다"라고 했다. 나는 "잘 됐수다"란 말을 액면 그대로 받아들여야 할지 어리둥절했다. 그날 회의는 참으로 길게 느껴졌다. 무거운 분위기였고 국가의 운명이 이 자리에서 바뀔 수 있다는 생각을 모두 갖고 있었다.」

淸濁(청탁)을 같이 마실 사람

육군 총장 비서실장 안광호 대령은 새벽 3시쯤 이종찬 총장을 관사로 찾아가 참모회의의 결정을 보고했다. 이 총장은 "오늘 현재 육본의 결심은 변함이 없다고?"라고 반문하더니 웃더라고 한다. 안광호는 "그 참모회의를 누가 소집했고 누가 2개 대대의 부산 파병을 제안했을까. 왜 이용문 작전국장은 참석하지 않고 박정희 차장이 대신 참석했을까"하는 궁금증을 지니고 다녔다. 그는 이종찬 총장과 함께 미국 참모대학에서 공부했는데 그때 물어보았다.

"그 회의는 누구의 발상이었습니까?"

이종찬은 거기에 대해서는 대답하지 않고 "박정희 그 사람 인물이야"라고 했다.

안광호가 "동감입니다"라고 했더니 이 총장은 "어떤 점이 그렇더냐"고 되물었다.

"그날 밤 박정희 대령의 표정을 보니 그가 '명령만 내리시면 가능합니다'라고 답할 때나 유재흥 차장이 '부산파병은 안 된다'고 결론을 내릴 때 흔들림이 없더군요. 저는 박정희는 淸濁(청탁)을 같이 들이마실 수 있는 큰 인물이라고 생각했습니다."

"잘 봤네."

이 참모회의에 참석했던 김종평 정보국장은 "그 회의를 소집한 사람은 박정희 대령이었다"고 증언했다. 파병 문제가 議題(의제)였으니 작전국장을 대리한 박정희가 회의를 소집한 것은 어쩌면 당연했다. 당시 이승만을 실각시킬 목적의 군대동원에 대해서는 이종찬·이용문·박정희 세 사람이 핵심적으로 관여하고 있었다. 작전과장 유원식 중령은 박정희 대령의 지시를 받아 실무적으로 참여했다.

이날 회의에 이종찬, 이용문은 참석하지 않았다. 박정희는 의제만 상정해놓고 회의에서 굴러가는 것을 지켜보는 입장을 취했다. 대령으로서는 회의를 主導(주도)할 위치에 있지도 않았다. 그렇다면 박정희가 단독으로 이런 중대한 회의를 소집했을 리는 없다. 그는, 이용문 국장이든 이종찬 총장이든 상부의 지시를 받아서 했을 것이다.

　파병이 결의되려면 이종찬 총장의 적극적인 의사표시가 있어야 했는데 이날 그는 방관자적인 태도를 취했다. 그렇다면 이용문 국장이라도 총대를 메야 하는데 그는 자리를 피했다. 李(이) 국장은 아마도 박정희 대령으로 하여금 의제를 상정시켜 참모회의의 분위기를 떠보려 했을 것이다.

　그날 밤 참모회의 의장이 된 유재흥 차장은 그 며칠 전(5월30일) 이승만 대통령을 방문했다가 대통령으로부터 심각한 이야기를 듣고 나온 사람이었다.

　"육본에서 지금 흥사단 사람들(평안도 인맥을 지칭)이 반역을 꾀하고 있어. 최고사령관인 대통령에게 抗命(항명)한 이종찬 총장을 砲殺(포살)해야 돼."

　不發(불발)로 끝난 이날 참모회의는 박정희에게 많은 교훈을 주었을 것이다. 그때 육본이 2개 대대를 부산으로 파견하여 '이승만의 계엄군' 헌병 2개 중대를 접수해 버렸다면 거의 틀림없이 정권은 무너졌을 것이다. 야당을 탄압하던 물리력이 사라지면 국회가 정상화되어 間選(간선)으로 장면을 차기 대통령으로 뽑았을 것이다. 미국 측도 그런 군사 개입이 신속하게 충돌 없이 성공하면 그 결과를 기정사실로 추인해 버렸을 것이다.

　육본 심야 회의 며칠 뒤인 6월4일 미국 정부는 이승만에 대한 입장을 바꾼다.

　이날 애치슨 미 국무장관은 주한 미 대사관에 보낸 電文에서 이런 요지의 지시를 했다.

「이승만이 계속 대통령으로 머물러 있는 것이 미국과 유엔의 이익과 합치된다고 우리는 결론 내렸다. 이승만이 직접 선거에 의해서 뽑혀야 그는 국내외에서 더 강력한 지지 기반을 갖게 될 것이다. 따라서 장택상 총리와 협조하여 총리가 제안한 타협안을 국회에서 통과시키는 방향으로 노력하라.」

'장택상의 타협안' 이란 이승만 측이 제안한 대통령 직선제 개헌안과 야당이 제안한 내각제 개헌안 중 직선제와 국회의 정부에 대한 통제 강화 부분을 발췌하여 만든 제3의 개헌안을 가리킨다.

사실상 직선제 개헌안이나 다름없었다. 미국 정부의 이승만 지지는 6월4일 애치슨 국무장관이 국무부와 합동참모본부의 합동 회의를 주재한 뒤 결정한 것이다.

이 결론은 유엔군 사령관 클라크 장군을 비롯한 군부의 견해를 많이 반영했다. 요컨대 유엔군이 직접 이승만 제거에 나서는 방안은 최후의 수단으로서만 갖고 있고 우선은 미국 대사관과 미군이 '객관적 중재자'의 입장에서 이승만과 야당 사이의 타협을 모색하도록 한 것이다. 이 타협이란 이승만의 재집권을 가능케 할 발췌개헌을 성사시키는 것이었다. 미국 정부의 태도 변화에 따라, 쿠데타를 계획하고 있던 이용문-박정희 계열과 미국에 희망을 걸고 있던 야당 세력은 배신감을 느끼게 되지만 自力(자력) 돌파가 불가능한 그들로선 어쩔 수 없는 일이었다.

13
朴槿惠 출생과 李龍文의 죽음

"반네미 자식아 죽긴 왜 죽어"

1953년의 세상
반공포로 석방
6·25남침전쟁 휴전
韓美상호방위조약 조인
부산 국제시장 대화재
스탈린 사망, 흐루시초프 蘇서기장 선임
에드먼드 힐러리 에베레스트 첫 등정

아내와 딸

1952년 여름 戰線(전선)은 38도선을 따라 교착되어 雙方(쌍방) 100만 명이 넘는 중무장한 군대가 서로를 비벼대고 짓이기는 고지쟁탈전을 되풀이 하고 있었다. 機動戰(기동전)보다도 더 참혹한 고지전과 참호전으로부터 멀리 있었던 박정희는 부산 정치 파동의 소용돌이 속에서도 안정된 가정생활을 즐기고 있었다. 그가 1952년 7월2일 밤에 쓴 '영수의 잠자는 모습을 바라보고' 란 시가 있다.

「밤은 깊어만 갈수록 고요해지는군 / 대리석같이 하이얀 피부 / 馥郁(복욱·꽃다운 향기)한 백합과도 같이 향훈을 뿜는 듯한 그 얼굴 / 숨소리 가늘게, 멀리 행복의 꿈나라를 거니는 / 사랑하는 나의 아내, 잠든 얼굴 더욱 예쁘고 / 평화의 상징! 사랑의 權化(권화)여! / 아! 그대의 눈, 그 귀, 그 코, 그 입 / 그대는 仁(인)과 慈(자)와 善(선)의 세 가닥 실로 엮은 / 한 폭의 위대한 예술일진저 / 옥과도 같이 금과도 같이 / 아무리 혼탁한 세속에 젖을지언정 / 길이 빛나고 길이 아름다워라.

 나의 모든 부족하고 미흡한 것은 / 착하고 어질고 위대한 그대의 여성다운 인격에 / 흡수되고 동화되고 정착되어 / 한 개 사나이의 개성으로 세련되고 완성되리.

 행복에 도취한 이 한밤 이 찰나가 / 무한한 그대의 引力(인력)으로써 / 인생 코스가 되어 주오.

 그대 편히 잠자는 모습을 바라보고 / 이 밤이 다 가도록 새날이 오도록 / 나는 그대 옆에서 그대를 보고 앉아 이 행복한 시간을 / 영원히 가질 수 있도록 기도하고 있다」

　아내에 대한, 존경심에 가까운 사랑을 素朴(소박)한 詩語(시어)로써 고백한 이 글을 읽어 보면 박정희는 육영수로부터 일종의 母性愛(모성애)까지 느끼고 있었던 것 같다. 박정희의 행복감을 더욱 충만시켜 준 것은 이때 生後(생후) 다섯 달이 된 딸 槿惠(근혜)의 존재였다. 그 전 해 육영수는 근혜를 임신하고 입덧을 시작하자 마음을 진정시키기 위해서겠지만 틈만 나면 빨래를 했다고 한다. 손가락 끝이 갈라질 정도였다. 밤에는 털실로 뜨개질을 하여 아기 옷을 미리 짜두었다.

　1952년 2월1일 저녁 대구시 삼덕동 셋집에서 육영수가 産痛(산통)을 시작했을 때 처제 陸禮修(육예수)와 장모 李慶齡(이경령)은 집에 없었다. 박정희는 産婆(산파)를 불러 안방으로 들어가게 한 다음 옆방에서 초조하게 담배를 피우면서 아내의 신음소리를 듣고 있었다. 참다못한 박정희는 안방으로 들어갔다. 육영수는 책상 다리를 붙들고 힘을 주고 있었다. 얼굴은 땀으로 범벅이 되었다.

　"저렇게 고생하는 걸 차마 못 보겠는데 어떤 방법이 없습니까?"
　"잠시만 참아요."
　산파는 다소 퉁명스럽게 말했다. 박정희는 아이를 낳는 순간까지 아내의 손을 잡고 지키고 있었다. 새벽에 출산, 딸이었다. 아침에 처제 육예수가 돌아왔다. 한동안 박정희는 점심때에 일부러 집에 들러 식사를 하고 처제와 함께 근혜를 목욕시켜 주기도 했다. 박정희는 딸의 성장 과정을 담아 두려고 사진을 많이 찍었다. 이름은 박정희가 옥편을 뒤져서 지은 것이다. 무궁화 槿(근)자는 '조국'을 상징한다.

박정희는 이용문 준장이 작전국장에서 수도사단장으로 나간 석 달 뒤인 1952년 10월에 砲兵(포병)으로 轉科(전과)했다. 당시 육군 포병감 申應均(신응균·육군 중장 예편)은 포병을 증강하면서 포병단장 요원으로 고참대령 20여 명을 뽑아 교육시켰는데, 그 가운데 박정희가 들어 있었다. 이로써 박정희는 그 뒤 장성 진급이 유리해졌다.

포병 장교들은 당시로선 비교적 지식 수준이 높았다. 포병 장교들은 업무상 꼼꼼하고 정확한 성격의 소유자가 된다고 한다. 그들은 "무기는 짧을수록 배신한다"고 말하곤 했다. 권총이 배신을 많이 하고 대포를 가진 포병은 충직하다는 농담이다. 박정희는 광주 포병학교에서 넉 달간 교육을 받았다. 육영수는 딸 근혜를 포대기에 감싸 안고 광주로 따라가 동명동에 셋방을 얻었다. 이때 육영수와 딸을 L—19 비행기로 태워 날랐던 조종사는 이삿짐이 경비행기에도 실을 만큼 단촐한 데 놀랐다고 한다.

李龍文의 죽음

1953년 6월24일 밤, 대구 〈영남일보〉 주필 구상은 이용문의 도착을 기다리고 있다가 박정희 대령으로부터 전화를 받았다. "이 장군이 탄 비행기가 추락하여 사망했다"는 요지였다.

"반네미 자식아, 죽긴 왜 죽어!"

이런 말이 무심코 튀어나왔다. 이용문 남부경비사령관은 이날 오후 내키지 않는 기분으로 남원에서 비행기에 올랐다. 이 장군이 "이렇게 날씨가 나쁜데 뜰 수 있겠나"하고 조종사에게 물으니 조종사는 "운봉만 넘으면 대구까지는 훤히 뚫렸습니다"라고 했다. 이용문은 부사령관 俞海濬(유해준) 대령과 바둑을 두다가 느릿느릿 비행장으로 향했다. 빗방울이 떨어지고 있었다. 유해준은 한참 있다가 비행기가 이륙하는 소리를 듣고는 "이 장군이 비행장에서도 상당히 지체했구나"라고 생각했다.

저녁 식사 중인 유해준에게 경찰로부터 연락이 왔다. 운봉 고개에 비행기가 추락했는데 죽은 사람은 미군인 것 같다고 했다. 그는 '아차!' 하는 생각이 들어 대구 비행장으로 연락을 해보니 이용문의 비행기는 도착하지 않았다는 것이었다. 경찰은 키가 크고 피부색이 하얀 이용문을 미군으로 오인한 것이었다. 25일 아침에 현장에 도착한 이용문의 장남 李健介(이건개·전 자민련 국회의원)에 따르면 비행기는 논두렁에 기체의 앞부분이 처박혀 있었다고 한다. 이용문은 뒷자리에서 죽어 있었다. 조종사도 사망했다. 이용문은 그때 서른일곱이었다.

이용문이 살아 있었더라면 박정희는 그를 추대하여 쿠데타를 했을 것이라고 말하는 사람들이 많다. 자존심 강한 박정희가 진심으로 服屬(복속)한 거의 유일한 인물이 이용문이었기 때문이다. 그 뒤 이용문의 유족에 대해서 박정희는 따뜻한 배려를 아끼지 않았다. 대통령이 되기 전까지 박정희는 이용문의 忌日(기일)이 되면 꼭 육영수와 함께 未亡人(미망인) 金靜子(김정자) 여사의 집에 들러 한참 생각에 잠겨 있곤 했다. 자신도 가난에 쪼들리고 있으면서 돈을 모아 유족의 생활비를 보태주었다.

5·16 뒤 대구 근교에 있던 이용문의 묘소를 수유리로 옮기는 이장위원회의 위원장이 박정희 최고회의 의장이었다. 이용문의 동상

을 세울 때 돈을 모으기 위해서 연고자들에게 취지문을 보냈는데, 박정희·구상 명의로 되어 있었다. 육군사관학교에서 매년 주최하는 '이용문 장군배 쟁탈 승마대회'는 기병 장교 출신인 이용문을 기리기 위한 것인데, 이 행사도 박정희 대통령의 적극적인 후원으로 이루어졌다. 장남 이건개 검사를 불러 청와대 비서실에서 근무하게 한 뒤 31세에 서울시경국장으로 내보낸 것도 박정희였다.

박정희의 가장 큰 욕은 "밥통!"

박정희 대령은 1953년 7월 휴전 직전에 광주에서 창설한 3군단 포병단 요원들을 데리고 강원도 양구로 이동했다. 당시 군단장은 姜文奉(강문봉) 소장이었다. 강문봉은 박정희보다 여섯 살이 아래였고, 만주군관학교 2년 후배였지만, 조선경비대에 일찍 들어왔기 때문에 상관이 되었다. 박정희는 상관대접을 깍듯이 했지만 속이 편하지는 않았을 것이다. 1975년에 강문봉은 '정일권 대통령 추대 사건'에 연루되어 受賂罪(수뢰죄)로 구속되고 징역을 살았다. 이 사건은 정일권—강문봉 콤비에 대한 박정희의 의심을 이용한 사람들이 정치적으로 조작한 것이었다.

3군단 포병단장 시절 박정희의 전속부관은 '새 박사'로 유명한 元炳旿(원병오·경희대 명예교수) 중위였다. 원 교수에 따르면 박정희는 포병단에 파견된 미군 고문단과는 사이가 매우 나빴다고 한다. 미군 장교가 턱도 없는 참견을 한다 싶으면 우리말로 "그 잠꼬대 그만하라고 해!"라고 소리를 질렀다. 통역장교는 적당히 통역하느라고 애를 먹었다.

미군 고문단은 한국군 취사장에서 한 200m 떨어진 위쪽에 변소를 지으려고 했다. 박 대령이 따졌다. 미군 측에선 지하수에 분뇨가 스며들지 않게 하겠다고 했다. 박정희는 "밥 짓는 데 가까이 변소를 내는 것은 우리 풍습에 어긋난다. 한국 땅에서는 한국 풍습에 따르라"고 하여 끝내 못 짓게 했다. 박 대령은 고문단장 베이커 중령이 자신에 대해서 나쁜 보고를 상부에 올린 것을 알고는 베이커 중령을 불러 꼬치꼬치 따지기도 했다.

그때 副(부)단장은 낙동강 전선에서 귀순해 왔던 인민군 포병 중좌 출신 鄭鳳旭(정봉욱) 대령이었다. 미군에선 남로당 前歷者(전력자)와 인민군 출신이 같이 근무하는 것은 문제가 있다고 하여 정 대령을 다른 부대로 보내도록 했다. 박정희는 "정 대령이 귀순한 것은 인민군이 유리할 때인데 그를 의심해선 안 된다"고 변호했으나 역부족이었다. 정봉욱은 나중에 5·16 거사에도 가담했고 소장으로 예편했다.

전속부관 원 중위의 눈에 비친 박정희는 부하들에게 '손찌검이나 욕을 하지 못하는 사람'이었다. 박정희의 가장 큰 욕은 지휘봉으로 철모를 가볍게 치면서 "밥통!"이라고 하는 것이었다. 원병오는 담대하게만 보이는 박정희 단장이 의외로 소심한 면이 있다는 점도 발견할 수 있었다. 상관들에게 브리핑할 때는 긴장하여 손을 떨곤 했다는 것이다.

14
일과 사람

주먹구구를 싫어하고
인간차별을 하지 않았던 朴正熙

1955년의 세상
한국, IMF 가입
4년제 육사 첫 졸업식
미군 최초의 원자력 잠수함 노틸러스호 항해 시작
아시아·아프리카회의, '반둥평화 10원칙' 발표
蘇·동구 바르샤바 조약

박정희式 일처리

박정희 포병학교장 시절(1955년) 교육처장이던 오정석 중령(육군 준장 예편)이 지금도 기억하는 교장 훈시가 있다. 그 요지는 이러했다.

"尉官(위관)장교는 발로, 영관은 머리로, 장군은 배짱으로 일하는 겁니다. 위관은 항상 사병들과 더불어 먹고 자고 발로 뛰면서 일해야 합니다. 영관장교는 머리를 짜서 자기 분야에 전념하여 정보를 수집하고 분석하여 상관에게 A안·B안을 제시한 다음 각각의 장단점을 설명하고 '저는 이런 이유에서 어느 안을 추천합니다' 라고 건의할 수 있어야 합니다. 영관장교는 전문가적 식견을 갖추어 참모로서 지휘관을 보필할 수 있어야 한다는 말입니다. 장군은 참모로부터 추천받은 안을 선택하는 결심을 한 다음 배짱으로 밀고나가는 겁니다. 장군은 관리자이지 기능인이 아닙니다."

매주 월요일 오전엔 교장실에서 참모 브리핑 시간이 있었다. 한 달쯤 지나면서부터 참모들이 땀을 뻘뻘 흘리는 시간이 되었다. 박정희는 큰소리나 욕설 없이 부하들을 꼼짝 못하게 만들어버린 것이다. 예컨대 油類(유류) 현황을 참모가 보고하는 것을 조용히 듣고 있던 박정희는 이렇게 말한다.

"이봐, 지난 주엔 232드럼 남았다고 했는데 오늘까지 추가 소모가 없었는데 왜 잔고가 212드럼이 됐어? 20드럼은 어떻게 된 거야?"

숫자에 대한 기억력이 너무 좋은 박정희의 질문에 대해서는 대충 넘어갈 수 없었다. 현황파악이 不實(부실)했다고 自認(자인)하든지 박정희의 머리를 뛰어넘는 거짓말을 만들어야 했다. 이렇게 되니 한 달 후부터는 모든 참모들이 차트를 들고 현장을 뛰어다니면서 확인을 하고 기록하게 되었다. 거의 모든 참모들이 한 번씩 수모를 당했지만 수모를 준 교장을 존경하게 되었다.

박정희가 가장 싫어하는 것은 주먹구구식이었다. 나중에 조국 근대화 작업의 행동 철학이 되는 박정희式(식) 일처리의 핵심은 업무의 본질에 구체적으로 접근한다는 것이었다. 당시 포병학교는 논산훈련소에서 4주간 훈련을 받은 신병들을 포병단 자원으로 받아 4주간의 교육을 시키고 있었다. 이들은 운전 교육을 반드시 履修(이수) 해야 했다. 운전 교육용 닛산 트럭 15대가 있었다. 어느 날 박 교장은 오정석 교육처장에게 물었다.

"신병들이 여기서 교육받아 나가면 전방에 배치되자마자 砲車(포차)를 끌어야 하는데, 실제로 신병들이 운전 교육 때 핸들을 잡는 시간은 얼마나 되오?"

"알아서 보고 드리겠습니다."

"민간 교육장에서는 운전대 잡아 보는 시간이 얼마나 되오?"

오 중령은 "알 필요 없는 것까지 묻는다"고 생각했는데, 곧 그것이 큰 의미가 있는 질문임을 알게 되었다. 조사를 해보니 신병들이 운전대를 잡아보는 시간은 한 시간도 안 되는데 민간인은 면허를 받을 때까지 대강 15시간가량 운전 실습을 하고 있었다. 이 사실을 보고하자 박정희 교장은 다시 지시했다.

"그러면 민간 차원으로 교육수준을 끌어올리는 데 추가로 필요한 교육 기간, 차량, 유류 소모량, 그리고 예산이 얼마인지 산출해서 보고하시오."

오정석 중령은 추가 소요를 작성하여 학교장에게 올렸고 박정희는 육군본부 회의에 참석하여 이를 건의했으나 성사되지는 않았다.

25년 동반자 朴煥榮·李他官

광주포병학교장 박정희 준장은 1955년 4월24일에는 학생대대 중대장 崔忠烈(최충렬) 대위의 결혼식 주례를 섰다. 학생대장 洪鍾哲(홍종철·청와대 경호실장, 문공부 장관 역임) 중령이 박 교장에게 부탁하여 이루어졌다. 박정희는 주례사에서 "이북 출신인 최 대위가 가정을 가짐으로써 외로움을 덜게 된 것을 축하하며 동료들은 이 가정을 도와주도록 하라"고 당부했다.

최충렬 대위에 따르면 박정희 교장은 미군으로부터 받아오는 비상식량 시레이션으로 아침식사를 양식으로 만들어 장교들에게 제공했다고 한다. 다른 부대와 마찬가지로 포병학교도 厚生(후생) 사업을 하고 있었다. 부대의 트럭들을 화순의 벌목업자에게 빌려 주어 수입을 올렸다. 이 수입을 박정희 교장은 공개적으로 아주 공정하게 나누었다고 한다. 계급에 따라 차등이 있는 금액을 봉투에 집어넣어 참모들에게 직접 돌렸다고 한다. 트럭 임대료를 장작으로 받기도 했다. 박 교장은 이 장작을 연병장에 쌓아 놓고는 배분비율을 정해 주고 장교들이 越冬用(월동용)으로 가져가도록 했다.

박정희는 포병학교에서 그 뒤 25년간 동반자가 될 당번병 朴煥榮(박환영) 일병과 운전병 李他官(이타관) 상병을 만났다. 박 일병을 뽑아 올린 것은 행정처 李洛善(이낙선·국세청장, 상공부 장관 역임·작고) 소령이었다. 박환영은 '말을 건네기가 힘들 정도로 무섭게 보이던' 박정희가 알고 보니 그렇게 자상하고 따뜻할 수 없는 사람이라는 데 놀랐다고 한다.

박정희는 처음 두 달가량은 "박 병사"라고 부르더니 그 뒤로는 "환영아!"라고 했다. 박정희가 고향을 물어 "옥천입니다"라고 했더니 "옥천이면 내 장인 알겠네"라고 했다. 박정희는 "잘 만났다"면서 퇴근길에 박환영 일병을 데리고 관사로 갔다. 관사는 넓고 낡은 일본식 木造(목조) 건물이었다. 응접실과 욕실까지 있으니 서울 고사북동 시절보다는 한결 좋아진 셈이었다. 육영수와 근혜는 당번병 박환영을 "아저씨"라고 불렀다. 뜰에는 서너 그루의 향나무가 자라고 있었고 그 아래엔 탁구대가 있었다. 박정희와 육영수는 일요일엔 탁구를 즐겼다. 박정희는 당번병을 결코 下人(하인)처럼 대하지 않고 식구처럼 대했다. 최근까지도 신당동의 박정희 私邸(사저) 관리인이었던 박환영은 이렇게 말했다.

"그분은 아무리 잘못해도 처음 한두 번은 지적하지 않습니다. 세 번째쯤 실수하면 그때는 납득할 만큼 따끔하게 나무라시지요. 저에게는 평생 그런 식으로 말씀하신 적도 없었습니다."

박정희는 그때 '공작' 담배를 즐겨 피웠고 커피를 좋아했다. 그리고 항상 책을 손에서 떼지 않았다. 박환영에 이어 운전병으로 뽑혀 왔다가 10·26 사건 때까지 박정희를 모신 이타관 상병(작고)은 두 사람이 오랫동안 인연을 유지할 수 있었던 것은 "그분이 인간차별을 하지 않았기 때문이다"라고 생전에 말한 적이 있다. 박정희는 술을 마시러 갈 때도 무작정 기다리게 하지 않고 "몇 시까지 다시 오라"고 배려해 주었다. 이타관·박환영 두 사람은 관사의 한 방에서 같이 기거하며 육영수가 해주는 식사를 했다.

15
淸貧한 군인

술과 여자를 좋아하였으나
公私를 칼처럼 가렸다.

1956년의 세상

신익희 민주당 대통령 후보 急逝
3대 大選에서 李承晩 대통령 당선
金昌龍 육군특무대장 피살
진보당 창당, 위원장에 曺奉岩
프랑스軍, 월남철수 완료

雪禍(설화)

 1956년 2월27일 3군단은 군단 지휘소 훈련(CPX)에 들어갔다. 강원도 인제군 원통리에서 북쪽으로 한 6km 떨어진 북면 송학리에 있던 3군단 예하 5사단 사령부에서도 모든 지휘관들과 참모들이 상황실에 모여 圖上(도상) 훈련을 하고 있었다. 바깥에서는 눈이 펑펑 내리고 있었다. 전날부터 시작된 눈이었다. 박정희 사단장은 훈련에 신경을 쓰다 보니 暴雪(폭설)의 심각성을 알지 못했다. 눈은 다음날에도 내렸다. 전방고지의 積雪量(적설량)은 1m를 넘어서고 있었다. 사단과 휘하 부대의 전화선은 들러붙는 눈의 무게를 견디지 못하고 탱 탱 끊어지고 있었다.
 29일 오전에 눈이 일단 그쳤을 때 적설량은 3~6m나 되었다. 이날 아침 작전장교 曺圭東(조규동)은 상황실에서 작전참모 李根燮(이근섭) 중령이 불러 문을 열고 나가다가 기겁을 했다. 눈이 키 높이까지 쌓였는데 불과 30m를 헤쳐 상황실까지 가는 데 15분이 걸렸다. 조 소위의 보고에 놀란 박정희 사단장이 바깥으로 나와 보고는 군단장에게 전화를 걸어 도상 훈련의 중단을 건의하고 사태 수습에 나섰다. 그러나 유선 통신망이 마비되어 예하 부대와 연락이 제대로 되지 않았다.
 본격적인 제설 작업과 구조 작업이 시작된 것은 3월3일부터였다. 사상최악의 폭설은 6, 5, 3사단 지역을 강타했는데. 특히 5사단이 심했다. 헬리콥터가 동원되어 고지에 고립된 부대로 식량을 空輸(공수)했다. 박정희는 이런 전단을 만들어 뿌렸다.

「雪中(설중)에 건투하는 제군들의 노고에 대하여 충심으로 경의를 표한다.

1. 며칠만 더 참으면 이 난관을 타개할 것이니 불절불굴의 용기를 발휘하여 인명 피해를 최소화하라.
2. 상급·인접 부대와 통신을 유지하는 데 최선을 다하라.
3. 급한 환자가 생기면 백방으로 노력하여 상부에 보고하라.
4. 식량이 부족하면 완전히 소비하기 전에 여하한 수단을 사용하여서라도 신속히 보고하라.
5. 눈이 내릴 때도 위험하지만 눈이 녹을 때 더 위험하다. 벙커와 막사에 대하여 주의하라.
6. 제설작업 때 손발이 오래 젖어 있으면 동상에 걸리니 주의하라.
7. 먼 곳에 혼자 가는 것이 가장 위험하다.
8. 통신이 잘 되면 여하한 일이 있더라도 제군들의 생명을 구출할 수 있으니 유선·무선을 통하는 데 노력을 다하라.

축 건투, 사단장 준장 박정희」

제설 작업을 하던 중 36연대 7중대 소속 소대장 이규홍 중위 외 8명의 사병이 눈 속에서 걷는 자세로 얼어 죽어 있는 것이 발견되었다. 폭설이 쏟아지던 2월28일 밤 한 소대원이 탈영했다. 이 중위는 소대원 7명을 이끌고 마을로 내려가 탈영병을 붙잡아 돌아올 때 헌병검문소를 피하기 위해 산길을 걸어오다가 폭설에 파묻힌 것이었다. 이규홍 중위는 선두에서 進路(진로)를 개척하다가 자신의 부대가 가까워지자 기관단총을 발사하여 신호를 보냈으나 수십m 전방에 있던 부대에서는 폭설로 이 총성을 듣지 못했다. 수십 발의 탄피들만 눈 속에서 발굴되었다.

토치카나 영구 막사에 있던 장병들은 무사했으나 숯을 굽는다고 가건물을 지어 놓고 잠자던 장병들은 지붕이 무너져서, 陣地壕(진지호)에서 숯불을 피워 놓고 잠자던 장병들은 가스 중독으로 죽고, 막사가 눈에 파묻혀 질식사한 사병들도 있었다. 당시 전방 사단에서는 이른바 후생 사업의 하나로 나무를 잘라 숯을 만들어 민간인들에게 팔고 그 수입은 장교들이 나누어 갖고 있었다.

5사단에서만 모두 59명이 죽었다. 3군단 전체에서는 118명이 죽고 147명이 다쳤다. 정일권 육군참모총장이 雪禍(설화) 현장을 시찰했다. 박정희가 "각하, 면목이 없습니다"라고 보고하니 정 총장은 "그래도 박 장군이 있었기에 이 정도로 그쳤다"고 오히려 위로했다. 박정희는 나중에 "총장으로부터 그런 말을 들으니 부하들에게도 부드러운 말이 나가게 되더라"고 회고했다. 1군 사령부에서는 3사단장 정래혁과 박정희에게 설화 대책에 고생했다고 표창장을 주었다. 박정희는 "부하들을 떼죽음 당하게 해놓고 무슨 낯으로 상을 받겠나"라면서 부사단장을 대신 보냈다고 한다.

부정선거와 越北사건

1956년 5월15일로 예정된 제3대 정·부통령 선거가 다가오자 全軍(전군)은 선거 열풍에 휘말렸다. '못 살겠다 갈아보자' 란 구호를 앞세운 민주당의 申翼熙(신익희) 대통령 후보·張勉(장면) 부통령 후보는 한강 백사장 유세에서 수십 만의 청중을 동원했다. 이승만·李起鵬(이기붕)의 자유당은 '舊官(구관)이 名官(명관)이다' 라는 구호대로 방어적인 자세로 대응했는데, 민심의 大勢(대세)가 신익희 쪽으로 기우는 조짐이 나타나기 시작했다. 그럴수록 군인표에 대한 단속이 강화되었다.

송요찬 3군단장은 예하 부대를 돌아다니면서 이승만을 지지하라는 독려를 했다. 박정희 사단장은 군단장으로부터 선거 운동을 하라는 압력을 받고 있었다. 박정희가 참모회의에 이 문제를 부쳤더니 찬반이 엇갈렸다. 박정희는 이 자리에서 "선거에 관한 한 지금부터 나는 사단장이 아니다"라고 선언했다. 사단장이 나서서 선거운동은 할 수 없지만 사단 특무대가 설치고 다니면서 선거운동을 하는 것은 막지 않겠다는 소극적 저항이었다.

"그 정도의 저항이라도 한 사단장은 그분뿐이었을 것입니다."

尹必鏞(윤필용) 당시 군수참모의 말이다. 사단장이 움직이지 않으니 송요찬 군단장이 직접 내려와 소대원들을 모아 놓고 이승만 지지를 역설하고 다녔다. 사단 사령부에서 모의 투표를 해보니 90% 이상이 신익희 후보 지지였다. 그 신익희가 5월5일 호남선 열차 안에서 심장마비로 急逝(급서)하자 박정희를 비롯한 사단 사령부의 많은 장교들은 아쉬워했다. 그 직후 군단 정훈장교가 5사단 사령부로 내려와 강당에 사병들을 모아놓고 선거 운동을 했다.

"신익희는 죽었고 曺奉岩(조봉암)은 기권했다. 이제는 찍을 사람이 이승만 박사뿐이다. 야당은 민주주의, 민주주의 하는데 영국 신문이 보도하기를 우리나라에서 민주주의를 기대하는 것은 쓰레기통에서 장미가 피어나기를 기대하는 것과 같다고 했다."

작전장교 曺圭東(조규동) 소위가 "질문이 있습니다" 하고 손을 번쩍 들었다.

"오늘 아침 신문을 다 봤는데 조봉암 후보가 기권했다는 기사는 없던데요."

場內(장내)에서 폭소가 터졌다. 5월15일의 투표는 군대에선 사실상의 공개 투표였다. 투표소에 입회한 감독자에게 사병들은 자신의 기표용지를 보이고는 투표함에 집어넣어야 했다. 다른 부대와 마찬가지로 5사단에서도 이승만·이기붕 지지는 99% 이상을 기록했다. 그런 감시가 덜했던 사단 사령부에선 이승만의 득표율이 50%를 밑돌았다. 이승만은 이 선거에서 유효 투표수의 약 52%를 얻어 당선되었다. 죽은 신익희에 대한 일종의 추모 표가 약 20%나 달해 민심의 向方(향방)을 보여준 데다가 부통령으로는 張勉이 당선되었다. 이 선거는 이승만 정권의 종말을 예고한 전환점이 되었다.

5·15 선거 며칠 뒤 5사단 지역 비무장지대의 한 哨所長(초소장)이 당번병을 데리고 越北(월북)하는 사고가 났다. 이 急報(급보)를 접한 박정희는 상황장교 高澤根(고택근) 중위, 전속 부관 한병기 중위를 데리고 초소로 갔다. 운전병 이타관이 모는 지프가 사고 초소에 당도했을 때는 날이 어둑했고 벌써 북측 확성기는 두 사람의 入北(입북)을 선전하고 있었다. 월북한 소대장은 사단장, 연대장, 중대장 앞으로 편지를 세 장 남겼다. 박정희는 읽어 보더니 高 중위에게 말없이 넘겼다. 사령부로 돌아오는 車中(차중)에서 박정희는 독백하듯이 내뱉었다.

"바보 같은 놈들, 난들 어떻게 해."

당시 5사단 정보처 보안장교였던 李盛範(이성범) 중위의 기억에 따르면 편지의 요지는 이러했다.

「사단장 앞 편지: 박정희, 너 이번 선거를 어떻게 치렀는지 잘 알지. 우리는 머지않아 다시 돌아와서 너를 심판하겠다.

　연대장 앞: 연대장, 너는 이번 선거를 어떻게 치렀는지 잘 알겠지. 우리는 머지않아 다시 돌아와서 너를 처단하겠다. 중대장은 죄가 없으니 처벌하지 말라.

　중대장 앞: 폐를 끼쳐 미안하다.」

　이성범 중위는 이 사건을 조사한 사람인데, 이런 기억을 갖고 있다.

　"월북한 소대장은 경남 진주 출신인데 부산의 모 대학을 졸업했습니다. 투표 일주일쯤 전에 애인이 임신을 하여 면회를 온 적이 있었습니다. 사상적인 동기는 찾을 수 없었습니다. 제 기억으로는 1973년 무렵에 南派(남파) 간첩으로 내려왔다가 검거된 것으로 압니다."

"수술이란 때가 있는 것"

　사고는 이걸로 끝나지 않았다. 사단 사령부에 근무하던 작전장교 조규동 소위는 월북사건이 난 그 週(주) 토요일에 가짜 출장 명령서를 만들어 서울로 나왔다. 5사단에서 벌어진 부정 선거에 울분이 복받쳐 견딜 수 없었다. 다음날 〈조선일보〉 편집국을 찾아갔다. 거기서 洪鍾仁(홍종인) 주필을 만났다. 일본에서 오래 살아 우리말 발음이 서툴렀던 조 소위는 목청을 높여 투표 부정을 설명했다.

　잠자코 듣고 있는 홍종인 주필을 찾아온 손님 둘이 있었다. 육본 정훈차감과 육군 특무대 고위 간부였다. 두 사람은 옆자리에 앉아 홍종인의 면담이 끝나기를 기다리고 있다가 조 소위의 말을 엿듣게 되었다. 홍 주필은 두 사람을 향해서 "당신들 이 말 들었지. 이래도 되는 거야"라고 말했다. 특무대 간부가 가만히 밖으로 나와 5사단 특무대로 전화를 걸었다. 사단 특무대에서는 이성범 중위에게 연락했다. 李 중위는 曺 소위의 독신자 숙소를 뒤졌다. 별다른 자료가 있을 리 없었다. 조 소위는 월요일 밤에 귀대했다.

박정희는 이날 아침 참모들에게 신경질을 냈다.

"부하 장교들을 장악하지 못하고 이게 뭐야. 조 소위 들어오면 영창에 집어넣어!"

박정희는 그러나 사단 특무대장이 조 소위를 연행하여 조사한 뒤 구속하겠다고 하니까 "내가 확인하지 않았으니 가만 있어"라고 제지했다. 참모회의에서 윤필용 군수참모는 이렇게 말했다고 한다.

"때를 잘못 만나 그렇지, 부정을 고발한 조 소위에게는 훈장을 주어야 합니다."

박정희는 작전참모 이근섭 중령에게 말했다.

"특무대에 두지 말고 작전참모 집에 데려다 방 하나 주고 감시하면서 선도하시오."

며칠 뒤 이 중령이 조규동에게 "자네도 알다시피 우리 집이 이렇게 좁아서 안 되겠어. 그러니 헌병대 숙소에 보내줄 테니 거기서 말썽 부리지 말고 있어"라고 했다. 조 소위는 헌병대 장교숙소에서 일종의 軟禁(연금) 생활을 하게 되었다. 그는 여기서 작전장교의 일도 거들어주고 식사도 잘했다. 열흘쯤 지나자 박 사단장이 불렀다.

조규동 소위가 사단장실에 들어가니 박정희는 부사단장 최재홍 대령에게 "자리를 좀 비켜주시오"라고 했다. 일 대 일 對面(대면)이 되자 박정희 준장은 조규동 소위에게 敬語(경어)를 써가면서 타일렸다.

"임자가 나쁘다는 것이 아니오. 그런 선거를 나도 하고 싶어서 한 것이 아니오. 군단장이 시키고 하니 나도 어찌할 수 없었던 거요. 만약 임자도 연대장이었으면 그런 지시를 거부할 수 없었을 거요. 청년 장교로서 임자의 정의감을 나도 인정합니다. 그러나 수술이란 때가 있는 법입니다. 섣불리 건드리면 도집니다. 지금 수술하면 희생만 큽니다. 때를 기다릴 줄 알아야 합니다."

조규동 소위는 지금도 "그분이 말씀을 참 어질게 했다"고 기억하고 있다. 이로써 조 소위의 양심선언 사건은 처벌 없이 끝났다. 그러나 인사 기록엔 이 사건이 실렸다. 나중에 조규동 소령은 베트남전에 참전하여 화랑무공훈장도 받았으나 중령 진급에 누락되어 轉役(전역)하게 된다.

1956년 5월에 있었던 부정 선거와 부하들의 잇따른 월북과 양심선언 사건은 박정희 사단장의 마음속에 하나의 결심을 심어 준다. "난들 어쩌란 말인가"란 自嘲(자조)가 보름 사이 "나라가 곪을 대로 곪도록 내버려둔 다음 수술을 해야 희생이 덜하다"는 냉철한 계산으로 바뀐 것이다. 박정희는 권력을 잡아야 이 모순 덩어리의 상황을 뒤집어 놓을 수 있다는 결론을 내린 것이다. 이때 이후 박정희의 태도가 달라진다. '내 사람들'을 만들기 시작하는 것이다.

"재검열!"

박정희는 두 달에 한 번 정도 서울 집에 들르고 있었다. 노량진 셋방에는 방이 두 개뿐이라 운전병 이타관은 바깥에 세워 둔 지프 안에서 잠을 자야 했다. 아침에 일어나면 추워 부엌 아궁이 옆에서 육영수와 함께 불을 때면서 몸을 녹였다.

박정희가 '내 집'을 마련한 것은 1956년 4월이었다. 서울 충현동의 낡은 2층 일본식 집을 샀다. 연건평이 약 30평. 지금 장충체육관 근처에 있었던 이 집을 살 수 있었던 것은 은행에서 융자를 해주었기 때문이다. 그래도 돈이 모자라 2층의 방 하나는 월세를 끼고 산 것이었다. 이 방에는 한 여자가 살고 있었는데 가끔 들르는 미국인의 현지처로 보였다. 집 옆에는 높은 축대가 있어 낮에도 어두웠고 홍수가 나면 下水(하수)가 逆流(역류)하여 마당이 물바다가 되곤 했다.

육영수는 가끔 인제군의 사단 사령부를 찾아왔다. 그럴 때마다 차와 과일로써 장교들을 대접하곤 했다. 육영수는 젊은 장교들에게 "다른 사단장들 집에는 차가 다 있는데 저 영감에게 차 한 대 달라고 해도 안 주세요"라고 남편 흉을 보듯 농담하다가도 금방 "그래도 저분이 인정은 참 많아요"라고 말을 돌렸다. 끝에 가선 항상 남편 칭찬이었다. 밤이 되면 육영수는 보온병에 커피를 넣어 사단장 숙소 주변에 있는 초소를 찾아갔다.

박정희 사단장은 私情(사정)과 公務(공무)를 좀처럼 혼동하지 않았다. 통신중대 副(부)중대장이었던 高燦國(고찬국) 당시 중위는 "사단장의 내무 사열이 가장 무서웠다"고 기억한다.

「사단장은 통신참모 沈(심) 중령을 총애했습니다. 심 중령은 그분의 바둑 상대였습니다. 우리는 이런 관계를 잘 알고 있기 때문에 통신중대의 내무 사열에 대해서 안심을 했습니다. 그런데 막상 내무 사열이 시작되자 사단장은 통신참모가 타고 다니던 지프부터 검열

하는 것이었습니다. 차를 도크 위로 올려놓게 한 뒤 지휘봉을 든 그분이 자동차 아래로 들어가더니 손가락으로 쓰윽 문질러 보고는 '재검열!' 하고 나가 버렸습니다. 설마 자동차의 밑까지 보리라고는 생각도 못 했습니다. 모든 장교들이 차를 한 대씩 맡아 밤을 새워가면서 윤이 반들반들 나도록 닦았습니다. 우리는 "일본 육사 출신이 무섭기는 무섭구나"라고 한마디씩 했습니다.」

16
4·19의 소용돌이 속에서

학생의거에 동조하는 연설을 한
박정희 부산지구 계엄사령관

1960년의 세상
서울역 구내 집단 압사사건
민주당 大選후보 趙炳玉 사망
3·15 부정선거와 4·19 혁명
李承晩 하와이 망명
尹潽善 대통령 취임, 張勉 총리 내각 출범
케네디 美대통령 당선

부산 지구 계엄사무소장 朴正熙

1960년 4월19일 AP통신은 "군대는 정숙히 서울로 들어왔다. 그들은 데모대원들에게 손뼉을 치던 沿道(연도)의 구경꾼들로부터 환영의 갈채를 받았다. 몇몇 군인들도 미소 짓고 손을 흔들었다'고 보도했다. 〈조선일보〉는 "19일 부산에서는 학생 데모대에 합세한 군중 속에 군인도 끼어 있어 이들은 학생들에게 돌을 날라다 주고 있었다"고 보도했다.

부산에서도 돌을 던지고 放火(방화)하는 시위대에 경찰이 발포하여 15명이 죽었다. 4월19일 시위로 인한 사망자는 서울에서 110명, 마산 10명, 광주 8명을 포함하여 모두 143명이었다. 4월19일 밤 8시를 기해 정부는 계엄포고문 제3호를 통해서 계엄부사령관에 장도영 2군 사령관, 부산 지구 계엄사무소장에 박정희 군수기지사령관, 대구 지구는 尹春根(윤춘근) 소장, 광주 지구는 朴炫洙(박현수) 소장, 대전 지구 계엄사무소장에는 林富澤(임부택) 소장을 각각 임명했다. 박정희 소장의 이름이 언론에 공식적으로 등장한 것은 그 11년 전 군법회의에서 무기징역을 선고받은 이후 처음이었다.

박정희 소장은 이날 저녁 경고문을 발표했다.

「시민 여러분과 학생 諸君(제군)은 냉정과 이성을 찾아 여러분의 가정으로 돌아가 주시기를 바라며 만약 본인의 이와 같은 간곡한 호소를 듣지 않고 법과 질서를 문란케 하는 행동을 계속한다면 지극히 불행한 사태가 발생할 것이며 본인은 부득이 단호한 조치를 취하지 않을 수 없을 것입니다.」

박 소장은 通禁(통금) 시간을 오후 7시부터 다음날 오전 5시까지로 연장했다. 박정희는 부산의 기자들과 회견하는 자리에서 일문일답을 주고받았다.

「문: 집회는?

답: 모든 집회는 계엄사령부의 사전 허가를 받아야 한다.

문: 마산 사건의 경우, 소요 주모자 색출에 경찰의 고문이 많았다는데 부산의 경우는?

답: 이제부터는 수사에 그런 일은 없고 어디까지나 인권을 존중할 것이다.

문: 소요 주모자가 적발되면 엄벌할 것인가?

답: 아직 무어라 말할 수 없다. 상부 지시에 따르겠다.

문: 경찰에 연행된 학생들은 어떻게 되나?

답: 상부 지시를 기다리고 있다. 개인적인 의견으로는 집에 돌려보내주고 싶다.

문: 신문 보도에 대한 검열 기준은 어디에 두나?

답: 선동적인 것과 허위 사실은 통제하겠다.

문: 신문기자들에 대한 취재 활동의 자유 보장은?

답: 물론 최대한 협력하겠다.」

박정희 소장은 또 "계엄령 선포 전의 범법 행위에 대해서는 관대하게, 선포 후의 범법 행위에 대해서는 단호하게 하겠다"고 말했다. 부산 지구 계엄사무소는 21일 경찰이 넘긴 소요 혐의자 41명을 심사하여 12명만을 구속하고 나머지는 석방했다.

박정희는 "계엄 선포 후 연행자를 고문하는 경찰관들은 엄벌할 것이다"라고 경고했다. 이날 박정희 소장은 동부산 경찰서 사찰계 형사들이 시위 주동자를 색출한다고 데레사여중·고에 들어가서 수색을 한 데 대해서 이를 중단시키고 "앞으로는 경찰은 물론, 군 수사기관원도 사전 승인 없이는 학원 수색을 하지 말라"고 지시했다.

24일 부산계엄사무소 예하 軍檢(군검)합동수사반은 민주당원을 시위 주모자로 몰아 고문한 부산진 경찰서 사찰계 형사 한 사람을 구속하고 수명의 형사들을 연행했다. 계엄령이 퍼지자 군대가 학생·시민·언론·야당 편에 서서 이 정권의 下手人(하수인)격인 경찰을 몰아세우고 있었다. 아래로부터 이미 정권 교체가 시작되고 있었다.

反旗(반기)

부산 계엄사무소장 박정희 소장의 행동을 가까이서 관찰한 기자로서는 당시 부산 문화방송 보도과장 전응덕이 있다. 박 소장은 4월19일 계엄령이 선포되자 우선 부산 언론기관의 협조를 받기 위해서 〈국제신보〉 이병주 편집국장 겸 주필, 〈부산일보〉 李相佑(이상우) 편집국장, 그리고 전응덕을 사령관실로 불렀다.

전응덕 과장은 공보실장 이낙선 소령으로부터 "사령부로 와 달라"는 연락을 받았을 때 '그 동안 시위를 선동했다고 잡아넣으려는 게 아닌가' 하고 걱정했다. 숲(전) 과장은 좀 늦게 사령관실로 들어갔는데, 박 소장이 의외로 웃는 얼굴로 맞았다.

"전응덕 씨가 진행하는 방송 잘 들었습니다. 사태를 파악하는 데 큰 도움이 되었습니다."

그때 문화방송은 마산·부산 시위 현장 속으로 녹음기를 든 기자를 들여보내 시위 현장 방송을 했고 전 과장은 시사 해설을 맡고 있었다. 박정희는 세 보도 책임자들에게 계엄 업무에 협조해 줄 것을 당부하면서 "오늘은 발표가 늦어 어차피 통행금지를 저녁 7시부터 실시할 수 없으니 저녁 9시부터 하도록 하겠다"고 했다.

이때 송요찬 계엄사령관으로부터 전화가 걸려왔다. "왜 부산에서만 통행금지를 9시로 늦추었냐"고 따지는 것 같았다. 박정희는 상황을 설명한 뒤 '꽝' 소리가 날 정도로 수화기를 내려놓았다. 그는 "내가 알아서 하는데 말이야…"라고 못마땅한 표정을 지었다.

4월24일 부산 교외 범어사에서 4·19 시위 희생자 13명에 대한 합동 위령제가 열렸다. 박정희 계엄사무소장은 親(친)학생적인 弔辭(조사)를 했다.

"이 나라에 진정한 민주주의의 초석을 놓기 위하여 꽃다운 생명을 버린 젊은 학도들이여! 여러분의 애통한 희생은 바로 무능하고 무기력한 선배들의 책임인 바, 나도 여러분 선배의 한 사람으로서 오늘 같은 비통한 순간을 맞아 뼈아픈 회한을 느끼는 바입니다.…(중략) 로마는 하루아침에 이루어지지 않았습니다. 여러분이 흘린 고귀한 피는 결코 헛되지 않을 것입니다. 그러한 연유로 오늘 여러분들의 永訣(영결)은 자유를 위한 우리들과의 자랑스런 結緣(결연)임을 저는 확신합니다.… (중략) 여러분들이 못다 이룬 소원은 기필코 우리들이 성취하겠습니다. 부디 他界(타계)에서나마 寧日(영일)의 명복을 충심으로 빕니다."

이 조사를 듣고 있던 부산 문화방송 전응덕과 〈부산일보〉 김종신 기자는 '후련하기도 하고 간담이 서늘하기도 했다'고 기억한다. 아직 자유당 정권이 무너진 것도 아니고, 특무대원들의 눈이 번득이

고 있는데 '여러분이 못다 이룬 소원을 기필코 우리가 성취하겠다'
니, 이건 反정부 선동이 아닌가 하는 생각을 하고 긴장했다는 것이
다. 김종신은 《영시의 횃불》에서 이렇게 쓰고 있다.

「맥 빠지고 천편일률적인 弔辭(조사)에 지루해진 動員(동원) 학생
들은 모두 엉거주춤히 서서, 어떤 학생은 간간이 몸을 뒤척이고 있
었는데 박 장군이 조사를 시작하고 얼마 되지 않아 장내는 갑자기
물을 끼얹은 듯 숙연해졌다.」

이 연설을 녹음해 간 전응덕은 방송하기 전에 군수기지사령관실
로 전화를 걸었다. 이낙선 공보실장에게 "이 연설을 내보내도 좋으
냐"고 물었다. 이낙선은 "잠시 기다려 달라"면서 박정희에게 물어
보고는 "사령관께서 알아서 하라고 하신다"고 말했다. 박정희는
5·16 거사 뒤 이 연설의 녹음테이프를 보내 달라고 전응덕에게 부
탁했다고 한다.

道義(도의) 對 氣魄(기백) 논쟁

자신이 뒤집어엎으려고 했던 이승만 정권이 학생 시위로 넘어가
는 것을 바라보는 박정희 소장의 심정은 복잡했다. 4·19 이전에 박
정희를 만났을 때 친구 황용주(당시 〈부산일보〉 주필)가 전국으로
번지고 있는 학생 시위를 설명해 주면 박 소장은 "에이, 술맛 안 난
다"고 내뱉었다고 한다. 학생들에게 先手(선수)를 빼앗기게 되었다
는 안타까움의 표현이었다.

이낙선이 작성한 《5·16 혁명 참여자 증언록》에 따르면 4월19일
유혈 사태로 서울·부산 등지에 비상계엄령이 선포되자 그날 밤 부

산 동래에 있는 박정희 관사엔 김동하 해병상륙사단장과 홍종철 중령이 마주 앉았다고 한다. 박정희는 "학생들이 맨주먹으로 일어났으니 그들을 뒷받침해 주자"고 말했다는 것이다.

4월 26일 밤 박정희는 관사로 찾아온 유원식 대령이 "이제 혁명을 해야 할 때입니다"라고 하자 "혁명이 됐는데 또 무슨 혁명을 하자는 거냐"고 핀잔을 주었다.

박정희는 이승만 하야 직후 황용주를 만나자 대뜸 "아이고, 학생놈들 때문에 다 글렀다"고 했다. 황용주는 놀리듯이 말했다고 한다. "봐라, 쇠뿔도 단김에 빼라카니."

소설가 이병주가 주필 겸 편집국장으로 있던 〈국제신보〉의 4월 27일자 사설은 '李大統領(이대통령)의 悲劇(비극)! 그러나 조국의 운명과는 바꿀 수 없었다'는 제목이었다.

「지금 이 대통령의 功罪(공죄)를 논할 시기가 아니다. 功(공)을 枚擧(매거)하기 위해서도 신중해야 하며 죄를 따지기 위해서도 신중해야 한다. 문제가 되는 것은 어쩌면 평생을 조국광복에 바친 지도자이며 이 나라의 元首(원수)가 이처럼 증오의 대상이 되었는가에 있다.… (중략)

面從腹背(면종복배), 또는 피동적이었든 해방 전, 해방 후 이날까지 위대한 지도자로서 존경한 그분에 대해서 설혹 본심의 발로일지언정 결정적인 반대 감정을 표현하지 않을 수 없다는 건 슬픈 일이 아닐 수 없다. 시저를 사랑한다. 그러나 로마를 더 사랑한다. 브루투스는 시저를 죽이고 나서 그의 소신을 이렇게 피력했지만 대의와 명분, 정의와 이상에 卽(즉)한 百千(백천)의 이론을 준비해도 우리들의 감정으로서는 넘어설 수 없는 딜레마가 있다.… (중략)

그리고 이승만 대통령에게 항거한 젊은 학생들과 항거를 당한 이승만 박사가 결코 적일 수 없다는 사실을 우리는 깊이 인식해야 하고 끝내 그렇게 되도록 彼此(피차)의 성의가 있어야 되리라고 믿는다.」

며칠 뒤 박정희는 이병주·황용주와 어울린 술자리에서 이렇게 말했다.

"두 주필의 사설을 읽었는데 황용주의 論斷(논단)은 명쾌한데 이 주필의 논리는 석연하지 못하던데요. 아마 이 주필은 情(정)이 너무 많은 것이 아닙니까."

"밉기도 한 영감이었지만 막상 떠나겠다고 하니 언짢은 기분이 들데요. 그 기분이 논리를 흐리멍덩하게 했을 겁니다."

"그거 안 됩니다. 그에겐 동정할 여지가 전연 없소. 12년이나 해먹었으면 그만이지 四選(사선)까지 노려 부정선거를 했다니 될 말이기나 하오? 우선 그, 자기 아니면 안 된다는 사고방식이 돼먹지 않았어요. 후세에 경종을 울리기 위해서도 春秋(춘추)의 筆法(필법)으로 그런 자에겐 筆誅(필주)를 가해야 해요."

이에 대해서 이병주는 "평생을 조국독립을 위해 바친 前功(전공)을 보아서도 이승만을 가혹하게 비판할 수 없었다"는 심경을 피력했다. 박정희의 반응은 차가웠다(이병주의 《대통령들의 초상》).

"미국에서 교포들을 모아 놓고 연설이나 하고 미국 대통령에게 진정서나 올리고 한 게 독립 운동이 되는 건가요? 똑바로 말해 그 사람들 독립 운동 때문에 우리가 독립된 거요? 독립 운동했다는 건 말짱 엉터리요, 엉터리…."

황용주가 끼어들어 "그렇게 말하면 쓰나?" 하고 나무랐다.

"물론 엉터리 운동가도 더러 있었겠지. 그러나 싸잡아 독립 운동한 사람을 그런 식으로 말하면 안 돼. 진짜 독립 운동한 사람들도 많아. 그 사람들 덕분에 민족의 체면을 유지해 온 것이 아닌가."

"민족의 체면을 유지했다고?"

박정희는 흥분했다.

"해방 직후 雨後竹筍(우후죽순)처럼 정당이 생겨나고 나라 망신 시킨 자들이 누군데, '독립 운동 했습네' 하고 나선 자들이 아닌가."

"그건 또 문제가 다르지 않는가."

"무슨 문제가 다르다는 기고. '독립 운동을 합네' 하고 모두들 당파 싸움만 하고 있었던 거 아이가. 그 습성이 해방 직후의 혼란으로 이어진 기란 말이다. 그런데도 민족의 체면을 유지했다고?"

"그런 식으로 문제를 세우면 되나, 내 말은…."

이때 同席(동석)했던 박정희의 대구사범 동기 조증출이 "느그들 이랄라면 나는 가겠다"고 일어서는 바람에 논쟁이 중단되었다. 이병주는 이런 자리에서 있었던 황용주와 박정희의 논쟁 중 다른 한 토막을 기록했다.

「박정희가 일본 청년 장교들이 일으킨 5·15 사건, 2·26 사건을 들먹이면서 찬사를 늘어놓자 황 주필이 "너, 무슨 소릴 하노. 놈들은 천황 절대주의자들이고 케케묵은 국수주의자들이다. 그놈들이 일본을 망쳤다는 사실을 모르고 하는 소리가"라고 반박했다.

"일본의 군인이 천황 절대주의자 하는 게 왜 나쁜가. 그리고 국수주의가 어째서 나쁜가."

황용주가 "그것은 고루한 생각으로서 세계 평화에 해독이 된다"고 반박하자 박정희는 열을 올렸다.

"그런 잠꼬대 같은 소릴 하고 있으니까 글 쓰는 놈들을 믿을 수 없다. 일본이 망한 게 뭐꼬. 지금 잘해 나가고 있지 않나. 역사를 바로 봐야 해. 패전 후 얼마 되지 않아 일본은 일어서지 않았나."

"국수주의자들이 망친 일본을 자유주의자들이 일으켜 세운 거다."

"자유주의? 자유주의 갖고 뭐가 돼. 국수주의자들의 기백이 오늘의 일본을 만든 거야. 우리는 그 기백을 배워야 하네."

"배워야 할 것은 기백이 아니고 도의감이다. 도의심의 뒷받침이 없는 기백은 야만이다."

"도의는 다음 문제다. 기백이 먼저다."」

17
독한 마음으로 쓴 편지

자신을 아끼던 송요찬 참모총장에게
용퇴를 권하는 편지를 쓰다.

"宋堯讚(송요찬) 총장께"

1960년 4월26일 李承晩 대통령 下野 이후 온 나라에 불어 닥친 혁명적 분위기는 박정희 소장을 격동시켰다. 5월2일 박정희는 육사 11기 작전장교 손영길 대위를 불렀다. 李洛善(이낙선)이 작성한 《5·16 증언록》에서 손영길 대위는 이렇게 기억했다.

「박정희: "손 대위, 위관급 장교들의 분위기는 어떠한가. 지금 모든 분야에서 혁신의 분위기가 있는데도 군부에서만은 이렇다 할 혁신의 기운이 없다. 서울에서 젊은 영관급 장교들이 혁신을 부르짖고 있다. 우리 사령부 내의 위관급 장교들 동태는 어떤가?"

손영길: "대부분의 장교들은 과거에 부정선거를 지시한 부정 장성들이 건재하다는 것은 부당하다는 의견입니다. 젊은 장교들은 지휘관들을 불신임하고 있는 경향입니다."

박정희: "(편지봉투를 전하면서) 이걸 송요찬 참모총장에게 전달하게."」

손영길 대위는 이날 오후 편지봉투를 들고 L—19 경비행기를 이용하여 서울로 갔다. 송요찬 육군 참모총장실에 근무하는 동기생 김 대위를 통해 이 서신을 전달했다. '5·16 혁명의 史官(사관)' 이낙선은 문제의 편지 내용은 이러했다고 적었다.

「참모총장 각하.

多難(다난)한 계엄 업무와 군내의 諸(제)업무의 처리에 골몰하심을 위로드리는 바입니다. 각하로부터 많은 恩顧(은고)를 입으며 각하를 존경함에 누구 못지않을 본인이 지금 그 높으신 은공에 보답하는 길은 오직 각하의 처신을 그르치지 않게 충고 드리옴이 유일한 방도일까 짐작되옵니다.

지금 3·15 부정선거에 관련된 많은 사람들이 선거 부정 관리의 책임으로 규탄되고 있으며 군 역시나 내부적·외부적 양면에서 이와 같은 비난과 淨化(정화)에서 예외될 수는 없을 것이오니 未久(미구)에 닥쳐올 격동의 냉각기에는 이것이 문제화될 것은 明若觀火(명약관화)한 일이며 현재 일부 국회 국방위원들이 對軍(대군) 추궁을 위한 증거 자료를 수집 중임도 이것을 뒷받침하는 것이옵니다.

卑見(비견)이오나 군은 上命下服(상명하복)의 엄숙한 통수 계통에 있는 것이므로 군의 최고명령자인 각하께서 부정선거에 대한 전 책임을 지시어 정화의 태풍이 군내에 파급되기 전에 자진 용퇴하신다면 얼마나 떳떳한 것이겠습니까. 각하께서는 4·19 이후의 민주적인 제반처사에 의하여 絶讚(절찬)을 받으시오니 부정의 책임감은 희박해지며 국민이 보내는 갈채만을 기억하시겠습니다마는 사실은 不日內(불일내)에 밝혀질 것입니다. 차라리 국민이 아쉬워할 이 시기를 놓치지 마시고 처신을 배려하심이 각하의 장래를 보장하며 과거를 장식케 하는 유일한 방도일까 아뢰옵니다.

4·19 사태를 민주적으로 원만히 수습하신 각하의 공적이 절찬에 값하는 바임은 물론이오나 3·15 부정선거에 대한 책임도 또한 결코 면할 수 없는 것이며, 따라서 그 功過(공과)는 相殺(상쇄)가 불가능한 사실에 비추어 가급 조속히 進退(진퇴)를 英斷(영단)하심이 국민과 군의 眞意(진의)에 迎合(영합)되는 것이라 사료되옵니다.

현명한 상관은 부하의 誠心(성심)을 수락함에 인색하지 않을 것입니다. 각별한 은혜를 입은 부하로서 각하를 길이 받들려는 微忠(미충)에서 감히 진언드리는 충고를 경청하시어 성심에 답하는 裁量(재량) 있으시기를 伏望(복망)하옵니다.

외람되오나 각하와의 두터운 신의에 의지하여 이 글을 올리오니 두루 解諒(해량)하시와 본인으로서의 심사숙고된 성심을 참작하여 주시기 아뢰옵나이다.」

"빨갱이 같은 놈!"

그동안 박정희가 송요찬에게서 입은 은혜를 생각한다면 이 편지는 독한 마음을 품고 쓴 것임을 알 수 있다. 박정희는 私情(사정)을 모질게 끊고 송요찬의 용퇴를 건의한 것이다. 이때 송요찬은 계엄군이 4·19 때 시위대에게 발포하지 않음으로써 이승만의 하야를 불가피하게 만들었다고 하여 국민적 인기가 높았다. 미국 정부도 한때 그를 과도 정부 수반으로 밀어 줄 생각을 했을 정도였다. 그런 송 장군에게 匕首(비수)와 같은 편지를 써 올린 박정희는 이 행동으로써 격랑이 일고 있는 시대 상황으로 뛰어든 것이다. 그것은 상황의 구경꾼이 아닌 주인공이 되겠다는 결단이었다.

5월2일 許政(허정) 과도 정부 내각 수반은 국방장관에 이종찬 전 육대 총장을 임명했다. 1952년 부산 정치 파동 때 박정희와 함께 이승만 정권의 전복을 생각했고, 한때는 많은 청년 장교들에 의해서 군사 혁명의 지도자로 지목받고 있었던 이종찬의 장관 취임은 박정희에게 상당한 격려가 되었을 것이다. 더구나 이종찬은 송요찬을 못마땅하게 생각하고 있었다.

박정희의 편지를 받은 송요찬의 심경을, 이낙선은 《正義(정의)의

受難(수난)》이란 기록에서 다소 소설적으로 묘사하고 있다.
「송 총장의 분노는 하늘을 치솟았다.
"빨갱이 같은 놈! 부정선거에 내가 무슨 책임이 있단 말인가. 또 책임이 있다 치더라도 4·19 이후의 처신이 충분히 그것을 속죄했다고 언론이 대변하고 있지 않은가. 내가 저를 애써 승급시키고 등용하고 있는데, 배은망덕도 분수가 있지. 온 세상이 나를 칭찬하는데, 네가 나를 잡아먹어?"
 분을 못 이긴 송 총장은 문제의 서신을 움켜쥐고 박정희 소장을 경계하는 여러 장성과 고위층에 이를 회람시켰다. 고민의 며칠 밤을 지낸 5월5일 송 총장은 곰곰이 생각한 결심 하나를 실천에 옮겼다. 육군본부의 전 장병을 연병장에 집합시켜 놓고 사무치는 분노와 危懼感(위구감)을 폭발시킨 것이다.
"4·19 사태의 수습에 있어서 우리 군은 본인의 지휘하에 원만히 그 소임을 다하여 靑史(청사)에 남는 위업을 달성한 것인데, 지금 일부에서는 이 성스러운 성과를 시기하며 파괴하려 드는 불순분자가 있다. 지금 이 자리에서 누구라고 지칭하지는 않겠지만, 이렇듯 下剋上(하극상)의 풍조를 선동하여 군 상하 간의 불신을 야기하며 단결을 와해시켜 북괴에 이익을 주는 따위의 행위는 단연코 배격되어야 한다."」
 이낙선의 《5·16 증언록》에 따르면 육본 정보국 기획과장 김종필 중령은 이 연병장 연설의 분위기에 대해서 이런 증언을 한 것으로 되어 있다.
「이때는 이미 중견 장교들의 동향이 뭉치기 시작한 때이고 연설 도중에 (장교들이) 웅성거리기 시작해서 육본의 공기는 險惡一路

(험악일로)가 되었다.」

5월6일 김종필 중령은 "육본의 공기와 그동안의 동향을 보고차 下釜(하부), 박 장군 숙소에서 투쟁 방법의 표면화(육본의 동지 규합을 위해)를 進言(진언)했다"는 것이다.

5월8일, 김종필 중령을 중심으로 한 육사 8기 출신 장교들은 整軍(정군)을 요구하는 連判狀(연판장)을 작성하여 상부에 제출하려다가 탄로가 난다.

핏발이 서다

1961년 1월12일 육군본부 본청 2층 정책회의실에서 개인 보안심사위원회가 열렸다. 군 방첩 기관에서 적색, 혹은 회색으로 분류해 온 군인들에 대한 사상적 성분 검토를 하여 '전역', '無辜(무고·아무 죄도 없음)' 판정을 내리기 위함이었다. 이 위원회는 甲班(갑반)과 乙班(을반)으로 나뉘어져 갑반은 중령 이상 장교들을 다루고, 을반은 그 이하를 취급했다.

갑반 위원회의 구성은 참모차장을 비롯한 작전·군수·관리참모부장·육군방첩대장, 그리고 1·2군 사령부의 보안 책임자였다. 1958년부터 방첩대의 전신인 특무부대에선 사상 성분에 문제가 있는 장교들에게 비밀 취급 인가를 취소하고 전역시키는 案(안)을 상부에 건의해 왔다. 여기에 해당하는 장성급 인사는 두 사람이었는데, 그 중 한 사람이 박정희였다. 미군이 박정희를 내몰려고 하는 가운데 이 보안 부적격자 처리 문제가 재론되었다. 이날 비밀회의는 "박정희 소장에 대해서, 좌익전력자로서 비밀 취급 인가를 받기엔 부적절하다고 판단하여 예편시키기로 결의했다"고 이낙선은 5·16 직후에 쓴 手記(수기)에서 주장하였다.

「이 결의가 즉각 탐지됨으로써 혁명 촉진의 자극제가 되었다는 것은 전화위복이었다. 그 후의 이야기이지만 5·16 혁명이 일어나자 이틀 후에 육본에서는 모 처장의 제의로 개인 보안 심사를 재심의하여 박 소장의 거세를 위한 정책적인 조치이던 엉터리 결의를 무효화하고 관계 서류를 감쪽같이 지워 버렸으니 허무한 세상이랄 수밖에 없다.」

2군 부사령관으로 밀려 나 있던 박정희는 광복 직후의 좌우익 對決期(대결기)에 좌익 모험을 한 것이 평생 꼬리표가 되어 그를 따라다니는 현실에서 탈출구를 찾아야 할 판이었다. 이로부터 오는 강박관념이 그를 절박하게 혁명의 길로 몰아붙였다. 혁명이냐, 강제 轉役(전역)이냐의 시간싸움이기도 했다. 혁명 모의엔 박정희의 구국일념에 못지 않게 이러한 개인적 이해관계도 걸려 있었다. 목숨을 던지는 일대 승부를 결단하는 데는 내면적인 요인에 못지않은 외부로부터의 압박이 작동했던 것이다. 박정희의 오랜 친구이던 具常(구상)은 당시의 박정희를 '木瓜(모과) 옹두리에도 사연이'란 自傳詩(자전시)에서 이렇게 그렸다.

「歸路(귀로), 大邱(대구)서 만난 將軍(장군) 朴正熙(박정희)는 이미 눈에 핏발이 서려 있었다. 내가 避靜(피정: 가톨릭 용어로 묵상의 뜻)의 餘韻(여운)으로 화제를 灑落(쇄락)으로 몰고 가도 "해치워야 해"를 주정 섞여 연발하며 鞭聲肅肅夜渡河曉見千兵擁大牙(편성숙숙야도하효견천병옹대아)―일본 전국시대의 대결전을 노래한 한시의 구절. 그 뜻은 '말채찍 소리도 고요히 밤을 타서 강을 건너니 새벽에 大將旗(대장기)를 에워싼 병사 떼들을 보네'이다—란 일본 詩吟(시음)을 되풀이해 불렀다. 40일 만에 돌아온 서울은 그야말로 북새통이었다. 4·19의 젊은이들은 몽둥이를 들고 의정 단상을 점령하는가 하면 맨손 맨발로 휴전선을 넘어 북한마저 해방한다고 아우성을 쳤다.」

　2군 부사령관은 1개 소대도 동원할 수 없는 자리였다. 박정희가 직책과 직권에 의존하여 쿠데타를 계획하는 사람이었다면 그를 2군 부사령관으로 보내는 것만으로 後患(후환)을 제거했다고 볼 수 있었다. 박정희는 국가개조에 대한 공감과 자신의 인격을 바탕으로 하여 인맥을 구축한 것이지 직책에서 나오는 영향력을 바탕으로 한 사람이 아니었다. 그런 박정희에게는 2군 부사령관이란, 실권이 없는 대신 시간이 많은 자리가 오히려 혁명 모의에 적합했다.

박정희의 '인물 지식'

　2군 참모장은 만주군 시절부터의 친구인 이주일 소장이었고, 대구에 이웃한 영천의 정보학교장은 박정희가 군에서 추방되어 불우한 나날들을 보내고 있을 때 그를 따랐던 육사 2기 동기인 한웅진 준장이었다. 이 두 사람은 4·19 이전의 이승만 타도 쿠데타 모의 때부터 가담하였다. 한웅진은 박정희와 함께 포섭 대상자들을 고르기도 했다. 그는 박정희의 '인물 지식'에 놀랐다고 한다.
　"이 친구는 입이 가벼워. 이 친구는 ○○○ 사람이야. 이 사람은 가만히 놓아두어도 우리 편을 들 사람이니 굳이 포섭할 필요가 없어."

박정희는 이런 식으로 장교들의 특성과 자질을 줄줄 꿰고 있더라고 한다. 인간에 대한 好(호), 不好(불호)를 좀처럼 드러내지 않았던 박정희이지만 그는 예리한 인간 관찰을 해왔고 혁명 조직을 짜는 데 그 축적된 지식이 한몫을 했다. 공자는 '지식'을 '인재를 알아보고 적재적소에 쓰는 능력'이라고 요약했다. 박정희는 주변에 다양한 인물들을 모아서 그들의 능력과 개성에 맞는 일을 맡길 줄 아는 눈을 가진 사람이었다.

그는 박종홍과 같은 철학자와 金正濂(김정렴) 같은 모범생과 이후락 같은 智謀人(지모인)과 김형욱과 같은 거친 인물을 상호 모순 없이 쓰고 부렸다. 그를 두고 '청탁을 함께 들이마신 사람, 그러나 자신의 혼을 오염시키지 않은 사람'이라고 평하는 것도 사람을 다루는 안목의 다양성과 깊이를 의미하는 것이다. 그는 나라를 뒤집고 새로 세우는 일에는 정직하고 성실한 사람만 있어서는 일이 이루어지지 않는다는 것을 잘 알고 있던 사람이었다.

전략과 정보에 밝은 박정희는 5·16을 계획하는 데 있어서도 그 작전의 원리를 적용했다. 서울에 소재한 정권의 사령탑을 기습하여 그 기능을 일거에 마비시키는 집중의 원칙이 그것이었다. 장면 총리의 체포와 방송국 및 육군본부의 점령이 쿠데타 작전의 핵심이었다. 박정희는 또 이 쿠데타가 군부 내의 일파에 의한 반란으로 규정되면 작전 지휘권을 쥔 미군에 의해서 손쉽게 진압될 것이라고 판단했다. 이를 위해서는 육군 참모총장이 지휘하는 全軍(전군)의 거사라는 간판을 걸어야 했다. 이 때문에 참모총장을 포섭하지 않을 수 없었다.

그런데 최경록 총장은 박정희에게 비우호적인 인물이었다. 박정희는 자신이 조종할 자신이 있다고 판단한 장도영 2군 사령관을 총장으로 밀려고 했다. 1960년 말 박정희는 한웅진과 張坰淳(장경순·국회 부의장, 농림부 장관 역임) 준장을 방첩부대장과 9사단장으로 보내 비밀의 누설에 대비하고 수도권에서 병력을 동원하는 데 쓰려고 인사 운동을 했으나 실패했다.

5·16의 결정적인 요인은 장도영과 박정희의 인간 관계였다. 나이는 여섯 살 아래인 직속상관 장도영은 박정희의 磁場(자장) 안에 들어 있었다. 장도영의 박정희에 대한 높은 평가와 그 자신의 정치적 야망이 뒤섞인 결과라고도 볼 수 있는 이 숙명적 관계는 권력을 놓고 벌이는 게임에선 피해자와 가해자로 갈리게 마련이었다.

18
5·16 군사혁명, 한강다리에서

박정희는 총탄 속을 걸어갔다.

1961년의 세상
5·16 군사혁명
최고회의 의장에 朴正熙 소장
박정희-이케다 日 총리 회담
美 쿠바 침공 작전 실패
OECD발족

한강 다리에서

해병여단의 선두인 제2중대가 1961년 5월16일 새벽 한강 인도교로 진입했을 때 트럭 두 대를 여덟 팔 자로 배치한 헌병들의 제지를 받았다. 중대장 李俊燮(이준섭) 대위는 참모총장도 이번 혁명을 지지하고 있다는 말을 들었다. 그래서 헌병들이 총장의 명령을 받아 자신들을 환영하러 나온 줄 알고 헌병중대장 김석률 대위와 반갑게 악수를 했다. 그런데 김 대위는 "우리는 총장님의 명령에 따라 어떤 부대의 통과도 허용할 수 없다"고 말하는 게 아닌가.

이 보고를 전해들은 오정근 대대장은 김윤근 여단장에게 뛰어갔다. 오 중령도 참모총장이 혁명을 지지하고 있다고 알고 있었으므로 "이게 도대체 어떻게 된 일입니까"하고 따지듯 말했다. 김윤근은 박정희 소장한테 들은 대로 설명해 준 뒤 "해병대만 가지고 혁명을 강행하기로 했으니 헌병이 계속해서 막으면 밀어 버리시오"라고 명령했다. 오정근 중령은 "알았습니다. 밀어 버리겠습니다"하고 시원하게 복창하고 앞으로 달려갔다. 오정근 중령은 원래부터 해병대 단독 거사를 꾀했던 이였으니 이런 상황에서도 주저할 이유가 적었다. 그 뒤 앞쪽에서 총성이 들려 왔고 곧 조용해지더니 오정근 중령이 무전기로 보고했다.

"헌병을 쫓아 버리고 지금 저지선을 통과해서 인도교로 들어갑니다."

한강 인도교 남단에 설치한 트럭 바리케이드를 넘는 총격전에서 헌병 3명, 이준섭 대위 등 해병 6명이 부상했다. 해병대 후미 쪽에 붙어 있던 김윤근 여단장이 탄 지프도 인도교로 들어갔다. 바리케이드로 놓아 둔 트럭은 엔진이 꺼져 있어 치우는 데 시간이 걸릴 듯했다. 김윤근 여단장은 지프에서 내렸다. 중지도 쪽에서 또 총성이 들렸다. 오정근 중령이 달려왔다.

"중지도에 제2 저지선이 있고 헌병이 저항합니다. 혹시 이 다리에 폭파 장치를 해두었을지 모르니 병력을 일단 노량진 쪽으로 빼는 것이 어떻겠습니까?"

"폭파 장치가 그리 쉽게 되겠소. 걱정 말고 밀어 붙이시오. 그런데 저 저지선의 트럭 헤드라이트 불빛이 눈에 거슬려요. 저것부터 깨부숴 버려요."

오정근 중령은 중지도 지점에 설치된 제2 저지선의 헤드라이트를 겨냥해서 일제 사격을 하게 했다. 불빛이 꺼지자 제2 저지선도 돌파되었다. 김윤근 준장은 한강 인도교의 반을 지나 이제는 용산 쪽으로 걸어갈 수 있었다. 서서히 움직이던 해병대 차량 종대는 다시 정지했다. 오정근 중령이 다시 달려왔다.

"큰일입니다. 또 다른 저지선이 있습니다."

"큰일은 무슨 큰일이오. 저지선이 있으면 돌파해 버려야지."

그러나 김윤근도 앞으로 저지선을 몇 개나 더 돌파해야 할지를 생각하니 걱정이 되었다. "날은 이미 밝아오기 시작하는데 아직 한강 다리에서 우물거리고 있으니…. 실패라면 살아서 욕을 보느니 자결해 버려야지" 하는 생각을 하니 아내와 세 아이의 얼굴이 스쳐 지나갔다. 그러다가 트럭에 탄 장병들을 보고는 마음을 고쳐먹었다.

"아니다. 내가 살아 있어야 아무것도 모르고 출동한 장병들에게는 책임이 없다는 것을 증언해 줄 수 있을 것이 아닌가."

이때 박정희도 차에서 내려 한강 다리를 걸어서 건너고 있었다. 그를 호위하던 장교들 가운데 한웅진 준장과 이석제 중령의 증언을 통해서 상황을 복원해본다.

박정희 일행은 중지도, 즉 한강 다리의 중간 지점을 지나 북쪽으로 걸어갔다. 북단에는 제3의 저지선이 있었다. 트럭 4대를 동원하여 차단벽을 만든 것이다. 트럭들 좌우측에서 헌병들이 매복하여 총을 쏘고 있었다. 해병들은 상체를 숙이고 뛰어가 저지선 앞에서 엎드려 응사하고 있었다. 헌병들의 병력이 얼마인지를 알 수 없었으니 불안감은 더했다.

"가족들 얼굴이 강물에 떠오르더군"

박정희 소장이 상체를 숙이지도 않고 걸어가기 시작했다. 카빈을 든 이석제 중령이 따랐다. 그는 6·25 동란 때 중대장으로 전투한 경험이 생각났다. "사람이 아무리 빨라도 총알을 피할 수는 없다. 총알이 사람을 피하지, 사람이 총알을 피할 수는 없다"는 經驗則(경험칙)이 있었다. 전쟁터에서 그런 믿음에 따라 행동하니 부하들이 용감한 중대장이라고 존경해마지 않았다. 총알을 고개 숙여 피한다고 피할 수 있는 것이 아님을 알고 있는 이석제와 박정희가 꼿꼿하게 걸어가는데, 총알이 옆으로 쌩쌩거리며 날아가는 소리가 들렸다.

김윤근 준장이 박정희에게 뛰어왔다.

"또 다른 저지선이 있습니다. 앞으로 저지선이 몇 개나 더 있을지 모르겠습니다. 날이 새기 전에 목표 점령은 어려울 것 같습니다."

"그대로 밀어 버리시오."

박정희의 침착하고 단호한 태도에 김윤근 준장도 용기를 얻었다고 한다. 박정희는 해병대가 작전하는 것을 바라보면서 난간에 기대어 담배를 피워 물었다. 李錫濟는 이런 말을 했다고 한다.

"각하, 일이 끝내 안 되면 각하 바로 옆 말뚝은 제 것입니다."

박정희는 씩 웃으면서 이렇게 말하더란 것이다.

"사람의 목숨이 하나뿐인데 그렇게 간단하게 죽어서 쓰나."

잠시 후 박정희는 "이 중령"하고 불렀다.

"상황이 여의치 않으면 제2안대로 합시다."

박정희가 생각한 제2안이란 출동한 부대로써 일정한 지역을 점거하고는 정부와 담판한다는 것이었다. 한웅진은 "박 장군은 총격전이 오고가는 상황에서 난간을 잡고 물끄러미 강물을 내려다보더니 일본말로 '주사위는 던져졌어'라고 말했다"고 증언했다. 나중에 한웅진은 "형님, 그때 강물을 바라보면서 무슨 생각을 했습니까" 하고 물었다고 한다. 박정희는 "가족들 얼굴이 강물에 떠오르더군"이라고 말하더란 것이다.

이 순간 박정희의 결연한 태도가 흔들리는 장교들의 마음을 다잡아 주었다는 증언은 많다. 예기치 않은 저항을 받은 혁명군 장교들 모두가 박정희를 주시하고 있었고, 박정희는 그들에게 용기와 확신을 심어 주는 행동을 보였다. 결정적 순간의 이런 결정적 행동이 그 뒤 18년간 단 한 번도 정면도전을 받지 않은 그의 지도력과 권위의 원천이 되었다.

한강 인도교를 저지하던 트럭 바리케이드가 최종적으로 뚫린 것은 5월16일 오전 4시15분경이었다.

革命 放送

1961년 5월16일 새벽, 朴正熙 소장은 혁명공약 인쇄물을 들고 남산으로 달리는 車中에서 김종필에게 처음으로 장도영 육군 참모총장에 대한 불만을 털어놓았다.

"아니, 장 장군이 그럴 수 있어? 나한테 총을 쏘라고 시키다니. 우리가 그동안 알려 줄 것은 다 알려 줬잖아."

남산 KBS 방송국에 박정희가 도착했을 때 공수부대원들은 아나운서와 방송 기술자들을 찾아다니고 있었다. 당직 아나운서인 박종세는 1층 보도계실로 피했다가 다시 텔레타이프실로 옮겨 웅크리고 있었다. 연초에 이런 일을 예상하여 방송국 내부를 염탐해 둔 적이 있었던 김종필이 "박 아나운서 있소, 나오시오. 우리는 빨갱이가 아니오"라고 외치면서 들어왔다.

박종세가 김종필을 따라 바깥으로 나오니 별을 단 장성들이 여러 명 서 있었다. 키가 작고 바싹 마른 사람이 앞으로 나오더니 "나, 박정희라고 하오"라고 하며 손을 내밀었다. 이 바쁜 상황에서도 박정희는 박종세에게 군사혁명의 필연성에 대하여 간략한 설명을 한 뒤 혁명공약이 적힌 전단을 건네주었다. 박정희 일행은 박종세를 앞세워 2층 主방송실로 올라갔다. 박종세는 주위를 두리번거리더니 "저 혼자서는 방송을 할 수 없습니다"라고 했다.

"거짓말 말어. 썩었구나 이놈도. 너 따윈 죽여 버려야 돼."

한 공수단 장교가 철거덕 권총을 장전하면서 소리를 질렀다. 한웅진 준장이 "자넨 참아"라고 말리고는 "지금 다섯 명이나 되는데도 더 있어야 한단 말이오"라고 했다. 방송기계를 다룰 줄 아는 엔지니어가 보이지 않는다는 것이었다. 그 순간 공수단원들에게 이끌려 기술직원들이 나타났다. 이윽고 主조정실에 빨간불·파란불이 들어오기 시작했다. 한웅진은 "형님, 직접 방송하십시오"라고 권했다. 한웅진은 간밤 차중에서 "방송이라도 하고 죽읍시다"라고 농담을 했던 것이 생각났다. 박정희는 예의 그 계면쩍은 표정을 지으면서 가만히 있었다. 행진곡이 울리고 박종세가 읽기 시작했다.

「친애하는 애국 동포 여러분! 은인자중하던 군부는 드디어 今朝未明(금조미명)을 기해서 일제히 행동을 개시하여 국가의 행정·입법·사법의 三權(삼권)을 완전히 장악하고 이어 군사혁명위원회를 조직하였습니다. 군부가 궐기한 것은, 부패하고 무능한 현 정권과 기성 정치인들에게 더 이상 국가와 민족의 운명을 맡겨 둘 수 없다고 단정하고 백척간두에서 방황하는 조국의 위기를 극복하기 위한 것입니다.

군사혁명위원회는 첫째, 반공을 國是(국시)의 제1義(의)로 삼고 지금까지 형식적이고 구호에만 그친 반공체제를 재정비 강화할 것입니다. 둘째, 유엔 헌장을 준수하고 국제 협약을 충실히 이행할 것이며, 미국을 위시한 자유우방과의 유대를 더욱 공고히 할 것입니다. 셋째, 이 나라 사회의 모든 부패와 舊惡(구악)을 일소하고 퇴폐한 국민 도의와 민족정기를 다시 바로잡기 위하여 淸新(청신)한 기풍을 진작할 것입니다. 넷째, 절망과 기아선상에서 허덕이는 민생고를 시급히 해결하고 국가 자주경제 재건에 총력을 경주할 것입니다. 다섯째, 민족적 숙원인 국토 통일을 위하여 공산주의와 대결할 수 있는 실력의 배양에 전력을 집중할 것입니다. 여섯째, 이와 같은 우리의 과업이 성취되면 참신하고도 양심적인 정치인들에게 언제든지 정권을 이양하고 우리들 본연의 임무에 복귀할 준비를 갖추겠습니다.

애국 동포 여러분, 여러분은 본 군사혁명위원회를 전폭적으로 신뢰하고 동요 없이 各人(각인)의 직장과 생업을 평상과 다름없이 유지하시기 바랍니다. 우리들의 조국은 이 순간부터 우리들의 희망에 의한 새롭고 힘찬 역사가 창조되어 가고 있습니다. 우리들의 조국은 우리들의 단결과 인내와 용기와 전진을 요구하고 있습니다.

대한민국 만세! 궐기군 만세!

군사혁명위원회 의장 육군 중장 장도영」

대한민국 성인 남녀들이 달달 외우게 되는 이 혁명 공약은 김종필이 초안을 잡고 박정희가 교열을 본 것이다. 장도영의 이름을 盜用(도용)한 이 문장엔 한 시대의 대명제, 또는 유행어가 될 단어들이 들어 있었다. 舊惡, 기성 정치인, 청신한 기풍, 기아선상, 참신한 등등. 이 혁명 공약문은 정치인들이 즐겨 쓰는 관념적인 용어가 적은 대신에 구체적이고 실용적인 표현들이 많다. 언어가 사상을 표현하고 사상이 시대를 만들어 간다면 이 혁명 공약문은 實事求是(실사구시), 즉 현실과 사실에서 논리와 가치를 추구하는 것을 행동윤리로 삼고 있는 새로운 국가 지도층의 등장을 알리는 것이기도 했다.

박종세 아나운서는 이 방송문을 되풀이해서 읽었다. 꼿꼿이 서서 방송 장면을 바라보고 있던 박정희는 부하들이 "각하, 한 번만 꼭 직접 방송을 하십시오"라고 권해도 말없이 고개를 가로저었다.

李錫濟 중령은 혁명 방송이 나간 뒤 안도감과 함께 허탈해지는 것을 느꼈다. 아무 사무실이나 문을 열고 들어가 소파에 앉았다. 맞은 편 여직원에게 "물 한 잔 주시오"라고 했다. 여직원이 끙끙대면서

말했다.

"저… 저… 다리가 움직이질 않아요."

공포감 때문에 '허리가 빠진 것'이었다. 자신의 이름이 盜用(도용)되고 있는 사이 육군참모총장 장도영 중장은 비로소 병력 동원 명령을 내린다. 소공동에 있던 서울방첩대 사무실에서 지휘를 하고 있던 그는 해병대와 공수단 병력이 한강 다리를 건너 시내로 진입하고 있다는 보고를 받자 수색 30사단장 李相國(이상국) 준장에게 전화를 걸었다. 간밤의 반란 기도를 제압한 李 준장의 목소리는 아직도 화가 풀리지 않고 있었다. 장도영은 "지금 어느 정도의 병력을 출동시킬 수 있는가" 하고 물었다.

"1개 중대 정도는 되겠습니다."

장도영은 다른 장교를 시키면 또 반란군으로 돌변할지 모른다고 생각해서 사단장이 직접 지휘하여 서울로 들어와 시청을 경비하라고 지시했다. 全軍(전군)을 통틀어 제2공화국을 수호하기 위해서 출동한 병력은 1개 중대가 유일했다. 이 중대도 시청에 도착했을 때는 혁명군에 접수되어 총구를 거꾸로 돌리게 된다.

19
몰래 양말 빠는 권력자

박정희는 근검 절약에서도
當代 1등이었다.

"이래 가지고야 군대인들 안심하고…"

 군사쿠데타 18일 후인 1961년 6월3일 오후 4시부터 1시간30분 동안 실력자 朴正熙 부의장은 대구〈매일신문〉서울분실 鄭景元(정경원) 기자와 단독 회견을 가졌다. 5월23일에 외신기자들과 회견한 이후 처음이었다. 최초의 단독 인터뷰를 대구에서 발행되는 신문과 한 것은 고향에 대한 배려인 것처럼 느껴진다. 박정희의 인간성이 솔직하게 드러나는 인터뷰 기사의 全文은 이러했다.
「기자: 오늘은 同鄕(동향) 선배를 대하는 마음에서 좀 터놓고 이야기하고 싶습니다. 대구 淸水園(청수원) 아주머니의 안부도 전해 드리고요.
 박정희: 좋습니다. 청수원 아주머니한테는 신세도 많이 졌는데 편지라도 한 장 해주어야겠는데…. 또 취재하러 왔소? 나는 고향 친구라기에 이야기나 좀 하고 싶었는데.
 기자: 박 장군이 군사혁명을 결심한 동기는?
 박정희: 과거 25년간의 군인 생활을 통해서 나는 누구보담도 군이 정치에 관여해서는 안 된다고 주장해 왔습니다. 그런데 기성 정치인들에게 정치를 맡겨 놓으니까 꼭 망할 것만 같았어요. 아, 그래 국가 민족이 망해가는 판에 군이라고 정치에 불관여한다는 원칙만을 고집할 수 있겠소? 그래서 최후 수단을 쓴 것뿐입니다.
 기자: 李(이) 정권하에서도 군사혁명의 기운이 있었다는데 이번 5·16 혁명의 직접적 동기를 좀….
 박정희: 하기야 이승만 정권 때도 3·15 부정선거를 계기로 흥분

한 일부 영관급 장교단이 들고 나서려고 했는데, 아시다시피 4·19 혁명이 일어나 학생들에게 맡긴 셈이지요. 그건 그렇다 하고 이번 군사혁명의 직접적인 동기야 여러분이 다 아시다시피 장 정권이 국민의 뜨거운 염원을 팽개치고 무능과 부패로 일관해서 도저히 그들로서는 긴박한 위기를 타개할 힘이 없다고 단정했기 때문입니다.

첫째, 국민을 기아로 몰아넣은 그들의 무능도 무능이려니와 장면 씨의 리더십이란 게 말이 아니었거든요. 사실 혁명 구호에도 있지만 이북 공산당의 간접 침략은 눈에 보일 정도였고, 부패와 무능으로 인한 경제 파탄은 결국 국민을 극도의 불안과 浮黃症(부황증)으로까지 몰아넣지 않았소. 이래 가지고야 군대인들 안심하고 국토방위에만 전념할 수 있었겠소? 아닌 게 아니라 이러다간 1년 후에는 공산주의가 시골 농촌까지 침투할 것이라고 나는 분명히 판단했소.

기자: 간접 침략을 분쇄하자는 혁명 구호를 내걸 만큼 張 정권은 반공에 무력했던가요.

박정희: 무력 정도가 아닙니다. 놀라지 마시오, 망할 놈들. 허, 이번에 조사해 보았더니 붉은 마수는 이미 張 정권의 장관급까지 뻗치지 않았겠소(흥분한 박 소장의 두 눈에는 순간 불꽃이 인다)」

1961년 6월3일의 최고회의 박정희 부의장에 대한 〈매일신문(대구)〉 정경원 기자의 인터뷰 기사는 이렇게 이어진다.

「기자: 그런 어마어마한 간첩 사건을 장 정권이 몰랐단 말입니까.

박정희: 천만에, 경찰은 이미 사건을 인지했지만 압력에 눌려 흐지부지해 버렸다니 기가 막힌 일이 아니오? 여북하면 미국에 가 있는 최경록 장군 같은 분은 在美 유학생들이 그곳에서 영주하려 한

다고 전해 왔겠소?

기자: 박 장군의 가정환경을 좀….

박정희: 신당동에 집 한 칸 있는데 처하고 열 살, 일곱 살 나는 기집애 둘, 네 살짜리 머슴애 하나뿐입니다. 재혼해서 모다 어리지요, 허(박 장군은 처음으로 웃었다).

"사귀어 보이소"

기자: 군사혁명 전후의 사정을 이야기해 줄 수 없습니까?

박정희: 다 지나간 얘기인데 참가 부대는 다 알 거요. 알려 달라고? 30사단, 33사단, 공수전투대, 해병제1여단, 6군단 포병…. 서울서 행동한 주류 부대는 이 정도고 이밖에 대구, 부산, 광주, 논산훈련소, 청주(37사단) 등 후방부대와 일부 야전군 사단에서도 호응을 약속했습니다. 최초의 계획은 작년 12월부터지요. 그땐 영관급 장교들이 열렬했고, 2군 참모장이던 이주일 장군의 협력도 많이 받았지요.

기자: 도중에 정보가 새었다는 말도 있었는데….

박정희: 일부 정보가 새어서 초조할 때도 있었지만 나 자신은 군사혁명을 결심했을 때 이미 죽을 각오가 되어 있었소. 물론 우리 동지들은 이번 거사에서 만일 배신한 자가 있으면 극형에 처하도록 서약했소. 사실 까놓고 말하자면 내가 실패했더라도 후회는 안 했을 거요. 내 뒤를 이어 제2, 제3의 혁명은 당연히 豫期(예기)할 수 있었으니까요.

기자: 정보는 왜 새었습니까?

박정희: 글쎄 한 놈이 배신했기 때문에 약간 당황했지만 미군 계통은 장도영 중장이 잘 커버했지요.

기자: 아슬아슬한 에피소드가 있으면?

박정희: 12일의 거사 계획이 정보 누설로 실패하고 13일 숲(전) 혁명군에 16일 오전 3시에 행동하도록 지시를 완료했소. 사실은 정보가 새었기 때문에 예정보다 1시간 늦었고 한강에서는 헌병들과 본의 아닌 교전까지 있었지요. 예정대로 됐다면 장면이도 장관들도 모조리 내 손으로 잡아넣는 건데…. 그때 지휘 위치가 어디냐고요? 6관구 사령부였소.

기자: 박 장군이 가진 신조는?

박정희: 나는 군인이니까 국가에 충실하게 봉사하겠다는 일념뿐이지요. 아무리 썩고 혼탁한 세상이지만 올바르게 살아보겠다는 신념은 굽히지 않았지요.

기자: 실례가 되면 양해해 주십시오. 항간에선 박 장군을 아주 냉혹한 군인으로 알고 있는데….

박정희: 허, 그건 너무한데요. 사귀어 보이소. 그렇게 냉정한 사람은 아닐 겁니다. 하기야 나는 5·16 전에 많은 사회단체와 사회인들과 접촉해 보았지만 다 그렇다는 건 아니지만 그들은 거의 도둑질, 협박 같은 얘기에만 열심이었어요. 그래서 나는 되도록 그들과 絶緣(절연)하게 되었지요. 청탁, 부탁 같은 것을 이 사회에서 없애자는 게 내 신념이고, 인간 혁명이란 말도 있는데, 요새도 나한테 부탁 오는 사람이 있으니 곤란합니다. 아직도 정신이 덜 난 모양이지요?

기자: 박 장군의 취미는?

박정희: 영화는 그다지 좋아하지 않습니다. 사색하거나 史書(사서) 읽는 걸 좋아합니다. 어떤 책을 좋아하냐고요? 각국의 혁명사를 좀 읽었는데, 그것도 역사 서적에 들어가나요? 요즘은 경제 공부도 좀 합니다. '나의 투쟁'이란 영화(히틀러의 일대기를 다룬 기록영화)를 봤냐고요? 대구서 영화도 보고 책도 읽었지요.

기자: 양담배를 피워 본 적은?

박정희: 5·16 전에는 나도 양담배를 피웠지요. 혁명 후에는 딱 끊었소(이렇게 말하고는 피우다 남은 아리랑 담배꽁초에 불을 붙이면서 "담배는 하루에 이놈을 두 갑 피운다"고 픽 웃는다).

"확 불을 지르고 싶었다"

기자: 舊(구)정권 때의 국회의원에 대해서 옥석을 구분할 용의는?

박정희: 부패 부정한 정권과 이에 동조한 자는 다시는 출마를 못하도록 법령으로 만들어놓고 군도 물러나야겠소. 이 문제는 더 연구해 봐야겠지만 옥석은 가려야겠지요.

기자: 참신하고 양심적인 정치인은 어디다 기준을 두고 있나요?

박정희: 어쨌든 앞으로 보다 깨끗하고 애국하는 젊은 세대가 나와야 할 것입니다.

기자: 항간에는 국가재건최고회의 인사가 어쩌면 너무 이북계에 치우친다는 오해도 있는 모양인데.

박정희: 우리에겐 그런 편협한 지역 관념은 없소. 사실 이번 혁명에는 以北 출신 동지들이 보다 많이 참가했으니까요.

기자: 朴 부의장이 부정의 온상이란 국회의사당에 들어온 첫 느낌

은?

　박정희: 방이 누구 방인지는 몰라도 처음 왔을 땐 확 불을 지르고 싶은 분노가 앞섰지만 국가 재산이 아까워서 참았소. 어쨌든 언론인 여러분 잘 부탁합니다.」

　이 인터뷰 이틀 뒤 박정희 부의장이 구미면장 張月相(장월상) 앞으로 친필 私信(사신)을 전한다. 장월상은 박정희와 함께 구미보통학교를 다닌 동기생이기도 했다.
　「조국과 민족의 이 절박한 현실을 눈으로만 보고 있을 수 없어서 一死奉公(일사봉공) 愛國至誠(애국지성)에 불타는 젊은 청년 장교들과 국군장병들의 구국 정신이 발화점에 도달하여 궐기한 것이 5·16 군사혁명이었습니다. 5월12일 최후의 결심을 하고 상경하는 도중 금오산 상공을 통과하면서 그리운 고향 산하와도 작별하고 지나갔으나 天佑(천우)와 神助(신조)가 우리를 버리지 않았고 삼천만 동포들의 염원이 무심치 않아서 금번 혁명대업이 성공된 것으로 알고 있습니다. 4000년 역사를 통해서 누적된 積弊(적폐)와 舊惡(구악)들을 완전히 拔本(발본)하고 자손만대 행복과 복지를 누릴 수 있는 조국 대한민국의 굳건한 토대를 닦아야 되겠다는 것이 우리들 혁명군 장병들의 일념입니다.
　이 민족적인 대과업은 한두 사람의 노력으로는 안 될 것이며 군인들의 힘만으로써도 성취할 수 없을 것입니다. 全국민이 일치단결하여 이 거대한 민족적인 사명 완수에 총진군하는 길만이 성공의 유일한 첩경일 것입니다. 우리들은 생사를 초월하고 목숨을 걸고서 기어코 이 과업을 완수하고자 합니다. 고향에 계신 여러분, 우리들도 남과 같이 잘 살 수 있고 행복할 수 있습니다. 우리들의 정신과 노력으로써 이것은 가능한 것입니다. 앞날의 영광스럽고 찬란한 조국 건설을 위해서 우리들은 분발합시다. 우리들 후손들이 행복하게 살 수 있게 하기 위해서 우리들 당대는 희생을 하고 노력을 해야 하겠습니다.」

10원짜리 냄비우동

박정희는 1961년 5월16일 군사혁명으로 정권을 잡자 대구사범 동기생들을 주변에 많이 데려다놓았다. 서정귀(호남정유 사장 역임), 조증출(문화방송 사장 역임), 왕학수(〈부산일보〉 사장 역임), 황용주(문화방송 사장 역임), 권상하(대통령 정무비서관 역임)는 많이 알려진 경우이고 金昞熙(김병희·한양대 문리대학장 역임)는 바깥으로 드러나지 않고서 박정희를 도운 사람이다. 박정희 의장은 대구사범 때부터 단짝이던 김병희를 은사 김영기 선생 회갑연에서 만나자마자 학창시절에 했던 장난대로 김병희의 귀를 잡아 비틀고는 식장까지 끌고 갔다.

반도호텔에서 최고회의 주최로 파티가 열렸을 때 당시 한양대학교 문리대학장이던 김병희도 초청을 받아 갔다. 박 의장이 부하들을 거느리고 들어왔다. 박정희는 김병희를 발견하자 곧장 다가왔다. 참석자들은 무슨 일인가 하고 주목하고 있는데, 박정희는 김병희와 악수를 나눈 뒤 수행원들을 둘러보고 말했다.

"나의 대구사범 동기인데 한양대학교 문리대학장이시다. 한 사람씩 인사드려! …병희야, 나를 좀 도와줘."

"수학을 하는 내가 도울 일이 있나."

김 교수는 사양했지만 다음날 金容珣(김용순·중앙정보부장 역임) 최고위원이 찾아와 학생문제담당 상임자문위원 자리를 권했다. 그렇게 하여 김병희는 최고회의로 나가게 되었는데 어느 날 박정희가 불렀다. 朴 의장은 김병희가 집무실로 들어오자 대뜸 한다는 말이 "이 자식아, 한 건물 안에 있으면서 왜 안 왔지?"였다. 김병희는 "야, 지금 여기 들어오는 데 두 시간이나 걸렸어. 별로 할 말도 없는데, 시간이 아까워서도 자주 올 수야 없지"라고 했다. 박 의장은 부관을 부르더니 "김병희 교수만은 무상출입시켜라"고 지시하는 것이었다. 김병희는 자신의 회고록에서 친구 박정희를 이렇게 묘사했다.

「내가 의장실에 처음 들어갔을 때의 첫인상은 그 방이 어쩌면 그렇게도 초라할 수 있을까 하는 것이었다. 마치 야전사령관이 있는 천막 속을 방불케 하였다. 특히 그가 앉은 의자는 길가에서 구두 닦는 아이들 앞에 놓인 나무의자와 조금도 다를 바가 없었다. 게다가 그가 피우는 담배는 국산 '아리랑'이었다. 당시에 내가 피우던 담배는 국산으로는 최고급품인 '청자'였고 때로는 선물로 받은 양담배였다.

하루는 그 방에 들어갔더니 마침 점심을 먹고 있는데 10원짜리 냄비우동 한 사발과 노랑무 서너 조각이 전부였다. 나는 친구들과 어울려 10원짜리 우동을 50그릇이나 살 수 있는 500원짜리 고급식사를 마치고 온 터라 몹시 양심의 가책을 받았다.」

1961년 5·16 쿠데타로써 무서운 권력자로 변한 박정희는 소박한 인간상을 그대로 유지하고 있었다. 육사 생도들을 혁명 지지 시위에 동원하는 데 일역을 맡았다가 박정희의 경호원이 된 육사 11기 이상훈(전 국방장관) 대위는 광주에서 열린 혁명 지지 대회에 참석한 朴 의장을 수행하여 작은 호텔에 들었다. 한밤중에 호텔 문 앞에서 경비를 서고 있는데 화장실을 겸한 세면실에서 인기척이 들렸다. 李 대위가 가보니 박정희 의장이 양말을 빨아 줄에 널고 있었다. 양말이 신고 온 한 켤레밖에 없어 밤에 몰래 나와서 그런 일을 하고 있었던 것이다. 李 대위에게 들킨 박정희는 멋쩍은 표정을 지었다.

보고서 읽느라고 아침 생략

박정희 의장의 양말과 관계된 이야기가 하나 더 있다. 5·16 당시 국무원 사무처 보도과장은 국방부 보도과장 출신 李容相(이용상)이었다. 혁명 정부하에서는 공보부의 보도처 보도과장으로 일하게 되었다. 박정희가 9사단 참모장일 때 그 밑에서 정훈부장으로 근무했던 이용상 시인은 계급을 떠나서 박정희 집안과 인간적으로 친밀했다.

기자들은 이런 사실을 알고 이용상에게 박정희 의장과의 기자회견을 주선해 달라고 졸랐다. 이용상은 장충동의 의장 공관으로 전화를 걸었다. 육영수가 받았다. 박 의장이 언제 돌아온다는 것만 확인했다. 이용상은 중앙청 출입기자들을 데리고 무턱대고 장충동으로 갔다.

박정희는 외출에서 돌아오더니 발을 씻고는 양말도 신지 않은 채 회견 장소에 나와 의자에 걸터앉았다. 국가재건최고회의 의장 비서실 근무 李洛善 소령(뒤에 상공부 장관)이 호주머니 속에 양말을 넣고 와서 박 의장에게 귀엣말로 "사진기자들도 왔으니 양말을 신으시지요"라고 했다. 박정희는 큰 소리로 "발은 찍지 말라고 해!"라고 하면서 끝까지 맨발로 기자회견을 했다. 〈한국일보〉 尹宗鉉(윤종현) 기자가 "박 의장님은 주량이 어느 정도입니까" 하고 물었다.

"내 주량은 여기 있는 이용상 동지에게 물어 보시오."

윤 기자는 말을 잘못 알아듣고 다시 물었다.

"아닙니다. 이용상 과장의 주량은 우리들도 잘 알고 있습니다. 내가 묻는 것은 의장님의 주량입니다."

"아마, 이용상 동지 주량은 여러분들도 잘 모르실 겁니다. 이분은 종로에서 동대문까지 가는 데 일주일이 걸리는 사람이에요. 중간중간에 있는 술집을 다 들러야 하거든요."

5·16 혁명 직후 박정희를 가장 가까이에서 지켜본 사람들 가운데는 洪得萬(홍득만) 중사가 있다. 그는 5·16이 났을 때 육군 참모차장실 선임 하사관이었다. 그는 1952년 박정희가 대구에서 육본 작전국 차장으로 근무하고 있을 때 그 밑에서 하사관으로 근무했다.

어느 날 일직사령 박정희 대령이 사병들을 집합시켰다. 홍 중사가 "집합 완료"를 보고하자 박정희는 "전원 모자 벗어!"라고 명령했다. 사병들의 두발 상태가 불량함을 확인한 박 대령은 "가서 가위 가져와"라고 했다.

박정희는 두발 상태가 가장 단정한 홍 중사의 머리칼을 싹둑 자른 뒤 "해산시켜"라고 하고는 아무 말도 없이 들어가 버렸다. 홍 중사는 박 대령에게 찾아가서 "명색이 제가 하사관인데 이렇게 하시면 부하들이 저를 어떻게 보겠습니까" 하고 하소연을 했다. 박정희는 웃으면서 "그럴 거야. 지금 사병들이 뭘 하고 있는지 한번 보고 와"라고 했다. 홍 중사가 막사로 내려가 보니 텅 비어 있었다. 사병들이 모두 이발하러 갔다는 것이었다. 하사관이 억울하게 혼이 나는 것을 본 사병들이 알아서 한 것이었다. 홍 중사가 "이것도 지휘통솔법입니까"라고 하니 박정희는 "바로 그거야"라면서 씩 웃었다. 5·16이 터지자 홍 중사는 바로 곁에서 박정희를 시중드는 역할을 하게 되었다.

박정희 의장은 최고회의 사무실에서 살다시피 했다. 잠을 언제 자는가 싶을 정도로 항상 깨어 있고 일하고 있었다. 박정희는 야전 침대에서 자고 일어나면 아침 신문부터 꼼꼼히 읽었다. 그 다음엔 중앙정보부, 육·해·공군 정보부대에서 올라온 각종 보고서들을 뜯어 밑줄을 쳐가면서 읽기 시작했다. 그 다음엔 진정서와 건의서들을 읽었다. 보고서를 읽느라고 아침을 생략할 때도 있었다.

어느 날 육영수가 신당동 근무 중인 박환영 중사를 시켜 꿀 한 병과 잣 한 봉지, 그리고 양주 한 병을 보냈다. 박정희는 홍 중사가 있을 때만 잣 몇 알을 입에 털어 넣은 뒤 양주 한 잔을 얼른 마시곤 했다. 꿀은 가끔 한 숟갈씩 퍼먹었다.

혁명의 성공으로 박정희의 신당동 생활은 곧 끝나게 되고 육영수의 생활도 많이 바뀐다. 육영수의 사촌동생인 宋在寬(송재관·전 어린이회관 관장)은 그때 〈평화일보〉 기자로 근무하고 있었다. 군부 쿠데타 소식을 듣고 이종 사촌자형이 앞장을 섰다는 것을 알게 되자 한 반년 전에 있었던 일이 생각났다. 육영수가 송재관에게 전화를 걸어 "동생, 회사 끝나고 우리 집에 들러 줄 테야?"라고 했다.

"무슨 일이죠?"

"나, 지난번에 돈 탄 것 가지고 집수리했어."

그날 퇴근길에 신당동에 들렀더니 육영수는 처마 끝에 플라스틱 차양을 덧대어 놓고 자랑하고 있었다. 곗돈을 타서 마음먹고 만든 것이었다.

그런 평범한 주부이던 육영수에게 송재관은 5월17일 전화를 걸었다.

"아니, 자형은 왜 앞장서서 그런 일을 했어요?"

송재관은 이종 사촌누님으로부터 "그러게 말이다…"란 말을 기대하면서 위로의 말을 준비했다. 그런데 수화기를 통해 들려오는 육영수는 정치나 시국 같은 데에는 무관심하던 예전의 그 사람이 아니었다. 육영수는 정색을 하고 말하는 것이었다.

"아니, 동생 무슨 소리야?"

"아니, 자형이 위험한 일에 가담하셨기에…."

송재관은 순간적으로 '내가 말을 잘못 했나'라고 생각했다. 육영수의 또박또박한 목소리가 흘러나왔다.

"세상이 온통 부정부패로 물들고 혼란에 빠진 채로 국민들이 어떻게 살겠어? 그냥 그대로 간다면 나라는 어떻게 될 것 같아?"

송재관은 대충 대답하고 전화를 끊으면서 "이상하다. 저 누님이 언제 저렇게 변했나"라고 중얼거렸다.

20
朴正熙와 李秉喆의 역사적 만남

李 회장은 기업의 중요성을 역설하였고,
朴 의장은 기업을 키워 경제를
발전시켜야 한다고 믿게 된다.

朴正熙와 李秉喆

　삼성물산 사장 李秉喆은 회고록에 1961년 6월27일 군사정부의 실력자 朴正熙 부의장과 나눈 대화를 상세히 기록해 두었다.
　「그는 부정 蓄財者(축재자) 11명의 처벌 문제에 대한 나의 의견을 물었다. 나는 부정 축재 제1호로 지목되고 있는데 어디서부터 말문을 열 것인가, 한동안 침묵이 흘렀다. 박 부의장은 "어떤 이야기를 해도 좋으니 기탄없이 말해 주십시오"라고 재촉했다. 어느 정도 마음이 가라앉았다. 소신을 솔직하게 말하기로 했다.
　"부정축재자로 지칭되는 기업인에게는 사실 아무 죄도 없다고 생각합니다."
　박 부의장은 뜻밖인 듯 일순 표정이 굳어지는 것 같았다. 그러나 계속했다.
　"나의 경우만 하더라도 탈세를 했다고 부정 축재자로 지목되었습니다. 그러나 현행 세법은 수익을 훨씬 넘는 세금을 징수할 수 있도록 규정되어 있는 戰時(전시) 비상사태하의 稅制(세제) 그대로입니다. 이런 세법하에서 세율 그대로 세금을 납부한 기업은 아마 도산을 면치 못했을 겁니다. 만일 도산을 모면한 기업이 있다면 그것은 기적입니다."
　박 부의장은 가끔씩 고개를 끄덕이며 납득하는 태도를 보여 주었다.
　"액수로 보아 1위에서 11위 안에 드는 사람만이 지금 부정 축재자로 구속되어 있지만 12위 이하의 기업인도 수천, 수만 명이 있습니다. 사실은 그 사람들도 똑같은 조건하에서 기업을 운영해 왔습니다. 그들도 모두 11위 이내로 들려고 했으나 역량이나 노력이 부족했거나 혹은 기회가 없어서 11위 이내로 들지 못했을 뿐이고 결코 사양한 것은 아닙니다. 따라서 어떤 선을 그어서 죄의 유무를 가려서는 안 될 줄 압니다.

사업가라면 누구나 이윤을 올려 기업을 확장해 나가려고 노력할 것입니다. 말하자면 기업을 잘 운영하여 그것을 키워 온 사람은 부정 축재자로 처벌 대상이 되고 원조금이나 은행 융자를 배정받아서 그것을 낭비한 사람에게는 죄가 없다고 한다면 기업의 자유경쟁이라는 원칙에도 어긋납니다. 부정 축재자 처벌에 어떠한 정치적 의미가 있는지 알 길이 없지만, 어디까지나 기업을 경영하는 사람의 처지에서 말씀드렸을 뿐입니다.”

박 부의장은 “그렇다면 어떻게 했으면 좋겠느냐”고 물었다. 나는 이렇게 대답했다.

”기업하는 사람의 본분은 많은 사업을 일으켜 많은 사람들에게 일자리를 제공하면서 그 생계를 보장해 주는 한편, 세금을 납부하여 그 예산으로 국토방위는 물론이고 정부 운용, 국민 교육, 도로 항만 시설 등 국가 운영을 뒷받침하는 데 있다고 생각합니다. 이른바 부정 축재자를 처벌한다면 그 결과는 경제 위축으로 나타날 것입니다. 이렇게 되면 당장 稅收(세수)가 줄어 국가 운영이 타격을 받을 것입니다. 오히려 경제인들에게 경제 건설의 일익을 담당하게 하는 것이 국가에 이익이 될 줄 압니다.”

박 부의장은 한동안 내 말을 감동 깊게 듣는 것 같았으나 그렇게 되면 국민들이 납득하지 않을 것이라고 했다. 나는 국가의 大本(대

본)에 필요하다면 국민을 납득시키는 것이 정치가 아니겠느냐고 말했다. 한동안 실내는 침묵에 빠졌다. 잠시 후 미소를 띤 박 부의장은 다시 한 번 만날 기회를 줄 수 없겠느냐고 하면서 거처를 물었다. 메트로호텔에서 연금 상태에 있다고 했더니 자못 놀라는 기색이었다. 이튿날 아침 이병희 서울분실장이 찾아오더니 "이제 집으로 돌아가도 좋다"고 했다. "다른 경제인들도 전원 석방되었느냐"고 물었더니 아직 그대로라는 것이다.

"그들은 모두 나와 친한 사람들일 뿐 아니라 부정 축재자 1호인 나만 호텔에 있다가 먼저 나가면 후일에 그 동지들을 무슨 면목으로 대하겠는가. 나도 그들과 함께 나가겠다"고 거절했다.」(《湖巖自傳》)

朴正熙는 최고회의 법사위원장 李錫濟를 불렀다.

"경제인들은 이제 그만했으면 정신 차렸을 텐데 풀어주지."

"안 됩니다. 아직 정신 못 차렸습니다."

"이 사람아, 이제부터 우리가 권력을 잡았으면 국민을 배불리 먹여 살려야 될 것 아닌가. 우리가 이북만도 못한 경제력을 가지고 어떻게 할 작정인가. 그래도 드럼통 두드려서 다른 거라도 만들어 본 사람들이 그 사람들 아닌가. 그만치 정신 차리게 했으면 되었으니 이제부터는 국가의 경제 부흥에 그 사람들이 일 좀 하도록 써먹자."

이석제는 朴 부의장의 이 말에 반론을 펼 수 없었다. 다음날 이석제는 최고회의 회의실에 석방된 기업인들을 모아 놓고 엄포를 놓았다고 한다. 차고 있던 큼지막한 리볼버 권총을 뽑아들더니 책상 위에 꽝 소리가 날 정도로 내려놓고는 이런 말을 했다고 한다.

"나는 여러분들을 석방시키는 일에 반대했습니다. 그런데도 朴 부의장께서 내놓으라고 하니 내놓습니다. 그러나 앞으로 원조 물자, 국가 예산으로 또 다시 장난치면 내 다음 세대, 내 후배 군인들 중에서 나 같은 놈들이 나와서 다 쏴죽일 겁니다."

6월29일 아침 李秉喆 사장이 묵고 있던 메트로호텔을 찾아온 이병희 정보부 분실장은 기업인들이 전원 석방되었다고 알려주었다. 이병철도 홀가분한 마음으로 집으로 돌아갔다.

박정희의 유연한 정신세계와 겸손한 자세, 그리고 사심이 적은 태도가 그로 하여금 단기간에 경제의 본질을 배우게 했다. 실천력을 중시하는 박정희는 이론에 치우치는 학자나 신중한 관료들보다는 무엇인가를 만들어내는 기업인들과 더 잘 호흡이 맞게 된다.

기업인 강의 듣는 軍人

전국경제인연합회 상근부회장을 지낸 적이 있는 金立三은 1961년 6월 하순에 있었던 박 의장과 기업인들의 만남을 이렇게 소개하고 있다⟨한국경제신문⟩ 연재 《김입삼 회고록》).

「박정희 부의장은 유원식 최고위원을 통해서 金容完(김용완) 경성방직 사장(뒤에 전경련 회장), 全澤珤(전택보) 천우사 사장, 鄭寅旭(정인욱) 강원산업 사장을 최고회의로 불렀다.

"경제를 어떻게 하면 살릴 수 있을 것인가에 대해서 고견을 듣기 위해서 뵙자고 한 것입니다. 순서 없이 평소의 생각을 자연스럽게 말씀 해주시지요."

정중하고 공손한 말투였다. 전택보 사장이 먼저 입을 열었다.

"1947년에 홍콩에 갔을 때 목격한 일입니다. 모택동 군에 쫓겨 홍수처럼 밀려온 피란민들이 우글거리고 있었습니다. 물까지 수입해서 마시는 홍콩에서 수백 만의 피란민들이 직장을 갖고서 활기차게 살아가는 것을 보고 그 비결이 궁금했습니다. 바로 '保稅加工(보세가공)'을 해서 먹고살고 있더군요. 홍콩에 비교해서 우리 여건은 유리하다고 봅니다."」

전택보가 실감 있게 설명해가도 박정희는 확실한 감을 잡지 못했다고 한다. '보세가공'이 무엇을 의미하는지 모르는 것 같았다. 박정희는 "미안하지만 내일 또 시간을 낼 테니 다시 오셔서 설명해주실 수 있습니까"라고 했다. 이튿날에도 경제 강의 같은 기업인들의 설명이 계속 되었다고 한다.

김용완 사장은 "대학이 너무 많다. 4년제 대학의 반은 기술 전문대학으로 개편하여 인력을 양성해야 한다"고 건의했다. 김 사장은 또 "부정축재혐의로 구속된 기업인들을 풀어주십시오. 기업인이란 개미처럼 죽을 때까지 일할 운명을 지닌 사람들입니다. 일할 수 있는 기업인을 양성하는 데는 20~30년이 걸립니다"라고 했다.

정인욱 사장은 "우리나라에선 지하 30m 이하의 심층에는 어떤 광물이 있는지 탐사해 본 적이 없습니다. 이를 탐사하여 실업자에게 일터를 만들어주어야 합니다"라고 했다. 경제정책에 목말라하고 있던 박정희는 이런 충고를 너무나 진지한 자세로 경청하여 기업인들은 오히려 긴장감을 느낄 정도였다는 것이다.

박정희와 이병철 등 기업인의 만남은 조국 근대화를 꿈꾸던 한 혁명가가 기업인들의 중요성에 대해 눈을 뜨는 계기를 만들어 주었다. 가난한 농민 출신이고 질박한 생활이 몸에 밴 박정희는 부자들에 대해서는 생래적인 거부감을 가졌으나 그의 실용적이고 유연한 사고는 그런 기업인들을 부려서 국가를 부강하게 만들어야 한다는 쪽으로 선회하게 만들었다.

박정희는 그러나 대기업이 대자본을 바탕으로 하여 권력에 도전한다든지 정치적 영향력을 행사하려 드는 것은 허용하지 않았다. 박정희 시대의 정경유착은 국가가 철저히 대기업을 통제하여 국가의 방향대로 몰고 가기 위한 수단으로 이용되었다는 점에서 후대의 정경유착과 성격이 다르다.

1961년 7월18일에 美 CIA가 중심이 되어 미국의 여러 정보기관들이 작성한 '한국의 현 정권에 대한 특별 정보 판단서'는 '한국 군사 정권의 성격과 의도'를 평가하는 데 중점을 두었다. 혁명이 성공한 지 두 달이 지났지만, 미국 정부는 박정희 정권이 어떤 성향을 가지고 어느 방향으로 나라를 끌고 가려는지에 대해서 끊임없는 의문을 던지고 답을 내고 있었다.

이 판단서는 "지금 한국을 통치하고 있는 군인들은 완강하고 민족주의적이면서 야심찬 집단이다"고 했다. "그들은 성인으로서의 삶을 거의 모두 군대에서 보냈고 많은 전투 경험을 갖고 있다"면서 "그들이 일하는 방식은 지식인이나 직업 정치인들과는 다르다"고 했다.

「그들은 조직의 중요성과 정치 통제 기술을 잘 알고 있는 행동가들이다. 그들은 정부와 군부의 기득권층이 무능하고 부패한 데 대해서, 그리고 문민정부 아래서 발전이 더딘 데 대해서 오랫동안 절망해온 사람들이다.

그들은 권위주의적인 국가관을 갖고 있으며 한국의 경제적·사회적·정치적 질병을 치료하는 데는 公衆(공중)의 기율과 확고하고도 중앙집권적인 정부 통제가 필요하다고 확신하고 있다. 한국의 새로운 지배층은 한국인들의 삶에 새로운 질서와 규율을 주입시키고 대대적인 경제 개발 사업을 시작하려고 하고 있다.

그들은 미국과의 긴밀한 협조를 희망하고는 있지만 국내 문제는 독자적으로, 또 누구의 간섭도 받지 않고 이끌어나가려 한다. 머지 않은 장래에 정권을 민간인들에게 이양할 것 같지는 않다. 그들은 당면한 문제의 복잡성과 그것을 해결하는 데 있어서 수단이 제한되어 있다는 사실을 이제서야 깨닫기 시작했다.」

미국의 極讚

1961년 10월28일 새뮤얼 버거 駐韓 미국 대사가 국무부에 보고한 電文은 혁명 정부에 대한 극찬이었다.

「군사 정권이 들어선 지 다섯 달이 되었다. 이 정권은 권위적이고 군사적인 면에서 對外的인 인상이 다소 나쁜 면이 있긴 하지만, 정열적이고 성실하며 상상력과 의지력으로 꽉 차 있다. 이 정권은 일반 국민들로부터는 적극적인 지지를 얻지 못하고 있고 대중적 지지 기반도 없지만 진정한 의미의 '위로부터의 혁명'을 시작하여 전면적이고 본질적인 개혁을 하고 있다. 前(전) 정부 하에서 토의되었거나 구상되었던 개혁 프로젝트들—은행 신용 정책, 무역, 실업자들을 위한 공공 공사의 확충, 탈세 대책, 농업과 노조 대책, 교육 및 행정 부문, 복지(교도소의 개혁, 윤락녀 재활 대책, 가족계획 사업, 상이군경과 유자녀 지원) 등이 실천되고 있다. 많은 개혁은 긍정적이고 상당수는 미국의 충고를 받아들인 것들이다.

몇몇 개혁들은 뜻은 좋았지만 너무 급히 서두는 바람에 잘 진행되지 않고 있다. 혁명 정부는 그런 잘못을 인정하고 수정하려는 자세를 보이고 있다. 매점매석 행위, 뇌물, 정경유착, 밀수, 군사 물자 橫流(횡류), 깡패·경찰과 기자들의 공갈 행위에 대한 군사 정부의 단속은 이미 효과를 내고 있다. 공산당의 침투 공작에 대한 사찰 활동과 반공 선전의 질과 양이 모두 증가했다.

군인 출신 장관들은 행정을 유능하고 효율적으로 지휘함으로써 우리들에게 큰 감명을 주고 있다. 과로로 인하여 쓰러지는 사람들이 많아 문제이다. 송요찬 내각수반은 근 한 달간 건강이 좋지 않았다. 가장 유능한 장관 중의 한 사람인 정래혁 상공부 장관은 내각회의 중 쓰러졌다가 2주간의 휴식을 끝내고 현업에 복귀했다.

경제기획원 장관은 두 달간 휴식하도록 명령을 받았다. 박정희 의장도 과로 상태이다. 유능한 장관들의 효율성은 그러나 최고회의와 내각 사이에 기능과 책임의 분명한 구분이 잘 안 되어 있어 다소 약화되고 있다. 몇몇 최고회의 위원들은 내각의 결정을 뒤집고 간섭하며, 군인 출신 장관들 가운데는 내각수반을 제쳐놓는 일들이 일어나고 있다.

송요찬 내각수반은 최고회의의 기능을 입법 활동에 한정시키고 내각이 행정을 전담하도록 하려고 애쓰고 있다. 그는 쿠데타에 처음부터 가담한 사람이 아닌 데다가 이승만 정권 때의 경력과 야심을 가지고 있다는 의심 때문에 명령이 잘 먹히지 않고 있다. 대다수 국민들의 태도는 방관자적이다. 이런 태도는 비관적인 태도와 구별되지 않는데 그 이유는 한국사람들이, 특히 지배층이 장기간에 걸쳐서 유능할 수는 없을 것이라는 뿌리 깊은 자신감의 결여 때문이다. 이 혁명이 어느 길로 갈지를 예측하기는 너무 이르다.

최고회의 안에서 고질적인 분파주의가 생기고 있다는 증거도 있다. 지난 9월에 가장 심각한 사건이 있었다. 즉, 김종필 정보부장과 대령급들이 함경도 출신 장성들을 거세하려고 했던 것이다. 박정희 의장은 그런 내부 권력투쟁을 막겠다는 뜻이 확고하여 상황은 안정을 되찾았다. 부정부패가 상부층에서 다시 나타나고 있다는 조짐도 보인다. 이 문제에 대해서도 박정희는 단호한 태도를 취하고 있다. 그런 부정 사례를 공개하여 무자비하게 처리하겠다는 자세이다. 박 의장에게 많은 것들이 달려 있다. 그는 가장 냉정하고 믿음직하며 안정되어 있는 지도자이기 때문이다.」

21
케네디에게 당당하게 원조 요청

"원조는 自立의지가 있는 나라에
우선적으로 주어야 한다"

40代 지도자끼리

1961년 11월14일 박정희 의장은 오전 9시15분 숙소인 워싱턴의 한국 대사관저를 떠나 알링턴 국립묘지로 향했다. 無名용사비에 헌화한 朴 의장은 곧바로 미 국무부로 갔다. 7층에 집무실이 있는 러스크 장관은 1층 현관으로 내려와 朴 의장 일행을 영접했다. 이날 박정희·러스크 회담에서 박 의장은 對韓 원조의 증액을 끈질기게 요청했다.

박정희: "공산 침략의 가능성 때문에 한국은 60만 군대를 유지하면서 동시에 경제를 발전시켜야 하는 조건에 놓여 있습니다. 1960년부터 미국의 한국군 유지비 원조 액수가 감소함으로써 한국 측의 부담이 늘었습니다. 한국 정부는 경제개발 5개년 계획을 작성 중에 있습니다. 한국 측의 군사비 부담 증가로 경제개발에 큰 짐이 되고 있으니 5개년 계획 기간이 끝날 때까지 한국군에 대한 원조 수준을 1959년 수준으로 유지해 주시기 바랍니다. 無償 원조가 줄어들 것이란 보도가 있었는데, 그렇게 되면 경제 계획에 나쁜 영향을 끼칠 것입니다. 현 수준을 유지해주시기 바랍니다.

5개년 계획이 내년부터 실시되는데, 우리는 해외 투자 차관을 유치하려고 노력 중에 있습니다. 우리 정부는 귀측에 대해서 특별 경제 안정 기금으로 1억 달러의 차관과 7000만 달러의 경제개발 차관 및 800만 달러의 기술 원조를 요청합니다. 이 액수는 너무 많다고 생각하시겠지만 강력한 반공 국가와 60만 대군을 유지하는 데는 반드시 필요한 돈입니다."

러스크: "정부와 의회는 지난 15년 동안의 해외 원조 실적을 돌아보면서 여러 가지 개선점을 마련하고 있습니다. 한국을 포함하여 많은 원조 수혜국들에서 원조가 효과적으로 쓰여지지 않았다고 판단됩니다. 그래서 의회는 장기 경제개발 원조란 발상을 내어놓고는 그 대신 군사 원조, 무상 원조, 단기 원조를 줄이려 하고 있습니다. 경제개발과 관련하여 한두 가지 문의할 것이 있습니다. 군 병력을 건설공사, 통신, 보건부문에 이용할 수 없을까요. 한·일 국교 정상화로부터 얻을 수 있는 이득에 대해서도 알고 싶습니다. 미국 정부의 원조 집행에 대해서는 여러 가지 법률적인 제약이 있으나 우리는 한국 정부와 함께 문제를 해결할 수 있는 여러 방도를 연구해 보도록 합시다."

박정희: "미국이 무상 원조에서 장기 차관으로 정책을 전환한다고 해도 한국에는 그것을 너무 급격하게 해서는 안 될 것입니다. 그러나 앞으로 몇 년간만이라도 미국의 원조가 계속된다면 한국은 장기 차관 체제를 위한 기초를 놓을 수 있을 것입니다. 군 병력을 경제개발에 활용하는 문제에 대해서는 정부는 이미 그런 방향으로 진행하고 있습니다. 미국으로 오는 길에 도쿄에서 이케다 총리와 만나 국교 정상화를 가능한 한 빨리 타결 짓는다는 데 의견을 같이 했습니다."

러스크: "일본과의 국교 문제 해결은 미국의 對韓 원조를 대체하는 것이 아니고 어디까지나 보조적인 역할이 될 것입니다."

박정희: "장관께서는 내가 제기한 (원조)문제에 대해서 희망적인 답변을 줄 수 있겠습니까."

러스크: "(국제개발처) 해밀턴 처장과 그 문제를 논의하시는 것이 좋을 것 같군요. 의장께서 떠나시기 전에 저도 이 문제로 한 번 더 말씀드릴 기회가 있을 것입니다. 케네디 대통령과 회담하실 때도

이 문제가 거론될 것입니다. 저의 이 대답이 부정적인 것이라고 생각하시지 않았으면 합니다. 최근 한국 정부가 취한 사면 조치는 국제 사회에서 한국의 위상을 높이는 데 기여할 것입니다."

박 의장은 한 시간 반 동안의 회담을 끝낸 뒤 같은 건물 안에 있는 국제개발처(AID·Agency for International Development) 파울러 해밀턴 처장을 찾아가서 경제개발 5개년 계획을 설명하고 지원을 요청했다. 이 요담을 끝낸 박정희 의장 일행은 백악관으로 향했다.

1917년생으로 박 의장과 동갑인 케네디 대통령은 현관에서 기다리고 있다가 차에서 내리는 박 의장에게 다가가 악수를 나누었다. 현관 계단을 올라간 두 지도자는 사진기자들에게 포즈를 취했다. 朴 의장은 오찬에 참석할 수행원들을 케네디 대통령에게 소개했다. 朴 의장 일행이 로비로 들어서자 미 해병대 군악대가 아리랑을 연주했다.

케네디 대통령은 오찬장으로 들어가기 전에 박 의장을 2층으로 안내하여 부인 재클린 케네디 여사를 소개했다. 박 의장은 이 자리에서 대통령에게는 족자를, 부인과 자녀들에게는 한복 한 벌씩을 선물로 내놓았다. 오찬에는 미국 측에서 러스크 국무장관, 맥나마라 국방장관, 렘니처 합참의장, 월트 W. 로스토 특별보좌관, 버거 주한 미국 대사, 폴 H. 니츠 국무차관보, 킬렌 유솜(USOM) 처장 등 요인들이 참석했다. 박정희 의장, 정일권 駐美 대사, 유양수 최고회의 외무 국방위원장, 최덕신 외무장관 등 한국 측 참가자 23명이 자리를 함께 했다. 케네디 대통령은 짤막한 환영사를 했고 朴 의장은 군사혁명의 필요성을 역설하는 답사를 했다.

朴 의장은 "우리는 국가의 생명을 건지고 이를 건전하게 육성하

기 위하여 병든 기관을 제거해야 하는 외과 의사의 처지에 놓여 있다"면서 "직장 활동의 공정, 국가 건설에의 의욕, 국가에 대한 책임감, 이러한 민주주의 사회의 기본적 요소가 우리의 국가 재건에 반드시 필요하다"고 말했다. 1시간40분간 계속된 이날 오찬에는 박정희 의장이 좋아하는 전복 요리가 특별히 등장했다. 朴 의장은 오찬이 끝나자 일단 한국 대사관으로 돌아왔다가 오후 3시30분 다시 백악관으로 케네디 대통령을 찾아갔다.

頂上회담은 오찬 분위기의 연장선상에서 매우 유쾌하게 시작되었다. 케네디 대통령은 "혁명 정부가 단행하고 있는 여러 개혁 조치를 환영하는 바이지만, 우리로서는 한 가지 걱정거리가 있다"고 했다.

"혁명 정부가 稅制 개혁을 단행하는 바람에 주한 미국 대사관 직원들도 그동안의 체납세금을 물어야 한다고 야단입니다."

박정희 의장도 농담을 했다.

"미국에 와서 보니 카메라 기자들이 상전이더군요."

"의장의 의견에 동감합니다. 신문기자들이야말로 민주주의의 골칫거리지요."

越南 파병 거론

1961년 11월14일 오후 3시30분부터 1시간20분 동안 이루어진 케네디·박정희 정상회담의 기록은 최근 공개되었다. 우리 쪽에서는 유양수 최고회의 외무·국방위원장, 최덕신 외무장관, 박병권 국방장관, 천병규 재무장관, 송정범 경제기획원 부원장, 정일권 주미 대사, 한상국 통역관이 배석했다. 미국 측에서는 러스크 국무장관, 맥나마라 국방장관, 새뮤얼 버거 주한 미국 대사, 월트 로스토 대통령 특보, 파울러 해밀턴 국제개발처(AID) 처장, 월터 P. 매카나기 극동문제담당 국무부 차관보, 킬렌 USOM 처장, 코렌 동북아시아문제연구소장, 클라인 통역관이 배석했다.

케네디 대통령은 미리 준비된 공동 성명서를 읽어 보고 만족한다고 말했다. 만약 박 의장도 동의한다면 이대로 발표하도록 하자고 했다. 박 의장도 동의했고, 케네디 대통령은 그대로 발표하도록 지시했다.

케네디: "아까 박 의장과 오찬을 하면서 韓·日 관계에 대해서 구체적으로 많은 이야기를 나눈 바 있습니다. 한국 외무장관과는 월남 사태에 대해서 대화했는데, 이 사태를 해결하는 데 도움이 될 만한 비망록을 작성해서 주시겠다고 하더군요. 본인은 어떻게 하면 월남의 붕괴를 막을 수 있을지 걱정이 많습니다. 최후의 수단은 물론 미군 병력을 투입하는 것입니다만 진정한 해결책은 월남인 스스로가 외국 원조에 의존함이 없이 문제를 해결하는 것이지요. 월남은 단순히 미국만의 문제가 아닙니다. 박 의장께서는 어떻게 생각하십니까?"

박정희: "러스크 장관과 해밀턴 처장에게도 언급한 적이 있습니다만, 미국이 너무 혼자서 많은 부담을 지고 있다고 생각합니다. 자유세계의 각국들은 각자가 할 수 있는 부담을 나누어 져야 자유세계 전체의 힘이 증강될 것이라고 믿습니다. 우리가 한·일 국교 정상화의 중요성을 강조하는 것도 그 때문입니다. 反共국가로서 한국은 극동의 안보에 최선을 다해 기여하고 싶습니다. 월맹은 잘 훈련된

게릴라 부대를 갖고 있습니다. 한국은 월남식의 전쟁을 위해서 잘 훈련된 100만의 장정들을 보유하고 있습니다. 미국이 승인하고 지원한다면 한국 정부는 월남에 이런 부대를 파견할 용의가 있고, 정규군이 바람직하지 않다면 지원군을 모집할 수도 있습니다. 이런 조치는 자유세계가 단결되어 있음을 과시하게 될 것입니다. 출국하기 전에 이 문제를 가지고 한국군 지휘관들과 토의했습니다. 모두가 적극적이었습니다. 대통령 각하께서도 군사 보좌관들과 함께 본인의 제의를 의논해 보시고 저에게 결과를 알려주시기 바랍니다."

케네디: "참으로 감사한 말씀입니다. 미국은 베를린 장벽으로부터 시작해서 지구 전체의 짐을 지고 있습니다. 본인은 맥나마라 장관과 이야기를 해보겠습니다. 박 의장께서도 내일 맥나마라 장관, 렘니처 합참 의장과 한 번 더 만나서 좀더 구체적으로 이야기를 나누어 주시기 바랍니다. 필리핀 사람들과 이런 문제를 의논해 보는 것도 한 방법이 되겠군요. 프랑스 사람들이 (월남에서)확인한 대로 이런 상황에서는 서양 사람들이 할 수 있는 행동엔 한계가 있어요."

박정희가 이 자리에서 월남 파병 용의를 밝힌 사실은 지금까지는 잘 알려져 있지 않았다. 미국 정부는 朴 의장이 월남 파병을 제의한 대목은 삭제한 상태로 외교 문서를 공개했기 때문이다. 삭제된 부분이 공개 문서에서 복원된 것은 1996년 미 국무부가《미국의 외교》란 문서집의 '1961—63년 동북아시아' 편을 발간하면서였다. 당시 미국의 원조를 받는 입장에서 케네디 대통령에게 들이밀 카드가 없었던 박정희 의장이 苦心 끝에 생각해 낸 것이 월남 파병이었다. 延派越 병력 약 30만 명, 最多 주둔 병력 약 5만 명을 기록한 역사상 첫 해외 파병의 씨앗이 이때 뿌려진 것이다.

케네디 대통령은 예정에 없었던 정상회담을 한 차례 더 하게 되는데, 이는 박 의장의 월남 파병 제의에 대한 심도 있는 토의를 위해서였던 것으로 보인다. 월남 파병 용의를 밝힌 박정희의 논리는 "자유 세계의 일원으로서 미국의 과중한 부담을 덜어 준다"는 것이며 파병에는 미국의 승인과 지원이 있어야 한다는 것이었다. 즉, 파병에 따른 여러 가지 경제적 이득을 계산에 깔고 한 발언이었다. 케네디는 대화를 對韓 원조 문제로 끌고 간다. 그는 미국이 '바이 아메리카(Buy America)' 정책을 쓸 수밖에 없게 된 배경을 설명했다. 박 의장은 한국이 희망하는 것은, '바이 아메리카' 정책의 전면적인 철회가 아니라 특정한 상품에 대해서만 예외를 인정해 달라는 뜻이라고 말했다. 러스크 국무장관은 만찬 때 이 문제를 더 이야기했으면 한다고 말했다.

박정희: "본인은 혁명의 前과 後를 비교하여 혁명 정부가 얼마나 많은 일을 했는지를 잘 보여주는 문서를 갖고 왔습니다. 본인은 이 주제를 가지고 러스크 장관, 해밀턴 처장과도 논의한 바 있습니다."

케네디: "양국의 대사께서는 이미 혁명 주체 세력의 업적에 관해서 매우 설득력 있는 이야기들을 본인에게 해주셨습니다. 본인은 매우 감명을 받았습니다. 본인은 미국이 박 의장을 최대한 지원할 것임을 보장해 드립니다. 우리는 對韓 원조의 중요성을 알고 있습니다. 만약 한국이 공산화된다면 일본도 그렇게 될 것입니다. 그러면 태평양 지역 전체가 자유를 잃게 될 가능성이 높습니다. 한국은 우리에게 死活的인 이해관계를 지니고 있는 곳입니다. 맥나마라 장관, 미국의 군사력에 대해서 의장께 설명해 드리시오."

맥나마라 장관: "핵무기 및 재래식 무기의 증강 예산이 당초 계획

보다도 60억 달러나 늘어났습니다. 1700대의 핵무기 탑재 전투기 가운데 850대는 15분 내에 이륙할 준비를 갖추고 항상 비상 대기 중입니다. 핵무기 분야에서 소련이 최근 대기권 실험을 하고 있지만 미국은 양적으로는 3~8배, 질적으로는 그 이상으로 우세합니다. 소련은 200~300대의 핵무기 탑재 폭격기를 北美 대륙 상공으로 보낼 수 있을 뿐입니다. 대륙간 탄도탄의 경우, 우리는 핵탄두 미사일 80기를 장착한 다섯 척의 폴라리스급 원자력 잠수함을 보유하고 있습니다."

케네디: "소련이 우리에게 선제공격을 가한다고 해도 미국은 그보다 훨씬 가공할 반격을 할 수 있습니다. 우리의 골칫거리는 이란, 월남, 쿠바 등지에서 경험한, 성격이 많이 다른 분쟁입니다."

경제 개발 지원 요청

케네디 대통령은 박정희 의장에게 "38선을 통한 공산주의자들의 침투가 이루어지고 있습니까"라고 물었다.

박정희: "그자들은 온갖 수단을 다 동원해서 38선을 침투하려고 애썼지만 실패했습니다. 일망타진되고 있습니다."

케네디: "북한 사람들의 사기와 정치 성향은 어떻습니까."

박정희: "식량 소비량과 주민들의 생활수준은 매우 낮습니다. 물론 그들은 기반 산업과 지하자원에서는 남한보다 우월합니다. 북한의 電力 생산량은 110만kW입니다. 남한은 5개년 계획이 끝나는 해라야 전력 생산량이 103만kW 수준에 달할 것입니다."

케네디: "원자력 발전소를 짓지 그랬어요."

박정희: "건설비가 너무 비싸 생각해본 적도 없습니다. 그러나 (웃으면서) 미국이 지원해 준다면 고려해 보겠습니다. 육군과 해군 戰力은 남북한이 비슷합니다. 공군은 북한이 남한보다 네 배가 강합니다."

러스크: "그 공군력이란 북한만을 말합니까 아니면 중공과 소련 공군력을 포함한 것입니까."

박정희: "북한만을 가리킵니다. 한국과 일본 주둔 미 공군력을 포함시키면 북한과 대등해집니다. 북한은 지금 산업화에 매진하고 있고, 남한은 낙후될 가능성이 있습니다. 본인의 가장 큰 당면 과제는 군사력을 유지하면서 동시에 경제를 개발하는 것입니다. 독일의 경우가 그러합니다만 분단된 국가에서는 경제력이 서로 대등하지 않으면 일방은 다른 여러 부문에서 뒤떨어지게 되는 것입니다. 한국은 그런 처지에 빠지면 안 됩니다. 본인이 여기에 온 이유는 한국군의 병력을 현재 수준으로 유지하는 데 있어서 대통령의 긍정적인 뒷받침을 얻기 위한 것이며 경제 개혁과 재건에 대한 지원을 요청하기 위한 것입니다. 공동 성명서의 취지는 그런 원조가 있을 것이라는 뜻인가요."

케네디: "본인은 박 의장과의 사이에 오해가 없기를 바랍니다. 이미 본인이 말했습니다만, 한국의 안전이 미국에 사활적 중요성을 갖고 있다는 것을 잘 알고 있습니다. 그러나 알아두셔야 할 것은 우리가 올해에 원조 예산을 (미 의회로부터) 확보하는 데 그렇게 성공적이지 못했다는 점입니다. 의장께서는 우리가 주고 싶어도 줄 수 없는 상황에 대해서 이해해주셔야겠습니다."

박정희: "자유세계 개발도상국가들의 自立이 가장 중요하다는 본

인의 소신을 거듭 천명하려고 합니다. 원조를 할 때도 최단시간 내에 최대한의 성과를 올릴 수 있는 나라를 중점적으로 지원해야 한다고 생각합니다."

케네디: "본인도 동의합니다. 의회와 국민들도 원조가 가장 효율적으로 쓰이는 나라로 가야 한다는 생각을 하고 있습니다. 라오스에는 원조를 많이 했는데 낭비된 경우입니다. 실망스러운 것은 경제적으로 번영하고 있는 유럽 국가들이 원조를 분담하지 않는다는 점입니다. 그들은 차관을 제공할 뜻은 있는 모양인데, 年利 6%를 요구하고 있습니다. 베를린 위기에 관해서 말씀드린다면 (소련과) 타협이 만족스럽게 이루어질 것이라고 보장할 수는 없습니다. 평화협정을 맺은 뒤에도 자유세계 측에서 베를린에 접근하기가 어려워질지 모릅니다. 우리는 베를린과 월남에서 동시에 어려움을 당하고 있습니다."

박정희: "대통령의 시간을 너무 많이 빼앗은 것 같습니다. 이제 작별해야겠는데 혹시 떠나기 전에 본인이 요청한 원조 건에 대해서 '기분 좋은 답'을 들을 수 없을까요."

케네디: "우리는 실천할 수도 없는 약속을 하는 것보다는 할 수 있는 것을 약속하여야 할 것입니다. 사실은 누군가가 본인에게 그런 '기분 좋은 것'을 주지 않을까 하고 기다렸는데 의장께서 월남 파병 건으로 본인을 기분 좋게 만들어 주셨습니다. 아마도 의장께서는 미국이 우리 모두를 폭파시켜버릴 만큼 어마어마한 원자폭탄을 보유하고 있다는 사실을 알고는 용기를 얻으셨을 것입니다. 본인은 의장께서 여기 오신 목적을 전혀 달성하지 못하고 빈손으로 떠나게 되었다고 생각하지 않았으면 합니다. 의장께서는 우리가 직면하고

있는 문제들이 얼마나 심각한가를 이해하셨을 것입니다. 丁一權 대사께서 이 문제에 대해서 의장에게 잘 설명해주실 것을 바랍니다.”

케네디는 박정희와 헤어지면서 내일 한 번 더 만나자고 했다. 이것도 예정에 없던 호의였다. 박정희는 케네디와의 1차 회담 때 원조를 요청하면서도 무작정 달라고 하지 않고 “自立의지가 있는 나라에 우선적으로 주어야 할 것이 아닌가”란 식의 논리를 폈다. 박정희는 농민들을 상대로 '하늘은 스스로 돕는 자를 돕는다' 고 自助 정신을 강조하곤 했었는데, 그런 논리의 연장선상에서 미국에 대하여도 당당하게 손을 벌리려고 했다.

“自助 정신의 發揚(발양)에 의한 自立 경제의 건설, 自立 경제에 뿌리를 둔 自主 국방, 자주 국방을 할 수 있어야 진정한 통일 국가도, 독립 국가도 될 수 있다”는 自助·自立·自主·독립·통일의 논리는 박정희가 죽을 때까지 유지한 국가 근대화 전략의 철학적 기반이었다. 박정희는 이런 생각을 새마을운동 등 근대화 작업에 그대로 적용했다. 새마을 사업을 할 때는 가장 가난한 마을을 먼저 지원하는 것이 아니라 自助 정신이 가장 강한 마을을 먼저 지원하여 경쟁을 붙였던 것이다.

케네디 대통령과 頂上회담을 끝낸 박정희 의장은 한국 대사관저로 돌아오자마자 정일권 대사가 박 의장을 위해 마련한 리셉션에 참석해야 했다. 워싱턴 주재 외교관들과 렘니처 합참의장 등 군인들이 많이 참석했다. 박 의장 일행은 도중에 리셉션장을 빠져나와 백악관 근처 블레어 하우스(대통령의 국빈이 머무는 영빈관)로 갔다. 러스크 국무장관이 주최한 만찬에 참석하기 위해서였다. 박정희는 인사말에서 “본인은 미국에 와서 세 가지 고통을 느끼고 있습니다"라고 서두를 꺼냈다.

"첫째 고통은 미국과 한국의 시간 차이 때문에 오는 것이고, 둘째 고통은 환대가 너무 정중하여 서너 시간씩 부동자세로 서 있자니 허리가 아픕니다. 셋째 고통은 수많은 기자들의 습격입니다."

영원한 작별

워싱턴에 도착한 지 사흘째인 11월15일도 박정희 의장은 바쁜 일정을 소화해야 했다. 오전 8시 정각에 케네디 대통령 군사고문 맥스웰 테일러 대장이 박 의장이 머물고 있던 대사관저로 찾아와 조찬을 함께 하면서 한국군의 현 수준 유지와 현대화 문제를 의논했다. 오전 10시 朴 의장은 프리먼 농무부 장관을 방문하여 국토 건설 사업과 이를 지원할 미국 잉여 농산물 도입을 의논했다. 오전 11시에 朴 의장은 다시 맥나마라 국방장관을 찾아갔다. 여기서는 전날 朴 의장이 제의했던 월남 파병이 주로 토의되었다. 이 회담은 점심식사로까지 이어져 계속되었다. 오후에 박 의장은 하지스 상무장관을 방문했다. 63세의 하지스 장관은 박정희가 기자들에게 불만이 많다는 이야기를 전해 들었는지 농담부터 했다.

"기자들 등쌀에 불편이 많다고 들었는데 좋은 예방법을 가르쳐드릴까요."

그는 책상 서랍에서 작은 검정고양이 塑像(소상)을 하나 꺼내더니 이렇게 말하는 것이었다.

"이걸 드릴 테니 기자들을 만나거든 이놈을 쓰다듬어 주십시오. 그러면 기자들은 말썽을 부리지 않을 겁니다."

박 의장은 선물로 받은 검정고양이를 쓰다듬으면서 모처럼 환하게 웃었다. 박 의장은 경제개발 5개년 계획을 설명하고, 민간 투자 유치에 대한 하지스 장관의 협조를 요청했다. 朴 의장은 오후 4시 백악관으로 케네디 대통령을 찾아갔다. 朴 의장은 "5개년 계획이 시작되는 내년이 가장 어려운 해가 될 것 같다. 해외 차관의 형태로 특별한 도움을 요청한다"고 했다. 케네디 대통령은 "검토해 보겠다"고 했다.

케네디는 박정희가 제의했던 한국군의 월남 파병 건에 대해서 신중한 자세를 보였다(이때는 미국 정부가 아직 군대를 보내지 않고 있을 때였다).

"월남에 대한 우리의 원조는 당분간 경제적 지원, 그리고 장비 통신 같은 부문에 한정될 것 같습니다. 이 이상의 원조가 필요할 것인가 아닌가는 월남 국민들이 정부를 지지하는가, 자유를 위해 싸울 각오가 되어 있는가의 여부에 달려 있을 것입니다. 만약 월남 국민들이 정부를 지지하고 자기 몫들을 다한다면 박 의장이 제안한 것과 같은 외부로부터의 도움은 필요하지 않을 것입니다."

케네디 대통령은 박 의장의 월남 파병 제의에 대해서 일단 "지금 단계에서는 필요하지 않다"는 태도를 보인다. 그 2년 뒤 케네디 대통령이 암살되기 한 달 전에 일어난 고 딘 디엠 월남 대통령에 대한 군부 쿠데타와 이후의 정치불안이 미국을 수렁으로 끌어들인다. 고 딘 디엠 대통령을 죽음으로 몰고 간 월남 군부의 쿠데타 모의를 알면서 지원했던 미국은 고 딘 디엠을 대체할 만한 강력한 월남 지도자를 끝내 발굴하지 못하고 월남 정부를 대신하여 공산 게릴라와의 전쟁을 떠맡게 된다. 이때 비로소 박정희의 월남 파병 제의는 새로운 의미를 띠게 되는 것이다.

케네디 대통령은 작별 인사를 하기 전에 박정희에게 다음날로 예정된 내셔널 프레스 클럽에서의 연설에 대해서 충고한다.

"기자들은 통상 그랬던 것보다는 아마도 박 의장에게 우호적으로 나올 것 같군요. 네루 총리도 곤란을 겪었고 흐루시초프의 경우에는 기자들이 스탈린에 관한 질문을 너무 많이 하는 바람에 화가 나서 방문 일정을 중단할 뻔했거든요."

케네디 대통령은 "1951년에 잠시 한국에 머문 적이 있었는데 사실 한국에 대해서 아는 것이 거의 없었다"면서 "이번에 박 의장께서 미국을 방문하시는 바람에 한국에 대해서 이해를 높이는 계기가 되었다"고 말했다. 朴 의장은 케네디의 訪韓을 초청했고 그는 "동북아시아로 가는 기회가 있으면 꼭 들르겠다"고 했다. 케네디는 박 의장의 승용차까지 따라와서 작별 인사를 했다. 두 사람은 다시 만나지 못했다. 케네디가 박정희보다 여섯 달 먼저 태어나 동갑내기인 두 사람은 16년의 시차를 두고 현직에 있을 때 암살됨으로써 生을 마감했다.

朴 의장은 국무부 건물 안에 있는 국제개발처에 들러 해밀턴 처장이 마련한 다과회에 참석했다가 한국 대사관저로 돌아왔다. 저녁 7시부터 한국 대사관저에서는 박 의장이 미국 요인들을 초청한 만찬회가 열렸다.

러스크 국무장관, 하지스 상무장관, 맥나마라 국방장관, 매카나기 국무부 차관보, 그리고 5·16 때 박정희 소장의 쿠데타를 진압하려고 했던 당시 유엔군사령관 매그루더 장군(퇴역), 6·25 전쟁 때 미 8군 사령관 밴플리트 장군이 참석했다. 만찬이 끝난 뒤 응접실에서는 한국 대사관 무관 安光鎬(안광호) 준장의 딸 정숙 양이 한국 고전 무용을 선보였다.

다음날 박정희 의장은 대사관저에서 케네디 대통령의 경제고문인 로스토 박사를 맞아 아침식사를 함께 했다. 하버드대학 경제학 교수 출신인 로스토 박사는 후진국 개발론에 밝은 사람이었다. 한국의 경제개발 5개년 계획에 대하여 관심도 많고 대통령에게 정책 조언을 할 수 있는 자리에 있는 인물이었다. 朴 의장과 함께 배석한 천병규 재무장관, 송정범 경제기획원 부원장, 정일권 대사는 로스토 박사와 두 시간이나 이야기했다.

실수

워싱턴을 방문하는 외국 지도자들이 시험을 치는 기분으로 가는 곳이 내셔널 프레스 클럽이다. 미국 기자협회인 이곳에서 국가 지도자들이 기자들을 상대로 연설하고 질문을 받는데 자유 언론에 노출된 적이 없는 흐루시초프 같은 독재자들은 큰 곤욕을 치르기도 했다. 내셔널 프레스 빌딩 13층에 있는 회견장에 박 의장이 도착한 것은 정오. 존 코스크로브 회장은 朴 의장을 안내하면서 우선 방명록에 서명하도록 했다.

박 의장이 '1961년 11월16일'이라 쓰는 것을 보고 코스크로브 회장은 "아, 오늘이 바로 혁명이 일어난 지 여섯 달 되는 날이군요"라고 했다. 박 의장이 빙그레 웃자 그는 또 "아, 웃으시는군요. 의장께서는 웃음을 모르시는 분이라고 들었는데 사실이 아니군요"라고 했다. 박 의장은 웃기만 했다.

1961년 11월16일 박정희는 워싱턴 내셔널 프레스 클럽에서 군사혁명의 불가피성을 강조하는 연설을 했다.

"어떤 사업가도 뇌물을 주지 않고는 일을 해나갈 수 없게 되었습니다. 관료주의가 비대하여 비능률성을 야기시켰습니다. 입법부는 국가에 대한 책임감을 도외시하고 절망적으로 분열되었습니다. 노동단체는 정치적인 악당으로 이용되었고, 많은 신문이 매수되고 타락되고 또는 공산주의에 감염되었습니다. 본인도 농민의 아들의 한 사람으로서 우리 농민들이 연간 10할에 달하는 이자까지를 물고 高利私債業者(고리사채업자)의 마수에서 헤어날 희망도 없을 정도로 많은 부채를 지고 있는 窮境(궁경)을 보고 눈물을 흘리지 않을 수 없었습니다. 무엇보다도 위험천만한 것은 일부층에서 주창한 북한 괴뢰와의 협상론이었습니다.

우리는 공산주의자들의 직접적인 침략보다도 오히려 우리나라를 내부로부터 전복시키려는 공산주의자들의 흉계로 인하여 더 큰 위협을 받았습니다. 여러 달에 걸쳐 나는 10여 명의 혁명 핵심 세력을 확장시켜서 약 220명의 청렴하고 헌신적인 사람들로 구성된 혁명 기간 세력을 확보하였던 것입니다. 혁명 후 우리는 국회를 해산하고 노동조합 등 사회단체의 활동을 정지시켰고 언론에 대해서는 약간의 선도를 강구함이 현명하다고 생각했습니다. 우리는 긴급한 水路(수로) 공사와 造林(조림) 사업, 개간 사업에 착수하여 수만 명에게 일자리를 주었습니다. 복잡한 행정 절차를 시정하고 稅制를 개혁하였으며 중소기업의 진흥을 위해서 자금을 많이 방출했습니다. 밀수품은 시장에서 자취를 감추었고 국민 각자는 자진해서 의복, 음식, 혼례식, 장례식을 간소화하려고 노력했습니다. 우리는 또 오는 1월부터 시행될 경제개발 5개년 계획을 작성하였습니다."

이날 朴 의장은 원충연 최고회의 공보실장이 적어준 원고를 읽어 내려 갔다. 이 원고는 양면에 걸쳐 씌어 있었다. 박정희는 한 면을 빠뜨리고 연설문을 읽어 가다가 문맥이 이어지지 않아 이상하다는 생각을 했다. 실수를 알아차렸을 때는 이미 너무 늦었다. 다행인 것은 한상국 중령이 통역의 속도를 조절하여 이 실수가 외국 기자들에게는 눈치 채이지 않았다는 점이다. 이 연설을 녹음하여 한국을 향해서 방송하게 되어 있었던 '미국의 소리' 방송이 문제였다. 한국 사람들이 들으면 박정희의 실수가 드러날 판이었다.

訪美(방미) 선발대장으로 먼저 와 있었던 육군 방첩부대장 김재춘 준장은 '미국의 소리' 방송을 진행하는 黃材景(황재경) 목사에게 부탁하여 편집을 한 후 방송하도록 손을 썼다. 박 의장이 이런 실수를 한 것은 너무 빡빡하게 짜인 일정과도 관계가 있었다. 케네디 대통령과 두 번째 회담을 하고 대사관저로 돌아온 박정희는 만만한 김재춘을 부르더니 불평을 털어놓았다.

"글쎄, 이놈들이 일정을 어떻게 짰는지 이거 뭐 수학여행 온 것도 아니고 아침에 일어나 세수할 시간도 없으니…."

군더더기 없는 답변

柳陽洙(유양수) 최고회의 외무·국방위원장이 밤늦게 다음날 일정을 위한 대책회의를 소집했지만 수행원들도 녹초가 되어 심사숙고할 처지가 못 되었다. 이런 상황에서 박정희는 연설문을 한번 읽어 볼 시간도 없었던 것이다. 이 실수로 해서 원충연 공보실장은 박 의장의 신임을 잃게 된다.

내셔널 프레스 클럽에서는 연설이 끝난 뒤 기자들의 질문이 쏟아졌다.

「문: "한국 신문인의 투옥과 언론 자유의 탄압을 어떻게 정당화할 수 있는가."

답: "민족일보 사건에 관해서 묻는 것으로 보이는데 이 사건을 설명하자면 다음과 같다. 이들은 공개 재판 결과 신문인을 가장한 공산주의 간첩임이 입증되었다. 그들의 운영 자금은 일본 조총련을 통해 북괴로부터 공급되었으며 이들은 북괴의 지령에 따라 행동하였을 뿐 아니라 사실은 북한 정책에 따른 것이었다. 이들은 사실상 언론 자유를 남용한 것이다. 신문인이라 할지라도 국법을 어겼을 때에는 처벌을 면치 못할 것이다."

문: "북한은 소련, 혹은 중공, 어느 쪽에 예속되어 있는가."

답: "나는 북괴가 소련·중공 양쪽에 다 예속되어 있다고 생각한다. 어느 쪽의 영향을 더 많이 받는가는 정확하게 말하기 어렵다."

문: "한국의 민간 정치인들에게 그토록 치욕을 준 뒤에 민간 정부로 복귀한다고 해도 국민들은 과연 그들을 신뢰할 수 있겠는가. 박 장군과 동료들은 1963년에 민간인이 되어 선거에 입후보하려고 생각하고 있는가."

답: "민간 정치인들의 체면 손상은 자업자득이다. 나 자신을 비롯한 우리 군인들은 민간 정부가 들어서면 본연의 임무로 돌아갈 것이다. 양심적인 민간인들의 출마를 희망한다."

문: "한국동란 때 유엔군은 맥아더 원수의 주장대로 압록강 너머로 진격했어야 했을 것으로 생각하는가."

답: "한국인으로서 나는 당시 그 안에 찬성했으나 이에 대한 올바른 판단은 먼 장래의 역사가 해결할 것이다."(청중들이 박수)

문: "각하의 견해로는 외몽고를 자주독립 국가로 보는가. 그렇지 않으면 소련·중공의 예속국으로 보는가."

답: "사실 나는 외몽고에 관해서는 아는 바가 없다. 외몽고도 북괴와 비슷한 처지가 아닐까 생각한다."

문: "플라스틱 젓가락 사용 이야기는 그만두고라도 목재난을 어떻게 해결하려는가."

답: "나무젓가락 금지 문제는 우리에게는 웃을 이야기가 아니다. 목재난이 하도 심해서 (플라스틱) 위생저의 사용을 의무화한 사정을 이해하여야 할 것이다."」

박정희 의장은 짤막하고 군더더기 없는 답변으로써 많은 기자들에게 좋은 인상을 주었다. 박 의장은 기자회견을 끝내면서 "많은 외국 지도자들이 내셔널 프레스 클럽에서 혼이 났다고 이야기 들었는데, 오늘 여러분들은 부드럽게 대해 주어서 감사하다"고 말했다.

22
울릉도 방문

항구에 朴 의장이 도착하니
島民(도민)들이 횃불을 밝혀들고
기다리고 있었다.
울릉도에 국가원수가 방문한 것은
이 날이 처음이었다.

1962년의 세상
쿠바 미사일 위기
미국, 월남전 개입 선언
제3공화국 헌법, 국민투표로 확정
尹潽善 대통령 사임, 朴正熙 의장이 권한 대행
金鍾泌-오히라, 韓·日회담 청구권 액수 합의

"바다로 뛰어 내리자"

1962년 10월10일 〈동아일보〉 李萬燮 기자는 동해안 화진포에서 해병대 상륙작전훈련을 참관한 박정희 최고회의 의장 일행을 취재하다가 특종 욕심이 생겼다. 박 의장이 참관 뒤 해군함정 편으로 울릉도로 향한다는 정보를 입수하고 그 배에 미리 들어가 함장실에서 기다리고 있었다. 박 의장은 민기식 1군 사령관, 李孟基(이맹기) 해군 참모총장, 이후락 공보실장들을 데리고 선장실로 들어오다가 이만섭과 마주쳤다.

이만섭이 "〈동아일보〉의 이만섭 기잡니다"라고 인사하자 박 의장은 "아, 그래? 그런데 요즘 신문이 문제야. 신문은 선동만 해요. 쌀값이 오르면 신문이 1면 톱으로 '쌀, 쌀, 쌀값 폭등' 하고 주먹만 한 활자로 보도하니 쌀값이 더 오르지 않소. 신문이 그렇게 해서야 되겠소?"하고 퍼붓다시피 했다.

"그게 그렇지 않습니다. 쌀값이 오르면 위정자들이 그런 현실을 알고 적절한 대책을 세우라는 것이지 결코 선동의 의미가 있는 게 아닙니다. 그리고 사실보도야말로 신문의 사명이 아니겠습니까?"

박 의장은 계속 못마땅한 표정을 지었고 옆에 있던 장성들도 박 의장의 말에 한마디씩 거들었다. 이만섭은 지지 않고 반격했다.

"저는 윤보선 대통령이 이야기한 것을 사실대로 보도했는데도 잡혀 갔습니다. 혁명정부의 언론정책엔 분명히 문제가 있습니다."

"아, 그래요? 그건 뭔가 잘못된 것 같소."

"그렇습니다. 그건 분명히 잘못된 일이었습니다."

박 의장은 미안했던지 그 뒤론 입을 다물었다. 어두워서 울릉도 道洞(도동) 항구에 박 의장이 도착하니 島民(도민)들이 횃불을 밝혀 들고 기다리고 있었다. 울릉도에 국가원수가 방문한 것은 이 날이 처음이었다.

박정희 의장 일행은 朴昌圭(박창규·대구시장 역임) 울릉군수 관사에 묵고 〈동아일보〉 이만섭 기자는 대륜중학교 후배 집에서 잤다. 다음날 박 의장 일행은 시찰을 마치고 해변가 다방에서 국수를 시켜 점심으로 때우고 있었다. 그 다방으로 이만섭이 들어왔다. 박정희는 이만섭 기자를 불러 옆자리에 앉힌 뒤 국수를 같이 먹자고 했다. 박정희는 국수를 먹으면서 말했다.

"어제는 내가 좀 심하게 이야기한 것 같아 미안하오."

"뭘요. 그럴 수도 있지요."

이만섭은 무섭고 차가운 인상의 권력자 입에서 나온 너무나 겸손하고 솔직한 이 말에 그동안 쌓였던 감정이 녹아버리는 것을 느낄 수 있었다고 한다.

이날 박정희는 위험한 고비를 두 번 넘겼다. 도동 항구에서 작은 경비정을 타고 먼 바다에 떠 있는 本船으로 떠나려고 할 때 풍랑이 심했다. 경비정은 흔들리다가 전복될 뻔했다. 위기를 감지한 이맹기 해군 참모총장이 "바다로 뛰어내리자"고 했다. 그때 풍랑은 더욱 거세어져 배를 해안에서 멀리 밀어내고 있었다. 전송 나왔던 島民(도민)들이 아우성을 치면서 밧줄을 던져 겨우 경비정을 해안으로 끌어당길 수 있었다. 해안 가까이 갔을 때 박 의장을 비롯한 승선자들이 한 사람씩 바다로 첨벙 첨벙 뛰어내렸다. 다행히 수심은 사람의 키를 넘지 않았다.

바닷물에 흠뻑 젖은 박 의장 일행은 산을 넘어 건너편 학동 항구로 이동하게 되었다. 그쪽 바다가 조용하다는 것이었다. 박정희는 이만섭 기자의 손을 당겨 함께 걸으면서 어민들의 애환과 농촌의 피폐상에 대해서 많은 이야기를 했다. 무뚝뚝한 박 의장이 너무 인간적으로 따뜻한 이야기를 하니 이 기자로서도 딱딱한 정치이야기를 꺼낼 수 없었다고 한다.

民政이양과 집권연장

학동 항구에서 경비정을 타고 본선에 다다랐을 때 또다시 풍랑이 거세게 일었다. 박 의장은 밧줄로 묶어 만든 줄사다리를 타고 本船에 오르는데 파도가 덮쳤다. 박 의장은 비틀거렸고 하마터면 미친 듯이 출렁이는 바다 속으로 떨어질 뻔했다. 이만섭은 "만약 그 자리에서 박 의장의 신변에 어떤 일이 발생했더라면 이 나라의 운명도 그날의 파도만큼이나 심하게 바뀌었을 것"이라고 추억하고 있다. 朴 의장은 "이래서 국가 원수가 한 번도 울릉도를 방문한 적이 없는 모양이야"라고 말했다. 이만섭 기자는 朴 의장 일행이 모두 기진맥진해 있어 단독 인터뷰를 갖지 못했다. 의장과의 인터뷰는 포항에서 서울로 올라오는 특별기동차 안에서 이루어졌다.

10월12일자 〈동아일보〉 조간 1면 머리에 실린 인터뷰 기사에서 박정희는 舊정치인과 언론을 신랄하게 비판했다. 박 의장은 "혁명 후 1년 반이 지났으나 구정치인 중 한 사람도 과거를 반성하는 사람이 없고 그 대부분은 정부를 헐뜯는 짓을 일삼고 있다"고 했다. 그는 "구정치인들이 지금도 다방 같은 데서 정치를 하고 있는 것도 알고 있고, 그것을 법으로 다스릴 수도 있으나 그들이 반성하기를 좀 더 두고 본다"고 했으며 "우리나라 언론이 아직도 부정확하고 무책임하며 국가의 이익을 무시하는 과거의 폐습에서 벗어나지 못하고 있다"고 말했다. 박정희 의장은 또 "정치정화법으로 정치활동이 묶여 있는 舊정치인들을 선별적으로 구제할 계획이 없고 헌법개정을 위한 국민투표를 앞두고 계엄령을 해제할 생각도 없다"고 강경하게 말했다.

이즈음 박정희의 머리를 지배한 주제는 민정이양을 이용한 집권연장이었다. 박정희 의장은 5·16 전야, 신당동 자택에서 혁명공약 문안을 검토할 때 김종필이 써온 초안에다가 제6항을 덧붙였다. '이와 같은 우리의 과업이 성취되면 참신하고도 양심적인 정치인들에게 정권을 이양하고 군은 본연의 임무로 돌아간다'는 내용이었다. 이 항목에 김종필은 반대했다. 박정희는 군부가 國政에 개입했다가 복귀한 뒤에도 계속해서 현실정치에 영향력을 행사하는 터키나 버마식 통치를 구상하고 있었다. 직접 국가를 운영해보면서, 그리고 권력에 대한 한국인의 본성을 체험하면서 박정희는 정권을 일단 이양하면 영향력을 유지한다는 것이 불가능하다는 것을 切感(절감)했다.

23
한 운명적 인간의 裸像

"한 민족국가의 운명을 거머쥔 한 영도자의 스스럼없는
裸像(나상)을 보는 데서 역사의 엄숙, 민족의 비애,
국가의 어려움을 가슴에 느낄 수 있었고,
이 절대한 파도와 맞선 한 운명적
인간의 순정, 정열, 비장, 결심 등을
그대로 읽을 수 있었다."

1963년의 세상
朴正熙 5대 대통령 당선
케네디 美대통령 댈러스서 피살
朴正熙-존슨 정상회담
국내 첫 라면 '삼양라면' 생산

悲壯感

1962년 12월27일 박정희 의장은 최고회의 본회의실에서 1년 20일 만에 처음으로 공식 기자회견을 가졌다. 박 의장은 "바쁘다는 핑계로 자주 못 만나 미안하게 생각한다"고 말했으나 한 기자가 "최고위원들이 군복을 벗고 민정에 참여하면 그 얼굴이 그 얼굴이 아니냐는 말이 돌고 있다"고 하자 버럭 화를 냈다.

"그 얼굴이 그 얼굴이란 게 뭐요? 그런 엉터리 소리 하지 말라고 하시오."

박 의장은 자신의 출마에 관해서는 "黨命(당명)에 따르겠다"고만 말했다. 그는 또 "화폐개혁은 확실히 실패했습니다. 국민들에게 잘 전해 주십시오"라고 했다. 그는 "내자동원을 위해 화폐개혁을 하긴 했는데 뚜껑을 열어보니 뜻대로 되지 않았습니다. 정부는 그때부터 원상 복구시키는 데 애썼습니다. 누군가가 벌을 받아야 한다면 최고회의 의장이 받아야지 다른 사람이 받을 수는 없습니다"라고 말했다. 박 의장은 이 회견에서 대통령 선거는 1963년 4월 초순에, 국회의원 선거는 5월 하순에 치를 것이라고 말했다.

정치의 계절이 1년 7개월 간의 동면에서 풀려나는 1963년이 밝았다. 1월1일자 신문에 일제히 실린 박정희 의장 회견 기사는 3일 전에 있었던 공동기자회견 내용이었다. 이 회견에서 박정희는 민주주의에 대해 주목할 만한 소신을 밝혔다.

"민주주의는 이상이고 목표라고 생각한다. 도달하는 길은 여러 가지가 있을 것이다. 서구식도 있고 자기식도 있으니까 가는 길은 다를 수 있다. 꼭 이 길이라야 한다는 불변의 길은 없다. 한국은 한국민의 현실에 맞는 방식을 택해야 할 것이다."

　대한민국이 자유민주주의를 이념으로 하여 건국된 이래 그 민주주의를 주관적(또는 주체적)으로 해석한 바탕에서 '서구식 민주주의를 한국의 현실에 맞는 한국식 민주주의로 改造(개조)하겠다'고 선언하고 나선 사람은 박정희가 최초이자 최후의 인물이다. 민주주의를 至高至善(지고지선)한 신성불가침의 존재로 숭배하던 많은 지식인과 정치인들에게 박정희의 이런 태도는 무엄한 도전으로 받아들여진다.

　이 무렵 박정희는 자신의 역사관, 혁명관, 국가관, 민주주의관을 담은 책을 내고 싶어 했다. 代筆者(대필자)로 천거된 사람은 자유당 국회의원을 지낸 朴相吉이었다. 1963년 1월 중순 박 의장은 한남동의 安家(안가)로 朴相吉을 초대하여 "저를 좀 도와주십시오"라고 부탁했다. 朴相吉은 '번거로운 말이나 완곡한 표현은 전혀 없고 간결, 소박한 딱 한마디 말'이었다고 기억한다. 얼굴을 쳐다보니 眼光(안광)은 바위를 뚫을 듯한데, 어딘가 피곤하고 憂愁(우수)가 스쳐가는 비장감 같은 게 엿보였다'고 했다. 그 며칠 후 밤 10시 박 의장은 박상길을 의장 공관으로 불러 본론을 털어놓았다.

　"혁명인가 뭔가 했는데 국민들도 그렇고, 심지어 다리를 같이 넘은 자들까지도 정확하게 내 심정을 몰라주니…. 미국놈들도 그렇고, 접장인가 교수라는 자들도 무어 알아듣지 못할 소리들만 하고…. 가슴속에 있는 생각을 시원하고 정확하게 털어놓을 방법이 없을까요. 정치라는 게 이렇게 어려운 건지. 이놈 말 다르고 저놈 말 다르고, 앞으로 그때그때 요긴한 대목에 의견을 좀 말해주십시오. 혁명이라고 하지만 헤이따이(兵隊)만 가지고는 할 수 없는 일이지요. 도대체 舊정치인들 중에서 쓸 만한 사람은 누구입니까."

이렇게 해서 박상길은 '우리는 어떻게 할 것인가' 란 假題(가제) 하에 박정희의 생각을 정리하기 시작했다. 박상길은 저술의 핵심을 잡기 위해서는 박 의장과의 談論(담론)이 필요하다고 판단하여 무시로 대개의 경우 자정을 전후한 야반에 장충단 근처의 의장 공관을 방문하게 되었다고 한다. 박상길은 남산 아래 허름한 여관에 방을 잡고 써내려갔다. 200자 원고지 50장에서 100장 정도의 원고가 되면 의장 공관으로 직행하여 박 의장에게 들이밀고 읽어보도록 했다.

'가난은 나의 스승'

바로 이 전후가 격동의 절정기였는지라 차분히 앉아서 담론할 수 없었다. 가다가는 돌발적인 사태, 정치적인 難題(난제) 등이 등장하여 혹은 진지, 혹은 흥분, 혹은 격정적이 되는 등 의외의 경우가 많았다는 것이다. 박정희는 "지금 가난을 벗고 약소민족의 서러움을 벗지 못하면 언제 또 기회가 있겠습니까"라고 했고 "특권층의 당쟁, 세도가 나라를 말아먹었는데 해방이 되고 민주세상이 되었다는 마당에 또 특권층이 설치니 원…. 이 나라 백성들은 언제 햇빛을 봅니까"라고도 하면서 怒氣(노기) 띤 안광에 슬픔이 가득 차 있기도 했었다는 것이다. 박상길은 자신의 회고록 《나와 제3·4공화국》에서 이렇게 묘사했다.

「이같은 일들은 한 민족국가의 운명을 거머쥔 한 영도자의 스스럼없는 裸像(나상)을 보는 데서 역사의 엄숙, 민족의 비애, 국가의 어려움을 가슴에 느낄 수 있었고, 이 절대한 파도와 맞선 한 운명적 인간의 순정, 정열, 비장, 결심 등을 그대로 읽을 수 있었다. 나는 영원히 확신하고 있다. 이 이후 이분의 이름으로 몇 권의 책이 나온 바 있지만 이분의 철학·사상·정치·경제·문화·외교·사회관은 물론 하나의 인간으로서의 인생관에 이르기까지 이만큼 정확한 바는 없었다고 단언할 수 있다.」

나중에 《국가와 혁명과 나》란 제목으로 발간된 이 책의 맨 끝 장에서 박정희는 '가난은 본인의 스승이자 은인이다' 라고 했다.

「본인의 24시간은 이 스승, 이 은인과 관련 있는 일에서 떠날 수 없는 것이다. '소박하고 근면하고 정직하고 성실한 서민사회가 바탕이 된, 자주 독립된 한국의 창건' ―이것이 본인의 소망의 전부다. 동시에 이것은 본인의 생리인 것이다. 본인이 특권계층, 파벌적 계보를 부정하고 군림사회를 증오하는 所以(소이)도 여기에 있을 것이라 생각된다. 본인은 한마디로 말해서 서민 속에서 나고, 자라고, 일하고, 그리하여 그 서민의 인정 속에서 생이 끝나기를 염원한다. 본인과 같은, '가난' 이란 스승 밑에서 배운 수백만의 동문이 건재하고 있는 이상, 결코 쉴 수도 없고, 후퇴할 수도 없는 염원인 것이다.」

박정희는 마지막 장의 끝에다 "끝까지 읽어주셔서 감사합니다"란 인사말을 덧붙였다.

24
방황하는 사람

民政불참이냐 계엄령인가?

閔機植(민기식) 1군 사령관의 역할

1963년 2월27일 오전 서울 시민회관에서는 박정희 국가최고회의 의장이 민간정치인들과 함께 선서모임을 가졌다. 박 의장이 2월18일에 자신의 民政불참 조건으로 제시한 '보복금지', '혁명정신계승' 등 9개항을 민간정치인들이 받아들이고 이를 준수하겠다는 다짐을 한 것이다. 박 의장은 式辭(식사) 도중 눈물을 짓기도 했고 목이 메이기도 했다. 이 연설에서 박정희는 함축성 있는 경고를 한 자락 깔았다.

"세대교체를 이룩하지 못한 이 나라의 政情(정정)은 오로지 여러분들의 일대 각성과 노력 없이는 또 다시 정치적 위기를 초래할 가능성을 충분히 내포하고 있습니다."

이날 박병권 국방장관과 3군 참모총장들은 공동성명을 발표했다. 이들 군 수뇌는 '우리는 새로 탄생할 民政(민정)을 지지하고 군 본연의 임무에 충실할 것이다'고 다짐하면서도 '박 의장을 비롯한 각급 장교들은 군에 복귀하여 군의 발전에 기여해줄 것을 진심으로 환영한다'고 했다. 박정희는 민정에 참여하지 않겠다고 한 것이지 군복을 벗고 野人으로 돌아가겠다고 약속한 것은 아니었다.

박 의장이 군복을 벗지 않는 한, 또 그가 군에 복귀하여 군의 지도자로 남아 있는 한 아무도 무시할 수 없는 존재가 된다. 이런 잠재력과 가능성 때문에 박정희는 민정불참을 선언한 이후에도 "내가 권력을 갖고 있는 한 상황은 내가 주도할 자신이 있다"는 태도를 보일 수 있었다. 그럼에도 야당은 2월27일의 선서식이 '사실상 군사정권의 종지부를 찍은 것'이라고 낙관하는 논평을 내보내고 있었다. 박정희의 후퇴는 진심이 아니라 어디까지나 미국·야당·군부의 공세를 누그러뜨리기 위한 전략상 선택이었음이 곧 드러난다.

국방장관과 3군 총장 등 군 수뇌부는 대체로 박정희의 民政참여와 군 후배인 김종필의 역할에 대해서 비판적이었지만 1군 사령관 閔機植(민기식) 중장은 달랐다. 그는 "군대가 한번 혁명을 했으면 책임을 지고 나라를 뜯어고쳐야 한다"는 소신을 가지고 있었다.

박정희가 내키지 않은 2·27 민정불참 선서식 이후 사태를 반전시키는 데 있어서 물리력의 뒷받침을 해준 것이 민기식이었다. 당시는 3군 사령부가 설치되기 전이라 육군 전투 병력의 거의 전부를 민기식의 1군이 관할하고 있었다. 그는 일화가 많은 사람이다. 술, 言中有骨(언중유골)의 농담, 그리고 많은 奇行(기행).

민기식 중장이 5·16 혁명 직후 2군 사령관이 되어 대구에 부임했더니 청수원이란 음식점에서 '박정희 부사령관이 있을 때 갚지 않고 간 외상값 500만 환'을 청구해왔다. 민기식은 "접대부도 없고 술은 정종, 막걸리에 안주는 빈대떡밖에 없는 집인데 이렇게 많이 마실 수가…"하고 혀를 찼다고 한다. 두 달쯤 뒤 박정희 의장이 대구를 시찰한 자리에서 민 사령관에게 물었다.

"민 장군은 외상 술값이 얼마나 됩니까."

"2군단장 할 때 한 60만 환쯤 빚지고 왔습니다."

"겨우 그 정도입니까. 여기 100만 환을 드릴 테니 앞으로는 현금으로 잡수세요."

"이건 부정부패에 해당되지 않습니까?"

"민 장군은 사리사욕을 위해서 쓴 것이 아니라 부대 운영을 위해서 쓴 것이니 애국적입니다."

"술이 무슨 애국적입니까."

술을 애국적으로 마시는 점에서 통하는 게 있었던지 박 의장은 함경도 軍脈(군맥)의 대표격인 박임항 1군 사령관을 교체하면서 민기식을 후임자로 발령했다. 1962년 5월의 일이었다.

욕하기 대회

부임 직후 민기식은 휴전선을 따라서 근무하는 일선 중대장 25명을 사령관 관사 앞뜰에 집합시키고 부사령관, 참모장, 사령부 전 참모들을 배석시켰다. 민 사령관은 35도짜리 소주 다섯 상자를 가리키면서 선언했다.

"이제부터 불평불만을 털어놓는 '욕대회'를 하겠다. 앞에 큰 식기에 부은 술을 마시고 녹음기 앞에 가서 마음대로 털어놓으라. 여기에서 한 말은 내가 책임진다. 다만 우리 민족의 나갈 길을 아는 유일한 지도자 박정희 장군과 우리의 우방 미국을 욕해선 안 된다. 나머지는 나에게 개××라고 해도 좋으니 마음대로 욕하라. 욕을 제일 잘 한 자에게는 일등상을 주겠다."

민기식 1군 사령관은 일선 중대장들을 상대로 벌인 '욕대회'에서 그들이 털어놓은 70여 개의 건의사항을 정리하여 녹취기록과 함께 박정희 의장을 찾아갔다. 통신장비와 탄약의 부족, 그리고 복지문제에 대한 불만이 대부분이었다. 박 의장은 "나도 야전군 참모장을 할 때 느꼈던 문제점들인데, 즉각 해결하겠소"라고 했다.

민기식 중장은 또 북한군이 비무장지대에 근무 중이던 우리 장교와 하사관을 납치해가자 그 보복으로 특공작전을 벌여 북한군 장교 두 명을 납치해왔다. 멜로이 미 8군 사령관은 "북한 측에서 자꾸만 장교 두 명을 국군이 납치했다고 방송을 하고 있는데 어떻게 된 일인가"하고 물었다. 민 장군은 "그런 일이 없다"고 버티다가 한참 뒤에 미군 측에 넘겨주었다. 1964년에 미군 헬기가 북한지역에 불시착했을 때 미군은 전향하지 않고 있던 북한군 장교 한 명을 보내주고 미군 조종사를 건네받았다.

"저 어린 것이 뭘 알겠습니까"

1963년 3월6일 김재춘 정보부장은 이른바 4대 의혹사건(증권조작과 공화당 사전 조직, 워커힐 건설, 새나라자동차, 회전당구대 도입)의 수사 중간발표를 했다. 정보부 전 간부 등 관련자 15명을 구속 수사 중이란 것이었다. 박정희로선 자신이 김종필에게 묵인해준 사건들인데, 여론에 밀려 관련자들이 잡혀 들어가니 기분이 울적했을 것이다.

그 하루 전 박정희는 강원도 지역을 시찰한다는 명목으로 춘천 미군 비행장에 내렸다. 민기식 사령관은 자신의 관내에 온 박의장을 영접하려고 원주에서 춘천으로 가려 했더니 김종오 육군 참모총장이 전화로 "왜 정치적으로 노느냐"고 따졌다. 身病(신병)으로 한 달여 입원했다가 최근에 복귀했던 민기식은 朴 의장의 민정불참 선언 이후 군내의 분위기가 묘하게 돌아간다고 생각했다.

민기식이 춘천 비행장에 나가보니 박 의장의 행차는 과거에 비해서 초라했다. 수행자는 이후락 공보실장, 장경순 최고위원, 그리고 수행기자들이 전부였다. 출영 나온 인사들도 몇 안 되었다. 박 의장은 "나는 이제 정치에서 손을 뗐으니 나오지 말게 하라"고 지시했다는 것이다. 박 의장을 수행한 〈동아일보〉 이만섭 기자가 민기식 사령관에게 다가오더니 "요사이 일선 분위기가 어떻습니까"라고 물었다. 민기식은 대강 이렇게 대답했다고 한다(미공개 회고록).

"서울에서 정치가 소란스러운데 정치가 안정되어야지 그렇지 않으면 일선이 불안해진다. 정부에 나갔던 군인들이 원대 복귀한다고 하나 그들의 복귀를 좋아할 사람이 누가 있겠는가. 군의 지휘 체계는 허물어지고 말았다."

이만섭 기자가 전화로 부른 기사내용은 다소 달랐다. "군단장급 이상의 장성들이 모임을 갖고 박 의장이 민정에 참여해야 한다고 건의하기로 했다"는 요지였다. 김종오 총장은 이 기사의 진위를 확인하려고 민기식 사령관을 전화로 찾았으나 민 장군은 일부러 전화를 받지 않았다. 김종오 총장은 "李(이) 기자를 구속해서 진부를 가리자"고 나왔으나 재치 있는 이후락이 "그 문제는 여기서 알아서 처리하겠다"고 했다.

이날 춘천의 한 호텔에서 묵은 박 의장 일행은 다음날 아침 호텔을 나오다가 키가 큰 이만섭 기자와 눈이 마주치자 "이만섭 기자, 아직 안 잡혀갔군. 잡아가버리지 않고"라고 농담을 했다. 의외로 표정은 밝았다.

박정희 의장은 원주로 가는 차중에서 동승한 민기식 장군에게 심경을 토로했다. 그는 한숨을 쉬면서 "괜히 혁명을 해가지고 정치에 발을 잘못 디뎠어요. 죽일 놈들…"이라고 하다가 "혁명동지들끼리 불화가 생기고 뜻이 맞질 않아 결국 헤어지게 되었다"고 했다. 박정희는 또 "민 장군, 머리나 식힐 겸 바람이나 쐴 겸 해서 설악산에나 가십시다"라고 했다. 민기식은 정색을 하고 말했다.

"그만두시는 길에 이임사라도 하십시오. 내일 사령부로 중령급 이상 장교들을 다 부르겠습니다."

"그러면 훈련도 못 하는데 그만두시오. 그리고 민 장군도 그만둘 사람을 따라 다닐 필요가 없습니다."

1963년 3월6일 박정희 의장과 동승하여 원주로 가던 민기식 1군사령관은 한 해 전에 있었던 일이 생각났다. 그날 야전군을 시찰하러 온 박 의장을 모신 차가 원주역 못미처 어느 국민학교 앞을 지나갈 때였다. 국민학교 2학년 정도밖에 안 되는 앳된 소년이 박 의장과 민 장군이 동승한 차 앞으로 달려 나오면서 "박정희, 이 나쁜 놈의 새끼야!"라고 소리 지르면서 돌을 던졌다. 돌은 정통으로 유리창에 맞았으나 깨지지는 않았다. 민 장군이 얼른 주위를 둘러보니 통행인은 보이지 않았고, 그 소년은 달아나지 않고 노려보고 있었다.

"저 어린 것이 뭘 알겠습니까. 그냥 가시지요."

박 의장도 묵인하여 차는 사령부로 직행했다. 민 장군이 추측컨대 그 학생의 가족 중 누군가가 5·16 혁명으로 한 맺힌 피해를 본 것이라 생각했다. 민 장군은 그때 묵묵히 참아준 박 의장을 고맙게 생각하고 있었다. 이런 상념에 잠겨 있는 사이 차는 군사령부에 도착했다. 박 의장과 민 장군은 사령관 숙소에서 새벽 2시까지 함께 술을 마셨다. 그 자리에서도 박 의장은 군 수뇌부의 이름들을 대면서 "그자들을 믿었는데 죽일 놈들이야. 하기야 죽음을 같이 하기로 맹세했던 혁명동지들도 그 모양이니 그까짓 놈들이야… 괜히 혁명했어. 괜히"라고 중얼거렸다. 체념한 듯한 박 의장의 모습을 보는 민기식의 마음도 언짢았다.

1군 사령부 연병장

민기식은 아무리 술을 많이 마셔도 새벽 4시면 일어났다. 박 의장은 늦게 자고 늦게 일어나는 편이었다. 민기식 사령관이 아침 8시에 박 의장 숙소에 들렀더니 아직 일어나지 않고 있었다. 간밤의 낙담하는 모습이 떠오른 민기식은 불현듯 '혹시 박 의장이 자살한 것이 아닌가' 하는 생각을 했다. 그가 불러 모은 장교들은 연병장에서 기다리고 있었다. 아침 8시30분쯤 일어난 박 의장은 "얼마나 모였습니까" 하고 민 장군에게 물었다.

"중령 이상은 다 모였습니다. 박 의장에게 기대하는 사람들이 많습니다. 서운해 하는 사람들이 많으니 납득할 만한 이임사를 하시는 것이 좋겠습니다. 나도 오늘부로 사표를 내겠습니다."

"말도 되지 않는 소리 하지 마십시오. 신정부가 들어서도 공무원들은 괜찮을 겁니다. 자진해서 사표 낼 필요는 없습니다."

이날 박정희가 원주 1군 사령부 연병장에 모인 장교들을 앞에 두고 준비된 원고도 없이 즉석연설로 토로한 내용은 그의 정치行路를 바꾸는 한 계기가 되었다. 그가 9일 전 민간인 정치인들과 함께 민정불참을 선서한 이후 그를 혼돈과 방황, 그리고 울분에 빠뜨렸던 것들이 이 연설을 통해 정리되고 그는 새로운 궤도를 타게 된다. 김종필의 외유를 전후하여 흔들렸던 박정희는 다시 권력에의 의지를 세우게 된 것이다. 박정희는 먼저 "이런 자리에 오면 내가 살던 집에 다시 돌아오는 그런 감을 금할 수 없습니다"라고 전제한 뒤 정치적 중립에 대한 소신을 밝혔다.

"군이 정치에 관여하지 않을 뿐만 아니라 정치인들도 군에 간섭하지 않아야 군이 엄정한 중립을 유지할 수 있습니다. 과거에 일부 군 장교들 중에 지각 없는 장교들이 정치인들을 따라다니면서 추파를 던지고 개인의 출세와 영달을 위해서 군인답지 못한 행동을 한 것은 군의 명예를 손상시킨 일이었습니다."

"민간정치인들에게 (정치를) 맡기겠다는 것은, 여러 가지 추태를 부리고 舊惡(구악)을 저지르고 민주 발전에 해독을 끼친 그런 사람들이 또 다시 그 얼굴, 그 인물들이 나와서 모든 것을 해달라고 하는 것은 절대 아닙니다. 요 얼마 전에 외국인사가 다음과 같은 질문을 본인에게 한 바가 있습니다. '의장은 그들에게 모든 것을 믿고 모든 것을 맡기고 모든 것을 양보했는데, 만약 그 사람들이 이번에 국민들에게 약속한 선서를 그들이 이행하지 않아 정치적인 위기가 도래한다면 의장은 방관만 하고 모른 체하고 있겠느냐'고 물었습니다. 본인은 여기에 대해서 이런 해답을 한 적이 있습니다.

'불행하게도 그러한 사태가 도래했을 때 이 나라는 몇몇 정신 차리지 못한 정치인들을 위해 있는 나라가 아니며 하물며 그들이 장난을 치기 위한 장난판이 아닙니다.'

나는 그 외국인사에게 반문했습니다. '당신은 그런 경우에 이것을 못 본 체하는 것이 애국적인 행동인가, 방관하지 않는 것이 애국적인 행동인가' 하고 반문하고 거기에 대해서는 더 이상 답을 하지 않았습니다."

여기까지 들은 기자들은 원주시내 우체국과 전화국으로 줄달음을 치기 시작했다. 3월8일자 모든 신문은 '국민에 해독 끼치고 질서 혼란케 한 기성 정치인은 일선에서 물러나야. 방임하는 것이 애국이냐, 방관 않는 것이 애국이냐…' 란 제목으로 1면 머리에 朴 의장의 경고를 실었다. 누가 읽어도 정치에 혼란이 생기면 혁명정부는 방관만 하고 있지는 않을 것이라는 뜻이 담긴 연설이었다.

2·27 선서 이후 현실정치를 떠난 것처럼 보였던 박 의장은 이 연설로써 다시 정치적인 위상을 과시했다. 이 시기의 박정희의 행태에 대한 가장 큰 오해는 그의 민정이양 불참선언을 '정치적 하야'로 해석하는 것이다. 박정희는 민정불참 선언을 하면서도 민정이양과 함께 군복을 벗겠다는 약속을 하지 않았다. 이는 그가 권력에의 집념을 버리지 않고 반격의 기회를 기다리고 있었음을 보여준다.

3월8일자 〈조선일보〉는 1면 하단 '萬物相(만물상)' 란에서 박정희가 주장해 온 세대교체론을 비판하면서 이렇게 썼다.

"인격적으로 원숙해질 무렵에 이른 사람에게 물러나라고 하는 것은 기본권의 침해이다. 오해 없기 위해 만물상자의 연령을 밝히면 이제 겨우 40고개를 넘긴 애송이다."

박정희는 이때 나이 마흔여섯, 벌여놓은 일은 많고 하고 싶은 일도 많은 팔팔한 장년이었다.

이상한 쿠데타 음모사건

박정희 의장은 1963년 3월9일 토요일 오후 3시부터 두 시간 동안 새뮤얼 버거 주한 미국대사와 필립 하비브 참사관을 청와대로 초청해 장시간 요담했다. 회담 내용을 묻는 기자들에게 미 대사관 대변인은 "관례상 청와대 측이 먼저 밝힐 문제"라며 답변을 회피했다. 박정희는 이날 이틀 후에 발표할 사건에 대해 미리 알려준 것으로 보인다.

3월11일 오전 10시 김재춘 중앙정보부장은 군부 쿠데타 음모사건을 발표했다.

「김동하 전 최고회의 외무국방위원장, 박임항 건설부 장관 및 박창암 전 혁명검찰부장을 비롯한 육군·공군의 현역 또는 예비역 장교, 그리고 3명의 민간인 등 20명을 구속하고 한 명을 수배했다. 이들은 '현 정부가 실시한 기성 정치인 전면 해금에 불만을 품고' 박정희 의장과 최고위원, 기성정치인들을 무력으로 살해하거나 기타 방법으로 제거하여 유혈로써 정권을 장악하려 기도했다.」

기자회견장에서 김재춘 정보부장은 "조사 범위에 따라 구속자가 더 늘어날 수 있다"고 했다. 3월13일엔 11명의 추가구속자 명단이 발표되었다. 첫날 구속 수배된 21명의 명단은 다음과 같았다.

「박임항(건설부 장관, 육군 중장, 만군 출신, 함남 태생), 김동하(전 최고위원, 예비역 중장, 만군 출신, 함북 태생), 박창암(전 혁검부장, 예비역 준장, 함남 태생), 이규광(국토건설단장 보좌관, 육사 3기, 예비역 준장, 경북 출신), 김명환(육본 작전참모본부, 육군 대령, 황해도 출신), 이종환(공군 10전투비행단, 공군 중령, 서울 태생), 권창식(공군 10전투비행단 대대장, 공군 중령, 서울 태생), 서상순(공군본부 인사국, 공군 중령, 강원 태생), 김동야(공군 야전사 32정찰대장, 공군 중령, 함북 태생), 이승국(공군본부 인사국장, 공군 중령, 공군행정 2기), 강계삼(국방부 기획조정관, 육군 대령, 육사 8기, 함남 태생), 박준호(육사 생도대장, 육군 대령), 양한섭(동화통신사 기자·경남 태생), 이종태(전 HID 인천대장, 예비역 대령, 육사 4기 미검거), 김영하(회사원, 예비역 대령), 이종민(전최고회의 전문위원),

이진득(3사단 부사단장, 육군 대령, 함남 태생), 박병섭(해병대 서울지구 헌병대장, 해병 4기, 경남 태생), 방원철(전 치안국 정보과장, 예비역 대령, 함북 출신), 김광식(전 최고회의 전문위원)」

이들 21명 중 육군 전투부대를 지휘할 수 있는 지휘관은 아무도 없었다. 이들 중 박임항·박창암·김동하 및 방원철은 함경도 군맥의 대표적 인물들이었다. 구속자 20명 중 함경도 출신이 7명이었다. 이 때문에 함경도의 별명인 '알래스카'를 따서 이 쿠데타 음모사건 수사는 군 내부의 함경도 인맥 거세작전이란 뜻의 '알래스카 토벌작전'으로 불리게 되었다.

김재춘 당시 정보부장은 부임한 지 보름밖에 안 된 상태에서 이 사건을 발표했다. 김재춘은 기자에게 "이 사건의 수사 발단은 쿠데타 모의에 참여했던 공군 장교들이 공군참모차장 출신인 정보부 차장 박원석 장군을 밤에 찾아가 제보한 것이다"라고 증언했다.

이에 대해 박원석(뒤에 공군참모총장, 석유공사 사장 역임)은 '음모자들이 직접 찾아온 것이 아니고 간접적으로 나에게 그런 정보가 올라 왔던 것으로 기억된다'고 했다. 이 정보에 따라 수사에 착수하면서 김재춘은 박정희 의장에게도 보고했다. 박 의장은 "확인해봐. 그런데 아마 사실일 거야"란 묘한 말을 했다고 한다. 김재춘은 쿠데타 모의의 중심인물인 이규광 전 육군헌병감이 조사를 받고 있는 安家에 가서 직접 진술을 확인했다고 한다. 이규광의 말에 따라 많은 연루자들이 속속 구속되고 있었기 때문에 진술의 진위가 궁금했기 때문이라 한다.

李圭光 전 헌병감은 기자에게 이렇게 말했다.

"그 사건은 엄청나게 과장된 것입니다. 내가 민정에 참여하려는 박정희 의장에 불평을 품은 사람들과 자주 만나고 조직을 구상한 것은 사실이지만, 실병력을 동원할 수 없는 사람들끼리 모여서 어떻게 쿠데타를 합니까. 공군장교들은 박정희 의장에 대한 불만이 아니라 진급문제에 대한 불만을 가진 사람들이었습니다. 우리는 박 의장이 2·27선서를 통해서 민정불참을 선언한 이후에는 활동을 하지도 않았습니다."

 이 쿠데타 모의 사건으로 구속되었던 사람들 가운데는 이규광 당시 건설부 장관 보좌관이 박정희 의장이 민정불참 약속을 깨는 빌미를 만들도록 실현성도 없는 이런 쿠데타 모의를 꾸며 박임항 건설부 장관을 물고 들어갔다는 의심을 하는 사람들도 있다. 이런 주장을 강하게 부정한 이규광은 "나도 그 사건으로 2년 넘게 감옥살이를 했는데 무슨 소리냐"고 했다. 李圭光은 '박정희의 민정참여 계획에 불만을 품었다'고 기자에게 말했는데, 김재춘의 최초 발표에는 '기성 정치인에 대한 정치활동 허용에 불만을 품었다'고 하여 이들 소위 음모자들이 軍政연장을 바라는 인물이었다는 느낌을 주었다.

 이 사건은 박정희가 다시 정국의 주도권을 잡는 결정적인 계기로 활용되었다. 신문들은 일제히 쿠데타 음모 수사진행상황을 연일 1면 머리기사로 보도하면서 분위기를 얼어붙게 했다. 정보부에서 흘린 정보에만 의존한 탓인지 과장된 기사가 많았다.

 김현철 내각수반은 책임을 지고 총사퇴 의사를 밝혔다가 박 의장의 만류로 취소되었다. 박병권 국방장관은 3월12일 도의적 책임을 지고 사퇴하겠다는 기자회견을 했으나 박 의장은 사표를 수리하지 않았다. 박정희 의장은 상황을 혼란 속으로 몰아넣음으로써 오히려 사태 반전의 기회를 잡은 것이다.

朴炳權(박병권) 국방장관의 저항

1963년 3월12일 밤 김재춘 정보부장은 기자들에게 "쿠데타 음모 계획서가 입수되었다"면서 "이 계획표에 의하면 거사 후의 군사혁명위원회 위원장은 박임항 중장으로 되어 있고, 이 달 15일 최종 모임을 한 후 이 달 말께나 4월 초에 거사하려 했다"고 말했다. 그는 또 "의외의 고위층이 관련된 듯한 혐의가 드러나 수사 중이라서 사건 전모를 발표하기엔 시일이 좀 걸릴 것 같다"고 말했다.

3월13일 중앙정보부는 쿠데타 음모사건 연루자 11명을 추가로 구속했다. 구속자들 가운데는 5·16 당일 혁명군의 선두에 서서 한강 다리를 건넜던 당시 김포 해병여단장 김윤근 전 최고회의 외무국방위원장과 박정희 의장의 만주군관학교·일본육사 후배인 최주종 5관구 사령관도 포함되어 있었다. 수사가 주체세력 내부로 확대되면서 공포 분위기가 확산되었다.

3월13일 저녁 박정희 의장은 박병권 국방장관, 김재춘 정보부장, 김종오 육군 참모총장, 그리고 주요 최고위원들을 장충동 의장 공관으로 불렀다. 주제는 소위 박임항-김동하 쿠데타 음모 사건이었다. 김재춘 부장이 수사 진행상황을 보고했다. 며칠 전부터 주체세력 내 親김종필계 육사 8기 강경파 장교들은 이 사건을 빌미로 비상계엄령 선포를 해야 한다고 주장하고 다녔다. 이날 홍종철 대령이 그런 주장에 앞장을 섰다. 그런데 비상계엄령을 선포하려면 국방장관이 국무회의에 안건을 제출해야 한다. 박병권 장관은 "사회가 안정되어 가는데 느닷없이 무슨 소리냐"고 강하게 반대했다. 홍종철 대령이 일어나더니 솔직히 털어놓았다.

"여러분, 사실은 비상계엄령을 선포하겠다는 것이 목표가 아닙니다. 비상계엄령을 선포한 다음에 軍政을 연장하겠다는 것입니다."

박병권은 깜짝 놀랐다.

"아니, 2·27선서식을 치러 박 의장이 민정참여를 안 하겠다고 선언한 지가 언제인데 군정연장이라니 천부당만부당한 일입니다. 민정불참 선서는 장난이 아닙니다."

유양수 최고위원 등 온건한 인사들도 박병권 장관에 동조했다. 아무 말 없이 회의를 지켜보던 박정희의 표정이 굳어졌다. 회의는 자정을 넘겨 새벽까지 계속되었다. 박 의장은 자신의 의도대로 회의가 진행되지 않아 초조해 보였다. 김재춘이 보니 박 의장은 담배를 잡은 손이 떨리고 있었다. 박정희는 담뱃불을 재떨이가 아니라 탁자 위에 비벼 끄고 있었다. 박정희 의장은 회의를 끝내면서 말했다. 냉철한 그답지 않게 흔들리는 말투였다.

"비상계엄령 이야기나 군정연장 이야기는 바깥으로 새어나가지 않도록 합시다."

軍人 데모

3월15일 오전 박병권 국방장관은 쿠데타 음모사건에 책임을 지고 김현철 내각수반에게 재차 사표를 제출했다. 그가 사무실로 돌아와서 짐 정리를 한 뒤 식사를 하고 있는데 급보가 들어왔다. 최고회의 건물 앞에서 군인들이 '장관 물러가라!', '군정연장하라!', '계엄령 선포하라!'고 시위를 하고 있다는 것이었다. 박병권 장군은 별명이

'면도날' 이었다.

1960년 4·19 후 김종필 중령을 중심으로 한 육사 8기 영관장교들이 정군운동을 할 때는 육본 인사참모부장으로서 박정희 소장과 함께 그들을 엄호해주었다. 이 때문에 매그루더 당시 미 8군 사령관이 우리 정부와 군 수뇌부에 대해 "두 朴 장군을 전역시켜라"고 강하게 권고하기도 했었다. 정군운동이 벽에 부딪히자 영관 장교들은 혁명을 결심하고 추대할 지도자를 고르고 있었는데, 박정희 소장과 함께 항상 후보에 올랐던 이가 박병권이었다.

박 국방장관은 군인들의 시위 현장으로 갔다. 김진위 수도방위사령관이 나와서 시위 군인들에게 해산을 종용하고 있었다. 80여 명으로 추산되는 군인들은 최고회의에 파견 나가 있는 장교들과 하사관들이었다. 그들은 주먹을 휘두르면서, 또 구보도 하면서 '군정연장' 요구 구호를 외치고 있었다.

시위자들은 首警司(수경사) 헌병대에 연행되었다. 이 시위는 박정희 의장의 경호책임자 朴鐘圭가 조직한 것이었다고 한다. 朴 의장이 박종규 중령에게 그런 시위를 지시한 것인지 朴鐘圭가 박 의장의 뜻을 읽고서 감행한 시위인지는 알 수 없으나 이는 박정희가 바라던 바였을 것이다. 여야 정당과 언론은 일제히 建軍 이래 최초의 군인 데모를 준엄하게 비판했다.

박 의장도 15일 이후락 공보실장을 통해서 성명을 발표했다. 박정희는 이 성명서를 통해서 "이번 쿠데타 음모 사건을 계기로 後患(후환)의 염려가 없도록 禍根(화근)을 철저히 제거하겠다"고 다짐하면서 "군인데모도 민심을 자극하고 사회를 혼란시키는 것으로서 엄단하겠다"고 밝혔다. 박정희는 쿠데타 음모, 군인 데모, 여야의 시끄러운 정당 활동을 싸잡아 혼란으로 규정하는 문법을 썼다. 그런 상황 해석은 반격의 발판이 된다.

미국측에 軍政 4년 연장 통보

15일 저녁 새뮤얼 버거 주한 미국대사는 박정희 의장, 김현철 내각수반, 김재춘 정보부장, 김종오 육군 참모총장, 이동원 청와대 비서실장 등을 대사 공관의 만찬에 초대했다. 미국 측에선 멜로이 미8군 사령관, 하비브 정치담당 참사관, 킬렌 유솜(USOM · 미국 원조기관) 처장 등이 참석했다. 미국 측으로서는 압력을 많이 넣어 김종필을 외유 보내고 박 의장으로 하여금 민정불참을 선언하도록 하였으니 對韓(대한) 공작은 크게 성공한 셈이었다. 그러는 과정에서 한미 양쪽의 관계가 서먹해져 이런 자리를 통해서 풀어보겠다는 뜻이 깔린 만찬이었다.

만찬사가 교환되고 건배가 있은 다음 박정희가 불쑥 버거 대사에게 말했다.

"대사와 긴히 의논할 일이 있습니다. 어디 딴 데 좀 갑시다."

박 의장은 주위의 분위기에는 전혀 신경을 쓰지 않고서 무뚝뚝하게 말했다(이동원의 기억). 박 의장은 자리를 툭 차고 일어나 문 쪽으로 걸어 나가더니 버거 대사가 따라 나오기를 기다리고 있었다.

"아니, 각하 여기선 안 됩니까."

"다른 데로 갑시다."

두 사람은 내실로 사라졌다. 남은 사람들은 담소를 계속했다. 한 시간이 지나도 의장과 대사는 돌아오지 않았다. 김현철 내각수반이 안으로 불려갔다. 그 뒤로도 긴 시간이 흘렀다. 드디어 '박 의장이 대사에게 군정 4년 연장의 뜻을 밝혔다'는 말들이 만찬장에 퍼졌다. 이동원 실장은 하비브 참사관으로부터 그런 귀띔을 들었다. 이동원 씨는 "비서실장도 모르게 이럴 수가…하는 생각을 하니 허탈감이 밀려왔다"고 회고했다.

미국 대사관 사람들은 허둥대기 시작했다. 대사관 요인들은 이 긴급 사태를 본국에 보고하기 위해 만찬장을 이탈하고 있었다. 박정희는 수행한 사람들을 데리고 의장 공관으로 갔다. 이동원 실장만은 화가 나서 자기 집으로 가버렸다. 박 의장은 이후락 공보실장을 불렀다. 몇몇 최고위원들을 소집하도록 지시했다. 이윽고 박정희 의장은 복안을 밝혔다.

"나는 미국 대사에게 군정 4년 연장안을 국민투표에 부쳐야겠다고 통보했습니다. 이후락 실장은 군정연장을 제의하는 문안을 작성토록 하시오. 그리고 혼란을 수습하기 위하여 정당 활동의 금지, 언론·출판·집회의 제한을 규정한 '비상사태 수습을 위한 임시조치법'이 마련되어 있으니 최고회의에서 통과시켜주시오. 내일 발표합시다."

이날 밤 서울 주재 미국대사 버거로부터 긴급전문을 받은 딘 러스크는 16일에 이런 훈령을 보냈다.

「한국군 수뇌부의 태도를 알 수 없는 상태에서 최종적인 판단을 내릴 입장은 아니지만 즉각적인 조치가 필요하다고 판단되면 귀하는 미국 정부를 대표하여 박정희 의장에게 다음과 같은 조치를 취할 수 있다.

a. 미국 정부는 군정 4년 연장안에 대해서는 승인할 수 없을 뿐

아니라 공개적으로 반대할지도 모른다.

　b. 이 조치는 박 의장이 되풀이해서 다짐했던 민정이양 약속과 배치될 뿐 아니라 특히 1961년 11월14일 케네디 대통령과 만났을 때 발표한 공동성명 내용과도 어긋난다.

　c. 이 조치는 세계 여론의 규탄을 면치 못할 것이다.

　d. 미국 정부는 對韓 원조에 대해서 근본적인 재검토를 하지 않을 수 없을 것이다.

　e. 박 의장이 飜意(번의)할 시간을 주기 위하여 공개적인 논평은 하지 않도록.」

　朴 의장이 軍政연장 조치를 발표한 것은 민간정치인들에 대한 압박용이자, 자신의 民政참여를 가능하게 만들기 위한 일종의 정치工作이었다. 朴 의장은 軍政연장 계획을 철회하는 대신에 대통령 선거에 출마 하는 길로 나아간다.

25
"다시는 나와 같은 불행한 군인이…"

"군인의 거룩한 죽음 위에 존립할 수 있는 국가란,
오직 정의와 진리 속에 인간의 諸(제)권리가
보장될 때에만 가치로서 긍정되는 것입니다"

轉役辭(전역사)

1963년 8월30일 오전 박정희 대장은 강원도 철원군 제5군단 비행장 내에서 轉役式(전역식)을 가졌다. 박 의장의 카랑카랑한 음성이 스피커를 통해 울려퍼졌다. 박 의장은 轉役辭(전역사) 도중 목이 메어 울음을 참으려고 기침을 하기도 했다.

「지난 날 수십 만 전우들의 선혈로써 겨레를 지켜온 조국의 전선, 초연은 사라지고 오늘은 초목에 싸인 채 호국의 넋이 잠들은 山野(산야), 이 전선에 본인은 군을 떠나는 마지막 고별의 인사를 드리러 찾아왔습니다. 여기 저 능선과 이 계곡에서 미처 피기도 전에 사라져간 전우들의 영전에 삼가 머리를 숙이고 십여 년을 포연의 전지에서 조국방위를 위하여 젊은 청춘을 바쳤던 그날을 회상하면서 오늘 본인은 나의 무상한 半生(반생)을 함께 지녀온 군복을 벗을까 합니다.」

이렇게 시작된 연설에서 박정희는 국가를 중심가치로 한 군인의 死生觀(사생관)을 밝힌다. 이 대목은 그의 다른 연설에서 발견하기 어려운 국가주의자로서의 진면목이기도 하다.

「인간 생존의 권리가 국가라는 생활권 속에서 보장되기 위해서는 또 다른 생명의 성스러운 희생이 요청되는 것입니다. 군인의 길은 바로 여기에 歸一(귀일)된다고 할 수 있겠습니다. 군인의 거룩한 죽음 위에 존립할 수 있는 국가란, 오직 정의와 진리 속에 인간의 諸(제)권리가 보장될 때에만 가치로서 긍정되는 것입니다. 국가가 가치구현이란 문제 이전으로 돌아가 그 자체가 파멸에 직면했을 경우를 想到(상도)할 때, 거기에 혁명의 불가피성을 부정할 수 없을 것입니다.

5·16 군사혁명의 불가피성은 바로 우리가 직면했던 혁명 직전의 국가위기에서 인정되어야 할 것입니다. 5월 혁명은 단순한 변혁도, 외형적 질서정비도, 새로운 계층형성도 아닙니다. 상극과 파쟁, 낭비와 혼란, 無爲(무위)와 不實(부실)의 유산을 조상과 先代(선대)로부터 물려받은 우리들 不運(불운)의 세대가 이 오염된 민족사에 종지부를 찍고 자주와 자립으로 번영된 내일의 조국을 건설하려는 것이 우리 혁명의 궁극적 지표인 것입니다.」

박 의장은 격앙된 말투로 자신의 민정참여를 변호했다.

「본인은 군사혁명을 일으킨 한 책임자로서 이 중대한 시기에 처하여 일으킨 혁명의 결말을 맺어야 할 역사적 책임을 통감하면서 2년에 걸친 군사혁명에 종지부를 찍고 혁명의 악순환이 없는 조국재건을 위하여 항구적 국민혁명의 隊伍(대오), 제3공화국의 민정에 참여할 것을 결심하였습니다.」

연설의 마지막에 박정희 의장은 그의 역대 연설 중 가장 유명하게 되는 말을 남긴다.

「오늘 병영을 물러가는 이 군인을 키워주신 선배·전우 여러분, 그리고 군사혁명의 2년 동안 '革命下(혁명하)' 라는 불편 속에서도 참고 편달 협조해주신 국민 여러분에게 감사를 드리며, 다음의 한 구절로써 전역의 인사로 대신할까 합니다.」

'다시는 이 나라에 본인과 같은 불운한 군인이 없도록 합시다.'〉

이날 박 의장은 서울역 앞 공화당사를 방문하여 입당수속을 끝냈다. 그는 굳은 표정이었고 말이 없었다.

1963년 7월16일자〈조선일보〉1면에 종교인 함석헌의 기고문이 '3천만의 울음으로 부르짖는다' 는 제목으로 실렸다. 함석헌은 박정희의 쿠데타 직후 월간지 〈사상계〉에 '5·16을 어떻게 볼까' 란 題下(제하)의 글을 실어 군사혁명을 신랄하게 비판했었다. 많은 지식인들이 군사혁명의 불가피성을 인정하고 있던 당시, 확실하게 이를 공개적으로 비판한 글로서는 최초였다. 7일간 연재된 〈조선일보〉 기고문에서도 함석헌은 박정희 정부를 전면적으로 부인하는 주장을 폈다.

「박정희 님, 당신은 군사 쿠데타를 한 것이 잘못입니다. 나라를 바로 잡자는 목적은 좋았으나 수단이 틀렸습니다. 수단이 잘못될 때 목적은 그 의미를 잃어버립니다. 우리의 國是(국시)는 반공이 아니라 데모크라시입니다.」

함석헌은 7월22일 오전 서울시민회관에서 '귀국 보고 강연회' 를 가졌다. 3500명을 수용하는 시민회관의 1, 2층이 꽉 찼다. 주로 청년·학생들이었다. 강연회장에 입장하지 못한 청중들은 "스피커를 바깥으로 내어 달라"고 아우성을 쳐 기마경찰이 질서유지를 위해 출동할 지경이었다. 당시 62세이던 함석헌은 "내 진단에 의하면 국민들은 군정을 원치 않으며 軍政의 업적이 있다면 물가고에 국민을 허덕이게 한 것뿐이다"라고 비판했다.

이후 함석헌의 대중 강연은 대전 등 지방으로 이어졌다. 그는 "군인은 군복을 벗고 3년이 지나야 사람이 된다", "반드시 군에서 혁명이 일어날 것이다", "군인들! 상사의 명령에 기계처럼 움직이는 졸병들"이란 표현을 쓴 것으로 최고회의에 보고되어 군인들을 격앙시켰다. 함석헌은 예정된 강연이 취소되는 일이 일어나자, 이것이 군사정부의 압력 때문이라고 격분하여 8월16일자 〈동아일보〉에 '정부당국에 들이대는 말' 이란 글을 실었다.

「묻노니, 정부당국 여러분. 낡은 정치의 부패와 무능을 한번 쓸어

버리고 경제부흥을 첫째로 하겠다고 했고, 약속의 2년이 다 지난 오늘엔 그 기다렸다던 '참신하고 양심적인 정치가'는 바로 다른 사람이 아닌 이 '나'라고 해서, 떳눌러 앉아 정권을 쥐려고 하는 여러분. 당신들은 이 나라를 어떤 나라로 알며, 이 민중을 무엇으로 아나.」

「말 못하는 민중이라 업신여기지 마. 어리석어 그러는 것이 아니다. 착해서 그러는 것이지. 무지해서 그러는 것이 아니다. 도리가 우리 속에 있어 그러는 거지. 겁나서 가만있는 것이 아니다. 민중이 내 말을 듣고 싶어하는데, 왜 내가 말하는 것을 방해하나. 대답하라. 천하에 내놓고 대답하라. 대답이 나오는 때까지 나는 물을 것이다.」

"혓바닥 운동엔 묵묵한 실천으로"

박정희의 대리인으로서 함석헌에 대한 반격에 나선 것은 '5·16 혁명 기록의 史官' 李洛善 중령이었다. 최고회의 공보비서이던 그는 8월22일부터 3일간 〈동아일보〉에 '들이대는 말에 갖다 바치는 말씀'이란 제하의 글을 실었다.

그때 李洛善의 나이는 36세. 60대 민간 지식인과 30대 젊은 장교의 대결이었다. 이 論戰은 軍과 民, 舊세대와 新세대, 서구적 민주주의와 민족적 민주주의의 대결로 의미가 부여되는 제5대 대통령 선거의 전초전이기도 했다.

「선생님은 박 의장이고 공무원이고 군인이고 지성인이고 닥치는 대로 입에 담지 못할 욕설을 퍼부어놓고, 언론자유도 그 외의 온갖 자유도 없다니 도대체 어쩌자는 겁니까. 작년과 금년의 재해로 정부나 국민들이 온통 야단인데, 선생님은 어디서 온 이방인이기에 초연히 앉아 불난 집에 부채질만 하십니까.」

「지금 우리가 가난을 면하기 위하여 걷고 있을 겨를이 없어 세찬 달음박질을 하는 통에 얼마쯤의 무리가 뒤따랐던 것도 사실입니다. 혁명정부는 어리석게도 국민을 편안히 쉬지 못하도록 했습니다. 논길을 넓혀라, 부엌을 개량하라, 호미자루를 길게 하라, 리어카를 이용하라, 돼지를 길러라, 가을갈이를 하라, 퇴비를 많이 만들어라, 자동차는 고·스톱을 지켜라, 양담배를 피지 말라, 깡패를 잡아라고 했습니다. 그래서 '요다음에 표 찍을 때 보자'고 하는 말도 들었습니다. 5·16은 결코 인기를 얻기 위한 것이 아니었습니다.」

이낙선은 군대가 민주주의와 동떨어진 존재라는 주장에 대해서 이렇게 반론하면서 군사문화의 논리를 당당하게 내세우고 있다.

「선생님은 군에서 부정선거에 항거한 일, 整軍(정군)운동, 소위 하극상 사건이 왜 일어났는지 알 까닭이 없습니다. 선생님이 해박한 지식을 과시할 때 우리는 主見(주견) 있는 총명으로 답할 것입니다. 선생님이 뇌조직의 발달을 뽐내신다면 우리는 건전한 心身(심신)으로 맞세우겠습니다. 선생님이 개인적 재간으로 덤비신다면 우리는 단체적 협동력으로써 막을 겁니다.

만일에 오랜 경험을 앞세운다면 우리는 오히려 짧은 기간 내에 고도로 훈련되고 조직화되고 숙련되고 기계적인 행정역량으로 반발할 것이고, 선생님이 그럴 듯한 종교적인 계시, 임기응변의 잔꾀로 견주신다면, 우리는 언제나 생각하고 평가하고 다시 숙고하여 결론짓는, 反復(반복)이 주는 주도한 계획성으로 대할 것입니다. 그리고 선생님이 즐겨 돌리시는 혓바닥 운동이나 자랑으로 하시는 狂筆(광필)에 대해서는 차라리 묵묵한 실천으로 답하렵니다.」

26
1963년 대통령 선거: 15만 표차의 선택

"지금 동작동 국립묘지에 잠들어 있는 전몰 장병들은
아직 한 번도 '이 나라의 민주주의를 지킨 것은
우리뿐이다' 하는 얘기를 한 적이 없습니다.
누가 진짜로 이 나라에서 민주주의를 지키고,
민주주의를 수호해 왔고, 누가 거짓말,
껍데기 민주주의를 해 왔느냐….
국민 여러분들이 더 잘 아실 것입니다"

탱자 민주주의論

1963년 10월 대통령 선거는 공화당 朴正熙 후보 對 민정당 尹潽善 후보의 싸움으로 압축 되었다.

10월6일, 대구 유세에서 박정희 후보는 고향에 돌아온 안도감 때문인지 상당히 고무된 기분으로 공격적인 연설을 한다.

「나는 아무리 미국과 우리하고 관계가 그렇다 하더라도 이러한 거지 구걸하는 원조는 받을 수 없다, 이겁니다. (박수) 우리가 우리 스스로 우리의 경제를 재건할 수 있는 계획을 딱 세워놓고, 미국 사람들에게 원조를 받을 때에는 우리에겐 이런 걸 원조해 주시오, 이런 걸 좀 해 달라, 그리고 소비 물자만 주지 말고 건설자재를 좀 달라, 먹고 당장 없어지는 것보다도 시멘트 한 포대라도 더 달라, 철근을 하나 더 달라, 그래서 공장이라도 하나 더 지어 달라. 그런 걸 우리가 사전에 계획을 딱 지어놓고 미국 사람들과 협조를 해서 우리한테 꼭 필요한 것을 받자 이겁니다.

미국 시민들이 우리를 도와주기 위해서 세금을 모아서 도와주는 게 이 원조이기 때문에, 우리는 이것을 규모 있게, 계획적으로 효과 있게 잘 써야 되겠다, 이겁니다. 그래야만 미국 사람들도 우리한테 도와준 보람이 있을 것이고, 우리도 또 우방국가로서 원조를 받아서 뒤에 무엇이 남아야 그 은혜에 대해서 보답할 수 있는 그런 길이 되는 것이지, 주면 똑 한강물에 돌 집어 던지듯이 어디로 들어갔는지 전혀 모르는 이런 식 원조, 모래사장에 물 붓는 것과 마찬가지로 주면 없어지고, 주면 없어지고….

과거에 우리 舊정치인들이 미국에서 수십 억불의 원조를 받아다가 어디다 썼습니까? 얻어올 적에는 그런 거지식으로 얻어와서, 가져와서 돌아올 때는 국민들에게 노나(나눠)준다 그러고, 돌아온 뒤에는 저그들끼리 쏙쏙 노나(나눠) 묵꼬, 뭐가 남아 있습니까? (와—하는 웃음과 박수).」

그 날 저녁, 숙소인 대구 수성 관광호텔로 돌아온 박정희 후보와 일행은 저녁을 마친 뒤 각자 다음 진주 유세를 위한 준비로 바빴다. 박정희는 유세요원 이만섭(전 국회의장)을 부르더니 "여보, 이만섭씨. 나, 오늘 한솔(이효상) 선생 처음 뵈었는데, 사회를 참 구수하게 잘하시데. 내일부터 그 어른 모시고 합시다"라고 했다.

10월7일 진주 유세부터 박정희 후보는 검은 색이 옅게 깔린 안경을 쓰고 연단에 오른다. 연단에서 인사를 한 박정희 후보가 막 연설을 시작하려는 순간, 청중 속의 한 노인이 손나팔을 만들어 고함을 쳤다.

"그, 박 의장요! 안경 좀 벗어보소. 관상 좀 봅시더."

박정희 후보는 그 노인을 향해 "아, 그래요? 내 벗지요"라며 안경을 벗었다. 얼굴엔 불쾌한 빛이 역력했다. 박 후보의 연설이 끝나자 고함쳐 안경을 벗게 만든 노인이 다시 한번 고함을 쳤다.

"아, 그 관상 보이 대통령 되겠다."

이 말에 박정희의 얼굴엔 짧은 미소가 돌았다고 한다. 이만섭은 "옛날 같으면 상상도 못 할 일인데…. 참, 민주주의가 좋기는 좋다"고 혼잣말을 했다.

진주 유세에서 박정희 후보는 임진왜란 당시의 진주성 싸움과 6·25를 예로 들면서 예나 지금이나 나라를 지킨 것은 군인과 백성이요, 나라를 망친 것은 벼슬아치와 구정치인이었다고 비판했다.

박정희 후보는 또 그러한 위선적·사대적 정치인이 주장하는 민주주의는 서구에는 맞지만 한국의 토양에는 맞지 않는 '탱자 민주주의'라고 야유도 한다.

「여러분. 이 책상 위에, 마침 이걸 누가 갖다 놨는지 모르겠지만, 이게 아마 탱자일 겁니다. ("유잡니다. 유자!"—관중석에서) 유잡니까? 아, 잘 몰랐습니다.

우리나라에 탱자라고 있지요? 어느 식물학자가 몇 년 전에 일본에서 밀감나무를 이식해다가 자기 집에 심어가지고 잘 가꾸어서 키워 놨는데, 몇 년 지나고 난 뒤에 열매가 열렸다 이겁니다. 노란 게 열렸는데 따 보니까 이것은 밀감이 아니고 탱자가 열렸더라 이겁니다.

민주주의도 마찬가지입니다. 외국에선 그것이 아무리 좋은 민주주의라도, 서구 제국에선 가장 알맞은 그런 제도였을지 모르지만, 그것을 우리나라에 갖다가 완전히 밀감을 만들기 위해서는 여러 가지 여건을 잘 만들어줘서 어느 시기에 가서 접목을 시켜서 이것이 완전히 우리나라에서 밀감이 될 수 있도록 해야 되는 것이지, 그냥 갖다 여기다 꽂아 놓는 것은 민주주의가 되지 않고 탱자 민주주의가 된다 이겁니다.(박수)

6·25 사변 때 공산군이 우리를 침략했을 때 이것을 나가서 총칼을 들고 목숨을 걸고 싸워서 나라를 지켰던 사람들이 누구였습니까. 당시의 우리 국군 장병이요, 자진해서 군에 입대한 우리 애국 시민, 학생, 학도병, 또는 저 시골 농촌에서 학교도 가지 못하고 지게 목발을 두드리던 가난한 청년들이 전부 끌려 나와서 지게 목발 대신에 총칼을 들고 전방에서 공산당과 싸워서 이 나라를 지켜왔습니다.

오늘날 우리나라의 소위 구정치인, 과거에 정치를 했다는 사람들이 무슨 소리를 하고 있습니까?

'이 나라에서 민주주의를 할 줄 아는 것은 우리뿐이고, 이 나라에서 민주주의를 지킨 것은 우리고, 느그는 전부 가짜고, 이질민주주의고, 위험한 민족주의고, 심지어 나아가서는 빨갱이고, 공산당이고' 이렇게 떠들고 돌아다닙니다.

지금 동작동 국립묘지에 잠들어 있는 전몰 장병들은 아직 한 번도 '이 나라의 민주주의를 지킨 것은 우리뿐이다' 하는 얘기를 한 적이 없습니다. 누가 진짜로 이 나라에서 민주주의를 지키고, 민주주의를 수호해 왔고, 누가 거짓말, 껍데기 민주주의를 해 왔느냐…. 국민 여러분들이 더 잘 아실 것입니다.」

군사문화

1963년 박정희 대통령 후보의 연설을 녹음테이프로 들어 보면 그의 연설은 기교가 없고 투박하다. 당시 고등학교 2학년생이던 기자는 10월9일 부산공설운동장에서 있었던 공화당 유세를 들으러 갔다. 박 의장의 연설은 한마디로 재미가 없었다. 선동과 우스갯소리가 없었기 때문이다. 박 후보는 그냥 차분하고 깐깐하게 연설하니 청중은 흥분하거나 웃을 일이 별로 없었다. 박정희는 또 대중 앞에 나타나 연설하는 것이 뭔가 어색한 듯 몸에 맞지 않았을 뿐 아니라 수줍어하는 표정이었다.

36년이 지난 뒤 다시 듣는 박정희의 연설은 달랐다. 그의 연설에는 구체성과 實質(실질)이 있고, 비전이 있었으며, 무엇보다도 열정이 느껴졌다. 그가 연설에서 약속한 것이 대부분 실천되었음을 확인할 수 있는 지금 그의 연설은 당시의 청중이 아니라 역사를 향해서, 미래를 향해서 토로한 웅변이었음을 알 수 있다.

박정희는 5대 대통령 선거 유세에서 군사문화의 효율성과 복종심, 그리고 희생정신을 적극적으로 옹호했다. 함석헌―이낙선 지상 논전에서도 잘 드러났지만 이 선거는 군사문화의 실천력과 민간문화의 명분론이 대결한 장이기도 했다. 10월8일 마산 유세에서 박정희는 이렇게 말했다.

「어제 어떤 소위 우리나라의 자칭 지도자라는 사람이 아마 이 고장에도 다녀갔는지 모르겠습니다. 그는 선거전이 벌어지기 전부터 전국 방방곡곡을 돌아다니면서 군인은 군복을 벗어도 한 3년 동안은 때가 벗겨지지 않는다, 군대 갔다 온 놈은 전부 집에 앉아서 한 3년 동안 물을 끓여놓고 때를 벗겨라, 이겁니다. 여기 지금 군대 갔다 온 제대군인들이 많이 계시죠. 완전히 군복을 벗고 민정에 참여하더라도 이것은 옷만을 바꾼 군정이다, 그러니까 우리 야당 구정치인들이 정권을 잡아야겠다. 이거 여러분들이 혹 정신을 못 차리면 감쪽같이 속아 넘어갈지도 몰라요. 군인이 군대에 가서 무슨 지독한 짓을 했기에 3년 동안 벗겨야 할 때가 묻어 있습니까.

저부터 수십 년 동안 군에서 복무를 했고 군에서 잔뼈가 굵었지만, 군인이 군대 가서 배운 것은 또한 여러분들 자제가 군에 입대해서 2~3년 동안 배우는 것은 그야말로 앞으로 국민으로서 건전한 정신적인 기초를 군대에서 닦아주는 것입니다. 자기 맡은 임무에 대해서 충성을 다하자, 국가에 대해서 충성을 해라, 상사의 명령에 대해 복종을 해라, 동료·단체를 위해서는 희생정신을 발휘해라, 모든 일에는 감투정신을 발휘해라. 이런 모든 것은 국민들이 모두 갖춰야 될 훌륭한 정신적인 덕목입니다. 그런데 뭐, 모처럼 배운 것을 집에 와서 뭐, 3년 동안 또 벗깁니까(와 하는 폭소). 그리고 나서 구정치인들이 하는 것과 마찬가지로 얼렁뚱땅하니 그저 남을 속이기나 하고 사기나 하고 협잡이나 하고 하는 그런 재주를 또 배우란 그 말입니까?」

10월9일 부산 유세에서 박정희 후보는 낭만에 빠질 여유도 없는 것이 조국의 현실이라고 했다.

「어제 마산에서 유세를 마치고 부산으로 자동차를 타고 왔습니다. 沿道(연도)의 풍경은 대단히 아름다웠습니다. 오곡백과가 대풍년을 이루었습니다. 연도에는 코스모스가 한없이 피어서 지나가는 사람들로 하여금 대단히 부드러운 기분을 주었습니다. 한 곳을 지나오면서 보니까 땅에 납작하게 붙은 쪼매난(조그만) 오막살이 주막이 있었습니다. 그 집에 코스모스가 피었는데, 그 코스모스 키가 오막살이집보다 오히려 더 클 정도로 납작하게 붙은 주막집입니다. 거기 어떤 농부 같은 한두 분이 앉아서 막걸리를 이래 기울이고 있었습니다. 맑고 높은 가을하늘, 오막살이 주막집, 코스모스, 두 사람의 농부, 막걸리. 이 광경이 아주 낭만적인 것 같습니다. 그러나 우리가 이것을 하나의 낭만이라고 듣고 버려둘 수 없는 심각한 문제가 있는 것입니다. 무엇이냐. 금년과 같이 이렇게 풍년이 들었더라도 우리나라는 식량 하나 자급자족을 못 하는 그런 형편에 있다 이겁니다.」

이 선거를 취재하러 한국에 온 재미동포 언론인 피터 현은 그때 〈뉴욕 헤럴드 트리뷴〉 특파원이었다. 그는 야당 윤보선 후보를 먼저 인터뷰했다. 피터 현의 집안과 윤보선의 집안은 서로 잘 아는 사이였다. 피터 현은 장면 정부 시절 프랑스 주재 한국 대사관의 文政官(문정관)으로 일하다가 5·16 쿠데타가 터지자 '장면 정부 임명자'로 찍혀 면직되었다. 그는 박정희에 대한 악감정을 품고 왔다.

피터 현은 윤보선을 만나 인터뷰하면서 대단히 실망했다. 국가운영에 대한 비전을 발견할 수 없었기 때문이다. 국가적 문제를 어떻게 해결할 것인가란 질문에 윤보선은 "내가 대통령이 당선되면 모든 게 잘 될 것이다", "그런 것은 대통령이 당선된 뒤 생각해볼 문제이다"는 식으로 대답하여 기사화할 말을 찾을 수 없었다는 것이다. 피터 현이 1963년 10월6일자 〈뉴욕 헤럴드 트리뷴〉에 쓴 선거 관련 기사에도 윤보선의 말은 한마디만 소개되어 있다.

"나는 군사정부에 가장 강력하게 대항한 사람이고, 박정희 일파가 몰고 온 해악을 치유할 능력이 있으므로 출마했다."

피터 현은 박정희 후보가 대구에서 유세할 때 따라 내려가서 그와 인터뷰했다. 朴 의장의 집권에 의해 失職(실직)이란 피해를 입었던 피터 현은 국가 건설에 대하여 설명하는 박정희의 진지성과 열정에 감복하여 선입견이 바뀌었다. 그는 私情(사정)을 끊고 윤보선보다는 박정희에게 유리한 기사를 쓰게 된다.

"내가 왜 빨갱이입니까?"

10월12일 오후 〈동아일보〉 金聖悅(김성열·〈동아일보〉 사장 역임) 정치부장은 박정희 후보 측을 맡고 있던 柳赫仁(유혁인·대통령 정무 수석비서관 역임·작고) 기자에게 "박 후보가 유세를 마치면 인터뷰를 하되 이 질문을 꼭 하라"고 지시했다.

질문은 "만약 낙선되어도 국민의 심판을 따르겠습니까"였다. 김 부장은 박정희가 선거에서 패배하면 과연 군부가 결과에 승복하겠는가 하는 의구심이 있었으므로 박정희의 답은 뉴스거리라고 판단했다. 몇 시간 뒤 유혁인 기자로부터 전화가 걸려왔다.

"박 의장과 단독 인터뷰를 하고 있는데, 他社 기자들이 몰려와 마지막 질문을 못 했습니다. 그런데 한 가지 방법은 있습니다. 저 같은 평기자는 안 되고 부장께서 오시면 단독 회견에 응할 것 같습니다."

오후 7시 장충동 의장 공관에 도착한 김 부장은 응접실로 안내되었다. 유혁인 기자는 미리 와 있었고 이후락 최고회의 공보실장이 자리를 권했다. 잠시 후 유세장에서 돌아온 양복 차림 그대로의 박 의장이 나타났다. 의자에 앉자마자 박정희는 쏘아붙였다.

"〈동아일보〉는 완전히 야당편이더군요. 부산·대구 유세 현장 취재 기자가 아무리 청중이 몇 십만 명이라고 기사를 보내도 서울에 앉아 있는 정치부장이 마음대로 결정한다면서요?"

김성열 부장은 속으로 "아 그 일 때문이구나"라고 생각했다. 김 부장은 유세장의 청중수를 정확하게 계산하기 위해서 유세장의 면적을 미리 파악하고 항공사진을 찍어 평당 인원수를 추정하기도 하는 등 나름대로 애썼는데 朴 의장이 오해를 하고 있구나 하고 그간의 과정을 설명했다. 과학적인 방법을 동원해보니 인파수가 주최 측에서 발표하는 것보다 항상 적게 나왔다. 수십만 인파라고 발표된 것도 따져보면 그 10분의 1밖에 안 되는 경우가 많았다. 김성열은 이렇게 회고한다.

"대구 수성천변에서 박정희 후보가 유세를 할 때 이 지역의 중요성을 감안하여 사회부 기자들도 별도로 보냈습니다. 신문 降版(강판) 직전에 내가 현장의 사회부 팀장에게 전화를 걸어 청중수를 물었더니 한 5만~6만 명이라고 합디다. 정치부 팀에 물었더니 다른 신문사 기자들은 수십만으로 송고하는 걸 확인했다고 하는 거예요. 다시 사진부 팀장에게 '전번 윤보선 후보 때와 비교해서 어떠냐' 고 물었더니 '비슷합니다' 라고 해요.

그래서 윤 후보 유세 때 현장에 있었던 여덟 명의 기자들에게 일일이 물었습니다. 네 명은 '윤보선 때가 많았다', 네 명은 '지금이 더 많다' 고 해요. 마지막으로 대구 지사장에게 물으니 '전과 같다'고 해서 '대체로 10만 대는 넘을 것이라고 보는 견해가 가장 많다'고 써넣었어요. 다른 신문들이 '80만', '100만' 식으로 보도하는 통에 우리 쪽만 청중수를 줄여 보도한 셈이 되니 박 의장이 화를 낸 겁니다."

박정희는 김 부장의 설명을 듣더니 "〈동아일보〉는 공화당 집회를 과소평가한 거죠?"라고 또 따지고 들었다.

"항공사진까지 찍어서 정확을 기하려 했습니다."

"우리 공군에서도 사진을 찍었습니다."

이걸로 청중 수 문제가 일단락되는가 했더니 박정희는 다시 정색을 하고 말했다.

"그런데 내가 왜 빨갱입니까."

박정희는 답을 기다리지 않고 "왜 내가 공산주의자라고 신문에서 보도합니까"라고 다그쳤다. 어느 새 박 의장의 손에는 담배가 들려 있었고, 金 부장도 담배를 피우기 시작했다. 金 부장이 설명하기 시작했다.

"아시다시피 평상시에 언론은 사건이나 뉴스에 대해서 일일이 검증하여 사실에 가깝다고 판단할 때 보도합니다만 선거기간 중에는 후보들의 주장이나 말 그 자체가 뉴스입니다. 박 의장께서 유세장에서 하신 말씀도 여과 없이 보도했습니다."

재떨이

박정희 의장의 손이 담배와 함께 덜덜 떨리고 있었다. 화가 나면 나타나는 증상이었다. 이때 춘천 유세에 演士(연사)로 참석했다가 돌아온 이만섭 전 〈동아일보〉 기자가 방으로 들어왔다. 박 의장은 이만섭을 보자 마치 원군을 얻은 듯 언성을 높였다.

"그렇다고 나를 공산주의자로 몰아?"

박 의장은 벌떡 일어나더니 자개 재떨이를 들어올렸다. 그리곤 마룻바닥에 쾅 하고 팽개쳤다. 박 의장은 슬슬 걸어 방을 나가버렸다. 김성열 〈동아일보〉 정치부장은 박정희가 화장실에 간 줄 알았는데 10분이 지나도 돌아오지 않았다. 李厚洛 실장만 안절부절못하고 어쩔 줄 몰라 하면서 안팎을 왔다 갔다 했다. 李 실장은 "곧 나오실 겁니다"라고 했다. 김 부장은 李 실장에게 말했다.

"회견하실 뜻이 없으면 그냥 가겠습니다. 신문사 체면도 있고, 제가 개인적으로 온 것도 아니고…."

"그렇게 하시는 것이 좋을 것 같습니다. 오늘 영감이 피곤하셔서 좀 흥분하신 것 같습니다. 원수지간도 아닌데 인사나 하고 가시지요."

이후락의 안내를 받아 金 부장이 들어간 곳은 응접실과 붙어 있는 침실이었다. 박정희와 육영수가 서 있었다. 金 부장이 박정희에게 "저는 그만 가보겠습니다"라고 인사하니 朴 의장은 다가와서 말없이 손을 쑥 내밀었다. 한복 차림의 육영수는 거의 90도로 허리를 굽히면서 말했다.

"너무 무리하게 유세 계획을 짰지 뭐예요. 새벽부터 밤까지 강행군을 며칠씩 하니 저 양반이 너무 피곤해서 잠을 못 이루는 날이 많았습니다. 오늘 너무 흥분하신 것 같으니 양해하세요."

김 부장은 속으로 "야, 이렇게 얌전한 부인이 저 박 의장같이 성미 급한 남자를 만나 모진 고생을 하겠구나"하는 생각이 들었다. 이때 옆에 있던 박 의장이 다시 고함을 치다시피 했다.

"내가 형 한 사람 때문에 두고두고 공산당으로 몰리는데, 내가 왜 공산주의자요?"

박정희는 분노로 온몸을 부들부들 떨고 있었다. 김 부장은 재빨리 침실을 빠져나와 가파른 계단을 따라 1층으로 내려갔다. 뒤따라 나온 육영수는 김 부장이 계단을 따라 내려와 현관에서 신발을 신을 때까지 지켜보면서 "미안합니다"란 뜻을 전했다. 김성열 부장은 공관을 나서면서 유혁인 기자에게 "오늘 있었던 일을 그대로 기사로 써!"라고 했다. 유 기자는 "부장님, 만일 신문에 그렇게 나가고 박 의장이 낙선하면 광화문 사옥이 박살날 겁니다"라고 했다. 김성열 前(전) 〈동아일보〉 사장은 "군대를 잘 알던 유혁인 기자는 겁을 냈고 군대를 잘 모르던 나는 오히려 겁이 없었다"고 회고했다.

10월14일자 〈동아일보〉 1면에는 박정희·윤보선 두 후보와의 인터뷰 기사가 실렸다. 박정희와의 인터뷰 기사는 유혁인 기자가 끝

마무리를 짓지 못했던 12일 오후의 단독 회견 내용이었다. 춘천에서 대통령 선거유세를 마치고 장충동 의장 공관으로 돌아온 박정희 후보가 유혁인 기자에게 직설적으로 자신의 감정을 표현했던 것이다.

"야당 사람들이 지금 별의별 짓을 다 해 가며 선거 분위기를 흐리게 하고 있으니 개표가 끝날 때까지 또 무슨 장난을 할지 큰 걱정입니다. 지금 야당 사람들 하는 것을 보면 개표할 때 뭣을 집어넣든가, 또는 무슨 짓을 해서라도 부정이다 뭐다 하지 않을 것 같소? 이번만은 무슨 일이 있더라도 공명선거를 하려고 이렇게 노력하는데도 야당 사람들은 수단 방법을 가리지 않고 있으니 분통이 터질 노릇이 아닙니까. 지금 그 사람들한테는 법이 있습니까? 잡아가라고 떠들어댄다는 것도 잘 알고 있습니다. 그저 꾹 참고만 있습니다만, 선거만 끝나면 모조리 다 가만두지 않을 테요. 나는 지금 테러를 당하고 있어요. 그저 참고 있자니…. 이 나라의 원수인 나를 빨갱이로 몰아치니…. 목적을 위해 수단방법을 안 가리니 이게 바로 공산당 수법과 다른 게 뭐요? 내가 빨갱이라면 이 나라가 2년 동안 빨갱이 치하에 있었단 말인가요?"

박 의장은 옷을 갈아입지도 않고 피로가 역력한 표정으로 소파에 몸을 기대어 "시험은 이제 끝났고 나는 내 실력껏 쳤으나 심사관들이 어떻게 점수를 매길지 뚜껑을 열어봐야 알지요"라고 했다. 그는 다시 이야기를 사상논쟁으로 돌려 "政敵(정적)을 빨갱이로 모는 이 폐풍만은 이 기회에 뿌리를 뽑아야지요"라고 했다.

10월13일 박정희 후보는 수원과 인천에서 마지막 선거유세를 했다. 박정희는 "지금 여건으로는 누가 집권해도 당장 잘 살게 할 수 없다"면서 "내가 집권하면 여러분에게 근면과 내핍, 피땀 흘려 일할 것을 요구할 것이다"고 말했다. 윤보선 후보는 이날 수원·천안 유세에서 "군정과 민정을 판가름하는 이 마당에 사상이 분명한 사람과 그렇지 못한 사람 가운데 누구를 선택할 것인가"라고 물었다.

윤보선 후보의 민정당은 이날 〈경향신문〉 1949년 2월17일자와 〈서울신문〉 2월18일자에 실렸던 '박정희 소령 무기 징역 선고' 관련 기사를 공개했다. 박정희 소령이 72명의 다른 장교들과 함께 여순 14연대 반란 사건 이후에 있었던 군부 내 남로당 조직 수사에 걸려 군법회의에 넘겨졌고 유죄 선고를 받았다는 내용이었다. 〈동아일보〉는 민정당의 이 폭로 내용을 호외로 만들어 전국적으로 돌렸다.

起死回生(기사회생)

1963년 10월15일 오전, 투표를 마친 박정희 부부는 두 대의 승용차 편으로 경주로 달렸다. 이후락 최고회의 공보실장, 박종규 경호대장, 池弘昌(지홍창) 주치의, 申東寬(신동관) 경호관이 수행했다. 일행은 경주 불국사 관광호텔에 들었다. 이 운명의 밤 윤보선은 미국 정보기관 요원의 집에서, 그리고 박정희는 민족사의 영광이 서린 불국사 근처에서 국민의 심판을 기다렸다.

박정희 부부는 110호실, 이후락 실장은 103호실에 들었다. 110호실에서는 개표 중계 라디오 방송소리가 새나왔다. 103호실에서는 李 실장에게 개표결과를 알리는 전화벨 소리가 자주 울렸다. 개표 직전까지도 박정희의 낙승을 의심하는 사람들은 많지 않았다. 초저녁 투표함의 뚜껑이 열리면서 의외의 드라마가 펼쳐지기 시작했다.

윤보선 후보가 앞서 나가기 시작한 것이다. 16일 새벽 3시 현재, 윤보선은 서울·경기·강원·충북·충남에서 박정희를 크게 앞섰다.

박정희는 전북·전남·경북·경남·제주에서 윤보선을 압도했다. 부산은 막상막하. 남북으로 표의 흐름이 극명하게 갈린 것이다. 윤보선은 약 82만 표, 박정희는 약 80만 표. 2만 표이던 표차는 계속 벌어져 한때는 23만 표의 격차를 이루었다.

불국사 관광호텔 110호실에선 라디오 소리도 멎었다. 박정희는 책장을 넘기다가 잠에 들었다고 전해진다. 육영수는 트랜지스터 라디오를 바깥으로 들고 나와 심각한 표정으로 개표방송을 들었다. 다음날 아침 박정희는 이후락 실장, 주치의 지홍창 등 수행원들과 함께 아침식사를 함께 했다. 박 의장은 "간밤에 개표 중 사고는 없었는가"라고 물었다. 李 실장은 "개표는 순조롭지만 표차는 크게 달라지지 않고 있습니다"라고 말했다. 그때 윤보선은 약 7만 표 차이로 박정희를 앞서고 있었다. 박정희는 이렇게 말했다고 한다.

"공명선거란 집권자가 떨어져도 좋다는 마음의 준비와 결심이 있어야지. 사실 나는 마음의 준비가 되어 있어."

이날 마음의 준비를 하고 있었던 또 다른 인물은 閔機植(민기식) 육군참모총장이었다. 그는 선거에 군부가 개입하는 것은 저지시켰으나 육군본부와 논산훈련소에서만은 지휘관이 장병들을 상대로 박정희 홍보를 하도록 했다. 16일 새벽 박정희의 敗色(패색)이 짙어진다고 판단한 민기식은 책상정리를 하면서 형무소에 들어가 입을 옷도 준비시켰다고 한다. 민기식은 육군 본부와 논산을 제외하고는 군인들이 몰려 사는 거의 모든 지역에서 윤보선 후보의 표가 박정희보다 더 많이 나오는 것을 보고는 군인들이 처음으로 소신껏 투표했음을 확인할 수 있었다.

　서울역 앞 에비슨 회관 안에 있던 공화당사는 恐慌(공황) 상태에 빠져들고 있었다. 기획상황실에서 전화기 19대를 통해서 개표상황을 집계하던 20여 명의 당원들은 15일 자정을 넘기면서 윤보선이 본격적으로 앞서나가자 연필과 전화통을 집어던지고는 안절부절못했다. 이들을 지휘하던 金龍泰도 얼굴이 새파랗게 질렸다.

　5·16 전야 광명인쇄소에서 김종필·이낙선과 함께 혁명공약을 인쇄하는 일을 감독했던 김용태는 운전기사를 시켜서 권총을 가져오게 했다고 한다. 선거에서의 패배는 자신이 목숨을 걸었던 5·16에 대한 국민들의 否定(부정)을 뜻한다고 생각한 그는 에비슨 회관 뒷동산의 아카시아 숲에서 자결할 궁리를 했다는 것이다. 10월15일 밤에는 사람들로 붐비던 공화당사도 박정희가 질 것 같은 분위기로 돌자 어느새 자취를 감추는 사람들이 많이 생겨 썰렁해지기 시작했다.

　일부 당원들은 컴컴한 방 구석에 모여 "이러면 진다. 중앙선관위에 전화를 걸어 개표를 중단시키자"고 합의했다. "김형욱 정보부장의 지시이다. 개표를 중단시키자"라고 떠드는 사람도 있었다. 이들을 단호하게 눌러버린 사람이 김용태였다고 전한다. 그는 "그런 무모한 짓이 어디 있어! 조용히 기다려 봐!"라고 호통을 쳤다. 제 자리로 돌아간 당원들은 입버릇처럼 되어 있던 '절대다수'니 '65% 지지'니 하는 소리는 아예 팽개치고 '그저 한 표라도 더 나와야 할 텐데' 하면서 발버둥치는 모습들이었다고 한다.

　10월16일 오전, 개표 진척도가 늦었던 전라도·경상도의 투표함이 본격적으로 열리고 박정희 표가 쏟아지면서 박정희·윤보선의 표차는 좁혀지기 시작했다. 16일 오후가 되면서 박정희 후보의 추

勝(신승)이란 전망이 나오기 시작했다. 16일 저녁부터는 박정희가 역전승의 대세를 확실하게 잡았다. 17일 새벽 4시 현재 박정희는 윤보선에 대해 약 9만 2000표 차이로 앞서고 있었다. 박정희를 경주까지 수행했던 한 측근은 "10월16일 새벽을 넘기는 일은 5·16 새벽 한강을 넘어서는 일보다 더 어려웠고 지루했다"고 말했다.

중앙선관위는 17일 오후 3시에 전국 개표를 모두 끝냈다. 5代 대통령 선거의 투표율은 84.9%, 유효투표율은 91.3%, 박정희는 470만 2640표를 얻어 454만 6614표를 얻은 윤보선을 15만 6026표 차이로 눌러 제5대 대통령에 당선되었다. 서울·경기·강원·충청 지역에서 크게 패배한 박정희는 전라도·경상도·제주도에서의 압승으로 이를 만회했던 것이다.

錦衣還鄕

경주에서 대통령 당선을 확인한 박정희는 10월17일 밤을 대구에서 보낸 뒤 승용차편으로 고향인 경북 선산으로 향했다. 구미읍 상모동에서 차를 내린 박정희 의장은 금호산 기슭 온수골 마루턱에 자리 잡은 先塋(선영)으로 올라갔다. 길가에 늘어선 주민들에게 박 의장은 "어떻게 알고들 나왔습니까. 이제는 얼굴을 통 몰라보겠군요"라면서 일일이 손을 잡고 인사를 했다. 한 아낙네는 "선산에 인물이 났네"라고 소리를 질렀고, 한 할머니는 "임금이 왕림하신다는 말을 듣고 이웃에서 왔습니다"라면서 허리를 깊게 굽혔다.

生家(생가)로 돌아오니 전형적인 농사꾼 모습의 큰형 박동희 옹이 기다리고 있다가 대통령이 된 동생의 절을 받았다.

"형님, 왜 그렇게 늙으셨습니까."

"나이를 먹으니 늙을 수밖에. 그런데 이번 선거를 보니 농촌사람들은 정치를 잘 한다고 하는데, 도시에서는 반대가 많아. 월급 가지고는 쌀값이 비싸 살기가 어려운 모양이지."

"앞으로 힘껏 일해 보겠습니다."

형제가 근 한 시간 대화를 나누는 사이 박 의장의 생가에는 마을 사람들이 몰려와 막걸리 파티장으로 변했다.

27
광부들, 西獨에 가다!

간호사들도 가다.

'紳士 광부들'

1963~1965년은 박정희가 정치 혼란에 휘말리면서도 방향감각을 놓치지 않고 국가의 진로를 대외지향으로 확실하게 잡은 시기였다. 서독에 광원·간호사 파견, 南美(남미) 이민, 월남 파병, 원양어장 개척, '現代(현대) 건설'의 해외진출, 韓·日 국교정상화, 수출입국 정책이 모두 이 기간에 추진되었다. 국토분단으로 반쪽을 잃은 한국은 해외로, 세계로 나아가서 드넓은 민족의 활동공간을 확보하게 된다. 조선조 이후 사라졌던 우리 민족의 野性(야성)과 해양 정신이 되살아나는 계기를 잡은 것이다.

이기홍은 이승만 정부 시절에 부흥부(경제기획원의 전신)의 기획국장으로 있으면서 경제개발 계획 수립에 참여하였다. 그는 1962년 3월 서독 주재 한국 대사관에 경제기획원 주재관으로 파견되었다. 당시 군사정부는 해외에 인력을 수출하기 위하여 여러 나라의 한국 대사관에 訓令(훈령)을 내려놓고 있었다. 이기홍 주재관(뒤에 경제기획원 차관보 역임)과 金泰卿(김태경) 보좌관은 루르 탄광지대에 주목했다. 이곳에서는 '가스트 아바이터(直譯하면 손님 일꾼)'라고 불리는 이탈리아, 터키, 스페인, 일본 광부들이 일하고 있었다. 이기홍은 체구가 작은 일본 광부가 일할 수 있다면 한국 광부들도 못 할 게 없을 것이라 생각했다. 더구나 일본 광부들은 본국에서 경제사정이 好轉(호전)되자 在獨(재독) 노동에 흥미를 잃고 돌아가는 추세였다.

이기홍 주재관은 루르 지방의 탄광회사들을 방문하여 그들의 생각을 떠보았다. 회사들은 한국 광부들을 받아들이겠다면서도 노동청의 허가가 있어야 한다고 했다. 이, 김 두 사람은 노동청의 케퍼비츠 노동정책국장을 찾아갔다. 독일어에 능통한 김태경 사무관이 설명했다.

"우리나라는 가난하지만 사람들은 모두 부지런합니다. 우리 광부들은 또 군복무 경험이 있어 잘 훈련되고 단체생활에 익숙합니다."

케퍼비츠 국장의 표정이 동정적으로 변하더니 선뜻 수락했다. 이기홍은 의기양양하게 한국 대사관으로 돌아와 대사에게 보고했다.

「대사는 왜 그런 일을 하고 다니느냐고 버럭 역정을 냈다. 노무자들이 독일에 오면 골치가 아프다는 것이다. 당시는 단 1달러의 외화도 벌어야 한다고 박 의장의 진두지휘 하에 온 국민이 총력을 경주하고 있었다. 박 의장이 혁명정부 지도자로서는 믿어지지 않을 정도로 열심히 일하고 있었다. 나는 그가 불쌍해 보였고 고독해 보였다. 나는 경제기획원에 이 사안을 보고하고 추진키로 했다.」(이기홍 회고록《경제 근대화의 숨은 이야기》)

1963년 여름 김종필 전 정보부장이 '自意半 他意半'의 외유 도중 서독을 방문했다. 그는 중앙정보부 소속으로서 한국 대사관에 파견 나와 있던 육사 8기 동기생인 윤흥정 참사관 및 김태경 사무관과 함께 루르 지방의 한 탄광 막장까지 들어가 보았다. 대사관으로 돌아온 김종필은 "본국에서 수속을 빨리 해주지 않아 광부들 도착이 늦어지고 있다"는 김태경의 말을 듣고 그 자리에서 바로 서울의 朴 의장에게 전화를 걸었다.

김종필이 "서독이 우리 광부 ○○○명을 받아들이겠다는데 국내에서 제때에 일을 처리하지 않고 있으니 각하께서 선처해주십시오"

란 요지의 건의를 했다. 김태경이 옆에서 듣고 있으니 박 의장은 "○○○명이 아니고 ○○○명이야"라고 바로잡아 주는 것이 이 일을 잘 알고 있는 듯했다.

1963년 8월8일 경제기획원장 원용석은 "우리나라 노동자 1500명을 루르 탄광지대에 파견키로 서독 정부와 합의되어 우선 1차로 500명을 뽑아 연내에 파견키로 했다"고 발표했다. 기획원은 수일 내로 전국에 公募(공모) 공고를 내겠다면서 근무조건을 공개했다.

「3년 동안 탄광에 근무하는 한편 기술훈련을 받는다. 월급은 162달러 50센트(650독일 마르크). 중학 졸업 이상의 학력소지자로서 20세 이상 30세 미만」

지원자수는 2800여 명인데 1600여 명이 신체조건으로 失格(실격)했고 나머지 1200명 가운데 약 500명은 광산에 근무한 적도 없으면서 허위 경력증명서를 냈다가 들통이 났다. 대졸 및 고졸 학력자가 태반이었다. 1차 시험을 거쳐 9월28일에 최종합격자 367명의 이름이 발표되었다. 신문들은 사법시험 합격자를 발표하듯이 사회면에 합격자 이름을 실었다.

〈조선일보〉는 이기양 기자를 서독 뒤스부르크에 특파하여 '한국 광부들을 기다리는 서독 광산촌'을 소개했다. 기사 제목들은 외국에 나간다는 것 자체가 특권이었던 시절의 독자들 가슴을 설레게 하는 것이었다.

「호텔 부럽지 않은 숙소 / 방마다 독서실에 오락시설까지 갖추어 / 돈과 맥주와 아가씨와 / 二週年暇(이주연가) 땐 파리에서 데이트도 / 지하 800m서 콜라가 水道(수도)처럼 / 라인강변 처녀, 동양 총각 좋아 / 민간외교 역할, 코리아 자랑해야」

학력이 높아 '인테리 광부들', 紳士(신사) 광부들'로 불린 우리 광부들은 派獨(파독)에 앞서 20일간의 강훈련에 들어갔다.

간호사 派獨

파독 광부로 선발된 사람들 가운데는 광부 출신이 아닌 사람들이 많았다. 이들은 낮에는 석탄공사 장성광업소 갱내에 들어가 採炭(채탄) 작업을 실습하고 밤에는 늦게까지 독일어를 배웠다. 파독 광부 1진 123명은 1963년 12월21일 에어 프랑스편으로 서독을 향해서 떠났다.

공항에서는 해외취업자와 가족의 이별이 있었다. 부산대 법학과를 졸업하고 광부를 지원한 우동천(당시 29세)의 아내 조영희(당시 26세)는 "3년간 헤어져 살게 되어 고달프지만 남편을 위해 희망을 안고 기다리겠다"면서 눈물을 삼키고 웃음을 보냈다. 이런 장면은 개발연대의 공항과 항구에서 곧 익숙한 풍경이 될 터였다. 이 날짜 〈조선일보〉 社說(사설)은 이렇게 당부했다.

「(우리 광부들의 서독행은) 실업문제의 해결이란 점에서 우선 다행이라고 생각하지만 여러 가지 면에서 배울 점도 많을 것이다. 비록 갱내에서만 작업한다 하더라도 3년간이나 눈여겨보노라면 습득할 것이 많겠다. 이들이 3년간의 복무기간을 끝내고 돌아오면 국내에서 모범 工員(공원)으로서 석탄개발에 이바지하는 바 적지 않을 것이다.

또 독일인은 근면한 국민으로서 세계에 알려져 있다. 서독 경제부흥의 기적을 가져온 첫째 원인도 이 근면에 있다고 하는데, 그들과 같이 일을 하게 되면 배우는 것이 많을 것이다. 먼저 간 사람들이 성심껏 일을 하여 능률을 올리면 신용을 얻어서 계속해서 한국에 인원을 요청하게 되겠지만 한국 사람은 못 쓰겠다는 결론에 이르게 되면 후진에게 길을 막게 될 터이니 먼저 가는 책임이 크다는 것을 충분히 자각해야겠다.」

해가 바뀌어 1964년 2월21일자 〈조선일보〉는 '한국 광부는 우수하다 / 라인강변에서 온 봄소식'을 전했다. 광부들이 노동청장 앞으로 보낸 편지를 소개한 기사. 광부 吳學峯(오학봉) 등 3명은 "지난 7일에 시행 된 여러 가지 지하 시험에서 우리 광부 250명은 한 사람의 탈락자도 없이 전원 합격했다"고 전했다. 그들은 서독의 너그러운 근로조건에 감탄하기도 했다.

"지상작업을 하다가 손가락을 가볍게 다쳤는데도 公傷(공상)으로 취급하여 놀아도 임금을 다 주고 감기나 배탈에 걸려도 통상 임금의 80%를 받으면서 휴양할 수 있다"는 것이었다. 광부의 파독 길을 뚫었던 이기홍(당시 경제기획원 차관보)에 따르면 "광산에서 일한 경험이 없는 대졸자들이 경험자보다도 독일 현지에서 더 잘 적응했다"고 한다.

1960년 봄 재독 한국인 이종수 박사(본 의과대학 병원 외과의사)의 주선으로 베를린 감리교 부녀 선교회와 프랑크푸르트 감리교 병원이 한국 간호학생 두 명을 받아들였다. 이것이 계기가 되어 1962년부터 매년 20명 정도의 간호학생들이 훈련과 교육을 받기 위해서 독일에 파견되었다. 이종수 박사는 이 사업을 간호학생에서 간호조무사와 간호사로 확대하여 1968년까지 1200여 명의 간호요원들을 서독에 취업시켰다.

서독 마인츠 대학병원 소아과 의사 이수길 박사는 1964년 서독에서 간호사들의 수가 모자란다는 점에 착안하여 서독 간호사와 똑같은 대우를 받는다는 조건으로 한국 간호사의 취업을 주선했다. 1966년 128명의 간호사가 서독에 왔다.

두 민간인에 의하여 시작된 간호사들의 서독 취업 사업은 1969년부터 정부가 해외개발공사를 통해 개입하여 1977년까지 1만 371명의 간호사가 서독에 취업하게 되었다. 1973년 현재 서독 전체 병원의 12.6%에 해당하는 452개 병원에 6124명의 간호사들이 근무하고 있었다.

주한 독일대사 클라우스 폴러는 "보통 독일 사람들에게는 한국 간호사들과의 만남이 조용한 아침의 나라에서 온 사람들과의 첫 접촉이었으며 많은 경우 아시아인들과의 첫 접촉이었다"고 했다. "한국 간호사들의 유능함, 친절, 봉사정신은 독일 사람들에게 긍정적인 한국상을 형성하는 데 크게 기여하였다"고 했다. 그는 또 "한국에 거주하는 독일인이 미국인 다음으로 많은 것도 간호사들을 매개로 하여 두 나라 관계가 밀접해졌기 때문이다"고 했다.

한국 간호사들은 특히 '노인환자들에 대한 극진한 간호, 민첩한 업무처리'로서 좋은 평가를 받았고 독일 사람들로부터는 "질서와 준법정신, 근검절약, 신앙을 기초로 한 합리적이고 긍정적인 생활태도를 배웠다."(홍익대학교 정해본 교수《간호사 파독이 세계화에 끼친 영향》)

연인원에서 파독 간호사 수는 광산근로자(8395명)를 능가하게 된다. 몇 년 전 통계에 따르면 파독 간호사들 가운데 약 1000명이 주로 독일남자와 국제결혼을 했다고 한다. 여성 취업과 해외 취업이란 2중의 벽을 넘은 한국 간호사들은 한민족의 핏줄 속에서 잠들어 있던 무서운 생존력과 적응력을 가장 먼저 자각시킨 이들이다. 간호사의 선진국 취업은 선망의 대상이 되어 여성 취업에 대한 우리 사회의 고루한 선입견을 깨는 데 기여했다.

1965년 독일에 파견된 광부와 간호사들을 포함한 해외 취업자들이 국내로 송금한 외화는 상품수출액의 10.5%, 무역외 수입의 14.6%나 되었다. 1967년에 가면 월남파병에 따른 特需(특수)로 해외송금액이 상품 수출액의 36%, 무역외 수지의 31%를 차지하게 된다.

5·16 군사혁명 직후 박정희 정권에게 맨 처음 차관을 제공해주기도 했던 서독과의 관계는 급속도로 발전되어 1964년 12월 박 대통령의 방독으로 이어지지만 김형욱의 정보부가 동백림 간첩단 사건을 잘못 다루면서 양국 관계는 냉각된다.

28
6·3사태… 다시 계엄령

박정희는 무책임한 선동과 폭로에
화가 났다.

1964년의 세상
韓·日회담 반대 데모로 비상계엄령
朴 대통령 서독 방문
울산정유공장 준공
소련 흐루시초프 실각, 후임에 브레즈네프 취임
中共 첫 원폭실험 성공

언론 遺憾(유감)

韓·日국교 정상화 회담에 대한 학생·야당세력의 반대운동이 격화되는 가운데 朴 대통령은 1964년 4월14일 밤 진해 별장으로 김종필 의장을 불렀다. 金 의장은 芮春浩(예춘호)부총무를 데리고 갔다. 박 대통령은 엄민영 내무장관을 합석시킨 가운데 時局(시국) 수습책을 논의했다. 이어서 金 의장과 두 시간 동안 요담했다.

다음날 朴 대통령은 특별성명을 통해서 국정 쇄신책을 발표했다. "중앙정보부의 기구를 축소하여 지방의 지부를 없애고 본부기구도 국가안전보장회의 산하에 두며 남게 되는 예산은 增産(증산)을 위해 전용키로 한다. 공화당도 당 기구를 축소하되 지구당 위원장은 국회의원이어야 하며 원내중심으로 운영한다. 과감한 행정개혁으로 기구의 간소화와 능률화를 기한다" 등등.

이날 국회특별조사위원회는 박정희 정권이 일본으로부터 1억 3000만 달러의 자금을 받아 선거에 썼다고 주장한 김준연(자민당) 의원을 불러 조사했다. 김 의원은 "장택상(자유당 시대 국무총리) 씨로부터 그런 정보를 들었다"고 했다. 張 씨는 이에 대해 "그런 풍설의 眞假(진가)를 밝혀야 한다고 주장한 것일 뿐 단정을 한 것도, 증거를 가지고 있는 것도 아니다"고 했다.

김준연의 거짓말을 대서특필했던 어느 신문도 그를 제대로 비판하지 않았다. 박정희는 우리 언론을 '정부에는 가혹하고 야당과 학생에게는 아부하는 존재'로 보기 시작한다.

야당은 김준연 의원에 대한 구속동의안에 대해서도 단상점거로 표결을 못 하게 했고, 언론은 일제히 정부를 비난하고 나섰다. 4·19 의거 4주년 기념일을 계기로 하여 대학생들은 다시 거리로 나왔고, 언론과 야당의 일방적인 정부 비판은 가열되었다.

金泳三 민정당 대변인은 "여러 가지 면으로 독재체제를 강화해온 정부는 국민들의 정당한 의사표시를 억압하지 말라"고 반박했다.

서울대 문리대 강사 池明觀은 〈조선일보〉 1면에 기고한 '街頭(가두)로 끌어낸 건 누구인가' 란 제하의 기고문에서 학생들의 시위를 옹호하고 "학교 당국이나 교수단이 할 수 있는 일은 학생들과 함께 오늘 이 나라의 실정과 부패를 우려하는 것이다"고 했다.

문제는 당시의 박정희 정권은 독재 정권이 아니라 '공정한 선거'를 통해서 구성된 '국민의 정부'였다는 점이다. 이런 合憲(합헌) 정부의 외교정책에 반대한 대학생들의 불법 폭력 시위에 대해서 대다수 지식인, 언론, 야당은 민주주의의 가장 중요한 기준인 法治의 원칙을 부인하고 '애국심', '정의감', '독재에 대한 저항'이란 다른 기준을 가지고 나와 시위를 옹호하고 박정희 정부에 모든 책임을 떠넘겼다. 그동안 박정희 정부의 非민주적인 처사는 수없이 지적되었지만 반대자들의 이런 非법치적인 사고방식은 제대로 비판된 적이 한 번도 없다.

1964년 5월23일 박 대통령은 호남 지역 시찰 중 기자들의 서면질문에 답변하면서 이런 표현을 했다.

「이러한 정국의 불안은 근본적으로 일부 정치인들의 무궤도한 언동, 일부 언론의 무책임한 선동, 일부 학생들의 불법적 행동, 그리고 정부의 지나친 관용에 연유되었다고 본다.」

박 대통령은 항상 '일부'란 말을 사용하여 反정부 세력이 건전한

국민 대다수를 대표하지 못하고 있다는 것을 강조하려고 했다. 그는 정치적 언어가 가진 심리적·전략적 의미를 잘 알고 있었다. 대다수 신문들은 언론을 건드린 대통령에게 거세게 반발했다. 〈조선일보〉 5월26일 자는 '정국불안은 과연 선동 때문인가—일부 언론의 책임을 따져본다' 란 紙上(지상)토론 기획을 마련했다. 토론자로 등장한 홍종인(신문연구소 소장), 張俊河(〈사상계〉 사장), 韓格晚(한격만·한국 신문윤리위원회 위원장)은 모두 언론을 옹호하고 대통령을 비판했으므로 찬반 토론이 되지 않았다.

대통령 박정희씨!

특히 張俊河의 기고문은 요사이 신문에도 싣기 어려울 정도의 격렬한 대통령 비판이었다. 일부를 인용한다.

「대통령 박정희 씨! 당신이 그렇게도 거짓말과 실정을 거듭하였으면서도 대통령이 될 수 있었던 것, 당신들 집권자들의 부정과 부패가 그렇게 창일하였으면서도 계속 집권할 수 있는 것, 민생이 이렇게까지 파탄에 빠졌는데도 아직 당신들이 큰소리칠 수 있는 것, 이 모든 것이 한국 언론이 당신들을 길러 준 덕이 아닌가요. 당신들과 情死(정사)를 할 것 같던 한국 언론은 소용돌이치는 국민의 원성과 압력에 못 이겨 이제 깊은 악몽에서 깨어난 것입니다.

여보시오, 접대부의 치맛자락 같은 붓글을 휘둘러가며 당신을 도와, 당신을 대통령으로 만든 것이 한국의 언론이 아니겠소. 고마운 줄이나 아시오! 그 청렴하다고 소문이 높던, 그 강직하다고 定評(정평)이 있던, 그 육군소장 박정희 씨라면 오늘의 이 사태를 正視(정시)하며 무엇을 할 수 있으리라고 생각해본 일이 있는가요. 슬픕니다. 오늘에 그때 당신 같은 용기를 가진 그런 사나이가 없음이…」

국회는 5월27일 야당이 제출한 국방장관과 내무장관에 대한 해임건의안을 표결에 부쳤다. 이번에는 공화당에서 이탈표가 없이 큰 표차로 부결되었다. 이 결과를 박정희 대통령에게 보고하고 나온 공화당의 한 원내 간부는 기자들에게 "하마터면 총재를 잃을 뻔했다"고 말했다. 朴 대통령은 이번 표결에도 공화당에서 반란표가 나오면 공화당 총재직을 내어놓을 생각이었던 것이다.

그 며칠 전 일요일, 박 대통령은 쉬고 있던 朴相吉 대통령 대변인 집에 전화를 걸었다. 박정희의 대표저작인 《국가와 혁명과 나》의 정리자인 박상길은 5월 초에 대변인으로 발탁되었다. 박 대변인의 어린 딸이 박 대통령이 직접 건 전화를 받아 혀 짧은 말을 몇 마디 하더니 "아빠, 대통령이래. 전화 받아"라고 했다. 전화기를 나꿔 챈 박상길에게 대통령은 "뭘하고 있소?" 하고 물었다.

"그냥 쉬고 있습니다."

"별일 없으면 지금 좀 들어오시오."

음산한 정세가 온 누리를 덮고 있는 일요일의 그 너른 대통령 관저는 본관 전체를 통틀어 현관의 경호관 한두 사람 외에는 일직자도 눈에 띄지 않는 썰렁한 분위기였다. 박상길이 긴 복도를 지나 대통령 집무실에 들어섰다. 박 대통령은 넓은 바깥 정원을 멀거니 내다보고 있더니 이쪽으로 돌아서 무겁게 소파에 앉았다. 담배에 불을 당긴 그는 몇 모금 빨고는 재떨이에 담뱃재를 털면서 탁상 아래를 응시한 채 침묵했다. 노크 소리가 나고 이후락 비서실장이 들어와 박상길 맞은 편에 앉았다. 박 대통령은 자세를 고쳐 잡더니 입을 뗐다.

"나, 공화당 총재직을 그만두기로 하였소. 대변인은 즉각 성명서를 써오도록 하시오."

李厚洛 비서실장은 이렇게 말했다고 한다(박상길 씀《나와 제3·4공화국》에서 인용).

"각하, 참 잘하셨습니다. 진작 그렇게 하실 일입니다. 각하는 3000만 국민의 대통령이지 공화당만의 대통령이 아니십니다."

이후락과 생각이 달랐던 박상길은 이렇게 말했다고 한다.

"각하, 쓰기는 쓰겠습니다. 그런데 총재직 사임 성명이 아니라 대통령 사임 성명을 쓰는 게 좋을 것 같습니다. 각하는 공화당 공천으로, 공화당 총재로서 대통령이 되신 것 아닙니까. 그런 총재직을 사임한다면 정당정치, 의회정치도 그만두시는 게 아닙니까. 싸우는 군단장이 전투는 계속하되 군단장은 사임하겠다, 이게 되겠습니까. 차라리 이렇게 말씀하시는 것이 어떻겠습니까. '내가 이런 뜻으로 혁명을 했고 대통령이 되어 이러이러하게 국가를 바로잡아 보려고 있는 애를 다 써 보았는데, 이런저런 장애 때문에 이대로는 도저히 이 자리를 감당할 수 없어 물러가겠노라' 하시면 국민들이 그대로 받아주든지, 아니면 그럴 수 없다고 하면 그럼 어떻게 하면 좋겠느냐, 무슨 반응이 있지 않겠습니까. 받아주면 깨끗이 물러나시고, 그렇지 않으면 불란서의 드골처럼 비상대권을 요구해보시든지, 무슨 수가 있지 않겠습니까."

박 대통령은 박상길의 눈을 뚫어지게 쏘아보며 묵묵히 듣고 있더니 이렇게 말하는 것이었다.

"알았소. 당장 그 드골헌법을 정리해서 내게 가져오도록 하시오."

의외로 일은 싱겁게 끝났다. 며칠 뒤 박상길은 드골헌법을 분석한 자료를 가지고 부름만 기다리고 있다가 집무시간이 파할 무렵 슬그머니 대통령 집무실에 들렀다. 박 대통령은 아무 반응이 없었다.

재출마 포기 선언문

朴 대통령은 학생 데모보다도 敵前(적전) 분열 현상을 보이는 공화당 내분에 더 시달리고 있었다. 1964년 5월30일부터 서울대학교에서 교수들과 언론의 응원 속에서 학생들의 단식 농성이 시작되어 다시 정국이 뒤숭숭해지는 가운데 일요일인 5월31일에는 김종필 의장의 퇴진을 주장하는 장경순 국회 부의장 등 공화당 내 비주류측 인사들과 김 의장의 유임을 건의하는 주류 측 인사들이 번갈아 청와대를 찾아와 대통령을 괴롭혔다.

당내 反김종필 세력의 보스는 金成坤 의원, 張坰淳 부의장, 그리고 李孝祥 국회의장으로 지목되고 있었다. 김종필은 6월1일 박 대통령을 찾아가 사표를 제출했으나 되돌려졌다.

6월2일 서울시내 대학생들 수천 명이 세종로로 몰려와 反정부 시위를 벌이면서 경찰과 충돌하여 부상자들이 속출했다. 이들은 박 대통령의 下野(하야)를 요구했다. 이날 박 대통령은 朴相吉 대변인을 집무실로 불렀다.

"이걸 발표하시오."

그가 던져준 문건은 朴 대통령의 자필이었다. 제목은 '현 시국에 관한 대통령 특별교서'였다. 朴 대변인은 빠르게 소리 없이 읽어 내려갔다. 도입부부터가 비장했다.

"본인과 정부는 그간 막대한 희생을 감내하면서 진정한 재야의 소리와 民意(민의)를 듣고 건설적인 공통의 광장을 마련해보고자 최후의 선까지 인내하여 왔다. 그러나 학생 데모는 신성한 4·19 정신에서 멀리 이탈하여 기점을 잃은 난동으로 타락해가고 있다."

"일부 이유 있는 데모라 하더라도 개인이나 국가가 일을 할 수 없는 장해가 된대서야 먼저 이를 저지 않고서는 다른 무슨 일도 할 수 없다."

"한국은 광대한 赤色(적색)대륙의 一端(일단)에 위치하고 있고, 이 地勢上(지세상)의 불리를 극복하기 위한 자유진영과의 연결의 공고성 및 국가의 최우선 과제가 되어 있는 경제 건설에 따르는 근대화 작업을 위하여 이 현안(필자 註―한·일 국교정상화 협상)의 결정적인 타결을 모색하지 않으면 안 되게 되어 있다. 국가 간 외교 타협의 목적은 최대한의 이익과 조건을 마련함에 있다. 그러나 이에 못지않게 중요한 것은 또한 時利(시리)를 얻어야 한다는 점이다. 내외 정세는 늦으면 늦을수록 우리에게 유리할 것이 없음을 말해주고 있다."

"한·일회담의 타결은 그 자체에서 얻은 利(이)도 利려니와 여기에 부수되는, 세계의 각 우방으로 통하는 경제적 지원의 길이 틔어질 것임을 간과해서는 안 된다. 양국 간의 타결에서 얻어지는 금액은 단 한 푼도 낭비됨이 없이 오직 국가경제 재건에 쓰일 것임을 단언한다."

박상길을 얼어붙게 만든 것은 이 발표문의 마지막 구절이었다.

"끝으로 본인이 이 기회에 내외 동포에게 명백히 천명코자 하는 바는 이같은 현안의 종결과 이에서 오는 조국의 안전 및 국가 근대화의 기초가 확립된다고 하면 본인은 민주정치의 진보를 위하여 차기 선거에 출마치 아니하고, 일차 임기만으로 조국에의 봉사를 끝마칠 결심임을 내외에 밝히는 바이다."

朴相吉은 내용이 너무 엄청나 말도 붙이지 못하고 물러나 발표 절차를 진행하기 시작했다고 한다. 대통령이 재출마를 포기하기로 결심하고, 그 발표문도 혼자서 썼으니 아무도 번의시킬 수 없으리라고 朴相吉은 생각했다.

그런데 6월2일의 학생시위로 사태는 다른 방향으로 진행되고 있었다. 丁一權 국무총리는 국무회의에서 계엄령 선포 문제를 의논했다고 기자들에게 말하고 "내일 대통령이 주재하는 국가안전보장회의에서 이 문제가 다시 논의될 것"이라고 했다.

2일의 학생시위를 보도한 신문들은 객관보도와는 거리가 먼 檄文(격문) 같은 제목과 지면 구성을 보였다.

'화요일에 비가 내렸다…. 학생은 외쳤다…. 硝煙(초연) 속에 돌팔매 날고', '단식 데모…. 또 노한 대학가' 식의 제목 밑에는 이런 기사도 보였다.

「"내 아들 못 잡아간다." 눈물로 흠뻑 젖은 어머니의 목 메인 소리에 경찰이 어머니의 팔을 잡아끌자 아들은 "어머니 못 잡아간다"고 부둥켜안았다. 어머니는 곤봉 속으로 뛰어들었다.」

단식 중인 서울대학생이 투고한 선동적인 詩(시)도 사회면에 그대로 실렸다. 언론은 상황을 4·19 직전, 일종의 혁명전야로 인식하고 있는 듯했다. 그러나 이것은 誤判(오판)이었다.

군부와 다수 국민들은 박 정권을 지지하고 있었고, 박정희는 자기 정당성에 대한 확신과 무력으로 폭력 시위를 누르겠다는 의지를 다지고 있었다.

6월3일 박정희 대통령은 박상길에게 전화를 걸어 "어제 그 문건의 발표를 보류하시오"라고 말했다. 하루 사이 역사가 달라진 것이다. 박 대변인은 박 대통령이 생각을 바꾸도록 설득한 것은 전 내무장관 엄민영이었다고 짐작할 뿐이었다. '역사적 문건'이 될 뻔했던 이 특별교서문은 몇년 전 작고한 박상길 씨가 보관하고 있었다.

서울에 비상계엄령

1964년 6월2일 새벽, 계엄령 선포 전야. 박정희 대통령은 공화당의 전 총재 鄭求瑛 의원을 청와대로 불렀다. 새벽 2시였다. 그는 원로로서 존경해온 鄭 의원에게 "내일 계엄령을 선포하겠다"면서 자신의 불만을 털어놓았다.

"오늘의 사태는 야당과 지식인, 그리고 언론의 무책임한 선동 탓입니다. 학생들은 4·19 혁명의 경험 때문인지 저희들만이 애국자이고 가장 올바른 판단을 하는 양 자만하고 있어요. 이런 버릇을 고쳐놓아야 합니다. 아주 엄하게 다스리겠습니다. 나는 국민이 참여한 선거를 통해 당선된 대통령입니다. 그런 대통령의 힘이 얼마나 강한지 보여줄 작정입니다. 공화당은 그동안 이런 학생 시위와 야당의 한·일회담 반대 운동에 대해서 미온적으로 대처했습니다. 계엄기간 중에 여러 가지 정치적 조치를 취할 생각입니다. 계엄령을 펴야 할 혼란이 다시 일어나지 않도록 제도적 보완조치를 취할 생각입니다. 이제는 혼란이 일어난다 해도 계엄령을 펼 필요가 없도록 안전판을 마련해야겠습니다. 그러니 협조해주시기 바랍니다."

"학생들의 버릇을 고쳐놓겠다"고 다짐하는 박정희에게 鄭求瑛 공화당 의원은 "정부와 여당의 잘못도 있으니 이 기회에 과감한 시정

조치가 있어야 한다"는 취지의 건의를 드렸지만 박정희는 '별로 찬성하는 기색은 아니었다'고 한다(《鄭求瑛 회고록-실패한 도전》에서 인용). 한두 달 전까지만 해도 박 대통령은 반대 세력을 설득하고 그들이 요구하는 것을 수용하려고 애쓰는 자세였으나 이날 밤은 힘으로 대처하려는 단호한 모습을 보였다.

정구영은 "그날 내가 한 이야기는 구름 잡는 정치지 현실정치는 아니었는지도 모른다. 지금 생각해보면 참 어리석은 얘기를 했다고 생각된다"고 회고했다.

6·3 사태를 전후한 시기에 박 대통령은 1년 전 민정이양 때에 이어 또 다시 한국정치의 분열상과 지식인의 短見(단견)에 절망하면서 고독 속에서 자신의 확신을 더욱 다지는 결심을 하게 된다. 그는 사석에서 수없이 "接長(접장)들과 학생들, 그리고 기자들 때문에 나라가 안 된다"는 불만을 털어놓으면서 "이런 풍토에서는 민주주의는 안 된다. 내가 욕을 먹더라도…"라고 말하고 있었다.

1964년 6월3일 하우스 유엔군 사령관이 미 합참에 보고한 박정희 대통령과의 협의 내용은 이러했다.

「상부의 사전 지침에 따라 나는 한국군 2개 사단을 계엄부대로 동원하는 것에 동의했다. 단 포병은 동원대상에서 제외한다. 버거 대사는, '박 대통령의 계엄령 선포에 반대하지는 않지만 현재의 사태를 수습하기 위해서는 계엄령만으로는 불충분하고 정부 측의 잘못도 바로잡는 조치가 있어야 할 것'이라고 말했다.

나도 1960년의 계엄령 선포와 이번의 계엄령은 다르다고 말했다. 나는, 1960년의 계엄령은 이미 유혈 사태가 벌어져 있는 상태에서 혼란을 수습하기 위해 군이 동원되었으므로 국민들의 환영을 받았지만 이번에는 계엄군이 직접 학생들과 대결하게 될 것이기 때문에 우려되는 바가 있다고 말했다. 한국의 안정을 위한 중요한 요소는 군대와 국민들 사이의 신뢰관계인데 이 兩者(양자)가 이번 사태로 멀어지지 않아야 할 것이라고 강조했다.

나는 또 박 대통령은 민주적으로 선출된 대통령으로서 1960년의 이승만에 비교해서 다수의 국민적 지지를 받고 있음을 지적하고, 계엄령 선포가 과연 필요한가 하는 논쟁을 군부 안에서 벌이는 것은 무의미할 것이란 의견을 개진했다.」

미국 측이 박 대통령의 계엄령 선포에 적극적으로 협조한 이유는 韓·日회담의 成事를 지원하기 위함이었다. 새뮤얼 버거 주한 미국 대사는 한 달 전 韓·日회담 반대운동의 지도자인 민정당의 윤보선 의원을 찾아가 미국 측의 불만을 전달한 적도 있었다.

김성은 국방장관과 김종오 합참의장은 6월3일 저녁 7시쯤 청와대에서 중앙청으로 건너와 국무회의에 참석했다. 김 장관은 박 대통령의 결심을 전했고, 정일권 총리 등 장관들은 계엄령 선포안에 副署(부서)했다.

박 대통령은 노석찬 공보차관의 발표를 통해 6월3일 오후 8시를 기해 서울시 일원에 비상계엄령을 선포하고 계엄사령관에 민기식 육군참모총장을 임명했음을 알렸다. 민 대장은 포고령을 발표, 일체의 집회를 금지시키고 언론·출판의 검열과 서울 시내 각급 학교의 무기 휴교, 그리고 통행금지 개시 시간을 자정에서 밤 9시로 당기는 조치를 취했다.

6사단, 28사단으로 구성된 계엄군은 6월4일 서울로 진입하여 수도 경비사령부 병력과 함께 시내의 요소를 장악했다. 학생시위는 간단하게 진압되었다. 무엇보다도 대다수 국민들이 난동화된 시위에 거부감을 느끼고 있었으며, 韓·日 국교정상화의 불가피성에 공감하고 있었고, 박정희 정권을 독재정부로 보지 않고 있었다. 학생들은 야당과 언론의 지원을 받고 있었으나 계엄령으로 언론과 야당이 무력화된 마당에 강력한 정부의 물리력을 견딜 수 없었다.

계엄령 선포로 박정희는 취임 이후 다섯 달 동안 守勢(수세)로 몰리던 상황을 일거에 반전시키고 야당·언론·학생들을 압박할 수 있는 주도권을 쥐게 되었다.

6월4일 아침 계엄 지휘관 회의에서 이미 김종필 퇴진 문제가 제기 되었다. 김성은 국방장관과 민기식 육군참모총장 및 金桂元(김계원, 뒤에 육군 참모총장·정보부장·대통령 비서실장 역임) 장군이 청와대로 올라가 朴 대통령에게 군부의 의견을 전달했다.

박 대통령은 "나도 그렇게 생각하고 있었다"면서 "누가 김 의장을 만나 군의 뜻이 이러하니 잠시 외국에 나가는 것이 어떻겠느냐고 건의하지"라고 했다.

서울로 들어온 계엄부대인 6사단의 金載圭 사단장이 공화당 이만섭 의원을 지휘소가 있는 덕수궁으로 부른 것은 이 계엄회의 직후였다. 김재규 준장은 이만섭이 다닌 대구 대륜중학교의 체육교사로 근무한 적이 있었다. 金 사단장은 李 의원을 데리고 덕수궁 뜰에 서 있는 앰뷸런스 안으로 들어갔다. 盜聽(도청)을 피하려는 행동이었다.

"지금 계엄군의 공기가 좋지 않아요. 학생 시위는 진압했지만, 이번 기회에 문제가 있는 정치인들을 정리하자는 여론이 일어나고 있어요. 그 대상은 4대 의혹사건을 일으킨 김종필, 박 대통령이 일본 돈을 받았다고 허위 선전을 한 김준연 등이오. 군의 분위기가 이러하니 이 의원이 각하께 잘 말씀을 드려 김종필 의장이 공직에서 물러나도록 하는 것이 사태 수습에 도움이 될 것이오. 이런 말을 대통령 각하께 전할 사람은 이 의원밖에 없을 것 같아 이렇게 부른 것이오."

이만섭 의원은 박 대통령 직계로 분류되고 있었는데, 김종필 의장과도 관계가 좋았다. 그는 대통령에게 이런 말을 전하기 전에 김 의장에게 귀띔을 해야겠다고 그의 행방을 찾았으나 연락이 되지 않았다. 저녁 무렵에야 金 의장이 민기식 육군참모총장 겸 계엄사령관 공관에 가 있다는 것을 확인했다. 이만섭이 그곳에 가 보니 민기식·김종필 외에 김성은 국방장관과 金鍾甲(김종갑) 국회 국방위원장도 와 있었다.

"신문은 국민들을 너무나 자극한다"

朴 대통령은 6월26일 오전 계엄하의 국회에 나와 '시국수습에 관한 교서'를 발표했다. 회색 재건복에 색이 엷게 깔린 안경을 쓰고 나온 박 대통령은 약 30분간 연설문을 읽어 내려갔다. 박 대통령은 겸손하고 솔직하게 자신의 과오를 인정하는 말로 연설을 시작했다.
「때로는 의욕의 과잉으로 무리한 시책을 강행한 나머지 다소간 민심과 유리된 바도 없지 않아 있었고 경험의 미흡으로 뜻 아닌 결과를 초래한 것도 있고 하여 한없이 自責(자책)의 心懷(심회)를 금할 수 없습니다. 이러한 결과적 책임은 모두 나에게 있는 것이며 그 누구에게도 책임을 전가시킬 생각은 없습니다. 정녕 나대로 성의를 다하여 한다는 일이 결과는 반대현상으로 나타났던 일도 있었습니다. 내가 이런 말을 하는 것은 遁辭(둔사)도 변명도 아닙니다. 다만 솔직한 고백에 불과합니다.」

그는 학생들의 시위를 비판했다.

「과연 이 나라는 누가 정치를 하는 것인지, 정부는 날마다 밤마다 학생 데모 막기에만 골몰하고 국민들은 불안의 도가니 속에서 한숨만 쉬고, 이것은 학장도, 교수도 막을 수 없다, 학부형도 學姉母(학자모)도 막을 수 없다, 게다가 정치인은 그것을 이용하고 있다, 어떤 국회의원은 그 데모가 국회의사당 앞에 오는 것을 걱정하고 있다, 다른 국회의원은 그것을 환영하고 있다, 이런 실정 하에서 누가 정권을 잡더라도 안심하고 정부의 기능을 충분히 발휘할 수 있겠습니까?」

朴 대통령은 이어서 "그들이 자발적으로 학생 본연의 자세로 돌아가야 한다는 것이 근본문제이기는 하지만, 입법으로 이를 보호하고 규제할 필요가 없지 않다는 것을 나는 확신하는 바이다"라고 말했다. 그는 이제 언론을 猛攻(맹공)한다.

「언론이 없는 시간부터 세상은 암흑천지가 되는 것도 사실이지만 세상에는 신문이 나라를 망치고 있다는 소리도 있고, 이 사회의 혼란은 신문에도 상당한 책임이 있다는 소리도 있습니다. 이런 소리가 다만 하나의 잠꼬대에 불과한 것이겠습니까. 우리나라 신문은 지난 15년간 善意이건 惡意이건 너무나 많이 국민들을 자극했고, 선동적인 言辭(언사)를 써왔습니다. 이렇게 하여 경영상 수지는 맞추어왔을지 몰라도 국가사회에 유익한 일만 해왔다고 단언할 사람이 누구이겠습니까. 그런데 그보다도 더 이상한 것은 사람들이 저마다 속으로는 '신문이 너무 과하다. 신문이 이래서는 안 돼'라고 하면서도 아무도 감히 입을 벌여서 큰 소리로 그것을 시정하라고 외치는 사람이 없다는 사실입니다. 만일 우리에게 자유를 수호할 의무가 있다면 타인의 자유나 타 기관의 자유를 침해하는 자유를 규제할 의무도 있어야 하지 않겠습니까. 이것은 진정한 언론의 육성과 조금도 배치되는 것이 아니라고 확신합니다.」

朴 대통령은 언론 자유를 규제하는 입법을 하겠다는 뜻을 내비친 것이다. 이어서 그는 끝없는 정쟁을 비판하기 시작했다. 그는 "학생데모나 무력으로 인하여 또 다시 정변이 일어나는 사태가 없어야 한다"면서 "다른 사람은 그런 말을 할 수 있지만 나는 그런 말을 할 수 없다는 견해도 있을지 모르나 그럼으로써 더욱 평화적 정권 교체를 실천에 옮겨서 國基(국기)를 공고히 하여야 한다는 사명을 痛感(통감)하고 있다"고 했다.

박정희는 또 "우리는 영원토록 外援(외원)에 의존할 수는 없다. 자립이 없다면 진정한 독립이 있을 수 없다. 이것이 바로 민족적 민주주의라는 것이다. 혹자는 이것을 곡해하여 반공 태세를 문란하게 하고 있다"고 강조함으로써 학생들에 의해 火刑(화형)당했던 자신의 통치이념을 변호했다.

"거리로 나가면, 그것이 이북방송이 아닌가 의심할 정도의 소리가 들립니다. 그것에 분격하는 마음, 어찌 난동 군인만의 잘못이겠습니까. 군인이나 학생이나 공무원이나 정치인이나 위법자는 가차 없이 처단하라는 것이 국민의 소리인 줄 나는 분명히 알고 있습니다."

박 대통령은 6·3 계엄령 선포 사흘 뒤 〈동아일보〉를 찾아가 당직 기자에게 군과 관련한 보도에 대해 불만을 토로한 공수부대원 8명을 구속하도록 지시했던 적이 있었다. 그는 이런 마당에 학생이라고 해서 聖域(성역)처럼 봐줄 수 없다는 뜻을 분명히 한 것이다.

29
대통령과 광부들이 함께 흘린 눈물

울음소리가 점점 더 커지기 시작했다.
박 대통령도 울고 말았다.
육영수도, 수행원도 울었다.
결국 연설은 어느 대목에선가
완전히 중단되었고
강당 안은 눈물바다가 되어버렸다.

"일본과 손 잡으시오"

1964년 12월 9일, 서독 수도 본에서 에르하르트 서독 총리와 단독 회담을 시작하면서 먼저 말문을 연 朴正熙 대통령은 총리에게 기회를 주지 않은 채 같은 내용을 다른 표현으로 둘러가며 반복해서 말하기 시작했다.

"한국은 가난한 나라였습니다. 100년 전 우리 조상들이 강하지 못해 세계를 몰랐고 그래서 기회를 놓쳤습니다. 이제 독일에 와서 라인 강의 기적을 배우고 우리도 독일처럼 부강한 나라가 되어 공산국가의 위협에서 자유로운 강국이 되고자 합니다. 제가 어릴 때는 일제시대였지요. 얼마나 배가 고팠는지…."

박정희는 예정된 40분을 혼자서 소진해버리고도 모자랐다. 에르하르트 총리는 비서를 통해 회담 시간을 30분 연장하라고 지시했다. 박정희는 최종적으로 자신의 이야기를 정리하면서 다시 한번 서독 정부의 경제 지원을 부탁했다. 에르하르트 총리가 비로소 입을 열었다.

"각하, 일본하고 손을 잡으시지요."

박정희는 이 말을 통역해 준 백영훈 교수에게 화를 냈다.

"뭐? 돈 좀 꿔달라는데 일본 얘기는 왜 꺼내?"

에르하르트 총리는 박정희의 표정을 통해 감을 잡은 듯 백 교수의 통역이 시작되기 전에 다시 말문을 열었다.

"각하, 우리 독일과 프랑스는 역사상 마흔두 번이나 전쟁을 했소. 그런데 아데나워 총리가 드골과 만나 악수를 하면서 이웃 나라끼리 손을 잡았소. 한국도 일본과 손을 잡으시지요."

박정희 대통령도 지지 않았다. 두 손바닥을 마주치면서 "독일과 프랑스는 서로 대등한 입장에서 싸웠지요"라더니 이번에는 오른손바닥을 왼손등 위로 내리치며 "우리는 항상 눌려 지냈습니다"라고 말했다.

"우리는 일본과 대등한 입장에서 싸워본 적이 단 한 번도 없습니다. 몰래 힘을 키운 일본이 침략했을 뿐입니다. 그래 놓고도 지금까지 사과도 한번 하지 않습니다. 이런 나라와 어떻게 손을 잡으란 말입니까."

"그래요? 일본이 사과는 해야지요. 독일은 프랑스와의 전투에서 단 한 번도 진 적이 없지만 전쟁에서는 독일이 이긴 적이 단 한 번도 없습니다(웃음). 나의 전임자인 아데나워 총리는 참 훌륭하신 분이었습니다. 독일과 프랑스가 그렇게 사이가 나빴는데, 그 분은 드골 프랑스 대통령을 만나 악수를 하고 손을 잡았습니다.

각하, 지도자는 과거나 현재가 아니라 미래를 보고 가야 합니다. 두 나라 사이에 협력관계를 만들어야 공산국가로부터의 위협에 대비할 수 있습니다. 일본과 손을 잡으십시오."

박정희는 다시 오른손 바닥을 왼손등 위로 포개면서 "이렇게 눌려 싸웠는데도 말이오?"라고 되물었다. 에르하르트 총리는 인자한 표정으로 박정희의 손을 잡으며 말을 이었다.

"예, 각하. 눌려 싸운 것이나 대등하게 싸운 것이나 모두가 과거의 일입니다. 일본과 손을 잡고 경제 발전을 이루세요. 우리가 뒤에서 돕겠습니다. 그래서 우리 합심해서 살아갑시다. 우리가 돕겠습니다."

박 대통령은 에르하르트 총리의 말에 감격한 표정으로 총리의 손을 마주 잡으며 자리에서 일어났다. 회담이 시작된 지 1시간 10분이 지나 있었다. 에르하르트 총리는 회담 후 담보가 필요 없는 財政(재정) 차관 2억 5000만 마르크(약 4770만 달러)를 한국 정부에 제공하기로 결정했다.

대통령의 눈물

1964년 12월10일 아침, 본에서 중요 일정을 모두 마친 박정희 대통령 일행은 우리 광부들이 일하는 루르 지방으로 출발했다. 경찰 기동대 오토바이들이 선도하는 차량행렬은 라인 강을 따라 아우토반을 달렸다.

오전 10시40분, 朴 대통령이 탄 차가 루르 지방의 함보른 탄광회사 강당에 도착했다. 인근 탄광에서 근무하는 한인 광부 300여 명, 뒤스부르크와 에센 간호학교에서 근무하는 한인 간호원 50여 명이 태극기를 들고 환영했다.

검은 炭(탄)가루에 찌들은 광부들이지만 모두 양복 차림이었고 격무에 시달린 간호원들도 색동저고리를 곱게 차려입고 박 대통령 일행에게 환하게 웃으며 손을 흔들었다.

박 대통령과 육영수는 서독 실정을 잘 알던 통역관 백영훈 교수로부터 서독에 파견된 우리 광부와 간호원들이 초과근무를 自請(자청), 몸이 부서져라 일해서 고향에 송금하고 있다는 이야기를 차 안에서 이미 들었던 터였다.

박 대통령과 육영수는 이들에게 손을 흔들어 답례했다. 벌써 육영수는 손수건을 꺼내 눈물을 닦았다. 간호원 중에도 조국의 대통령 부부를 보아서인지 더러 눈물을 훔치는 사람들이 있었다.

朴 대통령 일행이 강당으로 들어가 대형 태극기가 걸린 단상에 오르자 광부들로 구성된 브라스 밴드가 애국가를 연주했다. 박 대통령이 선창하면서 합창이 시작됐다.

"동해물과 백두산이 마르고 닳도록…."

한 소절 한 소절 불러감에 따라 애국가를 부르는 소리가 더 커져 갔다.

"무궁화 삼-천리 화려-강-산…."

이 대목부터 합창소리가 목멘 소리로 조금씩 변하기 시작했다. 우리 광부와 간호원들에게는 떠나온 고향과 조국산천이 눈앞에 스치고 지나갔을 것이다. 가난한 나라의 대통령으로서 젊은이들이 타국에 와 고생하는 현장을 본 박정희의 음성도 변하기는 매한가지였다.

마침내 마지막 소절인 "대한사람 대한으로…"에서는 더 이상 가사가 들리지 않았다. 모두가 눈물을 쏟아냈다. 밴드의 애국가 연주가 끝나자 박정희 대통령은 손수건으로 눈물을 닦고 코를 풀더니 연설을 시작했다.

"여러분. 萬里他鄕(만리타향)에서 이렇게 상봉하게 되니 感慨無量(감개무량)합니다. 조국을 떠나 異域萬里(이역만리) 남의 나라 땅 밑에서 얼마나 노고가 많으십니까. 서독 정부의 초청으로 여러 나라 사람들이 이곳에 와 일하고 있는데 그중에서도 한국 사람들이 제일 잘하고 있다고 칭찬을 받고 있음을 기쁘게 생각합니다…."

여기저기서 흐느끼는 소리가 들려오기 시작했다. 박 대통령은 원고를 보지 않고 즉흥 연설을 하기 시작했다.

"광부 여러분, 간호원 여러분. 母國(모국)의 가족이나 고향땅 생각에 괴로움이 많을 줄로 생각되지만 개개인이 무엇 때문에 이 먼 異國(이국)에 찾아왔던가를 명심하여 조국의 명예를 걸고 열심히 일합시다. 비록 우리 생전에는 이룩하지 못하더라도 후손을 위해 남들과 같은 번영의 터전만이라도 닦아 놓읍시다…."

박 대통령의 연설은 제대로 이어지지 못했다. 울음소리가 점점 더 커지기 시작했기 때문이었다. 감정의 轉移(전이)로 말미암아 박 대통령 자신도 울고 말았다. 육영수도, 수행원도 울었다. 결국 연설은 어느 대목에선가 완전히 중단되었고 강당 안은 눈물바다가 되어버렸다.

"그냥 떠나시렵니까?"

朴 대통령은 참석한 광부들과 일일이 악수를 나누고 파고다 담배 500갑을 전달한 뒤 강당 밖으로 나왔다. 30분 예정으로 들렀던 광산회사에서 朴 대통령 일행이 강당 밖으로 나오는 데는 거의 한 시간이 걸렸다.

함보른 광산회사 측에서는 朴 대통령에게 한국인 광부가 지하 3000m에서 캐낸 석탄으로 만든 재떨이를 기념으로 선물했다. 박 대통령과 육영수는 울어서 눈이 부어 시선을 바로 두지 못했다.

대통령 일행이 광부 기숙사를 둘러보고 차로 향하자 어느새 수백 명의 우리 광부들이 운집해 있었다. 몇몇은 작업복 차림에 갓 막장에서 나와 검은 탄가루를 뒤집어 쓴 채였다. 박 대통령 가까이 있던 광부들이 검은 손을 내밀었다.

"각하, 손 한번 쥐게 해 주세요."

"우리를 두고 어떻게 그냥 떠나시렵니까?"

경호원들이 몰려드는 광부들을 제치고 박 대통령 일행이 갈 수 있도록 길을 만들었다. 박 대통령이 손을 흔들며 차에 오르자 광부들은 일제히 만세를 불렀다.

"만세! 만세! 대한민국 만세! 대통령 각하, 안녕히 가십시오!"

박 대통령의 차량은 뒤스부르크의 데마크 철강회사를 향해 아우토반에 올랐다. 박 대통령은 車中에서 눈물을 멈추려 애쓰고 있었다.

30
철없는 학생들과 위선적 지식인

"조국을 日帝로 착각하고
욕만 하는 지식인들이 있는 한
근대화는 어렵다"

1965년의 세상

월남전 격화, 국군 월남파병
韓·日협정 조인 및 수교
李承晩 하와이서 서거
음악가 안익태 사망
美 우주선 랑데부 성공

국가원수는 무서운 존재

1965년 4월 30일 오후 방한 중인 마셜 그린 미 국무부 극동담당 부차관보는 서울 중구 정동의 미 대사관저에 尹潽善 민정당 총재를 초대하여 韓·日회담과 관련한 요담을 했다. 그린 副차관보는 5·16 군사 혁명 때는 대리대사로서 尹 대통령을 찾아가 박정희 소장이 지휘하는 쿠데타軍(군)을 진압하기 위해 병력동원을 건의했으나 거절당한 인연이 있었다.

이날 민정당의 김준연 의원은 그린 副차관보를 '각하'라고 호칭하면서 그에게 보내는 공개장을 발표했는데, 요지는 朴 대통령의 訪美 정상회담 계획을 중단시켜달라는 것이었다.

한 공화당 의원은 이렇게 불평했다.

"자기 나라 현직 대통령도 안 만나겠다는 전직 대통령은 외국의 외교관을 찾아가 만나고 또 다른 인사는 각하란 말까지 썼는데, 이건 굴욕외교가 아닌가."

한 야당 의원도 "副차관보는 우리나라 국장급인데…"하면서 고개를 갸우뚱했다고 보도되었다. 이날 朴 대통령도 벌컥했다. 그는 朴相吉 대변인을 불러들였다.

"그 X버선인지 헌 버선(편집자 註-윤보선을 지칭)인지 하는 자가 하는 말을 나는 다 알고 있지. 새카만 일본 헤이타이(兵隊) 출신인 째그마한 내가… 제까짓 게 뭘 알겠느냐, 이런 말 아니오? 도대체 당신은 뭘 하는 사람이오?"

박상길은 나오자마자 윤보선의 '사대적 태도'를 비판하는 논평을 냈다. 다음날 그린 부차관보가 브라운 주한 미국대사와 함께 청와대를 찾아왔다. 박 대통령은 그린이 尹 전 대통령을 만난 데 대하여 기분이 상해 있었다. 그린 부차관보는 일국의 대통령을 앞에 두고도 담배를 꼬나물고 다리를 포개고 앉았다.

朴 대통령은 그 무서운 눈매를 번득이면서 그린을 정면으로 쏘아보더니 통역에게 말했다.

"이 자에게 내가 하는 말을 한 마디도 빼지 말고 그대로 통역하시오."

박정희는 비수 같은 질문들을 던졌다.

"그래, 윤보선 씨가 뭐라고 하던가?"

"당신은 지금도 내가 물러나야 한다는 생각에 변함이 없는가?"

배석했던 박상길에 따르면 그린은 원색적인 대통령의 한국말을 얼마간 알아듣는 것 같았다고 한다. 朴 대통령은 시선을 그린의 눈에 고정시키고 추궁하듯이 따지고 들었다.

「정말 옆에서 보기에도 식은땀이 흘렀다. 그린은 대통령의 말씀이 몇 마디 진행되자 겹친 무릎을 풀고 자세가 장군 앞에 선 병졸 모양으로 초긴장되면서 교장 선생에게 꾸중 듣는 학생 모양으로 담배는커녕 손끝까지 떨리는 듯하였다. 그리곤 정확한 발음으로 "예— 서 엑설런시" 소리만 연거푸 하다가 다리를 후들거리며 정신없이 나갔다. 나는 이때 '크든 작든 한 나라의 국가원수란 이렇게 무서운 것이로구나' 하고 느꼈고, 한 독립국가의 主權에 대하여 뼈로부터 우러나오는 긍지를 통감하였다.」(박상길 《나와 제3·4공화국》)

이즈음 朴 대통령은 학생·지식인·야당세력들이 다시 뭉쳐서 調印(조인)이 임박한 韓·日 국교정상화 조약 반대운동을 벌이려고 하는 조짐에 대해서 신경이 날카로워졌다.

"한국 인텔리의 사고방식을 뜯어고치기 전엔…"

그린 副차관보를 혼내준 다음날 박정희 대통령은 진해 제4비료 공장 기공식에 참석, 치사를 하다가 미리 준비한 원고를 제쳐놓고 학생들과 인텔리들을 향해서 격한 비판을 쏟아 붓기 시작했다.

박정희 대통령은 가끔 책상을 소리 나게 치면서 자신의 분노를 격앙된 억양으로 적나라하게 드러냈다.

"오늘 이 자리에 학생들도 좀 얼굴이 보이기 때문에 내 좀더 얘기를 하려 합니다. 학생들! 지금 정치인들이 국회에서 뭐라고 떠들면 내용도 모르고 덮어놓고 거리에 나와서 플래카드를 들고 무슨 학교에서 성토대회도 하고 '무슨 정부 물러가라, 매국하는 정부 물러가라' 하는 등 이런 철없는 짓도 하는데, 나는 학생 제군들에게 솔직히 이 자리에서 이야기해두거니와 제군들이 앞으로 이 나라의 주인공이 되자면, 적어도 10년 내지 20년 후라야만 제군들이 이 나라의 주인공이 되는 것입니다. 제군들의 시대가 오는 것입니다.

오늘 이때에는 우리들 기성세대가 모든 것을 책임지고 여러분들 못지 않게 나라에 대한 것을 걱정하고 근심을 하고 노력을 하고 있다는 것을 여러분은 잊어서는 안 됩니다. 4·19 정신의 계승 운운하나 그런 정신은 백 년에 한 번이나 수백 년에 한 번 있을까 말까한 숭고한 정신입니다. 문제 하나하나를 4·19 정신에 결부시킨다면 4·19를 모독하는 것입니다."

박 대통령은 '철부지 학생들'에 이어 위선적인 지식인들에게 銳

鋒(예봉)을 들이댔다.

"과거 일제시대에 우리가 日帝와 싸우던 것과 마찬가지인 정신 자세, 즉 왜적이 와서 우리를 점령하고 우리를 식민지화하고 우리가 남의 노예가 되었을 때 우리가 日帝에 대항하던 이러한 정신 자세는 (지금에 와서는) 근본적으로 뜯어고쳐야 되는 것입니다. 인텔리 가운데는 정부가 하는 일은 무조건 반대하여야만 그 사람이 아주 인텔리이고 지식인이고 애국자연합니다.

정부가 하는 일은 그네가 아무리 생각해도 옳다고 해도 여럿이 있는 데서 이야기했다가는 '저 사람은 사쿠라요 정부의 앞잡이다' 하는, 이런 우리 한국의 인텔리들의 사고방식이 근본적으로 뜯어고쳐지기 전에는 한국의 근대화라는 것은 어렵습니다."

31
朴正熙-존슨 회담과 越南파병

박 대통령은 서양식 분위기가 싫어
무도회에서 나와 버렸다.

미국 대통령 전용기 얻어 타고

1965년 5월16일 오후 박정희 대통령 부부와 수행원들은 존슨 미국 대통령이 보내준 대통령 전용기 보잉 707에 몸을 실었다. 박정희는 외국 대통령으로부터 비행기를 얻어 타야 하는 자신의 입장을 의식이라도 한 듯 김포공항에서의 출발인사에서 자주·자립을 강조했다.

"다시는 빈곤과 굴욕이 없는 자주·자립의 역량을 배양해야겠습니다. 이 기회에 한 가지 소신을 밝혀둘 것은 우리가 공짜라는 무상원조에만 지나치게 기대고 살아왔던 부끄럽고 낡은 과거로부터 크게 한 걸음 나아가 떳떳하게 빌려 쓰는 장기차관 도입 등의 호혜적인 국제협력에도 큰 노력과 관심을 기울여야 하겠다는 것입니다."

서울을 떠난 지 한 시간이 지나 전용기가 일본 상공을 날고 있을 때 박정희-육영수 부부는 機內 전화로 청와대를 불렀다. 육영수 여사와 큰딸 근혜 양 사이엔 이런 대화가 오갔다.

"근혜니? 지금 무엇들 하고 있지?"

"지만이와 근영이 데리고 놀고 있어요. 어머니, 거기가 어디예요."

"지금 막 일본 상공을 날고 있다. 잡음이 많은데 어머니 말이 잘 들리니?"

"예, 잘 들려요. 어머니, 비행기 멀미하지 않으셔요?"

"괜찮아. 높이 떠서 참 편안해. 할머니께도 걱정 마시라고 여쭙고, 그리고 아버지 어머니 안 계시는 동안 동생들 잘 보살펴라."

약 여덟 시간의 야간비행으로 북태평양을 횡단한 비행기는 16일 새벽 2시(현지 시각)에 알래스카의 엘멘도르프 공군기지에 도착했다. 여기서 잠시 쉬었다가 다시 일곱 시간의 비행 끝에 워싱턴 근교의 랭글리 공군기지에 도착한 것은 현지 시간으로 16일 오후 5시였다. 윌리엄스버그 시장, 기지 사령관 등이 마중 나왔다. 박정희 일행은 영국 식민지 시대의 古都(고도) 윌리엄스버그에서 첫날밤을 보냈다.

다음날 오전 박 대통령 일행은 헬리콥터 편으로 백악관으로 향했다. 존슨 대통령의 영접은 각별했다. 두 대통령은 백악관 뜰에서 환영식을 마친 뒤 큰 리무진에 同乘(동승)했다. 두 대통령의 차량 행렬은 백악관을 출발, 펜실베이니아 대로를 거쳐 영빈관인 블레어 하우스에 이르는 카 퍼레이드를 벌였다. 존슨 대통령은 박 대통령을 숙소까지 바래다 준 셈이다. 1961년 11월의 첫 방미 때와는 비교가 되지 않을 정도의 깍듯한 國賓(국빈) 대접이었다.

1965년 5월17일 오후 5시로 예정된 韓·美 정상회담 한 시간 전에 백악관 안보회의는 존슨 대통령에게 회담 준비 자료로 3페이지짜리 메모를 전했다. 지금은 비밀 해제된 이 문건의 요지는 이러했다.

「박 대통령은 미국이 한국을 계속 지원하고 한·일 국교정상화 이후에도 한국을 일본의 통제권 안으로 밀어 넣지 않는다는 보장을 요구하고 있다. 그런 보장을 얻게 되면 그는 한·일 국교정상화 협정을 비준하는 데 필요한 국민의 지지를 얻는 문제에서 유리해질 것이다. 박 대통령은 농촌 출신인데 부끄럼을 타면서도 아주 영리한 사람이다. 그는 키가 작은 데 대해 콤플렉스를 갖고 있어 처음 만나면 공식적이고 딱딱하다. 그러나 기분이 편해지면 상대방의 솔직한 태도에 잘 반응한다. 그의 한 가지 취미는 승마이다.

월남 정부는 추가적인 한국군 파견을 요청하고 있다. 우리는 한·

일 국교정상화와 관련하여 도전을 받고 있는 박 대통령이 그 난관을 극복하기 전에는 이 월남파병 문제를 의논해선 안 된다고 생각한다. 한국 측은 이번 방미 기간에 추가 파병의 대가로서 추가 원조를 얻을 수 있지 않을까 탐색전을 벌일 것으로 예상되므로 이 시점에서는 우리가 나서서 구체적 논의를 하지는 말아야 한다고 생각한다.」

백악관 서재에서 열린 제1차 韓·美 정상회담에는 두 대통령이 통역만을 데리고 대좌했다. 이 대화록은 비밀분류에서 해제, 공개되어 있다. 이를 근거로 박-존슨 두 대통령의 발언들을 대화체로 재구성하면 대강 이러했다.

존슨: "우리는 한국에 대해선 가능한 모든 원조 수단을 동원할 작정입니다. 주한미군은 그대로 주둔시키겠습니다. 어떤 병력 감축안도 생각하지 않고 있습니다. 만약 병력을 조정해야 할 일이 생기면 각하께 먼저 알려드리고 사전에 충분히 상의하겠습니다. 한·일 국교정상화 회담이 순조롭게 진행되고 있어 다행입니다. 이는 오로지 각하의 지도력 덕분이라고 믿습니다. 한·일회담이 성공적으로 마무리되면 월남에서 양국이 서로 협력하는 데도 도움이 될 것입니다."

박정희: "한·일회담은 오는 6월 초나 중순까지는 마무리 될 것입니다. 협상을 방해하려는 무책임한 세력이 있지만 우리는 적극적인 대국민 홍보 등 다각적인 방법으로써 일본과의 합의에 도달하고야 말 것입니다."

존슨: "요사이는 외국에 대한 원조안을 의회에서 통과시키는 것이 더욱 어렵게 되고 있습니다. 다행히 한국이 월남에 2000명의 병력을 보낸 것이 의회를 설득하는 데 좋은 역할을 했습니다. 각하께서는 월남에 한국군을 추가로 파견할 수 있습니까."

박정희: "그 문제는 좀더 연구 검토해봐야 하겠습니다. 국민들 사이에는 너무 많은 병력을 월남에 파견하게 되면 휴전선 방어력이 약화되고 북한의 모험을 유발하지 않을까 걱정하는 이들이 많습니다. 그렇지만 우리는 월남에 병력을 增派(증파)할 생각을 갖고 있습니다."

백악관 무도회의 異變

존슨 대통령은 또 다시 "1개 사단을 보낼 수 있을까요? 그렇게 하면 전쟁수행에 큰 도움이 되겠는데요…"라고 박정희 대통령을 몰아세웠다.

박정희: "한국이 월남전에 병력을 증파할 수 있다는 것은 나의 개인적인 견해입니다. 한국 정부가 이 문제를 연구해보아야 합니다. 이 시점에서는 결정할 수 없는 문제입니다."

존슨: "우리는 한국에 필수적인 물건의 수입, 개발차관, 기술 원조, 그리고 평화 목적의 식량지원에 대해서 돈을 대겠습니다. 한국에 대한 미국 측의 인상이 지금처럼 좋았던 적은 일찍이 없었습니다. 로스토 박사도 한국을 방문하고 돌아와서 '경제 분야에서 큰 발전이 있다'고 보고했습니다."

박정희: "주한미군의 철수에 대해서 워싱턴으로부터 아무런 말들이 나오지 않기를 정말 바랍니다. 그런 이야기가 나올 때마다 국민들이 불안해하므로 우리가 월남을 돕기가 매우 곤란합니다."

존슨: "한국의 안보는 충분한 병력과 예산으로써 보장될 것입니다. 아무리 적은 주한미군을 철수시킨다 하더라도 반드시 각하와 사전에 의논한 다음에 하도록 하겠습니다. 나는 호주, 필리핀, 뉴질

랜드도 월남을 원조해주기를 기대하고 있습니다. 월남에서 우리가 이기기 위해서는 여러 나라들로부터 7만에서 8만 명 사이의 병력이 파견되어야 할 것입니다. 지금 브라운 대사가 작업을 하고 있는 것으로 알고 있습니다만, 주한미군의 지위에 관한 행정협정은 독일의 예를 따를까 합니다. 그러나 각하의 이번 방문 기간 중에 그 협상이 결론나지는 않을 것 같습니다."

박정희: "이 협상은 너무 오래 끌고 있습니다. 많은 국민들, 특히 야당은 불만이 많습니다. 각하께서 빨리 결론을 내리라고 지시해주셨으면 합니다. 1967년은 제1차 경제개발 5개년 계획의 마지막 연도입니다. 우리는 곧 제2차 경제개발 5개년 계획을 추진할 생각입니다. 한국은 미국의 계속적인 원조를 필요로 합니다."

존슨: "우리는 제2차 세계대전 이후 약 1000억 달러의 대외원조를 했고 16만 명의 장병들이 죽거나 다쳤습니다. 몇 나라들이 행동하는 것을 보면 의회로부터 원조허가를 받아내기가 매우 어렵게 보입니다. 예컨대 수카르노가 미국 공보원의 도서관들을 불태웠을 때 의회 인사들은 인도네시아에 대한 원조를 전면적으로 중단시키려 했습니다. 한국이 월남을 지원한 것은 그런 점에서 매우 현명한 조치였습니다. 한국의 월남파병은 다른 나라에도 자극이 되어 호주와 뉴질랜드 같은 나라들이 월남 지원에 동참하도록 만들고 있습니다. 한국이 월남에 1개 사단을 증파해 주시기를 거듭 희망하는 바입니다."

1965년 5월17일의 제1차 韓·美 정상회담은 30분 만에 끝났다. 존슨 대통령은 백악관 서재에서 나와 박 대통령을 안내하여 백악관의 장미정원을 거닐면서 환담했다. 존슨 대통령은 수행한 한국기자들을 불러들여 함께 산책하자고 권했다. 존슨은 애견 두 마리를 끌고 나와 한 마리의 줄을 박 대통령에게 주었다. 이 개는 박 대통령을 따라가지 않으려고 버티는 것이었다. 박 대통령은 몇 걸음을 질질 끌어보다가 안 되겠다 싶었는지 개의 두 앞다리를 들어올려 손으로 잡고 걸음마를 시켰다. 기자들이 소리 내어 웃자 개도 긴장이 풀렸는지 동행하게 되었다. 나중에 박 대통령 밑에서 청와대 대변인과 문공부 장관을 지내게 되는 金聖鎭(김성진, 청와대 대변인 및 문공부 장관 역임)은 당시 〈동양통신〉 워싱턴 특파원으로서 현장에 있었다.

"존슨 대통령은 한마디 한마디 할 때마다 박 대통령을 즐겁게 해주려고 무척 애쓰는 것이었습니다. 월남에 전투사단을 파견하도록 박 대통령을 설득해야 하는 다급한 입장에 있었던 존슨은 산책이 끝나자 대통령 일행을 안내하면서 백악관 내부를 돌아다녔고 자상한 설명을 곁들였습니다."

존슨은 어느 방에 놓여 있던 화첩을 들어 박대통령에게 한 장씩 펼쳐 보이면서 말했다.

"우리 언론이 나를 어떻게 만들어놓았는지 한번 보십시오."

시사 만화가들이 존슨을 웃음거리로 만든 장면들을 본 박 대통령도 웃음을 터뜨렸다. 그는 한국 기자들과 수행원들에게 "여기 좀 봐, 이렇게 그렸네"라고 했다.

金聖鎭 당시 기자에 따르면 미국은 박 대통령이 승마를 즐긴다는 사실을 알아두고는 존슨과 나란히 말을 타는 장면을 연출하려 계획했다고 한다. 이 계획은 청와대 측에서 "우리 각하는 1년 전부터 승마를 그만두셨고 승마를 할 경우 너무 피곤해 하실 것 같다"고 해서 취소되었다는 것이다.

이날 저녁 백악관 연회실에선 존슨 대통령이 주최한 박 대통령 환영 만찬이 있었다. 150명의 인사들이 초청되었다. 한국 기자들은 만찬 이후에 있을 음악회와 무도회에 초대되었다. 야회복을 준비해 오지 않았던 기자들은 옷 빌려주는 가게를 찾아가 한 벌에 12달러씩 주고 옷을 빌렸다.

　무도회가 시작되자 존슨 대통령은 육영수 여사에게 다가가 춤을 추자고 했다. 당황한 육영수는 남편보다는 한 자(尺)가 더 큰 존슨 대통령에 매달려 1분쯤 느린 왈츠를 추었다. 존슨 대통령은 자기 부인을 朴 대통령에게 보내 춤을 추라고 시켰다. 춤을 출 줄 모르는 박정희는 이 프러포즈를 거절하는 결례를 범했다. 그뿐이 아니었다. 朴 대통령은 피로하다면서 아내를 데리고 숙소로 돌아가버렸다. 주빈이 갑자기 사라지니 분위기가 이상해질 수밖에. 현관까지 朴 대통령 부부를 전송하고 돌아온 존슨 대통령은 썰렁해진 무도장의 분위기를 수습하려고 딸 린다 양을 불러 스케이팅 왈츠를 추면서 손님들에게 동참을 권했다.

존슨의 선물-KIST 설립 약속

　1965년 5월18일의 일정도 여덟 군데를 도는 시간표로 박정희 대통령을 기다리고 있었다. 미국 대통령 직속의 국가안보회의 간부 제임스 C. 톰슨은 제1차 정상회담을 분석하여 이날 존슨 대통령에게 참고용 메모를 올렸는데, 재미있는 대목이 있다.

　"우리 측 통역이 전하는 바에 따르면 각하께서 박 대통령에게 발언할 기회를 충분히 주었으나 박 대통령은 극도로 부끄럼을 타는 사람이므로 오늘 회담할 때도 그에게 다시 한 번 지난 회담 때 그냥 넘겨버린 어떤 의제가 있다면 기탄 없이 이야기를 해보라고 격려해주는 것이 좋을 듯합니다."

제2차 정상회담은 이날 오후 5시 양쪽 장관과 보좌관들이 배석한 가운데 백악관에서 열렸다. 존슨 대통령은 먼저 이날 정오 내셔널 프레스 클럽에서 한 박 대통령의 연설이 훌륭했다고 축하했다. 그는 이어서 지난 봄 중서부를 강타한 허리케인의 희생자들을 돕기 위하여 한국 국민들이 보내준 성금에 대해서 감사했다.

"한국 국민들에게 전해주십시오. 그 돈은 한국전에 참가했던 군인들 중 피해가족들을 위해서 쓰겠다고요."

존슨 대통령은 전날 밤의 만찬에 대해서도 듣기 좋은 말만 했다.

"어제 만찬장은 빈 자리가 하나도 없었습니다. 오늘 많은 손님들이 나와 집사람에게 각하와 자리를 함께한 것을 영광이었다고 말했습니다. 그렇게 많은 사람들이 먼 길을 와서 자리를 빛내준 것이 참으로 뿌듯합니다."

존슨 대통령은 박 대통령에게 "어제 우리는 양국 간에 논의할 이야기를 전부 다한 것 같습니다. 각하께서 提起(제기)하시고자 하는 의제가 더 있으면 서슴없이 말씀해주십시오. 무슨 주제든지 좋습니다. 나는 러스크 장관과 함께 간밤을 거의 뜬눈으로 지새면서 도미니카 공화국의 정부군과 반란군이 무력충돌을 일으키지 않도록 제지하는 데 골몰했습니다"라고 했다.

박정희: "오늘 나는 맥나마라 국방장관과 조찬을 하면서 軍援移管(군원이관) 문제에 대해서 의논했는데, 각하께서 이를 유념해주시기 바랍니다."

존슨: "내년에 정부가 30억 달러 규모의 군사·경제 원조 예산을 확보할 수 있을지 아직 자신이 없습니다. 이처럼 불명확한 상태에서 외국의 지도자들이 방문하면 만나서 원조 문제를 이야기해야 하는데, 이것이 싫어서 그들의 訪美를 연기시키고 있는 실정입니다."

박정희: "한국은 60만 명의 잘 훈련된 군대를 보유하고 있습니다. 이 병력은 공산주의와 대항해 싸우는 미군의 일부가 될 수도 있습니다. 우리 군대는 미군과 함께 공산주의와 싸울 것이며, 동시에 미국의 지원에 의존하지 않을 수 없습니다."

존슨: "각하의 그런 다짐은 매우 감동적입니다."

박정희 대통령은 이어서 아프리카에서 한·미 양국이 협조하여 외교활동을 강화했으면 한다는 뜻을 말했다.

"아프리카는 우리의 도움을 필요로 하고 있지만, 그들도 우리에게 도움이 될 수 있을 것입니다."

박 대통령은 이즈음 북한이 아프리카 외교를 강화하고 있는 것에 자존심이 상해 있었다. 존슨은 "연구해보겠다"고 답했다. 배석하고 있던 金聖恩 국방장관이 존슨에게 말했다.

"한국군 장병들의 월급이 너무 적어 사기에 영향을 끼치고 있습니다. 각하께서는 한국군이 미군의 일부란 인식하에 선처해 주시기 바랍니다."

존슨은 "우리 의회도 미군의 월급 인상을 요청하고 있으나, 예산의 한계 때문에 어려울 것 같다"고 했다.

박정희는 이어서 "공동성명에 포함될 각하의 '기술 및 응용과학 연구소 건립 제안'에 대해 기꺼이 받아들이겠습니다"라고 했다.

존슨은 "각하나 나나 똑같이 교편을 잡은 적이 있지 않습니까. 그러니 과학교육에 신경을 써야 합니다. 도움이 된다면 내 과학고문을 한국에 파견하겠습니다. 동의하신다면 이 대목을 공동성명에 넣도록 합시다"라고 했다. 이 연구소는 나중에 한국과학기술연구소(KIST)로 결실된다.

배석하고 있던 장기영 경제기획원 장관 겸 부총리는 "공동성명 5페이지에 있는 문장에서 '매년(annual)'이란 단어를 삭제하고 '적절한(applicable)'으로 대체할 수 없겠습니까"라고 말했다. 문제의 문장은 '(미국이 약속한 1억 5000만 달러의) 개발차관은 매년 의회의 승인을 받아서 지급될 것이다'는 내용이었다. 장기영 부총리는 그런 제약 내용이 공개되면 1억 5000만 달러 차관이 조건부란 인상을 줄까봐 '매년'이란 단어를 떼버리자고 했던 것이다. 존슨은 '매년'만을 그냥 떼버리도록 양해하면서 한마디를 덧붙였다.

"그렇지만 우리는 의회와 언론에 대해 솔직하게 말할 수밖에 없습니다. 그들은 우리의 대외원조가 매년 의회의 승인을 받아야 한다는 것을 잘 알고 있으니까요."

옆에 있던 이후락 비서실장이 한마디 거들었다.

"우리도 그러한 법적 절차를 잘 알고 있습니다. 미국이 이런 식으로 우리를 많이 도와주었으므로 우리는 이 원조를 善用(선용)하여 보답하도록 하겠습니다."

존슨 대통령은 "내가 가는 곳마다 오늘과 같은 공동성명을 만들어낼 수 있다면 표를 많이 얻겠소"라고 하더니 배석한 브라운 주한 미국대사와 김현철 주미 한국대사에게 "덧붙일 말이 없느냐"고 물었다.

두 사람 모두 "없다"고 하자 존슨은 박 대통령에게 "오늘 저녁 7

시에 다시 만날 수 있기를 바랍니다. 나는 다른 일정 때문에 조금 늦 겠습니다"라고 하면서 제2차 정상회담을 끝냈다.

웨스트포인트에서

朴 대통령은 다음날 뉴욕에서 자동차로 약 두 시간 거리에 있는 웨스트포인트의 육군사관학교를 미 공군 특별기를 타고 찾아갔다. 만주군관학교, 일본 육사, 그리고 조선경비사관학교 등 3개국의 육사를 모두 졸업한 경력을 가진 박 대통령은 군사문화에 익숙한 체질 때문인지 이 방문을 아주 즐겼다. 의장대 사열을 받기 직전 이곳에 사는 것으로 보이는 동포 여성 한 사람이 박 대통령을 붙들고 감격에 겨워 눈물을 흘렸다.

박 대통령은 생도들을 앞에 두고 짤막한 연설을 했다.

"역사상에는 동일한 연대에 대등한 무력이 등장하고 전쟁을 하는 것을 자주 보아왔습니다. 어느 쪽의 무력이 일시적으로 강대해지더라도 정의를 함께 하지 아니한 무력은 끝내 처참하게 패망했습니다. 이런 진리를 부정하고 오로지 폭력만으로써 인류를 제압할 수 있다고 믿는 어리석은 자들이 바로 공산주의자들입니다. 폭력은, 스스로 부정할 수 있는 폭력도 내포하고 있는 것입니다. 본인은, 이런 면에서도 본인과 한국 국민이 계속하고 있는 반공 투쟁이, 끝내 승리할 것이라는 자신을 가지는 것입니다."

생도식당에서 생도들과 함께 한 식사가 끝나갈 무렵 학교 당국은 이곳을 방문하는 국가원수에게만 주는 특권 하나를 박 대통령에게 드리겠다고 했다. 박 대통령은 오전에 운동장을 시찰하다가 20여

명의 사관 생도들이 罰(벌)로 특별훈련을 받고 있는 것을 목격한 기억이 났다. 박 대통령은 벌을 받고 있는 한 생도에게 이것저것 물어보기도 했었다.

"나는 나에게 부여된 특권으로 지금 교정에서 벌을 받고 있는 생도들을 모두 사면하는 바입니다."

생도들은 함성을 올리면서 식탁을 꽝꽝 소리 나게 쳤다. 생도들은 박 대통령이 웨스트포인트를 떠날 때는 모자를 일제히 벗어 하늘로 높이 던져 환송했다. 박 대통령은 며칠 뒤 〈동양통신〉 金聖鎭워싱턴 특파원에게 이런 말을 했다.

"내가 미국 방문에서 가장 깊은 인상을 받은 것이 두 가지야. 하나는 푸른 숲, 다른 하나는 웨스트포인트에서 만난 생도들의 늠름한 모습과 젊은 기개야. 내가 미국에서 가져가고 싶은 것이 저 푸른 숲이야. 나라라는 것은 이렇게 푸르러야 미래가 있는 거야."

푸른 숲과 생도들의 기개를 높게 평가한 박정희도 당시 나이가 48세, 그를 수행한 참모들도 거의가 30대 후반, 40대 초반이었다. 패기 있는 지도층이 이끌던 젊은 한국이었다는 얘기이다.

"남의 나라 로켓인데…"

다음날(1965년 5월22일) 아침 일찍 대통령 일행은 피츠버그의 존스 앤드 로린 철강회사를 방문했다. 군정 시절에 종합제철공장 건설을 시도하다가 좌절한 바 있었던 박 대통령은 부러운 표정으로 말없이 공장 내부를 돌아보았다. 수행원들은 "단 한 개라도 좋으니 우리도 이런 공장을 가져보았으면 원이 없겠다"고 말하기도 했다.

피츠버그 공항을 오전 10시20분에 출발한 특별기는 약 두 시간의 비행 끝에 플로리다 주의 우주기지인 케이프 케네디에 도착했다. 야자수 나무들이 서 있는 常夏(상하)의 평원 여기저기에는 금방 단추만 누르면 우주를 향해서 치솟을 것 같은 로켓들이 전신주처럼 여기저기에 박혀 있었다. 우주센터에서는 朴 대통령의 방문에 맞추어 아틀라스 장거리 로켓 발사 시험을 했다.

로켓이 굉음을 내면서 아프리카 남단의 한 무인도를 목표로 솟아오르자 박 대통령은 뒷자리에 앉은 사람이 쓰던 쌍안경을 달라고 하여 사라질 때까지 지켜보았다. 다른 사람들의 시선은 이미 땅으로 내려왔지만 박 대통령은 쌍안경의 시야에서 로켓이 사라질 때까지 지켜보다가 쌍안경을 내려놓았다. 그리곤 아무 말이 없었다. 옆에 앉아 있던 김성진 〈동양통신〉 기자가 "소감이 어떻습니까" 하고 물었다.

박 대통령은 시큰둥한 표정으로 "뭐, 남의 나라에서 쏘았는데, 감상은 무슨 놈의 감상이야" 하고 고개를 돌려버리는 것이었다. 합동취재기자단의 대표로서 취재 중이었던 김성진은 논평을 듣는 데는 실패했으나 박 대통령의 표정이라도 정확하게 관찰해 놓으려고 유심히 살폈다.

"마치 좋은 장난감을 갖고 있는 옆집 아이를 시샘하는 어린아이의 표정이었습니다. 저는 거기서 '아하, 이 분은 보통 양반이 아니구나' 하는 느낌을 받았습니다. 박 대통령은 뉴욕 시가지를 걸을 때도 골똘히 무엇을 생각하는 표정이었습니다. '이 분은 자수성가한 사람답게 국가도 자주정신을 가져야 한다고 굳게 믿는 분이로구나, 미국에까지 와서도 국가경영의 지표를 설정하려고 끊임없이 명상하는 분이로구나' 하는 생각이 들었습니다."

로켓 발사 실험이 끝나고 일행이 버스에 오르자 기다리던 기자들이 "홍종철 장관, 뭐 발표없어요?"라고 소리쳤다. 홍종철 장관은 김성진 기자를 쳐다보았다. 김 기자는 "글쎄 말이야, 내가 대변인이라면 '우리 우방의 놀라운 과학기술의 발달이 인류에 도움이 되기를 바란다'고 하면 안 될까"라고 했다.

같은 버스에 동승했던 李厚洛 비서실장이 한 시간 뒤 "대통령 소감이 나왔습니다"하고 돌린 논평은 金聖鎭 기자가 버스 안에서 말한 내용과 흡사했다.

다음날은 일요일로 박정희 대통령 일행은 모처럼 자유로운 시간을 보낼 수 있었다. 케이프 케네디의 패트릭 공군기지에 숙소를 두고 있던 박 대통령은 이날 오전 수행기자들을 불러 아침식사를 함께 하면서 화기애애한 분위기 속에서 즉석 기자회견을 했다. 한 기자가 "육영수 여사가 도처에서 격찬을 받았습니다"라고 하자 박 대통령은 싫지 않은 표정으로 "나보다도 인기가 좋았단 말이오?"라고 했다.

박 대통령 부부는 근처에 사는 교포들을 초청하여 환담했다. 가수 孫詩響(손시향)도 끼어 있었고, '박정희'란 이름을 가진 여성이 미국인 남편 사이에서 낳은 아기를 안고 와 자신의 성명을 밝히는 바람에 웃음이 터졌다.

박 대통령은 오전에 시간이 남자 洪鍾哲 공보부 장관을 보내 혼자서 기사를 정리하고 있던 김성진 기자를 자신의 방으로 불렀다.

"김 기자, 심심한데 우리 드라이브나 합시다."

박 대통령은 전화기를 들더니 수행경호관에게 지시를 했다.

"자동차 나오라고 해. 깃발은 커버를 씌워라. 이건 공식행사가 아니야."

잠시 후 세 사람은 리무진을 타고 바다가 넘실대는 남국풍의 해안을 달렸다. 운전석과 맞닿은 바로 뒷자리에는 김 기자, 홍 장관이 앉아 박 대통령과 마주 보게 되었다. 박 대통령은 워싱턴 특파원 생활을 오래 한 김성진에게 미국의 외교정책, 의회 사정, 언론 동향 등에 대해서 이것저것 물었고 金 기자는 訪美 소감을 물었다. 다음 날 박 대통령은 헤어지는 김 기자를 부르더니 물었다.

"미스터 김, 당신은 한국에 안 돌아오시오?"

"저도 임기가 있습니다."

"언제 끝나나?"

"내년이면 저도 돌아가야 합니다."

"돌아오면 나한테 연락하시오."

김성진은 박 대통령의 이 말을 그냥 하는 이야기로 이해했다. 다음해 귀국한 김성진은 정치부장 대리로 있으면서 동남아 취재를 했다. 그 기사가 나간 뒤 청와대로부터 들어오라는 연락이 왔다. 朴 대통령은 김 기자를 보자마자 "당신 언제 왔어?"라고 했다.

"온 지 오래됩니다."

"이 사람, 연락하라고 그랬잖아."

김성진은 '그런 걸 다 기억하고 있는 이런 양반 앞에서 허튼 소리를 했다가는 큰일이 나겠구나' 하고 생각했다고 한다.

32
弔辭:: 朴正熙가 李承晩에게

"역사의 어린 양이셨습니다"

李承晩의 죽음

식민지와 지배국 사이로 맺어졌던 韓·日관계가 대등한 주권국가 사이로 새 장을 연 1965년 6월22일 서울 시내는 1만여 명의 학생들과 야당인사들이 참여한 '굴욕외교 규탄 시위'로 최루탄·곤봉·삐라가 난무하는 수라장으로 변했다.

다음날 밤 8시 청와대에서 박정희 대통령은 라디오 및 텔레비전으로 중계된 연설에서 금속성 목소리로 특별담화를 읽어 내려갔다. 이 담화문은 박 대통령의 對日觀을 잘 보여준다. 그는 패배주의적인 대일관을 비판하면서 자신의 소신을 강한 어투로 표현했다.

"나는 우리 국민 일부 중에 한·일교섭의 결과가 굴욕적이니 저자세니 심지어 매국적이라고까지 극언을 하는 사람들이 있다는 것을 잘 알고 있습니다. 나는 지금까지 그들의 주장이 정부를 편달하고 정부가 하는 교섭의 입장을 강화하는 데 도움도 될 수 있으리라는 점에서 이것을 호의적으로 받아들였습니다. 그러나 그들의 주장이 진심으로 우리가 또 다시 일본의 침략을 당할까 두려워하고 경제적으로 예속이 될까 걱정을 한 데서 나온 것이라면 나는 그들에게 묻고 싶습니다.

어찌하여 그들은 그처럼 자신이 없고 피해의식과 열등감에 사로잡혀 일본이라면 무조건 겁을 집어먹으냐 하는 것입니다. 이같은 비굴한 생각, 이것이 바로 굴욕적인 자세라고 지적하고 싶습니다. '일본 사람하고 맞서면 언제든지 우리가 먹힌다'는 이 열등의식부터 우리는 깨끗이 버려야 합니다. 우리의 근대화 작업을 좀먹는 암적인 요소는 우리들 마음 한구석에 도사리고 있는 패배주의와 열등의식 및 퇴영적인 소극주의, 바로 이것입니다.

나는 이 기회에 일본 국민들에게도 한마디 밝혀둘 일이 있습니다. 과거 일본이 저지른 죄과들이 오늘의 일본 국민이나 오늘의 세대들에게 책임이 있다고 생각하지는 않습니다. 그러나 '일본은 역시 믿을 수 없는 국민이다' 하는 對日(대일) 불신 감정이 우리 국민들 가슴속에 또 다시 싹트기 시작한다면 이번에 체결된 모든 협정은 아무런 의의를 지니지 못할 것이라는 것을 이 기회에 거듭 밝혀두는 바입니다."

도쿄에서 조인식을 마친 다음날 귀국한 이동원 외무장관은 역사적 문서를 들고 청와대로 들어갔다. 박 대통령은 두 손을 서류에 얹고는 흐뭇한 표정으로 한동안 들여다보다가 독백처럼 말하더란 것이다.

"대체 이 서류 몇 개를 가져오는 데 몇 년이 걸린 건가…."

연하구 외무부 아주국장이 "자유당 시절부터 햇수로 15년입니다"라고 했다.

"15년이라, 그것 참, 그렇지만 앞으로 150년이건 1500년이건 잘 돼야 할 텐데…."

1965년 7월19일 하와이 호놀룰루의 마우나라니 靜養院(정양원)에서 치료를 받고 있던 李承晩 초대 대통령이 부인 프란체스카 여사, 양자 李仁秀(이인수), 재미동포 崔伯烈(최백렬)이 지켜보는 가운데 운명했다. 향년 90세. 의식을 잃은 지 1년이 넘은 그는 큰 숨을 한번 몰아쉬고는 조용히 숨을 거두었다. 유언을 남길 처지가 아니었다.

프란체스카 여사는 눈물을 닦으면서 이인수에게 "절대로 남 앞에서는 눈물을 보이지 말라"라고 당부했다. 프란체스카 여사는 늘 들고 다니던 팬암 항공사 상호가 찍힌 낡은 쇼핑백에 성경과 찬송가를 담아 들고는 병실을 나섰다.

이승만 전 대통령을 마지막으로 위문한 정부 요인은 이동원 외무장관이었다. 그는 넉 달 전 미국 방문을 마치고 귀국하는 길에 정양원을 찾았다. 이 전 대통령은 사람을 전혀 알아보지 못한 채 바다가 보이는 창가에 누워 있었고, 간호사를 고용할 돈도 없던 프란체스카 여사가 소파를 침대처럼 쓰면서 옆에서 看病(간병)하고 있었다고 한다.

李 장관이 돌아와 박 대통령에게 이승만의 처지를 전하면서 "프란체스카 여사의 부탁입니다만, 머지않아 돌아가시게 될 터인데 고국에서 묻힐 수 있게 해달라고 합디다"라고 보고했다. 박 대통령은 깊은 생각에 잠긴 채 묵묵부답이었다.

7월21일 호놀룰루 한인 기독교회의 영결식장에서 말년의 이승만과 가장 가깝게 지냈던 미국인 친구 보스윅은 故人(고인)을 덮은 베일을 걷어낸 뒤 이마를 만지면서 울부짖듯이 말했다고 한다(이인수 증언).

"나는 자네를 알아, 나는 자네를 알아. 자네가 얼마나 조국을 사랑하고 있는지, 자네가 얼마나 억울한지를 내가 잘 안다네. 이 친구야, 그 일 때문에 자네가 얼마나 고생을 했는지, 바로 그 애국심 때문에 자네가 그토록 비난을 받고 살아왔다는 것을 내가 잘 안다네, 이 친구야…."

한 시간 가량 걸린 영결 예배가 끝나자 영구차는 하와이 경찰의 경호를 받으면서 히컴 공군기지로 향했다. 이승만 전 대통령이 살아서 귀국하는 것을 막았던 박정희 정부는 죽어서 귀국하는 것은 허용했다.

국내에서는 장례 절차를 두고 논란이 빚어졌다. 국장, 국민장, 사회장, 또는 가족장, 어느 쪽으로 할 것인가.

4·19 혁명 직후 하야한 이승만의 뒤를 이어 과도정부를 이끌었던 허정 전 수반은 "무엇보다도 아쉬웠던 것은 정부가 이 박사의 소원을 들어주지 않아 그분이 고국에서 눈을 감지 못했다는 점이다"라고 말하면서 "장례식이나마 국장으로 했으면 한다"고 했다.

金泳三 민중당(민정당과 민주당이 합당하여 만든 야당) 대변인은 "적잖은 정치적 과오가 있긴 하지만 평생을 조국의 독립투쟁에 몸 바쳐왔으며, 초대 대통령을 지냈다는 것을 감안하여 全 국민과 더불어 깊은 애도의 뜻을 표한다"고 했다.

4월 혁명동지회 등 일부 단체에선 국장, 국민장, 사회장 그 어느 것도 안 된다면서 반발하기 시작한다.

國葬이냐, 국민장이냐?

1965년 7월20일 오후 정부는 국무회의에서 李承晩 전 대통령의 장례를 국민장으로 결정했다. 李錫濟 총무처 장관이 장례준비소위원회 위원장이 되었다. 李 장관이 박정희 대통령에게 보고를 하니 朴 대통령은 "하여튼 정부로서 최선을 다해 도와주기 바라오"라며 간단하게 언급했다. 李 장관은 평소 朴 대통령의 이승만 전 대통령에 대한 배려가 각별하다고 느끼고 있었다.

"많은 사람들이 오해를 하고 있는 것 중 하나가 당시 이 박사의 귀국을 박 대통령이 막은 것이 아니냐 하는 점인데, 그것은 당시 상황을 모르고 하는 말입니다. 이 박사 말년에 벌어진 부정선거와 4·19 등 失政(실정)의 여파가 정부에 큰 짐이 되고 있었습니다. 언론들도 국장에 절대 반대 입장이었습니다."

이승만 대통령을 모셨던 張澤相(장택상), 李範奭(이범석), 卞榮泰(변영태) 전 총리 등과 任興淳(임흥순) 전 서울시장 등은 國葬(국장)을 고집했고, 4월 혁명동지회원들은 국장이든 國民葬(국민장)이든 社會葬(사회장)이든 결사반대한다며 단식투쟁을 벌이고 있었다. 대다수 언론들도 4월 혁명동지회와 비슷한 태도로 사설을 쓰곤 했다.

李錫濟 장관은 국장으로 할 경우 반대여론이 드셀 것을 고려해서 국민장으로 하되 격식은 국장으로 하는 것이 정부로서 최선을 다하는 길이라고 판단했다.

7월23일 오후 3시, 이승만의 유해를 실은 미 공군 수송기가 '고향생각'이 연주되는 가운데 김포공항에 도착했다. 프란체스카 여사는 하와이에서 과로로 입원, 서울로 오지 못했다. 박정희 대통령은 이효상 국회의장, 조진만 대법원장, 정일권 국무총리 등 3부 요인들을 데리고 공항으로 나가 5년 1개월 24일 만에 돌아오는 건국 대통령의 유해를 맞았다.

윤치영(이승만 정부에서 내무부 장관 역임) 서울 시장이 정일권 총리와 함께 비행기에 올라왔다. 윤 시장은 국민장을 할 수밖에 없는 사정을 양자 이인수에게 설명하려 했다. 그런 윤 시장이 매정하게 보이기만 했던 喪主(상주) 이인수는 아무 말도 하지 않은 채 유해를 따라 차에 올랐다.

영구차와 그 뒤를 따르는 세단의 행렬이 김포가도를 출발했다. 연도에는 많은 시민들이 나와 죽어서 돌아온 건국 대통령을 맞았다. 한국 부인회 소속 회원들이 검은 치마저고리를 입고 나와 꽃다발을 들고 이 박사의 유해를 기다리고 있었지만, 차량 행렬은 속도를 줄이지 않고 그냥 지나쳤다.

윤치영 시장은 차 안에서도 국민장을 수락하라고 이인수를 설득하다 이화장까지 따라 들어갔다. 문중 사람들은 상복을 갖춰 입고 길가에 나와 서 있었고, 4·19 부상동지회원들은 '자유당 원흉들 사과하라. 이 박사 유해 못 들어온다'는 플래카드를 들고 이화장 앞에서 시위를 벌이고 있었다.

李 박사의 문중 사람들은 정부의 국민장 결정이 건국 대통령에 대한 홀대라고 생각했고, 4월 혁명동지회 등은 국민장이 너무 과분한 조치라며 정부를 규탄하면서 사흘째 농성 중이었다.

이날 밤 이승만의 양자 이인수는 "아버님은 자신의 死後(사후) 간소한 장례를 원하셨다"면서 정부가 결정한 국민장을 거부할 뜻을 비쳤다. 장례는 결국 가족장으로 치러졌다.

7월27일 아침 이승만 전 대통령의 유해는 이화장을 떠나 정동교회에서 장례식을 올렸다. 국립묘지로 運柩(운구)될 때 수십만 시민들이 연도에 몰려나와 애도를 표했다. 대중의 반응은 언론의 비판적 論調(논조)와는 사뭇 다른 것이었다.

李 장관은 이날 아침 서울 시청 옥상에 올라가 사방을 둘러보았다. 시선이 닿는 곳마다 사람들로 꽉 차 있었다. 이석제는 "이래 가지고는 장례 행렬이 제대로 지나갈 수 있을까"하고 걱정했다. 정부가 동원한 인파도 아닌데 시민들은 한결같이 건국 대통령에 대한 존경과 애도의 염을 품고서 거리로 모여 나온 듯했다. 이석제 씨는

6·25 당시 중대장으로 전선에서 죽을 고비를 숱하게 넘길 때가 떠올랐다고 한다.

"적군에게 포위되고 식량조달이 안 돼 사기가 뚝 떨어져 있을 때에도 라디오를 통해 들려오는 '결사적으로 싸워 달라'는 李 대통령의 육성 한마디가 군인들에게 다시 일어나 싸울 수 있는 힘이 되었습니다. 이날 연도에 나온 일반 시민들도 이 분의 말년에 失政(실정)은 있었지만 이 박사는 독립운동을 하시고, 광복 직후 좌익들이 사람들을 구름같이 끌어 모으며 혼란을 조성하고 있을 때 홀로 그 상황을 타개하고 자유 대한민국을 건국하신 분이란 점을 고맙게 여기는 진지한 표정이었습니다."

巨人을 보내는 超人의 弔辭(조사)

1965년 7월27일 오전 이승만 전 대통령의 유해를 실은 영구차는 서울 시내를 가로질러 제1한강교를 건넌 뒤 국립묘지에 도착했다. 국립묘지에 안장되기 전에 간단한 영결식이 있었다. 박정희 대통령의 弔辭(조사)는 정일권 국무총리가 代讀(대독)했다.

독립·건국의 거인을 조국 근대화의 거인이 격조 높은 문장으로써 평가하고 애도하면서 역사의 장으로 떠나보내는 이 弔辭는 이승만을 '독립운동의 元勳(원훈)이요 건국 대통령'으로 지칭하면서 시작된다.

「돌아보건대 한마디로 끊어 파란만장의 기구한 일생이었습니다. 과연 역사를 헤치고 나타나 자기 몸소 역사를 짓고 또 역사 위에 숱한 교훈을 남기고 가신 조국 근대의 상징적 존재로서의 박사께서는 이제 모든 榮辱(영욕)의 塵世因緣(진세인연)을 끊어버리고 영원한 고향으로 돌아가셨습니다. 그러나 생전의 一動一靜(일동일정)이 凡人庸夫(범인용부)와 같지 아니하여 실로 조국의 명암과 민족의 安危(안위)에 직접적으로 연결되었던 세기적 인물이었으므로 박사의 최후조차 우리들에게 주는 충격이 이같이 심대한 것임을 외면할 수 없습니다.

일찍이 대한제국이 기울어가는 것을 보고 용감히 뛰쳐나와 조국의 개화와 반제국주의 투쟁을 감행하던 날, 몸을 鐵鎖(철쇄)로 묶고 발길을 荊棘(형극)으로 가로막던 것은 오히려 선구자만이 누릴 수 있는 영광의 특전이었던 것입니다. 그리고 일제의 침략에 쫓겨 해외의 망명생활 30여 星霜(성상)에 문자 그대로 혹은 바람을 씹고 이슬 위에 잠자면서 동분서주로 쉴 날이 없었고, 또 혹은 섶 위에 누워 쓸개를 씹으면서 조국광복을 맹서하고 원하던 것도 그 또한 혁명아만이 맛볼 수 있는 명예로운 향연이었던 것입니다.

…(중략) 그러나 집권 12년의 종말에 이르러 이미 세상이 다 아는 이른바 정치적 과오로 인하여 살아서 역사의 심판을 받았던 그 쓰라린 기록이야말로 박사의 현명을 어지럽게 한 간신배들의 가증한 소치였을망정 究竟(구경)에는 박사의 일생에 씻지 못할 오점이 되었던 것을 통탄해마지 못하는 바입니다. 하지만 오늘 이 자리에서 다시 한번 헤아려보면 그것이 결코 박사의 민족을 위한 생애 중에 어느 일부분일망정 전체가 아닌 것이요, 또 외부적인 실정 책임으로써 박사의 내면적인 애국정신을 말살하지는 못할 것이라 생각하며, 또 일찍이 말씀하신 "뭉치면 살고 흩어지면 죽는다"는 귀국 第一聲(제일성)은 오늘날 오히려 이 나라 국민들에게 들려주시는 최

후의 유언과 같이 받아들여져 민족사활의 箴言(잠언)으로 삼으려는 것입니다.

　어쨌든 박사께서는 개인적으로나 민족적으로나 세기적 비극의 주인공이었던 것을 헤아리면 衷心(충심)으로 뜨거운 눈물을 같이하지 않을 수 없습니다마는 그보다는 조국 헌정사상에 최후의 십자가를 지고 가시는 '어린 양'의 존재가 되심으로써 개인적으로는 '한국의 위인'이란 거룩한 명예를 되살리시고 민족적으로는 다시 이 땅에 4·19나 5·16과 같은 역사적 고민이 나타나지 않도록 보살펴 시어 자주독립의 정신과 반공투쟁을 위한 선구자로서 길이 길잡이가 되어주시기 바라는 것입니다.

　여러 가지 사정으로 말미암아 박사로 하여금 그토록 寤寐不忘(오매불망)하시던 고국 땅에서 임종하실 수 있는 최선의 기회를 드리지 못하고 이역의 쓸쓸한 海濱(해빈)에서 고독하게 최후를 마치게 한 것을 가슴 아프게 생각하는 바입니다.

　…(중략) 생전에 손수 創軍(창군)하시고 또 그들로써 공산 침략을 격파하여 세계에 이름을 날렸던 그 국군장병들의 英靈(영령)과 함께 길이 이 나라의 護國神(호국신)이 되셔서 민족의 多難(다난)한 앞길을 열어주시는 힘이 되실 것을 믿고 삼가 두 손을 모아 명복을 비는 동시에 유가족 위에도 신의 가호가 같이 하시기를 바라는 바입니다.」

33
"학생들이 정치깡패의 자리에 들어섰다"

"공부시켜야 할 학생을 오직 당리당략의 재물로 희생시켜
학생 데모에 힘입어 정권의 橫財(횡재)를 망상하는
反動政客(반동정객)이 민주정치의
이름을 더럽히고 있는 것이
또한 이 나라 사회의 현실입니다."

학생-교수-정치인 비판

1965년 8월25일 저녁 박정희 대통령은 韓·日수교를 반대하는 학생시위를 군대를 풀어 진압하기로 결심하고, 중앙청 제1회의실에서 전국 방송망을 통해 특별 담화문을 19분간 읽어 내려갔다. 이 연설은 박 대통령이 집권기간 중에 행한 연설 중 가장 직설적이고 단호한 표현이 많은 연설에 속한다. 그 뒤의 어느 대통령도 이 연설처럼 학생, 교수, 야당 정치인들을 가차없이 공격(또는 경멸)하는 표현을 쓴 적이 없다. 이 연설은 대통령의 당시 감정을 그대로 드러냈다는 점에서 드문 자료이기도 하다.

대통령은 먼저 '일부 몰지각한 정치인의 낡고 썩은 버릇' 과 '일부 철부지 학생들' 에게 직격탄을 퍼부었다. 박 대통령은 反정부 운동가들을 항상 '일부' 로 표현함으로써 심리적인 주도권을 잡으려는 言術(언술)을 구사했다.

"학생이라고 해서 헌법을 무시하고 부정할 수 있는 권리가 어디에 있으며 학생들이라고 해서 국회 해산을 운운하고 조약의 무효를 주장할 수 있는 특권이 어디에 있습니까. 학생은 이 나라의 전부가 아닙니다. 4·19 이후 이 나라 사회에 새로운 병폐가 하나 생겼는데, 그것이 바로 학생들의 데모 만능 풍조인 것입니다. 걸핏하면 무슨 聲討(성토)대회다, 籠城斷食(농성단식)이다, 데모다, 무슨 무슨 투쟁이다 하고 소위 현실 참여라는 명목하에 거리로 뛰쳐나오기를 좋아하는 폐단이 생겼으니, 이것은 분명히 말해서 망국의 풍조라 아니할 수 없습니다.

학생 제군!

오늘날 학생들이 거리로 뛰어나와서 세상을 시끄럽게 하고, 정치 문제에 직접 개입하기를 좋아하는 나라치고 잘되어 가는 나라가 어디에 있습니까? 정부 물러가라, 국회 해산하라, 그러면 그 다음에는 학생이 정치하겠다는 말입니까. 이거 언제부터 이런 버릇이 생겼습니까. 학생이라고 해서 이런 특권은 절대로 賦與(부여)되어 있지 않습니다.

지난 2년간에 걸쳐 만성적인 데모로 시달려온 우리 국민들은 이제 그 데모에 대해 불감증을 느끼고 있는 것이 사실이지만, 그러나 외국 사람이 그것을 보았을 때 그들이 과연 우리를 어떻게 평가할 것이냐를 생각해 본 일이 있습니까?

나는 학원에서 學究(학구)에 전념하는 대다수 학생들을 보호하기 위해서 불순한 동기로 또 비록 동기에 있어서는 善意(선의)일망정 그 결과에 있어서는 사회 공공질서를 파괴하는 데모 행위를 本職(본직)으로 알고 있는 일부 정치학생의 버릇을 근절시켜야 할 절실한 필요를 痛感(통감)하고 있습니다.

이 이상의 데모는 우리의 적인 공산주의자 이외의 누구에게도 도움이 되지 않는다는 점에서 이유와 명분을 불문하고 학생이 학원 밖으로 뛰쳐나와 가두를 휩쓸고 다니는 이 망국적 풍조를 단호히 시정할 것입니다.

학생회장 선거에 있어서 금전거래가 공공연히 성행하고, 때로는 테러·납치 등 일반 사회에서는 볼 수 없는 추잡하고 비루한 행위로 자치단체의 간부가 되어 선량한 학생과 공부하고자 하는 학생들을 괴롭히고 있고, 심지어 이 직위를 사회 진출의 미끼로 삼아 소영웅시하는 실로 타기할 기풍이 학원 내에 만연되고 있다는 사실을 나는 여러 번 듣고 있습니다.

공부하기 싫고, 시험치기 싫어서 한·일회담 반대를 핑계 삼아 선량한 학생까지 폭력으로 협박하여 거리로 끌고 나오는 이러한 무법과 폭력이 횡행하고 있으면서도 그들 불순 학생들은 言必稱(언필칭) 학원의 자유를 부르짖고, 학원의 자치를 운운하고 있는 것이 사실 아닙니까. 이러한 부조리가 또 어디 있단 말입니까?

깡패 정치에 항거하여 그것을 무찌른 학생들이 바로 그 깡패의 위치에 대신 들어서서 불법과 파괴를 일삼음으로써 사회의 빈축을 사고 있다는 것은 한심한 일이 아닐 수 없습니다. 한 개인이나 학교의 조그마한 자존심 때문에 他(타)학교가 데모를 했으니까 우리도 안 하면 학교의 명예가 손상된다, 지난번에는 어느 학교가 먼저 했으니까, 이번에는 우리가 먼저 해야 체면이 선다 운운하는 이 따위식 사고방식이 과연 지성인을 자부하는 학생들이 할 행동이라고 봅니까?

그들 일부 학생들 중에는 무능하고, 불순하고, 간교한 敎員(교원)들에게 매수되어 학원 민주화 투쟁에 그릇 이용되는 학생들이 있는 것은 사실입니다. 이러한 학생일수록 일부 불순한 정객들에게 매수되거나 그들의 앞잡이가 되어서 애국을 빙자하여 철모르고 날뛰는 예가 허다한 것입니다.

또 일부 교직자들은 어떻습니까? 학생 데모를 英雄視(영웅시)하고 그들을 선동함으로써 자기가 立身出世(입신출세)할 수 있는 기회가 올 것을 은근히 바라는 기회주의자가 있는가 하면 학생의 주장에 아부하고, 그 감정에 영합하여 값싼 인기를 얻지 않고서는 자기의 무식과 무능을 감출 수 없는 사이비 학자, 신분이 보장됨을 기화로 삼아 책임도 지지 못할 망언으로 국민을 우롱하는 무책임한 학자, 이러한 일부 엉터리 학자가 제거되지 않는 한 학문의 자유와 학원의 민주화를 기대할 수는 없는 것입니다.

또 일부 정치인들은 어떻습니까?

政黨解體(정당해체)를 주장하고 국회 해산을 공공연히 부르짖으면서도 그것이야말로 곧 민주주의를 지키는 길이고, 애국하는 길이요, 救國(구국)하는 길이라는, 누구도 믿을 수 없는 억지와 고집을 부리고 있는 것이 이 나라 일부 정치인들의 實態(실태)가 아니고 무엇입니까?

국가의 進路와 민족의 活路는 아랑곳없이, 공부시켜야 할 학생을 오직 당리당략의 재물로 희생시켜 학생 데모에 힘입어 정권의 橫財(횡재)를 망상하는 反動政客(반동정객)이 민주정치의 이름을 더럽히고 있는 것이 또한 이 나라 사회의 현실입니다. 善導(선도)되어야 할 학생, 제거되어야 할 교직자, 퇴장되어야 할 정치인, 이들의 수는 엄격히 따져 극히 적은 '일부'에 지나지 않습니다. 그러나 전체로서의 국가와 민족의 앞날을 흐리는 것은 언제나 이 극소수의 일부라는 것을 잊어서는 안 될 것입니다."

"학원을 폐쇄하는 한이 있더라도…"

1965년 8월25일 저녁 박정희 대통령의 공격적인 특별담화는 이렇게 계속되었다.

"나는 대다수 학생, 대다수 정치인, 그리고 대다수 교직자의 명예를 추락시키고, 크게는 국가 민족의 정상적인 발전을 저해하는 이 일부 암적 존재를 뿌리 뽑는 데 필요한 모든 조치를 강구할 것입니다. 한 정권의 운명을 염려해서가 아니라, 민주 한국의 백년대계를 위해서, 조국의 근대화 작업을 완수하기 위해서, 또 정권의 평화적 교체라는 전통을 수립하기 위해서, 데모로 아무 것도 이룰 수 없다는 교훈을 남기기 위해서, 대소를 막론하고, 모든 데모를, 이 담화를 발표하는 이 시각부터는 철저하게 단호히 단속할 것임을 선언하는 바입니다.

학생 데모로 인해 생산과 건설과 증산에 傾注(경주)해야 할 우리 국력이 얼마나 헛되이 소모되고 있으며, 파괴된 공공기물과 일반 시민의 손실이 그 얼마나 많습니까. 더구나 부상한 경찰의 수는 지난 3·24 사태 이래 3182명이나 됩니다. 또한 본의 아니면서도 불량 학생들에게 강제로 끌려 나와서 부상한 학생수도 부지기수일 것입니다.

지금 우리가 이처럼 막대한 손실을 스스로 자초할 만한 여유가 없다는 것은 너무나 분명합니다. 그러나 내가 더 가슴 아프게 생각하는 것은 이미 당하고 만 인적·물적 손실보다도 앞으로 10년, 20년 후에 당하게 될 우리의 손실입니다. 10년, 20년 후 이 나라의 주인공이 될 학생들이 내일의 주인공으로서의 실력과 자질을 연마하는 데 소홀히 함으로써 생기게 될 지도자의 빈곤을 나는 무엇보다 안타깝게 생각하는 바입니다. 국가의 장래를 위해서 이보다 더 큰 손실이 없다고 생각되기 때문입니다. 지금 우리 학생들과 같은 세대의 일본 학생들은 밤낮을 가리지 않고 공부를 하고 실력을 닦고 있는데, 우리 학생들은 날마다 데모나 하고 시간을 낭비하면 공부는 언제 하고, 실력은 언제 양성하는 것입니까?

일본을 경계하고 또 다시 침략을 당하지 않기 위해서는 일본 학생보다도 더 많이 우리 학생들은 공부하고 실력을 배양해야 되지 않겠습니까. 교직자와 학부형의 노력에도 불구하고 학생 데모가 근절되지 않는다면 학원을 폐쇄하는 한이 있더라도 이 데모 만능의 폐풍을 기어이 뿌리 뽑아야겠고, 또 교직자가 그 본래의 임무를 다하지 못하는 데 대해서는 응분의 책임을 추궁하여 교육을 그 본연의 자세로 돌려놓아야 하겠다는 것이 나의 소신입니다.

따라서 나는 다시 강조하거니와 첫째, 모든 학생들은 오늘로서 학생 본연의 자세로 돌아가 학업에 충실할 것이며, 또 교직자나 학교 당국은 학원 질서를 유지하는 데 모든 책임을 다해야 할 것입니다. 만일 그 책임을 다하지 못하는 무능한 교직자나 학교 당국에 대하여는 엄격한 책임을 추궁하고 가차없는 행정조치를 취할 것을 경고해두는 바입니다.

한편, 사회의 안녕질서를 유지해야 할 치안 당국은 일체의 불법 데모를 더욱 가차 없이 단속할 것이며 대다수 국민의 안녕을 위하여 소수 난동자의 拔本塞源的(발본색원적)인 철저한 조치를 취할 것을 이 자리에서 엄격히 지시해 두는 바입니다."

이 연설에 대해 민중당 金大中(김대중) 대변인은 "너무나 독선적이고 무책임한 발언이다"고 논평했다. 이 연설은 많은 국민들에게 큰 감명을 주었다. '일부 몰지각한 학생, 교수, 정치인들'을 겨냥한 박정희의 연설에 공감하는 사람들이 많을수록 학생 시위는 일반인의 同參(동참)을 얻지 못하고 고립되기 시작했다.

　1965년 8월26일 아침, 정부는 경찰력만으로는 치안유지가 불가능하다는 윤치영 서울시장의 건의를 받아들여 서울시 일원에 衛戍令(위수령)을 발동했다. 수도경비사령부와 인근 6사단 병력이 시내로 들어와 시위 진압에 합류했다. 崔宇根(최우근) 수도경비사령관이 위수사령관이 되었다. 그는 "(작전권을 가진) 비치 유엔군 사령관과 만나 병력 동원에 협조를 받았다"면서 "계엄령 선포는 현재로선 고려하고 있지 않으나 사태의 추이를 지켜볼 것이다"고 말했다.

　이날 무장 군인들은 고려대와 연세대로 들어가 시위자를 연행하고 다른 대학에서도 시위대가 교문 바깥으로 나오지 못하도록 막았다. 시위를 취재하던 상당수의 기자들은 군인들로부터 구타당했다.

　박 대통령은 27일에는 시위 사태에 책임을 지워 윤천주 문교부 장관과 申泰煥(신태환) 서울대 총장을 경질하고 후임에 權五柄(권오병) 법무부 차관과 劉基天(유기천) 교수를 임명했다.

34
실무 국장과 다섯 시간 토론

朴 대통령은 "명령이야 잔소리 말고 하란대로 해!"
한마디 하면 끝이 날 일이었지만 끝까지 토론을
즐기는 것 같았다.

박정희式

　박정희 대통령의 일하는 방식은 확인-현장-실무-결과 중시로 요약할 수 있다. 실사구시 정신, 즉 현실과 사실에 기초하여 판단하고 행동하는 실용주의자로서 박 대통령은 責務(책무)를 해내는 사람일 경우 도덕적으로 다소 문제가 있더라도 덮어주고 重用(중용) 했다. 그는 총무처 장관 李錫濟가 부패 공무원들의 문제를 제기하자 "일 잘하면서도 깨끗한 사람 있으면 데리고 와 봐!"라고 했다. 공무원들의 월급이 생계비에 미달되는 상황에서 깨끗한 사람만 찾다가는 무능한 사람들만 모을 수도 있다는 안타까움이 담긴 말이었다.
　그는 또 잘해보려다가 실수한 부하들을 잘 감싸주었다. 아울러 장관들에게 차관 인사를 위임하는 등 인사권을 보장해주었다. 권한을 많이 주는 대신 결과를 철저히 따져 무능을 아부나 선전으로 메우려는 이들에게 현혹되지 않았다. 그는 공무원 집단을 일 잘하는 조직으로 개조하고 이들을 牽引車(견인차)로 내세워 국민들을 끌고 가게 했다. 박 대통령을 평가하는 여러 가지 잣대가 있겠으나 '국민들로 하여금 가장 열심히 일하도록 한 사람'이란 표현이 적합할 듯하다. 생산성이 가장 높았던 대통령이란 의미이다.
　黃秉泰(황병태·전 민자당 국회의원 및 駐中 대사 역임)는 경제기획원 외자도입과장 시절부터 박 대통령한테 자주 불려갔다. 박 대통령은 실무자가 사안에 대해 가장 정통하다는 소신을 가지고 있었기 때문에 장·차관을 제치고 직접 실무자를 불러 의견을 듣기도 했다. 그는 정치적인 고려를 많이 하게 되어 있는 고위직보다는 실무자들이 국가이익의 관점에 설 수 있다고 믿었던 것이다.

1966년에 소양강 댐 건설을 둘러싸고 高(고)댐이냐, 低(저)댐이냐로 논쟁이 있었다. 고댐은 종합적 용도의 다목적댐인데 공사비가 비싸게 먹히고 저댐은 순수 발전용인데 싸게 먹힌다. 건설부는 국토개발이란 종합적 관점에서 고댐을 원했다. 이후락 비서실장과 한국전력은 저댐 편이었는데 장기영 부총리도 저댐 쪽으로 기울었다. 김학렬 차관은 高댐을 지지했다. 이해관계가 끼어드는 양상까지 보이자 朴 대통령은 선택에 고심하는 모습이었다.

어느 날 박 대통령은 황병태 국장을 청와대로 불렀다. 황 국장은 청와대로 헐레벌떡 들어가다가 장기영 부총리, 서봉균 재무장관, 朱源(주원) 건설장관과 마주쳤다. 장 부총리는 "자네, 여기는 왜 왔어?"라고 했다.

"부름 받고 왔습니다."

박 대통령과 네 사람이 저녁 식사를 함께 했다. 박 대통령은 駐日대사가 보냈다는 청어알을 황 국장에게 권하면서 "이거, 자네 맛 좀 보라고 불렀어"라고 했다. 식사가 끝난 뒤 박 대통령은 황 국장에게 잠시 남으라고 일렀다.

"황 국장, 소양강 댐 말이야, 고댐, 저댐 중 어느 것이 좋아?"

황 국장은 실무자의 입장에서 각각의 장단점을 조심스럽게 이야기하는 수밖에 없었다.

"그러지 말고 황 국장 생각을 말해보라고, 어때?"

황 국장은 잠시 머뭇거리다가 입을 뗐다.

"사실은 백년지사 차원에서 생각하면 아무래도 고댐이 바람직하다고 생각됩니다."

"맞는 말이구먼. 돈 몇 푼 아끼는 것보다는…. 결론 내렸어!"

황 국장이 옆을 보니 장기영의 표정에 怒氣(노기)가 서리고 있었다.

박 대통령은 포항종합제철 부지를 정할 때도 황병태를 이용했다고 한다. 당시 政界 실력자들 사이에서는 종합제철소 유치경쟁이 치열했다. 충남 비인은 김종필 의장의 연고지, 울산은 이후락 실장의 고향, 삼천포는 박 대통령의 대구사범 동창생이자 재계의 막후 인물인 서정귀의 연고지 라는 식이었다. 포항만은 아무도 미는 사람이 없었다. 정부가 후보지 18개소를 대상으로 조사해보니 포항이 가장 적합한 곳으로 나타났다.

어느 날 박 대통령은 황병태 국장을 부르더니 김포로 가는 자신의 차에 동승하게 했다. 차중에서 대통령은 황병태의 무릎을 잡으면서 말했다.

"황 국장, 소신대로 이야기해주어야겠어. 종합제철 입지를 놓고 말이 많은데 어디가 제일 좋아?"

"다른 데는 미는 사람들이 있는데… 사실상 포항이 제일 바람직한 것으로 판단됩니다. 미국 용역회사 보고서도 수심이 깊은 포항이 제일 좋다고 합니다."

"알았네. 포항은 미는 사람이 없으니 자네가 미는 걸로 하지. 나중에 경제동향보고회의 때 자네를 부를 테니, 그때 소신대로 이야기하게."

며칠 뒤 월례 경제동향보고가 청와대에서 열렸다. 황병태는 맨 뒷자리에 있었다. 보고를 경청하고 지시를 내리던 박 대통령이 갑자기 "뒤에 황 국장 있나. 이리 나오게"라고 말했다.

"요새 종합제철소 입지를 둘러싸고 의견이 분분한 것 같은데 어떤가."

"실무적 입장에서는 포항이 적지라고 판단됩니다."

"왜?"

"바다 수심이 깊어 배가 드나들기 용이하고…."

황 국장은 미리 준비한 대로 자세하게 설명해갔다. 다 듣고 나서 박 대통령이 말했다.

"좋아, 그러면 포항으로 하지."

아무도 異見(이견)을 말하지 못했다.

主務 국장과의 네 시간 토론

高炳佑 전 건설부 장관은 1969년 농림부 농업개발관(국장급)으로 일할 때 겪었던 일을 최근 자신의 회고록 《혼이 있는 공무원》(늘 푸른소나무)에서 이렇게 소개하였다.

「국장으로 승진되고 나서 채 1개월도 안된 때였다. 朴 대통령은 농림부에 농수산물 가격안정에 대한 특별 지시를 내렸다.

"농수산물의 가격변동이 너무 심해 出荷期에는 너무 싸고 端境期(햇곡이 나오기 시작하는 8, 9월)에는 너무 비싸니 농민도 손해고 소비자도 손해일 뿐만 아니라 농수산물 가격이 소비자 물가변동의 주범이 되고 있다. 主務부서는 '농수산물의 연중가격 평준화대책'을 만들어 보고하라."

이때 농림부에서는 농업개발관의 업무가 너무 많다고 농수산물

유통담당관실을 신설하여 따로 국장급이 임명되어 있었다. 당연히 책임자인 농수산물 유통담당관이 차트를 만들어 조시형 장관께 보고를 올렸으나 불합격되었다. 그런 직후 담당도 아닌 필자에게 보고를 올리라는 명이 떨어졌다.

나는 내 소관도 아니고 남이 하던 보고를 대신하게 되면 같은 국장으로서 인간관계도 어렵게 될 것을 염려하여 한사코 이를 사양했다. 그러나 趙 장관의 왕고집을 꺾을 사람이 없었다.

대통령께 보고할 날을 2~3일 남긴 촉박한 시기에 더 이상 장관의 영을 거역할 수 없어 어쩔 수 없이 대신 보고를 맡아 하기로 했다.

핵심은 쌀, 보리를 제외하고 고추, 마늘, 파, 배추, 무, 쇠고기, 돼지고기, 오지어 고등어, 김 등 농수산물의 가격은 출하기와 단경기 사이 4~5배 뛰는 것은 예사이고 10배가 넘는 일이 많은데 이를 평준화시킬 방도를 찾는 일이었다.

나는 차트를 만들어 가면서 비축창고 건설과 農業觀測(농업관측) 제도의 강화를 주 대책으로 보고드릴 생각이었다.

마침내 보고 날짜가 다가왔다. 청와대에서 대통령께 보고 드리는 자리에는 이후락 비서실장, 김학렬 경제기획원장관, 조시형 농림부장관, 정소영 경제수석비서관, 서석준 물가국장 등이 배석했다. 보고가 순탄하게 넘어 가다가 고추 값 안정대책에서 걸렸다.

보고를 듣던 대통령이 갑자기 말씀을 던졌다.

"고추의 가격이 급격히 올라가고 있는데 이제 창고를 지어서는 해결될 수도 없는 일 아닌가. 그리고 농업관측도 작년에 잘 했어야 하지 않나. 당장 고추 값을 안정시키려면 그런 대책보다는 단기적으로 외국에서 수입을 하면 쉽게 될 것 아닌가?"

농수산물 가격에 특별한 관심을 가진 대통령으로서는 미온적인 대책이라고 판단했던지 상당히 강한 어조로 말씀하는 것이었다. 나는 순간적으로 농수산물 국내시장의 보호가 필요하겠다는 생각이 들어 대통령 말씀에 이의를 제기했다.

"각하 고추를 외국에서 수입해서 가격을 안정시키면 내년에는 고추 농사를 지으려는 농민이 급격히 감소할 것이며 수입고추 값에 맞춰 고추농사를 하게 되면 농민들의 소득원이 크게 감소됩니다. 올해는 農協을 동원하여 전국의 지방에서 고추를 수집하도록 하고 대도시인 서울의 고추 값만 안정시키면 수요기도 거의 지나고 있으니 곧 안정이 될 것입니다."

필자의 답변에도 대통령은 이를 승낙하지 않고 계속 수입을 주장하는 것이었다. 이 논쟁은 1시간이 넘고 2시간이 넘었다. 그래도 朴 대통령은 "명령이야 잔소리 말고 하란대로 해!" 한마디 하면 끝이 날 일이었지만 끝까지 그와 같은 명령은 하지 않고 토론을 즐기는 것 같았다.

마침 의전비서관이 들어와 대통령께 귓속말로 보고를 하니 대통령께서는 자리를 뜨며 말씀했다.

"나는 옆방에서 중요한 보고가 있어 다녀올 테니 이 자리에서 모두 같이 검토를 하고 있어요."

대통령이 자리를 뜨니 정소영 수석이 "고 국장! 당신이 좀 져드리면 안 돼? 잘 생각해봐!" 하는 것이었다. 장관도 부총리도 "웬만치 고집 부려라"며 2시부터 시작한 회의를 저녁 6시가 넘도록 똑같은 주장만 하면 되겠느냐고 힐책들이었다. 6시가 넘자 대통령이 회의실로 돌아왔다. 논쟁은 다시 시작되었다.

결국 고추 수입은 예외적으로 올 한 해만 하기로 하고 내년부터는 농업관측을 잘 발표해 영농지도를 하고 보관시설을 늘려 年中 고추 가격의 안정을 기하기로 결론을 내리고 회의를 끝마쳤다.
 모두가 무서워하는 박정희 대통령은 정책을 결정하는 자리에서 자기의 뜻대로 밀어붙이는 지도자는 결코 아니었다. 1개 국장과 5시간에 걸친 토론을 벌인 끝에 主務국장의 타협안에 동의하고 정책을 결정하는 모습을 보였다.
 한 나라의 지도자가 이토록 신중하며 아랫사람의 조언에 귀 기울일 수 있다는 점에 나는 크게 감동했다.
 그날 농림부에서는 장관과 高 국장이 어려운 보고를 드리러 가더니 단단히 혼이 나는 모양이라며 초상집 같은 분위기를 하고 있었다.
 농림부로 돌아온 조시형 장관은 그 즉시로 간부회의를 소집했다.
 "高 국장 고집 때문에 대통령께서 하루 종일 아무 일도 못보고 저 놈 高 국장과 여태껏 토론만 하다 돌아 왔어."
 말씀은 그렇게 투덜거렸으나 표정은 한없이 기쁘고 밝았다. 그 모습을 보고 前後 사정을 들은 간부들은 그제서야 즐겁게 퇴근들을 하는 것이었다."

35
"대통령병 환자들을 싹 쓸어버리겠다"

대통령과 장인, 대통령과 조카사위

1966년의 세상
과학기술연구소(KIST) 발족
中·蘇 이념 분쟁 격화
張勉 전 총리 사망
김기수, 미들급 권투 세계 챔피언 등극

장인의 죽음

1965년 12월26일 오전, 박정희 대통령은 대통령의 친인척 관리를 主(주)임무로 해 오던 權尙河(권상하) 청와대 정보비서관(대구사범 동기생)으로부터 장인 陸鍾寬(육종관)의 부음을 받았다.

72세에 죽은 육종관은 1893년 충북 옥천의 대지주의 아들로 태어났다. 그는 미곡 도매상, 금광, 인삼 가공업 등을 통해 번 돈으로 충북 옥천 교동의 古家(고가)와 과수원 등을 구입해 대지 3000평의 대저택에서 살았다. 16세 때 李慶齡(이경령)을 아내로 맞이하여 陸仁順(육인순·洪世杓 전 외환은행장의 母), 陸仁修(육인수·전 국회의원), 육영수, 육예수를 낳았다. 그는 또 다섯 명의 소실을 두어 모두 22명의 자손을 보았다.

박정희는, 육영수의 결혼에 반대하는 장인과 헤어진 장모를 모시고 가난 속에서 갖은 고생을 다 했지만 돈 많은 장인에게 손 한 번 벌린 적이 없었다.

이경령도 먹을 것이 없어 맹물에 국수만 말아 먹거나 얼음장 같은 방에서 겨울을 나야 할 때조차 남편 육종관의 도움을 청한 적이 없었다. 이경령으로서는 여러 명의 소실들로 인해 가슴앓이를 해야 했던 기억들이 깊은 상처로 남아 있었고, 육영수로서는 친어머니보다 소실들에게 더 많은 정성을 쏟았던 아버지에 대한 감정과 자신의 결혼을 반대한 기억들이 현실의 고통보다 더 컸을 것이다.

박정희도 육종관이 실리적인 시각으로만 자신을 평가한 데 대한 오기가 있었다. 사위만큼이나 자존심이 강했던 육종관은 사위가 대통령이 되었다는 사실을 결코 기뻐하거나 자랑하고 다닌 적이 없었다. 다만 소실의 자녀들에게는 가끔씩 "청와대에 한 번 들어가 보고 싶었는데…. 그 잔디와 정원이 그렇게 좋다던데…"하고 말했다. 정원 가꾸기에 상당한 재주가 있었던 육종관은 청와대 정원이 몹시 궁금했던 모양이었다.

육영수는 청와대에서 모시고 살던 어머니와 서울에 기거하는 아버지를 화해시키려고 몇 번씩이나 어머니 이경령을 설득하기도 했다. 그럴 때마다 이경령은 "내가 그 늙은이 만나면 속이 터져서…"라며 고개를 절레절레 흔들곤 했다고 한다.

당시 박 대통령과의 친분을 거론하며 사기 행각을 벌인 사건들이 많았다. 경찰, 군 수사기관, 정보부 등에서 보고된 자료에 따르면 전국적으로 7000여 명이 박 대통령과의 친분을 주장하고 있었다. 친인척 관계와 동향 관계에서부터 구미보통학교 동창, 대구사범학교 동창, 문경보통학교 교사 시절의 제자·학부형, 만주 군관학교 동기생, 일본 육사 동기생, 국군 장교 시절의 상하 관계 등 각양각색이었다.

하루는 박 대통령이 권상하 비서관을 부르더니 "자네, 나를 잘 안다고 팔고 다니는 놈들을 전부 조사해"라고 지시했다. 權 비서관은 한 달 동안 이 명단을 취합해 道(도)별로 정리한 다음 대통령 집무실로 들고 들어갔다.

박정희는 7000여 명의 명단을 전부 확인하면서 "이 사람은 잘 안다", "이 사람은 전혀 기억이 없다"는 식으로 구분해 주었다. 잘 안다는 사람이 500여 명. 이들 중 親族(친족)인 고령 박 씨 일가, 外族(외족)인 수원 백 씨 일가 및 妻族(처족)인 육종관 씨 일가에 대한 집중 감시를 명령했다.

이른바 '대통령 친인척 경호 임무'는 해당 지역 경찰서 정보과에서 전담하게 되어 박 대통령이 사망할 때까지 계속됐다. 육종관에 대한 감시도 물론 포함되어 있었다.

이 무렵 육종관은 소실 중 한 명과 서울에서 살고 있었다. 매일 아침 형사가 집 앞에 나타났다. 여름날 대문을 열어두면 형사는 대청마루에 걸터앉아 있곤 했다. 외출할 때면 어김없이 뒤를 따라다녔다. 육종관은 불편하기 이를 데 없었다.

참다못한 육종관은 조카 宋在寬(송재관)을 불러 "너희 외숙모한테 얘기 좀 해. 내가 뭐 독립운동할 것도 아닌데 왜 맨날 형사가 따라 붙냐. 사위가 대통령이면 대통령이지 내가 왜 이렇게 고생해야 되냐 말이다"라며 항변했다.

청와대에서 기거하던 이경령은 남편의 하소연을 전해들은 뒤 사위에게 말해 곧바로 육종관에 대한 경호 겸 감시는 사라졌다. 그리고 얼마 후 육종관은 폐암 진단을 받고 메디컬센터에 입원, 수술을 받은 뒤 퇴원했다.

1965년 가을 육종관은 다시 폐암이 악화되어 메디컬센터에 입원하고 있었다. 산소마스크를 쓴 채 말을 거의 할 수 없는 상태로 누워 손짓만 할 정도였다. 육영수는 비서로 있던 조카 洪晶子(홍정자)와 가끔 문병을 갔다. 박 대통령도 늦은 밤 아무도 몰래 육영수와 함께 문병을 다녀왔다고 한다. 12월 초, 육인수 의원은 자택 사랑방에 희망이 없는 아버지를 모셨다.

이경령은 육영수를 앞세워 병문안을 왔지만 사실상 임종이었다. 육종관은 의식이 거의 없었다. 육영수는 "어머님, 아버님이 마지막

이신데요, 살아 계실 때 두 분이 나란히 계신 사진이라도 한 장 찍어 두세요"라고 했다. 마지못한 이경령은 침대 곁에 서고 산소호흡기에 의지한 육종관은 의식 없이 누운 채 촬영을 했다. 12월 중순엔 朴 대통령이 육영수와 함께 문병했다.

12월30일 새벽에 李錫濟(이석제) 총무처 장관은 박 대통령과 함께 발인식에 참석했다. 사람들이 많이 모인 곳에서 박정희는 표정도 없이 묵묵히 서 있기만 했다. 장인과 대통령의 사이가 좋지 않았다는 것을 예전부터 알고 있던 이 장관은 "끝까지 자존심으로 버티는구나"하고 생각했다.

이날 저녁 대통령을 만난 이석제 장관이 "하관식에 다녀 왔습니다. 장례식은 잘 끝났습니다"라고 보고하자 박 대통령은 담배 연기를 길게 뿜으면서 이렇게 말했다.

"내가 그 영감에게 밉보였어."

어떤 酒席

1966년, 틈새가 벌어지던 박정희-김종필 관계를 상징적으로 보여준 어떤 酒席(주석)에 대한 흥미 있는 기록이 있다.

1월 초 김종필 의장은 박 대통령을 청구동 자택으로 모시고 저녁 식사를 대접하게 됐다. 초대받은 사람 가운데는 朴相吉(박상길) 총무처 차관도 포함되어 있었다.

박정희가 최고회의 의장 시절에 쓴 《국가와 혁명과 나》의 정리자이자 청와대 대변인 출신인 박상길은 이즈음 김종필의 원고를 교열해주고 있었다. 책명을 《조국과 민족과 역사를 위하여》로 결정하고 편집을 끝낸 뒤 인쇄소로 넘긴 순간 갑자기 김종필 쪽에서 연락이 왔다. 인쇄 보류를 요청해온 것이다. 저서 출판은 야심을 너무 일찍 드러내는 일이라는 우려에서 출판을 보류키로 한 것 같았다.

사전 통고에 따르면 청구동의 저녁식사 자리에는 朴 대통령도 나온다는 것이었다. 박상길은 직감적으로 단순을 빙자한 단순치 않은 모임이란 생각을 했다. 참석을 하고 보니 아래층 내실에 상을 차렸는데 과연 모인 면면들의 짜임은 묘한 데가 있었다(박상길 회고록 《나와 제3·4공화국》에서 인용).

주빈은 대통령이고 주인은 김 의장인데 일반 초청객은 嚴敏永(엄민영) 내무장관과 박상길이 이색적인 존재이고, 나머지는 김종필 핵심 측근으로 분류되는 너댓 명이었다.

얼마 안 되어 밖이 소란해지면서 朴 대통령이 들어섰다. 이윽고 주안상이 들어오고 술이 몇 순배 돌았다. 분위기는 어딘가 모르게 어금니가 맞지 않았다.

밖에서 들으면 談論風發(담론풍발)이었으나 좌석의 공기는 그런 것이 아니었다. 김종필 측근 쪽에서도 분위기가 어색함을 의식하였던지 박 대통령이 한 달 전에 지시한 공무원의 요정 출입 금지 조치를 화제로 올렸다.

"그래서 어쨌단 말인가."

박 대통령이 응수했다.

"무조건 금지, 엄벌, 단속한다고만 되는 게 아닙니다. 왜 일들을 그렇게 하는지 알 수 없습니다."

"그럼 자네들 말대로라면 마실 테면 마셔라 하고 무조건 맡겨두라 그런 이야기지?"

박 대통령의 표정은 좋지 않았다. 어색함을 호도코자 하는 데서 술만 순배가 빨라져 박정희는 상당히 술이 올랐고 다른 사람들도 욕구불만 탓인지 정도를 넘고 있었다.

공무원 요정 출입 금지란 화제는 어느덧 본격적인 토론 주제가 되어버렸다. 대통령, 엄민영, 박상길이 한편이고, 김종필 측근은 공격 진영으로 편가름이 됐다. 엄민영은 이 문제의 단속 부서 책임자, 박상길은 주관 부서의 실질적인 책임자였다.

박상길은 집중 포화의 표적이 되고 있는 朴 대통령을 변호할 겸 화해도 붙일 겸해서 끼어들었다.

"여러분들 말씀에도 충분히 일리가 있습니다. 사실 겉으로 단속을 강화하면 지하로 숨어 비밀요정으로 빠지고 말씀대로 버려두면 아예 난장판이 되고 그러니 방법이 없지 않습니까. 이렇게 해나가다 보면 안 하는 것보다 나은 정도의 효과가 있을 것 아닌가, 하는 것이 각하의 생각이십니다."

대통령병 환자

그러나 와자지껄 떠들 뿐 박상길의 말은 먹혀들지 않았다. 엄민영은 원만한 성격 그대로 하하하 웃으면서 얼버무리려 했으나 잠자코 있는 박 대통령의 기색을 엿보니 무슨 일인가 터질 것 같았다. 역시 민감한 김종필이 박상길에게 다가와서 귓속말로 빨리 각하를 모셔가 달라고 당부했다.

박상길은 기회를 엿본 끝에 "각하, 시간이 늦었습니다. 이만 일어나시지요"라고 권했다.

"아니오. 내 좀 여기서 볼일이 있소. 이 집 안방엔가 어디에 니폰도(日本刀)가 있을 터인데 그걸 좀 가져와야겠소."

박상길은 급히 박 대통령 곁으로 다가가 단단히 부여안고 밖으로 모셨다.

"내가 니폰도로 이 쓸개 빠진 자들의 목을 댕강댕강 치기 전에는 돌아갈 수 없소."

간신히 朴 대통령을 차에 싣고 출발했다. 뒷자리에선 박상길이 박 대통령을 부축하고 운전석 옆자리에는 경호관이 앉았다. 차가 대연각 호텔 앞까지 오니 박 대통령이 명동 입구 쪽에 차를 세우라고 명했다.

"내 이 안쪽에 아는 데가 한 곳 있는데 거기 가서 둘이서 술 딱 한 잔만 더하고 갑시다."

억지로 차를 청와대로 몰게 하는데 이번엔 앞자리의 등 받침대 위에 구둣발을 올려 뻗치고는 경호원의 뒤통수를 톡톡 치면서 "왜 차를 안 세우느냐"고 투정을 부렸다. 박 대통령은 자신의 몸을 꼭 껴안고 있는 박상길의 머리를 두 손으로 잡아당기더니 두서너 번 박치기를 했다.

청와대 본관에 들어서서 복도를 지나 2층 내실로 모시려고 하는데 陸英修(육영수) 여사가 아래를 내려다보면서 "지금이 대체 몇 시인데 어쩌다 이 모양이 되셨어요"라고 짜증을 냈다.

朴 대통령이 비서관의 도움으로 내실로 모셔지고 나서야 박상길은 안도의 한숨을 쉬고 있는데 돌연 쾅하고 문이 열리더니 박 대통령이 다시 뛰쳐나왔다. 느닷없이 권총을 찾는다.

"내 권총으로 그 쓸개 빠진 대통령병 환자놈들을 확 쓸기 전에는 잠을 못 잔다!"

 다시 한 바탕의 소란 끝에 朴 대통령이 잠든 것을 확인한 연후에 박상길은 집으로 돌아갔다. 식은땀으로 온몸이 흠뻑 젖어 있었다. 박상길은 회고록에 "그날 저녁의 청구동 작전은 실패였다"고 썼다.

「모두들 꾹 참고 차분하게 화제와 분위기를 이끌었다면 그 같은 역효과는 없을 성싶었다. 대통령이 먼저 대통령 환자라고 소리 지르신 터에 어찌 정상적인 정치가 두 분 사이에 건재할 수 있었겠는가. 내 개인의 견해로도 김 의장 쪽이 '왜 그리 서두는 것일까' 하는 회의가 항상 머릿속에서 떠날 수 없었다.」

36
《殉敎者》의 작가가 본 祖國

"한국에 기적이 일어날 것이다"

"바보 같은 군인들 때문에"

미국의 저명한 월간잡지 〈애틀랜틱〉 1966년 2월호에 在美작가 金恩國(김은국·리처드 김)이 쓴 '오 마이 코리아' 란 기사가 실렸다. 그 몇 년 전 《순교자》란 영문 소설을 써 유명해진 김 씨는 매사추세츠대학 영문학 교수로 재직하고 있던 중 1965년 6월에 한국을 방문하여 韓·日 국교정상화 반대 데모가 휩쓸고 있던 서울을 취재했다. 이 기사의 발췌문은 신문에 연재되기도 했고 全文(전문)은 잡지에 번역되어 실렸다. 지금 읽어보아도 문학가의 깊은 통찰력에 감탄할 만한 대목이 많다.

6·25 전쟁 때 국군 장교로 근무했던 김은국은 평양에서 같이 학교를 다녔던 대령 친구와 서울대 정치학과에 다니던 동생 사이에 있었던 대화를 실감나게 소개하기도 했다.

대령 친구는 김 씨에게 동생을 만나달라는 말을 하면서 "그놈이 무정부주의자 흉내를 내는 것은 참을 수 없어"라고 했다. 대령, 동생, 동생의 친구(대학생), 김 씨 네 사람은 중국음식점에서 만났다.

화제가 학생 시위와 군인의 역할에 미치자 동생은 대령에게 "형님은 그 군복 입은 것이 창피하지 않수?" 라고 말하는 바람에 언쟁이 시작됐다.

"네가 고아가 됐을 때 난 목숨을 걸고 전쟁터에서 싸웠단 말이야. 너희들을 위해서."

"누가 날 위해 싸워 달랬어요? 우린 새 세대예요. 기성세대의 일그러진 가치관, 부패한 사회엔 신물이 났어요."

"너희가 새 세대란 한 가지 이유만으로 자동적으로 사회의 심판관이 되는 게 아니란다."

김은국이 물었다.

"4·19 혁명이 성공한 후 학생들이 한 역할을 어떻게 생각하나?"

"무정부 상태였지"라고 대령은 말했다.

"부패를 쓸어내는 건데 바보 같은 군인들이 뛰어들었어요"라고 동생이 받았다.

"우린 이 비참한 나라에 새 질서가 세워질 때가 되었다고 생각했어. 국민들은 무정부 상태를 바란 게 아니야. 학생 봉기도 군사혁명도 한 번씩으로 족해. 힘으로 정권을 교체하는 버릇을 만들면 우리 나라가 라틴 아메리카 꼴이 난다는 것을 우리 장교들은 잘 알고 있어."

김은국은 학생들을 이렇게 묘사했다.

'그들은 혼란 상태에서 느낄 수 있는 짜릿한 감각에 선동되고 덧없는 영웅주의에서 스릴감을 찾으며 세상이 뒤죽박죽되는 것을 볼 때의 찰나적인 기쁨에 매혹되는 듯했다.'

"한국에 기적이 일어날 것이다"

그는 박 대통령을 만나 깊은 인상을 받았다고 했다.

「그는 굉장한 자신감에 차 있어 아무것도 그의 신념을 흔들 수 없다. 그는 굳세고 어쩌면 신비롭기까지 했다. 신체적으로나 정서적으로 완전한 건강 상태라서 국가원수로서 그가 하는 일은 무엇이든 옳다는 자신감 속에 착 가라앉아 있는 듯이 보였다.

"학생들은 자기네들이 뭘 바라는지도 잘 모르고 있습니다. 야당은 이 학생들을 조종하고 있어요. 곧 잠잠해질 겁니다."
그가 이 나라의 밝은 미래에 대해서 설명할 때 그의 자신감과 침착함은 나에게 전염되어 오는 듯했다.」

김은국은 "추하고 수치스런 옛날을 영광스런 역사라고 과장하고 초라하고 보잘것없는 것을 찬란한 문화유산이라고 기만하는 태도를 버리고 환상, 망상, 자기기만에서 깨어나면 거기에 엄숙한 현실이 있다"고 충고했다.

「수세기 동안 권력의 압박을 받았고 정치 사기꾼의 달콤한 말에 속아왔으며 공산주의자들에게 유린당하고 사이비 민주주의자들에게 이용당해 절망의 끝까지 밀려나온 가난하고 비참하고 고통스런 민족이란 현실이 드러나는 것이다. 그러나 미약하나마 희망은 있다. 20여 년간 자유민주주의 체제 아래에서 살아왔다는 것, 이러한 경험에서 무엇인가 얻은 게 있으며 이것이 장기적으로 이 나라를 구할 가능성도 있다.」

김은국은 한국인이 민주주의란 게임을 가장무도회처럼 즐기고 있다고 했다. 이 게임이 습관이 된다면 언젠가는 한국인들이 진지하게 게임을 받아들이게 될 것이고, 그렇게 된다면 환상과 기만에서 기적이 탄생할 희망은 있다는 것이다.

「반대자의 날카로운 항의는 없는 것보다 낫다. 한국의 선동적이고 제멋대로인 신문도 없는 것보다 낫다. 규율 없이 하는 데모 학생도 길게 보면 조용하고 겁에 질린 학생들보다 낫다.
한국인의 삶에는 조잡하고 야생적인 것, 그러면서도 마음을 사로잡는 그 무엇인가가 있다. 이 때문에 사람들은 이 불행한 나라와 사랑싸움 같은 것을 계속할 수 있는가 보다. 서로 싸우는 것이 아무에게도 도움이 되지 않는다는 것을 깨달을 때 한국에 기적이 일어날 것이다. 자신들의 실존을 직시하고 존재하지도 않았던 황금기에의 망상을 버릴 때 가냘픈 희망은 열매를 맺을 것이다.

　남한 사람들은 개인주의의 경직성과 신축성을 동시에 가지고 있다. 이것이 상호 불신과 자기중심적인 思考(사고)에서 생긴 것이라 해도 언젠가는 순수하고 성실한 생활의 바탕이 될 수 있을 것이다. 희망은 있다.」

37
박정희와 마르코스의 라이벌 의식

한 사람은 나라를 망쳤고 다른 사람은 일으켰다.

마르코스 필리핀 대통령

1966년 10월23일 일요일 정오 박정희 대통령 일행은 홍콩을 출발, 오후 3시30분 마닐라 국제공항에 도착했다. 동체에 성조기 마크가 선명하게 그려진 노스웨스트항공사의 전세기는 조종석 창문에 걸어둔 작은 태극기를 휘날리며 환영 행사장 앞 붉은 양탄자 앞에 멈추어 섰다. 페르디난드 에드랄린 마르코스 필리핀 대통령과 나르시소 라모스 외상 등 필리핀 정부 요인들이 기다리고 있었다. 유양수 주필리핀 대사와 필리핀 외무성 의전실장이 기내로 올라가 박 대통령에게 인사를 한 뒤 환영 행사 일정에 관한 보고를 했다.

박 대통령이 의전실장의 안내를 받으며 계단을 내려오자 150여 명의 교포들이 환영했다. 계단을 내려온 박 대통령과 마르코스 대통령이 악수를 나누며 포옹을 했다. 뒤따라 내려오던 이동원 외무부 장관은 두 사람의 포옹 장면을 보고 "저렇게 닮았을 수가…" 하며 놀랐다고 한다.

「물론 이목구비 하나하나까지 복사판은 아니었으나 마르코스의 분위기는 영락없는 박 대통령이었다. 까무잡잡한 얼굴, 날카로운 눈매에 작은 키, 아담한 체구, 게다가 카랑카랑한 목소리까지 내겐 분간 못 할 혼란이었다. 특히 도도하고 당당하게 걷는 걸음걸이는, 뒷모습이라면 누구든 쌍둥이라 할 정도였다.」(李東元 회고록 《대통령을 그리며》에서).

박정희와 마르코스의 닮은 점에 대해서는 당시 외교가의 화제이기도 했다. 두 사람은 외모에서만 닮은 것이 아니었다. 1917년생으로 같은 己巳生(기사생·뱀띠)인 것은 물론, 그때까지의 인생역정 또한 비슷했다.

필리핀은 300년 이상 스페인의 식민 통치를 거쳐 19세기 말부터 40여 년간 미국의 지배를 받아온 나라이다. 미국의 식민시대에 마닐라에서 태어난 마르코스는 필리핀 법대에 재학 중 국회의원 말룬다산의 암살 혐의로 기소되었으나 무죄를 주장해 1940년 석방됐다. 필리핀이 제2차 세계대전 중 일본군에 의해 점령되자 루손 섬 북쪽에서 게릴라 지도자로 활동하다 일본군 포로가 되기도 했다. 맥아더가 필리핀을 재수복한 뒤 마르코스는 미국으로부터 최고 명예훈장을 받는 등 종전할 때까지 도합 27개의 훈장을 받은 군인으로 명성이 높았다.

종전 후인 1949년 마르코스는 루손 섬에서 하원선거에 출마해 전국 最多득표로 당선되는 기록을 세웠다. 1959년 상원에 진출할 때에도 전국 최연소 最多득표라는 기록을 세웠고, 이어서 상원의장에 출마해 최연소 의장으로 당선되기도 했다. 마르코스는 1965년 11월 필리핀 대통령 선거에 출마, 당선됨으로써 국가 지도자로서의 길을 걷기 시작한다.

마르코스는 필리핀의 경제적 위기 극복과 국내 질서의 회복에 노력하면서 미·일 등 선진 우방국들과의 관계 설정에도 많은 노력을 기울였다. 그는 1969년에 대통령으로 재선, 1973년에는 3선 개헌을 위해 비상사태를 선언하고 개헌을 추진했다.

1966년 당시 한국의 1인당 GNP가 130.8달러였을 때 필리핀은 269달러로 동남아시아에서 선두 그룹에 들어 있었다.

마르코스는 필리핀을 아시아에서 일본 다음가는 부강한 국가로 이룩하겠다는 꿈과 패기와 긍지를 갖고 있었다. 뿐만 아니라 이웃 나라 지도자들과의 경쟁의식도 강했다.

육군 소장으로서 최고회의 외교국방위원장을 역임했던 柳陽洙는 월남참전 7개국 정상회담이 열리던 무렵엔 4년째 필리핀 대사로 근무 중이었다. 그는 마르코스에 대해 이렇게 회고했다.

"1966년 초 박 대통령의 동남아 순방외교를 준비할 때 저는 필리핀 정부에 박 대통령을 초청해줄 수 있느냐고 타진했지만 묵묵부답이었습니다. 미국을 중심으로 마르코스, 박정희 두 지도자 간의 경쟁 관계가 형성되면서 한국이 먼저 월남에 전투병력을 파병했다는 사실이 마르코스의 자존심을 건드린 것으로 파악되었습니다.

미국에 대한 마르코스의 입장은 한국과 조금 달랐습니다. 경제 발전을 위해서는 미국으로부터 긴밀한 원조가 필요했지만 48년간 필리핀의 植民母國(식민모국)이 미국이었기에 부담도 컸습니다. 필리핀에선 미국 식민시대의 독립운동가들을 찬양하면서 반미 분위기가 일상화되어 있었습니다. 역대 필리핀 대통령들이 미국으로부터 독립하겠다는 노력을 해온 만큼 마르코스도 필리핀의 자존심을 세우려는 노력을 하고 있었습니다. 그의 부인 이멜다도 필리핀 문화 부흥운동에 앞장서고 있을 때였지요.

반면 필리핀 내부의 인민공산당들은 중공으로부터 무기를 지원받아 마르코스의 발목을 잡으려 하고 있었습니다. 마르코스는 미국의 월남전 지원 요청에 응했지만 병참과 군수부대 위주의 지원에 그쳤지요. 6·25 당시 미군을 제외한 참전국 중 가장 먼저 전투병력을 한국에 파병한 필리핀은 우리에 대해 우월의식을 갖고 있었습니다.

그런데 한국 정부가 월남에 전투병력을 파병했다는 사실이 마르코스에게 충격적이었습니다. 월남파병을 통해 한국이 미국으로부터 많은 원조를 받아낸다는 점도 마르코스에게는 아픈 곳을 찔리는 듯한 느낌이었을 겁니다. 제가 대사로서 마르코스 대통령을 만나면 표현은 하지 않지만 분명 뭔가 샘을 내는 듯한 느낌을 받곤 했지요."

월남참전 7개국 정상회담은 당시 이동원 외무장관의 구상에서 시작된 것이라고 한다.

"1966년 초가 되니 동아시아에는 월남참전을 주제로 국가별 서열이 정해졌습니다. 한국이 4만 2500명의 병력을 파병해 선두였고 오스트레일리아 4500명, 필리핀 2000명, 뉴질랜드 150명이었으며 태국은 17명에 불과했습니다. 1966년 6월14일 아스팍(ASPAC·아시아 태평양협의회)이 서울에서 열렸을 때 월남참전국 대표들에게 우리끼리 한 번 모이자는 의견을 내어 만장일치로 찬성을 얻어냈습니다. 일종의 월남참전국 모임을 만든 것이지요."

頂上회담은 참전 각국에게 공통되는 여러 가지 정치적 이익을 가져올 수 있었기 때문에 이의를 제기하는 나라가 없었다. 이 모임을 주도할 국가는 한국이어야 한다는 데에도 이의가 없었다. 그런데 일주일쯤 뒤 라모스 필리핀 외상이 마르코스 대통령에게 이 사실을 보고하자 마르코스가 이 회의는 필리핀이 주최해야 한다고 우기기 시작했다고 한다.

이동원 장관은 서울에서 열릴 것에 대비해 준비를 하다 라모스 필리핀 외상으로부터 미안하다는 연락을 받았다. 그 직후 美 국무성의 번디 차관보가 급히 來韓했다.

"번디가 부랴부랴 찾아온 것은 필리핀의 입장을 살려주자는 설득을 하기 위한 것이었습니다. 미국에게 한국은 믿을 수 있는 우방이었던 반면, 필리핀은 겉으로는 미국에 우호적인 태도를 보이지만 뒤돌아서서는 반미적인 발언을 하고 있어 이번 기회에 마르코스를 달래주자는 것이었습니다."

졸지에 주최국이 바뀌자 박정희 대통령은 평소 하지 않던 심한 욕설까지 하며 화를 냈다고 한다.

"마르코스, 이 나쁜 자식. 윤리도 도의도 없는 놈. 이거 우리가 제창했는데 날치기 아닌가."

회담은 결국 필리핀의 수도 마닐라에서 열리는 것으로 하되 회담 성명서는 한국 외무부에서 작성한 내용을 선택하기로 미국과 합의함으로써 이 문제는 일단락됐다.

심술

1966년 10월23일 오후 4시, 박정희 대통령 일행은 필리핀 공항에서 의전행사를 마치고 숙소인 마닐라 호텔에 도착했다. 오스트레일리아, 뉴질랜드, 미국, 월남, 태국 등 각국 정상들도 같은 호텔에 들었다. 박 대통령에게 배정된 방은 566호실로, 제2차 세계대전 당시 맥아더가 숙소로 사용했다는 방인데 여느 정상들의 방보다 작았다. 존슨 대통령을 수행한 러스크 美 국무장관의 방보다 더 작았다.

이동원 장관은 마르코스의 의도적인 '한국 무시'라 느꼈다고 한다. 수행원들이 분개하자 박 대통령은 "괜찮아. 방이 크면 어떻고 작으면 어떤가. 난 오히려 작은 방이 더 정이 붙는데. 신경 쓰지 말게"라고 대범하게 말했다. 마르코스의 심술은 다음날에도 계속됐다.

1966년 10월24일 월요일은 공교롭게도 국제연합(UN)의 날이기도 했다. 참전국 대사들이 합의하여 마련한 정상회담 순서는 첫날 국회의사당에서 개회식을 가진 뒤 대통령 관저인 말라카낭 宮(궁) 대회의실에서 1, 2차 본회의를 비공개로 갖기로 결정했다.

오전 9시, 필리핀 국회의사당 단상에는 오른편에서부터 오스트레일리아의 헤롤드 홀트 총리, 대한민국의 박정희 대통령, 뉴질랜드의 커드 홀리오크 총리, 필리핀의 마르코스 대통령, 태국의 타놈 키티카초른 총리, 미국의 린든 존슨 대통령, 월남공화국의 구엔 반 티우 의장과 구엔 카오 키 총리가 앉았다.

의사당에는 7개국 대표단원 약 200명과 외교단, 필리핀 국회의원, 각종 단체 대표 등 200여 명, 세계 주요 신문·라디오·텔레비전 기자와 보도진 400여 명이 자리하고 있었다. 동남아시아 사상 최대의 국제회의가 시작된 것이다.

당시 柳陽洙 駐필리핀 대사의 회고.

"사전에 참전국 대사들끼리 모여 시간표를 짜면서 개회사는 주최국 정상인 마르코스 필리핀 대통령이 하는 것으로 결정했습니다. 다만 主戰國(주전국)인 월남과 미국에 비해 필리핀의 입장이 미묘할 것이라는 점을 두고 대사들끼리 토론한 끝에 형식적인 개회사를 하도록 10분으로 짧게 잡아두었습니다. 그런데 개회식에서부터 문제가 생긴 겁니다."

태국 총리의 사회로 개회 선언이 있은 뒤 뉴질랜드 총리의 제의로 주최국인 마르코스 필리핀 대통령이 만장일치로 이번 회의의 의장이 됐다. 의장의 개회사 순서가 됐다. 동시통역으로 진행되는 이 회의에서 마르코스는 스페인 억양이 강한 영어 연설을 유창하게 시작했다. 그는 사전에 합의한 대로 참가국 정상들을 환영한다는 대목에서 연설을 마무리 지어야 했다. 그런데 그의 연설은 브레이크가 없었다. 10분에 걸친 환영사에 이어 난데없이 평화론으로 이어졌다.

"평화와 자유는 모든 인류의 권리이며 소망입니다. 평화와 자유가 없는 곳에 인류의 번영과 행복은 있을 수 없습니다."

단상의 수뇌들은 월남에 대한 지원을 강화하자는 목적에서 참석했다가 갑자기 평화론이 나오자 표정이 굳어졌다. 마르코스는 연설을 멈추지 않았다.

"동남아 국민들은 평화와 자유를 박탈당하고 어두운 삶을 강요당한 쓰라린 역사의 경험을 갖고 있습니다. 지금 이 시간에도 월남에서는 야만적인 전쟁이 계속되고 있으며 부도덕한 파괴와 살인이 자행되고 있습니다."

開戰은 케네디가 했지만 뒤처리는 존슨의 몫이 된 월남전. 존슨은 월맹을 협상 테이블로 끌어내기 위한 군사적 압박이 필요했고 그만큼 아시아 우방의 결속된 참전이 요구됐다. 그런데 마르코스가 평화론을 주창한 것이다.

청중을 향해 앉아 있던 존슨 대통령이 갑자기 의자를 돌리더니 단상의 마르코스를 향해 앉았다. 그리고는 보통 사람의 얼굴만큼 큰 손을 번쩍 들더니 마르코스를 향해 박수를 쳤다.

"이것은 인류 문명의 파괴이며 인간 양심에 대한 반역이고 신의 섭리에 대한 죄악입니다."

존슨 대통령은 더욱 열렬히 박수를 쳤다. 청중들은 마르코스와 존슨을 번갈아 보며 침을 삼켰다. 오른쪽에서 두 번째 자리에 앉아 있던 박정희 대통령의 얼굴은 심각하게 굳어졌다.

단상 아래에서 지켜보던 柳陽洙 대사의 회고.

"저를 포함해 단상 밑에서 보고 있던 참전국 외교관들은 경악하는 중이었습니다. 존슨은 마르코스를 향해 앉아서 '평화'라는 단어만 나오면 박수를 쳐댔습니다. 그것은 칭찬이 아니라 怒氣(노기)의 표현이었습니다. 마르코스는 10분 예정인 환영사를 무려 30분이나 하고 내려왔습니다. 그동안 존슨은 혼자서 수십 번이나 박수를 쳤던 겁니다."

기이한 개회사에서 마르코스는 평화와 자유를 외쳤지만 그것을 지키기 위한 방안은 한마디도 언급하지 않았다. 마르코스와 존슨의 대결은 이날 오후에 열리는 2차 본회의장으로 옮겨갔다.

오전에 개회식이 끝난 뒤 대통령궁에서 열린 제1차 본회의에서는 월남 총리 구엔 카오 키의 월남 현황 설명이 있었고 웨스트모어랜드 주월미군 사령관의 월남전 戰況에 대한 설명이 있었다. 오후 4시부터 열린 제2차 본회의는 각국 원수의 연설로 진행됐다.

커다란 U자 형태의 원탁에 7개국 정상이 알파벳 순서대로 앉고, 각국 정상들 뒤로 수행 참모들이 앉았다. 마르코스 필리핀 대통령의 사회로 오스트레일리아에 이어 한국의 박정희 대통령이 기조연설을 시작했다.

"우리는 인간의 존엄성과 자유를 신봉하는 세계 인류의 염원을 구현하고자 하는 사명감으로 이 회담에 임하고 있습니다. 이 회담을 통해 참전국들은 불의와 결연히 대결하며 정의를 위하여 기꺼이 희생할 수 있는 용기 있는 사람들이란 것을 세계만방에 재천명함과 동시에 침략자들에게는 침략을 포기하게끔 압력을 가해야 합니다."

계속해서 박 대통령은 휴전 전에 외국 군대 철수 반대, 월맹의 베트콩에 대한 지원의 즉각 중지, 월남에서 월남공화국 외 정치권력 불인정, 휴전 후 월남의 독립 보장 등을 주장했다. 그의 발언은 참가국 정상 중 존슨을 만족시킨 유일한 내용임이 회의가 진행될수록 확연해져갔다.

뉴질랜드에 이어 필리핀 순서가 되자 U자 테이블 중앙에 앉아 있던 마르코스는 예의 평화론을 개진했다. 여기서도 존슨은 의자를 돌려 앉은 뒤 다시 박수를 치기 시작했다.

U자형 테이블을 따라 순서가 바뀌면서 이윽고 존슨 미국 대통령의 차례가 됐다. 러스크 국무장관 등이 배석하고 그 뒤로는 10여 명의 참모와 수행원들이 앉아 있었다. 참모 한 사람이 존슨에게 준비된 연설문 원고를 전달했다.

신랑 존슨, 신부 朴正熙

참모로부터 원고를 전달받은 존슨 미 대통령은 원고를 책상 위에 뒤집어 놓았다. 그리고 마르코스를 향해 의자를 돌려놓고 앉더니 그를 노려보면서 즉석 연설을 시작했다.

"평화는 그저 주어지는 것이 아닙니다(Freedom is not free). 책상 위에서 얻어지는 것도 아니며 더구나 예찬만으로 달성되는 것도 아닙니다. 평화는 쟁취하는 것이며 대가를 지불해야 하는 것입니다. 그리고 대가를 지불하기로 결심하고 행동함으로써만이 평화는 얻어질 수 있는 것입니다."

존슨은 마르코스를 향해 마치 교장 선생님이 학생에게 훈시하듯 기조연설을 시작했다. 아침에 있었던 마르코스 필리핀 대통령의 평화론에 대한 반격이자 미국의 필리핀에 대한 위압이었다.

이날 박 대통령 수행원으로 참석했던 유양수 주필리핀 대사는 그의 회고록 《大使(대사)의 일기장》에서 "굵직한 존슨의 음성은 듣는 이의 폐부를 찌르는 듯했다. 장내는 기침소리 하나 없이 긴장감이 감돌고 있었다. 천장에 매달린 선풍기만 천천히 장내의 공기를 휘젓고 있었다"라고 당시 상황을 기록해두고 있다.

존슨은 10여 분간에 걸친 훈시 같은 연설을 통해 참전 7개국 정상회담의 목적을 다시 한 번 想起시키고 월남전에 임하는 미국의 결의를 재천명하는 것으로 끝을 맺었다.

미국에 대들었다가 퉁바리 맞은 마르코스를 지켜본 박정희는 냉정함을 잃지 않았다고 한다. 첫날 저녁, 마르코스가 박 대통령의 숙소를 예방하고 돌아가자 이동원 장관에게 朴 대통령은 이런 말을 하고 있었다.

"李 장관, 저 친구 얼굴을 보니 알차게 생겼어. 분명히 쉽게 물러나지 않을 거야."

1966년 10월24일 저녁엔 만찬이 열렸다. 각국 원수들이 검은 예복을 입고 참석한 반면 마르코스는 필리핀 전통의상인 흰 남방차림으로 만찬장 분위기를 이끌어갔다. 그는 박 대통령을 의도적으로 무시하는 행동을 많이 했다. 존슨 대통령이나 다른 외국 정상들 앞에서는 큰 손짓을 해가며 열심히 말하다가도 박 대통령과 마주치기만 하면 입을 꼭 다물곤 가벼운 목례나 악수 정도만 하곤 지나쳤다.

이날 저녁 필리핀의 일간지들은 박 대통령의 월남파병을 비난하는 글을 싣고 '매파의 우두머리', '전쟁을 부추기는 전쟁광'으로 묘사하며 보도했다. 약이 오른 김형욱 정보부장은 "저 새끼, 입만 살아서 입만 점점 커지니…"라며 마르코스를 노려보았다. 만찬장에서 신문 보도 내용을 보고받은 박 대통령은 아무런 표정의 변화 없이 담배만 피워대고 있었다.

10월25일 오전에 박 대통령은 한국 기자들과 만났다. 전날 있었던 웨스트모어랜드 주월 미군사령관의 군사력 강화 필요성 주장과 관련해 박 대통령은 "우리가 있고 남이 있지 않습니까. 우리의 월남 파병은 현재로서 충분하며 더 이상 증파하지 않겠습니다"라고 잘라 말했다.

이날 오전 11시부터 제3차 본회의가 말라카낭 宮(궁) 소회의실에서 비공개로 속개됐다. 회의장은 전날의 씁쓸한 공기가 다 가시고 명랑한 분위기로 바뀌었다. 이날 회의는 예정에 없던 것이었다. 각국 頂上들이 통역 한 명씩만 배석시킨 채 만나는 정상들만의 비밀회담이었다.

참전 7개국 수행원들은 모두 대회의실에 앉아 기다리고 있었다. 이들은 처음엔 사무적인 일로 움직이거나 무엇인가 대화를 나누거나 간밤의 숙취로 하품을 하는 등 각양각색의 행동을 하다가 시간이 점차 흘러가자 하나 둘씩 소회의실 문으로 시선을 두기 시작했다. 한두 시간이 지나도 소식이 없자 궁금증이 더 퍼지더니 세 시간째부터는 긴장감이 돌기 시작했다.

회담은 오후 2시가 지나서야 끝났다. 소회의실 문이 열리는 소리가 들렸다. 수행원들의 시선이 일제히 문으로 향했다. 잠시 후 키가 큰 존슨 대통령과 키가 작은 박정희 대통령이 맨 먼저 나타났다. 존슨 대통령의 오른팔이 박 대통령의 왼팔을 끼고 있었다. 두 사람 모두 만면에 미소를 띠고 천천히 걸어 나오고 있었다. 결혼 행진 같았다.

존슨은 장내를 향해 왼손을 들어 흔들기까지 했다. 모두 어리둥절한 표정이 됐다. 두 頂上 뒤로 다른 수뇌들이 한두 명씩 떨어져 걸어 나오고 있었다. 장내에서는 박수가 터져 나왔다.

당시 유양수 대사는 "우리가 국제무대에서 이렇게 성공할 수 있었나 하는 감격이 터져 나왔다"고 회고했다.

뒤에 밝혀진 사실이지만 이날 회담은 주로 존슨 대통령의 각국 정상에 대한 설득으로 시종했다고 한다. 필리핀은 약 2200명으로 구성되는 필칵(Philcag)이라 불리는 공병과 의무 지원 이외에는 증원할 수 없다고 버텼다. '전투 임무는 절대 불가'란 입장을 취했다.

존슨 대통령은 마르코스 대통령을 끈질기게 설득했지만 별 소용이 없었다는 것이다. 존슨과 박정희에게 마르코스는 평화를 추구하되 대가는 지불하지 않겠다는 입장으로 비쳐졌을 것이다.

존슨은 뉴질랜드, 오스트레일리아, 태국 세 나라로부터 상당한 규모의 원조와 병력을 증가시키겠다는 확답을 받아낼 수 있었다. 이 과정에서 한국은 존슨의 자랑이요, 모범 사례로 인용되곤 했다고 한다. 인구 대비 병력 파병 규모로 보나 파병 성격으로 보나 한국은 최선의 지원을 다하고 있는 국가로 소개됐다.

이 때문에 이날 회담에서 한국의 증파 문제는 거론될 여지가 없는 상황이 되어버렸다. 존슨 대통령은 이 회담을 진행하면서 한국에 대한 고마움이 새삼 각별하게 느껴졌던 모양이었다. 고마움의 표시로 존슨은 자신의 가슴에도 못 미치는 작은 키의 박 대통령과 팔짱을 끼고 혈맹의 유대를 과시한 것이었다.

이날 오후에는 공동 성명서 채택과 선언문 검토를 위한 4차 회의가 진행됐다. 오후 6시30분, 7개국 정상들은 월남 문제의 해결과 아시아-태평양 지역 국가 간의 유대 강화 및 공동 번영을 위한 원칙들을 밝히는 공동 성명서, 공동 선언, 자유의 선언 3개 문서에 서명하고 이를 발표함으로써 마닐라 정상회담은 막을 내렸다.

1966년 10월26일 귀국 길에 오른 박 대통령 일행은 오후 4시, 김포공항에 도착했다. 공항에는 李孝祥(이효상) 국회의장, 李相喆(이상철) 국회부의장, 정일권 국무총리, 3부 요인 등과 1000여 명의 출영객이 기다리고 있었다. 육영수 여사도 아들 지만 군을 데리고 나와 機上(기상)으로 올라가 박 대통령을 영접했다. 육 여사가 "가셨던 일은 잘 되었어요? 고생 많으셨지요"라고 인사했고, 박 대통령은 웃음을 머금은 채 지만 군을 보듬어 안았다.

박 대통령은 도착 성명을 통해 "세계사의 중심 무대는 바로 우리가 살고 있는 이 지역으로 옮겨지고 있으며 우리의 발걸음이 세계사에 크게 남겨지고 있습니다. 남으로부터 도움을 받아오던 우리도 이젠 이웃을 돕는 成年(성년)국가로 발전했기 때문입니다"라고 했다.

그가 국군 의장대를 사열하는 동안 전투기들이 하늘에서 오색 연막을 뿌리며 가을 하늘을 화려하게 물들이고 있었다.

38
박정희 후보 선거 연설

"야당과 언론의 감시하에서 정치했다"

1967년의 세상
北 중앙통신 부사장 이수근 판문점 통해 귀순
6대 대통령 선거, 朴正熙 당선
구로공단 준공
한국인 평균수명 60세 돌파
과학기술처 신설
이스라엘, 6일 전쟁에서 승리

"언론 자유가 있는 독재정권?"

"우리 정부가 지난 3년 반의 임기 동안에 우리는 우리나라의 야당과 우리나라의 언론의 가혹한 비판하에서 또 그 감시하에서 정치를 해왔다 하는 것, 이것만은 확실히 얘기해 둡니다. 우리나라의 야당이 정부가 하는 일에 대해서 정부가 무서워서 비판을 못 한 일이 있습니까?"

1967년 4월17일 오후 1시30분, 대전 공설운동장에서 첫 유세 연설에 나선 朴正熙 공화당 대통령 후보는 유세 연설을 위해 단상에 올라섰는데, 국가 지도자로서 정부의 입장과 자기의 소신을 해명하는 기회로 삼았다. 이날 오후 그의 연설은 언론을 통해 요약되어 보도됨으로써 단순한 유세 연설을 한 것으로 알려져 있지만, 실상은 국가 지도자로서 철학과 비전이 스며 있는 연설을 남겼다.

박정희 후보는 10만여 유권자들 앞에서 좋은 대통령 후보를 선출하는 기준을 교육하다시피 역설한 뒤 신민당의 공약들을 유권자들 앞에서 조목조목 검증해 갔다. 특히 신민당의 세금 20% 감면, 공무원 봉급 두 배 인상, 二重穀價制(이중곡가제) 도입 및 대중경제론의 실상을 소개한 박정희 후보는 신민당의 주장대로 할 경우의 문제점을 설명했다.

작은 메모 몇 장만을 들고 단상에 올라 선 박정희는 약 1시간20분간의 연설을 통해 "대통령이란 국가의 어려운 문제가 있을 때 제일 마지막에 가장 어려운 결심을 하는 자리"라고 말하며 신민당이 "공화당은 3대 公敵(공적) 중 하나"라고 한 데 비추어 "공화당의 3大

공적은 신민당이 아니라 공산당, 빈곤, 부정부패"라고 했다.

　박정희 특유의 카랑카랑한 경상도 억양을 상상하고 읽어보면 생동감이 더할 이 연설의 原文을 옮겨 싣는다.

「친애하는 대전 시민 여러분, 충청남도 도민 여러분! 안녕하십니까? 오늘 이렇게 많이 모여 주셔서 감사합니다.

　4년 전 지난번 대통령선거에서 여러분들이 미흡한 이 사람을 대통령으로 뽑아 주셨습니다. 그래서 여러분들 기대에 보답하기 위해서 지난 임기 동안 성심성의를 다해서 밤낮을 가리지 않고 맡은 바 일을 열심히 해왔습니다. 그러나 사람이 하는 일이라 때로는 실수도 있었고, 또 어떤 때에는 잘해 보려고 했던 것이 결과적으로는 잘못된 그런 경우도 있었습니다. 그러나 지금 우리가 민족자립과 조국 근대화라는 이 거창한 역사적인 과업을 밀고 나가는 데 있어서, 때로는 일부 국민들이 싫어하거나 또는 일부 국민들이 정부 처사에 대해서 충분히 이해를 하지 못하고 오해를 하는 일에 대해서도, 이것은 국가의 장래를 위해서 기어코 해야 되겠다고 생각하는 일은 이것을 강력히 밀어오기도 했습니다.

　…(중략) 지금 야당에서 여러 가지 정책을 많이 들고 나왔습니다. 특히 요즘 들고 나온 이것이 정책인지 정부·여당에 대한 욕인지 분간하기 어려운 여러 가지 고약한 얘기들을 많이 들고 나오는데, 특히 우선 박 정권은 국민의 3대 公敵이다, 4대 批政(비정)이 있다, 뭐 이런 소리를 합니다.

　이것이 과연 근거 있는 얘기인지 없는 얘기인지, 신민당에서 지금 우리 정부에 대해서, 우리 공화당에 대해서 우리 정권을 군사독재정권이라고 그럽니다. 현 정부가 군사독재정권인지 아닌지 하는 것을 현명한 유권자 여러분의 판단에 맡기기로 하되, 단 이 자리에 내가 여러분들에게 한마디만 말씀을 하고자 합니다.

　우리 정부가 지난 3년 반의 임기 동안에 우리는 우리나라의 야당과 우리나라의 언론의 가혹한 비판하에서 또 그 감시하에서 정치를 해왔다 하는 것, 이것만은 확실히 얘기해 둡니다. 우리나라의 야당이 정부가 하는 일에 대해서 정부가 무서워서 비판을 못 한 일이 있습니까?

　유권자 여러분들이 잘 아시는 바와 같이, 우리 야당은 세계에서도 가장 유명한 야당입니다. 무슨 일이든 사사건건이 물고 늘어져서 그저 시비를 걸고 말썽을 부려야만 이것이 鮮明野黨(선명야당)이라고 합니다.

　정부·여당하고 협조를 하는 이런 사람들은 소위 요즈음 사쿠라니 뭐니 해서, 그 야당 사람들 가운데에는 '정부가 하는 일이 이것은 옳다. 아무리 공화당 정부가 하는 일이라도 옳은 것은 옳다고 그래야 될 것이 아니야' 하는 이런 소리를 했다가는 아마 큰 벼락이 맞는 것 같습니다.

　이런 야당 사람들이 그동안 정부가 하는 일에 대해서 무슨 비판 못 한 일이 있습니까? 정부가 무슨 강압한 일이 있습니까? 또 우리나라 언론이 정부가 하는 일에 대해서, 정부의 강압이 무서워서 비판을 못 한 일은 거의 없다고 나는 생각합니다. 야당에 비판의 자유가 있고, 언론의 자유가 있는 독재정권, 그런 정권은 야당 사람들이 생각하는 독재정권인지 모르지만….

　다음에, 신민당에서는 요즈음에 우리 정부를 '부정부패가 극도에 달한 부패정권이다' 이런 소리를 지금 전국 방방곡곡에 돌아다니면서 얘기합니다.

　오늘 이 자리에서 유권자 여러분 앞에 솔직히 말씀을 드리고자 하는 것은, 물론 우리 정부 내에 부정부패가 완전히 뿌리가 뽑혔다고는 이 사람 자신부터 생각하지 않습니다.

　정부는 그동안 이러한 부정부패를 근절하기 위해서 무한히 애를 써왔고, 앞으로도 이 문제에 대해서는 계속 노력을 할 것입니다.

"우리의 3大 公敵은 공산당·빈곤·부정부패"

　현 정부와 지금 야당 사람들이 과연 집권을 했을 그 당시의 정권과 어느 쪽이 부정부패가 더 심했는가, 또 오늘날 야당 사람들이 다음에 정권을 잡았을 때에 현 정권보다도 더 깨끗이 잘할 것이냐 아니냐 하는 이러한 판단도 여러분들에게 맡기기로 하겠습니다.

　단, 과거 5·16 전후를 통해서 우리나라 舊(구)정권의 부정부패를 누구보다도 샅샅이 자세히 아는 사람에 대해서 지금 야당의 그 사람들이 우리 정부가 너무 썩어서 나라가 망하느니 뭐니 하는 지나친 소리를 하는 데 대해서는 나는 솔직히 말씀해서 그 사람들 얼굴이 다시 쳐다보입니다.

　야당에서 우리를 보고 지금 공화당 정부를 국민의 3대 公敵이라고 그러는데 우리 공화당 정부도 3대 公敵이 있습니다.

　뭐냐 하면 이것은 우리가 야당을 公敵이라고 그러는 것이 아니라 우리가 지금 생각하고 있는 公敵은 첫째는 공산당이요, 둘째는 빈곤이요, 셋째는 부정부패입니다.

　공산당을 우리는 敵으로 생각하고 있습니다.

우리나라의 가난과 빈곤을 우리는 또한 敵으로 생각하고 있습니다.

우리나라가 잘 발전하자면 부정부패를 뽑아야 되겠다는 것도 우리는 생각을 하고 있습니다.

그렇다면 야당이 생각하는 것과 우리가 생각하는 것이 다른 것은 다 다르지만 부정부패에 대한 생각은 똑같은 것 같습니다. 그렇다면 앞으로 우리나라의 부정부패를 없애기 위해서는 서로 네가 더 썩었다, 내가 더 썩었다 할 것이 아니라 여야가 잘 협조를 해서 우리나라의 부정부패가 없도록 노력을 해야만 될 것입니다.

"1차 5개년 계획 기간 동안 3400개 공장이 섰습니다"

그 다음에 또 현 정부를 특혜 정권이라고 그랬습니다. 여기에 대해서도 몇 말씀 드려야 하겠습니다. 이것은 무슨 말이냐 하면, '우리 정부가 주로 대재벌이나 대기업만 키우고 중소기업 같은 것은 전연 돌보지 않는다', '또 공업에만 치중하고 농촌을 돌보지 않는다', '이래서 특혜만 하는 이런 정권이다', 이런 얘기를 했습니다.

그동안 우리 정부가 대기업이라든지 대공장을 많이 건설한 것은 사실입니다. 이 대기업이라는 것은 대부분 앞으로 우리나라의 산업 건설을 위해서 꼭 필요한 기간산업들이 대부분입니다.

여러분들이 아시는 바와 같이 발전소라든지 시멘트 공장이라든지 정유공장이라든지 비료공장이라든지 섬유공장이라든지, 이러한 등등은 전부 우리나라의 기간산업이고, 우리나라의 산업이 앞으로 발전하기 위해서는 꼭 있어야 되는 근간이 되는 그러한 산업입니다.

  그렇다고 해서 우리 정부가 중소기업을 도외시했거나 또는 못 본 체한 것은 아닙니다. 지난 제1차 5개년 계획 기간 중에 우리나라에는 큰 공장, 작은 공장 합쳐서 약 3400개의 공장이 섰습니다.

  그중에서 소위 야당 사람들이 대기업이라고 말하는 그런 큰 공장은 불과 한 100개 정도밖에 되지 않습니다. 나머지 3300여 개는 전부 중소기업체입니다.

  그리고 여러분들, 우리나라 시장이나 백화점에 가보십시오. 수년 전만 하더라도 거기에 있던 물건은 전부 외국에서 들어온 외래품의 전시장처럼 되어 있었지만, 오늘날 그것은 대부분 우리 국산으로 대체가 되었습니다.

  이러한 물건들을 어디에서 만들었겠느냐, 우리나라 시장에 있는 모든 상품의 80% 이상이 전부 우리나라 중소기업체에서 생산한 제품입니다.

  그리고 오늘날 이 대기업과 중소기업이라는 것은 서로 끊으려야 끊을 수 없는 불가분한 그런 관계에 있는 것입니다. 대기업이 자라난 연후에는 대기업과 중소기업이 서로 계열화가 되고 또, 그 밑에서 중소기업이 자랄 수 있는 것입니다. 한 가지 좋은 예로 우리나라에 지금 제철공장이 몇 개 있는데, 철강공장 이런 것은 아마 소위 우리 야당들이 말하는 대기업에 속할지도 모르겠습니다.

  대기업이라는 그 개념이 벌써 약간 외국과 다릅니다.

  우리나라에서는 지금 고용인원 한 200명 이상 쓰고 있는, 이런 공장을 대기업이라고 그럽니다. 여기에서 만드는 철판이라든지, 철봉이라든지, 이런 것은 중소기업체에 내려가서 다시 이것을 절단하고 해서 여러 가지 물건을 만드는 겁니다.

　그리고 대기업은 중소기업에다가 원자재라든지 원료를 공급하는 이런 공장이 되는 것이고, 또 지금 좋은 예가 자동차공장이 지금 우리나라에 하나 생겼는데, 이 공장 밑에 붙어 있는 소위 하청공장이라는 것이 수십 개가 됩니다.

"大衆經濟니, 大衆자본주의니 뭐 이런 소리…"

　자동차공장이라고 해서 그 공장 안에서 모든 것을 다 만든다는 것은 아닙니다. 가령 '타이어'는 '타이어' 공장에서 만드는 것이고 또 사람이 앉는 '시트'는 또 다른 어떤 공장에서 만드는 것이고, 손잡이라든지 '너트'라든지 소소한 이런 부분품은 제가끔 또 다른 하청공장에서 만드는 것입니다.

　이런 것을 우리가 소위 대기업과 중소기업의 계열화라고 그러는 것입니다. 分業이라고 하는 것이 바로 이것입니다. 또 조그마한 공장들이 어떤 전문적인 부분만 만드는 것을 이걸 전문화 공장이라고 그럽니다.

　이렇게 해서 대기업과 중소기업이 같이 커 나가는 것입니다.

　특히 우리나라와 같이 새로이 경제 건설을 하는 나라에 있어서는, 이런 투자의 효과가 크고, 경제 성장의 속도가 빠른 이 대기업이라고 하는 것은 가장 우선적으로 이것을 키워야 되는 것입니다. 이것은 다른 나라에 있어서도 똑같은 그런 추세에 있는 것입니다.

　이런 것을 볼 때에 야당 사람들이 말하는 것과 같이 "우리 현 정부가 대기업만 키우고 중소기업은 돌보지 않았다" 하는 얘기도 사실과는 거리가 먼 얘기라고 아니 할 수 없습니다.

다음에 야당에서 내놓은 이 경제정책이 하나 있습니다.

지금 야당 사람들은 자기들이 집권을 하면 당장 국민 모두가 富者가 되고, 잘 살고, 잘 입고, 잘 먹도록 해줄 수 있다, 이런 소리들을 합니다.

그래서 우리도 무슨 그런 묘한 방법이 있는가 하고 여러 가지 얘기를 들어 보았는데, 결국은 이런 얘기입니다.

자기들이 집권을 하면 정부가 국민으로부터 받는 것은 될 수 있는 대로 이것을 대폭적으로 깎아주고, 또 정부가 국민들로부터 사들이는 물건은 될 수 있는 대로 비싸게 사들인다, 가령 쌀도 비싸게 사주고 보리도, 담배, 고구마, 유채 등등, 또 정부가 국민들에게 주는 것은 가령 공무원들에게 주는 봉급은 몇 배씩 올려주고, 농민들에게 주는 보조금이라든지 수당이라든지 이런 것은 전부 다 올려준다, 이러한 얘기들입니다.

이것을 지금 야당에서는 대중경제니 대중자본주의니 뭐 이런 소리를 가지고 표현을 하고 있는 것 같은데, 이것은 얼른 듣기에는 대단히 솔깃하고 구미가 당기는 얘기 같습니다.

그런데 아까도 말씀드린 바와 같이 문제는 우리나라 형편으로서 야당 사람들이 말하는 이런 정책이 과연 실천 가능한 문제냐 아니냐 하는 문제를 우리는 잘 검토해 봐야 되겠습니다.

지금 야당 사람들이 말하기를 세금을 자기들이 집권하면 20%를 낮춘다고 그럽니다. 쌀값을 정부 매상 가격보다도 한 1000원 올린다고 그럽니다. 비료는 한 30% 싸게 해준다고 그럽니다. 또 공무원들의 봉급은 당장 배로 올려준다, 또 이중곡가제를 실시해서 농민과 소비자를 다 같이 보호하겠다….

이것 아마 일부 국민들은 듣고 상당히 흥미를 느끼는 그런 국민들이 있으리라고 생각합니다마는 우리 정부에서는 야당이 내놓은 이 정책이 과연 실천 가능한 것인지 아닌지 하는 것을 그동안 쭉 검토해 보았습니다.

"세금을 더 거두거나 돈을 더 찍어내는 수밖에"

결과는 이렇게 됩니다. 가령 지금 세금을 우리가 20%를 깎는다 할 것 같으면 1년 동안 정부의 稅收가 얼마나 줄어드느냐 하면 약 287억 원이 줄어듭니다. 여러분들이 아시는 바와 같이 우리나라 금년도 예산규모가 1648억 원입니다. 거기에서 287억 원이 줄어드는 겁니다. 공무원들의 봉급을 두 배로 올릴 것 같으면 현재 456억 원이니까 공무원들의 봉급만 해서 912억 원입니다.

이중곡가제를 해서 이것은 여러분들이 잘 아시는 분은 다 잘 아실 줄 압니다마는 쌀을 농민들한테는 비싸게 사서 소비자들에게는 싸게 판다, 그러면 거기에 차가 생기는데 손해는 누가 보느냐? 정부가 본다, 그러면 정부가 얼마 정도 손해를 보게 되느냐 하면 약 940억 원이라는 적자가 생깁니다.

공무원의 봉급을 올리는 것도 좋고 세금을 깎는 것도 좋지만, 우리는 국방도 해야 되고 의무교육도 해야 되는 것입니다. 여러분들 자녀들의 교육도 해야 되고, 또 투·융자도 해서 건설해야 됩니다. 중앙 정부가 지방 道나 시·군에 대한 지방교부세도 줘야 됩니다. 道나 시·군의 예산이 적어서 중앙에서 보조하지 않으면 이것이

유지되어 나가지 않습니다. 이런 것을 전부 하자면…, 그러면 이 적자 940 몇 억이라는 돈을 다시 보충해야 되겠는데 보충하는 방법이 뭐냐, 내 생각에는 두 가지가 있다고 생각합니다.

하나는 여러분들한테서 세금을 다시 거두는 겁니다. 언제는 20% 세금을 깎아 주었다가 몇 배나 더 비싼 세금을 또 받아야 됩니다. 아마 야당도 그것은 못 할 겁니다.

그렇다면 다른 방법은 뭐냐, 이 대전에 있는 조폐공사의 기계를 많이 돌려서 돈을 한 1000억 원가량 더 찍어 가지고 통화를 더 증발하는 길밖에 없습니다. 그렇게 되면 어떻게 되지요?

물가가 아마 몇 배나 뛰어올라갈 것입니다. '인플레'가 될 것입니다. 야당 사람들이 쌀값을 1000원 올려준다고 그랬는데, 만약 이런 식으로 하면 쌀값 1000원 올릴 필요가 없을 겁니다.

왜냐? 가만히 있어도 쌀값이 뭐 1000원이 아니라 5000원, 만 원 정도까지 뛰어올라갈 테니까….

그러면 결국 누가 손해를 보고 누가 피해를 보는 것입니까? 아마 쌀장사하는 몇 사람만 부자가 될 것입니다.

어떤 물건을 혼자 독점하고 있는 사람이 이렇게 꼭 움켜쥐고 앉아 있으면 물가가 그냥 뛰니까 몇 사람만 부자가 되고 나머지 전부 다 피해를 볼 것입니다. 농민도 피해를 볼 것입니다.

이거야말로 부자 되는 사람 부자 되고, 없는 사람은 망하고, 야당 사람들이 요즈음 말하는 富益富 貧益貧(부익부 빈익빈)이라는 것은 아마 이런 얘기를 말할 겁니다.

불가능한 얘깁니다. 결과적으로 또 여기에 하나 우리가 도무지 이해할 수 없는 문제가 있습니다.

"나라의 살림살이가 그렇게 간단히 되는 게 아닙니다"

야당 사람들이 이중곡가제를 하면 쌀을 1년에 2000만 석을 정부가 매상을 한다고 그럽니다.

여러분들 쌀 한 가마 얼마나 합니까?

지금 한 7000원 정도로 보면 2×7이 14, 금년 가을에 가서 정부가 2000만 석을 사기 위해서 당장 매상자금 1400억 원이라는 돈이 마련 되어야 됩니다. 이 돈은 어디에서 만들어 냅니까?

금년 가을에 추수할 무렵쯤 가면, 정부 예산도 그때는 3분의 1 정도 남아 있을 겁니다. 예산 탈탈 긁어서 딴 사업은 아무것도 안 하고 쌀만 매상하더라도 절반이나 모자랍니다. 이러한 무모한 정책은 없습니다. 이런 식으로 하면 정부의 재정이라는 것은 완전히 파탄 상태에 들어가서 정부는 아주 문을 닫아야 될 것입니다. 국가의 살림살이라는 것은 그렇게 간단한 문제가 아닙니다.

보다 더 계획적이고 보다 더 짜임새 있게 아껴서 알뜰하게 해도 우리나라의 살림살이가 어려운데 하물며 아무 계획도 없이 주먹구구식으로 일반 국민들이 듣기 좋게 인기 정책으로 그저 무슨 봉급은 배로 올려준다, 현 정부는 인색해서 공무원들 봉급을 올리지 않습니까? 지금 올려주고 싶어도 우리의 財政 형편이 당장 배로 올릴 수는 없다, 이것입니다.

그래서 지금 우리 정부는 공무원들 생활 보장을 하기 위해서 매년 한 30% 전후의 선을 가지고 완전히 최저 생활 보장이 될 때까지 매년 매년 올리자, 앞으로 한 4, 5년 동안만 올리면 그동안 물가가 상승한 것을 빼더라도 현재 봉급의 배보다 훨씬 올라가서 최저 생활 보장이 될 것이다, 이렇게 우리는 지금 보고 있는 것입니다.

이걸 갖다가 지금 당장 두 배로 올린다, 이것은 조폐공사에서 돈을 찍어내기 전에는 아마 방법이 없을 겁니다.

"국방을 핑계로 派兵 반대한 사람들이 병력을 어떻게 40만으로 줄이자고 합니까"

그 다음에도 야당에서 아주 무책임한 얘기를 요즘 하고 있습니다. 이것은 내 생각에는 아주 큰일 날 얘깁니다.

뭐냐 하면 '군대에서 복무하고 있는 군인들의 복무연한을 자기들이 집권하면 2년으로 단축한다', 이것은 야당 사람들이 지난번 선거 때에도 우려먹었습니다. 군인들한테 호감을 사기 위해서 이런 소리를 했습니다. 그래 요전에 야당의 어떤 그 지도자가 이런 소리를 했지요.

'병역법에는 복무연한이 2년으로 되어 있는데 지금 2년 반으로 하고 있다. 이것은 법을 어기는 위법적인 처사이고 兵事行政(병사행정)이 난맥을 이루고 있다.'

지금 병역법에 복무연한이 2년으로 되어 있는 것은 사실입니다.

그러나 자유당 시절에 閣令(각령)으로서 전시·사변 또는 이에 준할 때에는… 준하는 경우에는 대통령으로서 1년 이내에 더 연장할 수 있다, 하는 그런 법이 생겼습니다. 令(령)도 생겼습니다. 그래서 자유당 시절 때에 이 대통령령이 선포가 되어 가지고 그대로 지금까지 계속 시행을 해오고 있습니다. 민주당 사람들이 집권을 했을 때에도 이것을 고치지 않고 그대로 시행을 했습니다. 왜 못 고치느냐?

우리나라의 지금 국방을 유지하기 위해서는 최소한 현재 수준의 병력을 우리가 보유하고 있어야 됩니다. 최소한 현재 60만의 이 국군은 우리가 공산주의를 막기 위해서, 다른 여러 가지 어려운 문제가 있지마는 이것은 우리가 유지를 해야 되겠습니다.

그래서 자유당 때에도 이것을 고치지 못했고, 민주당 때에도 못 고쳤고, 오늘날도 이것을 그대로 우리가 실시하고 있는 것입니다.

그런데, 야당 사람들 얘기대로 2년으로 지금 줄이면 어떤 결과가 생기느냐? 큰 문제가 생깁니다. 하나는 우리 국군을 한 40만 정도로 병력을 줄이는 방법이 있습니다. 그러나 지금 우리 형편으로 줄일 수 없지요?

야당 사람들이 재작년에 우리가 파병을 할 때에 '우리 국방이 위태로우니까 병력을 보내서는 안 된다' 하고 극한적으로 반대를 했습니다. 그 사람들이 어떻게 40만으로 줄이는 것을 동의하겠습니까? 만약에 그 방법을 안 쓰면 나이 한 50세 먹은 사람까지 전부 재소집을 해야 됩니다.

과거에 군대에 한 번 갔다 온 사람도 다시 한 번 군대에 더 가야 됩니다. 선거 때는 야당뿐 아니라 여당 할 것 없이 가끔 가다가 일반 국민들이 듣기 좋은 얘기, 또는 구미가 당기는 그러한 얘기들을 흔히 하기가 일쑤지만 적어도 외교라든지 국방이라든지 이런 국가의 안전 보장에 중대한 영향을 미치는 이러한 문제에 대해서는 적어도 일국의 정치인이라든지, 특히 정치 지도자들은 무책임한 소리를 해서는 안 됩니다.

"이 순간에도 韓·日회담은 잘 되었다고 생각합니다"

다음에는 지난 대통령 임기 기간 중에 일어난 몇 가지 중대한 문제에 대해서 간단히 말씀 드리겠습니다.

韓·日회담과 월남파병 문제, 여기에 대해서 야당에서는 극한적으로 반대를 하고, 지난 3년 반 동안 전국 방방곡곡을 돌아다니면서 정부를 비난하고 공격을 했습니다. 끝까지 이 문제에 대해서는 야당이 부정적인 자세를 취하고 오늘 현재도 비판적입니다.

그러나 정부의 책임자로 있는 이 사람으로서는 그동안 유권자 여러분 앞에 직접 나와서 정부의 입장이라든지 또는 나의 소신이라든지 여기에 대한 해명을 할 기회가 없었기 때문에 오늘 이 자리에서 간단히 말씀을 드리고자 합니다.

韓·日회담을 야당에서는 나라를 팔아먹은 매국 외교로까지 극언을 했습니다마는 나는 아직 이 순간에도 韓·日회담이라는 것은 결과적으로 잘 되었다, 이렇게 생각합니다.

옛날처럼 우리가 쇄국주의를 하고 고립주의를 하고, 우물 안 개구리처럼 집안에 들어앉아서 이웃과는 담을 쌓고 동방의 고요한 아침의 나라가 어떠니 동방예의지국이 어떠니 하고 우리가 서로 모두 다 자기 도취해서 우물 안의 개구리처럼 그렇게 살아 나간다면 모르되, 적어도 우리가 우리 한국 민족이 오늘날 동남아시아로, 全 세계로 뻗어나가고 약진하는 새로운 한국을 건설하기 위해서는 우리는 과거의 일본 사람들하고 여러 가지 원한도 많고, 물론 그 원한이 오늘 당장 一朝一夕(일조일석)에 해소될 수는 없는 문제지마는 우리는 이 이웃 사람들하고는 우선 손을 잡아야 되겠습니다.

이것은 우리가 全 세계로 뻗어나가는 하나의 디딤돌이 되고 발판이 된다, 이것입니다. 야당 사람들은 나라를 팔아먹었다고 그러지만 솔직히 말씀해서 우리가 나라를 팔아먹은 것은 하나도 없습니다.

韓·日 국교정상화 이후에 있어서 우리나라의 국제적인 지위는 과거보다는 오히려 나날이 더 상승하고 있다고 나는 자부를 합니다.

야당 사람들이 걱정하는 것처럼 나라를 팔아먹었다거나 우리가 또 남에 예속이 되었다거나 하는 그런 일은 전연 없습니다.

특히 일부에서 '韓·日 국교정상화를 해가지고 일본에서 상업차관을 많이 받아 왔다, 그래서 장차는 우리가 일본에게 경제적으로 예속을 당할 것이다', 이런 걱정을 하는 사람이 있는 것 같습니다.

그동안 우리가 상업차관을 받은 것은 사실입니다.

우리들 개인도 자기자본이 없는 사람이 사업을 할 때에 자기자본이 없으면 어떻게 합니까? 남의 자본을 꾸어서 사업을 해가지고 사업을 잘해서 본전과 이자를 갚고 나면 그것은 자기 사업체가 되는 것입니다. 국가도 마찬가집니다.

우리가 지금 경제 건설을 빨리 해야 되겠는데 우리의 자본이 부족합니다. 그럴 때에는 남의 자본을 꾸어다가 건설을 하고, 점차 그 사업을 잘 운영을 해서 갚아 가면 되는 겁니다.

우리나라에 세워 놓은 공장은 이것은 전부 우리의 공장입니다. 절대 외국 사람들이 그 공장을 앞으로 뜯어 가지고 메고 갈 리는 만무합니다. 아까 이효상 선생님도 말씀이 있었지만, 외국 사람들이 우리한테 차관을 해줄 때에는 덮어놓고 우리가 차관을 해달라고 한다 해서 차관을 해주는 것은 아닙니다. 그 사람들이 미리 자기들의 본전을 받을 수 있는가 없는가 하는 것을 수판을 따져봐서 충분히 원리금을 상환받을 수 있다, 하는 그런 판정이 났을 때에 차관을 해주는 법입니다.

또 우리 정부도 마찬가집니다. 이러한 공장을 세워 가지고 우리가 운영을 해서 충분히 갚아 나갈 수 있느냐 없느냐, 또 그 사업체가 우리나라 경제 건설에 도움이 될 수 있는 그런 사업체냐 아니냐, 하는 것을 충분히 따져서 하고 있기 때문에 야당 사람들이 그렇게 걱정하지 않아도 괜찮을 겁니다.

월남派兵은 우리 安保 위한 것

다음에는 월남파병 문제. 이것도 한때는 무슨 청부 전쟁이다 뭐다 어떻다 하는 얘기가 있었습니다마는 최근에 와서는 월남파병 그 자체는 이것을 기정사실로 인정을 한다, 이런 소리를 하니까 굳이 여기서 반박을 하지는 않겠습니다마는 오늘 이 기회에 파병 문제를 결정할 그 당시에 있어서의 나의 심정을 간단히 말씀을 드리겠습니다.

대통령은, 국가의 어려운 문제가 있을 때 제일 마지막에 가장 어려운 결심을 해야 되는 것이 바로 대통령입니다. 특히 국가 장래에 큰 영향을 미칠 문제라든지 국가 百年大計를 위해서 어려운 문제를 결정할 때, 이것은 물론 밑에 있는 참모라든지 여러 사람의 의견도 듣기는 하지만 최종적으로 결심을 하는 것은 대통령 자신이 해야 됩니다.

이 월남파병 문제를 결심할 때도 나는 여러 날을 두고 혼자 고민을 했습니다. 내가 대통령으로 재임 중에 여러 가지 어려운 결심을 하는 가운데 있어서 가장 내가 고민을 하고, 또 어려운 결심이었다고 생각하는 것이 바로 월남파병 문제였습니다. 왜 월남파병을 해야 되느냐, 이 얘기는 길기 때문에 굳이 말씀을 드리지 않겠습니다.

또 정부가 그동안 우리가 과거 남의 신세를 진 나라니까 신세를 갚아야 된다든지, 또 동남아시아가 赤化(적화)가 되면 당장 우리에게도 영향이 있다든지 등등, 여러 가지 그러한 얘기는 우선 생략을 하고 더 솔직한 얘기를 여러분들에게 하나 말씀드리겠습니다.

월남파병 문제를 우리가 왜 해야 하느냐, 지금 우리나라 국방을 우리 60만 국군과 한국에 와서 주둔하고 있는 미군 2개 사단이 같이 우리의 국방을 담당하고 있습니다.

만약에 월남에 우리 한국군을 우리가 파견하지 못할 것 같으면 그 당시의 내 추측으로는 한국에 와 있는 미군 2개 사단이 월남으로 갔을 겁니다.

왜 그러냐 하면 미군은 지금 월남전쟁 수행을 위해서 평시에 가지고 있는 현역 사단은 거의 전부 다 월남에 출동을 하고 있습니다.

본토 경비를 위해서 필요한 최소한 병력을 제외하고는 오키나와에 있는 사단, 하와이에 있는 사단 전부 다 출동을 했습니다.

한국에 있는 2개 사단과 구라파(유럽)의 NATO 휘하에 있는 병력을 제외하고는 전부 월남에 가 있습니다.

지금 월남에서는 병력의 부족을 느끼고 있습니다.

만약 그 당시에 월남 정부나 미국 정부가 우리 한국군을 보내 달라고 그랬을 때에 물론 우리가 보내기 싫으면 안 보낼 수도 있습니다. 우리 한국군을 보내지 않았을 때에는 여기에 있는 미군 2개 사단이 갔을 겁니다.

갈 때에 우리 병력은 보내지 않으면서 미군을 붙잡을 수 있습니까? 붙잡을 수 없을 것입니다. 2개 사단이 빠졌다, 결과가 어떻게 되느냐?

한국 휴전선에 있어서 힘의 공백이 생깁니다. 이북에 있는 공산주의자들이 다시 침략할 수 있는 그런 찬스를 만들게 됩니다. 당장 정치적으로 불안을 가져올 것입니다. 당장 심리적인 불안을 가져올 것입니다. 아마 외국 사람들이 한국에 투자라든지 차관이라든지 여기에 와서 사업을 하는 것도 꺼릴 겁니다.

"아무리 우방이라도 가는 情이 있어야 오는 情도 있다"

또 만약에 공산군이 침략을 해 왔다고 합시다. 그때에는 우리는 누구한테 가서 부탁을 해야 합니까? 미군에 또 부탁을 해야 되겠지요? 미군의 병력은 전부 월남에 가 있습니다. 그런데 우리에게 병력을 좀 보내 달라고 그럴 때에는 하나도 내지 않고, 그래서 여기에 있는 미군 사단을 월남으로 가지고 갔는데 우리가 바쁘니까 또 미군보고 도와달라고 그런다, 월남에 있는 미군 사단을 한국으로 돌려 줄 것 같습니까?

여러분들! 아마 불가능할 것입니다.

나부터도 여기에 보내주지 않겠습니다. 한국 병력 좀 내달라고 그랬는데 하나도 안 내놓고, 자기들이 바쁠 때는 또 와서 도와달라고 그런다, 그러면 우리나라의 국방을 위해서도 한국군이 월남에 가지 않을 도리가 없지 않습니까?

아무리 우방이요 뭐요 하더라도 가는 情이 있어야 오는 情이 있을 것 아닙니까?

이러한 문제를 오늘날 야당 사람들이 모를 리가 없습니다. 그 사람들 뻔히 다 압니다. 알면서도 공연히 생떼를 써서, 정부의 입장을 곤란하게 만들기 위해서 무슨 청부전쟁을 했다, 무슨 청부를 합니까?

젊은 청년들의 무슨 피를 팔아서 어떠니 하는 이런 악담까지 했는데, 월남파병 문제라는 것은 우리의 국방상, 국가안전보장상 불가피했다, 하는 것을 다시 한 번 말씀드립니다.

그리고 월남에 우리 2개 사단과 해병 1개 사단이 가고 난 뒤에, 우리 국방력이 약해졌느냐, 결코 약해지지 않았습니다.

지금 현재 상태는 월남에 파병하기 전보다 우리 국방력은 훨씬 더 강화되고 있습니다.

현역 1개 사단을 우리는 더 새로 증편을 했습니다. 예비 3개 사단을 현역 사단과 똑같은 장비로 지금 보충을 했습니다. 해병 1개 사단을 새로 편성을 했습니다. 육군의 모든 장비를 현대화했습니다. 전차·비행기·해군의 군함 등 현재 수준은 월남파병 전보다 우리 국방력은 훨씬 더 강화되어 있고, 그리고 월남에 가 있는 우리 국군 장병들은 용감히 싸워서, 우리의 국위를 세계만방에 떨치고 있습니다. 또 우리와 우방의 이런 유대관계는 더 강화되었고, 앞으로 우리의 국방이라든지 안전보장 문제에 대해서는 훨씬 더 튼튼한 그런 소재를 마련해 놓았습니다.

"春窮期란 말이 없어진 것도 사실 아닙니까?"

얘기가 길어집니다마는 여러분한테 오늘 얘기할 것을 여러 가지 준비해 가지고 왔는데 요것 한 가지만 말씀을 드리고 줄일까 합니다.

1차 5개년 계획이 무엇이고, 2차 5개년 계획은 무엇을 하자는 것이냐? 1차 5개년 계획이 어떻게 되었고, 앞으로 지금 정부가 하자는 2차 5개년 계획이라는 것이 끝나면 한국 경제가 어떻게 되는 것인가? 이것만은 간단히 말씀을 드리고 얘기를 줄이고자 합니다.

1차 5개년 계획이라는 것은 우리나라의 前근대적인 경제구조 또는 산업구조, 이런 것을 앞으로 근대 공업국으로 발전시키기 위한 하나의 정비 작업이었다…, 이렇게 조금 얘기가 어려워질지는 모르겠습니다마는 우리나라는 앞으로 잘 살자면 공업 국가를 만들어놔야 됩니다.

우리나라는 땅도 좁고 지하자원도 부족한 데다가 인구는 많고, 그러면 우리는 어떻게 해야 우리가 잘 살 수 있느냐? 앞으로 우리나라의 공업을 일으켜서 우리나라에 많은 노동력과 기술을 발전시켜 가지고 외국에서 원료를 사들여서 우리나라에서 만들어 가지고 외국에 수출한다, 그래서 外資를 많이 번다, 그렇게 해야만 우리가 잘살 수 있다, 이런 얘깁니다.

그래서 1차 5개년 계획에서 우리는 다섯 가지 목표를 세웠습니다.

첫째는 우리나라의 가장 뒤떨어진 농촌을 빨리 발전을 시켜야되겠다, 이것이 정부가 말하는 重農정책입니다.

두 번째는 앞으로 우리나라의 공업과 모든 산업을 발전시키기 위해서는 기간산업을 빨리 육성을 해야 되겠다, 그래서 전기다, 시멘트다, 정유다, 비료다 등등, 이러한 공장을 우리 정부가 서둘러서 무리를 해서 건설을 했던 것입니다.

그 다음에는 앞으로 우리가 공업국가가 되기 위해서는 기술을 많이 발전을 시켜야 되겠다, 또 우리가 당장 손쉽게 할 수 있는 경공업 분야, 이런 것을 빨리 발전을 시키고 중소기업 같은 것을 빨리 육성해야 되겠다, 그래서 수출을 많이 해야 되겠다, 이러한 부문에 힘을 들여 가지고 1차 5개년 계획을 추진해 왔습니다.

그 결과는 어떻게 되었느냐? 重農정책에 대해서도 여러 가지 시비가 많습니다마는, 솔직히 말씀을 드려서 우리 정부로서는 모든 것이 계획대로 추진이 되었다고 지금 생각을 합니다.

1차 5개년 계획에 있어서 정부는 목표의 약 95%를 달성했습니다. 물론 우리나라 농촌에 지금 여러 가지 어려운 문제가 많이 있다는 것은 이 사람 자신부터 잘 알고 있습니다.

그러나 우리가 1차 5개년 계획에서 세워놓은 그 목표만은 달성을 했다, 이것입니다. 뭐냐? 우리는 식량을 두 배로 增産했습니다.

여러 가지 특용작물이라든지 경제작물을 우리는 많이 장려를 했고, 우리나라의 경지를 확장하기 위해서 약 26만 정보의 경지가 늘어났습니다.

그러나 이러한 것이 아직까지 우리의 농촌이 옛날부터 너무나 가난하게 살아왔기 때문에, 이것이 일조일석에 그 효과가 우리 눈에 뜨이지 않습니다.

이런 것을 보고 重農정책이 실패를 했지 않느냐, 이런 소리를 하는 사람이 있기는 합니다마는 우리 농촌이 지금 확실히 발전되어 가고 있는 것만은 사실입니다. 오늘 이 자리에도 농촌에서 오신 분들이 많이 계신 줄 압니다마는 우리 농촌이 무엇인가 지금 되어가고 있는 것만은 사실 아닙니까?

과거보다도 지금 하나 둘 발전되어 가고 있는 것만은 사실 아닙니까?

식량이 증산되었기 때문에 근래에 와서는 우리나라에 춘궁기라는 말이 없어진 것만도 사실이 아닙니까? 또 絶糧農家(절량농가)가 과거보다 훨씬 더 줄었다는 것, 이것도 아무도 부정할 수 없을 겁니다.

무엇을 가지고 아느냐? 도에서나 시에서나 군에서 가지고 있는 貸與糧穀(대여양곡)이 어느 정도 나갔느냐 하는 것을 보면 절량농가가 그전보다 줄었느냐 안 줄었느냐 하는 것을 우리가 짐작할 수 있는 것입니다.

물론 이렇다고 해서 우리 농촌이 다 잘 살게 되었다는 얘기는 결코 아니고, 우리가 앞으로 여러 가지 문제가 있고, 2차 5개년 계획에 있어서 계속 노력을 해야 되겠다, 그러면 2차 5개년 계획에 있어서 우리가 무엇을 하겠느냐?

"農工竝進 정책으로 식량을 자급자족하는 것이 목표"

2차 5개년 계획에는 농업과 공업을 같이 병행해서 강력히 밀고 나가자, 거의 農工竝進해서 나가자, 이것이 우리가 말하는 농공병진정책입니다.

2차 5개년 계획이 끝나면 또는 끝날 무렵에 가면 우리는 식량을 자급자족해야 되겠습니다.

…(중략) 지금 우리나라는 역사의 하나의 전환점에 있습니다.

뭐 어떻게 전환점에 서 있느냐? 우리나라는 지금 공업화해 가고 있습니다. 우리나라가 근세에 일본에 한 번 졌습니다. 일본의 식민지가 되었습니다. 왜 되었느냐? 일본은 빨리 공업화가 되고 우리 한국은 뒤떨어졌기 때문에 일본에 우리가 졌습니다. 지금 우리는 우리나라를 공업화시키기 위해서 근대화하기 위해서 그 과정을 지금 걷고 있고, 한 고비를 지금 넘고 있는 것입니다.

다행히도 우리 모든 국민들이 여기에 대해서 적극적으로 호응을 하고 협조를 하고 지난 5년 동안 우리 농민들, 우리 기업들, 우리 상공인들, 모든 국민들의 노력으로써 우리나라의 경제는 나날이 발전되어 가고 있는 것입니다.

오늘 우리 한국 사회에는 국민들의 활기찬 그러한 모습을 도처에서 볼 수 있고, 젊음과 의욕과 자신과 국민의 생기가 약동을 하고 있는 것입니다.

이러한 과업을 이러한 거창한 역사적인 과업을 이번 선거에 있어서 여러분이 또다시 우리 공화당을 지지해 주시면 이 과업을 중단하지 않고 그대로 우리가 추진해 나가야 되겠다, 적어도 우리가 착수한 2차 5개년 계획만은 꼭 우리 손으로 매듭을 지어야 하겠다, 이것이 우리가 이번 선거에 있어서 국민 여러분에게 또다시 지지를 호소하는 유일한 이유가 되겠습니다.

여러 가지 두서없는 이야기를 장시간 해서 대단히 죄송합니다. 오랫동안 경청을 해주셔서 대단히 감사합니다.」

39
북한 특공대, 서울을 치다!

한 겨울 밤, 청와대 담벼락까지 접근하다

1968년의 세상
서울에 무장공비 31명 침입(1·21사태)
미군 정보함 푸에블로호 납북
향토예비군 창설
울진·삼척지구 무장공비 출현
美 흑인지도자 킹 목사, 로버트 케네디 피살
닉슨, 美 대통령 당선

崔圭植 종로경찰서장, 권총을 꺼내다

1968년 1월21일 밤 10시5분경, 청와대가 지척인 자하문 내리막길에서 두 형사(종로경찰서 박태안·정종수)는 국군복장의 수상한 대열 맨 뒤에 걸어가던 부대장 격인 金春植(김춘식)과 이야기를 나누며 걸어 내려오고 있었다.

김춘식은 박 형사에게 "당신 경상도 말씬데, 고향이 어디요?" 하고 물었다. 박태안 형사가 "대구인데요"라고 대답하자 그는 "우리 친척집도 대구인데…"라며 말을 흐렸다.

박 형사는 이들과 농담까지 주고받으며 시간을 끌어보려 했으나 기다리던 증원 부대는 오지 않았다. 입 안이 바싹바싹 타들어가고 있었다. 그때 마침 괴한들은 자하문 고개를 넘어 오는 원효여객 60번 버스를 세웠다.

박태안 씨의 회고.

"무장 공비가 분명한데 그 자리에서 놓칠 수 없었습니다. '한 명이라도 못 잡으면 우리는 죽는다'는 생각이 들더군요. 공비들은 이미 7~8명이 버스에 올라타고 있었습니다. 우리가 극성스럽게 저지하기 시작하자 대장인 듯한 자가 부하들에게 내리라고 했습니다. 우리 두 명이 이들을 다 상대할 수는 없고, 미치겠더라고요. 하지만 그때까지 공비들의 목표가 청와대라고는 생각하지 못했습니다."

버스에서의 시비가 끝나자 대열은 다시 움직였다. 경복고등학교 후문을 지나 청와대로 꺾어지는 커브쯤에서 맨 뒤에 가던 김춘식에게 박 형사가 끈질기게 말을 붙이는 바람에 김춘식은 어느 새 대열과 7~8m 떨어지게 되었다. 박 형사는 속으로 '이놈 한 놈만이라도 잡아야겠다'는 생각을 했다고 한다.

밤 10시 10분.

박 형사는 길이 꺾어지는 쪽으로 공비들이 빠지면 연락을 받고 달려올 증원 부대가 자신을 발견하지 못할지도 모른다는 생각이 들었다. 무장 공비들이 국립과학수사연구소 앞길에 이르자 정 형사와 함께 승강이를 벌이기 시작했다. 바로 그때 헤드라이트 불빛이 길 아래에서부터 올라오기 시작했다. 지프차는 괴한들의 대열 앞에 멈춰 섰다. 전진하던 대열도 멈칫했다. 헤드라이트가 이들의 몰골을 기괴하게 비추고 있는 동안 차에서 당당한 체구의 사나이가 내렸다. 崔圭植(최규식) 종로경찰서 서장이었다.

"나는 종로경찰서장이오. 소속을 밝혀야지요. 외투 안에는 뭐가 들었소?"

"아무 것도 아니오. 우리는 CIC 사령부가 있는 효자동으로 가는 길이오."

"여기는 내 담당 구역입니다. 신분을 밝히지 않고는 아무도 못 지나가오."

2조 조장 김신조는 대열 중간에 서 있다가 지프차의 헤드라이트 불빛이 비추는 가운데 최규식 서장이 권총을 뽑아들고 저지하는 모습을 목격하고는 남침 후 처음으로 당황했다고 한다. 공비들의 신경이 극도로 날카로워졌을 때 최규식 서장 뒤로 시내버스 한 대가 올라오다 길을 가로막은 지프차 뒤로 멈춰 섰다. 공비들은 버스를 국군의 지원 병력인 줄로 착각했다.

잠시 후 또 한 대의 버스가 커브를 돌아 나오다 앞 차량이 멈춰 서 있자 급정거를 했다. 공비들은 연이어 두 대의 차량이 도착한 것을 목격하고는 외투 속의 총과 수류탄을 더듬었다.

그 순간 최규식 서장과 시비가 붙었던 공비가 외투 속에서 총을 꺼내 최 서장의 가슴을 향해 연발 사격을 가했다.

"드르륵, 드르륵."

"국방군 출동이닷!"

1·21 사태의 첫 희생자가 된 당시 36세의 최규식 서장은 가슴에 세 발을 맞고 그 자리에서 숨을 거두었다. 밤 10시15분경이었다.

총성이 나기 무섭게 공비들이 일제히 버스를 향해 사격을 가하면서 세 발의 수류탄이 작렬했다. 버스에 타고 있던 청운중학교 3학년 金亨基(김형기·17) 군과 회사원 洪裕敬(홍유경·29) 씨가 수류탄 파편을 맞아 그 자리에서 숨지고, 버스 차장 金貞子(김정자·18세) 양은 오른팔에 관통상을 입었다. 버스 문이 열리고 사람들이 뛰어 내렸다. 어둠 속에서 공비들은 자신들을 공격하는 국군인 줄 알고 흩어지기 시작했다.

그 순간 대열 뒤에서 부대장 김춘식과 말을 걸었던 두 형사가 김춘식을 쓰러뜨렸다. 박 형사는 오른손으로 김춘식의 목을 죄면서 왼손으로는 아무거나 손에 잡히는 것을 들고 머리를 내려쳤다. 졸지에 돌멩이로 머리를 맞고 피투성이가 되어 의식을 잃은 김춘식을 박 형사는 손목에 수갑을 채워 생포하는 데 성공했다.

멀리서 동료가 경찰에 의해 쓰러지는 것을 목격한 공비들은 도망가면서 두 형사를 향해 총을 쏘았다. 정종수 형사가 쓰러졌고 박태안 형사는 왼쪽 귀 위로 총알이 스쳐 지나갔다(정 형사는 며칠 후 병원에서 숨졌다). 경복고 후문 일대는 아수라장으로 변했다. 총성이 퍼지자 청와대 외곽을 경비하던 수경사 30대대(대대장 朴斗煥 중령) 병력들이 즉시 달려오기 시작했다.

김신조 목사의 회고.

"한 명이 쓰러지는 걸 보고는 '틀렸구나' 하는 생각이 들더군요. 지휘부가 무너졌다고 판단하는 순간 휴전선에서 청와대까지 내려왔다는 자부심이고 뭐고 다 없어졌고 동료들이 순식간에 흩어지는 겁니다. 청와대고 작전이고 없었어요. 불과 5분 정도 교전한 것 같은데 모두 사방으로 흩어졌던 겁니다. 일부는 오던 길을 거슬러 세검정 쪽으로 튀었고, 일부는 청와대 뒷산인 북악산을 탔고, 저는 경복고등학교 뒷담을 넘었지요. 인왕산을 타고 북으로 가려고 말입니다."

"고약한 놈들, 결국 여기까지 쳐들어 왔구먼"

인민군 소위 김신조는 동료들이 많이 택하지 않은 루트를 골랐다. 자하문을 넘어 세검정 쪽으로 도망가려던 공비들은 뒤따라 내려오던 시내버스를 향해 수류탄을 던지고 기관총을 난사했다. 그러나 승객들이 미리 대피한 상태여서 피해는 없었다. 이들은 세검정에서 시내로 들어가는 두 대의 버스에도 수류탄과 기총소사를 해대며 도망쳤다. 밤 10시 30분경이었다.

야간에 대한민국 수도 서울의 심장부 부근까지 침투한 것은 성공했지만, 무고한 양민을 학살해가며 유격전을 벌인 것만큼 어리석은 비정규전 사례도 없을 것이다.

밤 10시 40분경 세검정 길과 북악산 일대는 수도경비사령부 소속 30대대 병력들이 투입되어 총격전으로 이어졌다. 30대대 병력이 현장에 투입될 무렵, 경복궁 옆에 주둔하던 30대대 연병장에서는 대대장 전두환 중령과 작전주임 張世東(장세동) 소령의 지휘하에 81mm박격포 10여 문에서 조명탄이 날아올랐다. 조명탄은 밤새도록 세검정과 북악산 일대를 대낮같이 밝혔다.

1968년 1월21일 밤 10시15분부터 30분 사이 총성이 여러 차례 울린 시각, 박정희 대통령은 감기약을 먹고 잠을 자다 깨어났다. 박종규 경호실장이 제일 먼저 달려왔고, 최우근 수경사 사령관이 그 뒤를 따라 들어와 상황을 보고했다.

비슷한 시각, 김성은 국방부 장관도 총성을 듣고 국방부에 비상전화를 걸었다. 청와대 부근에서 교전 중이란 보고를 받은 김 장관은 즉시 차를 타고 청와대로 달려왔다. 박정희 대통령은 점퍼 차림으로 집무실로 내려와 있었다.

"김 장관, 내가 감기에 걸려 약을 먹고 자다가 일어났는데 말이야. 거 참, 이놈들이 여기까지 쳐들어올 줄 누가 생각이라도 했겠소? 고약한 놈들, 뭐 못하는 짓이 없구먼. 그렇게 파괴하더니 결국 여기까지 쳐들어왔구먼."

"저도 놀랐습니다, 각하. 괴뢰군 놈들이 신이 아닌 이상 어떻게 하룻밤 사이에 여기까지 오겠습니까."

尹必鏞(윤필용) 방첩대장은 김성은 국방부 장관에게 戰果(전과)와 피해 상황을 수시로 보고했다. 자하문에서 최초 총격전이 벌어져 종로경찰서장이 피격당해 순직했으며, 한 명은 생포했고 현재 청와대 외곽으로 몰아내며 추적 중이라는 내용이었다. 박 대통령에게 이 사실을 보고하자 "최규식 총경이?" 하며 몹시 안타까워했다.

최규식 총경은 연세대학교 정치학과 재학 중 6·25를 만나 육군종합학교 31기생으로 임관했다. 5·16 당시 소령으로 복무 중 혁명정부로부터 충청북도 경찰서 정보과장으로 발령받아 경찰에 투신하게 되었고, 능력을 인정받아 부산시경 정보과장을 거쳐 1966년 8월 용산경찰서 서장으로 승진했다. 1년 뒤인 1967년 10월27일 종로경찰서장으로 발령받아 근무 중 참변을 당했다.

최규식 총경의 순직을 가슴 아파한 또 한 사람은 2층 부속실에서 귀를 쫑긋하게 세우고 앉아 있던 육영수 여사였다. 이날 밤, 경호실에서 등화관제를 요구해 제2부속실의 홍정자(육영수의 조카) 비서관은 불도 켜지 않은 2층 복도를 오가며 육 여사의 심부름을 했다. 총성으로 어수선한 분위기 속에서 육영수는 극도의 침착성을 보이고 있었다고 한다.

"5·16 혁명하던 날 이모님 인상과 참 비슷했어요. 총성이 나자 어느새 옷(한복)을 갈아입고 서재 겸 집무실이던 방으로 가셔서 촛불을 켰지요. 경호관들이 오가면서 소식을 전해주었는데 최규식 총경이 순직했다는 말을 들었던 겁니다."

陸英修의 눈물

최규식 총경이 용산경찰서장에서 종로경찰서장으로 1년 만에 부임하게 된 것은 육영수 여사의 칭찬이 주효했기 때문이라고 한다. 성실했던 최 총경은 부산 시경 정보과장으로 근무하면서 동아대학교 정치학과를 졸업했고, 부산대학교 대학원에서 국제정치학을 공부하던 중 용산서장으로 발령받아 상경했다.

육영수 여사는 해외 순방이나 큰 행사 때마다 깔끔한 복장에 절도 있는 행동으로 일선 경찰들을 지휘하는 최 총경의 모습을 눈여겨 보았다고 한다. 그 후 관내에 청와대가 포함된 종로경찰서장으로 발령받게 하는 데 힘이 되었다는 것이다.

미망인 劉貞和(유정화) 씨에 따르면 남편 최 총경은 서울 용산으로 올라와서도 공부를 계속했고, 종로경찰서 서장으로 발령받은 뒤로는 너무 바빠 부산대학교 교수들이 상경해서 논문 지도를 했다고 한다. 1968년 1월12일 최규식 총경은 부산대학교로부터 논문이 최종 통과되어 석사학위를 받게 되었다는 축하 전화를 받았다. 그리고 9일 뒤 자하문 언덕에서 무장 공비가 쏜 총탄에 숨을 거두었다. 미망인 유 여사는 그해 2월26일 부산대학교 총장의 초청으로 남편을 대신해 졸업식장에 참석, 학위를 받았다.

육 여사의 조카 홍정자 비서관의 회고.

"그날 밤 이모님은 눈물을 참 많이 흘렸어요. 아무에게도 말하지는 않았지만, 최 총경의 죽음이 마치 자기로 인해 벌어진 것은 아닌지 자책하는 듯이 슬퍼했지요. 새벽 2시쯤 되자 '전화를 해야겠는데 뭐라고 해야 하나' 라며 수화기에 손을 얹고 몇 번이나 주저하다가 종로경찰서에 전화를 하셨어요. 그리고 유가족들에게 애도를 표한다는 말씀을 꼭 전해달라고 하시면서 울먹이셨지요."

밤 12시가 가까워지자 청와대로 속속 사람들이 몰려들었다. 청와대 쪽에서는 이후락 비서실장, 金詩珍(김시진) 정보비서관 등이, 정부 쪽에서는 정일권 국무총리, 洪鍾哲(홍종철) 공보부 장관, 신직수 검찰총장, 김현옥 서울시장, 李洛善(이낙선) 국세청장 등이 달려왔다. 각료들은 박 대통령과 대화를 나누던 중 "총성이 난 이상 시민의 불안을 덜어주기 위해 진상 발표를 신속히 해야 한다"고 결론지었다.

다음날 아침 6시에 평소와 다름없이 일어난 박 대통령은 라디오를 켰으나 사건은 여전히 보도되지 않고 있었다. 박 대통령은 申範植(신범직) 청와대 대변인을 불러 "왜 방송이 늦어지고 있나"면서 "중계방송 하다시피 소상하게 보도해서 국민의 불안을 덜어주고 간첩 수색에 국민의 협조를 얻도록 하라"고 지시했다. 보도관제는 22일 오전 7시를 기해 해제됐다.

공비 爆死(폭사)

자하문 부근에서 교전이 있기 직전인 1월21일 오후 10시10분경, 蔡元植(채원식) 치안국장실 무전기로 긴급 보고가 들어오고 있었다.
 '세검정 고갯길에서 이상한 옷차림의 군인 30여 명이 술에 취해 청운동 쪽으로 내려가고 있음.'
 채 국장이 현장에 도착했을 땐 이미 교전이 끝난 뒤였고 도로에는 수류탄으로 반파된 버스가 팽개쳐져 있었다. 길바닥엔 최규식 종로 경찰서장의 시체와 아직 숨이 붙은 정종수 형사가 그대로 쓰러져 있었다. 박태안 형사는 생포한 김춘식을 지키고 있었다. 채 국장은 박 형사와 생포 공비를 차에 태워 근처 효자동 파출소로 데려 갔다가 다시 채 국장 차로 치안국으로 이동했다. 시간은 21일 밤 11시가 넘어서고 있었다.
 뒤로 젖힌 양손에 수갑이 채워진 김춘식은 머리에 피가 흐르고 있었다. 그는 소매 없는 등산용 조끼를 입고 양 옆구리에도 주머니를 차고 있었다. 조끼 앞가슴엔 작은 주머니 같은 것을 만들어 위아래

두 줄로 네 발씩 모두 여덟 개의 수류탄을 넣고 흔들리지 않게 실로 누벼놓았다.

채원식 국장은 김의 허리에 찬 권총을 뽑아내고 양 옆구리의 주머니에서 휴대용 식량과 주머니칼을 찾아냈다. 채 국장은 칼날에 쓰인 글을 보더니 곁에 서 있던 박 형사에게 보여주었다. 'Made in Japan'이라고 씌어 있었다. 직원들은 채 국장의 무장해제 장면을 지켜보고 있었다. 박 형사도 채 국장을 돕기 위해 김이 입은 조끼 양옆의 매듭을 풀고 있었다.

바로 그때 채 국장이 소리쳤다.

"엎드려!"

몇 초 후 '꽝!' 하는 폭음과 함께 김춘식의 복부는 산산조각이 나고 치안국 복도는 피범벅으로 변했다.

박태안 씨의 회고.

"그때 채 국장은 조끼 윗줄의 수류탄 네 발을 모두 제거하고 아래쪽의 수류탄 세 번째 것을 제거 중이었습니다. 그런데 세 번째 수류탄은 낚싯줄같이 가는 선으로 네 번째 수류탄 안전핀을 물고 있었던 것을 몰랐던 겁니다. 채 국장이 세 번째 수류탄을 제거하는 순간 네 번째 수류탄 안전핀이 뽑혀 올라온 것이죠."

채 국장은 안전핀이 뽑힌 채 조끼에 달려 있는 수류탄을 보면서 공비를 복도 한쪽으로 힘껏 밀치며 소리를 질렀다. 이 때문에 무장해제를 지켜보던 직원들과 박 형사는 파편상도 입지 않았다. 대신 복도와 수사과장실 유리창이 박살나면서 벽면 전체가 피범벅이 됐다. 생포된 간첩이 爆死(폭사)로 사라져버린 것이다.

채 국장은 차를 타고 나와 종로경찰서를 들러 직원들을 격려하고 치안국 감찰계장 金德中(김덕중) 총경을 임시 종로경찰서장으로 임명했다. 자정 무렵 채원식 치안국장은 청와대 정문을 지나고 있었다. 이 시간에 丁一權 국무총리, 李澔(이호) 내무부 장관 등과 군 장성들이 속속 청와대로 들어가고 있었다.

하늘에선 수경사 30대대에서 쏘아 올린 조명탄이 누런 연기를 흘리며 빛을 발하는 가운데 화약 냄새가 청와대 주위를 에워싸고 있었다. 채 국장은 청와대를 지나 세검정 쪽으로 차를 몰게 했다.

경찰과 공비들의 격전이 있은 직후 신문·통신·방송사 기자들도 취재에 뛰어 들었다. 그러나 한 시간여가 지나는 동안 사방으로 튀어 달아난 공비들로부터 언제 어디서 총알이 날아올지 모르는 상황이 되자 자정 무렵 각 언론사는 현장 취재가 불가능하다고 보고 기자들을 철수시켰다.

곳곳에 군인과 경찰들이 검문을 하는 중에 〈중앙일보〉 孫石柱(손석주) 사회부 기자와 張洪根(장홍근) 사진부 기자는 만하장(現 올림피아 호텔) 부근에 신문사 깃발을 단 지프차를 세워 두고 검문소 통과를 시도하고 있었다. 이들은 지프에 무전기가 없어 본사로부터 철수 지시를 받지 못한 채 현장에 남아 있던 중이었다. 군인들은 검문소를 통과하려는 손·홍 두 기자에게 "죽고 싶으냐"며 위협해 시비가 일었다.

"청와대를 까러 왔다"

채원식 치안국장은 순찰 중 무전을 통해 파주 부근에서 교전이 있다는 연락을 받고 출발을 서두르는 순간에 군인들과 시비가 붙은 두 기자를 발견했다. 채원식 국장은 현장을 기록할 사람이 필요하다는 생각에 이들을 불렀다.

"어이! 기자. 이리 와!"

"아, 채 국장님 아니십니까. 〈중앙일보〉 사회부 손석주 기잡니다."

"당신, 나하고 파주에 갈 수 있겠어? 교전 중이라는데도?"

"당연히 가야죠."

타라는 말이 떨어지기도 전에 두 기자는 차에 오를 준비부터 했다. 이들을 태운 채 국장의 차가 구파발을 지나 경기도 벽제 부근에 도착했을 때 채 국장의 차량 무전기에서 보고가 들어왔다.

"한 놈 잡았습니다. 홍제동 파출소로 연행 중입니다."

즉시 서울로 차를 돌렸다. 당시 홍제동 파출소는 30사단(사단장 허준 준장)의 임시 작전 지휘본부가 설치된 곳이었다. 시간은 22일 새벽 3시를 넘어서고 있었다.

채 국장과 두 기자가 파출소에 도착한 지 얼마 안 되어 30사단 군인들이 민가 부근에서 생포한 공비 한 명을 파출소로 끌고 들어왔다. 여러 사람이 공비의 허리춤과 윗옷을 잡고 있었기에 국방색 군복 상의는 몇 군데 단추가 떨어져 나가고 검은 목면 바지는 앞 단추가 열린 채 무릎까지 흘러내린 상태였다. 사진부 장 기자가 플래시를 터뜨리며 몇 장을 찍은 뒤 밖으로 튀어 나갔다. 군에 의한 보도관제가 심한 때여서 언제 필름을 빼앗길지 몰랐기 때문이었다. 몇 평 안 되는 파출소는 일순간 사람들로 붐볐다. 소속을 알 수 없는 군인, 경찰, 중정 요원들로 복작거렸다.

서로가 서로를 모르는 상황에서 손 기자가 공비에게 고압적인 자세로 말을 걸었다.

―너, 이름이 뭐야. 나이는?

"김신조다. 스물일곱 살이다."

―주소와 계급은?

"군관(장교)이고 함경북도 청진시 청암구 청암동 3반에 가족이 살고 있다."

―남파 목적이 뭐야?

"청와대를 까러 왔다. 21일 밤 8시에 공격을 개시해 5분 만에 끝낸 후 청와대 차를 뺏어 타고 문산 방면으로 도망하기로 했다. 이것이 잘 안되면 비봉 쪽으로 달아나려 했다. 그러나 지휘자의 잘못으로 뿔뿔이 흩어지고 말았다."

―몇 명이 왔어?

"31명이 국군 복장을 하고 왔는데, 1명은 대위, 2명은 중위, 3명은 소위 계급장을 달고 나머지는 사병 복장을 하고 넘어왔다."

―넘어 온 게 언제야?

"16일 평양에서 출발했다."

―무기는?

"수류탄, 장총, 권총이다. 1인당 수류탄 열 개와 탄알 300개씩을 가져왔다. 우리는 결사대 훈련을 받았으며 모두 군관(장교)이다."

―현재 기분은?

"모든 것이 끝났다. 이젠 겁도 안 난다."

손 기자는 김신조의 윗옷 윗주머니에서 '지식인들이여 언론 출판의 활동을 위해 싸우라'는 내용의 삐라를 발견했다. 잠시 후 김신조는 앰뷸런스에 실려 방첩대로 끌려갔다.

김신조가 체포된 곳은 자하문 밖 인왕산 기슭에서였다. 1월22일 새벽 1시30분경, 자하문 밖 세검정 부근에서 잠복 근무를 하던 30사단 공병대 소속 車章錫(차장석) 이병은 세검천 위쪽 인왕산 기슭에서 계곡 쪽으로 살금살금 기어 내려오는 그림자를 발견했다. M1 소총 자물쇠를 푼 차 이병은 검은 그림자를 조준하려 애썼다. 야간 사격은 총열 끝에 붙은 가늠쇠도 잘 보이지 않아 빗나가기 일쑤다. 車 이병의 사격도 빗나갔다. 괴한은 세검천 변 외딴 집 옆에 있는 바위 뒤로 몸을 숨겼다. 두 시간 반 전에 경복고등학교 담장을 넘어 도망쳤던 인민군 소위 김신조였다.

市街戰

"한 놈 나타났다!"
소대장 朴源造(박원조) 소위와 소대원들이 달려와 포위망을 쳤다. 박 소위가 플래시로 바위 쪽을 비춰보니 짚단 더미 사이로 사람 그림자 비슷한 것이 보였다. 誰何(수하)를 위한 암구호를 외쳤다.
"피아노."
"……"
"피아노"
"……"
대꾸가 없자 병사들이 바위 주변에 위협 사격을 가했다. 순찰 중이던 周喜俊(주희준) 소령이 트럭을 끌고 와 헤드라이트로 괴한이 숨은 바위 주변을 환하게 밝혔다. 괴한은 그때서야 짚더미를 헤치고 어정쩡하게 두 손을 들고 일어났다.

"두 손을 높이 들어! 안 그러면 쏜다!"

괴한은 주먹 쥔 왼손 안에 가지고 있던 수류탄을 땅에 떨어뜨렸다. 안전핀이 빠진 채 땅바닥을 구르던 수류탄은 군인들과 괴한을 초긴장 속으로 몰았다. 그런데 몇 초가 지나도 수류탄이 터지지 않았다. 불발탄임을 감지한 한 병사가 뛰어나가 수류탄을 차버리고 괴한을 생포했다. 현장에서 몸수색을 한 결과 괴한의 소지품이 쏟아져 나왔다. 참깨 섞은 엿 두 개, 말린 오징어 한 마리, 아스피린, 소화제, 페니실린, 각성제 등의 약품과 30cm짜리 파이프를 가지고 있었다. 물이나 흙 속에 몸을 은폐할 때 숨을 쉬기 위한 호흡용 파이프였다.

나머지 공비들 중 일부는 세검정 부근 민가 쪽으로 튀었다. 21일 밤 11시경 홍제동 쪽으로 달아나던 공비 한 명은 지붕을 타고 도망가다 지붕이 내려앉아 그 집 부엌으로 떨어졌다. 잠을 자던 李翔來(이상래·당시 65세)씨와 아들 容瑄(용선·당시 31세) 씨 등 가족 5명이 "도둑이야"라고 소리치며 뛰어나가 몽둥이로 괴한에게 달려들었다. 이들이 괴한과 몸싸움을 하던 도중 괴한의 몸에서 수류탄이 떨어져 나와 가족들은 비로소 무장 공비임을 알게 됐다.

李씨 가족 중 한 명이 30여m 떨어진 홍제동 파출소에 신고했으나 경찰이 늑장 출동을 하는 바람에 공비와 격투를 벌이던 아들 용선 씨는 공비가 쏜 권총에 복부를 맞아 숨졌다. 신고를 받고도 즉시 출동하지 않은 홍제동 파출소장은 며칠 뒤 파면됐다.

자하문 경복고등학교 후문 부근에서 첫 교전을 벌이고 학교 담을 뛰어넘은 공비는 김신조뿐 아니라 5명가량이 더 있었다. 이들은 몰려다니며 교장 사택으로 뛰어들어 마당에 수류탄을 던지는 바람에 집안의 유리창이 박살났다. 폭음소리에 놀라 달려 나온 수위 鄭四永(정사영·당시 45세) 씨에게 수류탄을 던져 살해했다.

밤 11시30분경에는 홍제동 파출소 앞 버스 정거장에서 버스를 기다리던 여자가 유탄에 맞아 숨지는 등 이날 밤 우리 측은 최규식 서장과 민간인 6명 등 모두 7명이 사망했고, 박태안 형사 등 3명의 경찰관과 민간인 한 명이 부상했다.

공비를 쫓던 수경사 30대대는 22일 오전 8시경 북악산에서 3명, 오전 11시쯤 다시 한 명의 공비를 사살하는 전과를 올렸다. 이로써 22일 오전까지 첫 교전에서 김춘식을 포함한 다섯 명의 공비를 사살하고 한 명(김신조)을 생포했다.

푸에블로號 납치

1월23일 오후 1시쯤 북한산에서 또 한 명의 공비가 사살된 이후 공비들은 서울 외곽으로 완전히 빠져나갔다. 이 무렵 생포된 김신조를 심문했던 방첩대에서는 '124군 부대' 의 실체를 확인하기 위해 김신조에게 북한 전역에 걸친 부대 위치와 김신조 자신이 훈련 받은 부대의 위치 및 건물 요도를 그리게 했다. 김성은 당시 국방장관은 이 그림을 들고 본스틸 유엔군 사령관을 만났다. 첩보기를 띄워 항공 촬영을 부탁하기 위해서였다.

김 전 장관의 증언.

"오산비행장에서 첩보기 SR-71이 이륙하더니 서해안에서 곧바로 북상하다가 평양 부근에 이르러 우회전하더군요. 그리고 원산까지 통과하는 데 정확히 3분이 걸립디다. 이렇게 해서 얻은 항공사진으로 김신조가 그린 건물과 비교를 해 봤는데 정확했습니다."

방첩대의 조사와는 별도로 공비 소탕에 나선 군경합동수색대는 1월30일까지 31명의 공비 중 27명을 사살하고(자폭 포함) 김신조 한 명을 생포했으나, 우리 측도 민간인 7명이 사망했고, 이익수 대령 이하 23명의 장병이 전사했으며 부상자만도 52명이나 되는 등 큰 피해를 보았다. 행방이 묘연해진 공비 세 명 중 한 명은 2월 중순 경 기도 양주군에서 시체로 발견됐고, 나머지 두 명은 월북한 것으로 판단해 작전을 종결지었다.

북한의 동계 침투 작전이 청와대 앞에서 좌절된 이틀 뒤인 1월23일 새벽(미국 시각 1월22일)에는 한반도를 또 다른 긴장 속으로 몰아넣는 사건이 터졌다. 북한은 원산 앞 공해상에서 전파 감청 활동을 하던 미 해군 정보수집함 푸에블로호를 4척의 무장 초계정과 2대의 미그 전투기를 동원해 원산항으로 납치하는 데 성공하고 있었던 것이다.

이 사건은 1·21 사태의 위기 국면을 극복하고 반격을 가하려던 한국의 입장을 잠시 유보시켰다. 공동의 피해자가 생겼다고 판단했기 때문이었다.

1월23일 미국은 일본에서 월남으로 남진하던 핵 추진 항공모함 엔터프라이즈호와 3척의 구축함을 동해로 회항시켜 원산만에 대기토록 명령했다. 1월24일 딘 러스크 미 국무장관은 상원외교위원회에서 "일종의 전쟁 행위로 규정지을 수 있다"고 발언했다.

이날 본스틸 유엔군 사령관 겸 주한 미군 사령관은 김성은 국방장관을 만나 이런 요지의 이야기를 했다고 한다.

"우리 미국은 이번엔 가만 안 있겠다. 지금까지 북한이 한국에서 숱한 도발을 해 오고 우리 미군도 피해를 보았지만 지금 같은 경우는 참을 수 없다. 이것은 미국의 방침인데, 원산항을 포함한 몇 개의 군사 시설에 폭격을 가할 계획이다."

김 국방장관은 한편으로는 기뻤지만 다른 한편으로는 전면전이 일어날 가능성도 생각지 않을 수 없었다고 한다.

"그때만 해도 미국은 월남전에 깊이 개입해 있었고 힘겨워했습니다. 과연 미국이 월남전과 한국전을 동시에 수행할 수 있을까를 먼저 따져봐야 했지요."

이날 오후 김성은 국방장관은 청와대로 들어가 박정희 대통령에게 이같은 사실을 전했다. 귀를 기울이고 듣던 박정희는 이렇게 말하더란 것이다.

"아! 기분 좋—다. 이거 한 번 때려 부셔야 한다. 좋—다. 김 장관, 우리도 준비합시다."

全軍에 비상이 걸렸다. 휴가 군인들은 즉시 부대로 귀대하라는 방송이 나갔고, 영외 거주자들은 영내 대기를 했다. 군 행정 사무실과 여타 근무지에서도 즉시 전투에 임할 수 있도록 완전군장을 상시 비치하도록 했다.

40
싸우면서 일하고 일하면서 싸운다

"예비군 가는 길엔 승리뿐이다"

졸업식 諭示

 1968년 2월22일, 박정희 대통령은 공군사관학교 제16기 졸업식에 참석했다. 박 대통령은 '諭示(유시)'를 통해 "호전적인 침략자와의 대결에서 협상이나 유화정책은 언제나 비극적 결과를 가져왔던 역사적 과오가 이 땅에서 재연되는 일이 있어서는 안 되겠습니다"라고 말했다.
 2월23일 오후 3시, 박정희 대통령은 헬기 편으로 진해를 방문, 해군사관학교에서 열린 제22기 졸업식에 참석했다.
 박 대통령은 "우리는 북괴의 흉계가 전혀 오산이라는 것을 보여주어야 한다"면서 "'일하면서 싸우고, 싸우면서 일하는' 건설과 반공 투쟁의 범국민적인 국방 태세를 확립할 때가 바로 지금"이라고 강조했다.
 이날 저녁 박 대통령은 진해 공관에서 전 국방부 장관 孫元一(손원일)·李鍾贊(이종찬), 전 해군참모총장 咸明洙(함명수) 등 예비역 장성들과 만찬을 하면서 환담했다. 이 자리에서 박 대통령은 鄕軍(향군) 무장 문제를 포함한 국방력 강화에 관한 이야기를 나누면서 김성은 장관과는 국방부 장관의 후임 인사에 대해 조용히 의논했다.
 김성은 전 장관의 증언.
 "저는 쉬고 싶어 수시로 사임 의사를 말씀드렸지요. 그런데 이 무렵 야당에서 계속 저를 포함해 이호 내무부 장관에 대해서 1·21 사태의 책임을 물어 인책하라고 야단이었습니다. 진해에서 박 대통령께서는 저에게 '임자가 쉬겠다니까, 야당에는 임자를 내보내는 걸로 보여주겠소. 후임자가 누구면 좋겠소'라고 물어보십디다. 저는 몇 사람을 추천해 드렸지요."

2월26일, 서울대학교 졸업식에 참석한 박 대통령은 절박한 내용의 연설을 했다.

「공산주의자들과 타협이나 양보는 패배를 뜻하는 것이며 패배는 곧 죽음을 의미하는 것입니다. 우리는 죽을 수 없습니다. 나도 살아야 하고, 너도 살아야 하고, 우리 민족도 살아야 하고, 조국도 살아야 합니다. 살기 위해서는 죽음을 각오하고 싸우는 길밖에는 없습니다.

졸업생 여러분!

우리가 살기 위해서는 이 나라는 우리의 힘으로 지켜야 합니다. 우리나라는 우리의 힘으로 지키겠다는 결심과 지킬 수 있는 힘을 길러야 하고 준비를 해야 합니다. 우리의 힘이 부족할 때는 남의 도움을 받는 것이 당연합니다. 그러나 남이 돕는 것은 어디까지나 도움이라고 생각해야지 남이 우리를 대신해서 지켜주기를 기대해서는 안 됩니다. 나는 이것을 국방의 주체성이라고 말합니다. 남이 우리를 도와주는 것도 우리에게 국방의 주체성이 있을 때 도움을 받을 수 있다는 것을 명심해야 하겠습니다. 자기 나라는 자기 스스로 지키겠다는 결심이 없는 국민을 남이 와서 도와줄 리가 없지 않습니까?

…(중략) 민족의 생명은 민족의 주체성에 있는 것입니다. 이 민족의 주체성은 한마디로 말해서 민족의 생명과 이익을 위해서 스스로의 결단하에 행동하고 또 영향력을 발휘하는 것이라 할 수 있습니다. 우리는 온 국민이 일치단결하여 '일하면서 싸우고, 싸우면서 일하는' 새로운 기운을 진작시켜 민족의 운명을 스스로 개척해 나가는 주체적 역량을 배양해야 하겠습니다.」

대통령의 高聲

1968년 2월28일, 고속도로 건설 財源으로 사용될 석유류세법 개정법안이 회기를 하루 남긴 시점에서 주무 부처 장관에 의해 공화당 의원들에게 전해졌고, 대통령의 지시를 어길 수 없었던 공화당 의원들은 국회에 이 안건을 제출했다. 경부고속도로 건설의 총비용은 330억 원. 석유류세법 개정을 통해 휘발유 값을 100% 인상해 상당 부분을 충당할 계획이었다.

야당은 "사전에 무슨 설명도 없이 무조건 불쑥 들고 와 심의 상정해 달라는 데에 동의할 수 없다"며 오전 11시30분 퇴장해 버렸다. 법안 개정의 목적은 고속도로 건설 재원 마련이었지만, 구체적인 내용에 관해서는 여당 의원들도 모르기는 마찬가지였다.

이날 오전 신민당에서는 국방장관 경질을 조건으로 공화·신민 양당 원내총무 사이에 이미 합의를 본 이호 내무장관 해임안 철회 문제가 다시금 불거지며 문제가 되고 있었다. 신민당 의원들은 이 문제로 두 시간 반 동안 설전을 벌였다.

高興門(고흥문), 김대중, 金相賢(김상현), 金守漢(김수한), 宋元英(송원영) 의원 등은 "이미 원내총무가 당을 대표해서 공화당과 약속을 한 이상 신의를 지키는 것이 옳다"고 주장했으나, 金應柱(김응주), 鄭雲甲(정운갑), 朴炳培(박병배), 鄭相九(정상구) 의원들은 "인책의 대상을 당초 국무총리 등 네 사람에서 두 사람으로 압축한 것도 부당한데, 이제 다시 이 내무 해임안을 철회하라는 것은 말도 안 된다"고 맞섰다.

정상구 의원은 총무단의 일원이면서도 27일의 합의 내용을 전혀 몰랐다면서 "이 내무 해임안을 관철하면서 당의 신의를 지키고, 공화당 총무에 대한 김영삼 총무의 신의는 총무단이 사퇴하는 것으로 대신하자"고 주장했다. 이날 신민당 의원들이 내린 결론은 '이호 내무장관 해임안 관철'이었다.

이날 오전, 박 대통령은 재향군인 제9차 전국대회에 참석해 즉흥 연설을 통해 향군무장 계획을 밝혔다.

제63회 임시국회 마지막 날인 2월29일 오후 4시40분, 국회 본회의가 석유류세법 개정법안과 도로정비촉진에 관한 법 개정법안을 상정시켰다. 이때부터 야당 의원들은 본격적인 지연 전술을 사용하기 시작했다. 김영삼 총무와 김수한 의원은 의사 진행 발언을, 송원영 의원은 1시간25분 동안 단상을 점거한 채 연설을 강행하자 이효상 국회의장은 오후 6시40분, 정회를 선언했다. 이후 여야 총무단이 회담을 열었지만 타결책은 나오지 않았다.

공화당 측은 이효상 의장에게 야당 측의 발언자 수를 제한해달라고 요청했으나 이 의장은 "지난번 '2·28 파동' 때문에 내가 지금 이 꼴이 됐는데 지금 또 다시 변칙 사회를 하란 말이냐"며 반발했다.

밤 9시30분, 이후락 청와대 비서실장이 국회를 방문, 이효상 의장을 포함한 공화당 간부들과 대책을 협의했다. 이 비서실장이 다녀간 뒤인 밤 10시30분경, 김종필 당의장, 길재호 사무총장, 김진만 원내총무와 이만섭 부총무 및 국회 상임위원 전원이 청와대로 박 대통령을 찾아갔다.

청와대 집무실에는 박 대통령이 담배를 피우며 무거운 표정으로 소파에 앉아 있었다. 박 대통령을 중심으로 오른쪽으로는 이효상 국회의장과 국무위원 및 총무단이 앉고, 왼쪽으로는 김종필 당의장 등 공화당 간부들이 앉았다. 이만섭 부총무의 자리는 오른쪽 맨 끝이었다.

김종필 당의장이 굳은 표정으로 담배를 피우고 있던 박 대통령에게 당 대표로서 말을 꺼냈다(이만섭 전 국회의장의 증언).

"각하, 야당이 농성을 해버리니 도저히 정상적으로는 불가능하겠습니다. 다음 회기에 통과시키도록 하겠습니다."

김 당의장의 말이 끝나기가 무섭게 박 대통령의 高聲(고성)이 터져 나왔다.

"뭐? 무슨 소리야! 내가 이 나라 경제 발전을 위해서 경부고속도로를 만드는데, 뭐? 야당이 반대한다고 국회에서 통과를 못 시켜? 뭐 이런 게 다 있어!"

박 대통령보다 나이가 많은 이효상 의장의 얼굴도 하얗게 질려 있었고, 고개를 팍 숙인 김종필 당의장은 말할 나위가 없었다. 박 대통령은 다시 한 번 소리를 질렀다.

"내가 나라 살리겠다고 산업도로 만들려고 하는데, 야당이 반대한다고 여당이 그걸 하나 통과 못 시켜? 여당은 뭐하는 놈들이야!"

이만섭 전 국회의장의 회고.

"그때 박정희 대통령의 붉으락푸르락하는 화난 얼굴은 무섭다는 표현 말고는 어울릴 말이 없을 정도였어요. 모두 고개를 푹 숙이고는 숨소리조차 안 들릴 정도로 조용했습니다. 그런 침묵이 한 1분 이상은 갔을 겁니다. 맨 끝에 앉아 있던 제가 나서는 수밖에 없다고 생각했지요."

박 대통령은 손을 덜덜 떨면서 담배를 뻑뻑 피우고 있었다. 이만섭 부총무가 입을 연 것이 이때였다. 李 부총무는 경상도 억양을 그대로 살리면서 애원조로 한마디를 했다.

"각하-, 고마 한번만 봐 주이소-."

표준어투의 사무적인 말들이 긴장감을 타고 오갈 분위기에 난데없는 경상도 사투리의 애원하는 말이 흘러나온 것이다. 조금 후, 박 대통령이 참느라고 애쓰던 웃음을 "쿡쿡" 하며 흘려버리고 말았다. 이 틈을 이용해 다른 의원들도 웃음을 참다 킥킥거리기 시작했다. 살벌했던 분위기가 일순 뒤바뀌었다.

李萬燮(이만섭) 부총무는 이 순간을 놓치지 않고 한 번 더 애원했다.

"각하, 그만 저희들한테 맡겨주십시오. 잘해보겠습니다."

박 대통령은 웃음을 참는 표정으로 손을 내저으며 "알아서 하라고!"라고 말했다.

"예!"

대답은 모두가 이구동성이었다.

"야당이 왜 그토록 고속도로를 반대했는지…"

이만섭 전 국회의장의 회고.

"대답이 끝나자마자 허겁지겁 청와대를 빠져 나오기 바빴습니다. 밖에서 제가 김진만 총무에게 '이거, 합시다. 해야지 어쩝니까' 라고 말했지요. 이때부터 국회에 돌아와 단상 점거하고 법안을 통과시킬 때까지 불과 30분도 안 걸렸을 겁니다. 사람이 한번 혼이 나니까 전부 달라집디다."

이들은 회기 종료 40분을 남긴 밤 11시20분에 국회로 돌아왔다. 이만섭 부총무는 공화당 의원들에게 덩치 큰 의원들이 앞장서서 단상에 접근하라고 지시했다. 밤 11시48분, 공화당 의원들이 정회 중이던 대회의장에 들어서자 신민당 의원들은 미리 단상을 점령, 뒤늦게 올라오는 공화당 의원들과의 격돌에 대비하기 시작했다.

다시 李萬燮 전 국회의장의 회고.

"그때만 해도 감정싸움은 없었습니다. 신문을 보면 아주 격앙된 싸움 같아 보이지만, 실제로 대부분은 '야, 살살해라' 거나 '내 체면 좀 봐주라' 는 말들을 하며 옷을 잡아당기곤 했거든요."

여야 의원들끼리 고성을 주고받으며 단상 점령 공방전을 벌이던 그 순간 유도 고단자인 장경순 부의장이 재빨리 의장석에 접근했다. '2·28 파동' 때에도 장경순 부의장이 부러진 의사봉을 들고 변칙 통과를 시킨 주역이어서 이날 張 부의장의 행동은 이미 신민당 의원들에게 주목의 대상이 되고 있었다. 신민당 의원들은 단상에서 의장 전용 출입문을 막았다. 김상현 의원은 의장석에 마련된 의사봉과 마이크를 철거시키고 있었다.

이 순간 공화당 柳凡秀(유범수) 의원이 김상현 의원으로부터 의사봉을 빼앗아 장경순 부의장에게 던졌다. 허공을 가로지르던 의사봉이 장경순 부의장의 손에 닿으려는 순간 달려든 다른 신민당 의원들의 손으로 옮겨가 버렸다. 당황한 장경순 부의장은 의사봉 대신 손바닥으로 책상을 치며 속개를 선언하고 두 개 법안을 일괄 상정한다고 소리쳤다.

아우성치는 소리가 터져 나오기 시작했다. 의장석을 점령했던 신민당 의원들은 수가 많았던 공화당 의원들에게 점차 밀려나기 시작했다. 약 7분 동안의 변칙 의사 진행을 통해 두 법안은 비로소 통과됐다. 장 부의장은 폐회 선언도 하지 않고 내려가 버렸다. 신민당 의원들은 퇴장하는 공화당 의원들을 향해 욕설을 퍼부었다. 그리고 5분 뒤 임시국회는 회기를 다하고 막을 내렸다.

3월1일 새벽, 김영삼 신민당 원내총무는 "국민과 더불어 분노를 금치 못하며 예고도 없이 강도적인 수법으로 의장석에 앉지도 않고 날치기 통과를 자행했다"고 비난하고 "이같이 의회 민주주의를 말살하고 다수의 폭력을 자행한 것은 구제받기 어려운 일"이라면서 "장 부의장이 동물적인 방법으로 통과시킨 것은 눈물을 금치 못한다"고 말했다. 김진만 공화당 총무가 "미안하지만, 다음에 신민당이 요구하는 다른 안건하고 바터(barter·물물교환)하자"고 제의하자 김영삼 총무는 "버터는 고사하고 치즈도 못 해 주겠다"고 맞섰다.

이만섭 전 국회의장의 회고.

"고속도로 건설은 아무리 야당이라고 해도 반대할 이유가 없는 일이었는데 왜 그토록 반대에 집착했는지 지금도 이해가 안 됩니다. 그때 국회에서 석유류세법 개정법안이 통과되지 않았더라면 고속도로 건설이 중단되었을지도 모릅니다. 그만큼 중대한 사안이었는데, 야당은 한사코 반대만 했다는 인상을 저도 받았습니다. 박 대통령도 야당이 항상 반대만 한다는 선입견을 결코 버릴 수 없었을 겁니다."

향토예비군 창설

1968년 2월6일 밤, 청와대에서 金聖恩 국방부 장관에게 지시한 예비군 조직 편성은 한 달여 동안 곡절을 거쳤다.

　金聖恩 전 장관의 회고.

　"예비군 조직을 기획해 보라고 합참에 주었더니 며칠 뒤에 '예비군 사령부-군 사령부-군단-사단…' 식으로 군 조직처럼 만들어 갖고 왔어요. 공비를 잡기 위해서는 지휘 계통과 통신이 간단해야지 복잡하면 안 된다고 생각했습니다. 가끔 수해가 나서 경제기획원에 가보면 각 부처에서는 피해 보고와 복구 비용을 산출한 액수가 거의 동시에 올라오고 있었습니다. 하지만 군에서는 일주일이 넘게 걸렸어요. 군인들은 꼼꼼했지만 중대-대대-연대-사단-군단 식으로 全軍(전군)의 통계를 잡으려다 보니 꼬박 일주일이 넘게 걸리곤 했습니다. 그래서 수해 복구 추경예산은 다른 데서 다 따가고 국방부는 거의 빈손으로 돌아오곤 했습니다. 즉각 대응을 위한 군의 조직체계가 현대화되지 않았던 겁니다.

　공비 출몰 시엔 즉각 대응해야 하는 관계로 상부에 보고한 뒤 지시받고 출동하는 식을 지양하고 예비군은 면·읍 단위에 중대급 규모를 넘지 않으니 1개 면마다 중대를 편성하게 하고 경찰 지서장이 마을 예비군을 지휘해서 선 조치, 후 보고하는 방식을 취하게 했습니다. 공비 출몰 신고는 합동참모본부에 보고되므로 여기서 전국 예비군망을 통해 비상을 걸면 공비들은 예비군이란 그물에 갇히게 됩니다. 거기에 현역 군인들을 기동타격대로 투입하면 섬멸된다는 구상을 하게 되었지요.

　즉, 예비군들은 자기 구역 내에 침투한 공비들을 꼼짝 못 하게 가두는 역할을 하고 섬멸은 현역이 하는 개념이었습니다. 며칠 뒤 이 안을 대통령께 보고하자 박 대통령은 매우 기뻐하면서 '김 장관 案

(안)대로 밀고 갑시다'라고 말했지요."

김성은 국방장관은 예비군의 무장 문제도 해결했다. 그는 본스틸 유엔군 사령관을 통해 미군이 M16을 주력화기로 선택함으로써 폐기 장비가 된 카빈 소총과 M1 소총 100만 정 및 실탄 5000만 발을 무상으로 지원받을 수 있게 했다.

향토예비군이 창설되는 과정에는 洪鍾哲(홍종철) 공보부 장관과 작곡가 李熙穆(이희목) 씨의 노력도 있었다. 홍 장관은 당시 유행하던 군가 '맹호는 간다'와 '우리는 청룡이다'를 작곡한 이희목 당시 중앙방송국 음악계장에게 예비군가의 작곡을 의뢰했다.

이희목은 1968년 3월 초, 공보부 직원으로부터 "예비군가를 만들어 주되 작사자는 선생께서 알아서 선정하십시오"라는 부탁을 받았다고 한다. 이 씨는 당시 〈아리랑〉 잡지 기자 출신의 작사가 전우(작고) 씨에게 가사를 부탁한 뒤 일주일 만에 곡을 완성했다. 녹음 때는 봉봉 사중창단이 노래를 불렀다.

홍종철 장관은 공보부 직원들을 모아 놓고 李씨가 작곡한 노래를 함께 들은 뒤 "어때? 어때?" 하며 반응을 듣고는 그대로 박 대통령에게 전달했다. 박 대통령은 흡족해 하며 가사를 직접 옮겨 적었다고 한다.

"예비군 가는 길엔 승리뿐이다"

1968년 4월1일 대전 공설운동장에서 거행된 향토예비군 창설식에 참석한 박정희 대통령은 연설 마지막 대목에서 이 노래의 가사를 언급하기도 했다. 이날 박 대통령은 "지난날 멸공 전선에서 조국

수호를 위해서 같이 싸우며 생사고락을 같이하던 전우 여러분!"으로 시작하는 20여 분간의 연설을 했다.

「예비군의 이상적인 모습은 논밭이나 직장에서 자기 일에 충실하고 훈련에 힘쓰다가 일단 공비가 나타나면 즉각 출동하여, 그 마을 그 직장에서 공비와 싸우는 전사가 되는 것입니다.

또한 모든 주민들도 산에서 들에서 길에서 바다에서 가정에서 일터에서 수상한 자가 나타나면 즉각 신고하여 '눈'이 되고 '귀'가 되는 것입니다. 경찰이나 군은 즉각 출동하여 적을 소탕해 버리는 것입니다. 그와 동시에 간첩이나 공비의 침투를 알리는 경종이나 '사이렌'이 울려 퍼지면 모든 주민들이 순식간에 공동 전선을 형성하게 될 것입니다. 이렇게 입체적인 작전을 전개할 때, 적은 '독 안에 든 쥐'처럼 꼼짝 못 하고 섬멸되고야 말 것입니다. 이러한 전술은 적에게 우리가 거꾸로 '게릴라'를 하는 전법입니다. …(중략) 자유는 목숨을 건 싸움에서만 얻어지는 것입니다. 죽음을 각오한 방어만이 자유를 수호할 수 있습니다. 국가 안위에 관한 대비책을 당리당쟁의 대상으로 삼는 자유가 있다면, 그것은 정녕 '자기 파멸의 자유'라고 할 수밖에 없습니다.

우리의 국가 방위는 우리가 죽음을 각오하고 싸울 각오가 섰을 때에만 비로소 튼튼한 것입니다. 그러므로 우리는 북괴가 또다시 이 땅을 침략했을 때 나의 집, 나의 고향, 나의 직장에서 한 치도 양보해서는 안 됩니다. 끝까지 싸워서 지켜야 합니다. 내 마을 내 직장은 내가 최후까지 사수해야 할 방위선인 것입니다. …(중략) 나는 예비군이 국난 극복의 신기원을 개척하고, 조국 근대화의 역군이 되어줄 것을 기대하면서 동지 여러분이 즐겨 부를 예비군가의 한 구절을 인용하여 여러분의 전도와 조국의 앞날을 축복하고자 합니다.

　'歷戰의 戰友들이 다시 뭉쳤다.
　총 들고 건설하며 보람에 산다.
　예비군 가는 길엔 승리뿐이다.'
　감사합니다.」

41
統一의 철학·戰略·전술

"우리는 자유의 방파제가 아니라
자유의 파도가 되어야 한다"

인내와 自制는 반드시 한계가 있어야

박정희 대통령의 對北(대북)정책은 평화를 지키기 위하여 인내한다는 것이었다. 이 평화의 시간이 길수록 시간은 우리 편이기 때문에 對北 우위에 좀더 확실하게 도달할 수 있다고 보았다. 그러나 그 인내에는 한계가 있어야 했다.

朴 대통령은 1969년 4월25일 기자회견에서 "인내와 자제는 반드시 한계가 명백해야 되며, 그 선을 넘었을 때에는 자제하고 인내한 것이 아무 소용이 없는 것이 되고 오히려 큰 불행을 가져오는 결과가 된다"고 강조했다.

「우리가 원하든 원하지 않든 만약에 북괴가 또 다시 6·25와 같은 전면 전쟁을 도발해왔을 때 우리는 어떻게 할 것인가. 여기에 대한 우리의 결심은 명백하다. 우리는 모든 것을 송두리째 희생하는 한이 있더라도 일보의 양보도 있을 수 없다. 이때는 軍과 民, 전방과 후방의 구별이 있을 수 없다. 全 국민이 한 덩어리가 되어 이번만은 최후의 결단을 짓겠다는 각오로써 최후까지 싸워서 통일의 계기를 마련해야 한다.」(1969년 10월1일 국군의 날 유시)

박정희가 북한의 침략에 대해 강조한 자주국방의 개념은 "북괴 단독의 침공에 대해서는 우리 단독의 힘만으로도 능히 이를 분쇄할 수 있는 자주 국방력을 언제든지 확보하고 있어야 한다"는 연설 (1970년 1월1일 신년사)에 잘 나타나 있다. 그는 자주국방 정신을 더 쉽게 설명한 적이 있었다.

「우리가 살기 위해서는 이 나라를 우리의 힘으로 지켜야 한다. 우리나라는 우리의 힘으로 지키겠다는 결심과 지킬 수 있는 힘을 길러야 하고 준비를 해야 한다. 우리의 힘이 부족할 때는 남의 도움을 받는 것이 당연하다. 그러나 남이 돕는 것은 어디까지나 도움이라고 생각해야지 남이 우리를 대신해서 지켜 주기를 기대해서는 안 된다. 나는 이것을 국방의 주체성이라고 말한다. 남이 우리를 도와주는 것도 우리에게 국방의 주체성이 있을 때 도움을 받을 수 있다는 것을 명심해야 하겠다.」(1968년 2월26일 서울대학교 졸업식 치사에서)

「어떤 사람들은 자주국방이라는 것이 무엇이냐, 자주국방이라는 것은 다른 나라, 즉 미국의 지원도, 우방의 지원도 없이 전부 우리 힘으로 하자는 것이냐, 하는 얘기를 하는 사람도 있다. 자주국방이라는 것은 이렇게 비유를 해서 얘기하고 싶다.

가령 자기 집에 화재가 났다. 이랬을 때는 어떻게 하느냐, 우선 그 집 식구들이 일차적으로 전부 총동원해서 불을 꺼야 할 것이 아닌가. 그러는 동안에 이웃 사람들이 쫓아와서 도와주고 물도 퍼다가 주고 소방대가 쫓아와서 지원을 해 준다. 그런데 자기 집에 불이 났는데 그 집 식구들이 끌 생각은 안 하고 이웃 사람들이 도와주는 것을 기다리고 앉았다면, 소방대가 와도 기분이 나빠서 불을 잘 안 꺼줄 것이다.

국방도 마찬가지이다. 우리나라를 지킴에 있어 전쟁이 도발되었다든지, 무슨 사태가 벌어졌을 때에는 1차적으로 우리 한국 국민들이 여기에 대해서 불을 끄자는 말이다. 우리가 불을 끄지는 않고 가만히 앉아 있으면 미국 사람들이 와서 들여다보고 도와주고 싶은 생각이 없을 것이다. 이것이 바로 내가 주장하는 자주국방의 기본 개념인 것이다.」(1972년 1월1일 기자회견에서)

박정희가 권력을 잡은 뒤 자신의 신조를 국가 전략의 大綱(대강)으로 전환시킨 것이 있는데 바로 自助(자조)-自立(자립)-自主(자주) 정신이다. 그는 "지금 우리에게 절실히 요구되고 있는 것은 자주·자립의 정신무장이며 자조·갱생의 생활신조이다"라고 말한 적도 있다.

그는 한국인이 의타심과 사대주의적 태도를 버리고 스스로의 운명을 스스로의 힘으로 개척하겠다는 自助정신을 가져야 그 바탕에서 自立경제, 즉 외국 원조 없는 국가운영이 가능하다고 생각했다. 그런 自立경제의 뒷받침이 있어야 自主국방이 가능하고 自主국방이 가능해야 진정한 독립국가가 될 수 있다고 보았다. 아주 단순한 이 '3自(자)정신'은 박정희의 18년 장기집권 기간 중 일관성 있게 3단계 국가발전 전략으로 승화되어 실천됐다.

위대한 逆轉(역전)의 드라마

위대한 국가·조직·인간은 그 내면에 상반되는 두 가지 요소를 공유하되 그것들이 相剋(상극)하는 관계가 아닌 相生(상생)하는 관계로서 더 차원 높은 통합을 이룰 수 있는 존재들이다. 일종의 변증법적인 正(정)-反(반)-合(합)의 승화이기도 하다. 오래 존속하면서 영화를 누리고 찬란한 문화유산을 남긴 세 국가- 로마제국, 베니스, 신라는 엄격한 尙武(상무)정신과 유연한 文藝(문예)정신을 통합한 공통점이 있다.

박정희는 군인으로서의 강직함과 文人(문인) 같은 교양을 공유하고 있었다. 단순한 공유 차원이 아니라 相反(상반)되는 요소가 서로를 견제, 자극, 경쟁, 격려함으로써 제3의 단계로 발전하도록 하는 비결을 가진 것이 그였다.

  1960년대 말 북한 김일성 정권의 도전에 직면한 박정희는 국가 건설과 국가 안보란 상반된 조건의 압박에 몰렸다. 다른 하나를 위해 다른 하나를 희생할 수밖에 없는 조건이었으나 박정희는 건설과 국방이란 상반된 조건을 다 살리면서 거대한 역사적 진전을 이루는 방향으로 대한민국을 끌고 간다. 여기에 대한민국의 거대한 전환, 즉 후진국으로부터 선진국을 향한 중진국으로, 경량급 국가에서 중화학 공업력을 지닌 중량급 국가로의 전환이 이뤄지는 것이고 남북 간 힘의 逆轉(역전)이 가능하게 되는 것이다. 이 위대한 역전과 轉禍爲福(전화위복)이 김일성의 도전에 대응하는 과정에서 이뤄졌으니 국가의 운명도 塞翁之馬(새옹지마)인 모양이다.

  이런 전환의 시작엔 박정희의 남다른 안목이 있었다. 그는 공산주의의 침투를 막기 위해선 휴전선과 해안선을 봉쇄하는 것보다 빈곤층을 없애고 중화학 공업 기반을 건설하는 것이 근원적인 해결책이라고 확신했다.

  그는 1965년 1월23일 '자유의 날에 즈음한 담화문'에서 이미 이런 주장을 피력하고 있다.

「우리의 안전과 평화를 위협하는 것은 비단 밖으로부터의 침략만이 아님을 잊어서는 안 될 것이다. 그보다 더 무서운 적이 우리 안에 있음을 명심해야 하겠다. 그 적이란 다름 아닌 빈곤인 것이다. 우리 내부에 이 빈곤을 두고서 반공이나 승공을 할 수 있다고 생각하는 것이 얼마나 무용한 徒勞(도로)이며, 또 얼마나 무서운 결과를 자초하였던가를 우리는 너무나 잘 알고 있다. 공산주의의 不穩(불온)사상이 기생하기 쉬운 빈곤을 추방하는 것 이상으로 더 효과적인 對共(대공) 투쟁의 방법은 없을 것이다.」

「우리가 늘 이야기하는 일면 국방, 일면 건설이라는 이 두 가지 말은 똑같은 뜻인 것이다. 국방 그 자체가 경제 건설이다. 왜냐하면 국방을 잘 해서 북괴가 침범하지 못하도록 해야 경제 건설이 되지 국가의 방위가 위험할 때에는 경제 건설이 될 수 없는 것이며, 그와 동시에 경제 건설을 빨리 해서 모든 실력을 하루 속히 증강해야만 보다 더 국방의 바탕이 튼튼해지지, 경제 건설이 이루어지지 않으면 국방이라는 것도 될 수 없는 것이다.」(1970년 1월9일 기자회견에서)

「그러기에 우리는 일하면서 싸워야 한다. 그러기에 우리는 싸우면서 일해야 한다.」(1968년 5월29일 고급 공무원에게 보내는 친서에서)

「일하면서 싸우고, 싸우면서 일하는 우리의 현실이 벅찬 시련이라는 것을 나는 잘 알고 있다. 그러나 이 시련은 과연 무엇을 위한 시련이며, 이것을 극복하려는 우리의 노력은 과연 누구를 위한 것이겠는가. 그것은 두말할 것도 없이, 오늘에 사는 우리 세대와 우리 후손의 자유와 평화를 위한 것이며, 번영과 행복을 위한 것이 아니겠는가.」(1969년 6월25일 담화문에서)

박정희가 1960년대 말의 위기를 1970년대의 好機(호기)로 돌려 세우는 데 있어서 취한 두 가지 가장 중요한 조치는 새마을사업과 중화학공업 건설이었다.

대통령 비서실장으로서 경제건설의 참모장 역할을 했던 金正濂(김정렴) 씨에 따르면 두 사업 모두 김일성의 赤化 전략에 대응하기 위해 考案(고안)된 것이라고 한다. 즉, 새마을사업(뒤에 가선 의료보험 실시)을 통해서 공산주의자가 침투할 수 있는 토양인 빈곤을 없애고, 중화학공업 건설을 통해서 자주 국방이 가능한 공업력을 갖추겠다는 계산이었다는 것이다.

김정렴 씨는 "일반인들이 생각하듯 경제적 목적을 두고 두 사업을 일으킨 것이 아니었다. 국방을 염두에 두고 하다가 보니까 경제적으로도 성공한 것이다. 박 대통령은 항상 국방에 대하여 집무 시간의 가장 많은 부분을 할애했고, 다음이 경제였으며 정치는 우선순위에서 아래쪽이었다"고 말했다.

신라의 삼국통일을 교훈삼아

박정희는 남북통일에 대해서도 아주 간단하면서도 실용적인 전략과 생각을 유지해 갔다. 그는 1966년 8·15 광복절 경축사에서 "통일은 감정 아닌 이성의 판단과, 단순한 祈願(기원)이 아닌 과학적인 노력에 의해 계획되고 추진되어야 한다. 통일을 성취하는 데는 방안의 氾濫(범람)보다도 조건의 성숙이 앞서야 한다"라고 말했다. 그는 이어서 그 조건의 성숙을 "경제적·문화적·사회적·군사적으로 북한을 압도할 절대 우위의 주체적 역량을 갖추는 것"이라고 정의했다.

「지금은 통일을 말할 때가 아니요, 오직 통일의 전 단계인 경제건설과 근대화 작업에 혼신의 노력을 경주할 때라는 것을 잊어서는 안 될 것이다. 우리가 통일을 위한 적극적인 접근을 시도할 시기는 통일의 민족적 基地(기지)인 경제 자립의 盤石(반석)을 공고히 하고, 우리의 민주적 역량을 충분히 축적하여 모든 면에서 주도권을 우리가 완전히 장악할 수 있다고 내다보는 1970년대 후반기가 될 것이다.」(1966년 6·25 담화문에서)

　박정희는 경제 전문가도 정치 전문가도 아니었지만, 일단 정권을 잡은 다음에는 놀라운 素養(소양)을 발휘했다. 그 비밀은 그의 독서에 있다고 보인다. 박정희는 어릴 때부터 역사책을 탐독했다. 종합 사회·인문과학으로서의 역사를 자신의 교양으로 흡수하면서 그는 국가경영과 전략의 기본을 세울 수 있었다. 그는 남북통일을 준비하는 국가적 전략과 자세를 신라에 의한 삼국통일의 모델에서 찾으려 했다.

　박 대통령은 1972년 1월11일의 기자회견에서 이런 말을 했다. 좀 길지만 인용해본다.

　「신라·백제·고구려로 鼎立(정립)이 되었다가 통일이 될 때까지는 약 700년이 걸렸다. 통일이 된 건 문무왕 8년, 서기로 668년이라고 생각하는데, 3국 통일을 위해서 신라가 여러 가지 계획을 수립하고 본격적으로 서두른 지 120년 만에 통일이 되었다는 것이 역사의 기록이다. 진흥왕 때부터 120년간에 화랑도를 만들고, 국민들을 훈련하고, 정신 교육을 하고, 삼국 통일에 대한 대비를 해서 120년 만에 비로소 통일이 되었던 것이다.

　또, 통일이 될 때에는 신라 단독의 힘으로 된 것이 아니라 唐(당)나라의 힘을 빌려 가지고 통일을 했다. 통일을 한 다음에도 당나라 군사가 생각이 달라져 돌아가지 않고 그 자리에 앉아서 눌러 있으려 하였기 때문에 文武王(문무왕)이 지휘하는 신라의 군대가 당나라 군대와 근 10년 동안 血戰苦鬪(혈전고투)를 해서 당나라 군사를 쫓아내고 완전히 통일을 이룩한 것이다.」

박정희는 1960년대에는 충무공의 현충사를 성역화하는 등 國難(국난) 극복의 민족사를 기념하는 데 신경을 썼고, 1970년대에는 경주 天馬塚(천마총) 발굴과 경주 종합개발계획의 추진 등 신라통일의 유적을 다듬어 통일 교육의 현장으로 삼으려 했다.

박정희가 말한 대로 진흥왕~문무왕 시대에 걸친 120년간의 삼국통일 준비 과정과 전략은 남북통일의 가장 좋은 교과서이다. 신라의 위대한 자주통일을, '당의 힘을 빌어서 이룬 사대주의적 통일'이라고 매도하는 북한 정권과 남한 내 일부 철없는 인사들의 挾攻(협공) 속에서 신라 통일의 교훈이 남북통일을 향해 가고 있는 오늘날 제대로 살려지지 않고 있는 것은 痛嘆(통탄)할 일이다.

통일의 중간단계로서의 근대화, 그것을 보장하는 평화

박정희의 통일 전략은 '평화를 통한 富國强兵(부국강병)'을 매개(또는 중간단계)로 한 한반도 전체의 자유화였다. 그는 통일이 외세의 힘을 빌어서가 아니라 우리의 주체적 역량으로 이뤄져야 한다고 강조했다.

그는 1966년 8·15기념사에서 이렇게 지적했다.

「혹자는 국토의 양단이 他力(타력)에 의해 강요된 사실을 들어, 조국의 통일이 타력의 혜택이 아니고서는 도저히 이룩될 수 없다고 말하고 있다. 이것은 주체성의 포기요, 의타심의 소산인 것이다. 통일은 우리의 주체적 노력이 關鍵(관건)이다.」

그는 1968년 8월15일 공화당 당원들에게 보내는 특별담화에서는 "통일은 결국 국내외적인 조건의 성숙과 더불어 이에 대비하는 우리의 주체적인 힘의 배양에 의해서만 이룩된다"고 강조했다.

「우리 자체의 내실을 키워야 되고 객관적인 여건이 성숙되어야 되고, 객관적인 여건이 성숙되었을 때 우리가 기민하게 기회를 포착할 수 있는 능력을 갖추어야 하는 것이지, 그 이전에는 통일이 안 된다.

가장 좋은 기회야 8·15 해방 때였을 것이다. 일본 군대 다 쫓고, 일본 사람 다 쫓아 통일 독립 국가를 만들기에 가장 좋은 기회였었는데도 우리가 못 했다. 그때 우리는 내실이 되어 있지 않았던 것이다. 그래서 그런 여건과 기회를 포착할 수 없었다.

그런 좋은 기회를 놓쳤지만 앞으로 그런 기회가 나는 있으리라고 생각한다. 거기에 대비해서 우리는 지금부터 꾸준히 노력을 해나가야 되겠다. 하물며 衆口難防(중구난방)으로 무책임한 통일론을 함부로 떠들어서 우리 국론을 혼란하게 만든다든지 하는 행위는 통일에 아무 도움이 되지 않으며, 오히려 백해무익한 일이다.」(1972년 1월11일 기자회견에서)

박정희는 '조국 근대화가 통일의 중간목표'(1969년 9월25일 저축의 날 치사)이며 근대화가 완성되면, 그 경제 역량과 민주 역량을 기반으로 한 남한이 통일 전략 추진의 기지가 되어 북한을 자유 민주화할 수 있다고 보았다. 김일성 정권이 북한을 남한 혁명의 기지로 설정한 것과 대칭되는 전략 개념이었다.

통일의 중간 단계로서의 이런 근대화가 이뤄지려면 평화가 필요했다. 박정희의 사전에 나타난 '평화통일'이란 말은 평화를 통해서 번 國力으로써 남한이 주도하는 자유통일을 한다는 뜻이기도 했다. 한반도의 평화란 자유통일을 위해 꼭 필요한, 富國强兵(부국강병)

을 위한 시간 벌기이기도 했던 것이다. 말장난으로서의 평화가 아닌 전략 목표가 뚜렷한 평화였다.

박정희는 1972년 1월11일의 기자회견에서 서독이 동독과 전쟁을 한 적도 없지만 평화를 확보하기 위하여 이중 삼중의 장치를 하고 있다는 점을 소개했다.

「우리가 알기에는 유엔 동시 가입에 있어서 서독 정부는 20개의 조건을 지금 (동독에게) 제시하고 있다. 그 가운데에는 우리하고도 상당히 관계가 있고 흥미가 있는 조항, 즉 '무력 또는 위협의 상호 포기' 운운 하는 조항이 있다. 지금 동·서독에서 전쟁 준비를 해가지고 서로 치겠다는 그런 상태가 아닌데도 불구하고, 무력 사용 또는 위협의 상호 포기를 확실하게 다짐하자는 것이다.

이밖에 전쟁 부인 선언, 즉 전쟁을 하지 않겠다는 선언을 동시에 하자는 것, 또는 쌍방이 평화공존을 저해하는 행위를 포기하자는 등 세 가지 조항이 있다는 것을 들었는데, 다 뜻은 마찬가지이다. 무력 사용 안하고 폭력 사용하지 않겠다는 이야기를, 표현을 바꾸어 가지고 두 번 세 번 못을 박아가면서 이런 조건이어야만 유엔에 같이 들어간다는 이야기이다.」

박정희는 북한을 절대로 국가로 인정해서는 안 된다는 점을 강조하기도 했다. 이는 그가 말한 평화란 것은 평화공존을 가장한 분단 고착화가 아니라 자유통일로 나아가기 위한 징검다리란 것과 합치되는 이야기이다.

그는 1966년 12월17일 기자회견에서 "두 개의 한국이라는 것은 어떠한 경우에도 인정할 수 없고 받아들일 수 없는 것이며, 또 아무리 통일이 된다 하더라도 공산주의식 통일은 절대로 받아들일 수 없다"고 말했다. 그는 남북한 간의 대결은 민족사의 흐름 속에서 누가 민족사의 정통성을 쟁취하는가의 싸움이며, 그 정통성을 확보한 쪽만이 1민족 1국가의 월계관을 써야 한다는 역사관에 투철했다.

박정희 대통령은 1967년 4월23일 대구 유세(대통령 선거)에서는 이렇게 강조했다.

「통일을 안 했으면 안 했지, 우리는 공산식으로 통일은 못 한다. 민주통일을 해야겠다. 통일이 된 연후에 북한 땅에다가 자유민주주의의 씨를 심을 수 있는 민주적인 통일을 하자는 것이다. 그것을 위해서, 그렇게 하자니까 시간이 걸리고 우리의 노력이 필요하고, 우리의 실력의 배양이 필요한 것이다.」

「혹자는 대한민국을 가리켜 자유의 방파제라고도 한다. 그러나 이런 비유를 받아들일 수 없다. 어찌해서 우리가 파도에 시달리면서도 그저 가만히 있어야만 하는 그러한 존재란 말인가. 우리는 전진하고 있다. 우리야말로 자유의 파도다. 이 자유의 파도는 멀지 않아 평양까지 휩쓸게 될 것을 나는 확신한다.」(1966년 2월15일 대만 방문 시 蔣介石(장개석) 총통 주최 만찬회 인사에서)

8·15 체제 경쟁 선언

박정희 대통령의 통일 전략을 가장 핵심적으로 표현한 것은 "통일을 성취하는 데는 방안의 범람보다도 조건의 성숙이 앞서야 한다"는 말일 것이다. 그의 집권 18년은 대한민국이 주도하는 자유통일을 가능케 하는 경제적·정치적·사회적·외교적 조건을 성숙시키는 데 바쳐졌다.

3단계 통일 방안이니 연방제 통일 방안이니 하는 기교적인 통일 방안에 대해서 박정희는 관심이 없었다. 그는 통일 방안이 아닌 통일로 가는 방향을 제시하고 원칙을 천명하는 데 그쳤다. 통일은 결국 국력을 바탕으로 하여 이뤄질 것임을 믿어 의심하지 않았기 때문에 국력을 쌓는 데 주력했던 것이다.
  그는 1970년 8·15 선언을 통해서 '평화통일의 기반 조성을 위한 접근 방법'을 밝힌다. 박 대통령은 통일의 원칙을 평화통일이라고 못 박고 북한 측에 대해서도 폭력 혁명에 의한 赤化통일 전략을 포기할 것을 요구했다. 그는 북한이 만약 이 요구를 수락한다면 남북한의 인위적 장벽을 제거해나갈 수 있는 획기적 방안을 제시할 용의가 있다고 천명했다. 그는 또 북한이 유엔의 권위를 수락한다면 유엔의 한국 문제 토의에 북한이 참여하는 것을 굳이 반대하지 않을 것이라면서 평화적 체제 경쟁을 벌이자고 제의했다.
  「이러한 나의 구상에 덧붙여서 한 가지 더 말하고 싶은 것은, 북괴에 대하여 '더 이상 무고한 북한 동포들의 민생을 희생시키면서 전쟁 준비에 광분하는 죄악을 범하지 말고 보다 善意의 경쟁, 즉 다시 말하자면 민주주의와 공산 독재의 그 어느 체제가 국민을 더 잘 살게 할 수 있으며, 더 잘 살 수 있는 여건을 가진 사회인가를 입증하는 개발과 건설과 창조의 경쟁에 나설 용의는 없는가' 하는 것을 묻고 싶은 것이다.」
  박정희 대통령이 말한 '획기적 제의'는 1971년 8월12일 대한적십자사가 북한 측에 제의한 이산가족 등 인도적 문제 해결을 위한 적십자사 회담이었다.
  이 제의가 북한 측에 의해 받아들여지면서 적십자사 회담이 시작되었고, 이것이 매개가 되어 본격적 정치회담인 李厚洛 정보부장-金日成 회담과 7·4 공동성명이 탄생했다.

朴 대통령은 이후락 정보부장의 평양 출장에 앞서 이런 요지의 훈령을 내렸다. 즉, '회담은 비정치적 문제를 풀어나가면서 정치적 문제로 이행하며, 남북 간의 분위기 호전을 위하여 비현실적인 일방적 통일방안의 선전적 제안을 피하고 상호 비방·중상을 피하며, 무력 행동을 하지 않아야 한다.'

이후락 부장에 앞서 북한으로 들어갔던 정홍진(남북 조절위원회 간사) 씨에 따르면 박 대통령은 한반도에서 어떤 일이 있더라도 전쟁은 막아야 한다는 데 이 정치 회담의 가장 큰 주안점을 두었다고 했다.

한국 측은 실현 가능한 작은 것부터 해결하자고 하였으나 북한은 이 정치회담을 남북합작 회담으로 끌고 가 주한미군 철수 및 국가보안법 폐지와 남한 내 공산당의 활동자유 보장을 얻어내려 했으니 평행선을 달릴 수밖에 없었다.

1973년 8월에 발생한 金大中(김대중) 납치 사건을 꼬투리로 잡은 북한은 일방적으로 남북조절위원회 회담을 중단시켰다. 비록 회담은 중단되었으나 이 고위 정치회담은 그 뒤 모습을 달리하여 단속적으로 이뤄졌고 2000년 평양 회담을 결과했다.

6·23 선언으로 북한의 체제인정

1970년 8·15 선언-1971년 8·12 적십자 회담 제의-1972년 7·4 공동성명을 이은 里程表(이정표)는 1973년 6·23 선언이다. 이 선언의 핵심은 그 동안 진행된 남북대화의 파급 효과를 바탕으로 공산권에 대한 우리의 문호개방 정책과 함께 북한의 실체를 공식적으로 인정한 바탕에서 유엔에 남북한이 동시 가입할 것을 제의한 것이었다. 말하자면 현존하는 남북한의 평화공존을 제도화하자는 주장이었다. 북한은 남북 관계의 진전을 남한 赤化의 好機로 생각하고 있었으므로 박정희의 이런 현실 인정 노선에 반대했다. 반대의 명분은 '두 개의 조선을 획책하여 영구 분단을 꾀한다' 는 것이었다.

주목할 것은 당시 해외에서 망명 중이던 金大中(김대중) 씨도 6·23선언을 '영구 분단을 조장하기 때문에 반대한다' 고 했다는 점이다.

金大中 씨는 1980년 7월18일 육군본부 계엄보통군법회의 검찰부 신문에서 이런 요지의 진술을 하고 있다.

「박 대통령의 6·23 선언은 동·서독 방식인데, 이는 영구분단을 조장하는 것이기 때문에 반대한다고 말한 사실이 있습니다. 6·23 선언 직후인 1973년 7월6일 메이플라워 호텔에서 가진 한민통 발기 대회 강연에서 '6·23 선언을 반대한다', 또 '英(영)연방제식으로 보완되어야 한다' 고 말한 사실이 있습니다. 연방제 지지를 전제로 하지 않은 유엔 동시 가입은 동·서독처럼 남북 분단을 영구화하는 것으로 생각되었기 때문입니다.」

김대중 씨의 이 반론은 역사가 흐른 지금 검증할 가치가 있다. 우선 6·23 선언이 동·서독 방식이기 때문에 영구분단을 조장한다는 비판은 역사적으로 오류임이 판명됐다. 동·서독 방식이란 서로 간의 실체를 인정한 다음 상호 간의 교류를 확대하여 동독에 자유의 바람을 불어넣는다는 전략이며, 이 전략이 주효하여 동독의 붕괴와 서독에 의한 흡수통일이 이뤄진 것이다. 서독은 동독을 국가로 인정하지는 않았다. 정권의 정통성을 인정하지 않았다는 의미이다.

박정희도 북한의 실체를 인정하였지만, 국가로 인정하지는 않았다. 대한민국만이 한반도의 유일 합법 정통 정부임을 견지하였으므로 영구 분단이란 말은 틀린 말이다. 영구 분단이란 남한과 북한이 서로를 국가로 인정하는 관계를 말하기 때문이다. 유엔 동시 가입은 서로를 국가로 인정한다는 뜻이 아니다.

김대중 씨가 6·23 선언을 지지하지 않은 이유 중의 하나로 꼽은 것은, 그 선언이 (남·북한) 연방제를 전제로 하지 않았기 때문이라고 했다. 박 대통령이 1973년이란 시점에서 남·북한 연방제를 통일의 대전제로 받아들인다는 것은 김일성의 연방제 통일안이나 김대중 씨의 연방제 통일안을 받아들인다는 것을 의미했다. 김일성의 연방제안을 받아들인다는 것은 북한의 적화통일 전략을 수용하는 것이니 대한민국을 북한에 팔아넘긴다는 뜻이 된다. 김대중 씨의 연방제안을 박정희가 받아들인다는 것은 무슨 뜻인가.

김대중 씨는 上記(상기) 신문조서에서 김일성의 연방제와 자신의 연방제 통일방안의 차이를 이렇게 말했다.

「북한 측이 주장하는 연방제는 남북에 현존하는 정치제도를 그대로 두고 양 정부의 독자적 활동을 보장하되 유엔 동시가입 등을 반대하는 것으로 보아 연방 공화국의 우월적 지배권을 갖는 연방공화국으로 알고 있습니다. 본인이 주장하는 연방제는 외교·군사·내정에 관해 완전한 독자적 지배권을 갖는 공화국 연방제로서 지배권 문제에 차이가 있습니다.」

김대중 씨는 또 자신의 연방제가 영국 연방과 비슷하다고 말했다.

영 연방에 속하는 캐나다와 호주는 서로 독립 主權 국가 사이이다. 남한과 북한이 그런 관계에 선다는 것이야말로, 즉 서로 독립 主權 국가 관계가 된다는 것이야말로 통일을 포기하는 영구 분단을 의미하는 것이니 박정희의 6·23 선언을 영구분단 정책이라 비판할 수 없다.

김대중 씨의 주장대로 박정희가 1973년에 영연방제와 비슷한 연방제를 통일방안으로 받아들이려면 자유통일을 포기하고 헌법 개정을 해야 했다. 美·蘇(미·소) 간의 냉전이 끝난 지금도 못 할 일을 냉전의 한복판에서 과연 그럴 수 있었을까.

비록 김일성의 연방제와 김대중의 연방제가 다르다고 해도 박정희가 연방제란 이름의 통일방안을 받아들이는 것은 북한식 통일방안에 동조하는 것으로 해석될 것이 분명한데 과연 그런 일이 가능했을까. 김일성으로부터 세 번에 걸친 암살 시도를 당했던 박정희가 과연 그 북한 정권과 '영연방제식의 연방제 아래 상징적 통일의 제1단계'로 들어갈 수 있었을까. 그러하지 못했다고 박정희를 비판한다는 것은 무슨 의미인가를 묻게 된다.

42
동해안에 北게릴라 부대 상륙

삼척 울진 공비 침투 속에서 增産을 독려하다

울진·삼척에 무장공비 침투

1968년 11월5일 합참 對간첩대책본부장 柳根昌(유근창) 중장은 "지난 11월2일밤 경북 울진군 북면의 동해안에 30명 내외로 추정되는 북괴 무장공비가 불법 침입, 양민을 학살하는 사건이 발생하여 군경과 향토예비군이 이들을 포위, 섬멸 작전을 펴고 있다"고 발표했다.

박 대통령은 이날 朴璟遠(박경원) 내무장관, 任忠植(임충식) 국방장관, 김형욱 중앙정보부장, 이후락 대통령 비서실장, 박종규 대통령 경호실장, 金桂元(김계원) 육군참모총장, 金榮寬(김영관) 해군참모총장, 金成龍(김성룡) 공군참모총장, 姜起千(강기천) 해병대 사령관, 朴英秀(박영수) 치안국장, 柳根昌 대간첩대책본부장, 趙始衡(조시형) 청와대 정무수석 비서관이 참석한 대책 회의를 가졌다.

정부는 강원도와 경북 북부 일부 지역에 을종사태를 선포했다. 을종사태 선포란 무장간첩 행위가 대규모로 이뤄져 경찰 병력만으로는 치안확보가 곤란하다고 판단할 때 군 병력을 투입해 장기간 작전하도록 하는 조치로서 대통령령 18호에 근거한 것이었다.

이날부터 한국은 사실상 兩面(양면) 전쟁상태에 들어갔다. 베트남 전선에 이어 내부에 또 다른 戰線(전선)을 형성한 것이다. 對(대)간첩대책본부의 최초 발표와는 달리 동해안에 상륙한 무장공비 병력은 120명이었고 육군은 이들을 섬멸하기 위하여 수백 배의 전투병력을 동원했다.

김일성은 이 게릴라 작전을 지원하기 위하여 비무장지대와 서해안에서 陽動(양동) 작전을 폈다.

1968년 11월8일 미 국무부의 정보 조사국장이 딘 러스크 국무장관에게 올린 정보 보고는 다음과 같았다.

「11월 1~3일에 한국의 동·서해안에 북한 무장 병력이 침투했다. 이 사건은 올해에 중단되었던 북한의 연안 침투가 재개되었음을 뜻한다. 서해안의 瑞山(서산) 부근에서 두 명의 공비 침투가 목격되었다. 이날 늦게 이 지역을 수색하던 한국군은 무장 공비 두 명을 사살하고 다이너마이트를 발견했다.

2일 뒤 비무장지대에서는 일련의 총격전이 발생했다. 한 사건은 북한의 소대급 부대의 침투를 저지하기 위한 것이었다. 이 두 사건은 동해안의 허리 부분에서 감행된 상륙작전으로부터 한국군의 시선을 돌리기 위한 도발이었다.

11월2일 저녁에 한 척의 선박이 목격되었으나 저지당하지 않고 동해안 울진 부근에 공비들을 상륙시켰다. 다음날 무장한 북한군은 白晝(백주)에 작은 마을을 점령하여 주민을 모아놓고 선전·선동 시간을 가졌으며 돈을 나눠 주었다. 이 돈은 나중에 위조지폐임이 밝혀졌다. 마을 사람 네 명이 살해되었다.

한국군은 이 지역을 포위하고 11월8일 현재 8명을 사살했다. 지형이 험하여 작전을 어렵게 만들고 있으나 한국군은 침투 병력 전부를 소탕할 자신이 있다고 한다. 침투 병력에 대해선 異說(이설)이 있다. 30명이란 說(설)과 총 60명으로 구성된 두 팀이 상륙했다고도 한다(그 후의 조사에 의해서 120명이 상륙했고 그 가운데 107명이 사살되었으며, 7명은 포로가 되고 나머지는 겨울 추위로 죽은 것으로 추정).

이 작전은 베트남형의 게릴라전이 겨울에 가능한지를 시험하기 위한 것이라고 생각된다. 현재까지로는 동해 침투작전이 현지 주민들로부터 전혀 협조를 받지 못했던 것으로 보인다. 이런 비협조는 남한 지역에서 게릴라전을 펴려는 북한 측의 노력에 항상 흠이 되어 왔다.」

12월16일 미국의 태평양 지역 사령관은 미 합참에 다음과 같이 보고했다.

「김일성은 한국식의 베트남 전략을 남한에 대해서 실시하려는 것 같다. 처음으로 우리는 비무장지대에서의 도발과 함께 후방지역에서의 冬季(동계) 게릴라전에 직면하고 있다. 김일성은 남한에 게릴라전의 인프라를 구축하려 한다. 나는 남한 당국이 우리의 도움을 받으면서 김일성의 도발에 효과적으로 대처할 수 있을 것으로 믿는다. 그럴수록 김일성은 더 대담한 공격을 할 것이고, 이것이 남한 정부를 자극하여 (우리와 협의 없이) 일방적인 보복전에 나서게 할 가능성이 높다.

김일성은 베트남 전선에서 일어나고 있는 변화를 활용하려 할 것이다. 베트남에서 대결이 끝나고 우방군대가 철수하여 남한의 군사력이 다시 증강된다면(한국군이 복귀하여) 김일성은 '지금이 아니면 영원히 안 된다'는 조급증으로 해서 한국을 혼란에 빠뜨리거나 무력으로 한반도를 통일하려고 할지 모른다.

김일성은 군사적으로 강력한 입장에 있으나 혼자 힘으로 남한을 점령할 힘은 없다. 그가 오판할 가능성도 없지 않으나 나는 그가 완전히 이성을 상실한 인간이라고 보지는 않는다. 그가 공개적인 도발을 함으로써 국가와 그 자신에 큰 타격을 가져올 위험성이 그를 자제케 할 것이라고 기대한다. 그가 赤化(적화)통일의 시간이 닥아 나고 있다고 생각하면 매우 위험해질 것이다. 우리는 한국 상황을 면밀하게 지켜보고 있다.」

한 쪽에서는 전투, 다른 쪽에서는 增産

1968년 11월1일자 〈조선일보〉 사회면에는 무장 공비들이 최초로 점령했던 마을의 이야기가 소개되었다. '새벽잠의 고요한 마을에 잔인한 奇襲·蠻行(기습·만행)' 이란 제목의 기사 일부를 인용한다.
「동해안 울진에 침투한 무장공비들이 처음으로 만행을 저지른 곳은 해안선에서 15km쯤 떨어진 북면 주인리. 태백산 기슭의 해발 400m되는 외딴 마을이었다. 일곱 가구 50여 명의 주민들이 옥수수, 조, 감자 등을 심고 사는 가난한 마을이었다. 이들의 평화스러운 잠을 깨운 것이 11월3일 오전 6시쯤, 회색 싱글 신사복 차림에 넥타이를 맨 자와 붉은 점퍼를 입은 괴한 일곱 명이 고숫골 오모(69) 씨 집에 나타났던 것이다. 오 씨 집에서는 때마침 손자(18)와 삼촌(28)이 함께 옥수수와 조를 털고 있었다.
이들은 처음에 "경북 유격대에서 주민등록증의 사진을 찍어 주러 왔다"고 속였다. 그리고는 다른 2명이 "우리 일행이 많으니 쌀 서 말로 밥을 지어달라"고 요구, 방에서 기어 나온 오 노인이 "우리 집엔 쌀은 없고 조뿐"이라고 대답하자 그것으로라도 모두 밥을 지어달라고 다그쳤다.
오 노인의 딸(48)이 부엌에서 조밥을 짓는 동안 공비들은 약품을 섞지 않나 하고 감시하고 있었다. 그때 카메라를 멘 공비가 오 씨 집안 식구들의 사진을 찍었으며 다른 5~6명의 공비들이 마을민 50여 명을 끌고 왔다.

모두 다발총, 기관단총, 권총 등으로 무장하고 수류탄은 몸에 두 줄로 두르고 있었다. 이때 산 주위에는 약 20명의 공비들이 마을을 포위, 망을 보고 있었다. 끌려온 주민 중에는 아랫마을에서 달걀을 사러 왔던 행상인 진 모(30) 여인도 끼어 있었다. 그의 남편은 송곳봉 너머에 있는 광산의 채광부. 공비들은 마을 사람들의 사진을 찍은 후 이른바 사상교육을 시작했다. 북괴 김일성의 사진이 들어 있는 불온서적을 나눠 주고 그쪽 노래를 불러 주며 이북의 '발전상'도 선전했다.

그들은 100원짜리 위조지폐를 손에 잡히는 대로 꺼내 한 사람에게 5000원에서 1만 원까지 마을사람들에게 나눠 주면서 "이 돈은 이 지방에서 쓰지 말고 멀리 나가 헌 돈과 섞어 쓰라"고 돈 쓰는 방법까지 일러 줬다. 공비들은 "우리 유격대에 가입하여 남북통일에 적극 협력하라"고 얼러대면서 인쇄된 '유격대 지원청원서'를 꺼내 놓고 서명을 강요했다. 맨 먼저 반장 김 씨에게 가입 여부를 물었다.

김 씨가 "우리는 대통령 지시와 우리 법에 따라 살겠다"면서 머뭇거리자 신사복 차림의 한 공비가 권총을 빼 들고 "우리 인민 유격대의 맛을 보겠느냐, 불응하면 죽이겠다"고 위협해 모두 성명, 나이, 주소 등을 기입하고 강제 서명을 받았다. 글을 모르는 사람들은 지장을 찍게 했다. 오전 10시쯤 송곳봉 좌측 등성에서 1발의 총성이 났다.

잠시 후 전병두(32·노동·양양군 장성읍) 씨가 붙들려 왔다. 전 씨는 지난 10월23일 선친의 제사를 지내러 이곳에 왔다가 아내 김 여인(31)과 2남 1녀의 자녀들을 먼저 보낸 다음 이곳 광산서 일하는 처남을 만나보고 혼자 마을로 내려오던 길이었다.

공비들은 전 씨가 이 마을 사람이 아닌 것을 알자 연락원으로 경찰에 신고하고 오는 것으로 판단, 밧줄로 두 손을 묶었다. 공비들은 허겁지겁 조밥을 먹고 나머지를 비닐봉지와 와이셔츠에 싼 다음 전 씨와 반장 김 씨, 주 모(22) 씨 등 주민 9명을 포승에 묶어 납치, 매봉산 쪽으로 달아났다.

이들은 마을에서 80m쯤 떨어진 골짜기에 이르자 전 씨를 꿇어앉혀 놓고 "경찰에 신고하지 않았느냐", "유격대에 따라가지 않겠느냐"고 졸라댔다.

전 씨가 공비와의 합류를 원치 않는 듯 머뭇거리자 "이놈은 사상이 불온하다. 아무리 봐도 수상하다"고 캐물었다. 전 씨가 해병대 출신임을 안 공비들은 "이놈은 안 되겠다. 비협조적인 놈은 본때를 보여줘야 한다"면서 대검을 꺼내 납치된 마을민이 보는 앞에서 마구 찔러 죽였다.

오후 1시쯤 이들은 자기들끼리 잠시 의논한 후 총부리를 겨누고 "잘 보았지, 우리에게 협조해. 우리가 돌아올 때까지 마을에 가서 기다려. 우리는 다시 올 테니 집집마다 대피굴을 파 놓아라. 사진까지 찍어두었으니 반항하거나 군경에 연락하면 죽인다"고 위협하고 주민들을 돌려보냈다. 일곱 시간 동안 붉은 만행을 직접 겪고 보아온 주민들은 5일 기자들이 현지로 찾아갔을 때도 겁에 질려 있었다. 蔚珍 金雲夏 記者(울진 김운하 기자).」

1968년 11월11일 눈 덮인 동해안에서 무장공비 소탕 작전이 진행 중이던 때 박정희 대통령은 고향인 경북 선산 농산물(양송이) 가공 공장 준공식에 참석했다. 그는 농민들 앞에서 치사를 하다가 講義調(강의조)가 되었다.

「…여기 논들을 볼 것 같으면 금년에 벼농사가 끝나고 나면 지금부터 그 논은 앞으로 몇 달 동안 아무 수입도 없이 놀게 됩니다. 벼농사 한 번 지어먹고 논을 6개월 동안 놀려둔다는 이런 식의 농사 가지고는 절대로 부자가 될 수 없습니다.…(후략).」

박 대통령은 그해 1·21 사태, 즉 북한 124군 특공대에 의한 청와대 기습 사건 때보다는 여유를 갖고 울진·삼척 무장공비 침투 사건에 대처할 수 있었다. 대한민국의 사령탑을 친 1·21 사건이 전략적인 기습이었다면 그보다 몇 배나 되는 병력으로 후방을 친 이번 사태는 전술적인 것으로 충격이 덜했던 것이다.

박 대통령은 선산 양송이 공장 준공식에 참석한 길에 상모리 생가에도 들렀다. 맏형 東熙(동희) 씨는 病席(병석)에 있었다. 이에 앞서 先塋(선영)에 참배한 박정희는 漢字(한자)로 되어 있는 碑文(비문)을 한글로 고쳐 가지고 올라오라고 친척에게 지시했다. 이 무렵 박 대통령은 한글전용화 정책에 집념을 쏟고 있었다.

박 대통령은 1968년 11월30일 수출의 날 치사에서 동해 무장 공비 사건에 대해 언급하면서 김일성의 실패를 예언한다.

「김일성이가 가지고 있는 정도의 무력을 가지고 대한민국을 전복하고 그들이 노리는 적화통일을 하기에는 벌써 시기가 지났습니다. 그동안 대한민국의 국력이 너무 커져버렸고, 대한민국의 국방군이 너무나 강대해졌고, 우리 대한민국 국민들의 정신 무장이 너무 단단해졌기 때문입니다. 전면 전쟁을 도발해서 그야말로 대한민국을 그들이 생각하는 것처럼 뒤집어엎느니보다, 전쟁 행위를 중지하고 경제 건설을 많이 하고 수출을 많이 해서 북한 동포들이 좀더 잘살 수 있는 터전을 마련해 나가는 것이 현명한 길이지.…(중략)

공산주의를 갖고 경제건설에 성공한 나라가 이 지구상에 하나도 없습니다. 초기에는 민주주의보다도 조금 더 성적을 올리는 그런 사례가 있기는 하지만, 설령 김일성이가 경제 건설에 치중을 해서 성공을 했다 하더라도 북한 괴뢰 집단에 큰 문제점이 남는 것입니다.

북한의 경제가 성장이 되고 수출이 많이 늘고 북한의 동포들의 생활수준이 올라가고 번영을 누리게 되고 만약에 이렇게 되었다면, 그 후에 무슨 문제가 또 생기느냐 하면, 북한 동포들 머릿속에 또 하나의 욕구 불만이 생길 것입니다. 그것은 무엇이냐 하면, 좀더 자유롭게 잘살아보겠다는 욕구입니다. 이것은 공산주의가 가장 두려워하는 것입니다.」

이날 박 대통령은 "금년에 5억 달러 수출 목표 달성이 확실히 보이게 되었고, 내년에는 7억 달러, 내후년 1970년에 가서는 10억 달러 목표를 달성하려고 우리는 노력하고 있다"고 자랑했다.

43
"국민이 나를 이렇게 대접해!"

"이 따위 선거는 이제 없다"

1971년의 세상

대통령 선거, 朴正熙 당선
美 7사단 철수
영동고속도로 서울–원주간 개통
새마을 운동 시작
중공 UN 가입, 자유중국 UN 탈퇴

"표를 달라는 연설은 이게 마지막"

서울 장충단 공원에서 朴正熙(박정희) 후보는 4월27일에 있을 제7代 대통령 선거를 위한 마지막 연설을 했다. 朴 대통령은 서두를 이렇게 시작했다.

"요즈음, 우리나라 야당 사람들이 나에 대한 인신공격을 하는 가운데서 이런 소리를 하고 있는 것 같습니다. '이번에 또 다시 朴 대통령을 뽑아 주면 총통제를 만들어 앞으로 朴 대통령이 죽을 때까지 대통령을 해먹을 것이다' 이렇게 얘기합니다.

유권자 여러분! 오늘 이 자리에서 분명히 말씀드리거니와, 내가 이런 자리에 나와서 여러분에게, '나를 한 번 더 뽑아 주시오' 하는 정치 연설은 이것이 마지막이라는 것을 확실히 말씀드립니다."

그는 자신의 성취를 자신감 있게 피력했다.

"현재 우리나라는 全세계의 개발도상국 가운데서도 가장 모범적이란 평을 듣고 있습니다. 지난 10년 동안에 全세계 120여 개국 중에서 어느 나라가 가장 경제성장이 빨랐는가 하고 유엔과 세계은행에서 통계를 내어 보았더니, 가장 경제성장이 빠른 국가 중에서도 우리 대한민국이 세 번째에 들어갔습니다. 또 어느 나라의 수출성장이 제일 빨랐는가 하면 120여 개국 중에서 우리나라가 단연 1위였습니다."

朴 대통령은 옛날 이야기를 했다.

"10년 전 5·16 혁명이 나기 며칠 전 대구 시내에 있는 몇몇 백화점에 들러서 내의와 양말을 사려고 주인한테, '내의와 양말이 있습니까' 하고 물었더니 내 앞에 내놓은 물건은 전부가 일제 아니면 미제, 홍콩제뿐이었습니다. '우리 국산은 없습니까' 하고 물었더니, 주인은 아주 쑥스러운 얼굴을 하면서 저쪽 구석에서 먼지가 뽀얗게 앉은 국산 양말 몇 켤레를 갖고 와서, '아이구, 손님 이거야 어떻게 신겠습니까. 그거 국산은 못 신습니다. 차라리 외제를 사시지요' 라고 했습니다. 여러분이 지금 서울 시내의 백화점이나 기타 모든 상점에 가 보면, 그때와는 격세지감이 있을 것입니다."

이날 연설에서 朴 대통령이 "이번 선거를 끝으로 다시 입후보하지 않을 것이니 꼭 찍어 달라"고 호소하지 않으면 수도권에서 金大中(김대중) 후보에게 너무 뒤져 위험하다고 건의한 사람들이 많았다. 공화당의 수도권 선거 책임자이던 康誠元(강성원)도 그 가운데 한 사람이었다. 그는 며칠 전 朴 대통령을 만났다.

"각하, '다시는 출마하지 않는다'는 약속을 해주십시오. 그렇지 않으면 표가 안 나옵니다. 지금 서울에서 8 대 2로 우리가 열세인데 지지율을 40% 선까지 끌어올리려면 각하께서 그런 약속을 하셔야 합니다."

이렇게 말했더니 朴 대통령은 담배를 쥔 손을 바르르 떨었다. 화가 나면 나타나는 버릇이었다.

大選(대선)을 사실상 총괄적으로 지휘하고 있었던 李厚洛(이후락) 정보부장은 전날 朴 대통령이 부산 유세를 끝내고 열차편으로 서울역에 도착했을 때 마중을 나갔다. 같은 차를 타고 청와대로 가는 도중에 李 부장은 "내일 유세 때는 꼭 '이번이 마지막 출마다' 는 말씀을 해주셔야 합니다"라고 했다. 朴 대통령은 "지방 유세의 분위기가 좋았는데 무슨 그런 소리를 하느냐"고 기분이 나빠졌다.

李 부장은 이날 장충단 공원 유세장으로 가는 朴 대통령에게 다시 "각하, 어제 그 말씀 꼭 하십시오"라고 졸랐다. 그는 선거 추이를 분석한 결과를 보고하면서 "결코 낙관적이지만은 않다"고 말했다. 朴 대통령은 말 없이 퉁하고 나갔다.

언론은 이날 朴 후보가 불출마 약속을 했다고 보도했지만, 그는 장충단 연설에서 그런 약속을 하지 않았다. 다만 "'나를 한 번 더 뽑아 주시오' 하는 정치연설은 이것이 마지막"이라고 했을 뿐이다. 표를 구걸하지 않는다는 뜻이지, 대통령을 세 번만 하겠다고 못 박지 않았다. 언론은 朴 대통령의 깊은 뜻을 눈치채지 못하고 이날 연설을 '4選 불출마 선언'이라고 보도했다.

이날 연설을 분석하면 朴 대통령이 마음속으로 憲政을 중단시키는 일대 결심을 하고 있었음을 알 수 있다. 이날 朴 대통령은 국민들을 속이지 않으려고 애썼다는 이야기이다. 이날 연설의 묘한 뉘앙스 차이를 이해한 사람은 별로 없었다.

"사람을 그냥 실어다 날랐지"

정세 분석에 강한 康誠元 의원만은 자신이 건의한 내용과 朴 대통령이 말한 것의 차이에 유의했다. 그는 그 뒤에도 朴 대통령의 연설을 유심히 분석하다가 1972년 10월1일 국군의 날 연설에서 '國力의 조직화', '능률의 극대화'란 단어가 나타나자 주위에 "이달 안으로 큰 일이 일어날 것이다"고 말하고 다녔다.

장충단 공원 연설은 朴 대통령에게 선거와 민주주의에 대한 근원적인 懷疑(회의)를 갖게 했음이 여러 증언들에 의해 확인되고 있다.

1972년 6월 어느 날, 청와대 사정특보인 洪鍾哲(홍종철·前 문교부 장관)이 董勳(동훈) 비서관과 함께 朴正熙 대통령에게 전국 금융기관의 편중대출 상황 보고를 했다. 편중대출을 많이 받은 순서로 100大 기업과 개인을 표로 만들어 올렸다. 이를 훑어본 朴 대통령은 "이 사람들이 나한테 말하던 내용과는 영 다른데, 이것 쓸모가 있겠군"이라고 하면서 기분이 좋아 보였다.

朴 대통령은 집무실 옆문을 열고 뜰로 나가 야외 식탁을 마련케 하고 두 보고자와 함께 점심을 하게 되었다.

洪 특보가 "각하 요사이 시중에서 이상한 소문이 돌고 있습니다. 북한 요인이 서울을 다녀갔다던가 하는 소문인데…"라고 했다.

朴 대통령은 아무 반응도 보이지 않고 1년 전에 있었던 선거 이야기를 꺼냈다.

"董勳 비서관, 지난번에 내가 장충단에서 유세할 때 가보았겠지?"

"예, 굉장히 많이 모였더군요."

"이 사람이, 모였다고? 모이긴 무슨 모여, 그냥 실어다 날랐지, 하하."

董勳 비서관은 '朴 대통령이 대통령 선거 장충단 유세 때의 군중이 대부분 官權과 金力에 의해 동원된 것임을 알고 있구나, 역시 속는 분이 아니구나' 하는 생각을 했다고 한다.

朴 대통령은 이야기를 계속했다.

"그런데 그 군중이 나는 참 무서웠어. 군중이 혼란을 일으키면 결국 무력을 동원해야 진정이 되어요. 내가 4·19 때 부산계엄사무소장이었는데 그런 꼴을 보았어요. 내가 정복을 입고 군중 앞으로 나아가서 '같이 만세를 부르자'고 하여 진정을 시켰어요.

만약 그 장충동에서 북괴가 모략전을 펴서 경찰관 복장을 한 사람으로 하여금 총을 쏘게 해놓으면 걷잡을 수 없는 상황이 벌어진다고. 그걸 빌미로 하여 북괴가 군대를 들여보낼 수도 있지 않겠어. 그날 나는 연설할 때 그런 걱정으로 내가 무슨 말을 하는지 모를 정도였어요. 연설을 마치고 내 자리로 돌아와서 수행원에게 맨 처음 물은 말이 '휴전선에 이상이 없느냐'였어.

청와대로 돌아와서도 군중들이 다 해산했다는 보고를 받고 저녁을 먹었어. 작은 회사도 사장을 뽑을 때는 이런 저런 점을 살펴보고 신중하게 하는데, 하물며 국가의 운명을 짊어지는 대통령을 뽑는데 그런 식으로 군중을 잔뜩 흥분시키고 감정을 돋워 놓고, 그것이 식기도 전에 투표장으로 이끌고 가서 표를 던지게 한다면 엉뚱한 사람을 뽑지 않는다는 보장이 있는가 말이야.

董勳 비서관은 법을 배운 사람이고, 민주주의에 대해서 많이 알 터인데 어디 말해봐요, 이게 민주주의요? 가장 냉정하게 판단해야 할 대통령 선거에서 가장 감정적으로 유권자를 만들어 놓기 시합하는 것이 민주주의냐, 이 말이야."

朴 대통령은 듣고만 있는 두 사람 앞에서 말을 이어갔다.

"그때 장충동에서 내 연설 자세히 들었겠지."

"예, '이게 마지막 유세'라고 하시는 말씀 감명이 깊었습니다."

"무슨 소리야. 내가 한 말은 '이제 다시는 여러분들한테서 표를 달라는 말을 하지 않겠습니다'였다고."

董勳 비서관은 '이 말은 言中有骨(언중유골)이구나' 하는 생각이 들었다. 朴 대통령은 이때 갑자기 손바닥으로 탁자를 '탁' 치더니

이렇게 내뱉는 것이었다.

"이제 그 따위 놈의 선거는 없어!"

董勳 비서관은 섬뜩한 느낌이 들었다.

朴 대통령은 이어서 인도네시아 헌법에 대해서 董勳 비서관에게 물었다. 자연히 인도네시아 이야기로 화제가 옮아갔다. 朴 대통령은 인도네시아의 역사와 정치에 대해서 소상하게 알고 있었다. 朴 대통령은 특히 1965년에 공산당이 반란을 일으키고, 여기에 수카르노 대통령이 놀아나자 수하르토가 나서서 공산당을 진압하는 과정에서 수십만 명이 살육당하는 과정을 설명해 나갔다.

朴 대통령은 섬이 많고 문맹률이 높은 인도네시아가 그 현실에 맞는 헌법과 정치제도를 도입한 것을 높이 평가하고 있었다.

朴 대통령은 식탁에서 일어서면서 두 사람에게 "오늘 한 이야기는 옮기면 안 돼"라고 일침을 놓았다.

국민들이 나를 대접하는 게 겨우 이 정도인가?

1971년 4월28일, 대통령 선거 다음날인 이날 金鍾泌(김종필) 공화당 부총재는 충남 서산 농장에 가 있었다. 대통령 선거 개표 결과는 朴 대통령이 94만여 표 차이로 金大中 후보를 이기고 있었다. 金鍾泌에게 청와대에서 연락이 왔다. 朴 대통령이 현충사에서 충무공 탄신기념식에 참석한 뒤 온양관광호텔로 가니 그곳으로 오라는 내용이었다. 호텔에 도착하니 안내자가 "점심 준비를 하는 동안 朴 대통령이 방에서 쉬고 있으니 들어가라"고 했다. 朴 대통령은 서서 정원을 내다보고 있었다.

"저 왔습니다."

"응, 어딨었어."

"저, 서산에 가 있었습니다."

"그래?"

朴 대통령은 한참 침묵했다. 그 사이 金鍾泌은 陸英修(육영수) 여사에게 가서 인사를 했다. 朴 대통령은 소파 쪽으로 오더니 앉으면서 이야기했다.

"내가 요새 골똘히 생각해 보는데, 이것 안 되겠어."

"뭐가 안 되겠습니까?"

"나는 그래도 빈곤을 추방하려고 열심히 일을 했어. 한 10년 열심히 하여 이제 굶지 않을 정도는 됐어. 수출도 잘 되고 말이야. 그런데 국민들이 내가 三選(삼선)을 하겠다니까 언짢게 생각하는 것 같아. 그걸 모르겠어. 내가 영구집권한다는 것도 아니고 말이야, 지금은 정하지 않았지만 선거가 끝난 뒤에는 후계자를 정하겠다고 이야기했잖아. 그랬는데 金大中이가 뭔데 차이가 그것밖에 안 나."

朴 대통령은 자신을 압승시켜 주지 않은 국민들에게 매우 섭섭한 모양이었다. 좀처럼 이런 말을 하지 않는 朴正熙는 그야말로 작심한 듯 이야기를 계속했다.

"이 사람(金大中)과 비교해서 국민들이 나를 대접하는 게 겨우 이 정도인가. 민주주의가 역시 약점이 있어. 우리나라 같은 경우 선거 바람이 잘못 불면 엉뚱한 사람이 당선될 가능성이 얼마든지 있어. 그랬을 때 과연 이 나라가 일관성 있게 자유민주주의 체제를 유지할지 의심스러워. 그래서 내가 심각하게 걱정을 해."

朴 대통령은 이렇게 덧붙였다.

"자네도 알다시피 우리가 돈을 얼마나 썼나. 행정력은 얼마나 구사했나. 절대다수의 의석을 차지하는 공화당이 각 지구당에 돈을 얼마나 내려보냈나 말이야. 그래도 요것밖에 차이가 안 나?"

이 대목에서 金鍾泌이 말했다.

"선거에 취약점이란 게 왜 없겠습니까. 이번에 각하 표가 의외로 적었던 것은 역시 저희 보좌하는 사람들의 잘못인 것 같습니다. 각하께서 침통해하시는데 그 원인이 어디 있느냐 하는 건 여러 각도로 연구할 필요가 있지 않겠습니까."

"그래서 요담에 내가 그만두기 전에 그런 면에서 취약점을 확실히 보완할 수 있는 체제를 정비해 놓는 게 내가 마지막에 해야 할 일이 아닌가 하는 생각이 요새 들어."

朴 대통령은 이날 낮 온양호텔에서 있었던 다과회에선 선거에 대해 일절 이야기를 하지 않았다. 그는 "가뭄이 풀려서 한결 마음이 놓인다"고 말했을 뿐이었다. 朴 대통령의 불평을 들으면서 金鍾泌은 오히려 국민들이 현명한 선거를 했다고 생각했다. 그는 나중에 이렇게 말했다.

"표차가 95만 표밖에 나지 않은 것은 국민들이 3選개헌에 대한 의아심을 풀지 않은데다가 표를 많이 주면 이 양반이 무슨 일을 할지 모른다고 염려했기 때문이라고 보았습니다."

"후계자를 추천해봐"

1971년 5월 중순 어느 날, 제8대 국회의원 선거 지원유세에 나선 朴 대통령은 충남 온양에서 金世培(김세배) 의원 지원 연설을 끝낸 뒤 헬리콥터를 타고 공주의 李炳主(이병주) 의원 지역으로 떠나면서 대전에서 출마했던 공화당 원내총무 출신의 JP 직계 金龍泰(김용태)를 동승시켰다. 공주에 도착한 일행은 점심시간이 되어 李 의원 집에서 식사를 했다. 점심을 끝낸 다음 朴 대통령은 주인인 李 의원과 金正濂(김정렴) 비서실장, 朴鐘圭(박종규) 경호실장에게 좀 쉬고 있으라 하고, "나, 金龍泰 의원하고 이야기 좀 하겠어"라고 했다.

"자네도 알다시피 지난 서울 유세 때 후계자를 키우겠다고 했는데 자네 생각은 어떠한가?"

"그러한 중대사는 전적으로 각하의 意中(의중)에 달린 것이라고 생각합니다. 저 같은 신분으로서는 생각조차 할 수 없습니다."

3選개헌 전에 金鍾泌을 후계자로 밀다가 혼이 났던 金龍泰로서는 사양하는 수밖에 없었다.

"갑작스레 물어보니 대답하기 어렵겠지. 자네 생각나나? 6·25 때 대구 우리 집에서 맹세한 것, '이 나라에서 빈곤만은 없애 보겠다'고 한 말. 이제 그 꿈이 이뤄지고 있네.

나도 3選개헌이 무리였다는 걸 잘 알고 있어요. 李承晚 박사도 개헌을 하지 않았던들 지금은 國父(국부)로서 존경을 받고 있었을 거야. 그러나 그동안 우리가 이룩해 놓은 國富(국부)와 국력을 북괴가 남침해서 하루아침에 불살라 버리지 않을까 하는 걱정이 커! 경제를 지속적으로 발전시키고 국력을 기르고 국방을 튼튼히 해줄 사람이 없단 말인가."

"각하께서 下問(하문)하신 일은 저로서는 상상조차 못 할 일입니다."

"이 사람아! 자네는 3選개헌을 반대하다가 내가 저질러 놓은 일들을 마무리짓기 위해 개헌을 하겠다고 하니 동의해 주지 않았나. 같이 걱정하는 뜻에서 묻는 것이야, 다른 뜻은 없어, 이 친구야!"

金龍泰는 朴 대통령과는 광복 직후부터 인연이 있었고, 몇 안 되는 민간인 출신 5·16 혁명동지였다. 朴 대통령은 공화당 초대 원내총무로 그를 임명하고 '두목'이란 애칭을 붙여 주었다. 그는 1968년 공화당 內에서 金鍾泌 의장을 후계자로 옹립하려는 '국민복지회'란 단체를 만들었다는 혐의로 당에서 제명되었고, 1969년엔 공화당이 발의한 3選개헌案(안)에 반대하다가 대통령에 의해 설득당했다.

이런 사정이 있었기 때문에 金 의원은 아무리 朴 대통령이 후계자를 추천하라고 해도 입을 뗄 수 없었다. 朴 대통령은 담배를 연거푸 피우면서 대답을 기다렸다. 金 의원은 대통령의 침묵에 도저히 견딜 수 없었다. 속으로는 "내가 말한다고 해서 이 나라 역사가 달라지는 것도 아니지 않는가"라고 생각하면서 입을 뗐다.

"각하, 저의 뜻과 함께 시중의 여론을 말씀드리겠습니다. 각하의 후계자가 되실 분은 金鍾泌 공화당 부총재뿐이라고 생각합니다. 각하께서 3選개헌 전에 부총재로 임명해 놓으셨기 때문에 국민들도 그렇게 생각하고 있습니다."

"그래, 그 대답하는 데 그렇게도 시간을 끈단 말인가."

"섣불리 말씀드렸다가는 제 목이 온전하지 못할 것 아니겠습니까."

"두목에 어울리지 않게 겁쟁이군."

"각하, 그렇습니다. 저는 겁쟁입니다."

"종필이… 글쎄, 다재다능은 하지만 신중하지 못해. 人和(인화)도

문제야. 吉在號(길재호)도 자기가 추천해 놓고는 요사이 犬猿之間(견원지간)이라고 해. 人和 없이는 막중한 일을 못해! 趙炳玉(조병옥) 같은 분도 軍政(군정) 때 경무부장을 했다고 해서 對人(대인)관계가 나빠졌대요. 종필이는 정보부장을 하는 동안 싫어하는 사람이 많아진 게 흠이란 말이야."

이때 충북으로 떠날 시간이 되었다는 기별이 들어왔다.

44
공화당 實權派 숙청

내무장관 해임결의안 통과시킨
政界실력자 4인방, 실각하다

전쟁의 그림

1971년 5월 25일.

이날 치러진 제8대 국회의원 선거에서 야당인 신민당이 약진했다. 지역구에서 공화당 86석, 신민당 63석, 국민당과 민중당이 1석씩. 전국구 의원들을 합치면 공화당 113석, 신민당 89석이었다. 공화당 창당을 주도해 왔던 金鍾泌계의 舊(구)주류는 크게 약화되었다. 金成坤(김성곤)으로 대표되는 5·16 이전의 소위 舊정치인들과 그들과 손잡은 吉在號 같은 혁명주체들이 공화당의 주도권을 잡은 것처럼 보였다. 이 新(신)주류는 흔히 '4人 체제'라고 불렸다. 당의장 白南檍(백남억), 재정위원장 金成坤, 사무총장 吉在號, 원내총무를 지낸 金振晩(김진만)이 당을 끌고갔는데, 특히 金成坤의 지도력이 강했다.

이 4人 체제는 朴正熙를 위해 총대를 메고 3選개헌을 성공시켰고, 1971년에 들어서는 대통령 선거와 국회의원 선거를 주도하면서 더욱 영향력이 커졌다. 朴 대통령도 자신의 당선과 공화당의 승리를 위해서는 이들이 요구하는 人事(인사)·공천·청탁을 거절할 수 없는 처지였다. 朴 대통령은 당연히 이들에게 감사하는 마음이 있어야 마땅하지만 권력자의 심리는 그렇게 단순할 수 없었다.

깔끔하고 소박한 朴 대통령과 4人 체제로 상징되는 舊정치인들은 생래적으로 맞지 않은 면이 있었다. 朴 대통령은 돈과 이권이 오고 가는 與野(여야) 정치인들의 밤낮이 다른 모습에 대한 정보보고를 받을 때마다 이를 이용하고 허용할 수밖에 없는 자신에 대해 자존심이 상했다.

더구나 金成坤은 4년 후를 겨냥하여 내각제 개헌을 꿈꾸고 있었다. 그는 폭넓은 인간관계와 풍부한 자금을 바탕으로 하여 언론계와 야당에도 인맥을 구축해 놓았다. '이 따위 놈의 선거는 그만해야 돼'라고 생각하고 있던 朴 대통령에게는 이런 金成坤의 야망이 방해물일 수밖에 없었다.

이런저런 고려를 반영한 대통령의 人事가 1971년 6월의 金鍾泌 국무총리 기용이었다. 내무장관은 吳致成(오치성). 吳장관은 취임하자마자 지사, 치안국 간부, 시장, 군수, 경찰서장에 대한 대폭적인 교체와 인사이동을 단행했다. 선거에 큰 역할을 하는 이런 요직의 인사 때는 공화당의 4人 체제와 협의를 거치는 것이 관례로 되어 있었다.

당시 요직에는 두 차례 선거를 위해서 공화당 실력자들이 천거한 인물들이 많이 앉아 있었다. 이들을 물갈이한 것이다. 吳 장관은 물론 朴 대통령의 결재를 받아서 했다. 그는 내무부의 고위 공무원과 특히 경찰간부들이 어떻게 공화당, 특히 4人체제와 연결되어 있는지를 조사하여 朴 대통령에게 보고하고 '철저하게 조사하여 시정조치를 취할 것'이라는 지침을 미리 받았던 것이다.

金成坤·吉在號는 이것이 吳 장관의 독단이든지 金鍾泌 총리의 보복이라고 판단한 듯하다. 공화당 主流(주류)를 대표하는 이 두 사람은 朴 대통령이 자신들을 거세하려고 吳 장관을 부리고 있다는 생각은 하지 않았지만, 여기서 자신들의 힘을 과시하지 않으면 안 된다는 강박감을 느꼈을 것이다.

1971년 7월 29일.

朴 대통령은 林大地(임대지) 총무비서관을 집무실로 불렀다. 朴

대통령은 전직 대통령의 사진 얘기를 꺼냈다.

"총리실이나 장관실에 가보면 집무실에 역대 전직자들의 사진이 걸려 있는데, 왜 청와대에는 없지?"

"尹潽善 씨도 아직 살아 있는데 걸어 놔서 뭐 하겠습니까?"

"그런 정신으로 무슨 일을 하겠다는 거야. 밤낮 우리가 선거 때의 기분만 갖고 사나. 역대 대통령 사진을 모시는 것은 우리나라 관습상 예의야. 총무비서는 역대 대통령 사진들을 액자에 정중히 넣어서 내 서재에 갖다 모시시오!"

朴 대통령은 몹시 화가 나 있었고, 목소리 또한 높았다. 그날 총무비서관은 역대 대통령의 사진들을 구하느라 여러 곳을 뛰어다녀야 했고, 액자도 청와대 마크가 들어간 것으로 만들어 청와대 집무실에 걸어 놓느라 진땀을 흘렸다. 그 사진은 朴 대통령이 서거할 때까지 그대로 걸려 있었다. 尹潽善 前 대통령이 명동시국선언 사건으로 재판을 받고 있을 때도….

1971년 8월5일.

朴 대통령은 을지연습 종합강평 때 이런 요지의 유시를 했다.

「敵(적)으로부터 기습공격을 당했을 때를 한번 가상해 보자. 敵은 全(전)휴전선에 걸쳐서 일제히 공격할 것이며, 동시에 그 시간을 전후해서 동·서해안으로 敵이 기습 상륙할 것이다. 또한 敵은 공수부대를 우리의 후방 깊숙이 대량으로 공중투하할 것이다.

만약에 앞으로 공산당이 우리 대한민국에 지하조직을 가지게 된다면, 이러한 조직이 敵의 기습에 호응해서 일제히 도처에서 일어날 것이다.

동시에 敵은 그들이 가지고 있는 공군 세력으로 공중공격을 해올 것이다. 이러한 여러 가지 행동이 거의 같은 시간에 기습적으로 이뤄질 것이다. 그러면 우리는 여기에 대해서 어떠한 대응책을 강구할 수 있겠는가. 제일 먼저 움직이는 것은 역시 軍일 것이다.

다음에는 정부가 즉각 계엄령을 선포한다든지 동원령을 하달한다든지 戰時(전시) 국가지도회의를 소집해서 우리가 가지고 있는 충무계획에 따라서 하나하나 대응조치를 취해 나갈 것이다. 우리 국민들은 어떻게 되겠는가? 국민들은 초기에 반드시 상당한 불안과 공포에 싸여 혼란을 가져올 것이라고 예측해야 할 것이다.

초기에 우리 軍이 신속 과감한 행동으로 敵의 침투를 효과적으로 저지할 수 있고, 또한 정부가 침착하고 자신 있는 행동으로 사전계획에 따라서 하나하나 잘 처리해 나가게 될 때, 처음에는 불안과 공포를 느끼던 국민들도 점차 냉정을 되찾게 될 것이고, 정부가 하는 일에 대해서 신뢰감을 가지게 될 것이며, 시간이 흐를수록 불안과 공포감은 오히려 敵에 대한 적개심으로 변해서 정부가 하는 일에 대해 자진해서 적극 협력을 하게 될 것이다. 이렇게 되면 우리는 초기 대응책이 상당한 성공을 거둔 것이라고 생각할 수 있으며, 이 전쟁은 우리가 충분히 버티고 나갈 수 있는 전쟁이라고 할 수 있을 것이다.」

朴正熙가 그리고 있는 전쟁의 모습은 입체적이다. 이런 그림을 항상 머리에 넣어 두고 金日成을 상대한 사람이 그였다.

"金成坤한테 똑바로 전하쇼"

공화당의 지휘부를 장악하고 있던 4인 체제는 金鍾泌 총리와 吳

致成 내무장관의 인사에 불만을 갖고 있다가 야당인 신민당이 金鶴烈(김학렬) 부총리 겸 경제기획원 장관, 申稙秀(신직수) 법무장관, 吳致成 내무장관에 대한 해임결의안을 내자 직계 공화당 의원들로 하여금 吳 장관 해임에 찬성하도록 일을 꾸미기 시작했다.

　朴 대통령은 공화당 內의 이런 움직임을 보고받고는 白南檍(백남억) 공화당 의장에게 집안단속을 지시하는 한편 金成坤에게도 간접적으로 뜻을 전했다. 9월 말 같이 골프를 친 사람들과 술을 함께 하던 朴 대통령은 건설기업인 趙奉九(조봉구)가 선약이 있다면서 미리 일어서자 이렇게 말했다.

　"趙 회장, 그 자리에 金成坤이도 나온다고 했죠? 金成坤이한테 똑바로 전하쇼. 吳致成이 같은 어린애 문제를 가지고 계속 덤빈다면 혼날 줄 알라고. 똑바로 전해야 돼요."

　朴 대통령이 이 정도로 반대한다면 李厚洛 정보부장이 움직여 간단하게 당내 반란을 저지할 수 있었다. 李厚洛은 걱정하는 金在淳(김재순) 공화당 원내총무에게 "부결될 것이니 걱정 말라"고만 하고는 움직이지 않았다. 朴 대통령도 반란 지도부 인사인 金成坤·吉在號를 직접 불러 말릴 수 있었을 터인데, 간접적으로 뜻을 전할 뿐이었다.

　이런 가운데 金, 吉 두 사람은 나름대로의 논리를 만들어 자신들과 계파 의원들을 설득했다.

　"우리가 吳 장관 해임안을 통과시키는 것이 각하를 돕는 일이다. 吳 장관에 대해서는 각하도 이미 능력의 한계를 알고 있다. 우리가 이렇게 해야 당도 살고 국회도 산다."

　吉在號는 혁명동지이자 육사 8기 동기인 吳致成과는 거의 원수지간이었다. 그는 朴 대통령이 자신들의 반란을 추인해줄 것이라고 믿어 의심하지 않았지만, 金成坤은 그 정도로 확신에 차 있지는 않았다. 다만, 그동안 자신이 朴 대통령에게 충성한 것을 감안한다면 사태를 이렇게 방치하면서 자신을 부르지도 않고 간접적인 경고만 보내는 대통령이 못내 섭섭하기는 했으리라.

최근 金鍾泌은 기자에게 해임결의안 표결이 있기 직전에 金成坤 의원 집을 찾아가 朴 대통령의 강력한 뜻을 전하면서 야당에 동조하지 않도록 말렸다고 회고했다. 金 총리는, 5·16 혁명 뒤 군사정부가 金成坤 의원의 6·25 때 행적을 알고도 덮어 준 것까지 상기시키면서 경거망동하지 말라고 했다는 것이다.

이때는 金成坤이 돌아설 수 없을 정도로 상황이 진행되고 있었다. 그는 일을 저질러 놓고 朴 대통령을 설득할 수 있다고 믿었다. 대통령에게 당하는 것이 자신을 믿고 따랐던 의원들로부터 욕을 먹는 것보다 낫다는 판단을 한 듯하다. 朴 대통령은 이런 일로 金 의원에게 부탁하기 싫고, 金 의원은 이런 일로 자존심을 굽히기 싫고, 배짱이 센 두 사람은 일종의 자존심 대결을 벌인 셈인데, 그런 승부는 동원 가능한 권력의 크기에 의해서 결정된다.

1971년 10월2일.

이날 새벽 白南檍 의장은 아무래도 불안했다. 吳 장관 해임결의안이 공화당 의원들의 반란에 의해 통과될 것이란 예감이 들었다. 그는 이른 아침에 청와대로 대통령을 찾아갔다.

"이 시간에 웬일입니까."

"각하, 확증이 있는 건 아닙니다만 吳 내무 해임안은 가결될 것 같습니다. 표결을 하루쯤 연기하면 어떨까 해서…."

"그래요? 원내총무 보고로는 부결될 거라던데. 내 전투경험으로 보면 지휘관은 일단 정한 대로 밀고나가야 합니다."

반란의 실무 지휘자 중 한 사람이던 康誠元도 이날 아침 불안해서 吉在號 사무총장에게 전화를 걸었다. 거사에 앞서서 지휘관의 의지를 再확인하고 싶었다.

"여보 康 의원도 날 못 믿소? 吉在號가 언제 당신 속입디까? 이렇게 하는 것이 대통령을 돕는 일이란 것을 康 의원도 잘 알고 있지 않소?"

黨內 숙청바람

공화당 의원총회장으로 가면서 白南檍 의장은 金成坤에게 말했다.

"이 사람아, 지금 각하께 보고하고 나오는 길일세. 생각 고치지 않으면 다치겠네."

金成坤은 낮은 목소리로 "吉在號를 만났느냐"고 물었다. 金成坤은 金在淳 총무한테도 吉 총장을 만나 설득해 달라는 취지의 말을 했다. 吉在號 총장은 약간 흥분해 있었다고 한다.

"이제 와서 어쩌자는 겁니까."

白南檍·金在淳이 공화당 의원총회에서 해임안을 부결시켜 달라고 호소했다. 白 의장은 朴 대통령의 지시를 다시 옮기면서 "각하께서 복안이 있다고 하셨으니 전원 부표를 던져 달라"고 말했으나 반응이 냉담했다. 金成坤도 뒤늦게 吉在號·金昌槿(김창근)을 따로 불러내 "白 의장이 총재를 만난 모양이던데… 의장이 저렇게까지 말하는 걸 보면…"라고 했더니 吉 총장은 말을 들으려고 하지 않았다.

이날 본회의에서 金鶴烈 부총리, 申稙秀 법무장관에 대한 신민당의 해임안은 부결되었으나 吳 내무에 대한 해임안은 공화당 의원 20여 명의 이탈로 해서 가결되었다(可 107표, 否 90표, 무효 6표).

金正濂 비서실장이 朴 대통령에게 이 소식을 전했다.

"뭐 통과라구? 몇 표래?"

그러고는 말 없이 외면해 버렸다. 金 실장이 나간 뒤 朴 대통령은 공화당 의장실로 전화를 걸었다. 白 의장이 "각하, 뵐 면목이 없습니다"라고 했다.

"白 의장, 철저히 조사하시오! 조사를 해가지고 吉在號고 누구고 다 처벌토록 하시오!"

白의장이 미처 대꾸도 하기 전에 전화가 끊기더니 다시 전화가 왔다. 朴 대통령이었다.

"金成坤도 빼지 말아!"

이날 밤 金成坤·吉在號·康誠元 등 공화당 의원 30여 명이 정보부로 연행되어 조사를 받았다. 이들은 수사관들에게 얻어맞고 갖은 모욕을 당했다. 반란의 두 지휘관 金成坤·吉在號는 자진탈당 형식으로 의원직을 사퇴했다.

약 7년간 朴 정권을 정치적으로 뒷받침하면서 金鍾泌 견제, 3選 개헌, 朴 대통령 당선을 가능케 했던 4인 체제는 무자비한 폭력 앞에서 무너져 버렸다. 이와 함께 '포스트 朴'을 꿈꾸면서 내각제 개헌을 준비했던 여당內 세력도 제거되었다.

그 1년 뒤 朴 대통령이 제2의 쿠데타를 일으키는 데 걸림돌이 될 수 있었던 한 세력이 사라지는 순간이었다. 또 다른 독자세력인 金

鍾泌은 이미 국무총리로서 유신 쿠데타로 가는 길의 동행자가 되어 있었다. 朴 대통령이 그를 국무총리로 기용한 데는 유신정변에서 결백을 주장할 수 없는, 일종의 공범자로 만들려고 한 속셈도 있었을 것이다.

한때 朴正熙 이후의 대권까지 생각했던 金成坤은 정계를 떠난 뒤 한 측근에게 이런 말을 했다.

"내가 속았어. 그리고 내가 朴 대통령이 원래 그런 사람인 줄 알았으면서도 오판을 했어."

'원래 그런 사람'이란 말은 朴 대통령이 결코 부하들의 반대에 몰려서 할 수 없다는 듯이 뭇 장관을 자르는 식으로 장난을 칠 인물이 아닌데 그렇게 밀어붙이다가 당했다는 뜻이다. '속았어'란 말은 자신에게 한 말인지, 누군가가 함정을 파놓고 기다렸다는 뜻인지 알 수 없다.

45
10월 維新 - 두 번째 쿠데타

1972년 10월17일 유신선포의 그날

1972년의 세상

7·4남북 공동성명, 남북 조절위 구성
10월유신 선포, 국회 해산
기업 私債 동결령(8·3 조치)
닉슨, 중국 방문
美 워터게이트 사건 발생
아랍 게릴라 뮌헨올림픽 선수촌 난입 테러

"대화 있는 대결이 더 어렵다"

李厚洛 정보부장에 의하여 1972년 7·4 공동성명이 발표되고 난 뒤 남북적십자회담이 열리고 있던 어느 날. 북한 대표가 서울에 오기로 결정된 뒤, 박 대통령은 柳赫仁 비서 등과 함께 식사를 했다.

"서북청년회 사람들은 때리는 것도 잘하잖아. 왜, 영락교회 한경직 목사에게 얘기해서 달걀 좀 던지라고 해요. 국민들이 반대하는 사건도 있어야 회담이 잘 되는 거야."

영락교회 신도들은 북한의 적십자회담 대표가 서울에 올 때 던지기 위해 달걀까지 준비를 했었는데, 이것을 정보부가 알고 사전에 막아 버려 실제로 달걀 던지는 일은 발생하지 않았다.

다음 자료는 1972년 7·4 공동성명 직후 朴正熙 대통령이 軍 지휘관들에게 보낸 친서의 주요 부분이다. 朴 대통령은 남북대화 무드 속에서 국군 지휘부가 어떻게 대응해야 할 것인지를 강조하여 설명하고 있다.

「…(前略) 이제 '대화 있는 대결'로 접어드는 이 시점에서 나는 국토방위의 막중한 책임을 맡고 있는 軍 지휘관 여러분에게 다음 몇 가지 사항을 특별히 강조하고자 합니다.

1. 북한 공산주의자들과의 대결에 있어서 이제부터 시작되는 '대화 있는 대결'은 어느 의미에서는 지금까지의 '대화 없는 대결' 보다도 오히려 더 복잡하고 어려운 일입니다. 새로운 시련에 직면하는 이런 때일수록 우리는 확고한 자신을 가지고 민족적 자각을 바탕으로 더욱 굳게 단결해야 하겠습니다.

만의 일이라도 '대화'가 곧 '평화'나 '통일'을 가져오는 것으로 착각하여, 동요하거나 안이한 생각에 사로잡히는 일이 있어서는 결코 아니되겠습니다. 자신과 자각과 단결로써 결집된 국민의 힘이 정부를 강력히 뒷받침해 주어야만 할 때인 것입니다.

2. '남북공동성명'의 발표가 우리 대한민국의 유일 합법적 정통성과 국가 기본 정책 등에 아무런 영향을 미치지 않는다는 사실을 명확히 인식해야 하겠습니다. 더욱이 이 성명이 북한 공산집단을 합법정권으로 인정한 것은 결코 아니며 '유엔 감시下에 토착인구 비례에 의한 총선거'라는 우리의 통일정책 기조가 바뀐 것도 아니고, 그들을 비방·중상하지 않는다고 해서 공산주의를 반대하는 우리의 정책에 하등의 변경이 있는 것도 아님을 똑똑히 알아야 하겠습니다.

3. '남북공동성명'이 발표되었다고 해서 우리의 통일노력의 성과에 대하여 조급하게 서두르거나 환상적인 기대를 갖는 것은 삼가야 하겠습니다. 공동성명의 발표는 대화를 모색하는 첫 단계에 불과하며, 그 성과 여하는 북한 공산주의자들이 과연 그들이 약속한 바를 성의 있게 행동으로 옮기느냐 않느냐에 달려 있습니다.

그러므로 우리는 그들의 동태에 더욱 큰 경계를 견지하면서 각기 자기가 맡은 임무에 충실하여 내실을 강화함으로써 국력배양에 더욱 힘써야 하겠습니다.

4. '남북공동성명'이 발표되었다고 해서 국군의 감축이나 유엔군 철수는 결코 있을 수 없는 일입니다. 유엔군의 한국 주둔은 우리나라의 안전보장을 돕기 위해서 아직도 필요한 것입니다. 따라서 북한의 공산주의자들이 무력행사의 포기를 말만으로가 아니라 행동

으로 실증할 때까지는 유엔군 철수는 있을 수 없는 것입니다.

5. 이런 때일수록 軍 지휘관 여러분은 더욱 긴장하여 막하 장병과 더불어 對共(대공) 경계를 철저히 할 것이며, 국방력 강화에 일각의 소홀도 있어서는 아니되겠습니다. 공산주의자들은 항상 우리의 허점을 노리고 있다는 사실을 명심하여 우리의 방위태세에 만전을 기해 줄 것을 거듭 당부하는 바입니다.」

하루 전 미국에 통보

1972년 10월16일.

이날 오후 6시. 金鍾泌 국무총리는 필립 하비브 駐韓 미국대사에게 다음날 朴 대통령이 발표할 비상조치의 내용을 통보했다(같은 통보는 駐韓 일본대사에게도 이뤄졌다). 金 총리는 이 내용을 앞으로 24시간 비밀에 부쳐줄 것을 요청했다. 하비브는 수 시간 뒤 美 국무성으로 긴급電文(전문)을 보냈다.

「이 비상조치는 朴 대통령에게 적어도 12년을 더 현직에 머물게 하기 위하여 만들어진 것이며 이 기간 중 반대와 불만은 더욱 약화될 것이다. 만약 이 조치가 시행된다면 한국은 완전한 권위주의 정부로 변모할 것이다. 朴 정권이 북한과 대화하는 데 국내기반을 강화해야 한다는 점을 인정한다고 하더라도 이런 조치를 정당화할 수 있는 객관적인 조건은 존재하지 않는다.」

돈 오버도퍼 前 〈워싱턴 포스트〉 기자가 쓴 《두 개의 한국》이란 책에는 하비브 대사가 대사관 측이 朴 대통령의 쿠데타에 대한 정보를 미리 얻지 못한 데 대하여 화가 났었다고 썼다. 그는 朴 대통령이 비상조치의 발표일을 잡은 것도 미국을 바보로 만들기 딱 좋게 한 것이라고 판단했다고 한다.

그 3주 전 필리핀의 마르코스 대통령은 비상계엄령을 선포하고 헌정질서를 중단시켰지만, 미국은 개입할 수 없었다. 마르코스와 朴正熙는 닉슨 대통령이 再選(재선)을 노리고 선거전에 돌입해 있는 시점을 잡았다. 닉슨은 베트남戰 휴전협상에 골몰하고 있을 때였다. 닉슨은 선거전이 막바지를 향해 치닫고 있는데, 마르코스나 朴 대통령의 비상조치에 공개적으로 개입하여 말썽거리를 만들 여유가 없었다.

하비브는 電文에서 "가장 강경하고 즉각적인 조치만이 朴 대통령의 예정된 비상조치를 막을 수 있지만 다음 몇 시간 안에 그런 조치를 취해야 하는 것이 미국 정부의 의무는 아니다. 그렇지만 朴 대통령은 이번 조치로써 그와 우리의 관계에 있어서 큰 문제를 일으킨 것만은 분명하다. 우리가 이번 조치에 대해서 논평할 때는 한국의 국내문제에 대해서 무관함을 명백히 하면서도 극히 우회적 표현을 해야 할 것이다"고 건의했다.

美 국무부는 하비브의 건의를 받아들였다. 그 대신 朴 대통령에게는 다음과 같이 항의하도록 훈령했다.

「한국 정부가 이처럼 장기적으로 큰 영향을 끼칠 결정을 내림에 있어서 미국 정부와 의견 교환을 하지 않은 것은 미국이 역대 한국 정부, 특히 現 정부에게 제공했던 지원과 희생을 생각할 때 도저히 이해할 수 없는 일이다.」

美 국무부는 또 하비브에게 지시했다.

「만약 귀하가 "미국은 계엄령 선포에 반대하는가"라는 질문을 받는다면 "이것은 국내문제이므로 결정권은 朴 대통령에게 있다"고 답하라.」

美 국무부는 비상조치에 즈음한 朴 대통령의 성명서가 美中 화해와 이에서 비롯된 국제정세의 流動化(유동화)를 비상조치의 한 이유로 지적하고 있는 데 대해서 크게 우려했다. 윌리엄 로저스 국무장관은 金東祚(김동조) 駐美 한국대사에게 항의하여 이 대목을 빼도록 요청했다.

당시 미국 CIA 지부장은 존 리처드슨이었다. 그는 1969년에 부임하여 1973년까지 근무하면서 3選개헌, 대통령 선거, 남북회담, 유신선포를 경험했다. 부임할 때 그는 이미 56세였다. 대머리인 그는 허리가 구부정하여 나이보다 더 늙어 보였다. 그는 제2차 세계대전 때 이미 CIA의 전신인 OSS(Office of Strategic Services·전략정보국)에 몸담았던 베테랑 정보맨이었다. CIA 부장을 지낸 윌리엄 콜비, 리처드 헬름즈와는 친구 사이였다. 그는 그리스 정보기관을 조직·훈련시켜 주고 자금을 대주는 일에 관여했다. 리처드슨은 1960년대 초반 사이공 주재 CIA 지부장을 지냈다.

그는 고딘 디엠 대통령뿐 아니라 그의 동생으로서 정보기관장이던 고딘 누와 친했고 反고딘 디엠 장성 그룹과도 연락관을 두고 있었다. 당시 미국대사인 헨리 캐보트 롯지가 고딘 디엠 제거 공작을 시작하자 리처드슨은 이에 반대하다가 롯지의 요구로 본국에 소환되었다.

미국이 불만에 찬 장성들을 지원하여 일으킨 고딘 디엠 제거 쿠데타는 고딘 디엠과 동생 고딘 누의 피살을 불렀고 베트남의 지도력 不在(부재)를 초래하여 미국이 베트남戰에서 패배하는 원인을 만들었다.

리처드슨 지부장은 하비브 대사의 주장과는 달리 李厚洛 정보부장이 지휘하던 유신 준비작업을 미리 알았음이 확실하다. 朴 대통령, 李厚洛, 그리고 한 軍 정보기관장이 청와대에서 만나 비상조치에 대한 협의를 한 며칠 뒤 리처드슨 지부장은 軍 정보기관장을 만나러 왔는데, 토의내용을 알고 있는 것처럼 물었다고 한다.

李厚洛 정보부장은 鄭洪鎭과 자신이 판문점을 넘어 북한으로 들어갈 때 리처드슨을 통하여 미리 美 CIA에 통보하여 신변의 안전을 보장받았다.

1950년대 駐美 대사관의 무관으로 근무할 때부터 미국 정보기관과 친했고, 자신의 출세에 있어서 그쪽으로부터 적지 않은 도움을 받았던 李 부장이 리처드슨 지부장을 바보로 만드는 보안작전을 쓴 것 같지는 않다.

하비브가 유신조치에 대해서 하루 전까지도 몰랐다고 말한 것은 공식통보를 받지 못했다는 의미일 뿐이다.

비상계엄령 선포

1972년 10월17일.

이날 아침 朴 대통령은 崔圭夏·朴振煥 등 특별보좌관들을 서재로 불러 저녁에 발표될 비상조치 발표문을 읽고 있었다. 李厚洛 부장이 들어오더니 "미국대사관에서 발표문 중 '미국과 중공의 접근'이 이번 조치의 한 원인이라고 되어 있는 것을 삭제해 달라고 부탁합니다"라고 보고했다.

"내가 뭐 거짓말했나? 미국놈들이 안 그랬으면 내가 뭐 답답해서…."

金正濂 비서실장도 "각하, 그 대목은 그렇게 중요한 것이 아니지 않습니까"라고 말했다.

"그래, 빼줘!"

좀 있으니 일본대사관에서도 비슷한 주문이 들어왔다. 朴 대통령은 "그것도 빼줘!"라고 말하더니 "호네누키노 곤냐쿠다"(뼈가 없는 곤냐쿠. 곤냐쿠는 구약나물의 지하뿌리를 반죽한 다음 끓는 석회유와 섞은 뒤 물에 넣어 익힌 식품)라고 중얼거렸다.

유신선포로 알려진 1972년 10월17일의 대통령 특별선언은 비상조치를 선포함으로써 憲政을 중단시키고, 국회를 해산하며, 정치활동을 금지시키고, 열흘 이내에 새 헌법안을 공고하며, 그 한 달 이내에 이를 국민투표에 부쳐 확정시킨다는 내용이었다. 이날 朴 정권은 전국 비상계엄도 선포했다. 그 뒤 새 헌법안도 계엄下에서 찬반토론이 금지된 가운데 국민투표에 부쳐졌다. 이는 사실상의 쿠데타였다.

나는 入社 2년짜리 기자로서 이 뉴스에 접했을 때 그야말로 느닷없다는 느낌을 받았다. 소요사태가 있는 것도 아니고, 북한군이 쳐들어온 것도 아닌데 갑자기 국회 해산이라니….

5·16 군사혁명은 尹潽善 대통령마저 "올 것이 왔구나"라고 할 정도였고, 서울 시민의 과반수가 혁명을 지지한 것으로 여론조사가 나올 정도로 외부의 혼란이 무르익은 가운데서 일어났었다. 10월유신은 그런 가시적인 요인이 전혀 감지되지 않은 상태에서 단행되었기 때문에 많은 사람들이 "아, 이건 朴正熙의 독재이다"라고 생각

하게 되었다. 유신에 대한 이런 선입견이 그 후 7년간 朴 정권을 따라다녔다.

이날 朴 대통령이 읽은 특별선언문에도 왜 이런 엄청난 조치를 하지 않으면 안 되는가에 대한 납득할 만한 설명이 없었다.

진행 중이던 남북대화에 대비한 한국의 체제 정비 필요성, 파쟁을 일삼는 정당과 국회에 대한 불신, 한반도 주변정세의 변화만으로는 憲政중단의 당위성을 설명하기가 어려웠다. 朴 대통령의 다른 연설과 비교해서 이 연설은 내용상 힘이 없었다. 다만, 끝 부분의 한 줄이 그의 비장한 각오를 드러낼 정도였다.

「나 개인은 조국통일과 민족중흥의 제단 위에 이미 모든 것을 바친 지 오래입니다.」

이날 정부는 전국에 비상계엄령을 선포했다. 계엄사령관은 盧載鉉(노재현) 육군참모총장. 그 직후 朴 대통령은 육군보안사령관 姜昌成(강창성) 소장을 불렀다. 朴 대통령은 "이 친구들을 잡아 넣고 철저히 조사해"라면서 명단을 건네주었다. 李世圭, 趙尹衡, 趙淵夏, 李鍾南, 姜根鎬, 崔炯佑, 朴鍾律, 金漢洙, 金祿永, 金敬仁, 羅碩昊, 金相賢, 洪英基, 尹吉重, 李基澤, 朴漢相, 金東英의 이름이 적혀 있었다고 한다.

姜昌成은 "朴 대통령이 한 사람씩 짚어가며 문제점과 비리를 이야기했다. 나는 돌아와서 곰곰이 생각하다가 충격을 줄이기 위해서 다시 청와대로 들어가 尹吉重, 李基澤, 朴漢相, 金東英, 金相賢, 趙尹衡, 李世圭는 온건하니 제외해 주십시오"라고 건의했다고 한다. 朴 대통령은 "李世圭하고 趙尹衡은 절대로 안 돼"라고 잘랐다. 金相賢은 그대로 넘어갔다가 한 달 후 유신 비판 발언으로 연행되어 조사를 받았다.

군부대로 끌려가서 혹독한 고문을 받은 이 야당의원들은 주로 金泳三·金大中의 측근이었거나 朴 대통령과 직접 관련되는 문제를 국회에서 폭로한 이들이었다. 비리혐의라고 했지만 朴正熙의 私感(사감)이 많이 개재된 수사지시였다. 수사관들은 "金大中의 자금출처와 조직계보를 대라"는 식으로 다그쳤다.

이때 일본에 나가 있던 金大中은 국내로부터 들어온 정보를, 자기 수첩의 1972년 12월19일자 난에다가 이렇게 적었다.

「金相賢-너무 아파서 만 원까지도 자백. 나의 정치 자금 캐는 것. 안방까지, 부의금 명단. 운전사 고문.

趙尹衡 태도 의연: 나에게 격려. 玉斗-제일 强, 李泰九 씨 全裸 고문.」

효율의 극대화, 國力의 조직화

1972년 10월21일.

朴 대통령은 사이공에서 귀임한 하비브 駐韓 미국대사를 면담했다. 하비브 대사는 사이공에 가서, 베트남 휴전案(안)을 가지고 와 베트남의 티우 정부를 설득하고 있던 키신저를 만나고 온 뒤였다. 하비브는 朴 대통령에게 막바지에 접어든 베트남 휴전회담의 진전 상황을 보고했다. 이야기를 심각하게 듣고 있던 朴 대통령은 이런 요지의 우려를 표명했다.

"휴전案에 침략자인 월맹군의 철수는 규정하지 않고 외국군의 철수만 규정한 것은 불공평하다. 월맹과 베트콩과 베트남을 묶는 연립정부案의 성격이 애매하다. 국제감시에 대한 규정도 불안전하다. 따라서 이 案은 공산당의 침략을 법적으로 인정해 주는 것이 되어 베트남 정부를 약화시키고 그들의 사기를 떨어뜨리는 것은 물론이고, 티우 대통령이 결코 동의하지 않을 것이다. 공산당에 대해서는 강한 힘만이 그들로 하여금 약속을 지키게 할 수 있다. 만약 이 案대로 휴전이 이뤄지면 베트남은 1년도 지탱하기 어려울 것이다.”

1972년 10월23일.

駐베트남 한국대사 柳陽洙(유양수)는 본국의 훈령으로 일시 귀국하여 일차로 朴 대통령에게 베트남 휴전협상 건에 관한 보고를 올렸었다. 이날 새벽 金正濂 비서실장으로부터 柳 대사에게 청와대로 들어오라는 전갈이 왔다. 오전 9시 대통령 집무실에서 朴 대통령은 하비브로부터 통보받은 휴전案을 柳 대사에게 보여주면서 자신의 걱정을 티우 대통령에게 전달할 것을 지시했다. 柳 대사는 朴 대통령이 하비브로부터 받은 휴전案이 자신이 그 며칠 전에 朴 대통령에게 보고했던 첩보 내용과 너무 달라 송구스럽기 짝이 없었다.

유신선포 7일째인 朴 대통령은 무척 수척해 보였다. 그는 연신 담배를 피워 가면서 두 시간 반 동안이나 걱정과 다짐이 오고가는 이야기를 이어갔다.

“민주주의도 좋고 자유도 다 좋지만 공산주의와 대결하는 미국의 국론이 저렇게 분열되어 수습을 못 한다면 미국에 대한 자유세계의 신뢰는 떨어질 것이다. 우리는 결코 안보를 미국에만 의존해선 안 된다. 베트남을 보라! 자주국방을 하려면 중화학공업을 중심으로 경제를 발전시켜야 한다. 경제발전을 이룩하기 위해선 국력의 낭비를 막아야 한다. 효율의 극대화, 국력의 조직화가 유신선포를 한 이

유이다."
 朴 대통령은 자기 말에 취해서 주먹을 불끈 쥐기도 했다. 朴 대통령의 눈빛도 예사롭지 않았다. 柳 대사가 대통령 집무실을 나올 때 보니 재떨이에 담배꽁초가 수북했다.
 1972년 10월 27일.
 이날 朴 대통령이 발표한 '헌법개정안 공고에 즈믐한 특별담화문'은 유신선포를 만들어낸 자신의 정치 철학을 당당하게 밝힌다.
 「남의 민주주의를 모방만 하기 위하여 귀중한 우리의 국력을 부질없이 소모하고만 있을 수는 없습니다. 몸에 알맞게 옷을 맞추어서 입는 것과 마찬가지로 우리의 역사와 문화적 전통, 그리고 우리의 현실에 가장 알맞은 국적 있는 민주주의적 정치 제도를 창조적으로 발전시켜서 신념을 갖고 운영해 나가야 할 것입니다.
 이 헌법 개정안은, 능률을 극대화하여 국력을 조직화하고 안정과 번영의 기조를 굳게 다져나감으로써 민주주의 제도를 우리에게 가장 알맞게 토착화시킬 수 있는 올바른 규범임을 확신합니다.」
 朴 대통령은 이날 담화문에서 유신체제라고 불리게 될 새 제도를 '능률적인 민주적 정치'라고 표현하기도 했다.
 이날 국무회의는 사실상의 쿠데타인 이번 조치를 '10월유신으로 개념화하여 모든 유신작업을 진행할 것'을 의결했다. 崔圭夏가 座長(좌장)으로 있던 특별보좌관 일동이 그렇게 건의했던 것이다.
 이 作名(작명)에 주로 관계했던 분은 국민교육헌장을 기초했던 철학자 朴鍾鴻(박종홍)·林芳鉉(임방현) 두 특보였다. 중국의 고전인 《詩經(시경)》에 나오는 '周雖舊邦(주수구방)이나 其命維新(기명유신)이라'는 문구(周나라는 오래된 나라이나 국정혁신으로 그 생명력이 새롭다)에서 '維新', 또 공자가 편찬한 《書經(서경)》에 나오는 '咸與維新'(함여유신·다 함께 참여하자)에서 '維新'을 따왔다.

維新이라 하면 한국인에게는 일본의 성공한 근대화 개혁인 '明治維新'이 너무 강하게 기억되어 아무리 중국의 고전을 들먹여도 일본적인 것, 무단적인 것, 따라서 非민주적인 것이 연상되었고, 이것이 일본 육사 출신 朴 대통령의 이미지와 중첩되었다. 維新은 한국인의 가슴속에 공통된 가치관으로서 뿌리 내리기에는 너무 고루하고 딱딱한 명사였다. 維新의 모토인 '국력의 조직화', '능률의 극대화'는 朴 대통령의 뛰어난 작명이었지만.

46
尹必鏞 사령관 숙청의 내막

박정희는 권부의 핵심인 수경사령관을 제거함으로써
李厚洛 정보부장을 떨게 만든다.

1973년의 세상
尹必鏞 수경사령관 구속, 李厚洛 정보부장 해임
金大中 납치사건
포항제철 준공, 소양강 다목적댐 준공
제4차 中東戰 발발, 오일 쇼크

尹必鏞(윤필용) 계열 숙청

1973년 4월 28일.

朴正熙 대통령을 가장 오랫동안 모신 측근이자 군부內 실력자이던 尹必鏞 장군이 육군보안사에 연행된 것은 1973년 3월 9일, 정식 구속된 것은 3월 26일, 軍 검찰에 의해 기소된 것은 4월 17일, 비공개 공판 끝에 육군보통군법회의에서 선고가 있었던 것이 4월 28일이었다. 尹必鏞 소장, 孫永吉 준장 등 10명의 장교들이 군복을 입은 차렷 자세로 선고를 받는 사진이 이 날짜 석간에 실리면서 그들의 '죄상'이 처음으로 공개되었다.

그 소스는 판결문과 국방부 장관 담화문이었다. 내용은 尹 장군 등의 부정·부패적 사생활, 軍內 사조직 운영을 중점 부각시키는 것이었다. 판결문은 법률적 판단을 한 내용이 아니라 "치부와 엽색행각에 치달음으로써 反유신적 죄악을 자행했다"는 식의 인신공격적인 규탄문이었다.

〈대한일보〉 사장 金連俊(김연준) 씨의 수재의연금 횡령사건에 대한 수사를 尹 장군이 압력을 넣어 중단시켰다는 대목이 눈길을 끌었다. 그 얼마 뒤 金 씨는 횡령 혐의로 구속되고(나중에 무죄 판결을 받음), 〈대한일보〉는 폐간되었다.

이날 징역 15년에서 2년까지의 유죄 선고를 받은 사람은 尹必鏞 소장(징역 15년)과 수경사 참모장 孫永吉 준장(육사 11기. 징역 15년)을 비롯하여, 육군본부 진급인사실 보좌관 金成培 준장, 육본중앙수사단장 池聖漢 대령, 26사단 연대장 權翊鉉 대령(나중에 무죄 확정. 육사 11기·뒤에 민정당 대표), 육본 진급인사실 辛再基 대령(육사 13기·뒤에 민자당 의원) 등 10명이었다. 기소는 되지 않았으나 尹必鏞 계열로 알려졌던 장교들 30여 명이 전역당했다.

이들은 盧泰愚 대통령 시절 청와대 민정수석비서관을 지냈던 安敎德(안교덕·육사 11기)을 비롯하여, 鄭東喆(정동철·육사 12기·506보안대장), 裵命國(배영국·육사 14기·청와대 민정비서관실 파견. 뒤에 민자당 의원), 朴正基(박정기·육사 14기·뒤에 韓電 사장), 金相球(김상구·육사 15기·뒤에 민자당 의원), 鄭奉和(정봉화·육사 18기·수경사령관 비서실장) 등이었다. 이때 숙청되었던 군인들이 5공화국 때 重用(중용)되는 경향이 있었다.

尹 장군 계열의 숙청은 정보부로도 번져 李厚洛 부장의 고향(울산) 후배인 李載杰(이재걸) 감찰실장이 구속되었고 30여 명이 해직되었다. 李 실장은 동향인 孫永吉 수경사 비서실장과 연락하여 사이가 좋지 않던 李 부장과 尹 소장을 친하게 만들어 준 것이 화가 되었다. 이 사실은 이 사건의 핵심적 의미를 담고 있다.

尹必鏞 계열의 숙청은 朴正熙 대통령이 갖고 있던 권력자 고유의 의심과 불안을 반영한다. 그는 전 해의 7·4 공동선언 이후 李厚洛 정보부장의 대중적 인기가 높아지는 것을 주시하고 있었다. 李 부장은 朴 대통령의 지시에 따라 '제2의 5·16 쿠데타'인 10월 유신도 기획·실행했고, 많은 여당 국회의원 후보를 추천하는 등 새로운 정치판을 짜는 데 큰 영향을 끼쳤다.

1973년 초 李厚洛 부장의 영향력이나 그에 대한 대통령의 신임은 절정에 달해 있는 것처럼 보였으나 위기의 씨앗이 자라고 있었다. 朴 대통령이 내려다보니 尹必鏞 수경사령관까지도 李厚洛 부장과 가까워지고 있었던 것이다.

朴 대통령은 권력의 4대 파수꾼인 정보부장, 육군보안사령관, 수경사령관, 경호실장을 서로 견제시켜 놓음으로써 권력의 안정을 기하는 방식을 애호했다. 尹必鏞 장군도 李厚洛 부장에 대한 좋지 않은 정보를 朴 대통령에게 많이 올렸다. 그를 잘라야 한다는 건의도 했다. 그런데 尹 장군이 朴 대통령에게 올린 보고서 내용이 李 부장에게 넘어가는 것이었다. 李 부장이 尹 장군에게 전화를 걸어 "내가 그렇게 못마땅하냐"고 말한 적도 있었다. 尹 장군은 李 부장에 대한 朴 대통령의 신임이 굳다는 판단을 한 뒤에는 그에 대한 견제役을 회피했다.

尹 장군은, 李 부장이 평양에 들어가서 金日成을 만나고 온 뒤엔 그에 대한 평가도 달리 하게 되었다. 이런 상황에서 李 부장과 尹 장군 두 사람의 측근이 나서서 권부의 2大 실세를 친하게 만들고 있었다. 朴 대통령으로서는 심기가 불편할 수밖에 없었다.

골프場의 對話

1972년 10월17일의 유신 선포와 동시에 계엄령이 선포된 직후 李厚洛 정보부장은 요인들을 초대하여 저녁 식사 자리를 마련했다. 尹必鏞 수경사령관도 초청되었다. 尹 장군이 그 자리에 가보니 李 부장 이외에 朴鐘圭 경호실장과 대기업 회장 몇 명이 와 있었다. 尹 장군은 "계엄下인데 두 사람 이상이 모이려면 내 허가를 받아야 합니다. 이건 불법집회입니다"라고 농담을 했다.

李 부장은 "그래서 우리가 尹 장군을 모신 것이 아닙니까. 계엄업

무로 고생하시는데 우리가 격려금이라도 내놓아야겠습니다"라고 했다. 李 부장은 참석자들의 지갑을 털게 해서 수백만 원을 몽땅 尹 장군에게 건네주었다. 이날 尹장군은 軍 선배인 李 부장을 "형님"이라고 불렀다. 尹 장군은 또 李 부장에게 "앞으로 구성될 국회에는 軍 출신들이 많이 들어갈 수 있도록 해주시오"라는 부탁도 했다.

"이제 어차피 계엄정치를 하게 되었으니 군인이 정치에 책임을 져야 합니다. 그러려면 유정회 의원의 3분의 1을 장군·영관·위관급 출신자들로 메워야 합니다. 태국처럼 군인들이 국회에 들어가야 합니다. 그렇게 朴 대통령한테 건의해 주시오."

李 부장은 "각하께 보고하여 30석 정도는 마련해 보겠다"고 했다는 것이다. 尹 장군이 나중에 들으니 이런 보고를 받은 朴 대통령이 "건방진 놈들, 지들이 뭔데 국회의원을 마음대로 고르려고 해"라면서 화를 냈다는 것이었다. 이런 모습들을 朴 대통령 편에 서서 지켜보던 이가 朴鐘圭 경호실장이었다.

尹必鏞 사건의 단초가 된 뉴코리아 골프장에서의 申範植 사장의 提報(제보)도 朴鐘圭 실장이 미리 그 이야기를 듣고 자연스럽게 朴 대통령에게 전달될 수 있도록 그 자리를 마련했던 것으로 보인다.

尹必鏞 씨는 자신이 거세된 경위에 대해서는 이렇게 설명했다.

"1972년 말인가, 1973년 초인가 하루는 朴鐘圭 경호실장이 저를 보자고 하더니 전날 뉴코리아 골프장에서 있었던 일을 설명해 주었습니다."

골프 한 코스를 돈 뒤 커피숍에서 朴 대통령, 申範植 당시 〈서울신문〉 사장, 朴鐘圭 경호실장이 담소를 하고 있었다. 申 사장이 느닷없이 이런 말을 꺼냈다는 것이다.

"각하께서 연만하시니 더 노쇠하시기 전에 후계자를 키우셔야 한다는 이야기들이 많습니다. 李厚洛 부장이 후계자로 좋다는 이야기도 있습니다".

朴 대통령은 "미친 놈들, 내가 아직 노망하려면 멀었는데"라고 대수롭지 않게 받았다. 세 사람은 다시 골프장으로 나갔다. 골프를 다치고 필드에서 나왔을 때 朴 대통령의 표정은 굳어 있었다. 그는 申 사장에게 무섭게 물었다.

"아까 그 말 말이야, 누가 그런 소릴 했어? 李厚洛이가 그랬나?"

朴鐘圭의 설명에 따르면 申 사장은 그 자리에 꿇어앉았다고 한다.

"이름을 못 대겠습니다."

朴 실장이 권총을 뽑아 "이름을 대라"고 위협했다는 것이었다. 申 사장은 "尹必鏞 장군이 그럽디다"라고 했다는 게 朴 실장의 설명이었다. 尹 사령관은 그 말을 듣자마자 피가 역류하는 듯하여 전화기를 들고 申 사장을 부르려 했으나 朴 실장이 말렸다. 朴 실장은 "이 문제는 나한테 맡겨 주십시오"라고 했다.

"제가 형무소에 있으면서 아무리 생각해도 왜 申 씨가 그런 이야기를 했는지 이해가 안 돼, 어떤 추리까지 해 보았습니다. 그때까지 申 씨는 저와는 가깝고 李 부장과는 사이가 아주 나빴어요. 그런데 7·4 공동성명과 유신 이후에 李 부장의 힘이 세어지니까 혹시 李 부장이 후계자가 되면 어쩌나 하는 공포심에서 직접 각하의 의중을 시험해 보고자 그런 말을 한 것이 아닐까….

그러다가 무섭게 추궁하니까 다급해서 내 이름을 갖다 붙인 것이고…. 朴 대통령께서는 제가 그런 말을 했다고 하면 가볍게 넘겨 버릴 것이란 계산에서 말입니다. 그전에 申 씨와 함께한 술자리에서 노망 운운하는 이야기가 오간 적은 있었습니다."

尹 씨에 따르면 유신 선포 뒤의 어느 날 申 씨가 尹 사령관, 鄭韶永 청와대 경제수석비서관, 金詩珍 민정수석비서관, 육군본부 池聖漢 대령 등을 이태원 식당으로 초대하여 대접을 했다. 이 자리에서 申 씨는 대강 이런 뜻의 말을 했다는 것이다.

"각하께 정말로 충성하는 분이라면 '각하께서 연만하셔서 노쇠하시기 전에 청와대를 물러나십시오. 우리가 모시겠습니다. 그러면 영원한 대통령이 되십니다' 이렇게 말씀드려야 합니다. 그런 말씀을 하실 분은 尹 장군뿐이십니다."

尹 사령관은 "술집에서 당치도 않은 말씀하십니다"면서 입을 막았다고 한다. "그런데 내가 조사받을 때 보니 申 씨가 한 말은 내가 한 말로 돼 있고, 내가 한 좋은 말은 전부 거두절미하여 오해하기 좋게 만들어 놓았더군요."

尹必鏞 사건의 발단이 되었다는 뉴코리아 골프장에서 있었던 일은 언제인가? 기자가 입수한 朴 대통령 업무일지 1972년 11월호분을 찾아보았다. 이 무렵은 유신조치에 따른 비상계엄 기간임에도 朴 대통령은 골프장에 자주 나갔다. 申範植 〈서울신문〉 사장이 말동무로 따라다녔다.

11월5일 한양 컨트리 클럽에서 대통령, 朴경호실장, 申範植 회동.

11월12일(일) 대통령, 경호실장, 申範植이 뉴코리아 골프장行(이것이 朴 실장이 말한 문제의 회동으로 추정되나 1973년 초의 일이라는 주장도 있다).

11월18일에도 뉴코리아 클럽에서 골프.

흥미로운 것은 이 무렵 朴 대통령이 尹必鏞 수경사령관은 거의 만나지 않고 육군보안사령관 姜昌成 소장을 자주 청와대로 불러 만나고 있었다는 점이다.

尹 장군에 대한 감시역인 姜 장군을 朴 대통령이 자주 만난다는 것은 尹 장군에 대한 신임이 약해졌다는 의미이기도 했다. 특히 유의할 대목은 11월12일의 뉴코리아 골프장 회동 직후 姜昌成 사령관의 청와대 출입이 부쩍 잦아졌다는 점이다.

姜昌成 보안사령관

1972년 11월14일 오전 朴 대통령은 姜 장군을 불러 약 30분간 요담했다. 그 이틀 전의 골프 회동 때 申範植 사장의 提報가 있었다면 이날 朴 대통령은 姜 장군에게 수경사령관과 李厚洛 부장의 관계에 대한 뒷조사를 지시했을 가능성이 크다.

11월18일에도 朴 대통령은 姜 장군을 초치하여 약 한 시간 동안 이야기했다. 그 이틀 뒤 姜昌成 장군은 또 朴 대통령에게 불려와 약 40분간 요담했다. 11월29일에도 姜 장군은 朴 대통령을 만나 35분간 軍內의 동향을 보고했다. 尹 장군에 대한 첩보수집 결과도 알렸을 것이다.

1973년 3월8일 낮 12시7분에 朴 대통령은 姜昌成 소장을 초치하여 12시35분까지 28분간 尹 사령관에 대한 수사지시를 내렸다. 姜 장군은 "朴 대통령이 나에게 수사를 지시하면서 '全斗煥 준장에게도 물어 봐'라고 말했다"고 기억한다. 朴 대통령은 한 장짜리 보고서를 건네주면서 "직위 고하를 막론하고 철저히 조사하라"고 강조했다.

그 보고서는 申 사장의 제보가 요약된 것이었다. 姜 장군이 대통령 집무실에서 물러나오는데 朴鐘圭 경호실장이 들러 주었으면 좋겠다는 연락을 해왔다. 경호실장 방에 들렀더니 朴 실장은 대단히 흥분하여 "모조리 잡아 넣어야 한다"고 말하는 것이었다.

姜昌成 보안사령관은 수사관들에게 조사를 지시하고, 별도로 수도경비사 소속의 지휘관 몇 명을 불러서 "어떤 일이 있더라도 수사에 저항하지 말고 협조해 달라"고 당부, 사전조치를 취했다는 것이다. 姜 사령관은 尹必鏞 소장에게 전화를 걸어 "퇴근길에 한 번 들러 주었으면 좋겠다"고 했다.

두 사람은 육사 8기생으로 동기생인데다가 장성 진급도 같은 날에 했다. 姜 씨가 중앙정보부 차장보와 육군 보안사령관을 거치는 동안 수도경비사령관인 尹 소장과는 업무상으로도 밀접한 관계를 유지해 왔었다. 姜 소장은 尹 소장에게 수사에 착수했음을 알렸다. 尹 소장은 모함이라고 펄쩍 뛴 뒤 "모든 것을 姜 사령관에게 맡길 것이니 선처해 달라"고 했다고 한다.

姜 소장은 "이 문제를 푸는 길은 각하께 찾아가 사과하는 것뿐이다"고 말했다고 한다. 尹 장군은 3월9일 해임되고 보안사로 연행된다.

"자네도 그 자리서 나를 욕했다면서?"

바로 이 무렵 池聖漢 육군본부 중앙수사단장(대령)에게 金詩珍 정보비서관이 전화를 걸어왔다. 金 비서관은 떨리는 목소리로 "빨리 내 방으로 오라"고 했다. 池聖漢 대령은 청와대 비서실에서 현역으로 근무했고 朴 대통령의 신임도 두터웠다. 池 대령이 金 비서관을 찾아갔더니 "그날 우리 尹 장군 하고 저녁 먹은 날이 며칠이지?" 하고 물었다.

池 대령은 "작년 연말입니다"라고 했다. 申範植〈서울신문〉사장의 부탁으로 이태원동 식사 자리를 만든 것이 池 대령이었다.

金 비서관은 그 몇 시간 전에 朴 대통령에게 불려갔다는 것이다. 朴 대통령은 대뜸 "내가 너를 신임하여 그 자리를 맡겼는데 못된 자들 하고 돌아다니면서 술이나 마시고 나를 두고는 영감이니 노망이니 뭐니 그 따위 소리만 한다면서. 너도 그 자리에 있었다면서?"

朴 대통령이 말한 그 자리란 尹必鏞, 申範植, 鄭鎔永, 金詩珍, 池聖漢이 만났던 이태원동의 식사자리였다. 金 비서관은 "각하, 그 자리에서는 그런 말이 나오지 않았습니다"라고 말했다. 朴 대통령은 "이 친구야, 더 알아봐"라고 했다.

池 대령도 그 식사자리에 있었기 때문에 朴 대통령에게 불경스러운 이야기는 나온 적이 없음을 잘 알고 있었다. 池 대령은 청와대에서 바로 수도경비사령부로 직행했다. 尹必鏞 장군은 장교식당에서 식사 중이었다. 池 대령이 "그날 申範植 사장과 만났을 때 무슨 말씀을 하신 겁니까"라고 물었다. 尹 사령관은 "허, 왜 자꾸 그것 가지고 이야기가 있는지 모르겠네. 얼마 전에도 朴鐘圭 경호실장이 나한테 그것을 물어와서 내가 다 이야기해 주었는데…"라고 했다.

尹 사령관은 이런 부연설명을 했다.

"그날 식사자리에서 나와 申 사장이 화장실에 다녀오다가 홀의 소파에 앉아 이야기를 하던 중 그 이야기가 나왔다. 申 사장과 '이제부터는 朴 대통령이 건강하셔야 한다, 각하의 판단이 흐려지시면 물러날 시기를 우리가 알려드려야 한다'는 정도의 이야기를 했다. 그게 전부인데 왜 문제가 되는지 모르겠다."

池 대령은 다시 申範植〈서울신문〉사장을 찾아가 물었다. 申 사장도 "맞아, 맞아. 尹 장군이 말한 게 맞아"라고 했다. 안심한 池 대령은 金詩珍 정보비서관을 찾아가 자신이 파악한 내용을 보고했다. 두 사람이 이야기를 하는 도중에 鄭韶永 경제수석 비서관이 들어왔다. 이태원동 식사모임의 동석자였던 그도 조금 전에 朴 대통령에게 불려갔다는 것이다.

朴 대통령은 "자네도 그 자리에서 날 욕했다면서"는 취지로 이야기했다고 한다. 鄭 수석은 "그런 일이 없었습니다. 이것은 고도의 모략입니다"라고 말했다. 鄭韶永 수석이 대통령 집무실에서 물러나오는데 朴 대통령이 전화 버튼을 누르더니 "姜昌成 보안사령관 대줘!"라고 말하는 게 등 뒤로 들렸다고 한다. 이 말을 들은 金詩珍 비서관은 그 자리에서 姜昌成 사령관에게 전화를 걸었다. 金詩珍 비서관이 '각하께서 오해하고 있다'는 취지로 이야기했더니 姜 사령관은 이렇게 말했다.

"무슨 말씀입니까. 尹 사령관이 불경스런 이야기를 했다는 것을 申範植 사장이 다 시인했습니다. 보안사에서 조사했고 그때 申範植 사장이 그렇게 진술했습니다."

金詩珍 비서관은 얼굴이 하얗게 되더니 "申 시장이 시인했대. 나도 이제 그만둬야겠어"라고 했다. 池聖漢 대령은 "가만 계십시오. 제가 한번 더 갔다 오겠습니다"라고 말한 뒤 申範植 사장을 다시 찾아갔다. 외투 속에 녹음기를 숨기고 가서 대화를 녹음했다. 申 사장은 "내가 시인을 했다고? 무슨 소리야 아까 말한 그대로야"라고 했

다. 池 대령은 "틀림 없지요?"라고 확인을 받은 뒤 사장실을 나와
녹취록을 작성하여 金詩珍 비서관에게 전달했다.
　申 사장은 池聖漢 대령이 나간 뒤 姜昌成 보안사령관에게 전화를
걸어 신변보호를 요청했다고 한다. 池聖漢 대령도 며칠 후 구속되
어 다른 尹必鏞 계열사람들과 함께 혹독한 고문을 받았다. 재판에
넘겨졌던 그는 나중에 무죄로 석방되었다.
　전역 뒤 기업인으로 변신했고, 마주협회 회장을 지내기도 했던 池
聖漢 씨는 "이 사건은 유신 조치 뒤에 영향력이 커진 李厚洛 부장과
尹 사령관이 밀착되어 가는 것을 의심하고 있던 朴正熙 대통령에게
朴鐘圭·申範植 두 사람이 과장된 보고를 올린 것이 계기가 되었다.
수사를 지시받은 姜昌成 보안사령관은 尹 사령관의 군복을 벗기는
선에서 그쳤으면 좋은데 가혹한 수사로 억울한 희생자를 너무 많이
만들었다"고 평했다.

소외된 정보부장

　1973년 3, 4월 중 朴 대통령의 업무일지를 보면 중대한 변화가 감
지된다.
　姜昌成 육군보안사령관이 하루가 멀다 하고 朴 대통령을 獨對하
여 보고를 하는 동안 거의 매일 朴 대통령을 만나던 李厚洛 정보부
장의 청와대 출입이 줄어든다. 朴 대통령이 부르지 않았든지 면담
요청을 받아주지 않았기 때문일 것이다.
　3월21일에서 4월2일까지 朴 대통령은 李厚洛 정보부장을 한 번
밖에 만나 주지 않았다. 그 한 번이란 것도 15분간의 보고였다. 4월

3일 李 부장으로부터 약 50분간 보고를 받았던 朴 대통령은 다시 4월8일까지 그를 만나 주지 않았다. 그가 4월9일 밤 10시에 李부장을 만나 준 시간은 불과 5분이었다.

거의 매일, 하루에도 몇 차례 찾던 정보부장을 대통령이 근 보름간이나 소외시켜버린 것이다. 이 기간에 姜昌成 육군보안사령관은 朴 대통령에게 獨對보고를 세 번 올렸다. 그 보고의 핵심은 尹必鏞과 李厚洛 부장의 밀착관계에 대한 것이었다.

朴 대통령은 이 기간 중 金致烈 정보부 차장을 한 번 불러 결재를 해준 것으로 나타나 있다. 노골적으로 부장을 따돌린 셈이었다. 朴 대통령이란 태양의 둘레를 도는 행성에 불과했던 李厚洛 부장의 초조와 불안은 대단했을 것이다. 朴 대통령은 이런 조치를 통해서 李 부장에게 확실한 경고신호를 보낸 것이었다.

朴 대통령이 이 무렵 李厚洛 정보부장에 대해서 의구심을 갖고 보는 대목이 또 하나 있었다. 朴 대통령은 1972년 5월에 평양에 가서 金日成을 만나고 와서 하는 행동에서 북한 측의 영향을 감지했던 것이다.

7·4 공동성명 문안부터 북한의 對南공작노선을 상당히 반영하였고, 한때 李厚洛 부장은 북한 측이 요구하는 보안법 폐지를 추진하다가 金鍾泌 총리의 강한 반대와 朴 대통령의 신경질적인 반응에 부딪혀 포기한 적도 있었다.

朴 대통령은 남북회담을 하면서도 金日成의 약속이나 말에 아무런 신뢰를 두지 않고 있었음을 알 수 있게 하는 자료가 있다. 1972년 8월 남북적십자 본회담이 평양에서 열렸다. 朴 대통령은 돌아온 남측 대표 李範錫 씨 일행을 격려하는 자리에서 북한 당국을 상대

할 때의 지침을 내렸다.

「남북적십자 본회담時 지침

 1. 평양에서 있었던 일은 공식·비공식을 막론하고 모두 보고해야 한다.

 2. 공산주의자들과 접촉할 때는 사전에 전략을 세워놓고 해야 한다.

 3. 북한 위정자들과 우리가 핏줄이 같다고 생각하는 것은 오산이다.

 4. 우리 적십자사는 인도적 사업이라고 보나 북한은 정치적 사업으로 본다.

 5. 북한 요인들의 말 한마디 한마디는 모두 정치적이다.

 6. 우리의 말 한마디 한마디에는 신념이 있어야 한다.

 7. 술을 마실 때도 상대방이 공산당이란 사실을 잊지 마라.

 8. 북한 사람들과는 어떤 자리에서도 감상적으로 흐르지 마라.

 9. 북한이 남한 언론을 비판하면 자문위원들은 즉각 반박하라.

 10. 대표단과 자문위원 사이는 긴밀한 협의를 하되 매일 저녁 결산토록 하라.」

당시 權府(권부)에서 李厚洛 부장의 獨走(독주)를 좋지 않게 생각하고 있던 이는 金鍾泌 총리와 朴鐘圭 경호실장이었다. 尹必鏞의 수경사와 姜昌成 소장의 보안사는 전통적으로 라이벌 관계였다. 이런 권력 갈등하에서 李 부장과 가까워진 尹必鏞 장군이 도마 위에 오른 것이다.

尹必鏞 사건은 李厚洛 정보부장을 초조하게 만들었고, 그가 朴 대통령의 신임을 다시 얻기 위하여 저지른 金大中 납치사건은 결국

자신의 몰락을 불렀다. 金大中 납치에 대한 일본 언론의 집중보도로 생긴 反韓(반한)감정 속에서 文世光의 살의가 탄생하여, 陸英修 여사 피살을 부른다. 이 사건으로 朴鐘圭(박종규) 실장은 해임된다. 陸 여사의 퇴장은 朴 대통령의 내면을 흔들어 결국 그의 몰락으로 이어진다. 尹必鏞 사건 수사에 따른 군맥의 浮沈(부침)은 5공화국 출범에도 흔적을 남긴다.

尹必鏞 세력 제거는 그 영향면에서 朴 대통령 시절의 최대 사건이다.

47
金大中 납치 사건

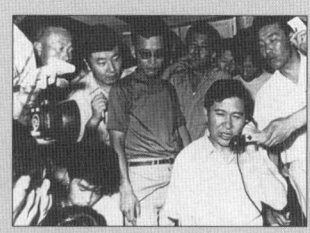

"이후락, 이 자가 그를 옆에다 갖다 놓고 나서야
나한테 이야기를 하는 거야"

정보부 공작선 용금號, 출항하다

중앙정보부(이하 中情) 공작선 '龍金號(용금호)'는 全長(전장) 52m에 536톤의 1000마력짜리 배였다. 1944년 미국에서 제작되어 제2차 세계대전 때는 戰時(전시)물자 수송선으로 사용되었다. 中情은 이 배를 1972년 5월22일 부산지방해운항만청에 화물선으로 등록하였다. 소유자는 '정운길'로 되어 있다. 정운길은 용금호를 관리하던 두 中情 요원 중 한 사람으로서 선원들의 증언에 의하면 소령이었다고 한다.

1973년 7월24일 용금호는 부산 4부두에서 출항했다. 中情 요원이 출항 직전에 선장·항해사·기관장·통신장·操機長(조기장)을 불러 모았다. 갑판장 이점조 씨에 따르면 中情 요원은 "우리가 金大中 씨를 납치하러 간다"고 말해 주더란 것이다. 中情은 용금호가 출항하기 직전에 선원 두 명을 교체했다. 새로 들어온 사람은 선원이 아니라 특수요원이었다. 용금호는 7월26일 시고쿠(四國)의 북쪽 다카마쓰 항에 도착했다. 여기서 화물을 부린 배는 7월29일 오사카 외항에 도착했다.

용금호의 갑판원 林益春 씨에 따르면 中情 요원이 그에게 "혹시 당수나 쿵푸를 한 적이 있느냐"고 물었다고 한다. 金大中 씨를 납치하기 위해 용금호에서 내린 사람은 두 요원과 선장·조기장·기관부원 등 다섯 명이라고 한다.

8월8일 오전 金大中 씨는 도쿄 팔레스 호텔에 묵고 있던 통일당 당수 梁一東과 金敬仁 의원을 2212호실로 찾아가서 점심을 함께 했다. 낮 12시 50분쯤 金大中 씨가 방에서 나와 엘리베이터 쪽으로 갈 때 옆방에서 뛰쳐나온 中情 요원들이 그를 끌고 2210호실로 들어갔다. 괴한들은 金 씨를 침대에 눕히고 눈과 입을 막은 뒤 마취약을 묻힌 손수건을 金 씨의 코에 들이댔다. 金 씨를 전송하기 위해 나왔던 金敬仁 의원은 다른 괴한 두 명에 의해 梁의원이 있던 방으로 끌려 들어갔다. 나중에 일본 경찰은 이 방에서 駐日 한국대사관 소속 1등 서기관 金東雲 씨의 지문을 채취했다.

 괴한 두 명은 기절한 金大中 씨를 부축하여 엘리베이터를 타고 지하 주차장으로 내려가서 기다리고 있던 요코하마 주재 한국총영사관의 副영사 차에 실었다. 차는 오사카로 달리기 시작했다. 납치자들은 도중에 中情이 운영하던 安家(안가)로 金大中 씨를 데리고 들어가 손과 발을 묶고 얼굴은 코만 남기고 테이프로 감쌌다.

 다음날 저녁 무렵 납치자들은 金 씨를 모터보트에 태워 오사카 외항에 있던 용금호로 데리고 왔다. 납치범들은 金 씨를 갑판 밑 닻줄을 넣어 두는 좁은 공간에 구겨 넣었다.

 용금호가 오사카 항을 출항하기 전 일본 관리들이 올라와 선원수첩을 확인하고 내려갔다.

 한여름이라 맨발로 갑판 위를 걸을 수 없을 정도의 무더운 날씨였으니 金 씨의 고통은 대단했다. 金大中 씨에게 식사를 제공했는데, 그때는 손목을 묶은 줄도 풀었다. 金 씨는 식사를 갖고 온 선원에게 "지금 이 배가 어디로 가고 있나. 내가 남한테 잘못한 일이 없는데"라고 말했다. 金 씨는 식사는 하지 않고 기도를 계속했다.

 용금호가 현해탄을 건너 부산항으로 접근할 때 中情 요원들은 金 씨를 기관실로 옮겼다. 용금호의 선원들은 金大中 씨의 몸에 돌을 매달아 수장시키려고 했다는 說을 부정하고 있다. 구출용 비행기도 오지 않았고 조명탄도 오르지 않았다는 것이다. 배에 오를 때 金 씨의 얼굴은 얻어맞은 듯 부어 있었으나 배에 있을 때 구타는 없었다고 한다.

용금호가 8월11일 밤 부산항에 도착할 때까지 선원들은 걱정을 많이 했다고 한다. 그들은 中情 요원들이 만약 金大中 씨를 바다에 빠뜨려 죽인다면 증거인멸을 위해 자신들도 죽임을 당할 것이라고 생각했다고 한다. 선원들은 '저 양반이 살아서 부산에 가야 우리도 살 수 있다'고 생각하면서 신경이 매우 날카로워졌다는 것이다.

1973년 8월8일 朴 대통령은 오전에 鄭韶永 신임 농수산부 장관에게 임명장을 주었다. 金鍾泌 총리, 金正濂 실장 등이 배석했다. 朴 대통령이 점심 식사를 마치고 집무실에 들어가자마자 金正濂 비서실장이 황급히 들어왔다. 외국 통신의 영문기사를 들고 온 그는 "金大中 씨가 도쿄에서 납치되었답니다"라고 보고했다. 바로 전에 金聖鎭 공보수석이 그 외신자료를 가지고 金 실장 방에 뛰어 들어왔던 것이다.

"정말이야! 무슨 일일까?"

朴 대통령의 반응도 놀라움이었다고 한다. 金 실장이 사무실에 돌아와 한 30분 정도 있으니 朴 대통령이 인터폰으로 "무슨 새로운 소식이 있느냐"고 물었다. 金 실장은 외국 통신의 속보를 보고했다. 朴 대통령은 집무실로 오라고 했다. 朴 대통령은 金 실장에게 "만약 金大中 납치가 사실이라면 네 가지가 상정된다"고 말했다.

"첫째, 중앙정보부의 공작일지 모른다. 둘째, 일본 우익의 소행일 가능성이 있다. 셋째, 在日 거류민단의 과잉충성이 일으킨 사건일지도 모른다. 넷째, 金大中 씨의 자작극일 가능성이다. 실장은 즉시 정보부장과 경호실장, 그리고 在日 거류민단을 관리하는 부서를 체크하여 보고하라."

대통령 집무실에서 물러난 金 실장은 李厚洛 정보부장, 朴鐘圭 경호실장, 그리고 유관 부서장들에게 전화를 걸어 관련 여부를 물었다. 朴 실장은 일본의 우익단체 사람들과 교분이 두터웠다. 朴 대통령은 그런 朴 실장이 몰래 우익인사들을 시켜 金大中 씨를 혼내 주고 있는 것이 아닌가 의심했던 것이다.

金 실장은 대통령에게 "우리 쪽에서는 아무도 관계하지 않은 것 같습니다"라고 보고했다. 朴 대통령은 "그렇다면 金大中 씨의 하부조직이 자작극을 벌이고 있는 것이 아닐까"라고 했다.

朴 대통령은 이날 신관회의실에서 週例(주례)안보회의를 소집했다. 李厚洛 정보부장도 참석했다.

다음날 朴 대통령은 신임 유엔군 사령관 스틸웰 대장을 접견하고 오후엔 정부·여당 연석회의를 주재했다. 8월10일에는 국무회의를 주재했다. 朴 대통령은 8월11일엔 오전 11시15분부터 55분까지 李厚洛 정보부장으로부터 보고를 받았다. 이 자리에서 李 부장이, '지금 정보부 공작선이 金大中 씨를 납치하여 데리고 오는 중'이란 보고를 했는지 여부는 알 수 없으나 그 뒤의 朴 대통령 행동으로 미뤄 보아 그런 보고가 있었던 같지 않다.

이날은 토요일이었는데 朴 대통령은 오후 2시30분부터 밤 10시까지 뉴코리아 골프장에서 金振晩 공화당 의원, 조선공사 사장 南

宮鍊 씨와 골프를 함께 친 뒤 식사를 했다. 다음날에도 朴 대통령은 오전 11시25분부터 밤 10시까지 뉴코리아 골프장에서 金振晩·南宮鍊 씨와 함께 골프를 쳤다.

"金大中이가 서울에 와 있대"

8월13일 월요일 오후 3시 8분~4시37분, 이때 李厚洛 정보부장이 집무실에서 朴 대통령에게 金大中 납치를 실토한 것으로 보인다. 李 부장은 "이미 金 씨가 한국 땅에 와 있고 오늘 밤에 귀가시킬 작정이다"라고 보고했을 것이다. 金正濂 비서실장에 따르면 朴 대통령은 이날 오후 자신을 부르더니 "金大中이가 서울에 와 있대. 놀랍고 엄청난 일이야. 조금이라도 위해가 가해져서는 안 되는데…"라고 말하더란 것이다.

한편 金鍾泌 국무총리는 이날 밤 鄭韶永 농수산부 장관과 함께 전국의 목장 실태를 살펴보고 광주에 들렀다가 金大中 씨가 괴한들에게 이끌려 집 앞까지 와서 풀려났다는 소식을 들었다.

朴 대통령은 다음날 오전 9시30분부터 20분간 집무실에서 金大中 납치 관련 대책회의를 가졌다. 申稙秀 법무장관, 尹胄榮 문공장관, 鄭相千 내부차관, 尹錫憲 외무차관, 李厚洛 정보부장, 金正濂 비서실장이 참석했다. 이 회의는 일단 金大中 납치 수사본부를 설치하기로 결정했다. 이날 오후 4시 金鍾泌 총리가 朴 대통령을 만나기 위해 집무실에 들어가니 朴 대통령은 화가 잔뜩 나 있었다.

"임자는 몰랐어?"

"아, 제가 어떻게 압니까?"

"이후락, 이 자가 그를 옆에다 갖다 놓고 나서야 나한테 이야기를 하는 거야."

다음날 朴 대통령은 오전 10시45분부터 정오까지 申稙秀 법무장관과 李厚洛 정보부장을 불러 金大中 납치 사건 대책을 논의했다. 朴 대통령은 형식적으로 특별수사본부를 설치하고는, 일본에서의 수사 경과를 지켜보기로 했다.

朴 대통령은 한편으로 정보부의 李龍澤 국장을 불러 진상조사 특명을 내렸다.

그전에 李厚洛 정보부장은 金大中 씨와 친숙한 李龍澤 수사국장에게 金 씨를 데려오라는 임무를 준 적이 있었다.

"李厚洛 부장은 나에게 '직접 가서 설득해 동반 귀국하라'는 지시를 내렸습니다. 그러면서 李부장은, 金大中 씨의 일체의 언동에 대해 불문에 부치고 적절한 시기에 정치를 재개할 수 있도록 보장해 주겠다는 조건도 제시했습니다. 그래서 갈 준비를 했습니다."

李 국장이 李姬鎬 여사에게 전화를 했더니 李 여사는 "李 국장이 가서 설득해도 그분은 귀국하지 않을 것"이라고 말했다고 한다. 마침 그 무렵 미국에 살고 있던 李 여사의 친척이 한국에 왔다. 이 친척을 통해 李 국장의 편지와 함께 李 여사도 편지를 써서 DJ에게 보냈다. 金大中 씨로부터 '나도 이제부터 정치활동은 일절 안 하겠다. 가능하면 미국에서 공부를 하겠다'는 답장이 왔다고 한다.

그러자 李 여사가 먼저 李 국장에게 같이 가자고 제의해 왔다. 李 여사는 "내 말은 듣지 않는데, 李 국장이 직접 가서 해외 언동에 대해서 불문에 부친다는 보장을 해주는 것이 좋겠다"고 말했다.

李 국장은 李 여사의 제의를 李 부장에게 보고했다. 그러나 李 여

사에 대한 여권 발급이 자꾸 늦어졌다. 李 국장은 "당시 朴 대통령이 國法(국법)을 어긴 사람을 그냥 두면 안 된다고 반대해 李 여사가 가지 못하게 된 것"으로 추측했다.

李龍澤 씨의 증언.

"金大中 씨가 나타난 다음날일 거예요. 청와대에서 극비로 즉시 들어오라고 연락이 왔습니다. 朴 대통령은 처음에 '자네가 했나' 라고 바로 물었습니다. 아니라고 했더니, '동백림 사건 때는 어떻게 잡아왔느냐'고 재차 물었습니다. 그때는 국내 부서에서 수사를 다 해서 해외담당 차장에게 자료를 넘겼다고 말했습니다. 朴 대통령은 'KT(당시 대통령은 金大中 씨를 그렇게 불렀다) 건에 대해서 누가 했는지 자네가 한 번 조사해 봐' 라고 지시하면서 '누구한테도 보고하지 말고 은밀히 하라. 자네가 조사하고 있는 것을 알려고 하거나 압력을 넣는 사람이 있으면 즉각 보고하라' 고 말했습니다. 朴 대통령은 그런 면에서는 아주 섬세해요. 저는 그 순간, 朴 대통령이 DJ 납치에 개입하지 않았음을 알았습니다."

李 국장은 아무리 그래도 李厚洛 부장에게는 보고를 해두는 것이 좋겠다고 생각하여 궁정동의 부장 사무실로 찾아갔다. 李 부장은 이미 李 국장이 朴 대통령을 만나고 나온 사실을 알고 있는 듯했다. 그 순간 李 부장은 말을 더 더듬었고 커피를 연거푸 마시면서 담배 피우는 손을 떨었다.

李 국장은 청와대에 다녀온 것과 대통령으로부터 조사 지시를 받았다는 사실을 李 부장에게 말해 주었다.

李 국장은 단도직입적으로 물었다.

"그런데 왜 데려왔습니까?"

"망명정부수반 노릇을 하기 전에…"

李 부장이 설명한 요지는 이러했다.

「金大中 씨가 한민통을 만들어 그 의장으로 취임하면 망명정부 수반 행세를 할 것이란 정보가 들어왔다. 망명정부 수반 자격으로서 북한을 방문하여 金日成과 만나면 연방제 통일에 합의할 것이고, 북한 측은 한국 정부를 괴뢰 시하게 될 것이다. 진행 중인 남북대화도 중단될 것이다.

金大中을 평양으로 데리고 가려는 북한의 공작이 진행 중이고 金大中 씨도 주변 인물들에게 의견을 묻고 있다는 첩보가 들어왔다. 그래서 한민통 결성 대회를 하기 전에, 북한이 손을 쓰기 전에 그를 잡아온 것이다.」

이런 설명을 한 뒤 李厚洛 부장은 "장일훈 치안국장을 잘 알지요. 그쪽에서 냄새를 맡은 것 같으니 李 국장이 손을 써 신문에 나지 않도록 해줘요"라고 부탁했다. 물러난 李 국장은 장일훈 치안국장을 만나 물어보았다. 張 국장은 부산 4부두를 관할하는 경찰부서에서 정보가 올라왔다고 했다. 경찰이 오래 전부터 정보부의 공작선으로 파악하고 있었던 용금호가 며칠 전 밤에 부산 4부두에 닿았다는 것이다. 선원들이 술에 잔뜩 취한 것 같은 사람을 부축하여 내렸다. 선원들은 그 사람의 머리를 웃옷으로 덮어씌웠다. 초소 경찰관이 "저 사람이 누구냐"고 물었다.

"용금호 선원인데, 술에 취했다."

용금호 선원들은 그 사람을 데리고 앰뷸런스에 탔다. 이를 본 경찰관이 앰뷸런스의 차 번호를 적어두었다가 상부에 보고한 것이다. 李龍澤 국장이 그 번호를 받아 정보부로 돌아와 운송부서에 확인하니 정보부가 운영하는 앰뷸런스임이 밝혀졌다. 李 국장은 바로 앰뷸런스의 운전사를 불렀다.

"부산 4부두에서 태운 술취한 사람이 누구였지?"

"KT(金大中)였습니다."

"태우고 어디로 갔나."

"충청도에 있는 우리 安家로 갔습니다."

"누가 한 것 같아."

"공작단이지 누구이겠습니까."

"밖으로 절대로 이야기하지 말게."

李龍澤 국장은 H 해외공작국장을 만났다. H 국장은 金大中 납치에 대해서 자랑스럽게 털어놓았다. 그 요지는 이러했다.

「KT가 망명정부의 수반으로 취임하는 것을 막기 위해 서둘러 데려왔다. 그를 죽이라는 명령은 받은 적이 없다. 비행기가 왔기 때문에 그를 살려 주었다는 이야기는 사실이 아니다. 일본 해상보안청 비행기가 순찰 중 상공을 지나간 정도이다.

金大中 씨를 기관실에 묶어 놓았는데 갑판으로 데리고 올라온 것은 바깥 공기를 마시고 햇볕을 쪼이게 하려는 목적이었지 죽이려 한 것은 아니었다. 칼도 가지고 가지 않았다. 끈을 가지고 간 것은 그를 마취시켜 묶어서 내리려고 했던 것인데 호텔이 너무 높고 대낮이어서 엘리베이터로 내려온 것이다.」

李 국장은 朴 대통령을 찾아가 조사결과를 보고했다. 朴 대통령은 낙담한 모습이었다.

"李 국장, 옛날 말에 조선 망하고 大國 망한다는 말이 있는데 이 자가 나를 완전히 망칠 작정을 한 것이구먼."

"朴 대통령은 '이걸 어떻게 처리하지'라면서 걱정했어요. 진상을 그대로 밝히면 일본에서 원상회복과 함께 국가배상을 요구할 수도 있었기 때문입니다.

제가 '각하, 일본을 잘 아는 金鍾泌 총리와 의논해 보면 어떻겠습니까' 고 건의했습니다. JP는 그해 11월 진사 사절로 일본에 가서 사과하고 돌아와 정치적 타결을 이뤄 냈습니다."

"머리가 너무 빨리 돌아가 나를 망신시켰다"

1973년 8월16일 오후 6시30분쯤 청와대 식당에서 朴 대통령은 비서진들과 막걸리 파티를 열었다. 경호 문제가 화제로 오르자, 朴 대통령이 말했다.

"沿道(연도) 경비는 사전에 행차를 알리는 것이므로 적절치 못해. 그리고 자동차로 지방에 다녀올 때도 서울 시장이 뻔질나게 나오는데 그 시간에 자기 일이나 하지. 그런 필요 없는 짓 하지 말라고 일러줘요."

분위기가 무르익었을 때쯤 朴 대통령은 사투리 이야기를 꺼냈다.

"軍 생활을 하면서 各道(각도)에서 모인 출신 장교들 때문에 평안도·함경도·경상도 사투리를 섞어서 썼던 적이 있어. 지금도 그 버릇이 좀 남아 있을 거야. 윤태일 서울 시장과 이주일 감사원장이 어떻게 말하는 줄 아나? '앙이 먹겠다', '앙이 술 마시겠다' 고 얘기해. 일본도 가고시마 사투리는 전혀 알아들을 수 없어."

朴 대통령이 尹 시장과 李 원장의 말투를 그대로 흉내내어 비서관들은 웃음을 참을 수 없었다. 朴 대통령도 소리내어 웃었다.

1973년 9월7일. 이 날짜 〈조선일보〉는 '당국에 바라는 우리의 충정, 결단은 빠르면 빠를수록 좋다' 라는 제목의 사설을 싣고 金大中 납치사건의 진상을 밝힐 것을 정부에 요구했다. 사설의 필자는 鮮于煇(선우휘) 주필이었다.

이날 朴 대통령은 李厚洛 정보부장이 보고차 들르자 이렇게 말했다.

"어이 李 부장, 정보부는 사람 잡아 가두는 데라는 말이 있는데 鮮于 주필도 잡아넣을 거야?"

朴 대통령의 말투는 잡아넣어서는 안 된다는 뜻을 담고 있었다. 일본 〈마이니치〉 신문에 이 사설의 全文이 실렸다. 鮮于 주필은 수원에 있는 친지 집으로 피신했다.

며칠 뒤 鮮于煇의 동생 鮮于煉(선우련) 공보비서관은 청와대 구내 이발소에서 이발을 하고 나오는 朴 대통령을 우연히 만났다.

"요즘 형님은 잘 계신가?"

"형님은 사설 때문에 정보부가 잡으려고 해서 피신 중입니다. 닭고기를 좋아하는 형님이 피신 중에 닭고기를 많이 먹어 살이 무척 쪘습니다."

"무슨 소리야? 내가 잡아넣지 말라고 했는데. 내가 정보부장에게 전화할 테니 형님에게 오늘 저녁 마음 놓고 나오시도록 전해요."

朴 대통령의 그 말이 있고 난 뒤 鮮于煇 주필은 다시 모습을 나타내었고, 일주일이 더 지나서는 鮮于煉과 함께 대통령이 초대한 위로 술자리에 함께 참석했다. 한참 동안 술을 마시다가 朴 대통령이

몹시 불쾌하다는 듯 불쑥 이런 말을 꺼냈다.

"그놈 말이야. 머리가 좋고 빨리 돌아간다고 내가 중용했더니만, 시키지도 않은 일을 해 가지고 나를 국제적으로 망신당하도록 하고 있어."

"그래도 충성하느라고 한 것 아니겠습니까."

"그게 바로 과잉 충성이오."

李厚洛 前 정보부장은 "朴 대통령이 金大中 씨를 납치하라고 지시한 적은 없다"고 말해 왔다. 그는 "내가 朴 대통령에게 납치 사실을 알린 것은 우리 배가 金大中 씨를 데리고 오사카항을 떠난 이후였다"고 말했다.

과잉충성

그러나 1980년 봄에 李厚洛 씨가 울산 同鄕(동향) 친구이자 金大中 씨와도 친했던 최영근(국회의원 역임) 씨를 통해서 金 씨에게 "당신 납치는 朴 대통령이 지시하여 이뤄진 것이다"는 취지의 말을 전했다는 說도 있다. 기자가 1985년에 崔 씨를 만나 물었더니 그는 자신이 그런 말을 들었다고 확인해 주었다. 그의 증언을 소개한다.

「나는 李厚洛·金大中 씨 두 사람과 각각 별도로 오랜 친교가 있다. 최고회의 공보실장 시절의 李厚洛 씨에게 金 씨를 처음 소개해 준 것도 나다. 10·26 뒤 나는 李厚洛 씨를 만났다. 지금은 솔직하게 말할 수 있지 않겠느냐는 생각이 들어 물어 보았다. 그의 해명은 대강 이랬다.

"金大中 씨가 해외에서 朴 대통령에 대한 비난을 개시한 지 얼마

안 된 어느 날 사석에서 朴 대통령은 불쾌한 어조로 金 씨를 없애라는 뜻의 욕설을 했다. 나는 농담으로 넘겨버렸다. 그 며칠 뒤 朴 대통령은 청와대로 날 부르더니 정색을 하고 이 문제를 金鍾泌 씨와도 이야기한 것이라며 엄명을 내리는 것이었다.

나는 고민했다. 金 씨를 죽였을 경우, 그 책임이 언젠가는 나한테 올 것이라는 걸 모를 만큼 내가 바보는 아니지 않는가. 결국 나는 납치를 해서 한국에 그를 데려다 놓는 선으로 朴 대통령의 명령을 소화하기로 했다. 그래서 애당초부터 납치였지, 제거 지시가 아니었다."

나는 李厚洛 씨의 이 말을 1980년 봄에 金大中 씨에게 전해주었다. 金 씨는 李厚洛 씨가 자신의 목숨을 살렸다는 말을 믿으려 하지 않았다. 李厚洛 씨는 자신의 해명을 뒷받침할 만한 구체적인 이야기는 하지 않았으므로 증거는 없다고 봐야겠다. 다만 수십 년간 李 씨와 사귀어 온 나로서는 그가 시키지도 않은 납치를 스스로 할 사람이 아니라는 생각을 갖고 있다. 너무나 이해타산에 밝은 사람이기 때문이다.」

朴 대통령 측근들의 증언들을 종합하면 압도적으로 李厚洛 정보부장이 독단적으로 金大中 납치를 지시한 것으로 결론이 나게 되어 있다. 인간 朴正熙에 대한 체험과 이해가 깊은 사람들일수록 "그분은 政敵(정적) 살해를 명령할 사람이 아니다"고 못 박는다. 李厚洛 씨가 최영근 씨한테 비밀을 털어놓았다는 시점은 金大中 씨가 대통령이 될 가능성이 보였던 1980년 봄이었다.

살길을 찾기 위해서 죽은 朴 대통령에게 책임을 전가하면서 동시에 당시 金大中 씨의 경쟁자였던 金鍾泌 씨도 물고 들어가려고 했을 수도 있다. 金 씨를 살려서 데려오면 국제문제가 생길 것이 뻔한데 왜 李厚洛 부장이 그런 바보짓을 스스로 했겠느냐 하는 주장이 꼭 설득력이 있는 것은 아니다.

그때의 정보부였다면 한국의 反共단체가 金大中 씨를 납치해 온 것처럼 위장하고, 검찰과 경찰은 수사를 해도 범인을 밝혀내지 못했다고 영구미제 사건으로 만들어 버릴 수 있었을 것이다. 이런 방향으로 사건을 은폐하려 하였던 정보부의 음모를 뒤집어버린 것은 일본 경찰이었다.

그들은 납치에 가담했던 駐日 한국대사관의 金東雲 1등서기관 지문을 현장에서 채취하는 데 성공하여 金 서기관을 소환하려 했던 것이다. 金 서기관이 소환을 피해 먼저 귀국하면서 정보부의 소행임이 입증되었다(물론 韓·日 양국 사이에선 金東雲 서기관이 상부 지시 없이 가담한 것으로 하여 사건을 덮었다).

朴 대통령이 金大中 씨가 서울로 돌아온 직후 정보부 李龍澤 국장에게 진상조사를 지시한 것을 보면 이 사건을 괴한들이 한 것으로 조작하여 덮어두려는 뜻은 없었던 것으로 보인다. 왜냐하면 정보부가 진상조사를 하면 결국 사실을 아는 사람들이 많아지기 때문이다. 李厚洛 부장이 金大中 씨의 해외 언동에 대한 보고를 朴 대통령에게 자주 올리니까 朴 대통령이 신경질을 냈고, 이를 납치 지시로 해석한 李厚洛 부장이 '대통령의 뜻을 한발 앞서 시행한다'는 소신에 따라 金大中 씨를 납치했다가 자신의 신세를 망친 경우일 가능성이 가장 높다.

CIA가 金大中을 살렸나?

미국이 1973년의 납치 사건 때 金大中 씨를 살리는 데 역할을 했다고 주장하는 사람들이 더러 있다. 당시 美 CIA 서울지부장이던 도널드 그레그(뒤에 駐韓 미국대사 역임), 당시 駐韓 미국대사 필립 하비브가 그런 사람들이다. 돈 오버도퍼 기자가 쓴 《두 개의 코리아》란 책에서도 그런 주장이 소개되어 있다. 이 책은 하비브 대사가 金大中 납치 직후 주모자가 정보부임을 알아내고 朴 대통령 정부의 고위인사에게 金大中 씨를 죽이면 韓·美관계에 심각한 결과를 초래할 것이라고 경고했다고 썼다.

　미국이 金大中 씨를 살렸다는 주장은 과장이다. 金大中 납치에 직접 관여했던 李厚洛 부장, 정보부 공작단 간부들, 납치선의 선원들은 한결같이 "애당초 金大中 씨를 죽이라는 지시나 계획이 없었다"고 말하고 있다. 미국 CIA의 역할은 많은 경우 과대평가되고 있으며 그들은 그것을 즐기기도 한다. 미국인들은 또한 李厚洛 부장을 물러나게 하는 데 CIA가 작용을 했다고 주장하나 이 또한 과장이다. CIA가 그런 노력을 한 것은 사실이다.

　金大中 강제귀국 4일 뒤인 1973년 8월17일자 美 국무성의 비망록엔 이런 대목이 있다.

　「우리는 이 문제를 CIA와 의논하고 있다. CIA는 李厚洛 부장과의 관계에 대해서 신중한 검토를 하고 있다. CIA는 한국의 안정과 관련하여 李厚洛을 겨냥한 어떤 행동을 실천에 옮길 것을 생각 중이다.」

　1978년 미국 의회에서 나온 '韓·美관계 보고서'에는 "미국 측이 朴鐘圭 경호실장을 통해서 朴 대통령에게 李 부장에 대한 불만과 李 씨의 그런 행동이 韓·美관계에 악영향을 끼칠 것임을 통보했다"고 쓰여 있다.

李厚洛 부장은 1973년 12월3일에 해임되었다. 朴 대통령은 金大中 납치 사건 직후 이미 그를 해임시키려고 마음먹었으나 그렇게 하면 한국 정부가 정보부의 납치 실행을 인정하는 것처럼 보이기 때문에 韓·日관계가 11월 초 金鍾泌 국무총리의 사과 訪日로 정상화될 때까지 기다렸던 것이다. 朴 대통령 귀에 李 부장에 대한 미국측의 불만이 전달되었다고 해도 이미 나 있는 결심에 별다른 영향은 미치지 않았을 것이다.

1973년 12월3일 朴 대통령은 10부 장관을 바꾸면서 李厚洛 부장을 해임하고 후임에 申稙秀 법무장관을 임명했다. 대통령 공보수석 비서관 金聖鎭 씨는 李 부장의 몰락을 보면서 1년 전의 한 장면이 생각났다고 한다.

그날은 유신 선포 직후였다. 李 부장이 유신조치에 고생을 했다고 청와대·軍장성·정보부 간부·내무 관료들을 초청하여 큰 저녁식사 모임을 마련했다. 金 수석이 그 자리에 갔더니 '술잔을 들고 이리저리 옮겨다니며 담소를 하는 자리인데, 李 부장 주위에는 비집고 들어갈 틈조차 없을 정도로 아첨하는 사람들로 가득 차버렸고, 다른 자리는 이 빠진 것처럼 듬성듬성 비어 있었다'고 한다. 金 수석은 '이 자리는 내가 올 곳이 아니구나' 하는 생각이 들어 슬그머니 빠져나왔는데 자신도 모르게 울음이 터져나오더란 것이다. 金 수석은 그때 일을 생각하면서 지금 李厚洛 부장의 심경은 어떠할까에 생각이 미치자 측은한 마음이 들었다고 한다.

48
"호랑이 굴로 들어가라!"

석유위기 속에서 중동건설시장으로 진출하다!

1974년의 세상
서울 지하철 1호선 개통
육영수 여사 저격 피살
제1땅굴 발견
닉슨 사임, 포드 새 대통령 취임
日 다나카 수상 사임
蘇, 솔제니친 추방

재앙으로 위장한 행운

1973년 10월에 일어난 제4차 중동전쟁은 産油國들의 석유武器化를 불렀고 이는 석유값의 폭등으로 이어졌다. 중화학공업 건설을 막 시작한 朴正熙 정부로선 크나큰 위기였다. 1974년 1월14일 '국민생활의 안정을 위한 긴급조치의 공포시행에 따르는 대통령 특별담화문'에서 朴 대통령은 "우리나라 경제만은 '불황 속의 인플레'에 말려들지 말고 이것을 전화위복의 계기로 삼자"고 했다. 그는 또 "우리가 걸어온 길은 탄탄대로가 아니었고 태산준령을 넘고 거센 풍랑을 헤쳐나가듯 여러 가지 난관을 극복하면서 세계적인 성장과 발전을 기록해 왔다"고 했다. 朴 대통령은 그 직전에 긴급조치 1, 2호로써 反정부 세력을 엄단하기로 한 것에 대해서는 이렇게 설명했다.

"이 같은 국가현실을 이해하지 못하고 일부 인사와 불순분자들이 反유신적인 활동을 자행하여 국가안보에까지 위협을 미치게 되었기 때문에 부득이 정부는 이를 먼저 제거하는 조치를 취해야만 했다."

긴급조치 3호는 저소득층 부담 경감, 영세민 취로사업 확대, 임금 체불과 부당해고 엄단, 정부예산 절감, 중소상공업자 지원, 농민보호 대책이 主調(주조)였다. 吳源哲 수석은 이 긴급조치의 효과를 '질서 회복'으로 해석했다.

"석유파동이란 것은 질서가 무너졌다는 뜻입니다. 러시아워 때 서로 먼저 가려고 하다가 자동차가 서로 엉켜버린 것과 같은 현상이 경제에서 일어나고 있었습니다. 교통순경이 등장하여 이 엉킨 차들을 풀어 주어야 하는데, 대통령 긴급조치가 그런 역할을 했습니다. 국민들이 대통령 말을 믿고 사재기를 중단하는 등 질서가 회복되니 정부도 물가체계를 재편할 수 있는 여유가 생긴 것입니다."

1974년 2월1일 정부는 유류값을 평균 82%, 전기값을 30%, 해운요금을 최고 109%, 항공요금을 60% 인상했다. 2월5일엔 생필품, 건축자재, 신문용지 등의 값을 대폭 인상했다. 정부가 통제하던 물건 및 서비스 요금을 최하 10%, 최고 100% 올린 것은 유사 이래 처음일 것이다. 그럼에도 시장과 국민들은 차분하게 받아들였다. 매점매석, 사재기, 품귀현상이 나타나지 않았다. 吳源哲(오원철) 수석의 표현을 빌리면 "폭풍 후의 고요함과 같았다. 남은 것은 할퀴고 간 상처뿐"이었다.

이때 석유쇼크를 '재앙으로 위장한 행운'으로 만드는 일들이 일어난다. 행운은 최선을 다한 사람에게 찾아온다는 것이 朴 대통령의 한국에도 적용된다. 中東 진출을 위한 탐색이 시작된 것이다. 한국의 현대사는 터널을 지나 새로운 무대로 진입하는 것이다.

1973년 한국의 경상수지 적자는 3억 880만 달러였는데, 1974년에는 20억 2270만 달러로 늘었다. 자본거래 통계를 보면 1973년엔 2억 9000만 달러를 빌리면 됐는데, 1974년엔 19억 9480만 달러를 빌려 와야 했다. 경제총사령관인 金正濂(김정렴) 비서실장은 출근하자마자 부도 직전으로 몰린 회사 사장처럼 여기저기 전화를 걸어야 했다.

"오늘 결제 준비는 되었나."

"어제 홍콩에서 돈을 꾸어 오겠다는 것은 해결됐어."

"걸프에게 주는 원유대금은 며칠만 기다리라고 해."

吳源哲 경제2수석비서관의 회고에 따르면 중동 진출과 관련하여

朴 대통령에게 최초의 보고를 올린 것은 1974년 1월30일이라고 한다. 마침 사우디아라비아 나제르 기획상이 訪韓(방한)하게 되어 있어 중동에 대한 한국 기업의 진출 방향을 구상한 것이었다.

吳 수석은 석유위기가 발생하기 전에 유럽에서 돌아오는 비행기 안에서 건설회사 三煥(삼환)의 직원을 만난 적이 있었다. 그때 三煥은 한국 기업체로서는 처음으로 사우디에서 고속도로 건설공사를 따내 일을 하고 있었다. 그때 삼환 직원은 서울 시장이 초청한 제다 市長 부부와 동행하고 있었다. 비행기가 도쿄에 가까워지자 제다 시장 부인이 양장으로 갈아 입었다. 어찌나 아름다운지 클레오파트라를 연상케했다. 吳 수석은 귀국 후 삼환 직원을 불러 사우디의 상황을 이것저것 물어보았다.

吳 수석은 오일달러가 모이는 중동 시장을 겨냥하여 군수품의 판매, 공장 건설, 토목, 건축, 기술 인력 수출을 생각했다. 1월30일 오전 吳 수석으로부터 中東 진출 관련 보고를 받은 朴 대통령은 "국내 업자들을 불러다가 설명회를 개최하고 중동 진출에 적극적으로 나서라는 뜻을 전하라"고 했다. 그날 오후 吳 수석이 다른 건으로 결재를 받으러 갔더니 朴 대통령은 "중동 진출 건에 대해 좀더 자세히 설명해 봐"라고 했다. 吳 수석은 군대식으로 목소리에 힘을 주어 보고했다.

"각하, 우리나라에는 세 가지 장점이 있습니다. 첫째, 우수한 인력을 보유하고 있다는 것입니다. 중동은 작업환경이 가장 나쁜 곳입니다. 고온이고 사막지대입니다. 오락도 없는 곳입니다. 이렇게 나쁜 조건이야말로 우리나라에게는 극히 유리한 조건이 됩니다. 우리나라에는 군인정신으로 무장한 수십만 명의 제대장병들이 있습니다. 월남에서의 경험도 있습니다. 각하, 에너지 위기는 國難(국난)의 일종입니다. 한국 男兒(남아)가 국난을 극복해야 하지 않겠습니까. 지금까지는 어린 여공들이 수출을 해서 우리 경제를 지탱해왔습니다만, 이번에는 남자가 나서야 할 때가 아니겠습니까.

둘째, 우리나라 남자 기능공들의 인건비는 선진국보다는 훨씬 싸고 기술수준은 후진국보다 월등합니다.

셋째, 工期(공기)단축인데 이 부문은 우리 건설업체가 자신 있습니다. 경부고속도로 공사式으로 돌관작업을 하는 데는 소질이 있습니다."

"吳 수석, 소신이 있어 좋구먼."

"각하, 중동에 진출하자면 뒷거래가 필요하다고 합니다. 우리나라는 이 방면에도 소질이 있지 않습니까."

朴 대통령은 소리를 내어 웃었다.

金載圭의 손을 들어준 대통령

朴 대통령 시절의 관료들은 일을 발상하여 실천하는 데까지 걸리는 시간이 매우 짧았다. 2월13일 나제르 사우디 기획상이 訪韓하는 것을 기회로 삼아 2월16일에는 한국-사우디 경제협력위원회가 창립되었다. 4월25일엔 張禮準(장예준) 상공부 장관이 민간기업체장들을 데리고 중동 방문길에 올랐다. 張 장관은 나제르 기획상이 마련한 만찬장에서 軍에서 차출해 간 태권도 유단자 두 사람의 시범을 보여 호평을 받았다. 사우디 왕실의 경호실과 군대에서 태권도 사범들을 초청하게 되었다.

張禮準 장관은 "한국과 사우디 정부는 40억 달러가 들어갈 리야

드 도시 건설에 우리 건설업체가 참여하고 고속도로 건설엔 한일개발이 참여키로 하는 등의 합의를 했다"고 발표했다. 맨 처음 중동에 진출했던 삼환은 제다市의 美化(미화)공사를 수주했다. 삼환은 工期를 단축하기 위해 밤에도 횃불을 피워 놓고 작업을 했다. 이곳을 지나던 파이잘 국왕이 놀랐고 한국 업체에 대한 인상이 좋아졌다고 한다.

1974년 9월 개각 때 朴 대통령은 우직한 金載圭(김재규)를 건설부 장관에 임명하였다. 朴 대통령은 임명장을 주면서 "오일쇼크로 인한 외환위기는 오일쇼크로 부자가 된 중동에서 처방책을 찾아야 한다"고 강조했다.

金 장관은 간부들을 불러 놓고 "중동이라는 커다란 시장을 먹기 위해선 우리 업체들의 입이 너무 좁다. 입을 넓히는 작업을 하라"고 지시했다.

건설부는 비밀 작업 끝에 중동에 진출하려는 건설회사들을 정부가 책임지고 지원하는 제도를 만들었다. 즉, 해외건설 회사에 대해서는 국내 은행이 물적 담보 없이도 신용으로 지급보증을 해주고, 건설수출 소득에 대해서는 법인세를 50% 감면해 주며, 25개 업체의 공동출자로 한국해외건설주식회사(KOCC)를 설립키로 했다.

이 안에 대해서 기획원과 재무부는 반대했다. 위험도가 높은 해외건설에 대해 신용으로 지급보증을 해주었다가 사고가 나면 은행도 함께 망한다는 것이었다.

金正濂 비서실장의 증언에 따르면 1975년 하반기 어느 날 수출진흥확대회의가 끝난 뒤 중앙청 국무위원 식당에서 朴 대통령, 국무총리, 관계장관, 경제4단체장이 점심을 먹는 자리에서 金載圭 장관

이 이 문제를 제기했다.

즉, 건설부 장관이 허가한 해외건설업체에 대해서는 은행이 무조건 지불보증을 해주어야 한다고 했고, 金龍煥(김용환) 재무부 장관은 최대한 협조하겠지만 지불보증은 선별적으로 해야 한다고 맞섰다. 南悳祐(남덕우) 기획원장관 겸 부총리는 재무부 편을 들고 경제단체장들은 건설부 편이었다. 여기서 朴 대통령은 건설부와 기업의 편을 들어 주었다.

朴 대통령은 이렇게 정리했다.

「재무부의 주장도 일리가 있지만 선별적 지불보증은 은행의 보수성에 비추어 업체의 中東 진출에 지장을 줄 것이다. 은행은 무조건 지불보증을 하되 건설부 장관은 업자를 엄선해서 허가하라.」

金正濂 실장은 청와대로 돌아오자 金載圭 장관에게 전화를 걸었다.

"金 장관, 우리 업자들끼리의 과당경쟁과 부실공사를 막아야 합니다. 그래야 은행의 지불보증에 따른 사고를 막을 수 있습니다. 해외진출 허가는 엄선에 엄선을 기해야 합니다."

"알았습니다. 동감합니다. 업계에서 아무리 아우성을 치더라도 20개 이내로 진출업체를 제한하겠습니다."

그 뒤 1년간 더 재직한 金載圭 장관은 약속을 지켰다. 1978년 총선을 앞두고 지방건설업자들이 공화당을 통해서 中東에 진출할 수 있도록 해줄 것을 요청했다. 金 실장은 반대했으나 건설부는 기회의 균등을 내세워 58개 회사에 허가를 내주었다. 中東 건설시장은 한국업체들끼리의 과잉 출혈경쟁, 기술인력 빼내기 싸움터로 변했고, 1980년으로 넘어가면 해외건설 부실사태를 낳게 된다.

14만 명이 中東근무

현대건설은 中東 진출을 둘러싸고 鄭周永·鄭仁永 형제가 충돌했다. 鄭 회장은 "우물쭈물하고 있다가는 機先(기선)을 놓치고 시장은 기득권을 가진 회사들에 의해 분할될 것이고 그렇게 되면 부스러기만 주워 먹을 수밖에 없다"라고 걱정했다.

"어렵고 힘든 일을 안 하고 살면 편하다. 그냥 편하게 주저앉아 쉬운 일만 한다면 회사 발전은 포기해야 하고, 각 기업이 그런 식이면 국가도 희망이 없다. 돈을 잡으려면 돈이 많은 中東으로 가야 한다."

동생 鄭仁永 사장은 이란의 조선소 공사를 수주하여 中東 시장을 개척한 사람이지만 대형공사 수주는 모험이라고 반대했다.

1975년 10월 바레인의 아스리 조선소 건설 공사는 1억 달러짜리였다. 鄭仁永 사장은 이 공사의 수주를 반대했다. 鄭周永 회장은 中東 선발대가 왜 발빠르게 움직이지 않느냐고 화를 내는데, 동생은 中東 공사 계약 관련자를 파면시키겠다고 엄포를 놓고 있었다. 鄭周永 회장은 鄭仁永 사장과 中東 진출 반대론자들을 한꺼번에 내보냈다. 鄭 회장은 李明博을 국내담당 사장, 李春林을 해외담당 사장으로 승진시켰다. 당시 李明博은 30代 중반이었다.

현대가 중동으로 진출하니 공사 규모가 달라졌다. 현대는 1975년 11월엔 1억 9000만 달러짜리 사우디 해군기지 공사를 따내더니 이듬해 6월엔 9억 4000만 달러짜리 주베일 산업항 공사를 수주했다.

1973년에 한국업체들은 中東에서 2400만 달러의 공사를 수주했었다. 中東 진출이 조직적으로 시작된 1974년엔 8881만 달러, 1975

년엔 7억 5121만 달러, 1976년엔 24억 2911만 달러, 1977년엔 33억 8700만 달러, 1978년엔 약 80억 달러, 1979년엔 약 60억 달러, 1980년엔 약 80억 달러, 1981년엔 126억 달러로 수주액이 늘었다.

절정기인 1978년에 中東 진출 한국 건설 노동자와 관련업체 종사자들은 14만 2000명에 이르렀다. 베트남에 이은 두 번째의 거대한 해외진출 민족체험이었다. 朴正熙 대통령은 石油위기와 정면승부하여 中東 진출로써 한국 경제와 한국인의 새로운 활동공간을 창조한 것이다.

석유파동과 中東 진출, 그리고 중화학공업 건설의 경제 3大 주제를 관리했던 1970년대의 네 인물이 있다. 비서실장으로서 경제정책의 총사령탑 역할을 했던 金正濂, 재무장관과 경제기획원 장관을 역임한 南悳祐, 경제제1수석비서관과 재무부 장관을 지냈던 金龍煥, 중화학공업과 방위산업 담당이었던 경제제2수석비서관 吳源哲.

당시 金 실장과 南 장관은 50代, 吳·金 씨는 40代였다. 이 네 사람은 10여 년 전부터 왕성한 저술과 강연활동을 통해서 朴 대통령의 업적과 지도력을 전파하고 있다. 1970년대의 역사를 이야기할 때 이 네 사람의 증언과 기록은 안심하고 인용할 수 있다. 朴 대통령을 지근 거리에서 모시면서 國政(국정)의 핵심을 다루었기 때문이다.

이들의 증언에서 드러나는 朴 대통령의 국가경영술은 철학·전략·전술·정책·실천이 일관되게 흐르고, 입체적으로 짜인 아름다운 건축물 같다. 朴 대통령의 국가 운영에서 발견되는 일관성과 입체성의 비결은 무엇인가. 그는 골똘한 사색과 독서를 통해서 밑그림을 그리고 거기에다가 치밀한 설계와 신속한 실천, 그리고 철저한 확인으로써 속을 채워 갔다.

겉으로는 엄정하고 경직되어 보이는 그의 국가경영술은 안으로 들어가 보면 의외로 부드러웠다.

그는 역사의 원리와 인간의 본질에 대한 이해가 깊었다. 여기서 우러난 전략과 실천은 단순명쾌했다. 말장난이나 현학적 관념론이 낄 틈이 없는 실용성과 합리성이 거기에 있었다.

朴正熙 리더십 12계명

1. 화합형 정책 결정: 朴 대통령은 무엇보다도 듣는 사람이었다. 엉터리 보고라도 끝까지 들어 주었다. 좀처럼 즉석에서 반대하지 않았다. 일단 본인의 의견을 제시한 뒤 주무장관이 다시 한 번 심사숙고할 수 있는 기회를 주었다.

대통령의 지시가 아니라 주무장관이 발안한 정책이 채택되는 방식을 취하도록 했다. 그렇게 해야 정책에 대한 주인의식이 생기고 일을 할 때 신바람이 나는 것이다. 朴 대통령은 자신이 하고 싶은 일을 남을 통해서 하는 방법을 잘 알고 있었다.

2. 민주적 정책 결정: 朴 대통령은 어떤 회의에서도 먼저 발언하지 않았다. 토론을 시켜 문제가 제기되고 찬반의견의 방향이 잡혀가면 그때 결론을 도출하고 필요한 보충지시를 내렸다. 당시의 정치체제와는 다르게 경제정책의 결정과정은 민주적이었다.

3. 생산적 회의: 朴 대통령은 월간경제동향보고, 수출진흥확대회의(무역진흥회의), 청와대 국무회의, 국가기본운영계획 심사분석회의, 방위산업진흥확대회의를 정례화하였다. 이들 회의는 朴 대통령

이 국정을 종합적으로 규칙적으로 파악·점검하고 살아 있는 정보를 얻는 기회였다.

  4. 철저한 확인과 일관된 실천: 朴 대통령은 계획수립에 20%, 실천과정의 확인에 80%의 시간을 썼다고 한다. 중앙부처 및 지방 순시 등 현장 시찰을 자주 한 것도 집행의 확인과 사람들의 사기 진작을 위한 것이었다. 그는 원칙을 견지하면서도 계획의 수정이 필요할 때는 토론절차를 거쳐 신속하게 했다.

  5. 국민의 각성과 참여: 朴 대통령은 국민들이 自助(자조)정신을 발휘하여 자발적으로 건설에 참여하도록 유도하는 데 신경을 곤두세웠다. 그는 인간과 조직의 정신력에 주목한 사람이다. 그는 민족성처럼 되었던 패배의식과의 싸움에 이긴 사람이다. 그는 경부고속도로 건설 같은 눈에 띄는 구체적 업적을 통해서 국민들의 체념과 자학을 자신감으로 교체해 갔다. 의욕을 불어넣기 위해 '새마을 노래', '나의 조국'도 작사·작곡했다

  6. 정부는 맏형, 기업은 戰士: 朴 대통령은 경제관료와 기업인이 이견을 보이면 대부분의 경우 기업인 편을 들어 주었다. 그는 정부주도형 경제개발정책을 채택했으나 기업이 엔진이고, 경제전선의 戰士는 기업인이라고 생각했다. 朴 대통령은 기업 엘리트를 존중해 주었고, 기업인들은 '대통령은 우리 편'이라고 생각했다.

  7. 내각에 권한과 책임 위임: 청와대 비서실이 장관 위에 군림하는 것을 금지시켰고, 장관의 인사권을 존중했다.

  8. 관료 엘리트 중시, 학자들은 자문역: 실천력을 중시하던 朴 대통령은 집행기관장으로서는 학자를 거의 쓰지 않았다. 학자들은 자문역으로만 부렸다. 거의 유일한 예외는 서강대학교 교수 출신인

南悳祐 부총리였다. 南 부총리도 실무능력의 검증을 거친 다음에 중용되었다.

9. 정치와 군대의 압력 차단: 그는 관료들이 국익과 효율성의 원칙下에서 소신대로 일할 수 있도록 군인들과 정치인들의 경제에 대한 개입을 차단하고 견제했다. 군대의 힘으로써 집권한 사람이 군대의 영향력을 차단한 예는 매우 드물 것이다.

10. 경제발전 우선주의: 朴 대통령은 경제발전이 결국은 안보와 민주주의 발전으로 연결될 것이라고 생각했다. '先경제발전, 後민주화'의 소신을 굽히지 않았다. 그에 따른 비난에 대해서는 "내 무덤에 침을 뱉어라"로 대응했다.

11. 시장의 한 멤버로서의 정부: 朴 대통령은 정부가 시장의 규제자가 아니라 한 참여자라고 생각했다. 朴 대통령 시절의 정부는 시장 지배자라기보다는 시장의 일원으로서 시장 기능을 촉진시키는 역할을 했다. 정부는 기업가·은행가·개혁가로서의 역할도 했다. 電力·철강 등 민간기업이 감당하기 어려운 부분은 정부가 公기업을 만들어서 맡아서 하되, 경영은 민간기업 방식으로 운영되도록 했다. "官治(관치)경제가 아니라 대통령이 CEO로 뛴 주식회사 대한민국이었다.(김용환)"

12. 주요 전략 선택의 적중: 朴 대통령이 채택한 수출주도형 공업화정책, 중점 투자전략, 先성장-後분배 전략, 과감한 외자유치 전략은 모두 성공했다. 朴 대통령은 정책과 전술은 수시로 변경했지만 철학과 전략은 18년 동안 그대로 밀고나갔다.

49

'魔彈의 射手'
文世光, 박정희를 향해 돌진하다!

朴 대통령은 '퍽' 소리가 난 뒤에도 6초 동안
연설을 계속했다.
녹음 테이프를 들으면 朴 대통령이
"다시 한 번 강조하면서,
우리가 그동안 시종"이라고 할 때
달려가는 文을 본 청중의 "와~" 하는 함성과 함께
'탕' 하는 제2탄 발사음이 들린다.

18.2m에서 쏜 총알이…

1974년 8월15일 오전, 文世光은 국립극장 맨 뒷줄에 약 10분간 앉아 朴 대통령의 연설을 듣고 있었다. 이윽고 그는 저격을 결심하고 허리춤에 질러 두었던 권총을 뽑아 배 밑으로 옮기는 순간 젖혀 두었던 공이치기가 격발되어 한 발이 발사되었다. '퍽' 하는 소리를 내면서 총탄은 文의 왼쪽 허벅지를 관통했다.

이때의 녹음 테이프를 들어 보면 朴 대통령의 연설 사이로 '퍽' 하는 소리가 잡히지만 연설은 계속되었다. 공교롭게도 이때 朴 대통령은 북한 측에 대해서 불가침조약을 제의하고 있었다.

"나는 오늘 이 뜻깊은 자리를 빌어서 조국통일은 반드시 평화적인 방법으로 이루어져야 한다는 것을" 하는 순간 '퍽' 소리가 난다. 文은 허벅지에 오발을 하자마자 놀라서 복도에서 안으로 세 번째 자리를 박차고 일어나 통로로 나와 연단을 향하여 뛰어갔다. 통로쪽 자리엔 경찰관들이 앉아 있었으나 아무도 文을 제지하지 않았다. 朴 대통령은 '퍽' 소리가 난 뒤에도 6초 동안 연설을 계속했다. 녹음 테이프를 들으면 朴 대통령이 "다시 한 번 강조하면서, 우리가 그동안 시종"이라고 할 때 달려가는 文을 본 청중의 "와~" 하는 함성과 함께 '탕' 하는 제2탄 발사음이 들린다.

이 총탄은 朴 대통령이 연설하던 演臺(연대)를 맞추었다. 文은 6초 동안 11.85m를 뛰어와서 20m 떨어진 朴 대통령을 향해서 쏜 것인데, 맞히지 못했다. 文은 제3탄의 방아쇠를 당겼으나 불발이었다. 제4탄을 쏘려고 하니 朴 대통령의 모습이 보이지 않았다. 朴 대통령은 방탄연대 뒤에서 몸을 낮추어 버린 것이다. 文은 오른쪽으로 시선을 돌려 18.2m 떨어진 곳에 앉아 있던 陸英修 여사를 향해서 총을 쏘았다. 총탄은 陸 여사의 머리를 관통했다. 文은 제5탄을 쏠 때 청중 이대산 씨가 발을 걸어 넘어지면서 방아쇠를 당겼다. 총탄은 연단 위 태극기에 맞았다. 文은 넘어진 상태에서 체포되었다.

文은 자리에서 뛰어나와 6초 만에 제2탄을 쏘았고, 7.5초 때 제5탄을 쏘고 잡혔다. 1.5초 사이에 세 발의 총성이 들렸다. 연발사격하는 느낌이 들 정도였다. 눈 깜짝할 사이에 일어난 일을 놓고 경호의 실수를 미세하게 따져 나가면 현실의 긴박감과 유리되어 탁상공론이 될 수 있다.

文이 총을 들고 단상을 향하여 뛸 때 가장 먼저 대응자세를 취한 사람은 朴鐘圭 경호실장이다. 그는 일어서더니 권총을 뽑아들고 단상 앞으로 뛰어나온다. 그가 일어선 것은 文이 제1탄을 쏘아 '퍽' 소리가 난 지 4.5초 때였다. 그는 범인을 향해서 쏘려고 단상 앞으로 뛰어나오는데 관중석에서 단상으로 보내는 조명에 눈이 부셨다. 표적을 잃은 것이었다. 朴 실장의 행동에 대해서 1998년 청와대 경호실이 펴낸 사례보고서는 이렇게 지적했다.

「경호실장이라면 범인에 대한 응사가 主가 아니라, 피경호인 朴 대통령을 보호하기 위해 연대로 나와 피경호인의 머리를 숙이게 조치했어야 옳았을 것이다. 朴 대통령이 스스로 연대 뒤에 몸을 숨긴 시기는 2탄이 연대에 맞은 후이거나, 3탄이 불발된 이후이기 때문에 범인이 제2탄을 정확히 사격했거나, 3탄이 불발되지 않았더라면 朴 대통령 저격이 성공했을 가능성은 충분히 있었다.」

1998년 경호실의 사례연구서는 陸 여사의 피격은 막을 수 있었다고 주장한다.

「범인이 朴 대통령을 좀더 가까운 거리에서 저격하기 위하여 통로를 달리면서 총을 쏘는 상황인데도 통로 좌우측에 앉아 있던 경찰 근무자들은 아무런 경호조치도 취하지 않고 그저 앉아만 있었다. 총을 쏘는 범인을 밀어 넘어뜨리거나 정조준을 할 수 없도록 범인의 몸을 건드리기만 했어도 陸 여사는 머리에 총을 맞지 않았을 것이다.

좌석에 앉아 있던 12명의 경찰관들은 무엇 때문에 행사장에 와서 앉아 있었는지에 관한 기본적인 행사교육이나 우발상황에 대한 위기의식이 전혀 없었던 것으로 판단된다. 단상에는 후미 근무자 2명을 제외한 5명의 근무자가 있었지만 범인이 고함을 지르면서 단상 쪽으로 뛰어나오며 사격을 하는 상황인데도 단상 좌우 측의 근무자들은 朴 대통령이나 陸 여사를 방호하러 즉각적으로 나오지 않았다.

朴鐘圭 경호실장이 뛰어나온 시점에 단상 근무자들이 행동을 취하여 피경호인을 방호하면서 머리를 숙이게 했더라면 陸 여사는 생존했을 가능성이 컸다.

단상의 수행요원들은 범인이 연대를 맞힌 이후에야 행동을 취했으나 陸 여사를 방호하려고 달려가던 경호원은 陸 여사의 뒤쪽으로 숨고 말았다. 이는 경호원으로서 도저히 있을 수 없는 행동이었다.」

文世光의 朴正熙 저격 및 陸英修 사살 사건은 공식행사 도중에 텔레비전과 라디오의 생중계 중에 일어났기 때문에 가장 상세히 기록되고 목격된 암살사건이 되었다. 수사도 완벽하게 이뤄져 의문의 여지가 전혀 없는 사건이다.

학생을 쏜 경호관

당시 장면을 담은 텔레비전 중계 필름을 한 번 더 보자.
「이날 식장은 무대 위로만 조명이 쏟아졌고 객석은 어두웠다. 文이 쏜 제2탄의 총성이 울리는 순간 단상의 朴鐘圭 경호실장은 이상한 움직임(文이 뛰어나오는 모습)을 발견한 듯 고개를 빼며 왼손에 종이뭉치를 든 채 일어섰다. 세 번째 총성(이것이 陸 여사 명중탄)이 울릴 때는 무대 맨 앞으로 뛰어나와 종이뭉치와 권총집을 떨어뜨렸다. 네 번째 총성이 울릴 때는 오른손에 권총을 거머쥐고 총소리가 나는 곳을 겨냥한다.

이때 朴 실장의 위치는 文이 총을 쏜 곳과 陸英修 여사를 잇는 線(선)에서 약간 왼쪽으로 비낀 곳이었다. 네 번째 총성과 동시에 여러 사람이 몰려들어 文을 제압하자 朴 실장은 겨누었던 총을 거두어 들였다.

단상 위의 요인들은 총성이 울리자 누가 먼저랄 것도 없이 쓰러지듯 몸을 낮추었다. 개중에는 자신이 앉았던 의자 뒤로 숨는 사람도 있었다. 陸英修 여사의 동작이 가장 늦었다. 세 번째 총성이 울리는 것과 거의 동시에 오른쪽으로 몸을 낮추려고 고개를 숙인 듯하던 陸 여사는 뒤쪽으로 급히 고개가 젖혀졌다(이때 머리에 총탄을 맞았다). 그리고는 서서히 왼쪽으로 머리를 떨구었다(注: 여기서 왼쪽·오른쪽은 단상을 바라보는 視點 기준).

文世光이 체포된 직후 또 한 방의 총소리가 울리고 여자들의 비명소리가 터져 나왔다. 壇上(단상)의 한 경호원이 뒤늦게 객석을 향해 쏜 총알이 합창단원으로 앉아 있던 D열 86번의 張峯華(장봉화·당시 18세. 성동여실高 2학년) 양을 맞혀 절명케 하는 순간이었다.

이 총소리 직후 벽면을 비추던 방송은 '지지~' 하는 소리와 함께 중단된다. 경호원들은 무대 위에서 권총을 뽑아 들고 演臺 뒤로 숨은 대통령을 경호한다. 객석의 하객들은 의자 밑으로 숨느라고 아우성을 친다. 이때 독립유공자석에 앉아 있던 卓금선 여인이 "국모님이…"라고 소리치며 무대 위로 달려 올라가 陸英修 여사를 안아 일으킨다. 陸 여사는 卓 여인과 경호원들에 의해 들려 나가고 張峯華 양과 저격범 文도 밖으로 들려 나간다.」

朴 대통령 가족 경호 담당인 李相烈 수행과장은 이날 국립극장 단상 뒤쪽에 쳐진 커튼의 뒤에서 근무 중이었다.

" '와~' 하고 소리가 나서 커튼을 젖히고 내다보니 文世光이 달려오면서 총을 쏘는 것이 순간적으로 보였습니다. 제가 연대 쪽으로 뛰어나가 보니 각하께선 오른쪽으로 넘어져 있었습니다. 우리가 일으켜서 연대 뒤에 쪼그리고 앉도록 했지요. 朴 대통령께서는 '야, 우리 집사람에게 가봐'라고 하시더군요. 순간적으로 무슨 예감이 드신 듯했어요."

녹음 테이프에선 이런 소리가 들린다.

「"가만 계세요."(경호원이 연단 뒤에 숨은 대통령에게)

"가만히 계세요."(대통령에 대한 경호원의 당부인 듯함)

"잡았니?"(대통령의 물음인 듯함)

"예."(경호원의 답변인 듯함)

"사모님이…."(경호원의 말인 듯함)」

이 직후 '탕' 하는 소리가 나고 여자들의 비명이 들린다. 뒤늦게 경호원이 쏜 총탄에 합창단원 張양이 맞는 장면이다. 이 총격은 文世光을 체포하는 소란 속에서 일어났다. 文이 마지막 총탄을 쏜 지 15초 뒤였다. 이 총격의 주인공인 金모 경호원은 1998년 경호실 보고서 작성자에게 이런 증언을 남겼다.

"나는 단상의 휘장 뒤편에서 경호에 임하고 있었다. '탕' 하는 총소리와 군중의 함성을 듣고 휘장을 헤치고 무대로 나왔다. 文世光이 통로 중간쯤에서 단상을 향해 총을 쏘는 것이 보였다. 朴鐘圭 실장의 권총에서 나는 두 발 정도의 총소리를 듣고 범인을 향해서 실탄을 발사했다.

잠시 후 범인이 쓰러지는 것을 보고 내가 쏜 실탄에 의해 제압된 것이라고 오해했다(실제로는 시민이 발을 걸어 넘어뜨려 잡혔다). 가늠쇠를 보고 발사할 수는 없었다. 정확한 사격이 되지 않아 범인 제압에 실패하고 참석자를 희생하는 결과를 낳게 되었다는 것이 마음에 한이 된다."

모든 것이 순간적이었다. 文世光이 네 발을 쏘고 붙들릴 때까지는 8초밖에 걸리지 않았다. 이 사이에 자신이 무엇을 했는지 事後(사후)에 설명하면 앞뒤가 맞지 않는 경우가 많다. 金 경호원이 총을 쏘았을 때는 文이 붙잡힌 뒤였는데도 그는 자신의 총격에 文이 맞았다고 생각했다고 한다.

"하던 얘기를 계속하겠습니다"

다시 당시 상황을 동영상으로 확인해보자.

「2분 만에 演臺 위로 朴 대통령이 몸을 드러내자 장내에서는 함성과 박수 소리가 터져 나왔다. 오전 10시26분 20초, 朴正熙 대통령은 예의 그 카랑카랑한 목소리로 "여러분, 하던 얘기를 계속하겠습니다"라고 운을 떼었다. 당황하거나 겁먹은 모습은 전혀 아니었다. 10여 초간 아무 말 없이 연설문을 바라보던 朴 대통령은 중단했던 기념사의 위치를 정확히 찾아내 "다시 한 번 우리가 원하는 평화통일의 기본원칙을 명백히 하고자 합니다. 그 원칙의 첫 번째는…"라면서 연설하기 시작했다.

　연설을 재개한 지 4분40초쯤 지나면서부터 朴 대통령은 조금씩 흐트러진 모습을 보이기 시작했다. 연설문만 향하던 눈길을 거두어 객석을 이따끔 쳐다보았고 혀를 내밀어 입술을 축이기도 했다. 꼿꼿하던 몸을 조금씩 움직이는 횟수가 많아졌고 말을 빨리 하는 부분도 있었다. 읽은 곳을 다시 읽어 가볍게 더듬는 듯한 느낌을 주는 곳도 두 군데 있었다. 연설문을 건너 뛰어서 읽거나 떨리는 목소리를 내는 실수는 전혀 하지 않았다. 연설문을 다 읽은 朴 대통령은 "감사합니다"라면서 연대 뒤로 한 발 물러나 고개 숙여 인사를 했다. 우렁찬 박수 소리가 터져 나왔다. 자신의 의자로 되돌아가던 朴 대통령은 밑에 떨어진 陸 여사의 핸드백과 고무신을 주우려고 몸을 숙였다. 梁鐸植 서울시장이 재빨리 몸을 숙여 고무신과 핸드백을 먼저 주워 경호원들에게 건네 주었다. 의자에 앉은 朴 대통령은 曺相鎬 의전수석을 불러 뭔가를 지시했다.

　장내 아나운서의 말에 따라 성동여자실업高 학생들이 일어나 광복절 노래를 부르기 시작했다. 학생들은 동요된 표정 없이 노래를 불렀다. 자리에서 일어선 朴 대통령은 3부요인 등과 악수를 나누고 무대 뒤로 퇴장했다. 평소의 모습 그대로였다.

朴 대통령이 퇴장하자 절대금연인 객석 여기저기에서 뽀얀 담배 연기가 피어올랐다. 장내 아나운서는 "지금 퇴장할 수 없으니 잠시 자리에서 기다려 달라"는 안내 방송을 했다. 청중들은 오전 10시50분부터 한 사람씩 몸 검색을 받고 밖으로 나왔다.」

이날 외국기자 다섯 명이 현장에 있었다. 많은 편이었다. 당시 민주화 운동이 거세지고 있었고, 朴 대통령이 중대 발표를 할 것이란 소문이 돌아 서울과 도쿄 특파원들이 왔다.

그 가운데 한 사람인 돈 오버도퍼 기자《워싱턴 포스트》는 "그날 내가 가장 놀란 것은 文世光의 총격이 아니라 朴 대통령이 연설을 再開(재개)한 것이다. 아내가 총에 맞고 실려 나갔는데도 연설을 계속하다니, 그것도 아무 일 없었다는 듯이 차분하게…. 우리 미국인의 기준으로는 도저히 상상도 이해도 가질 않았다"고 말했다. 한국인들은 朴 대통령의 공인다운 태도를, 미국인들은 인간으로서의 冷血的(냉혈적)인 모습을 느꼈던 것이다.

지하철 개통식에 가려다가 단념

陸英修 여사가 서울대학병원으로 실려 가고 공식행사가 끝난 직후, 국립극장 극장장실에서는 침통한 대화가 오갔다. 극장장실에는 朴 대통령을 위시하여 丁一權 국회의장, 閔復基 대법원장, 金正濂 비서실장 등이 배석했다. 朴 대통령이 먼저 말문을 열었다.

"어떻게 된 거야? 내용을 좀 설명해."

"…"

좌중에는 침묵만이 흘렀고, 朴 대통령의 물음에 대답하는 사람은 아무도 없었다.
  극장장실 입구 바로 앞에 朴鐘圭 실장이 멍하니 서 있었다. 상기된 얼굴로 하늘만을 응시한 채 누가 물어도 묵묵부답이었다.
  누가 와서 朴 대통령의 말을 전해도 말이 없었다.
  "각하께서 상황 설명을 듣고 싶어하십니다."
  "…."
  朴 대통령은 몹시 궁금한 듯 다그쳤다.
  "뭘 좀 알아봤나?"
  한 비서관이 말했다.
  "알아본 것은 없지만 궁금하시다면 저라도 본 대로 말씀 올리겠습니다."
  "그래, 말해 봐."
  "첫 번째 총성이 울리자, 단상에 있는 사람들은 모두 피하고 朴鐘圭 실장이 뛰어나가 즉시 응사하였습니다. 그러고는 뒤로 돌아 각하의 허리춤을 잡아 연설대 밑으로 피하게 한 다음, 영부인 쪽으로 달려갔습니다. 그런데 그만…."
  朴 대통령은 간략한 설명을 들은 후, 영부인의 안부는 묻지도 않고 대뜸 이런 말을 했다.
  "객석은 어두워 잘 안 보일 텐데 그곳에다 쏘게 되면 시민들이 다치잖아."
  "응사 시에는 별 일이 없었습니다. 영부인은 아마 지금쯤 서울대학병원에 도착하셨을 것입니다."
  "그럼 다음 행사장으로 갑시다."
  朴 대통령의 다음 행사장, 즉 지하철 개통식으로의 이동 지시가

떨어지자, 주변 사람들은 그 자리에서 만류했다.

"각하! 그것은 안 됩니다. 역사에 보면 오스트리아 황태자 살해 사건 때도 암살조가 세 팀이 있었습니다. 제1조가 던진 폭탄이 황태자에게 해를 입히지 못하게 되자, 제2조가 다른 장소에서 결국 황태자를 살해하지 않았습니까. 측근의 만류를 무시하고 예정대로 두 번째 행사장에 참석했다가 결국 폭탄 세례를 받은 것입니다."

부하들은 제2의 암살조가 또 대통령을 기다리고 있을 것이라는 등, 여러 가지 사례를 들어 가면서 진언을 했다.

朴 대통령은 그런 말을 귀담아 들으려 하질 않았다.

"일단 일정이 잡힌 공식행사이니만큼 가봐야 되지 않겠는가."

"각하께서는 서울대학병원으로 가시고, 지하철 개통식에는 丁一權 국회의장이 대신 참석하는 게 좋겠습니다."

목표물이 朴 대통령이니만큼 다른 사람은 해치지 않을 것이라는 판단에서였다.

"그래도 개통식에 가봐야지."

그러면서 朴 대통령은 자동차에 올랐다가 망설이듯이 다시 말했다.

"아무래도 집사람이 걱정되니까 내 대신 丁 의장께서 참석해 주시면 좋겠습니다."

일본인으로 誤認

文世光 사건 수사 책임자가 되는 정보부 李龍澤 수사국장은 8월 15일 새벽에 골프장으로 가기 위하여 일어났다. 잠자리에 있던 아

내도 일어나더니 "꿈이 이상합니다. 앉아서 제 이야기를 좀 들어보세요"라고 했다. 꿈 이야기가 심상치 않았다. 陸 여사가 소복을 입고 한 소녀를 이끌고 산으로 올라가더란 것이었다. 陸 여사가 소복을 입었다면 朴 대통령이 죽었다는 이야기가 아닌가?

李 국장은 골프 약속을 취소하고 남산의 수사국으로 출근했다. 당직자에게 간밤에 이상이 없다는 것을 확인하고도 그는 수사국 요원들을 비상대기 상태로 놓았다. 그는 오전 10시부터 텔레비전을 보다가 총성을 듣고 벌떡 일어났다. 뛰어나오면서 부국장실의 문을 여니 간부들이 바둑을 두고 있었다.

"야, 이 사람들아, 놀아도 텔레비전은 틀어 놓고 해야지. 지금 8·15 행사장에서 총소리가 났으니 출동하자."

李 국장은 과장을 태우고 국립극장으로 달리면서 본부에 지시했다.

"방송사에 연락을 해서 국립극장에서 찍은 장면은 방영하지 못하도록 조치하라."

李 국장이 국립극장장실에 들어가니 朴 대통령이 침통하게 앉아 있었고, 朴鐘圭 실장이 얼굴이 하얗게 되어 입을 다물고 있었다. 李 국장이 보니 朴 대통령의 양복 어깨죽지에 검은 물방울 같은 것이 묻어 있었다. 그는 다가가서 손가락으로 그곳을 만져 보았다. 피였다. 아마도 총탄이 陸 여사의 머리를 관통할 때 튄 피 같았다.

李 국장이 들으니 범인은 체포되었다가 오발로 다친 허벅지 치료 때문에 국립의료원으로 옮겨졌다는 것이다. 李 국장이 국립의료원으로 가는 車中에서 라디오를 들으니 "범인은 일본인이다"는 보도가 나오고 있었다.

국립의료원에 이르러 안으로 들어가는데 마침 경호실 정보처장이 범인의 여권을 들고 나오고 있었다. 李 국장이 받아서 뒤져 보니 여권과 함께 외국인등록증이 나왔다. 여권에는 이름이 '요시이 유키오'로 쓰여 있었으나, 외국인등록증엔 文世光으로 적혀 있었다. 경호실에선 여권 이름만 보고 일본인이 범인이라고 기자들에게 이야기한 모양이었다. 경호처장은 "일본인이 아니네"라고 낭패한 표정을 지었다.

李 국장은 응급실로 들어갔다. 의사들이 文世光의 오발로 관통당한 허벅지를 붕대로 감고 바지를 입히고 있었다. 범인은 얼굴과 몸이 통통한 好人型(호인형)이었다. 李 국장이 일본말로 이야기했다.

"아나타 조센진데쇼. 우소와 다메다(당신은 조선인이지. 거짓말은 안 돼)."

"하이."

李 국장은 陸 여사가 수술을 받고 있던 서울대학병원으로 갔다. 朴 대통령은 전용 입원실에 있었다. 李 국장이 범인은 在日 한국인이라고 보고하니 朴 대통령은 "허, 또 우사(창피당)하게 생겼구나"라고 말했다. 朴 대통령은 朴鐘圭 실장을 향해서 "어떻게 범인이 일본인이라고 나갔나"라고 추궁하더니, "앞으로 수사는 정보부가 맡아서 하도록 하라"고 지시했다.

李 국장은 陸 여사의 머리를 관통한 총알과 文이 오발한 권총 탄알을 현장에서 직접 찾아냈다. 陸 여사의 머리를 꿰뚫은 총알은 떼구루루 굴러 무대 휘장 뒤로 갔기 때문에 찾는 데 애를 먹었다. 文의 오발탄도 접는 의자에 끼여 있어 겉에선 잘 보이지 않았다.

정보부는 文世光의 진술을 받아 일본 경찰에 알려 주고 보강수사를 부탁했다. 李 국장이 아직도 풀지 못한 수수께끼는 文世光이 몇 번이나 "인천이 어디 있는가"라고 수사관에게 묻던 점이었다. "왜 묻는가"라고 추궁했으나 文은 끝내 대답하지 않았다.

"북한 측에서 文에게 암살에 성공하면 반드시 구출해 주겠다고 약속한 모양입니다. 인천이 그런 목적의 접선장소였는지 모르겠습니다만 文은 입을 닫아 버렸습니다."

朴鐘圭 경호실장에 대한 신문은 李龍澤 수사국장이 집을 찾아가 직접 했다. 朴 실장은 文世光의 제1탄(허벅지를 관통한 오발탄)이 발사되는 소리를 들었을 때 電球(전구)가 터진 것이라고 생각했다고 진술했다. 文이 통로를 달려나오는 것을 보고 朴 실장은 왼손에 들고 있던 프로그램 종이를 떨어뜨리고는 오른손에 든 권총의 공이치기를 뒤로 젖혔다. 그가 文을 향해서 쏘려고 하는 찰나에 단상을 향해 비추던 조명이 눈을 부시게 해 표적을 잃어버렸다. 朴 실장은 한 방을 쏘긴 했는데 청중이 다칠까 봐 총신을 올려 발사했다고 진술했다는 것이다. 여중생을 죽게 한 총알은 다른 경호원이 쏜 것이었다.

李龍澤 국장은 朴 실장의 진술을 확인하기 위해서 국립극장 안의 조명을 사건당일과 같이 재현해 놓고 단상에 서 보았다. 과연 눈이 부셔 조준사격이 불가능하다는 판단을 하게 되었다. 李 국장은 朴 실장의 권총을 압수하고 그 권총에서 발사된 총알과 대조했다고 한다.

《자칼의 날》을 읽은 犯人

金淇春 검사(前 법무장관)는 당시 중앙정보부에 파견 나가 정보부

장 보좌관을 맡고 있었다. 文世光 사건이 일어나기 전인 8월 초순 金淇春 검사는 가족과 함께 대천해수욕장으로 여름휴가를 갔었다. 휴가지에서 金 검사는 막 한국어 번역판이 나온 소설 《자칼의 날》을 재미있게 읽었다고 한다. 그가 휴가에서 돌아온 지 채 며칠이 지나지 않아 文世光 사건이 일어난 것이었다.

申稙秀 정보부장은 8월16일 金淇春 검사를 불렀다.

"범인이 어제부터 서른 시간 이상 입을 열지 않고 있다. 내가 청와대 대책회의에 나가서도 할 말이 없다. 金 검사가 범행 동기와 배후를 캐내어 보라. 나를 비롯한 간부들이 오늘은 퇴근하지 않고 기다리겠다."

文은 링거주사를 맞으면서 남산 분실 수사국에서 조사를 받고 있었다. 金 검사는 일본어 통역을 옆에 앉히고 文과 대면했다. 金 검사는 수사관의 제1성이 범인의 진술을 얻는 데 중요하다고 생각했던 만큼 곰곰이 생각해 둔 질문을 던졌다.

―소설 《자칼의 날》을 읽었지요.

"읽었습니다. 센세이(先生)도 읽었습니까."

―나도 읽었소. 그런데 당신이 바로 자칼이 아니오.

"그렇습니다. 내가 바로 자칼입니다."

실마리가 잡히자 대화는 차츰 본론으로 들어갔다.

―당신의 사상이 무엇인가.

"나는 공산주의를 신봉합니다. 나는 공산혁명을 이룩하려는 한 수단으로 여기에 왔습니다."

―그렇다면 혁명가답게 당당하게 자신의 행위를 설명하라. 왜 비겁하게 말을 하지 않는가.

"알았습니다. 이야기하겠습니다."

―여권명 요시이 유키오는 누구인가.

"여자친구인 요시이 미키코(吉井美喜子)의 남편입니다."

―요시이 유키오 명의의 여권은 어떻게 마련했나.

"요시이 미키코가 남편 요시이 유키오의 호적등본 등 인적사항 서류를 제공해 주어 만들 수 있었습니다."

―권총은 어디에서 났는가.

"오사카 고츠(高津) 파출소에서 훔쳤습니다."

―누구의 지시로 훔쳤는가.

"조총련 오사카 西지부 정치부장 金浩龍(김호룡)의 지시를 받았습니다."

―金浩龍으로부터 어떤 지시를 받았는가.

"1973년 11월11일 홍콩 여행 중 권총을 구입하라는 명령과 함께 金으로부터 50만 엔을 받았습니다. 1974년 2월 초순의 어느 날 밤 10시쯤에 '朴正熙의 암살은 8·15 기념식 행사 때 하기로 한다. 이를 위한 사전준비로 현재 관여하고 있는 金大中 구출위원회 등의 모든 조직활동에서 손을 떼라. 도쿄 아다치(足立)에 있는 아카후도(赤不動) 병원에 가와카미 유지(川上勇治)란 이름으로 입원해라. 입원비는 조총련이 담당한다' 는 지시를 받았습니다.

나는 1974년 2월12일부터 3월11일까지 이 병원에 입원해 있으면서 공산주의 사상학습을 하였습니다. 이 기간 金浩龍으로부터 돈을 받았습니다."

―만경봉號에 탄 적이 있는가.

"있습니다. 1974년 5월3일 밤 10시쯤 金浩龍의 지시로 한 시간

가량 승선하였습니다."

―만경봉號에서 누구를 만났는가.

"배 식당에서 47세 가량의 북한 사람을 만났습니다."

金 검사는 文世光의 진술에 신빙성이 있는지 알아보기 위해 文이 머물렀다는 만경봉號 내부와 고츠 파출소의 내부 모습을 그리게 했다. 文은 의외로 그림솜씨가 있었다.

범행 배후를 밝히면서도 文은 당당한 표정을 감추지 않았다. 국가원수를 저격한 죄가 사형에 해당한다는 것은 주지의 사실인데도 전혀 죽음을 예상하는 태도가 아니었다. 文은 이따금 "밖은 괜찮으냐"란 질문을 했다. 그때까지도 文은 범행을 하고 나면 혁명이 일어나고 혁명세력이 자기를 구하러 올 것이라고 착각하고 있었던 것 같다.

金 검사가 文으로부터 받아낸 진술은 곧 신문 방송을 통해 알려졌다. 기자들의 관심은 요시이 유키오와 요시이 미키코 부부, 그리고 金浩龍으로 쏠렸다.

8월16일 오후 정보를 입수한 일본 경찰은 요시이 미키코(당시 24세)를 여권법 및 출입국관리법 위반혐의로 구속하였다. 요시이 미키코가 1973년 11월 초 같은 방법으로 남편 명의의 여권을 文世光에게 만들어 주었으며, 그해 11월19일 이 여권을 사용한 文世光과 함께 2박3일간 홍콩 여행을 간 사실을 밝혀 냈다.

日本의 非협조

8월18일 오후 배후 인물 金浩龍은 조총련 오사카 이쿠노구(生野區) 西지부 사무실에 나타나 기자회견을 가졌다.

"文世光과는 1972년 9, 10월경 조총련 기관지 〈조선신보〉를 배포하던 중 그의 집 앞에서 처음 만났다. 지금까지 文을 만난 것은 모두 세 번이며, 1974년 7월에 만난 것이 마지막이었다. 文에게 암살지령이나 거사자금을 전달한 사실은 없다. 요시이 부부와는 면식조차 없다. 일본 경찰이 이 사건과 관련, 직접 찾아오거나 출두요청을 해 오더라도 (나는) 응하지 않겠다."

초기엔 일본 경찰도 범인이 일본 파출소에서 훔친 권총으로 한국의 대통령을 저격한 것 때문에 나름대로 수사에 열을 올렸다. 한국측이 文世光의 배후세력으로 조총련을 지목하자 일본 수사당국은 非협조적으로 나오기 시작했다. 일본이 이렇게 나오게 된 데는 당시 金大中 씨를 납치한 것으로 알려진 중앙정보부가 文世光 사건을 맡은 것이 한 원인이었다.

文世光 사건을 수사했던 전직 정보부원은 이렇게 말했다.

"일본 경찰에서 金大中 씨 사건과 관련한 협조 의뢰 문서를 보내오면 우리는 무조건 '잘 알 수 없음' 이라는 회답을 보내곤 했습니다. 주권이 침해당했다고 시끄러웠던 일본으로서는 앙심을 품지 않을 수 없었을 것입니다.

일본 측은 그 앙갚음을 文世光 사건 때 했습니다. 시간이 지나면서 그 도가 점점 심해져 '文이 미키코를 만났다는 다방이 오사카 ○○지역에 있다는데 사실인가' 라고 물어도 '네 시간 동안 찾아보았지만 잘 모르겠다' 는 회신이 왔습니다. 우리가 직접 확인해 보니 찾기 쉬운 곳에 있었는데도 말입니다."

50
부인 잃고 詩人이 된 대통령

"한 송이 흰 목련이 봄바람에 지듯이,
아내만 혼자 가고 나만 혼자 남았으니,
斷腸(단장)의 이 슬픔을 어디다 호소하랴"

"한송이 흰 목련이 바람에 지듯이"

朴正熙 대통령은 부인 陸英修를 잃은 이후 자신의 일기에 여러 번 詩를 남겼다. 1974년 8월19일 장례식을 치른 다음날 朴 대통령은 특별담화문을 발표했다. 그는 국민들에게 감사하는 마음을 전했는데 이런 표현을 썼다.

「축제일을 슬픔으로 보내지 않을 수 없도록 한 데 대하여 진심으로 미안하고 죄송한 마음 금할 수 없습니다. 여러분이 보내주신 정중한 조의에 보답하는 길은 이 땅에서 폭력과 빈곤을 몰아내고 사랑과 희망이 가득한 행복한 생활을 우리 모두가 골고루 누릴 수 있도록 노력하는 것이라 믿습니다.」

8월20일 朴 대통령은 오후 5시경에 車智澈 국회의원을 불러 경호실장에 임명하겠다는 사실을 통보한 후 저녁에 이런 詩를 썼다.

한 송이 흰 목련이 바람에 지듯이
喪家에는 무거운 침묵 속에
씨룽 씨룽 씨룽
매미 소리만이
가신 님을 그리워하는 듯
팔월의 태양 아래
붉게 물들은 백일홍이
마음의 상처를 달래 주는 듯
한 송이 흰 목련이 봄바람에 지듯이

아내만 혼자 가고 나만 남았으니
斷腸의 이 슬픔을 어디다 호소하리

　朴 대통령은 8월31일 밤에는 '추억의 흰 목련 遺芳千秋' 란 제목으로 詩를 썼다.

하늘도 울고 땅도 울고
산천초목도 슬퍼하던 날
당신의 마지막 가는 길을 지켜보는
겨레의 물결이 온 장안을 뒤덮고
전국 방방곡곡에 모여서 빌었다오

가신 님 막을 길 없으니
부디부디 잘 가오
편안히 가시오
영생 극락하시어
그토록 사랑하시던
이 겨레를 지켜주소서

불행한 자에게는 용기를 주시고
슬픈 자에게는 희망을 주고
가난한 자에게는 사랑을 베풀고
구석구석 다니며 보살피더니
이제 마지막 떠나니

이들 불우한 사람들은
그 따스한 손길을 어디서 찾아보리
그 누구에게 구하리
극락천상에서도
우리를 잊지 말고
길이길이 보살펴 주고

우아하고 소담스러운
한 송이 흰 목련이
말없이 소리없이 지고 가버리니
꽃은 져도
향기만은 남아 있도다

朴 대통령은 9월1일 일요일 밤에도 詩를 썼다.

아는지 모르는지
비가 와도 바람 불어도
꽃이 피고 꽃이 져도
밤이 가고 낮이 와도
당신은 아는지 모르는지
해가 뜨고 달이 져도
여름이 가고 가을이 와도
당신은 아는지 모르는지

그 3일 뒤인 9월4일 수요일 朴 대통령은 오후 6시55분부터 8시 25분까지 金正濂 비서실장, 車智澈 경호실장, 崔永喆 의원, 柳赫仁 정무수석 비서관과 함께 청와대 식당에서 저녁을 함께 한 뒤 아내 없는 침실로 돌아와 詩를 썼다.

「이제는 슬퍼하지 않겠다고
몇 번이나 다짐했건만
문득 떠오르는 당신의 영상
그 우아한 모습
그 다정한 목소리
그 온화한 미소
백목련처럼 청아한 기품
이제는 잊어버리려고 다짐했건만
잊어버리려고 다짐했건만
잊어버리려고 하면 더욱 더
잊혀지지 않는 당신의 모습

당신의 그림자
당신의 손때
당신의 체취
당신의 앉았던 의자
당신의 만지던 물건
당신이 입던 의복
당신이 신던 신발

당신이 걸어오는 발자국 소리

"이거 보세요"
"어디 계세요"
평생을 두고 나에게
"여보" 한번 부르지 못하던
결혼하던 그날부터 이십사 년간
하루같이
정숙하고도 상냥한 아내로서
간직하여 온 현모양처의 덕을
어찌 잊으리, 어찌 잊을 수가 있으리

朴 대통령은 아내를 잃은 뒤 한동안 일요일에 즐기던 골프를 치지 않았다. 9월14일은 토요일이었는데, 그는 오후 2시34분부터 두 시간 동안 서울 근교를 드라이브했다. 다음날 일요일 오후 4시50분부터도 드라이브를 하면서 보냈다. 이날 청와대로 돌아와서 쓴 詩의 제목은 '백일홍' 이었다.

당신이 먼 길을 떠나던 날
청와대 뜰에 붉게 피었던 백일홍과
숲 속의 요란스러운 매미 소리는
주인 잃은 슬픔을 애달파 하는 듯
다소곳이 흐느끼고 메아리쳤는데
이제 벌써 당신이 가고 한 달

아침이슬에 젖은 백일홍은
아직도 눈물을 거두지 못하고 있는데
매미 소리는 이제 지친 듯
북악산 골짜기로 사라져 가고
가을빛이 서서히 뜰에 찾아드니
세월이 빠름을 새삼 느끼게 되네

여름이 가면 가을이 찾아오고
가을이 가면 또 겨울이 찾아오겠지만
당신은 언제 또 다시
돌아온다는 기약도 없이
한 번 가면 다시 못 오는
불귀의 객이 되었으니
아, 이것이 天定의 섭리란 말인가
아, 그대여, 어느 때 어느 곳에서
다시 만나리

1974년 9월30일은 추석이었다. 이날 오전 7시 朴 대통령은 국립묘지를 찾았다. 이 감상을 그는 그날 밤에 詩로 남겼다.

당신이 이곳에 와서
고이 잠든 지 41일째
어머니도 불편하신 몸을 무릅쓰고
같이 오셨는데

어찌 왔느냐 하는 말 한마디 없소
잘 있었느냐는 인사 한마디 없소

아니야, 당신도 무척 반가와서
인사를 했겠지
다만 우리가 당신 목소리를
듣지 못했을 뿐이야
나는 당신의 목소리를 들을 수 있어
내 귀에 생생히 들리는 것 같아

당신도 잘 있었소
홀로 얼마나 외로웠겠소
그러나 우리는 언제나 당신의 옆에
있다고 믿고 있어요
언제까지나
언제까지나
당신이 그리우면 언제나 또 찾아오겠소
고이 잠드오. 또 찾아오고
또 찾아올 테니
그럼 안녕!

아내의 木碑

1974년 11월23일, 朴正熙 대통령은 訪韓 일정을 마치고 돌아가는 미국 포드 대통령을 김포공항에까지 환송하고 돌아오는 길에 동작동 국립묘지에 들러 아내의 무덤을 둘러보았다.
 비석은 아직까지 돌로 만들지 못해 임시로 木碑(목비)를 꽂아 둔 상태였다. 朴 대통령은 묘소 주위를 둘러본 뒤 木碑를 가리키며 말했다.
 "임시로 세운 비석이지만 깨끗하고 아름답게 되어 있는 것을 보니 생전의 지만이 엄마를 연상하게 하는구먼. 애쓰신 분들이 참 고마워. 관리 사무실 어디 있나? 거기 들렀다 가지."
 朴 대통령은 그곳을 떠나기가 못내 아쉬운 듯 천천히 발을 떼면서 혼잣말처럼 중얼거렸다.
 "춘하추동을 여기서 맞는다는 것을 생각하니 아쉽고 안타까워. 그러나 그 사람이 늘 걱정하고 사랑하는 조국이 나날이 발전하고 애들도 잘 자라고 있으니 마음놓고 天上에서 자리 잡고 있겠지. 나도 열심히 일을 더 잘해야겠소."
 朴 대통령은 느린 걸음으로 계단을 내려와 관리실에 들러 그곳 직원들에게 감사의 뜻을 전했다.
 "잘 돌보아줘서 고맙습니다. 앞으로도 계속 잘 돌봐주십시오."
 朴 대통령은 조금도 대통령 티를 내지 않고, 단지 부인의 산소를 관리하는 분들에게 사례를 하는 평범한 남편의 모습으로 최대한 정중히 예를 갖추었다. 관리실을 나와서 떠날 때도 朴 대통령은 아쉬움이 남는지 묘소를 바라보았다.
 "잘 있으시오…."
 말끝을 흐리며 아내에게 혼잣말로 작별 인사를 하고 나서도 朴 대통령은 몇 번이나 산소 쪽을 향해 손을 흔들었다. 청와대로 향하는 차 안에서 朴 대통령은 아무 말이 없었다.
 그날 밤 朴正熙는 이런 일기를 남겼다.
 「降雪(금년 첫눈) 종일 흐림
 김포공항에서 돌아오는 길에 동작동에 들러 아내 幽宅(유택)을 찾다. 그저께 제막한 비석이 퍽도 깨끗하고 아담하게 서 있고 비문도 단정하고 맵시 있게 부각되어 있다. 애쓰신 분들에게 마음속으로 감사를 드린다. 당신이 여기에 묻혀 그 앞에 비석이 설 줄이야. 당신은 여기에 잠들어 風雨星霜(풍우성상) 춘하추동 가고 오고, 오고 가도 아는지 모르는지? 어찌 모를 리가 있으랴.
 당신이 사랑하는 이 조국과 겨레의 삶의 모습을 낱낱이 지켜보며 보살펴 주고 사랑해 주고 올바른 길로 인도해 주오.
 아내가 그토록 정성들여 애쓰던 지난날이 주마등처럼 지나간다. 저 깜박거리는 네온 불빛이 동작동에서도 보이겠지.」

"지만이 엄마랑 같이 시찰한 거야"

 1975년 8월 초 朴 대통령은 진해 猪島(저도)에서 여름 휴가를 보냈다. 그러나 말이 휴가이지 일종의 지방 시찰과 다름없었다. 아침 일찍부터 朴 대통령은 몇 명의 경호원과 수행원만 데리고 연락도 없이 섬을 떠나 거의 하루 종일 보이지 않았다. 모두들 궁금해했으나 누구에게 물어볼 수도 없었다. 저녁나절에야 朴 대통령이 숙소에 돌아왔다. 鮮于煉 공보비서관이 朴 대통령에게 물었다.
 "어디 갔다 오셨습니까?"
 "구경 좀 하고 왔지."

더 이상의 말은 없었다. 주위에서 계속 물어보니까 그때서야 설명을 했다.

"여천 공업단지, 호남정유 메탄올 공장, 七肥(칠비), 삼일만 부두 공사 현장, 중화학공업단지, 여천 단지 공사 현장 등을 보고 왔소. 많이 구경했지? 허허. 지금 진행 중인 공사들이 완공되어야 선진국으로 가는 문이 조금씩 가까워질 거야. 오늘 그 많은 공장과 공사 현장을 보니까 마음이 후련해지더군. 해수욕하는 것보다도 한결 시원한 것 같아."

이 말을 하는 朴 대통령의 표정은 무척이나 밝아 보였다. 朴 대통령의 이런 모습을 보고 수행했던 기자들이 나중에 "영부인의 1주기가 얼마 남지 않았는데 저렇게 종일 일을 하실 수 있을까"라고 수군거렸다.

그날 밤 朴 대통령을 찾은 한 비서가 이런 말을 했다.

"영부인의 기일이 다가왔는데 각하께서는 일만 하신다고 이해가 가지 않는다고들 합니다."

이 말을 들은 朴 대통령은 표정이 갑자기 굳어지며 침통하게 눈을 감았다.

"지만이 엄마 기일이 다가오니까 해수욕 생각도 없고, 그래서 團地(단지)들을 돌아보고 온 거야. 만석꾼 집에서 고이 자란 지만이 엄마 소원이 뭔지 알아?

나보다 더한 개혁주의자였고, 국민들을 잘살게 해달라고 늘 나에게 말했어. 오늘 다녀온 곳이 모두 우리가 잘살게 되는 기본 시설 아닌가."

이 얘기를 하는 朴 대통령의 입가에는 엷은 미소가 떠올랐다.

"오늘 내가 혼자 시찰하고 온 줄 알아? 지만이 엄마랑 같이 갔다 온 거야."

낮은 목소리로 쓸쓸하게 말하는 朴 대통령의 그 말에 순간 비서는 온몸이 저리는 것 같았다고 한다.

朴 대통령이 陸 여사를 그리워하며 쓴 일기 속의 詩는 수십 편에 이른다. 1975년 8월 진해 猪島 별장으로 휴가를 갔을 때는 1년 전의 일이 생각나 더욱 애잔한 詩를 남겼다. 8월6일자 詩.

一首
님과 함께 놀던 곳에
나 홀로 찾아오니
우거진 숲 속에서
매미만이 반겨하네
앉은 자리 밟던 자국
체온마저 따스하여라
猪島 섬 백사장에
모래마다 밟던 자국
파도 소리 예와 같네
짝을 잃은 저 기러기
나와 함께 놀다 가렴

8월9일에도 朴 대통령은 긴 詩를 썼다. '猪島의 추억' 이란 詩의 일부를 소개한다.

해마다 여름이면
그대와 함께 이 섬을 찾았노니
모든 시름 모든 피로 다 잊어버리고
우리 가족 오붓하게
마음껏 즐기던 행복한 보금자리
추억의 섬 猪島

올해도 또 찾아왔건만
아! 어이된 일일까
그대만은 오지를 못하였으니
그대와 같이 맨발로 거닐던 저 백사장
시원한 저 백년 넘은 팽나무 그늘
낚시질 하던 저 방파제 바위 위에
그대의 그림자만은 보이지 않으니
그대의 손때 묻은 家具(가구) 집기
작년 그대로 그 자리에 있는데
미소 띤 그 얼굴
다정한 그 목소리
눈에 선하고 귀에 쟁쟁하건만
그대의 모습은 찾을 길 없으니
보이지 않으니 어디서나 찾을까

해와 달은 어제도 오늘도 뜨고 지고
파도 소리는 어제도 오늘도

변치 않고 들려오는데
님은 가고 찾을 길 없으니
저 창천에 높이 뜬 흰구름 따라
저 지평선 너머 머나먼 나라에서
구만 리 장천 은하 강변에
푸른 별이 되어 멀리 이 섬을 굽어보며
반짝이고 있겠지
저-기 저 별일까
저 별일 거야!

8월11일 휴가를 끝내고 청와대로 돌아온 朴 대통령은 그날 밤 이런 일기를 썼다.
「청와대 현관에 도착하니 아내가 마중 나와서 맞아줄 것만 같아 낭하를 걸어 들어가면서도 이층에서 누가 내려오는 것 같기만 했다.」

"惡妻가 효자보다 낫다"

1975년 8월15일. 이날은 陸英修 여사가 피살된 지 1년째 되는 날이었다. 朴 대통령은 아침 일찍 국립묘지의 아내 무덤에 다녀왔다. 그 이후 朴 대통령이 비서들을 집무실로 불렀다.
"벌써 1주년이 되었구먼. 그 사람 극락에 가 있겠지. 처음에는 눈물도 많이 흘렸으나, 이제 지만 엄마를 위로하는 길은 그 사람이 입버릇처럼 말하던 나라 발전에 힘쓰는 것이라고 느껴.
주위에서는 예의에 벗어난 줄도 모르고 재혼을 권하는 사람도 간

혹 있는데, 내 뜻을 모르는 사람들이야. 그 사람들에게 부질없는 소리 말라고 일러줘요. 국내외에 일이 산더미처럼 쌓여 있는데 내가 지만이 엄마를 잊고 그런 짓을 할 것 같아?"

朴 대통령은 부인을 잃은 쓸쓸함에 대해서 말을 이어갔다.

"용기와 의욕을 잃어버리면 집사람 초상화를 보면서 대화를 하지, 그 사람의 遺志(유지)를 받들어 더 열심히 일을 해야지 하고. 친구가 홀아비가 되었을 때는 그 마음을 짐작하지 못했는데, 내가 겪고 보니 가슴이 텅 빈 것 같아. 성경에는 남자의 갈비뼈 하나를 뽑아서 여자를 만들었다고 하는데, 내 생각으로는 여자의 갈비뼈 하나로 남자를 만든 것 같아, 허허."

朴 대통령은 마치 살아 있는 부인을 옆에 두고 이야기하는 것 같았다. 朴 대통령의 숙연함에 비서들은 다 식은 커피잔만 내려다보며 한마디도 할 수 없었다. 대화가 끝나자 朴 대통령은 기제사를 지내기 위해 2층 거실로 올라갔다. 그 뒷모습이 쓸쓸하게 보였다.

1975년 12월12일. 朴 대통령은 출입기자들과 공보실의 비서관들을 불러 점심을 함께 했다.

"오늘은 지만이 어머니와 결혼한 지 만 25년이 되는 날입니다. 아내가 살아 있었으면 은혼식을 올릴 수 있었을 텐데…. 대신 아침에 산소에 다녀왔어요. 아내 산소 앞에서 나는 속으로 얘길 했지. '남편을 두고 혼자 먼저 가는 버릇은 어디서 배웠노' 하고.

참 생각할수록 고생만 하다가 간 사람이야. 애들에게 보충 수업도 해주고. 지만이가 중학교 3학년이었을 때는 여름에 피서도 안 가고 근혜하고 지만이를 가르쳐 주었지. 내가 강사료라도 좀 주었어야 했었는데. 참 그렇게 되면 과외수업이 되지, 허허허.

아내가 살아 있을 적에 내가 '지만이를 위해 강사를 초빙하는 것이 어떻겠느냐 하고 말했더니 집사람이 '그런 것을 하면 과외수업이 돼서 정부 방침에 어긋나는 게 아닙니까? 지만이는 나와 두 누나가 도와주면 족하니 그런 것 생각지 마시고 지만이 아버지는 정치에나 전념하십시오'라고 했었는데…."

朴 대통령의 변화에 대해서 鮮于煉 공보비서관은 이런 비망록을 남겼다.

「대통령은 영부인 생각이 날 때면 눈물이 난다고 했다. 그리고 아무리 생각해 봐도 살아 있을 때 잘해 준 것이 하나도 없다고 하면서 가슴 아파했다. 대통령은 우울하거나 기분이 언짢아 보였는데도 한두 시간 지나고 다시 보면 기분이 풀려 즐거운 표정으로 바뀌어 있는 것을 종종 볼 수 있었다. 알고 보니 그 사이에 국립묘지에 가서 영부인을 만나고 온 것이었다.

대통령은 영부인이 돌아가시고 나자 눈에 띄게 쓸쓸한 모습을 자주 보였고, 기력도 많이 약해졌다. 전에는 비서관들을 자주 불러 술도 함께 하며 농담도 잘했으나, 영부인의 서거 뒤로는 혼자 있는 시간이 더 많아졌다. 자리를 같이 하더라도 술보다는 주로 차를 들었다.

청와대 식당 한쪽 벽에 커다란 영부인 초상화를 걸어 두고, 그곳에서 대통령은 혼자서 식사할 때도 자주 있었다. 식사를 하면서 초상화의 영부인과 대화를 나누는 것 같았다.

한 번은 차를 마시면서 대통령이 "옛말에 '惡妻(악처)가 효자보다 낫다'는 말이 있는데 그 의미를 좀 알 것 같다"고 말한 적도 있었다.」

朴 대통령은 陸 여사에게 결코 자상한 남편도 모범 남편도 아니었다. 술과 여자를 좋아한 대통령이었다. 그 때문에 陸 여사의 마음이 편치 않았다. 놀라운 절제력으로 그런 티를 내지 않았을 뿐이다. 참다 못한 陸 여사가 朴 대통령의 외국 방문을 앞두고 청와대를 가출하여 종적을 감춘 일도 있었다.

무뚝뚝한 朴 대통령의 아내에 대한 진심은 아내가 죽은 뒤 아무도 보지 않은 일기를 통해서만 표현되었다. 陸 여사도 생전에 남편의 마음속에 숨은 이런 신뢰와 사랑을 느끼지 못했을지 모른다. 만 57세에 아내를 잃고 홀아비가 된 권력자의 허전한 마음을 채운 것은 "이럴수록 조국 근대화를 더욱 세차게 밀고나가야 한다"는 다짐이기도 했지만 인생에 대한 허무감도 곁들여졌을 것이다.

陸 여사는 또 남편에게 정치적 견제도 할 수 있는 '청와대內의 야당'이었다. 陸 여사는 朴 대통령 측근들의 부패와 권력 남용에 대해서는 서민의 입장에서 분노한 이였다. 빈틈 없는 陸 여사는 남편에게 진정서를 전달하여 조치를 요청할 때도 미리 내용의 진실성을 조사한 뒤에 했다. 朴 대통령은 이런 아내의 건의를 존중하여 처리했다.

朴 대통령으로서는 의지가 되고 동시에 견제도 해주던 동반자를 잃은 것이다.

51
越南이 망하던 날의 日記

평화협정 맺으면 1년도 못 가서
망한다는 예언 적중

1975년의 세상

월남 패망, 주월 한국대사관 철수
조총련계 동포 추석성묘단 母國 방문
장개석 자유중국 총통 사망
스페인 프랑코 사망
국산 자동차 1호 포니 생산

金鍾泌의 국민투표 건의

  1975년 1월, 朴正熙 대통령은 金泳三의 신민당을 중심으로 하여 언론계·종교계·학생들이 연합전선을 형성하여 벌이고 있는 유신헌법 개정운동이 전국적으로 확산되고 있는 상황을 지켜보고 있었다. 한 해 전 4월의 학생시위에 대해서 긴급조치로 대응한 이후 8·15 陸英修 여사 피살사건 직후에 한두 달 정도 조용했을 뿐 反유신 운동은 하나의 흐름을 확실히 형성하고 있었다. 투쟁노선으로 선명해진 야당과 언론자유수호운동을 벌이던 신문이 여론을 주도하고 있는 것 같기도 했다.
  이런 상황에서 긴급조치를 남발하는 방식으로는 문제 해결이 안 된다는 판단을 한 사람이 金鍾泌 총리였다. 당시 金 총리는 라이벌이던 李厚洛 정보부장이 물러난 이후 申稙秀 후임부장과 잘 지내면서 오랜만에 실세 총리로 영향력을 발휘하고 있을 때였다. 金 총리는 마음에 별로 내키지 않았지만 유신체제를 옹호하는 연설이나 발언을 많이 하고 있었다. 그 때문에 비판도 많이 받았다.
  金 총리는 대통령을 찾아갔다.
  "드골 대통령이 했듯이 유신헌법에 대한 찬반을 묻는 국민투표를 하여 정면돌파하는 것이 좋겠습니다. 국민투표에 지면 물러나겠다고 하시지요."
  "임자가 너무 약해서 흔들리니까 이 사람 저 사람이 모두 덤비는 거야. 그렇게 마음이 약해서 어디 써먹겠어."
  "이것이 이기는 길입니다. 제가 무슨 다른 뜻이 있어 하는 이야기가 아닙니다."

"그것은 알아. 그럼 연구해 보자구."

"그리고 이제는 저를 좀 놓아 주십시오. 건강이 도저히 말을 듣지 않습니다."

金鍾泌 총리는 그때 持病(지병)인 허리 디스크가 도져 있었다.

"말은 들었어. 허지만 별것 아니라고 그러더군. 싫어서 그런 게지."

"아닙니다. 외부에 알려질까 봐 무리를 하고 있는 것이지, 사실은 절단이 난 것 같습니다."

"알았어. 나가 봐."

그 며칠 후 朴 대통령은 金 총리를 불렀다.

"임자, 생각해 보았어?"

"무엇을 말입니까?"

"국민투표 하자고 말하지 않았어?"

"아, 네 그것 말씀입니까."

"하지. 해 봐서 지지가 나오지 않으면 내가 물러나지. 나가면 될 것이 아닌가."

이렇게 해서 1975년 1월15일 오전 10시부터 네 시간 동안 朴 대통령이 주재하는 시국대책회의가 청와대 서도실에서 열렸다. 참석자는 朴 대통령과 金총리, 申稙秀 정보부장 이외에 朴璟遠 내무장관, 金正濂 비서실장, 金淇春 정보부 5국장, 金永光 정보부 판단기획국장, 鄭相千 정무2수석, 柳赫仁 정무1수석, 金聖鎭 공보수석비서관이었다. 이 회의에서는 국민투표 실시에 따른 상황점검을 했다. 정보부는 국민투표에서 이길 자신이 있다는 판단을 내놓았다.

1월22일 오전 임시 국무회의가 청와대 대접견실에서 열려 국민투표실시 안건을 의결했다. 오전 10시 朴 대통령은 청와대 새마을 상황실에서 특별담화를 발표했다.

"따라서 나는 이번 국민투표를 비단 현행 헌법에 대한 贊反(찬반)투표일 뿐 아니라, 나, 대통령에 대한 신임투표로 간주하고자 합니다. 국민 여러분, 나 개인은 민족중흥의 역사적 사명을 위해 이미 나의 모든 것을 다 바쳤습니다. 만일, 우리 국민 여러분이 유신체제의 역사적 당위성을 인정하지 않고 현행 헌법의 철폐를 원한다면 나는 그것을 대통령에 대한 불신임으로 간주하고 즉각 대통령직에서 물러날 것입니다."

이날 朴 대통령은 투표에 관계하는 비서관들을 불러 점심 식사를 함께 했다.

"오늘 공고한 국민투표에서 이길 것이라는 자신은 있는데, 결과는 끝나 봐야 알지. 나는 결심했네. 근소한 차이로 이기게 되면 下野할 작정이야. 우리 일들이 얼마나 많은데, 국민의 절대적 지지가 없으면 맥 빠져 일을 하지 못해요. 일부 사람들은 부결되기를 바라겠지만, 나는 그런 것에는 전혀 신경을 쓰지 않습니다. 총유권자의 60% 이상 찬성표가 안 나오면 내 스스로 청와대를 떠날 작정이니, 反체제 사람들 만나면 너무 초조해하지 말라고 이야기해 줘요."

신민당과 민주회복국민회의는 즉각적으로 국민투표 전면 거부 결의를 했다. 국민투표를 4일 앞둔 2월8일 尹潽善 前 대통령과 金泳三 총재, 金大中 씨는 국민행동강령을 발표, 투표거부를 종용했다. 신문들은 언론자유수호 운동을 벌이고 있을 때여서 야당과 在野의 투표거부운동을 적극적으로 보도했다. 朴 정권下의 모든 행정기관은 국민투표에 동원되었다.

1975년 2월12일 유신헌법에 대한 贊反을 묻는 국민투표가 실시되었다. 朴 대통령은 비서진들을 불러 점심 식사를 함께 했다.
"지금 심정은 지극히 담담하지만 국민투표가 어찌 되어가는지 궁금하구먼. 현재 상황이 어떻게 돼 가고 있어?"
관계 비서관이 보고했다.
"지난번 선거 때보다 투표율이 높습니다."
"잘됐구먼. 외국에서는 투표율이 낮으면 야당에게 유리하다고 하지만, 우리 국민은 현명해서 가부간에 의사 표시를 다 하는 민족이야."
2월12일의 국민투표율은 79.8%, 유신헌법 지지율은 73%였다. 官權이 동원된 것은 사실이지만 금품 공세는 없었다. 야당이 투표 거부운동을 벌이고 신문이 비판적 자세를 유지하고 있었음에도 朴 대통령과 유신헌법 지지율은 높았다. 朴 정권은 형식상 유신헌법의 정통성을 확보한 셈이었다. 이때부터 朴 대통령은 공세로 전환한다. 월남사태의 악화가 朴 대통령을 돕게 된다. 1년간 계속된 유신체제에 대한 도전은 이제 썰물期로 바뀐다.

땅굴 발견

1975년 3월20일 본관 식당에서 朴 대통령은 비서진을 불러 점심 식사를 같이 했다.
이날 중부전선 철원 북방에서 북한이 판 제2땅굴을 또 발견했다는 공식 발표가 있었다.
"철원에서 또 땅굴이 발견됐다면서? 아무리 공산주의라 해도 하는 식이 원시적이고 서툴러 같은 한민족으로서 국제적으로 망신스러운 생각이 들어. 남침을 하려거든 당당하게 할 것이지 그런 짓은 왜 해? 수천 년 전부터 해 온 땅굴작전에 아직도 미련이 남아서…. 외국인들이 이것을 보고 원시적인 싸움밖에 모르는 저능아라 할 것 같아.

나는 그들이 변칙적인 공격을 해 온다 해도 정규전으로 대응할 것이야. 정 그렇게 기습을 하고 싶으면 내게 와서 작전을 물어보면 한 수 가르쳐 줄 텐데, 허허허."

1975년 2월12일 국민투표에서 유신헌법 유지에 대한 찬성이 70%를 넘자 朴正熙 대통령은 그 여세를 몰아 정국의 주도권을 장악하기 위한 일련의 조치를 입체적으로 취해 간다. 이때 월남의 패망 과정이 겹친다. 월남이 미군 철수 이후의 내부 분열로 망해 가는 과정이 언론을 통해서 매일 중계방송하듯이 소개되면서 야당·在野·학생·종교계에서 추진하던 유신헌법 개정운동은 動力(동력)을 잃고 만다. 2월15일 朴 대통령은 긴급조치 1호 및 4호 위반으로 구속되었던 反정부 인사들을 석방했다.

4월에 들어가면 거의 모든 연설에서 朴 대통령은 유신조치를 합리화하는 사례로 월남사태를 들었다. 4월10일 해군사관학교 졸업식 유시에서 朴 대통령은 "지금 월남에서는 男負女戴(남부여대)한 피란민의 행렬이 문자 그대로 아비규환을 이루고 있다. 6·25 동란을 체험한 우리 국민들에게는 그 참상이 결코 對岸(대안)의 화재이거나 남의 일처럼 느껴지지 않는 것이 솔직한 심정이다"라고 말했다.

그는 또 "북한은 1971년 선거를 보고 다음 선거 때는 극심한 분열과 혼란이 있을 것으로 예상하고 그때 무력남침을 하려고 준비했을 것이다"면서 "유신체제를 갖추지 않았더라면 어떤 결과를 초래했을 것인지 생각해 보아야 한다"고 말했다.

4월12일 '예비군의 날' 7주년 담화문에서 朴 대통령은 "우리는 지금 일대 국난에 처해 있다"고 규정했다.

4월18일 金日成은 14년 만에 처음으로 中共(중공)을 공식 방문했다. 8일간에 걸친 방문이 시작되는 날 中共이 지원한 크메르 루즈 공산세력은 캄보디아의 수도 프놈펜을 점령했다. 金日成은 毛澤東 주석과 周恩來를 만나게 된다. 환영 만찬에서 金日成은 "敵들이 전쟁을 도발하면 우리는 전쟁으로 응수할 것이고 敵을 섬멸할 것이다. 이 전쟁에서 사라지는 것은 휴전선이고 얻는 것은 조국통일이 될 것이다"고 호언했다.

金日成은 중공 지도부에 대하여 "남한 해방에 자신이 있다"면서 지원을 요청했다. 周恩來는 이 제의를 거부했다. 그는 직설적으로 金日成을 반박하지 않고 한반도의 안정이 무엇보다 중요하다는 점을 강조했다. 金日成은 체면을 구기지 않기 위해서 그 뒤에는 남침 말을 꺼내지 않았다.

비슷한 시기에 소련도 북한에 대해서 "우리는 한반도 문제의 평화적 해결만 지원할 것이다"고 통보하여 전쟁 기도를 事前(사전)에 봉쇄했다고 한다.

4월28일 북한과 中共의 공동성명에 대해서 정부 대변인인 李源京 문공부 장관은 담화문을 통해서 "북괴와 中共이 한반도 赤化를 논의하고 공동투쟁을 다짐했다는 것을 주시하겠다"고 말했다.

4월29일 朴正熙 대통령은 텔레비전과 라디오가 전국에 중계하는 가운데 '국가안보와 시국에 관한 특별 담화'를 발표했다. 사이공이 월맹군에 포위되고 탄손누트 공항이 포격을 받고 있으며 駐越 한국 대사관이 문을 닫고 교민들이 철수선을 타고 귀환 중인 시점에서 나온 朴 대통령의 담화는 국민들에게 안보 위기감을 실감시켰다. 내용도 비장했다.

"우리에게 어떤 약점이 생기거나 우리가 약하다고 그들이 보았을 때는 지금까지 체결한 협정이니 하는 것은 하루아침에 휴지처럼 내동댕이치고 武力(무력)을 가지고 덤벼드는 것이 바로 공산주의자들입니다.

兵力(병력)이나 장비가 우세했던 월남은 집안싸움만 하다가 패전을 당한 것입니다. 만약에 앞으로 북한 공산집단이 전쟁을 도발해 온다면, 우리가 사는 首都(수도) 서울은 절대로 철수를 해서는 안 됩니다. 全시민이 이 자리에 남아서 死守(사수)해야 합니다.

정부도 650만 시민 여러분들과 같이 死守를 할 것입니다. 전방은 우리 군인들이 일보도 양보하지 않고 국토를 死守할 것이고, 서울은 우리 시민들이 死守해야 할 것이고, 후방은 후방에 사는 국민들이 제각기 내 고장, 내 마을, 내 가정을 死守해야 합니다.

겁부터 집어먹고 나만 살겠다고 보따리를 싸 가지고 염체 없는 행위를 하는 국민들이 있다면 이 전쟁에서 우리는 이길 수 없습니다. 그 사람 자신도 살 수 없습니다. 우리는 이 중대한 시국을 에누리 없이 정확하게 인식해야 하겠습니다.

과장할 필요도 과소평가할 필요도 없습니다. 60만 국군, 주한미군, 270만 향토예비군, 3500만 국민들이 있는데, 왜 우리가 나라를 지키지 못하겠는가, 지키지 못할 이유가 하나도 없습니다."

反戰 여론에 춤추는 美 의회

1975년 초 월맹군은 월남지역 푸옥롱省의 省都(성도)인 푸옥빈을 점령했다. 월남전 사상 省都가 공산군에게 점령되고도 탈환하지 못한 경우는 이것이 처음이었다. 하노이의 월맹 지휘부는 미국이 이에 어떻게 대응하는가를 보고 다음 단계의 작전을 전개하기로 했다. 2년 전의 의회 결의로 인해 포드 행정부는 이런 중대한 협정 위반행위에 대해서도 군사력을 사용할 수 없었다. 답답한 키신저는 월맹 상공에 대한 정찰비행을 강화하고 필리핀 수빅만을 출항하여 인도양으로 향하게 되어 있는 항공모함 엔터프라이즈號(호)를 월맹의 통킹만으로 접근시켜 월맹 측에 경고하는 방안을 내놓았다. 월맹이 즉각적으로 반응했다.

중대한 협정 위반을 한 월맹은 오히려 미국 측이 휴전협정을 위반하여 정찰비행을 강화하고 있다고 비난했다. 여기에 미국의 언론과 의회가 편승하여 포드 행정부에 대해 해명을 요구했다. 의회와 언론은 더 큰 협정위반자인 월맹에 대해서는 비판하지 않고 자신의 정부에 덤벼들었다. 미국 국방장관이 나서서 변명해야 할 판이었다. 미국 국방부는 의회로부터 국방예산 심의를 받아야 할 시점에 말썽을 일으키지 않으려고 했다.

엔터프라이즈호가 수빅만을 출항하자마자 하노이는 또다시 미국이 침략의도를 드러내고 있다고 외쳤다. 美 국방성은 엔터프라이즈호의 통킹만 접근계획을 취소했다.

이런 사태를 지켜보던 하노이의 월맹 지휘부는 미국의 포드 대통령이 월남 방어 의지를 실천하기가 불가능하다는 판단을 했다. 총리 팜 반 동은 "우리가 미국에 뇌물을 주어서 개입하라고 해도 하지 않을 것이다"고 농담을 했다고 한다.

포드 대통령과 키신저 국무장관은 월남을 구해 보려고 했다. 그들은 탄약이 떨어져 가는 월남 정부에 대해서 3억 달러의 긴급지원을 하려고 美 의회에 승인을 요청했다. 공화당과 민주당은 움직이지 않았다. 포드 대통령이 공산주의자들에게 너무 부드럽게 대한다고 비난해 오던 反共의 보루 헨리 잭슨 상원의원도 "인도지나의 문제는 3억 달러의 무기구입비로 해결되지 않는다"고 거부했다.

티우 越南 대통령은 이때 전략적 부대 배치 전환을 단행한다. 중부고원 지대를 지키던 정예 공수부대들을 해안의 다낭기지 부근으로 옮기도록 한 것이다. 방어력을 집중시키기 위해서 戰線(전선)을 축소하기 위한 전략적 후퇴였다. 이것이 월맹 지휘부에 나쁜 신호를 보냈다. 하노이는 이 기회를 놓치지 않았다. 그들은 다음해로 예정했던 사이공 진격을 이 기회에 해치우기로 결단했다. 참모총장 반 틴 둥이 월남으로 내려와 월맹군 사령관을 맡았다.

이 침략행위를 덮기 위해서 월맹 정부는 전형적인 위장 평화공세에 나선다. 그들은 정치협상을 제안한 것이다. 그 내용은 '미국의 개입을 중단시키고 파리협정을 실천하기 위한 새 정부를 사이공에 수립하자'는 것이었다.

총퇴각

키신저는 그제야 이 제안이 무엇을 의미하는지 알았다. 3년 전 그는 파리협상의 상대자인 레둑토가 표정도 바꾸지 않고 '티우 암살'을 제안했던 것을 기억했다고 한다. 정규군을 동원하여 월남을 침공함으로써 파리휴전협정을 휴지 조각으로 만든 월맹이 '휴전협정을 실천할 수 있도록 티우 정부를 교체하자'는 취지의 제안을 해도 미국의 언론은 '온건한 제안'이라고 환영했다.

〈로스앤젤레스 타임스〉는 1975년 3월6일자 사설에서 포드 대통령이 신청한 3억 달러의 긴급지원에 반대했을 뿐 아니라 이미 통과된 對월남 원조액의 삭감을 주장하면서 이렇게 덧붙였다.

「구엔 반 티우 대통령이 자신의 권력을 강화하지 못하도록, 또 그가 타협하고 양보하지 않을 수 없도록 군사지원을 줄여야 한다.」

미국의 敵이자 협정 위반자인 월맹에는 침묵하고 우방이자 피해자인 월남에 대해서는 잔인하게 대한 것이 당시 언론과 의회였다. 대중정치시스템에선 여론이 '反戰평화'로 돌아 버리니 언론과 의회도 휩쓸려 들고 행정부도 발이 묶여 버린 것이다. 월맹은 이때 미국 내의 언론과 反戰단체, 그리고 의회를 자신들의 편으로 조종하고 있었던 셈이다. 월맹은 월남 내에서는 월맹 정규군과 베트콩, 그리고 순진한 민주투사들을 조종하고 있었다. 티우와 포드 대통령은 이런 월맹 전략에 의해 여론과 언론과 의회에서 정치적으로 고립되었다.

1975년 3월 월맹 정규군이 탱크와 대포를 앞세워 월남의 중앙고원을 공격하자 티우 월남 대통령은 측근인 트란 반 람을 워싱턴으로 보내 긴급지원을 요청했다. 이에 답이라도 하듯이 민주당 상원의원총회는 3월12일 월남에 대한 어떤 추가지원도 반대한다는 결의를 했다. 실망한 티우 대통령은 중앙고원 방어부대와 공수부대를 후방으로 철수하여 다낭 근방에 포진하도록 지시했다.

이 철수 부대가 쓸 수 있는 도로는 루트 7B 하나뿐이었다. 도로의 정비상태가 매우 불량했다. 이 도로로 약 6만 명의 군인들과 약 40만 명의 민간인들이 쏟아져 들어와 거대한 人波(인파)의 강을 만들었다. 당시 월남군인 가족들은 부대 근방에서 숙식하고 있었다. 이 군인가족들도 군인들과 함께 이동해야 했다. 철수 소문이 퍼지자 많은 월남인들이 또 피란길에 올랐다. 소수민족들은 월남 정부가 자신들을 방치한다고 난동을 부리기도 했다.

도로를 꽉 메운 인파 속에서 군인들은 약탈을 자행했다. 거대 인파에 대한 식량배급도 불가능해지고 軍紀(군기)가 무너지더니, 월남 전투기는 후퇴하는 부대를 월맹군으로 오인하고 폭격했다. 이 혼란상태에서 이동하던 군대는 거의 해산되고 말았다. 그야말로 부대가 증발해 버린 것이다. 중부고원 지대로 들어온 월맹군은 이 사태를 보고 사이공까지 진격하여 통일한다는 계획을 실천에 옮기기 시작했다.

1975년 4월이 되면서 키신저 국무장관은 월남의 멸망을 아무도 막을 수 없다는 무력감에 빠졌다. 이제 미국의 목표는 월남의 보호가 아니라 월남內 약 6000명의 미국인과 그동안 미국에 협조했던 월남인들을 안전하게 철수시키는 일이었다. 이 철수작업이 진행되는 중에는 티우 정부가 기능하고 있어야 했다.

티우 정권이 월남과 함께 침몰하고 있다는 것이 확실해지자 미국 언론은 미국 정부가 티우를 포기하고 즉시 철수할 것을 요구하기 시작했다. 당시 美 CIA 국장 윌리엄 콜비는 미국이 티우를 퇴진시키는 대신 월맹 측으로부터 미국인들의 안전한 철수를 보장받도록 하자는 건의를 했다가 키신저로부터 거절당했다.

포드 대통령이 하루속히 월남을 포기하는 선언을 해야 한다는 압력이 의회와 언론, 그리고 자신의 백악관 참모들로부터 쏟아져 들어왔다. 포드는 이를 거부했다. 4월10일 美 양원 합동회의 연설에서 그는 월남에 충분한 원조를 하지 못했고, 월맹의 협정 위반을 응징하지 못한 것은 미국이었다고 강조했다. 反戰여론의 포로가 된 美 의회와 언론으로부터 손발이 묶인 채 월남의 최후 몸부림을 지켜보아야 하는 포드 대통령의 고통에 찬 호소였으나 의회는 이를 묵살했다.

두 척의 LST, 출항하다

1965년부터 월남戰에 참전하여 한때 5만 병력을 투입했고 延(연) 30만 명의 파병 실적을 쌓았던 朴正熙 정권으로서는 월남의 침몰이 對岸의 불이 아니었다. 한국 정부는 비교적 일찍부터 교민 철수작업을 준비했다. 朴 대통령부터가 월남사태에 대해서 비관적인 전망을 하고 있었기 때문일 것이다.

1975년 2월27일부터 3월1일까지 亞洲(아주)지역 공관장 회의가 자카르타에서 열렸다. 이 자리에서 金榮寬 駐越 한국대사는 金東祚 외무장관에게 "이미 보고 드린 월남 공관원 및 교민 철수계획을 빨리 승인해 달라"고 요청했고 3월15일부터 준비작업에 들어갔다. 대사관이 파악한 교민 수는 처음에는 1200명이었으나 실제로 전국에 흩어져 있던 교민 수는 불법체류자를 포함하여 이보다 훨씬 많았다. 북쪽의 월남군이 사이공을 향해 후퇴를 시작하면서 한국 교민들도 사이공으로 집결하기 시작했다.

해군참모총장 출신인 金 대사는 撤收船(철수선)을 요청했고 이에 따라 4월9일 두 척의 해군 LST 수송선이 부산항을 떠났다. 두 배의 함장들은 사병들에게는 '남중국해상 훈련'을 하러 간다고 알렸다. 이 철수선이 월남을 향해 가고 있을 때에도 사이공에서는 월남이 망하리라고 보는 이들은 소수였다. 전쟁에 오랫동안 익숙해져 있는 사람들이 서울에 있던 사람들보다 대체로 사태를 낙관했다.

교민 철수선 파견을 결정한 것은 1975년 4월3일 金正泰 외무부 차관 주재로 열린 관계부처 대책회의에서였다. 이 회의는 교민 철수에 관한 결정권을 駐越 한국대사에게 일임키로 하고 自費(자비) 퇴거가 불가능한 교민들을 위해서는 전세기를 투입하기로 하는 등의 방침(나중에 이 계획은 해군수송선 파견에 의해 취소됨)을 정해 4월4일 국무회의에 보고했다.

다음날(4월20일) 마틴 美 대사는 티우 대통령을 찾아가 "사임을 고려해 달라"고 말한다. 마틴은 "이 말은 개인 자격으로 하는 것이다"고 했지만 포드 대통령이 승인한 것이었다. 티우 대통령은 냉정하게 답했다.

"내가 알아서 국가를 위해 최선의 행동을 취할 것이다."

마틴은 자신에게도 너무나 치욕적인 이 惡役(악역)을 수행한 다음 워싱턴에 電文을 보냈는데 이런 말을 덧붙였다.

「나는 집에 돌아왔다. 그리고 워싱턴으로부터 온 요약문들을 다 읽었다. 샤워를 했다. 가장 강력한 비누로 내 몸을 세게 문질렀지만 소용이 없었다.」

4월21일 티우 대통령은 사임했다. 성명에서 그는 미국의 배신을 공격했다. 미국의 언론, 특히 〈워싱턴 포스트〉와 〈뉴욕 타임스〉는 월남의 평화를 가로막던 장애물이 제거된 것처럼 티우의 사임을 환영했다. 두 신문은 미국에 대한 티우의 공격은 '신뢰를 잃고 울분에 차 있는 월남 정치인의 헛소리'라고 말했다. 키신저 국무장관은 "오랜만에 진보적인 신문이 정부를 옹호해 주는구나"라고 생각하면서 이런 후회를 했다고 회고록에 썼다.

「티우는 미국의 행동을 미워할 만한 모든 근거를 갖고 있었다. 그는 내가 미국의 군사적 지원을 종료시킨 책임자라고 하여 나를 누구보다도 미워했으나 나는 그가 용기와 명예심을 가지고 조국을 위해 봉사한 애국자라고 생각한다. 反戰 운동가들이 그를 평화의 장애물이라고 비판했지만, 이는 사실과 달랐다. 그와 그의 조국은 더 좋은 운명을 맞았어야 했다. 만약 미국 의회가 고립된 우리의 우방(월남)에게 원조를 중단할 것을 결의할지 모른다고 예측했었다면 나는 1972년의 마지막 협상 때 그를 그토록 몰아붙이지 않았을 텐데 하는 후회를 했다.」

메콩江 빠져 나오기

우리 정부의 대책회의에서 월남 근무경력이 있는 李熺性(이희성) 국방부 기획국장(나중에 육군참모총장 겸 계엄사령관)은 한 참석자가 "아직 월남군이 건재하고 있지 않느냐"고 위기론에 의문을 제기하자 이렇게 말했다고 한다.

"월남군은 벽돌로 지은 집과 같습니다. 기초가 제대로 되어 있지 않아 벽돌이 하나 빠져 기초가 기울기 시작하면 걷잡을 수 없이 무너집니다."

駐越 한국대사관에서는 해군 LST를 기다리면서 우선 대사관 가족들과 상사주재원들을 여객기편으로 내보내고 교민들에 대한 철수권유, 월남 정부와의 교섭에 나섰다. 언제 망할지 모르는 상황에서도 월남 정부는 '적법 출국수속'을 요구했다. 출국비자를 받으라는 뜻

인데, 수년간 불법체류한 사람들과 세금을 안 낸 사람들이 문제였다.

4월22일 우리 해군 LST 두 척이 구호물자를 싣고 사이공 외항인 뉴포트에 도착했다. 駐越 한국대사관은 구호품 전달행사를 거창하게 거행했다. 월남 사람들의 협조를 받기 위함이었다. 23일 오전부터 구호물자 하역작업이 시작되었다. 대사관이 철수 교민들의 승선시기를 26일로 잡아 놓았기 때문에 하역 시간을 천천히 끌어야 했다. 4월25일 상부에서 두 척의 LST를 지휘하고 있던 權尚虎 대령에게 指示電文(지시전문)이 내려왔다.

"즉시 하역을 중지하고 교포를 탑승시킨 뒤 귀국하라"는 것이 요지였다.

본부에서 본 월남사태는 급속도로 악화되고 있었으므로 한국 해군함정이 월맹군에 억류되는 사태를 막아야 한다는 생각이 앞섰다. 金榮寬 대사와 權尚虎 대령은 현지 지휘관의 판단으로써 이 전문을 무시하고 교민들을 다 태워 가기로 결심했다. 26일 본부에서 즉시 귀국명령이 또 내려왔다.

"귀 분대가 사이공에 체류한 채 메콩강이 봉쇄될 때 이에 따른 문제의 중요성과 그 결과를 감안하면 한시라도 체류할 수 없는 실정임을 명심하여 軍 통수계통의 지시에 의거 행동하라."

金榮寬 대사는 權 대령에게 "여기까지 온 이상 대사의 지휘를 받으라. 나를 대사로 생각하지 말고 해군참모총장으로 생각하라"고 말했다고 한다. 朴 대통령도 국방부에 대해서 "현지 대사의 의견대로 하라"고 정리해 주었다.

일부 교민들은 대사관이 피말리는 철수작전을 하고 있는데도 철수선을 탔다가 도로 내리고, 일부러 뒤로 빠지는 등 한심한 행동을 보였다. 이 광경을 본 해군 장병들은 "위기 때 협조하지 않는 사람들을 보고 울화통이 치밀었다"고 한다.

26일 오후 6시30분 두 해군함정은 뉴포트항을 출발했다. 한 섬으로 데려다줄 월남 난민을 포함하여 약 2500명을 실었다. 한국 교민들 외에 교민들과 결혼한 월남 여자들도 많았다. LST 두 척은 메콩강을 따라 내려가 바다로 나가는 야간 항해를 시작했다. LST 815 함장 李允道 중령은 나중에 이렇게 회고했다.

"우리는 전쟁의 한복판에 있었으나 별다른 정보가 없었다. 메콩강 주변은 미군이 싹 쓸어버렸기 때문에 레이더도 별 쓸모가 없었다. 어둠 속에서 강줄기를 대충 보면서 항로를 잡아 나가야 했다. 갑판에 불을 전부 켜고 난민 텐트도 쳤다. 이 배에 대한 포격을 면해 보려는 것이었다. 보통 5~6시간 걸리는 메콩강 하류 항해에 아홉 시간이 걸렸다. 새벽에 파도가 치는 바다를 만나니 그렇게 기쁠 수 없었다."

한국 해군함정이 교민들과 난민들을 싣고 떠난 다음날 27일 아침 뉴포트항은 월맹군의 포격을 받고 크게 부서졌다. 두 해군함정 편으로 교민들이 떠난 시점에서 사이공에는 한국 공관원 10여 명과 교민 164명이 남은 것으로 집계되었다.

미국의 비참한 모습

駐越 한국대사관은 4월 중순부터 비상대책위원회를 가동했다. 참석자는 金 대사 외에 공사 李大鎔(준장), 무관 정순영(대령), 정치참사관 이규수, 공보관 김기원 씨였다. 이 회의는 李 공사를 철수대책본부장으로 임명했다. 어느 날 정순영 무관이 월남군 총사령부에

갔다 오더니 이런 보고를 했다.

"신문에 보면 戰況(전황)이 시시각각으로 바뀌고 있는데, 총사령부에 가 보니 전투서열(Order of Battle)이 변하지 않고 있습니다."

이는 월남군 총사령부의 현황판이 마비되었다는 의미, 즉 전쟁수행 의지를 버렸다는 뜻이었다. 李 공사는 티우 대통령과는 미국에서 군사교육을 받을 때부터 아는 사이여서 사이공에서 고급정보를 쉽게 수집했다. 그는 미국 CIA 사이공 지부장을 통해서도 많은 정보를 수집해 와서 알려 주었다.

4월21일 저녁 金基源 공보관은 NHK 지국장으로부터 "키신저와 레둑토가 4월30일에 미국이 완전히 손을 떼는 데 합의했다고 한다. 일본 대사관도 극히 일부만 남겨 놓고 철수하고 있다"는 이야기를 들었다.

다음날 대책회의에서 金 공사는 이 정보를 보고한 뒤 "대사관의 직원을 더 줄이고 몸을 가볍게 한 뒤 만일의 사태에 대비하자"고 말했다. 李 공사는 "아직은 월남군이 건재하고 있으니 그럴 시기가 아니다"라고 반론했다고 한다. 두 사람의 견해가 맞서 결론을 내리지 못한 金대사는 金 공보관에게 그 정보를 대사의 私信(사신) 형식으로 朴 대통령에게 보고하도록 지시했다.

당시 아주국장 대리였던 孔魯明 前 외무장관도 "본부에서보다 현지 외교관들이 월남 정세를 낙관적으로 보려는 경향이 있었다"고 말했다. 월남을 잘 알수록, 그 속에서 생활한 사람일수록 급작스런 붕괴를 믿으려 하지 않았다는 것이다.

간밤에 두 해군함정으로 교민들을 태워보낸 다음날 4월27일 날이 밝자 대사관 뜰로 한국인들이 몰려들었다. 어디서 나타났는지 보따리를 싸 들고 와서 웅성거리고 있었다. 새로운 사태가 전개된 것이다.

4월에 들어서 월남의 再起(재기)가 불가능하다고 판단한 키신저 美 국무장관은 4월18일 그레험 마틴 駐越 미국대사에게 미국인들과 월남인들의 철수를 서둘러 4월22일까지 미국 공관원 수를 1250명까지 줄여 놓으라고 지시했다. 이 수는 미국 대사관 뜰에서 항공모함까지 헬리콥터로 실어 나를 수 있는 1일분의 수송인원이었다.

마틴 대사도 월남의 생존 가능성을 높게 보았다. 그는 월남군이 중부고원 지방을 내주고도 후방으로 물러나 저항선을 설정하여 버틸 수 있을 것이라고 생각했다. 월남 정부의 붕괴가 눈앞에 다가오자 마틴 대사는 사이공에 연립정부를 만들어 권력을 월맹 측에 이양하는 동안 많은 월남인들을 철수시킬 수 있는 시간을 벌 수 있다고 생각했다. 키신저 장관은 그런 판단은 월맹의 무자비한 행태를 잘 모르는 순진한 착각이라고 일축한 뒤 철수작전을 서둘 것을 지시했다.

4월14일 미국 상원 외교분과위원회 소속 의원 全員(전원)이 포드 대통령을 찾아왔다. 이런 일은 우드로 윌슨 대통령 시절 이후 처음이었다. 그들은 월남 사람들을 많이 구출해 주기 위하여 미국인들의 철수를 소홀히 해서는 안 된다고 경고했다. 포드 대통령은 자신의 회고록에서 이렇게 전했다.

「아이다호 출신 프랭크 처치 의원은 "우리에게 충성했던 월남 사람들을 다 구출하려다가는 또 다른 큰 전쟁에 휘말려 들지도 모른다"고 했다. 나는 정중하게 그러나 단호하게 말했다.

"와주셔서 감사합니다. 우리는 다만 며칠이라도 시간을 벌어야 합니다. 결정은 내가 합니다. 그 결과에 따른 책임도 내가 집니다."」

인도지나 반도의 공산화를 막는다는 거대한 명분으로 월남戰에 들어갔던 미국의 목표는 이제 미국인과 월남인의 철수를 위해 며칠 간이나마 시간을 버는 것으로 줄어들었다. 월맹군이 주도권을 잡은 戰場(전장)의 결과가 이런 수모를 강대국에 강요했다.

키신저는 4월19일 워싱턴 주재 소련대사 도브리닌을 통해서 포드 대통령의 구두 메시지를 문서로 정리하여 브레즈네프 서기장에게 전달한다. 요지는 미국인들과 親美 월남인들을 철수시키기 위해서는 휴전이 필요한데 중재를 좀 해달라는 것이었다.

포드는 필요하다면 티우 정권을 물러나게 할 수도 있다는 것을 암시했다. 메시지는 또 사이공에서 탈출구로 쓰고 있는 탄손누트 공항이나 여객기를 월맹이 포격하면 위험한 결과를 초래할 것이라는 경고와 함께 월맹에 대해서 영향력을 행사하여 미국이 명예롭게 철수할 수 있도록 해달라는 부탁도 곁들였다.

「現 상황이 우리 양국의 관계를 위기에 빠뜨리지 않는 방식으로, 또 미국인들이 다른 국제문제를 보는 시각에 악영향을 끼치지 않는 방향으로 종결되기를 바란다.」

朴 대통령 면담일지에 따르면, 金東祚 외무장관은 4월30일 오후 5시31분부터 6시25분까지 朴 대통령에게 월남 교민 철수상황을 보고한 것으로 되어 있다. 이때 金 장관은 金榮寬 대사를 비롯한 공관원들과 교민들이 무사히 철수했다고 보고한 듯하다. 이 자리에서는 이런 대화가 오고 갔다고 전한다.

朴 대통령: "金대사가 들어오거든 즉시 다른 곳에 대사로 내보내시오."

金장관: "현재로서는 자리가 나지 않습니다."

朴 대통령: "거 왜 있잖아요. 韓丙起(한병기·칠레 대사)를 불러들이고 그쪽으로 보내면 되지 않소."

마침 그 하루 전에 朴 대통령은 일시 귀국한 사위 韓丙起 대사를 청와대로 불러 저녁식사를 함께 했었다. 다음날 탈출하지 못한 李大鎔 공사가 駐越 일본대사관에서 金東祚 외무장관 앞으로 보낸 구출요청 電文이 朴 대통령에게 보고되었다. 화가 난 대통령은 金 대사의 귀임인사를 받지 않았다. 金 대사는 도의적 책임을 지고 대사직을 사임했다. 朴 대통령은 李大鎔 공사 일행을 구출해 올 것을 정보부 등 관계기관에 강력히 지시한다.

"지키지 못하는 날에는 다 죽어야 한다"

미국대사관을 통한 철수작전을 현장에서 지휘한 것은 마틴 대사였고, 이를 워싱턴에서 감독한 것은 키신저 국무장관이었다. 1999년에 나온 그의 두 번째 회고록 《再生의 시기》(Years of Renewal)에는 마틴 대사가 마지막 헬기를 타고 대사관을 떠났고, 그때가 4월30일 새벽 4시58분으로 되어 있다. 이때 워싱턴에 긴급보고가 들어왔다. 美 대사관 철수작전을 통제하던 美 해병 9상륙여단의 병력 129명이 남아 있다는 것이었다. 다시 헬기가 투입되었다.

이 해병대까지 대사관 옥상을 통해 철수한 두 시간 뒤에 월맹군이 사이공 시내에 들어왔다는 것이 키신저의 기록이다.

키신저는 이 회고록을 쓸 때까지도 수백 명의 한국인과 월남 사람들이 마지막 철수 헬기를 타지 못했다는 사실을 몰랐다고 한다. 케이블 TV 프로그램에서 잘생긴 대령이 "우리는 대사관 뜰에 400명의 베트남 친구들을 남겨 놓고 떠났다"고 증언하는 것을 보고서 키신저는 그 대령을 수소문했다. 그는 육군대학에서 근무하고 있었다. 키신저는 회고록에서 이런 요지로 설명했다.

「나는 아직도 그 사태를 이해할 수 없다. 나는 19번째의 마지막 헬기에 마틴 대사가 탔다는 보고를 받았고, 이것으로 철수가 완료된 줄 알았다. 누군가가 대사관 출입문을 열어 주어 다른 그룹의 사람들이 들어와 당초 철수 예정인원을 초과한 것이 아닌가 추측할 뿐이다.」

키신저는 회고록에서 월남 정부가 망한 뒤에 親共(친공) 세력과 베트콩이 사라져 버린 점을 강조했다.

「민 대통령과 각료들은 전원 체포되고 사라졌다. 서방세계에서 월남민주연합정부의 중심이 되어야 할 세력으로 선전되었던 베트콩도 민 대통령과 함께 사라졌다. 통일 이후 월남지역에 대한 자치권은 전혀 주어지지 않았다.」

월맹의 선전술에 속았든지, 자신들의 僞善(위선)에 스스로 넘어갔든지 세계 언론은 월남戰에 대해 큰 오보를 했다. 기자들은 베트콩이 월남에서 自生한 反독재 민주화 세력이란 선전을 믿었다. 이 베트콩이 월맹의 지휘를 받고 있었고, 나중에는 14만 명의 월맹군이 내려와 베트콩 부대를 장악했으며, 70% 이상의 병력이 월맹군인이었다는 점을 미국 언론은 제대로 보도하지 않았다.

1975년 4월30일 월맹 탱크가 사이공의 월남 대통령 관저인 독립궁 철문을 부수고 들어가 월맹 깃발을 올리고 있을 때 朴正熙 대통령은 중앙청에서 수출진흥확대회의를 주재하고 있었다. 그는 이 자리에서 이렇게 말했다.

"월남이 무조건 항복하는 과정을 똑똑히 목격했을 줄 압니다. 그

동안 월남에서 反정부 운동을 하던 인사들이 지금 피란길을 걸으면서 과연 무엇을 생각하고 있는지 궁금합니다. 공산군은 처음에는 티우 대통령만 물러나면 모든 것이 해결된다고 하더니 후임인 홍 대통령도 물러나라고 했고, 그런 뒤 민 대통령이 들어서자 그와는 협상을 하지 않겠다고 했습니다.

월남의 反정부 인사들이 공산주의자가 아니라면 지금 피란길을 걷고 있으면서 그들 자신의 행동을 반성하고 있는지 어떤지 궁금합니다. 앞으로 공산치하에서 그 反정부 인사들이 지금까지 했던, 인권과 자유를 달라는 그 주장을 계속 할 수 있을지 주의깊게 지켜봅시다."

이날 밤 朴正熙 대통령은 비장한 日記(일기)를 남겼다.

「월남공화국이 공산군에게 무조건 항복. 참으로 비통함을 금할 수 없다. 한때 우리 젊은이들이 파병되어 월남 국민들의 자유수호를 위하여 8년간이나 싸워서 그들을 도왔다. 延 파병 수 30만 명. 이제 그 나라는 멸망하고 월남공화국이란 이름은 지도상에서 지워지고 말았다. 참으로 비통하기 짝이 없다.

자기 나라를 자기들의 힘으로 지키겠다는 결의와 힘이 없는 나라는 생존하지 못한다는 엄연하고도 냉혹한 현실과 진리를 우리는 보았다. 남이 도와주려니 하고 그것만을 믿고 나라 지키겠다는 준비를 갖추지 못하고 있다가 망국의 비애를 겪는 역사의 교훈을 우리 눈으로 보았다.

조국과 민족과 나 자신을 지키기 위해서는 여하한 희생도 불사하겠다는 결의와 힘을 배양하지 않으면 망국하고 난 연후에 아무리 후회해 보았자 후회막급일 것이다. 충무공의 말씀대로 '必死卽生 必生卽死(필사즉생 필생즉사)' 다. 이 강산은 조상들이 과거 수천 년 동안 영고성쇠를 다 겪으면서 지켜 오며 이룩한 조상의 나라이다. 조국이다. 우리가 살다가 이 땅에 묻혀야 하고 길이길이 우리의 후손들에게 물려주어서 지켜 가도록 해야 할 소중한 땅이다. 영원히 영원히 이 세상이 끝나는 그날까지 지켜 가야 한다. 저 무지막지한 붉은 오랑캐들에게 더럽혀서는 결코 안 된다. 지키지 못하는 날에는 다 죽어야 한다. 죽음을 각오한다면 결코 못 지킬 리 없으리라.」

긴급조치 9호 시대

5월2일 국무회의에서도 朴 대통령은 안보 위기를 이야기했다.

"동서고금의 역사를 뒤돌아보면 한 나라의 흥망성쇠는 거의 비슷한 과정을 밟았다는 것을 알 수 있습니다. 建國(건국) 초기에는 국민들의 사기가 왕성하고 건설에 대한 의욕이 높아 外敵(외적)의 위협이 있더라도 능히 이를 격퇴할 수 있으나 위협이 없어지면 국민이 방심하여 사치해지고 그 같은 사치가 만성화될 때 쇠잔의 길을 걸었습니다. 지금 우리 눈앞에는 위기가 도사리고 있습니다. 침략자의 뜻이 성취될 경우 우리 민족사의 反轉(반전)을 초래할 비극적인 결과를 가져올 것이기에 무슨 일이 있더라도 우리는 이를 극복해야겠습니다."

4월30일 월맹군 탱크가 사이공의 독립궁(대통령 관저) 철문을 밀어 버리고 진입함으로써 월남전이 종결되고 인도지나 반도의 赤化가 현실화되자 다음 차례는 한반도가 아닌가 하는 불안감이 국민들 머리 위로 깔렸다.

5월13일 월남 교민들을 태운 두 척의 해군 LST가 부산항에 들어왔다. 이날 오후 朴 대통령은 계엄령에 준하는 긴급조치 9호를 선포

한다. 그는 이로써 일체의 反정부 운동에 종지부를 찍으려고 했다. 긴급조치 9호 시대가 열린 것이다.

9호가 금지한 행위는 유언비어 유포에서부터 유신헌법 부정·반대·선동·왜곡행위와 학생들의 정치적 집회 및 시위에 이르기까지 일체의 反정부 활동이었다. 국회의원이 한 발언은 면책이 되지만 이를 보도하거나 전파한 행위는 처벌할 수 있게 했다. 이 조치를 위반한 자에 대해서는 영장 없이도 체포·구금할 수 있다고 했다.

朴 대통령은 선포에 즈음한 특별 담화에서 "북한 공산집단이 작금의 비극적인 印支 사태에 편승하여 남침이 가능하다고 오판할 우려가 증대되었다. 미증유의 난국에 처해서 국민 각자가 해야 할 일은, 불필요한 국력 낭비와 국론 분열, 그리고 국민총화를 저해하는 일체의 행위에 종지부를 찍는 일이다"고 말했다. 이 조치에 대한 야당의 반대는 보도조차 될 수 없었다. 여론도 조용했다.

朴 대통령은 월남사태로 야기된 안보 위기를 반대세력을 잠재우는 데 이용했다. 그 효과는 1979년 초까지 갔다. 약 4년간의 정치적 안정이 월남사태와 긴급조치 9호로 가능했다. 이 기간에, 朴 대통령은 중화학공업 및 방위산업 건설을 기반으로 하는 자주국방력 건설에 매진한다. 그는 또 건설회사들이 중동에 진출하여 이곳으로 몰린 오일머니를 가져와 국내 경제 건설에 사용하도록 독려한다.

中東 건설시장에 한국 기업이 조직적으로, 대규모로 진출할 수 있었던 것은 월남전선에서 벌어진 각종 공사와 용역을 소화해 본 경험이 있었기 때문이었다. 한국인 최초의 집단적 해외진출이었던 월남전은 끝났으나 거기서 배태된 한국인의 조직력과 야성이 또 다른 활동무대를 만든 셈이었다.

52
浦項 석유는 가짜였다!

地上에서 들어간 輕油를 原油로 誤認하다

1976년의 세상
한강 잠수교 개통
판문점 도끼만행 사건
중국 周恩來·毛澤東 사망
카터, 美 대통령에 당선
초음속기 콩코드 운항 개시

"원유가 아니라 경유입니다"

1973~1974년에 제1차 석유파동을 겪으면서 박 대통령은 이 끈적끈적한 광물에 더욱 한 맺힌 유감을 갖게 된다. 이러한 심리 상태가 빚어낸 것이 포항 석유 대소동이다. 오원철은 《한국형 경제건설 제6권-엔지니어링 어프로치》에서 1976년의 포항 석유 발견 발표를 전후한 秘史(비사)를 다음과 같이 기술하고 있다.

「1975년 12월5일 박 대통령은 중화학공업담당 수석비서관 오원철을 서재로 불리는 집무실로 불렀다. 박 대통령은 회의용 탁자에 앉아 오 수석을 맞았다고 한다.

"부르셨습니까?"

"어, 이봐, 포항에서 석유가 나왔대."

박 대통령은 시커먼 액체가 들어 있는 링거 병을 보여주더니 마개를 뽑고 액체를 큼직한 재떨이에 조금 부었다. 성냥으로 불을 붙이니 재떨이에 번졌다. 시커먼 연기도 났다.

오원철은 순간 이상하다는 생각을 했다고 한다. 원유에는 가스 성분, 휘발유 성분, 경유·중유 성분 등이 복합적으로 들어 있다. 여기에 불을 붙이면 가스 성분이 펑 하고 소리를 내면서 불이 붙는다. 그런데 이 기름은 정제되어 나온 석유처럼 얌전하게 불탔다.

오 씨는 직감적으로 원유가 아니란 생각을 했다. 박 대통령과 함께 기뻐할 기분이 내키지 않았다는 것이다. 오 씨는 "석유가 나온다면 얼마나 좋겠습니까"라고만 했다.

"각하, 그 기름을 분석해보겠습니다. 제게 주십시오."

오 씨는 링거 병을 가져와서 김광모 비서관에게 보였다.

"또 누가 엉터리 보고를 했구먼요."」

그때만 해도 吳 수석이나 金 비서관은 포항에서 정보부가 시추를 하고 있는 것을 모르고 있었다. 두 사람은 공무원 생활을 하면서 석유가 나왔다는 흥분된 보고가 허위로 밝혀지는 경우를 여러 번 겪었다. 우물을 파다가 기름이 떠오른다고 해서 현장 조사를 해보면 근처에 미군이 6·25 전쟁 때 기름 탱크를 갖고 있었고, 그 기름이 땅 속으로 스며들어 우물을 팔 때 물에 섞여 나왔다는 식이었다.

김광모 비서관은 가까이 지내는 호남정유의 기획담당 임원이자 일류 화학기사인 韓聖甲(한성갑)을 불렀다. 오원철 수석은 기름이 든 유리병을 한 씨에게 넘겨주면서 엄숙하게 말했다.

"가장 빠른 편으로 미국 칼텍스에 보내서 시험을 하되 신중을 기하시오. 원유일 가능성에 대해서도 의견을 보내주시오."

한 씨는 "어디서 나온 겁니까"라고 물었다.

"더 이상 묻지 말아요. 비밀을 철저히 지켜야 합니다."

한 4일이 지났을까, 한 씨가 분석보고서를 들고 들어와 吳 수석에게 설명해갔다.

"이것은 원유가 아니고 경유입니다. 이걸 보십시오."

포항에서 나온 기름을 갖고 가서 증류 시험한 그래프를 펴 보였다. 원유에 열을 가하면 어떤 성분은 낮은 온도에서 증발하고, 무거운 성분은 높은 온도에서 증발한다. 이걸 온도곡선으로 그리면 야산의 능선 모양이 된다. 그런데 한성갑이 보여준 그래프는 담뱃갑을 측면으로 세워놓은 형상이었다. 제로 상태가 한동안 계속되다가 경유가 증발하는 온도에서 갑자기 선이 수직으로 올라가서 한동안

평평해졌다가 경유 성분이 끝나는 곳에서 갑자기 떨어져 다시 제로가 되는 것이었다.

이 그래프를 보고 오원철은 이 기름은 경유 성분만 있고 다른 성분은 없다는 것을 간파했다. 휘발유·등유·경유·중유 성분까지 두루 갖추고 있는 것이 원유인데, 경유 성분만 검출되니 이 기름은 경유일 수밖에 없는 것이다.

한 씨는 이렇게 덧붙였다고 한다.

"이 그래프를 보니 호남정유에서 경유를 만드는 온도곡선과는 차이가 있습니다. 그러니 대한석유공사 제품일 것입니다."

"경유는 거의 투명한데 무엇이 섞여 있다는 거요?"

"중질유가 극소량 있습니다."

오원철 수석은 지질연구소 소장을 전화로 불렀다.

"포항에서 기름을 파고 있다면서요?"

소장은 마지못한 듯 "그렇습니다"라고 했다.

"시추할 때 경유를 윤활 목적으로 사용하는 것 아닙니까."

"그렇습니다."

오원철은 포항 B공에서 경유가 나왔고 정보부에서 이를 원유라고 오해한 까닭을 이렇게 추리해보았다.

1. B공 지하 1475m에 空洞(공동)이 있었다. 그 공동은 물로 차 있었을 것이다. 이 공동 부근의 지층에는 틈이 많이 가 있었다.

2. B공 가까운 곳에서 A공을 먼저 시추할 때 냉각수로서 물을, 윤활제로서는 경유를 상당량 고압으로 주입시켰다. 시추기를 가동하면서 기어 오일이나 그리스 같은 기계유도 썼다. A공이 지하 1500m쯤에 도달했을 때 '이런 기름 섞인' 물의 일부가 바위 속 틈

을 타고 이동해갔다. 모여든 곳이 B공 지하 1475m 공동이었다. 여기에 조금씩 모여든 기름이 수십 리터가 됐다.

3. 이런 상황에서 새로 시추하기 시작한 B공의 위치가 바로 이 공동이 있는 지상이었다. B공 시추기가 지하 1475m까지 도달하여 이 공동을 뚫고 지나가게 됐다. 이 시추기는 이 지점에서 2m쯤 뚝 떨어지는 현상이 생겼다. 경유와 윤활유 등은 공동 안의 물 위에 떠 있었는데 시추 坑井(갱정)을 메우고 있는 순환 泥水(이수)를 타고 지표면으로 올라오게 됐다. 이것을 본 현장 사람들이 원유가 나왔다고 오해한 것이다. 때는 1975년 12월3일 새벽 2시30분이었다.

실망한 대통령, "정보부장을 부르라"

이런 추측 겸 해석을 한 오원철은 한성갑이 가져온 보고서를 들고 김정렴 비서실장을 찾아갔다. 金 실장과 吳源哲은 마주 앉아 걱정을 많이 했다고 한다. 朴 대통령은 원유가 나왔다고 여러 사람들에게 자랑을 많이 하고 있는데, 만일 원유가 아니라면 거짓말을 한 셈이 된다. 두 사람은 그래도 사실대로 보고해야 한다는 결론을 내렸다. 吳源哲은 "경사 난 집에 재를 뿌리는 것과 같은 이런 보고는 하는 사람이나 받는 사람이나 가장 기분 나쁜 보고거리일 것이다"고 회고했다.

잠시 후 金正濂 실장은 분석보고서를 갖고 吳 수석을 데리고 朴 대통령의 집무실로 들어갔다.

"오 수석이 보고할 것이 있다고 합니다. 포항에서 나왔다는 기름은 원유가 아니라고 합니다. 오 수석, 직접 보고하시오."

오원철은 사실대로 설명했다. 박 대통령은 "김 실장!"하고 부르더니 "중앙정보부장을 당장 불러!"라고 했다. 오원철은 대통령이 이렇게 화를 내는 것은 그 전에도 그 후에도 본 적이 없었다고 한다. 박 대통령은 회의용 탁자 정면에 앉아 미동도 하지 않았다. 아무 말 없이 앞만 노려보고 있었다. 김 실장과 오원철 수석은 그 왼쪽에 앉아 무거운 침묵을 견디고 있었다. 세 사람 중 어느 누구도 침묵을 깨려고 하지 않았다. 오원철은 "처단을 기다리는 포로 신세 같았다"고 한다. 기나긴 15분이 흘렀다. 남산에서 출발한 申稙秀(신직수) 부장이 황급히 들어왔다. 인사를 하고 오른쪽에 앉았다.

朴 대통령은 인사도 제대로 받지 않고 "신 부장, 포항에서 나온 기름은 원유가 아니라면서! 어떻게 된 거야?"라고 말했다. 오원철이 살펴보니, 신 부장은 갑자기 당하게 되자 대답할 수 없는 모양이었다.

"오 수석, 임자가 설명해!"

오 수석은 괜히 이런 악역을 맡게 됐다고 원통한 생각이 들었다. 포항에서 나온 기름이 진짜 원유라면 여기 모인 사람들이 모두 좋아할 텐데…. 비밀공작 하듯이 석유 탐사를 벌이고 있는 정보부에 吳 수석의 기술자적인 오기가 칼을 들이댄 꼴이 됐다.

吳 수석은 될 수 있는 대로 간단하게 요점만 설명하기로 했다.

"석유가 나왔다고 해서 너무 기뻤습니다. 그 원유를 미국의 칼텍스에 보내 분석을 시켰습니다. 그 결과 원유가 아니고 경유란 판단이 나왔습니다."

보고서를 申 부장에게 넘겨주니 수행한 간부가 받아본다. 박 대통령이 먼저 이 어색하고 긴장된 분위기를 풀려고 했는지 오원철을 향해서 "오 수석, 임자 생각은 어때?"라고 말했다.

"각하, 정보부에서 보고한 대로 시추 작업에서 채취된 기름이란 것은 사실입니다. 다만 전문가가 아니라 원유로 잘못 안 것 같습니다."

"중앙정보부가 조작한 것은 아니다"고 정보부를 변호하는 답변을 했다. 朴 대통령은 다시 생각에 잠겼다. 잠시 후 그는 무겁게 입을 열었다.

"신 부장, 포항에 석유가 있다느니 없다느니 말썽이 많으니 이번 기회에 속 시원히 뚫어서 확인토록 하시오."

그제야 오원철은 안도의 한숨을 쉬었다. 申稙秀 부장이 상처를 받지 않고 이 침통한 분위기에서 헤어난 것이 다행스럽게 생각됐다. 박 대통령의 절묘한 결심에 경의를 표하고 싶었다.

박 대통령은 申 부장을 수행한 간부에게 말했다.

"앞으로 석유탐사를 할 때는 오 수석과 자주 상의를 하라. 그리고 오 수석을 통해서 보고토록 하라."

대통령의 흥분과 자랑

1975년 12월6일. 오전 9시30분부터 청와대 회의실에서 경제 각료들과 중동문제연구소 연구원들 간의 회의가 열렸다.

낮 12시30분경 회의가 끝나자 박 대통령은 김정렴 비서실장에게 "김 실장, 내 집무실에 있는 그것 좀 가져와 보시오"라고 했다. 잠시 후 대통령의 책상 위에 검은 액체가 담긴 유리병이 올랐다.

박 대통령은 "내가 오늘 여러분께 기쁜 소식을 하나 알려 주겠소.

우리나라 포항에서 기름이 나왔습니다. 이게 바로 그 원유이니까 한 번씩 돌려가면서 보시오"라고 말했다. 어떤 사람은 손가락으로 찍어 맛을 보기도 했다.

12월9일 박 대통령은 대구에서 열리는 전국 새마을지도자대회에 참석하기 위해 특별열차를 탔다. 열차가 경기도 안양에 이르렀을 때 옆 칸에 타고 있던 林芳鉉(임방현), 張東雲(장동운), 朴振煥(박진환) 특별보좌관들을 불렀다. 박 대통령은 이들에게 원유를 개발하게 된 경위와 실용적인 단계에 이르기까지의 문제점 등을 자상하게 설명하기 시작했다.

이 무렵 박 대통령은 석유가 나오는 꿈을 꾸다가 깨는 바람에 아쉬웠다는 이야기를 측근들에게 한 적이 있었다. 석유에 한이 맺힌 대통령은 원유가 담긴 병을 자신의 집무실에 둔 이후부터 틈만 있으면 누군가에게 이것을 자랑하고 싶어진 것이다.

이날 저녁 숙소인 대구 수성관광호텔에서 열린 만찬장에서도 박 대통령은 포항 석유 발견의 보안을 지킬 수 없었다. 다음날 새마을지도자대회가 끝난 뒤 전국 지방장관들과 가진 오찬석상에서도 박 대통령은 이 소식을 알렸다. 이로써 포항 석유의 비밀이 깨져버렸다. 1975년 歲暮(세모)의 한국 사회는 대통령으로부터 번지기 시작한 석유의 꿈을 불태우며 저물어 갔다.

필자(당시 〈국제신문〉 사회부 기자)는 1976년 1월1일자 〈국제신문〉 사회면 머리기사를 썼다. 기사 제목은 '石油(석유)여 솟아라, 浦項(포항) 일대 中生代(중생대) 경상계 지층 탐사서 희망적 결론' 이었다. 직설적으로 포항에서 석유가 나왔다는 언급은 없었지만 석유가 나왔다는 전제하에 유전 가능성을 지적한 내용이었다.

필자는 연초의 연휴 때 포항 시추 현장을 둘러보았다. 해양 석유 시추선에 눈이 익은 필자에겐 매우 초라한 규모의 시추탑이었다. 시추 구멍 사이의 거리로써 背斜(배사) 구조의 크기를 대강 짐작하고 왔다.

1976년 1월4일 회사에 출근하니 정보부 부산지부에서 좀 와달라는 연락이 왔다. 갔더니 "포항 석유 관련 기사는 쓰지 않기로 되어 있는데 무슨 의도에서 썼느냐"는 추궁이 있었다. 정보과장이 필자를 수사과 직원한테 넘겨 진술조서를 받게 했다. 몇 시간 지나 풀려나긴 했지만, 정보과장의 정중한 태도가 인상에 남았다.

1979년 10월27일 아침, 경찰서 출입 기자이던 필자는 전국에 지명 수배된 대통령 시해사건 범인 자료를 보다가 깜짝 놀랐다. 필자를 조사한 그 정보과장이 시해범으로 지명 수배되어 있는 게 아닌가. 그가 박 대통령 경호원인 안재송·정인형 두 사람을 사살한 朴善浩(박선호) 의전과장이었던 것이다.

이상한 기자회견

1976년 1월15일 당시 〈국제신문〉 사회부 소속이던 필자는 박 대통령이 연두 기자회견 때 혹시 기름에 대해 언급할지 모른다는 생각에서 라디오에 귀를 기울이고 있었다. 전날 미리 포항 시추 관련 기사를 몇 꼭지 써두었지만 박 대통령이 기자회견에서 석유 발견을 확인해주지 않으면 신문에 게재할 수 없게 되어 있었다.

몇 시간이나 다소 지루하게 계속되던 일문일답이 마무리 단계에 들어가도 석유 이야기는 나오지 않고 있었다. 열 번째 질문으로 어느 기자가 이렇게 물었다.

"포항 근교에 석유가 나왔다는 설이 일부 국민 간에 퍼져 있으며 제주도 남쪽 7광구에도 많은 석유가 매장되어 있다는 보도가 나오고 있어 국민들이 대단히 궁금하게 생각합니다. 이 기회에 사실 여부를 밝혀주십시오."

박 대통령이 기다렸다는 듯이 답했다.

"지난해 12월 우리나라 영일만 부근에서 처음으로 석유가 발견된 것이 사실입니다. 우리 기술진이 오랫동안 탐사한 후 3개 공을 시추한 결과 그중 한 군데에서 석유와 가스가 발견된 것이 사실입니다. 석유가 나온 양은 비록 소량이나 지하 1500m 부근에서, 그것도 우리나라에서 처음으로 석유가 발견된 것은 고무적인 일이 아닐 수 없습니다. 그동안 KIST에 의뢰해 성분을 분석한 결과 양질의 것으로 판명되었습니다.

매우 반가운 소식이고 고무적인 이야기라 하지 않을 수 없습니다. 매장량이 어떻게 될지는 모르나 우리나라에서 석유가 나왔다는 사실 그 자체가 중요합니다. 경제성이 있을 만큼의 매장량이 있는지는 더 조사해보아야 합니다. 이 지역에 대한 탐사 및 조사를 위해 연초부터 외국 기술자를 불러오고 필요한 장비를 들여오고 있습니다. 4~5개월이 지나면 그 결과를 알 수 있을 것입니다. 외국 기술자들이 유망하다고 이야기하고 있으나 땅 밑에 있는 문제로 아직은 무어라고 말할 수 없으며 더 조사해봐야 할 것입니다. 좀더 확실한 것을 안 후 발표하기 위하여 공개하지 않았습니다.

기름이 한 방울도 나오지 않는 우리나라에서 기름이 나온다니까 국민들이 흥분하고 좋아하는 심정은 충분히 알 수 있으나 직접 파보지 않으면 알 수 없는 것이므로 하늘은 스스로 돕는 자를 돕는다는 말과 같이 국민들이 번영된 조국 건설을 위해 근면·자조·협동으로 부지런히 일하고 열성을 다하면 하느님이 우리에게 좋은 선물을 가져다줄지도 모르니 조사가 끝날 때까지 기다려 주십시오."

필자는 이 대목이 끝나자마자 회사로 뛰기 시작했다. 마감시간을 늦추면서까지 석유 발표를 싣기 위해 기다리고 있는 우리 신문〈국제신문〉에 준비해 둔 기사를 넣기 위해서였다.

吳源哲 수석은 이 기자회견장에 배석하고 있었는데, 석유 관련 질문이 나오자 불안했었다고 한다. 박 대통령의 설명을 분석해보면 그는 포항 석유가 원유가 아니란 사실을 알면서도 원유가 발견된 것처럼 말했고, 마치 매장량이 많아 유전으로 성립될 수 있으리란 기대감을 주는 방향으로 대답을 하고 있음을 알 수 있다. 경제성이 있다는 이야기를 하지 않았으나 포항 석유 발견에 대단한 의미를 두는 발언이었다.

박 대통령의 이 발표에다가 혹을 덧붙인 것이 언론의 소나기 같은 과장·조작 보도였다. 거의 모든 신문은 포항 석유 발견 발표를 1면 머리에 통단 컷 제목으로 보도했다. 이런 편집은 북한이 남침하거나 현직 대통령이 사망한 경우에나 사용한다. 박 대통령은 석유가 나왔다고만 했는데, 거의 모든 신문들은 유전이 발견된 것처럼 보도했다.

퇴적층을 뚫으면 소량의 석유는 자주 나오지만 경제성이 있을 만한 유전 발견율은 2% 정도에 불과하다는 것을 무시하고 "우리도 산유국이 되었다"느니 "이제 세금을 내지 않아도 될 날이 오고 있다"느니 보도하는가 하면, 어느 중앙지는 "포항 유전의 매장량은 일본 최대 유전의 열 배, 중동 최대인 뗄라님 유전과 맞먹는 69억 배럴로 추정된다"고 백일몽 같은 기사를 쓰고 있었다. 이런 기사로 해서 주식 가격은 연일 폭등했다.

필자는 포항 석유가 油徵(유징) 정도이고, 그 한 해 전 부산 앞바다인 제6광구 도미 A갱정에서 발견된 含油層(함유층)보다도 오히려 의미가 작은 것이란 판단을 하게 됐다. 도미 A갱정 석유 발견 특종을 해본 필자로서는 기름 몇 드럼의 발견이 유전과는 아무 관계가 없는 경우가 훨씬 많다는 것을 실감한 때문에 포항 석유가 유전 성립으로 이어질 가능성을 확신할 수 없었다.

박 대통령의 언급에서 필자가 느낀 것은 "아하, 이분이 석유를 무슨 우물 파는 식으로 이해하고 있구나" 하는 점이었다. 그는 지하 1475m에서 기름이 발견되었으니 더 깊게 파면 더 많이 나온다는 식으로 이해하고 있는 것이 틀림없다는 감을 갖게 된 것이다. 목표로 하는 지층에서 기름이 나오지 않으면 더 깊게 판다고 해서 기름이 발견되는 것이 아니다.

석유 축제설과 논문 소동

1976년 5월에 들어서자 포항 석유에 대한 2차 발표가 있을 것이란 소문이 퍼지기 시작했다. 5월16일엔 석유 축제가 열릴 것이란 소문이 돌기도 했다. 주가가 또다시 뛰기 시작했다.

이때 필자는 논문을 완성했다. 《한국의 석유개발: 비공개 자료의 분석에 의한 전망과 제언》이란 제목의 원고지 250장 분량의 소책자를 200부 찍었다. 인쇄비 11만 원은 "제발 그런 위험한 짓 그만두라"고 말리던 아내가 댔다. 이 책자를 연구소, 관청, 언론사로 보냈다. 정보부의 지시에 의해서 모든 언론이 포항 시추에 대해 침묵하고 있는 상황에서 이런 논문이라도 써야 한다는 강박관념 비슷한 것이 있었기에 논문들을 다 보내고 나니 후련하기도 했다.

　한 보름 뒤 정보부 부산지부에서 좀 보자는 연락이 왔다. 일본 〈산케이 신문〉에서 필자의 논문을 인용해 "포항 석유의 경제성은 비관적이다"고 기사를 썼다는 것이다. 정보부에선 필자가 배포한 보고서를 모두 회수하라고 강요했다. 그들은 필자가 "부득이한 사정으로 논문을 되돌려주십시오"란 요지의 글만 써주면 자신들이 대신 회수해 주겠다고 했다. 그렇게 해주었다. 그 보름 뒤 필자는 근무하던 〈국제신문〉에서 쫓겨나 실업자가 됐다. 정보부에선 두 번이나 정보부의 보도 지침을 위반한 필자를 몰아내도록 회사에 압력을 넣었던 것이다.

　나중에 필자가 〈산케이 신문〉을 얻어 읽어보니 이 신문의 서울특파원이 쓴 기사는 '한국 포항 유전 소규모'란 제목으로 외신면 머리기사에 실려 있었다.

　그 요지는 "석유 전문기자인 〈국제신문〉의 趙甲濟(조갑제) 기자가 포항 석유와 관련된 시추 자료를 근거로 하여 포항 석유에 대해서 비관적인 전망을 했다"는 것이었다. 이 기사는 "탄화수소(석유와 가스의 화학성분)를 저장해야 하는 지층의 두께가 얇고 탄화수소를 생성시키는 母岩(모암)의 발달이 부족하다"면서 "정부에서 발표한 포항 석유 발견이 과연 유층의 존재를 의미하는지 고립된 소량의 석유 발견을 의미하는지조차 확실하지 않다"는 필자의 주장을 인용했다. 이 기사는 이어서 "趙 기자는 과대평가해서 매장량을 추산해도 포항 석유는 한국의 연간 소비량에도 미치지 못한 정도라고 주장했다"고 보도했다.

 졸지에 실업자가 된 필자는 잡지에 글을 쓰면서 몇 달을 버티다가 국제상사 신발공장에 간부 사원으로 입사했다. 그 1년 뒤 신직수 부장이 金載圭(김재규)로 바뀐 다음 정보부에서는 "조용히 신문사로 복직하면 우리도 가만히 있겠다"는 암시가 왔다. 필자는 1977년 10월 1일자로 〈국제신문〉 사회부로 복귀했다.

 필자가 실직자 생활을 하고 있던 1976년 8월, 박 대통령은 진해 별장에서 여름휴가를 보내면서 기자회견을 했다. 그는 "포항에서 석유 탐사를 계속했지만 아직 경제성은 확인하지 못했다"고 말했다.

53
전쟁에 가장 가까이 갔던 날

"미친 개에겐 몽둥이가 약이다"

판문점 도끼만행 사건

1976년 8월18일 판문점 공동경비구역에서 15명의 韓·美 경비병과 노무자들이 남측 초소의 시야를 가리는 미루나무 가지를 자르고 있었다. 북한군 장교 박철이 부하들을 데리고 오더니 가지치기를 중단하라고 했다. 미군 장교 아서 보니파스 대위는 이를 묵살하고 작업을 계속하라고 지시했다. 그는 웨스트포인트 출신으로서 1년 기한의 한국근무를 3일 남겨두고 있었다.

박철이 북한병력을 불렀다. 30여 명의 북한군이 트럭을 타고 왔다. 손에는 쇠몽둥이와 도끼를 들고 있었다. 이들은 가지치기를 하던 노무자들을 에워쌌다. 박철은 한국군 장교를 통역삼아 미군 장교에게 다시 작업중단을 요구했다.

보니파스 대위가 이를 무시하고 등을 돌리는 순간 박철은 손목시계를 풀어 손수건으로 싼 뒤 호주머니에 넣었다. 그는 "죽여!"라고 고함치면서 보니파스 대위의 목을 손으로 쳐 쓰러뜨렸다.

동시에 북한군인들은 韓·美 경비병과 노무자들을 덮쳤다. 보니파스 대위는 몽둥이와 도끼에 맞아 현장에서 즉사했다. 다른 미군 장교 마크 바렛 중위는 사병을 도우려다가 맞아죽었다. 미군 기동타격대가 도착했을 때는 북한군이 분계선을 넘어가버린 뒤였다.

이 뉴스가 워싱턴으로 전해졌을 때 제럴드 포드 대통령은 캔자스 시티에서 대통령 후보를 뽑는 공화당 전당대회에 참석하고 있었다. 그는 로널드 레이건으로부터 공산당에 대해 너무 무르다는 비판을 받고 있었다. 대통령이 부재 중인 관계로 키신저 국무장관이 백악관 지하 상황실에서 긴급회의를 소집했다.

미국 CIA 요원은 이런 요지의 보고서를 제출했다(돈 오버도퍼 著 《두 개의 코리아》).

「우발적인 사고는 아닐 것이다. 미국 대통령 선거기간에 주한미군에 대한 반대 여론을 조장하려는 의도로 추측된다.」

합참을 대표해서 나온 해군참모총장 제임스 I. 할러웨이 제독은 "북한이 남침에 성공하려면 기습을 해야 하는데, 이미 우리가 만반의 경계태세에 돌입한 이상 북한의 대규모 군사공격은 없을 것이다"고 분석했다. 이 회의에서 키신저 장관은 포드 대통령과 통화한 뒤 "북한놈들이 이번에는 반드시 피를 보아야 한다"고 말했다.

리처드 스틸웰 駐韓 유엔군사령관은 회의 전에 합참으로 문제의 미루나무를 베어 버리자는 보복案을 냈으나 키신저는 그 정도로는 어림없다는 태도였다.

긴급대책회의는 구체적인 보복방안을 결정하지 않고, 먼저 한국으로 병력을 집결시키기로 했다. 오키나와 기지로부터 팬텀 편대를 한국으로 이동시키고, 아이다호州에 있던 F-111 전폭기를 한국으로 보내기로 했다. 괌에 있는 B-52 전략폭격기를 휴전선 상공까지 보내 폭탄투하 연습을 하도록 하는 한편 일본에 있던 미드웨이 항공모함 전대를 대한해협으로 이동시키기로 했다.

이날 회의에서 참석자들은 소련과 중국을 의식하지 않고 상당히 강경한 보복안들을 쏟아 냈다.

'도끼만행'이 감정적 반응을 부른 점도 있었을 것이다. 북한 선박 나포에 이어 북한 해안선 인근 해역에 核폭탄을 터트리자는 案도 나왔다. 북한 측 휴전선의 동쪽 끝 부분을 폭격하자는 발상도 있었다. 美 합참은 미루나무를 베어 버린 뒤 초정밀 유도병기나 地對地 미사일로 북한의 전략적 기간시설을 파괴하는 응징案도 냈다. 키신저도 미루나무만 자르는 행위는 너무 나약하다는 생각을 하고 있었다고 한다.

하지만 결국 온건론으로 귀착되었다. 美 국방부와 해군 측에서는 "강경한 조치가 또 하나의 한국전쟁을 부를지도 모른다"고 경고했다. 포드 대통령도 "한반도에서 지나친 무력과시는 자칫 전면전으로 확대될 위험성이 있다. 적정한 수준의 병력 사용으로 미국의 결연한 의지를 보이는 것이 효과적일 것이다"고 생각하게 되었다.

북한은 자신들이 저지른 짓의 심각성에 놀라 먼저 전투준비 태세에 들어갔다. 평양에선 등화관제가 실시되고 요인들은 지하 방공호로 들어갔다. 全전선에서 북한군은 임전태세를 갖추었다. 한국군과 주한미군도 경계태세를 데프콘(Defcon) 3으로 높이고 비상경계태세에 돌입했다. 유엔군 측은 즉각 군사정전회의를 열자고 제의했다. 북한은 즉시 이에 응했다. 이것을 본 스틸웰 사령관은 "판문점 사건이 북한 측의 우발적 행동일 가능성이 있다"고 보고했다.

이날 朴 대통령은 평상시처럼 집무했다. 오전에는 朴東鎭 외무장관의 보고를 받았고, 오후엔 金龍煥 재무부 장관으로부터 부가가치세제 도입에 관련한 보고가 있었다. 오후 4시20분부터 1시간30분간 朴 대통령은 부가가치세제 도입에 대해 소극적이던 南悳祐 부총리를 불러 이 문제를 의논했다.

워싱턴에서는 이 시간 긴박한 대책회의를 하고 있었지만 戰時는 물론이고 平時 작전통제권도 갖지 못한 朴 대통령으로선 별로 할 일이 없었다.

"미친 개한테는 몽둥이가 필요하다"

이날 밤 朴 대통령은 이런 일기를 남겼다.

「오전 10시30분경 판문점 비무장지대 안에서 나무 가지치기 작업 중인 유엔군 장병 11명이 곤봉·갈고리 등 흉기를 든 30여 명의 북괴군의 도전으로 패싸움이 벌어져서 유엔군 장교(미군) 2명이 사망하고, 한국군 장교 1명과 병사 4명이, 미군 병사 4명, 계 9명이 부상을 입는 불상사가 발생하였다.

전쟁 미치광이 金日成 도당들의 이 야만적인 행위에 분노를 참을 길이 없다. 목하 스리랑카 수도 콜롬보에서 개최 중인 비동맹회의에서 주한미군 철수를 위한 정치 선전에 광분하고 있는 북괴가 정치적으로 이용하기 위한 하나의 계획적인 만행이란 것은 분명한 사실이다.

이들의 이 만행을 언제까지 참아야 할 것인가. 하룻강아지 범 무서운 줄 모르는 이들의 이 만행을 언젠가는 고쳐 주기 위한 철퇴가 내려져야 할 것이다. 저 미련하고도 무지막지한 폭력배들아, 참는 데도 한계가 있다는 것을 잊지 말지어다. 미친 개한테는 몽둥이가 필요하다.」

사건 다음날인 8월19일 오전 9시50분부터 45분간 청와대에서 대책회의가 열렸다. 徐鐘喆 국방장관, 盧載鉉 합참의장, 스틸웰 유엔군사령관, 金正濂 비서실장, 崔侊洙 의전수석은 통역으로 참석했다. 이 회의에서 "朴 대통령은 대화 내내 차분하고 사려 깊었으며 긍정적 태도를 보였다"고 스틸웰은 워싱턴에 보고했다. 朴 대통령은 이런 요지의 발언을 했다고 한다.

「북한 측에 사과 배상 재발방지 등 최대한으로 강력한 항의를 전달해야 하겠지만 나 자신도 이것이 통할 것이라고 기대하지는 않는다. 북한에 교훈을 주기 위해 적절한 군사적 대응조치를 하되 화력을 사용하는 것에는 반대이다.」

그 다음날(8월20일) 스틸웰 유엔군사령관은 청와대로 와서 오전 11시부터 45분간 朴대통령에게 워싱턴에서 결정된 보복계획을 보고했다.

"미군이 공동경비구역으로 들어가서 문제의 미루나무를 잘라 버린다. 만약 이때 북한군이 대응공격을 한다면 우리도 즉각 무력으로 대응하여 휴전선을 넘어 개성을 탈환하고 연백평야 깊숙이 진격하여 수도에 대한 서부전선의 근접성을 해결한다"고 스틸웰 사령관이 보고했다고 한다(배석했던 金正濂 비서실장 증언).

《두 개의 코리아》를 쓴 돈 오버도퍼가 美 국방부 문서를 인용한 내용은 좀더 구체적이다. 미국 정부가 스틸웰 사령관에게 승인한 보복계획은 "북한군이 소총으로 미루나무 절단작업을 방해할 경우에는 작업팀의 철수를 엄호하기 위하여 박격포와 대포를 쏜다. 북한군이 (분계선을 넘는) 지상공격을 해올 경우엔 대기 중인 지원부대가 인근의 북한군 목표물에 대한 집중포격을 개시한다"는 내용이었다고 한다. 후자의 경우는 제2의 한국전쟁이 시작되는 것을 뜻했다. 이런 경우에는 유엔군과 한국군이 개성과 연백평야까지 진출하되 더 북쪽으로는 전선을 확대하지 않는다는 목표를 세웠던 것 같다.

스틸웰 유엔사령관의 보고를 들은 朴正熙 대통령은 "군사작전은 미루나무 절단에 한정하고 북한이 확전할 때만 우리도 확전해야 한다"는 점을 강조했다고 한다. 朴 대통령은 매우 신중한 태도를 취했다는 이야기이다. 그때 한국은 중화학공업 건설이 궤도에 오르고 있었다.

朴 대통령은 평화만 깨지지 않는다면 체제경쟁에서 金日成에게 이길 수 있다고 믿고 있었다. 그는 도끼만행에 대한 보복으로 그런 평화가 중단되는 것을 바라지 않았던 것이다. 朴대통령은 이해 1월 24일 국방부를 연두순시하는 자리에서 이런 말을 했었다.

"공산당이 지난 30년간 민족에게 저지른 반역적인 행위는 우리가 절대로 용납할 수 없을 겁니다. 후세 역사도 절대로 용납하지 않을 겁니다. 우리가 정말 참을 수 없는 것을 참아 온 것은 전쟁만은 피해야겠다는 일념 때문이었습니다.

우리가 언젠가는 이 분단 상태를 통일해야겠는데 무력을 쓰면 통일도 되지 않을 뿐만 아니라 한 번 더 붙어서 피를 흘리고 나면 감정이 격화되어 몇십 년간 통일이 또 늦어진다. 그러니 통일은 좀 늦어지더라도 평화적으로 해야 한다고 우리가 참을 수 없는 그 모든 것을 참아온 겁니다. 우리의 이런 방침엔 추호의 변화가 없습니다."

특공대원 투입

이날 朴 대통령은 스틸웰 유엔군사령관에게 주문을 하나 했다.
"공동경비구역이 미군 관할이라고 해서 우리가 가만 있을 수 없다. 미군 지휘관을 제외하고 절단작업, 경호, 근접지원 등 제1선 임무는 한국군이 맡고 미군은 제2선을 맡도록 했으면 한다."(金正濂 비서실장 증언)

1976년 8월21일 오전 4시쯤 美 2사단內 RC4 체육관. 한국 공수부대원으로 구성된 특공대원 64명이 출동을 기다리고 있었다. 朴熙道 여단장은 특공대 장교들을 불러놓고 이렇게 지시했다.

"일단 교전이 붙으면 누가 먼저 발포했느냐는 문제가 안 된다. 교전 결과가 중요하다. 일단 우리 편의 피해가 없어야 한다. 敵의 공격이 예상되면 그 즉시 선제 기습이 이뤄지도록 특공대장 이하 간부들이 즉각 조치하라. 내가 현장에서 직접 지휘할 수 없는 상황이니까 특공대장의 판단하에 움직여라. 결과에 대한 책임은 모두 내가 진다."

朴熙道 여단장은 무기를 숨겨 가라고 지시했다. 방탄조끼를 입고 계급이 없는 철모를 쓴 특공대원들은 몽둥이(곡괭이 자루)만을 든 채 트럭 3대에 나눠 탔다. 방탄조끼 안에는 권총과 수류탄이 숨겨져 있었다. 이러한 무장은 공동경비구역內의 규정과 스틸웰 사령관의 '비무장 지시'와는 배치되는 것이었다.

한국 특공대 병력이 공동경비구역으로 가는 전진 기지인 키티호크 캠프(注: 이 캠프는 후에 8·18 도끼만행 사건으로 사망한 미군 대위의 이름을 따 '보니파스 캠프'로 바뀌었다)에 도착한 것은 잠시 후였다.

이날 오전 7시 韓·美호송 차량 23대가 북한 측에 사전 통보 없이 공동경비구역으로 진입했다. 미군 공병대원 16명은 전기톱과 도끼로 미루나무를 베어 내기 시작했다. 공동경비구역 안에 북한이 멋대로 설치한 두 개의 바리케이드도 철거했다. 한국군 특공대가 이 작업을 엄호했다. 하늘에는 미군 보병이 탄 20대의 汎用헬기와 7대의 코브라 공격용 헬기가 굉음을 내면서 선회 중이었다. 상공에서는 B-52 전폭기 편대가 韓·美 전투기의 엄호를 받으며 선회하고 있었다. 오산에는 중무장한 F-111 편대가 대기 중이었다. 해상엔 미드웨이 항공모함 전대, 판문점 가까운 전선에는 韓·美 보병·포병이 방아쇠를 만지고 있었다.

미루나무 절단작업이 시작된 직후 유엔군 측은 당직 장교를 통해 북한 측에 메시지를 전달했다.

"유엔사 작업반은 8월21일 JSA(공동경비구역) 안에 들어간다. 그것은 지난 8월18일 당신네 경비병들의 도발로 마무리짓지 못한 작업을 평화적으로 완료하기 위해서이다. 우리 측 작업반은 유엔司 초소 사이를 가로막고 있는 나무를 베어 낼 것이다. 작업반은 임무가 끝나는 대로 JSA에서 철수할 것이다. 이 작업반이 아무런 도발을 받지 않는 한 어떤 문제도 없을 것이다."

金正濂 비서실장과 崔侊洙 의전수석은 이미 오전 6시에 청와대로 출근하여 유엔군 사령부 지하 벙커에 있는 柳炳賢 합참본부장과 전화 통화를 한 뒤 비서실장실에서 대기하고 있었다. 유엔군 사령부와 연결돼 있는 핫라인을 통해 작전 진행 상황을 파악하여 대통령에게 보고하기 위해서였다.

韓美연합사 설치키로

절단 작전이 시작되었을 즈음 朴正熙 대통령은 본관 2층 거실에서 아래층 집무실로 내려왔다. 金正濂 실장과 崔侊洙 수석은 유엔군 사령부에서 보고가 들어오기만을 초조하게 기다렸다.

첫 번째 보고는 "지금 작업반이 들어가 미루나무를 베고 있다"였다. 崔侊洙 수석이 집무실로 가 朴正熙 대통령에게 이 내용을 보고했다. 崔수석은 작전이 끝난 오전 7시55분까지 두 번 더 대통령 집무실로 들어갔다. 오전 7시22분쯤 "敵 200여 명이 돌아오지 않는 다리 방향으로 오고 있다"라는 보고가 들어왔을 때, "敵이 다리를 넘어오지는 않고 사진만 찍고 돌아갔다"라는 보고가 들어왔을 때였다.

이날 전방의 북한군 부대 통신을 감청한 미군은 "그들은 겁을 먹고 있었다"고 평했다. '돌아오지 않는 다리' 북쪽에서 북한군은 미루나무가 작전 개시 42분 만에 잘려 넘어가는 것을 지켜보기만 했다. 그 20분 후 북한 측 군사정전위 수석대표 한주경 소장이 金日成의 친서를 전달하고자 미국 측 수석대표에게 비밀면담을 요청했다. 金日成이 유엔군 사령부에 편지를 쓴 것은 이번이 처음이었다. 그 내용은 '유감표명'이었다.

미국 측은 이를 사과로 받아들였다. 절단 작전이 끝난 뒤 金正濂 실장은 최종 보고를 하러 대통령 집무실로 들어갔다. 朴正熙 대통령은 서류를 보면서 보고를 다 듣고는 아무런 표정도 없이 "그래, 끝났다고, 알았어"라고 말했다.

얼마가 지난 뒤 金正濂 실장은 朴正熙 대통령의 인터폰을 받았다. 朴 대통령은 "金 실장이 국방장관, 합참의장, 참모총장, 그리고 스틸웰 사령관에게 애썼다는 말을 전해 줘"라고 지시했다.

미국이 북한에 대한 폭격·봉쇄 등 강경한 보복조치를 생각했다가 온건한 대응으로 물러난 것은 이번이 세 번째였다. 북한이 계획적으로 저지른 1967년의 청와대 습격사건과 푸에블로號 납치, 1969년의 미국 전자첩보기 격추 때도 미국은 무력시위에 그쳤다.

북한이 一戰不辭(일전불사)의 자세를 취하니까 미국으로서도 제2

의 한국전을 각오하지 않고서는 강경대응이 어려웠던 것이다. 6·25 전쟁에서 미군이 뼈저리게 느낀 교훈이 하나 있었다. 한반도에서는 북한군과 절대로 육상전을 해선 안 된다는 것이었다.

이 도끼만행 사건에 대응하는 과정에서 韓美공동작전을 위한 지휘체제의 필요성이 제기되었다. 이때부터 韓美연합사 설치를 위한 협의가 본격적으로 진행된다.

54

美軍철수를 둘러싼 카터와의 갈등

미군 군부는 카터의 무모한 撤軍(철군) 계획에
반기를 들었다.

1977년의 세상

카터 美지상군 4~5년內 철군 언명
고리 原電 1호기 점화
수출 100억 달러 달성
직장 의료보험제 실시
美의회, 한국관계 청문회

"미국이 核 가져가면 우리가 개발할 것"

朴 대통령은 조용조용 이야기했다.

"동맹이란 것은 한 나라만의 이익을 위해서 맺는 것이 아니라, 당사국의 공동 이익을 위한 것입니다. 그리고 정세가 변화되면 서로 의논해서 일을 처리해야 하는데, 그 사람들(미국)은 그렇지 않더군요. 지난 1년 동안 駐韓미군 철수 문제가 라디오나 신문에 등장하지 않은 날이 없었어. 스나이더 대사를 만났을 때 食傷(식상)하다고 했지. 가든 안 가든 결정은 지어야겠어. 그런데 美 8軍 장성들은 모두 철수를 반대하더군. 골프를 초대받은 적이 있어서 경기 끝나고 이야기를 나누는데, 모두들 하나같이 반대야. 내가 카터 대통령이 軍 출신이니까 잘할 것 아니냐 고 했더니 美軍 장성들이 '그 사람, 잠수함을 석 달 탔습니다. 그것도 軍 경력에 들겠지요' 라고 대답하더군.

미국 대통령 선거 때 카터 참모들이 駐韓미군 철수를 주장해야 표가 많이 나온다고 건의를 했다는 겁니다. 그러나 선거가 끝나고 대통령이 되고 나면 국방성도 있고, CIA도 있고, 국무부도 있어서 이 사람들의 말을 잘 들어서 해야 하는데. 하긴 선거 공약이니 안 할 수도 없겠지. 그들끼리도 의견 대립이 있는 모양이야."

1977년 5월22일, 朴 대통령은 비서진들과 함께 식사를 할 때는 마치 교사가 학생에게 훈시하듯 國政에 관계된 것뿐만 아니라 평소 느낀 점들을 자상하게 털어놓았다. 이날도 어김없이 화제는 카터 비판으로 옮겨 갔다.

"한국에 어떤 인권 문제가 있는가, 하고 미국 사람들에게 구체적으로 물으면 그들도 대답을 못 합니다. 인권 침해란 법에 의하지 않고 재판도 하지 않고 탄압하는 것을 말하는 것이지, 헌법에 따라 3심을 거치고 그것도 공개리에 외국 기자들한테까지 방청을 시키면서 법으로 확정해서 처벌하는 것을 어떻게 인권 침해라고 할 수 있는가 말이오.

지난번 울프 의원도, 스나이더 대사도 '카터가 한 얘기이니까 미국의 체면을 봐서 제스처라도 해달라'고 내게 말했는데, 내가 제스처를 할 것이 있어야지. 지금 잠깐 들어가 있는 사람도 전에 민청학련 사건과 같이 개과천선하면 사면될 수도 있는 것이오.

反체제 사람들이 콧대를 높이는 것은 바로 미국 사람들 때문이야. 미국이 도움이 안 된다고 느낄 때라야 들어가 있는 사람들도 생각이 달라질 것이고, 그렇게 되면 놓아 줄 수 있지. 이 기회에 그 사람들의 사대근성을 뿌리 뽑아야 됩니다. 외세에 의존하는 근성을 버리지 않고는 진정한 자주독립 국민이라고 할 수 없어요.

그동안 미국에서 反정부 운동하던 사람들, 李龍雲 前 해군참모총장이나 文明子 씨 등이 한 근거 없는 말들을 미국은 그대로 언론에다 실었단 말이야. 駐韓미군이 東北亞(동북아) 평화를 위해 지대한 공헌을 한 것은 사실입니다. 아직 한반도에 평화가 정착된 것은 아닙니다.

한국에 평화가 정착되거나 적어도 북괴를 확실히 능가할 힘이 생길 때까지 駐韓미군이 있는 것이 좋지. 그러나 그들이 일방적으로 간다고 했소. 한반도의 안보는 한국만의 책임인가? 韓·美 양국의 공동 책임입니다. 그들이 떠나가더라도 장비를 넘겨주고 공군력만 증강한다면, 유사시에 우리 힘으로도 능히 敵을 막을 수 있어요.

나는 월남사태 때 이미 駐韓미군 철수를 예상했어요. 모든 정세로 보아 북괴가 남침해도 중국·소련이 병력 지원을 안 할 것으로 봅니다. 우리의 힘이 강해지면 오히려 중국·소련이 북괴의 남침을 견제할 것입니다."

朴 대통령은 이날 각오한 듯 말을 이어갔다.

"내년에 프랑스에서 장갑차 150대를 도입하고, 가을에는 서해에서 미사일 시험 발사도 할 것입니다. 이번에 하비브 美 국무차관이 오면 核을 가져가겠다고 으름장을 놓을 텐데, 가져가겠다면 가져가라지. 그들이 철수하고 나면 우리는 核을 개발할 생각이오."

이 무렵 朴 대통령의 대화록을 분석해보면 駐韓미군 장성들과 교감하면서 카터의 撤軍(철군)을 비판하고 있다는 인상을 지울 수 없다. 駐韓미군 장성들이 주둔국 대통령 앞에서 자신들의 최고사령관을 비방했다는 것인데, 이로 미루어 朴 대통령과 이들은 撤軍 반대로 보조를 맞추고 있었다는 느낌을 받게 된다.

1977년 3월17일 美 합참은 "1982년 9월까지 3만 2000여 명의 駐韓 美 지상군 병력 중 우선 7000명 정도를 철수시키자"는 내용의 건의서를 카터 대통령에게 제출했다. 철수시한을 차기 대통령 임기까지 미루는 지연작전이었다. 하지만 카터는 5월5일 "4~5년 안에 全 駐韓 美 지상군을 철수한다"고 결정하고 이를 '대통령 지시각서' 12호에 담아 美 합참에 내려 보냈다.

1977년 5월19일자 〈워싱턴 포스트〉 紙는 駐韓 美 8軍 참모장 존 싱글러브 소장 인터뷰 기사를 실었다. 이 회견에서 존 싱글러브 소장은 "만약 (카터의) 撤軍 계획대로 4~5년 동안에 駐韓미군을 철수시킨다면 그 다음에는 반드시 전쟁이 일어날 것"이라고 말했다.

그는 "지난 12개월간의 정보수집 결과 북한 戰力(전력)은 계속 증강되고 있는 것으로 드러났다"면서 "(워싱턴의) 정책입안자들은 3년 전의 낡은 정보 속에 묻혀 있다"고 비난했다. 美 8軍 참모장의 이런 폭탄발언이 나오게 된 배경에는 撤軍을 반대하는 美 8軍사령관 베시 대장의 공작이 있었지 않나 의심할 만한 근거가 있다.

베시-金載圭 密談

1977년 5월17일, 〈워싱턴 포스트〉 기사가 나오기 이틀 전 金載圭 중앙정보부장 특별보좌관인 李東馥 씨는 오랫동안 가까이 알고 지내던 駐韓미군 사령관 특별보좌관인 짐 하우스먼으로부터 전화를 받았다. 긴급한 용무가 있으니 가급적 가까운 시간 안에 만나자는 것이었다.

李 보좌관과 짐 하우스먼은 다음날 서울시청 맞은편 프라자 호텔의 한 객실에서 마주 앉았다. 여기서 둘 사이에 오간 대화를 李 특보는 다음과 같이 정리해 金載圭 중앙정보부장에게 보고했다.

「駐韓 유엔군사령관 특별보좌관 짐 하우스먼은 5월18일 12:15~13:30 當部 부장 특별보좌관을 접촉하고 베시 유엔군 사령관의 지시에 의한 것이라는 전제하에 다음 사항을 부장에게 보고해 달라고 요청했음.

1. 5월24일에 내한하는 하비브 국무차관과 브라운 합참의장을 맞이해 베시 사령관은 駐韓 美 지상군 철수문제에 관하여 현지 사령관으로서의 기본입장을 다음과 같이 보고할 계획임.

가. 베시 사령관은 1차적으로는 駐韓 美 지상군을 현재의 상태에서 동결, 어떠한 규모의 감축에도 반대한다는 입장을 명백히 할 것

임. 사령관의 논거는 6·25 때 駐韓미군이 철수함으로써 전쟁이 발발한 반면 휴전 이후에는 전쟁이 없었는데 그 이유는 駐韓미군이라는 전쟁 억지력이 엄존했기 때문이라는 점을 지적할 것임.

　나. 만약 하비브 차관과 브라운 의장을 통해 美 행정부의 駐韓 美 지상군의 감축이 기정방침으로 확인될 경우 베시 사령관은 차선의 방안으로 다음 사항을 건의할 방침임.

　1) 駐韓 美 지상군의 감축은 상징적인 규모로 국한할 것. 美 육군 제2사단의 3개 여단 중 1개 여단에서 여단 建制(건제)는 그대로 둔 채 2개 대대만을 1979년 6월 이후에 철수하고 나머지 부대는 무기한(최소한 5년간) 한국에 잔류시키도록 결정할 것.

　2) 철수하는 2개 대대의 각종 화기와 장비는 한국에 남겨두어 한국軍에게 인계할 것.

　3) 현재 2개 대대 弱의 규모인 駐韓 美 공군은 완전규모의 3개 대대를 각기 거느리는 2개 비행단으로 증강시키되 증강되는 항공기는 태평양 공군으로부터가 아니라 본토의 공군으로부터 가져올 것(태평양 공군은 駐韓 美 공군의 후비로 이미 사실상 한반도에 들어와 있는 것과 마찬가지이므로 태평양 공군으로부터의 증강은 실질적으로는 증강이라고 볼 수 없음).

　4) 한국軍 현대화를 위해 다음 조치들을 강구할 것(생략).

　2. 베시 사령관은 앞으로 있을 韓·美 협의 때 朴 대통령 각하께서는 물론 고도의 정치적 차원에서 말씀을 하셔야 하겠으나 관계장관 이하의 실무자는 이상 베시 사령관의 기본입장을 감안해 그보다 더 강경한 주장을 할지언정 더 온건한 주장을 하지는 말아 줄 것을 요망함.

3. 베시 사령관은 하비브와 브라운 來韓 이전에 극비리(駐韓 美 대사관에 대해서도 비밀로) 韓·美 양 국군 간에 사전 의견조정을 가질 것을 희망함. 그 방식은 1단계로 합참의 孫章來 장군이나 柳炳賢 장군과 유엔군 사령부의 번스 副사령관, 싱글러브 참모장 또는 콜러 작전참모 간에 협의를 갖고 2단계로 베시 사령관과 국방부 장관이 만나기를 희망함(단, 이러한 접촉은 베시 사령관의 입장에서는 美 행정부에 대한 일종의 항명이 될 수 있는 것이므로 극도의 보안을 요망함).

4. 베시 사령관은 지난번 渡美, 카터 대통령을 만났을 때 "駐韓미군 철수 문제는 절대로 졸속한 결정을 회피할 것"을 건의했고, 이에 대해 카터 대통령도 "장군과 먼저 협의하지 않고는 駐韓미군 문제에 대한 어떠한 결정도 단독으로 내리지 않겠다"고 약속한 일이 있으므로 미국이 일방적으로 감축 결정을 내리지는 않을 것이라고 믿고 있고 만약 카터 대통령이 이러한 약속을 저버릴 때는 "군복을 벗을 각오가 되어 있다"고 하우스먼은 말하고 있었음.」

李 특보가 듣고 보니 실로 중대한 내용이 아닐 수 없었다. 문민통제의 원칙이 확립되어 있는 미국에서 육군의 한 최고지휘관이 참모들과 짜고 미국대사관을 따돌린 채 자기 나라의 대통령이 소신을 갖고 추진하는 정책을 저지하기 위하여 외국의 정보기관장과 내통하겠다고 나섰으니 말이다. 李 특보는 金載圭 부장에게 베시 사령관을 만나는 것이 좋겠다고 건의했다. 다음날인 5월19일 오후 3시 15분부터 4시30분까지 두 사람의 밀담이 美 8軍 영내 사령관 관사에서 이뤄졌다. 李 특보가 통역을 위해 배석했다.

李 특보의 기록에 의하면 이 자리에서, 베시 사령관은 그가 金 부장을 만나자고 한 진짜 이유를 털어놓았다. 그는 우선 撤軍 문제에

관한 카터 대통령의 옹고집에 분노를 터뜨렸다. 그리고, 카터의 撤軍 공약은 결국은 이행되지 않을 것이라고 전망했다. 왜냐하면 이 공약은 "너무나 현실과 괴리된 것이고 잘못하면 전쟁을 유발할 수도 있는 그릇된 정책이기 때문"이라는 것이었다.

그는 그럼에도 불구하고 카터의 撤軍 공약이 이행될 경우에 대비하는 것이 필요하다는 의견을 피력했다. 그는 "撤軍은 보완조치 없이는 진행될 수 없다"면서 韓美 양국 간에 즉각 '撤軍 보완조치'에 관한 협상이 시작되어야 한다고 강조했다.

'撤軍 보완조치'가 비용 면에서 駐韓미군을 계속 유지하는 것보다 비싼 것으로 만들어서 '비용 對 효과'의 차원에서 미국內, 특히 美 의회 안에서, 駐韓미군 철수에 대한 찬반 토론을 유도해야 한다는 것이 베시의 본심이었다.

그렇게 함으로써 '보완조치'로 인해 駐韓 美 지상군의 撤軍을 강행하는 것이 계속 유지하는 것보다 비용 면에서 비싼 것으로 드러나게 될 경우 틀림없이 의회가 나서서 撤軍 강행을 저지하게 되리라는 것이 그의 계산이었다.

한국 정부 안에서 그의 대화 상대는 徐鐘喆 국방장관과 柳炳賢 합참본부장이었다. 이 무렵 朴正熙 대통령은 카터 대통령에게 노발대발하고 있었다.

朴 대통령은 "그렇다면 하고 싶은 대로 해라. 우리는 구걸하지 않겠다. 우리는 우리 길을 간다"고 자주국방을 외치면서 오히려 '駐韓미군 철수 不반대'를 선언하고 나선 것이다. 카터의 오만에 맞서서 주권국가의 대통령으로 국민의 안위를 책임지고 있는 朴 대통령의 대응은 '과연 대통령다운 행동'이었다. 그러나 그것은 어디까지

나 '대통령에게 해당되는 것'이었고 그를 보좌하는 주무장관이나 참모들의 경우는 그와는 다른 것이었다.

베시는 "대통령이 그렇게 할수록 정부 관계자들은 실무적 차원에서 가령 撤軍이 이루어지더라도 그로 인한 위험부담이 최소화되도록 미국을 물고 늘어져 최선의 보완조치를 만들어 내야 한다"고 했다.

特上보고

문제는 한국 정부의 주무장관 등 관계 참모들에게 있었다. 베시가 그들을 접촉해 보니 그들은 "朴 대통령보다 한술 더 떠서 더 격앙되어 있었고, 더 강경해서 도저히 말을 붙일 수 없을 정도"였다. 하우스먼은 "베시 사령관이 徐鐘喆 국방장관 등 한국군 고위층으로부터 '미군이 나가고 싶으면 나가라. 우리는 상관하지 않는다'는 말을 듣고 아연 실색했다"고 전했다.

카터 대통령은 撤軍 문제와 인권 문제를 가지고 한국 정부와 협의하기 위해 1977년 5월24일 필립 하비브 국무차관과 조지 브라운 합참의장을 서울에 보내기로 했다.

베시 사령관의 생각으로는 하비브와 브라운의 訪韓(방한)이야말로 이들 앞에 '撤軍 강행'보다 훨씬 高價(고가)의 '보완조치' 보따리를 풀어놓아 이들을 깜짝 놀라게 할 수 있는 기회였다. 그러기 위해서는 한국 정부 국방 관계자들을 만나 자신의 생각을 귀띔해 줄 절대적 필요가 있었다.

그런데 길이 없었다. 베시는 金 부장에게 그의 충정을 朴 대통령에게 전달해, 朴 대통령으로 하여금 徐鐘喆 국방장관 등이 즉각 베시 사령관과 협의해 '撤軍 보완조치'를 마련하도록 지시해 줄 것을 희망했다. 그렇게 되면 하비브 차관 및 브라운 의장의 訪韓 때를 기점으로 韓美 간에 '撤軍 보완조치' 협상을 본격화시킬 수 있게 되는 것이다.

金 부장은 눈에 띄게 감동했다. 서울 中區 필동 중앙정보부 분실 6층의 부장실로 돌아온 金 부장은 李 특보에게 베시 사령관과 나눈 대화를 對談(대담) 형태로 정리해 부장이 대통령에게만 올리는 보고 형식인 '特上보고'(일명 '빨간 딱지 보고')로 작성해 달라고 주문했다.

金 부장은 다음날인 5월20일 청와대로 올라가 朴 대통령 앞에서 이 보고서를 낭독했다고 한다.

필자가 대통령 면담일지를 구해서 대조해 보니 5월20일 金載圭 정보부장은 오전 11시27분부터 한 시간 동안 청와대 대통령 집무실에서 朴 대통령에게 보고한 것으로 적혀 있다. 朴 대통령은 보고를 받은 직후 출입기자들과 점심을 함께 하면서 미군 장성들이 카터를 업신여기는 발언을 한 것을 소개했던 것이다.

이날 朴 대통령은 駐韓 美 지상군 철수문제와 관련된 회의를 긴급히 소집했다. 오후 2시14분부터 약 두 시간 동안 계속된 회의에서는 베시 사령관의 희망에 따라 미국 특사에게 撤軍 보완 조치와 관련된 협의를 요구하기로 결정했다. 이 회의에는 총리·국방장관·외무장관·청와대 주요참모·합참의장·합참본부장, 그리고 康仁德 정보부 북한국장 등이 참여했다.

이날 金載圭 부장이 올린 特上보고서엔 재미있는 대화내용이 있다.

〈金載圭: "장군은 하비브 차관이 이곳에 와서 인권 문제를 거론하리라고 보는가?"

베시: "카터는 분명히 한국을 돕고 싶어한다. 그런데 한국을 돕기 위해서는 美 의회와 여론의 지지가 필요한데 美 의회와 여론사회에서는 한국의 인권 문제에 관해 카터에게 모종의 행동을 취하라는 강력한 압력을 가하고 있는 것이 현실이다.

카터로서는 이 같은 압력 때문에 비단 한국관계뿐 아니라 다른 분야의 정책에 관해서도 美 의회의 협조를 거부당할지 모른다는 위협에 직면하고 있다. 아마도 카터는 이번 訪韓하는 특사 편에 이 같은 정치적 고충을 朴 대통령께 말씀드리고, 이에 대한 朴 대통령의 말씀을 들려 달라고 요청하게 될지도 모르겠다.

미국의 호사가들은 朴 대통령의 강력한 영도력 행사는 불안정한 국내 政情(정정)을 안정된 것으로 위장하기 위한 것이라고 악선전하고 있다. 2주일 전에 朴 대통령께서 美 8군 골프장에서 골프를 치시고 본인의 숙소에 들르셔서 저녁식사를 함께 하신 일이 있다. 그때 朴 대통령께서 아주 편안한 기분으로 하루 저녁을 지내시는 것을 보고 본인도 무척 기뻤다.

본인은 장기적으로는 한국도 미국과 같은 민주주의를 지향하고 있다고 믿는다. 朴 대통령은 이미 국내에서 강력한 정치적 지지기반을 쌓아 올리셨고, 그렇기 때문에 선거를 지금 당장 실시한다고 해도 아마 80~90%의 지지를 얻어 다시 대통령에 당선되시리라고 생각한다.

다만 본인이 보기에 朴 대통령께서는 국민의 복지증진과 안보, 그리고 경제건설에 너무 열중한 나머지 무책임한 정치인들의 정치작태를 낭비적이고 非생산적인 것으로 보아 정치를 멸시하시는 것이 아닌가 싶다. 반면, 카터 대통령 같은 사람은 좀 시끄럽기는 하더라도 선거를 통해 다수의 지지를 얻어 국가를 이끄는 것이 좀더 좋은 방법이라고 보는 데서 차이점이 생기는 것 같다."

金載圭: "요즘은 신문이 횡포 정도가 아니라 독재라 해야 할 정도인 것 같다."

베시: "그렇다. 우리는 어떤 의미에서는 모두 신문 독재의 제물들이다."

싱글러브 장군의 폭탄선언

위의 대화록을 읽어 보면 朴 대통령이 기자들에게 한 말의 수수께끼가 풀린다. 朴 대통령은 "미군 장성들에게 골프를 초대받은 적이 있어서 경기 끝나고 이야기를 나누는데, 모두들 하나같이 撤軍에 반대야. 내가 '카터 대통령이 軍 출신이니까 잘할 것 아니냐'고 했더니 미군 장성들이 '그 사람, 잠수함을 석 달 탔습니다. 그것도 軍 경력에 들겠지요'라고 대답하더군"이라고 했었다. 카터를 이렇게 평한 사람은 베시였다는 추정이 가능해진다.

베시 사령관이 金載圭를 통해서 朴 대통령과 내통하던 바로 그 시간대에 베시의 참모장 존 K 싱글러브 소령은 〈워싱턴 포스트〉 존 사르 기자를 만나고 있었다. 사르 기자는 이때 카터 특사 필립 하비브 국무차관과 조지 브라운 합참의장이 朴 대통령을 만나러 오는 것을 취재하러 서울에 와 있었다.

사르 기자가 싱글러브 참모장에게 "귀하는 카터 대통령의 撤軍계획이 전쟁을 부를 것으로 생각하느냐"고 물었을 때 "그렇다"고 대답했던 것이다. 싱글러브는 전역한 직후인 1978년 여름 白斗鎭 국회의장의 소개로 일본의 〈新視点〉이란 잡지 주간과 인터뷰를 했다. 이 녹취록을 구한 白 씨는 자신의 회고록에 그 全文을 실었다.

이 녹취록에 따르면 싱글러브는 자신이 "그렇다"고 대답한 것은 북한군의 戰力증강에 대한 최신정보를 입수했기 때문이라고 설명하고 있다. 북한군은 1970년대 전반기에 대포와 전투기를 倍增(배증)시켰고 장갑차는 세 배로 늘렸으며, 수륙양용차와 수송기를 4배로 증강시키면서 휴전선 가까이 공군기지를 만들고 병력을 전진배치하고 공격대형을 취했다. 이런 정보를 미군은 1976년 초까지도 모르고 있었다.

이런 사실을 알 리 없는 카터가 1975년부터 駐韓미군 철수를 주장한 것은 충분히 이해할 수 있다. 싱글러브는 카터가 대통령이 된 이후엔 군부로부터 보고를 받고 撤軍 주장을 취소할 것이라고 생각했다는 것이다.

그래서 〈워싱턴 포스트〉 기자에게 "나는 撤軍에 반대하지만 만약 대통령이 그렇게 결정한다면 우리는 직업의식과 열성을 다해 이를 수행할 것이다"고 덧붙였다는 것이다. 〈워싱턴 포스트〉는 인터뷰를 보도하면서 이 부분은 생략했다.

5월19일 〈워싱턴 포스트〉 기사를 읽은 카터 대통령은 해럴드 브라운 국방장관에게 즉시 싱글러브 참모장을 불러들여 데리고 오라는 지시를 했다. 브라운 국방장관은 한국에 가 있던 조지 브라운 합참의장에게 이 지시를 전달했고, 브라운 의장은 베시 사령관에게 명령해 싱글러브 소장을 백악관으로 보내게 했다. 워싱턴으로 불려온 싱글러브 소장에게 브라운 장관은 이런 충고를 했다고 한다.

"대통령을 만나면 모든 책임을 기자에게 전가하세요. '그런 말을 한 사실이 없고, 나는 撤軍을 지지합니다' 라고 하란 말입니다."

싱글러브 소장은 단호히 거절했다고 한다.

"장관께선 잘 이해하시지 못하는 것 같은데, 그 기자는 본인의 발언을 정확하게 보도했습니다. 저는 제 생각을 모든 사람들이 이해해 주기를 바랄 뿐입니다."

"카터 대통령의 체면을 살려주시오"

브라운 장관은 싱글러브 소장을 데리고 카터 대통령 집무실로 갔다. 이상한 면담은 한 시간 반 동안 계속되었다. 카터 대통령은 경위를 물었고 싱글러브는 설명했다.

"저는 대통령의 권위에 도전하려 한 것이 아닙니다. 그 발언을 한 시기는 韓·美 간의 撤軍 협의가 있기 전이었으므로 각하께서 정책을 결정하는 데 도움이 될 것이라고 보았습니다.

撤軍 결정이 내려지면 이를 열심히 수행할 것이지만 제가 알기로는 그런 결정은 아직 이뤄지지 않았습니다. 그래서 그런 말을 한 것입니다. 군인은 결정이 내려지기 전까지는 정확한 정보를 제공할 의무가 있습니다."

카터는 군대에 대한 민간통제의 전통에 대해서 강의하듯이 이야기했다. 녹취록에서 싱글러브는 "그런 것들은 다 알고 있는 내용이므로 필요없는 것이었다"고 말하고 있다.

카터 대통령도 싱글러브를 달리 처벌할 근거가 없다는 판단을 했다. 다만, 그를 다른 부대로 전출시키라고 장관에게 지시했다. 美

하원 군사위원회의 소위원회는 싱글러브 소장에게 출두명령을 내렸다. 싱글러브는 소위원회에 나가서도 撤軍의 부당성을 주장했다. 이 소위원회는 그 뒤 한국을 방문하고 撤軍반대 의견을 냈다.

이렇게 되니 싱글러브 소장의 인터뷰 파문은 워싱턴의 가장 큰 뉴스로 부각되고 카터는 곤경에 처했다. 브라운 국방장관은 싱글러브에게 한국으로 歸任(귀임)하지 말고 바로 조지아州 육군사령부로 가라고 명령했다. 한국에 있는 가족과 짐은 잘 챙겨서 보내 주겠다고 설득했다.

강력하게 반대한 것은 베시 사령관이었다. 브라운 장관은 싱글러브 소장에 대한 성대한 환송파티나 훈장수여를 금지시키고, 朴 대통령에 대한 離任(이임) 인사차 방문도 허용하지 않는다는 조건을 달아 베시 사령관의 건의를 받아들였다.

싱글러브는 朴 대통령을 만나지 못했으나 朴 대통령은 사람을 보내 위로의 뜻을 전했다. 싱글러브 소장의 회고에 따르면 이임을 앞두고 일주일간 휴가를 얻어 한국을 여행했는데 가는 곳마다 보통시민들로부터 환영을 받았고, 식당에 들어가면 사람들이 일어나 박수를 치곤했다는 것이다.

싱글러브는 조지아州의 육군사령부 참모장으로 전속되어 근무하다가 1978년 4월에 또 공개석상에서 카터의 중성자탄 제조연기, B-1 폭격기 생산계획취소 조치를 비판했다고 해서 전역당했다.

이상의 경과를 살펴보면 베시 駐韓미군 사령관과 싱글러브 참모장은 카터의 撤軍특사가 朴 대통령을 만나러 오는 시점을 D데이로 삼고 작전하듯이 反카터-反撤軍 공작을 진행했음을 알 수 있다. 駐韓미군 사령부는 朴 대통령과 손잡고 카터를 물 먹인 셈이다.

이런 공작이 발각되었다면 군법회의에 넘겨졌을 만한 일을 감행해 가면서 베시와 싱글러브가 카터의 撤軍정책에 저항할 수 있었던 것은 撤軍의 논리와 전략이 너무나 허술하여 군부 전체의 웃음거리가 되어 있었기 때문일 것이다. 軍心이 완전히 떠난 상태에선 아무리 최고사령관의 의지가 강해도 먹히지 않는다는 교훈을 남긴 셈이다.

"당신들이 구세주인가?"

1977년 5월25, 26일 양일 간 미국 카터 대통령의 특사 하비브 국무차관과 브라운 합참의장이 청와대를 방문하여 朴 대통령에게 카터의 撤軍계획을 통보했다. 첫날은 오전 10시30분부터 오후 1시5분까지 소접견실에서 회의가 진행되었다. 한국 측에선 崔圭夏 국무총리를 비롯해 외무·국방장관, 대통령 비서실장, 의전수석(통역)이 배석했다. 미국 측에선 스나이더 駐韓 미국대사와 베시 駐韓미군사령관이 배석했다. 둘째날인 26일에도 오후 4시부터 1시간15분 동안 회의가 이어졌다.

하비브와 브라운은 朴 대통령을 안심시키려 했다. 그들의 설명요지는 이러했다.

「撤軍은 한반도의 군사력 균형을 파괴하거나 북한의 오판을 유발하지 않도록 진행될 것이다. 한국의 자주국방 능력 향상을 위한 한국 측 계획을 적극적으로 지원할 것이다. 對韓방위공약은 변함이 없다. 美 공군은 계속해서 주둔한다.」

朴 대통령은 2~3일 전부터 꼼꼼히 메모해 두었던 견해를 조목조목 털어놓았다.

「미국 대통령이 자기 나라 군대를 빼겠다는데, 다른 나라가 막을 수는 없다. 駐韓 美 지상군을 4~5년 내에 완전히 철수한다는 것은 韓美 양국을 위해서 대단히 현명하지 못하다고 생각한다. 美 지상군은 북한군의 再남침을 저지하는 관건이자, 일본과 東아시아의 방위를 위해서도 크나큰 기여를 하고 있다.

駐韓미군은 미국의 세계전략 차원에서 볼 때 NATO(북대서양조약기구)와 더불어 소련을 견제하는 2大 근간이다. 유엔군사령관을 겸하고 있는 駐韓미군사령관은 4만여의 駐韓미군과 세계 최강을 자랑하는 60만 한국군, 그리고 고도의 훈련을 쌓았으며 전투경험도 있는 250만 내지 300만 명의 예비군까지 지휘하고 있다.

소련은 그 병력의 3분의 2를 西歐에, 3분의 1을 극동에 배치하고 있다. 3분의 2에 대해서는 NATO軍이, 3분의 1에 대해서는 駐韓미군 사령관 휘하의 韓·美연합군이 대처하고 있다. 이런 미국의 세계군사전략으로 볼 때 駐韓미군을 완전히 철수한다는 것은 이해할 수 없다.」

여기서 朴 대통령은 駐韓미군의 主力인 지상군이 철수하면 駐韓미군사령관에게 위임해 놓은 한국군의 작전지휘권도 再검토해야 할 것이라는 암시를 주었다. 朴 대통령은 金載圭 정보부장과 베시 사령관 사이의 밀약에 따라 '先보완 後철군'을 요구했다. 하비브 차관과 브라운 합참의장은 "카터 대통령의 방침은 보완과 撤軍을 병행하는 것이다"고 설명했다. 두 사람은 이 이견을 해결하기 위한 韓·美 간 실무자회담을 수용했다.

1977년 5월26일 오후 撤軍관련 회담을 끝낸 朴 대통령은 鮮于煉 공보비서관에게 회담에서 논의된 인권문제와 관련하여 이렇게 구술했다.

「먼저 하비브 美 국무차관이 조심스럽게 입을 열었다.

"대통령께 이제부터 말씀드리는 것은 카터 대통령의 지시를 받고 말씀드리는 것입니다. 카터 대통령의 국내 정치적 입장이 어렵다는 것을 각하께서 잘 좀 이해해 주십시오. 카터 대통령의 국내 정치적 입장이나 얼굴, 체면을 세워 주기 위해 간청합니다만 뭔가 제스처를 좀 써 주십시오."

나는 이렇게 말했다.

"스나이더 대사에게는 이미 이야기했지만 한국에 소위 인권 문제는 존재하지 않습니다. 카터 대통령의 입장을 고려하고 이해해 달라는 이야기는 같은 정치인으로서 이해가 갑니다. 그러나 근본적인 문제는 한국 내에 소위 인권 문제는 존재하지 않는다는 겁니다.

물론 대통령에게 사면권은 있습니다. 나 자신 대통령으로서 사면권을 과거 몇 차례 행사했습니다. 그 대표적인 것이 민청학련 사건 때입니다. 그러나 대통령의 사면권 행사 여부는 본인들, 즉 복역자들의 자세에 달려 있습니다. 그 사람들이 개과천선하고 개전의 정을 보이고 또 복역 자세가 좋을 경우에는 내가 사면을 해왔고, 또 사면을 할 것입니다. 그런데 복역자들의 자세가 마치 영웅이나 된 것처럼 경거망동하고 있는 게 문제입니다.

특히 귀하들이 온다니까 구세주나 오는 것처럼 기대하고 있다는 이야기가 있습니다. 이런 상황에서 어떻게 사면을 하겠소? 사면은 못 합니다. 그들이 왜 그런 자세를 갖는지 생각해 보십시오. 미국에서 소위 한국의 인권 문제가 거론되고 제기될 때마다 미국 정부가 '관심을 표명한다'는 식의 논평을 내니까 그들이 자세를 안 바꾸는 것 아닙니까?"」

《두 개의 한국》이란 책을 쓴 돈 오버도퍼 기자에 따르면 카터의 撤軍 특사 하비브와 브라운은 카터 대통령이 1977년 5월 초에 서명한 1급 비밀문서(撤軍 일정표)를 朴 대통령에게 설명했다고 한다. 그 내용은 1978년 말까지 1개 여단 6000명을 빼내가고, 1980년 6월 말까지 또 1개 여단과 지원병력 최소 9000명을 철수하며, 한국에 있는 핵무기는 줄여 가다가 撤軍 완료와 함께 다 가지고 나간다는 것이었다.

문제는 韓·美 간 합의에 따라 카터가 낸 撤軍보완 예산이었다. 이해 7월 브라운 국방장관이 19억 달러의 撤軍보완 예산을 의회 지도자에게 설명하자 한 사람도 撤軍을 찬성하지 않았고, 많은 의원들이 반대했다.

의원들이 撤軍보완 예산 통과에 부정적인 태도를 보인 것은 朴 대통령을 지지해서라기보다는 오히려 그를 싫어해서였다. 그들은 인권 탄압, 對美 불법로비, 한국 진출 미국계 회사들에 대한 정치헌금 강요, 金大中 납치사건 등으로 미국 언론의 집중포화를 맞고 있는 朴 정권에 대해서 그런 지원을 승인해 줄 마음이 생기지 않았다.

미국은 한국 측에 撤軍에 따른 보완을 약속해 두었는데, 이것이 지켜지지 않으면 撤軍을 할 수 없는 것이다. 물론 이것은 카터가 당면한 여러 장애물 중의 하나였다.

55

거대한 비전: 중화학공업건설

그는 21세기를 향한 國土개조계획도 세웠다

수출 100억 불!

1977년 12월22일, 드디어 한국은 연간 100억 불(달러) 수출 목표를 달성했다. 목표연도는 1980년이었는데 3년을 앞당겼다. 朴正熙 대통령은 이날의 일기를 신문기사처럼 적었다.

「백억 불 수출의 날. 백억 불 수출목표 달성 기념행사 거행. 오전 10시 장충체육관에서 각계 인사 7000여 명이 참석, 성대한 행사를 거행하였다. 1962년 제1차 경제개발 계획을 추진하던 해 연간 수출액이 5000여만 불이었다. 그 후 1964년 11월 말에 1억 불이 달성되었다고 거국적인 축제가 있었고, 11월30일을 수출의 날로 정했다. 1970년에는 10억 불, 7년 후인 금년에 드디어 100억 불 목표를 달성했다. 서독은 1961년에, 일본과 프랑스는 1967년에, 네덜란드는 1970년에 100억 불을 돌파했다고 한다.

10억 불에서 100억 불이 되는 데 서독은 11년, 일본은 16년(1951~1967)이 걸렸다. 우리 한국은 불과 7년이 걸렸다. 1981년에 가면 200억 불이 훨씬 넘을 것이다. 1986년경에 가면 500억~600억 불이 될 것이다. 100억 불, 이제 우리에게 새로운 출발점으로 삼자. 새로운 각오와 의욕과 자신을 가지고 힘차게 새 전진을 다짐하자.」

朴 대통령은 이날 무엇보다도 100억 달러 수출전선에서 일한 한국 근로자들의 勞苦(노고)에 감사했다. 그는 이해 4월13일 일기에서 창원공단을 시찰한 소감을 썼는데, 이런 대목이 보인다.

「모든 산업전사들이 땀 흘리며 일하고 있는 모습이 거룩하게만 보였다. 눈에서 사라지지를 않는다.」

1970년대 한국의 국가적 목표는 '10월 유신, 100억 불 수출, 1000불 소득'이란 구호로 표현되었다. 국민들의 개인적 목표는 '마이 카'와 '아파트 입주'로 상징되었다. 朴 대통령은 목표를 수치로 정해야 안심하는 사람이었다. 그는 관념적 말장난보다는 누구도 속일 수 없는 수치를 신봉했다. 100억 달러란 수치를 맨 먼저 꺼낸 것도 朴 대통령이었다.

　1972년 5월30일 중앙청 홀에서 무역진흥확대회의가 열렸다. 회의가 끝난 뒤 朴 대통령은 전시된 수출상품들을 둘러보았다. 이날 오후 朴 대통령은 청와대 집무실로 吳源哲 경제 제2수석비서관을 불렀다. 朴 대통령은 집무용 의자에 앉아 있다가 "吳 수석, 차 한잔 들지" 하면서 방 한가운데에 있는 소파 쪽으로 가서 앉았다. 보통은 회의용 탁자 쪽 의자에 가서 앉는데 소파에 앉는 일은 드물었다. 吳 수석은 긴장했다.

　"임자, 100억 불 수출을 하자면 무슨 공업을 육성하지?"

　吳 수석은 '지난 2월에 1980년도 수출목표를 50억 달러로 확정지었는데, 왜 갑자기 100억 불 이야기를 할까' 하고 의아해했다. 吳 수석은 이런 때를 대비한 복안은 갖고 있었다. 그는 벌떡 일어나 부동자세를 취한 뒤 외치듯 말했다.

　"각하! 중화학공업을 발진시킬 때가 왔다고 봅니다. 일본 정부는 제2차 세계대전 후 폐허가 되다시피 한 경제를 소생시키기 위한 첫 단계로 경공업 위주의 수출산업에 치중했습니다. 현재의 우리나라와 사정이 같습니다.

　그 후 일본의 수출액이 20억 달러에 달할 때 중화학공업 정책으로 전환했습니다. 이때가 1957년입니다. 그 후 10년이 지난 1967년에 일본은 100억 달러의 수출을 하게 되었습니다. 지금은 기계제품과 철강제품이 일본 수출의 主力(주력)상품이 되었습니다."

朴 대통령은 생각에 잠기더니 "자료를 갖고 와서 다시 설명해"라고 말했다.

吳 수석은 사무실로 돌아와 우선 朴 대통령의 국가운영에 대한 철학과 전략을 먼저 알아야겠다고 생각했다. 朴 대통령의 저서와 연설문을 다시 읽어 보고 그가 내린 결론은 이러했다.

「朴 대통령은 우리의 역사적 과업을 민족의 중흥과 평화통일로 설정하고 있다. 이 목표를 달성하는 수단은 富國強兵, 즉 국력증강이다. 국력의 바로미터는 수출이다.」

유신의 목적이 중화학공업 건설

吳 수석은 며칠 뒤 金正濂(김정렴) 비서실장과 함께 朴 대통령에게 100억 달러 수출을 위한 중화학공업화 정책을 보고했다.

"일본은 1957년 중화학공업 선언을 하고 10년 만에 100억 달러 수출을 달성했습니다. 1957년에 일본은 산업구조상 중화학공업 비율이 지금의 우리나라와 같은 43%였습니다만, 10년 뒤엔 78%가 되었습니다. 수출품목에서 차지한 중화학공업 제품의 비중도 1955년엔 41%였는데, 1967년엔 67%로 늘었습니다.

중화학공업 유치에 시기를 놓쳐서는 안 됩니다. 우리나라와 경쟁 관계에 있는 동남아 국가들보다 먼저 출발해야 성공할 수 있습니다. 현 시점이 중화학공업 진입의 마지막 버스를 탈 수 있는 기회입니다. 단순조립 공업은 임금이 올라가면 경쟁력이 떨어집니다. 한국의 임금상승률은 대만을 앞지르고 있기 때문에 우리는 대만보다 더 빨리 중화학공업을 이룩해야 합니다."

옆에서 金正濂 실장은 "각하, 자금 문제는 제가 책임을 지겠습니다. 내자 동원은 별 문제가 없고, 외자는 수출이 증가하는 한 차관이 가능합니다"라고 말했다. 심각하게 듣고 있던 朴 대통령은 마침내 입을 열었다.

"吳 수석, 우선 중화학기획단 같은 것을 구성해서 계획을 짜도록 해보지."

朴 대통령은 金 실장에게 이렇게 지시했다.

"중화학기획단 구성에 대해서 내각에 지시하시오."

朴 대통령은 초인종을 누르더니 비로소 커피를 시켰다. 기분이 대단히 좋을 때 하는 행동이다. 吳 수석은 설명을 덧붙였다.

"중화학공업을 건설하게 되면 남성 기능공이 주역이 됩니다. 일자리가 많아지고, 급료도 여성 기능공보다 많아집니다. 그래서 국민생활이 윤택해지고 국민소득도 급상승합니다."

吳 수석의 이날 보고가 1970년대 한국의 가장 중요한 발전 테마가 되는 중화학공업 건설의 시작이었다. 이 大사업이 朴 대통령이 던진 '수출 100억 불'이라는 화두에서 시작되었다는 점이 흥미롭다.

1972년 상반기, 朴 대통령은 남북회담을 준비하면서 동시에 방위산업 건설 계획, 100억 달러 수출 계획, 그리고 중화학공업 건설 계획을 준비했다. 이 일련의 사건들은 朴 대통령이 그 해 10월17일 유신조치를 통해서 헌법 기능을 정지시키고 국회를 해산한 뒤 유신체제를 발족시킨 배경을 이해하는 데 단서가 된다.

朴 대통령은 유신체제 수립의 당위성을 7·4 남북공동 성명을 만들어 낸 남북회담과 국제정세 변화에 대응한 체제정비에 두었으나, 유신체제의 실질적 목표는 중화학공업을 건설해 한국을 선진국 문턱으로 밀어 올린다는 것이었다.

吳 수석 같은 이는 "중화학공업 건설을 위해서 유신체제를 선포해 국력을 조직화하고 능률을 극대화했다"고 설명하기도 한다.

金鍾泌 前 총리도 "朴 대통령으로부터 '삼선개헌과 유신체제의 목적은 중화학공업 건설에 있다'는 취지의 말을 들었다"고 증언하고 있다. 즉 권력의 집중은 수단이고, 목표는 중화학공업 건설이었다는 이야기이다.

吳源哲 수석은 혁신적 발상을 잘 하는 엔지니어 출신으로서 독창적인 방법으로 중화학공업 건설을 밀고 나갔다. 그 핵심은 이러했다.

「朴 대통령으로부터 지시받은 '방위산업 건설 계획', '100억 달러 수출 계획', '중화학공업 건설 계획' 의 3개 과제를 한 시스템으로 통합한다. 즉 兵器(병기)를 생산하는 중화학공업, 수출을 하는 중화학공업을 건설한다는 뜻이다. 이렇게 함으로써 중복투자 방지, 건설비 감축, 작업량 확보와 가동량 증가, 평시 防産(방산)시설 활용과 戰時 병기 증산, 그리고 수출이 가능해진다.」(吳源哲, 《한국형 경제건설》 제7권)

유신선포 직후인 1972년 12월28일에 상공부는 수출진흥확대회의에서 100억 달러 수출계획을 보고했다. 1980년에 100억 달러를 수출한다는 계획이었다. 朴 대통령은 이 보고를 듣고는 "10월 유신에 대한 중간평가는 수출 100억 달러를 기한 내에 달성하느냐, 못

하느냐에 달려 있다"고 말하고, "그렇기 때문에 행정, 생산양식, 농민생활, 국민의 사고방식, 외교, 문교, 과학기술 등 정부의 모든 정책초점을 100억 달러 수출목표에 맞추어 총력을 집중해야 한다"고 강조했다.

'시스템 운영의 鬼才(귀재)'라고 불리는 朴 대통령은 국정운영의 가장 중요한 목표를 수치화하고, 이 목표를 달성하기 위한 각 부서의 역할을 명백히 한 다음에 適材適所(적재적소)의 인사를 통해서 각각의 역량을 이 방향으로 집중시켜 놓고는 그 집행과정을 제도적으로 확인하고 점검하며 수정과 독려를 되풀이했다.

朴 대통령은 100억 달러 수출목표를 3년이나 단축해 1977년에 달성함으로써 이제는 1980년대의 國政 목표를 생각할 수 있는 여유를 갖게 되었다. 이 무렵 朴 대통령은 1980년대의 비전으로서 國土改造(국토개조)를 구상하고 있었다.

행정수도 계획

그는 수도를 공주 부근으로 옮겨 북한군의 기습공격을 완충하면서 국토이용의 효율성, 특히 物流(물류)의 편의를 극대화하는 국토개조를 생각하다가 '가로림 프로젝트'(공식명칭 '중부종합공업기지 기본구상')라는 큰 그림을 그리게 된다.

1977년 2월10일 朴 대통령은 서울 시청을 연두 순시해 市政(시정)을 보고받고 나서 몇 가지 지시한 뒤 약간 뜸을 들인 후 조용한 말투로 폭탄발언을 했다.

"서울의 근본문제는 인구가 느는 것을 어떻게 억제하느냐 하는 것입니다. 쓸데없는 잡음이 생길까 봐 이야기를 안 하고 있었는데, 우리가 통일이 될 때까지 임시행정수도를 만들어 옮겨야 되겠다고 생각합니다. 구체화된 것도 아니고, 위치가 결정된 것도 아닙니다.

　서울에서 한 시간, 길어도 한 시간 반 정도면 오고 가고 할 수 있는 그러한 범위 내에서 인구 몇십만 명 되는 새로운 수도를 만들자는 것입니다. 인구 700만 명이 넘는 수도 서울이 휴전선과 너무 가깝게 있다는 것이 문제입니다. 장기적인 안목에서는 통일이 될 때까지 임시행정수도로서 독일의 본 같은 그런 수도를 만드는 것이 좋다는 구상을 한 것입니다.

　수도 서울을 死守(사수)한다는 개념은 추호도 변함이 없습니다. 전쟁이 나면 대통령과 중요한 기관은 즉시 서울로 다시 올라와서 전쟁을 지도한다는 것만 국민들이 확실히 알면 심리적 동요는 없으리라고 믿습니다."

　朴 대통령이 행정수도 건설을 이야기한 것은 그보다 2년 전으로 거슬러 오른다. 1975년 8월2일 진해에서 휴가를 보내고 있던 朴 대통령은 기자들과 이야기하면서 보도금지를 전제로 말했다.

　"수도권 인구분산 정책의 획기적인 방안은 수도를 옮기는 것밖에 없다. 정치·경제·문화는 서울에 두고 행정만 옮기는 것이다."

　1975년 12월 朴 대통령은 李經植(이경식) 경제 제1수석에게 '수도권 인구억제 정책' 수립을 지시했다. 이 업무는 1976년 초 申炯植(신형식) 무임소 장관에게 넘어갔다. 申장관은 朴鳳煥(박봉환) 재무부 이재국장을 기획실장으로 영입해 이 업무를 맡겼다. 朴 실장은 그해 3월 金秉麟(김병린) 서울시 도시계획과장을 불러 의견을 들었다. 金 과장은 李經植 수석팀 밑에서 일한 경험을 살려 임시행정수도의 필요성을 역설했다. 소신 있는 경제엘리트 관료로 정평이 나 있던 朴실장은 그해 5월에 끝낸 '수도권 인구 재배치 기본구상'에 임시행정수도案을 집어넣었다.

한편 朴 대통령은 1976년 6월, 그 전해에 총리직을 그만두고 쉬고 있던 金鍾泌 씨를 불러 임시행정수도 계획을 세워 보도록 지시했다. 朴 대통령은 "서울에서 두 시간 이내로, 가급적 금강변이며, 인구가 50만 명 정도인 행정수도 건설 계획을 짜보라"고 지침을 주었다.

金 씨는 6월2일 서울大의 최상철·주종원 교수를 청구동 자택으로 초대했다. 金 前 총리는 지도 한 장을 주면서 임시행정수도의 입지를 찾아 달라고 부탁했다. 崔 교수팀은 서울 타워호텔에서 3주간 비밀작업을 해 미니 차트를 만들어 金 前 총리를 통해서 6월22일 朴 대통령에게 올렸다. 차트의 명칭은 'N.C(New Capital)'였다.

"백지계획을 짜라"

1976년 7월22일 申泂植 무임소 장관은 朴 실장과 함께 朴 대통령과 총리(崔圭夏) 이하 관계장관들이 참석한 가운데 '수도권 인구 재배치 구상'을 보고했다. 이 보고에 임시행정수도 건설안이 들어 있었다. 대전·청주·조치원 삼각지대 인근에 인구 50만 명 규모의 행정수도를 만들되 통일 후에는 서울로 복귀한다는 것이었다. 朴 대통령은 이 보고를 듣고 대단히 만족했다.

"이렇게 많은 대학과 대학생이 한 곳에 집중되어 있는 나라는 우리나라밖에 없다는 것 아닌가. 실은 나도 2, 3년 전부터 저 문제를 생각했어요. 6·25가 끝난 뒤 저 정도의 자리에 새로운 수도를 만들어야 했어. 서울로 되돌아와 이제는 이러지도 저러지도 못하고, 저 방법 외에 무슨 방법이 있어?"

그 한 달 뒤인 8월18일 朴 대통령은 金載圭 건설부 장관과 김의원 국토계획국장을 불러 관련자료를 넘겨주고 입지기준을 제시하면서 행정수도건설계획을 수립하도록 지시했다. 朴 대통령이 직접 메모해 불러 준 임시행정수도 입지기준은 이러했다.

「휴전선을 고려할 것, 서울에서 두 시간 거리일 것, 경부선 주변 도로망이 좋은 곳일 것, 水源(수원) 확보가 용이할 것, 30분 내지 1시간 내에 기존 중심도시로 접근이 용이할 것, 優良(우량) 농지가 적을 것, 排水(배수)가 좋고 낮은 구릉 야산지대일 것, 20~30분 거리에 비행장 건설이 가능할 것, 50만 명 정도의 인구를 수용할 수 있을 것, 문화재 등 기존 특수시설이 철거되지 아니할 것.」

건설부는 보고서를 올리면서 朴 대통령에게 "범국가적인 사업이니만큼 새로운 임시기구를 만들어 추진하는 것이 좋겠다"고 건의했다.

이상이 朴 대통령의 연두 순시 공개 발언이 있기 전 진행상황이었다. 朴 대통령의 발언으로 행정수도 건설 계획이 공개된 직후인 1977년 3월7일 朴鳳煥 실장은 朴 대통령에게 '수도권 인구 재배치 기본계획안'을 올려 결재를 받음으로써 임시행정수도 건설은 국가 기본계획으로 확정되었다. 朴 대통령은 이 자리에서 행정수도 건설에 관한 지침을 구체적으로 내렸다.

「첫째, 행정수도 건설은 아무리 빨라도 앞으로 10년, 혹은 그 이상이 걸릴 것이다. 국방력 증강 등 다른 중요사업 수행에 지장이 없도록 무리 없이 추진해 나가겠다.

둘째, 백지계획부터 수립한다. 작성기간은 2년 정도로 하되 청와대가 직접 담당한다.

셋째, 수도의 이전은 예산 범위 안에서 하나씩 하나씩 수행한다.

넷째, 백지계획 업무는 중화학공업기획단장 책임下에 추진토록 하며, 오늘 수도권인구계획을 成案(성안) 보고한 朴 실장이 기획단으로 옮겨 吳 수석을 보좌하도록 한다.」

방위산업 건설, 중화학공업 건설을 책임진 吳源哲 경제 제2수석은 또 일복이 터진 것이었다. 그는 朴鳳煥 씨를 중화학공업기획단 부단장으로 임명하고 그 밑에 10명의 실무기획팀을 구성했다.

백지계획이란 立地(입지)를 생각하지 않고 이상적인 도시계획을 한 뒤에 행정도시가 들어설 곳이 확정되면 거기에 맞게 수정해 확정계획을 세우는 방식이다. 기획팀에 참여했던 金秉麟 씨에 따르면 1977년 5월경에 吳源哲 수석이 충남 공주군 長崎面(장기면) 일대를 想定(상정)한 백지계획을 세우도록 지시했다고 한다. 장기면의 남쪽으로는 금강이 흐르고, 북쪽에서 남동쪽으로 이 지역을 가르는 대교천이 금강으로 들어간다. 북쪽엔 국사봉, 남쪽엔 장군산이 있다. 서울의 북한산·남산·한강축과 비슷한 지형이다.

吳 수석은 장기면의 동서 12km 구간을 행정도시 축으로 설정했는데, 이곳은 서울 청량리-신촌의 12km 축과 비슷했다. 언덕이 많고 농지는 적으며 低地대가 아니라서 適地(적지)란 것이었다. 金 씨는 "이 지역의 남북 간격이 좁고 구릉지가 완만하지 않아 공사비가 많이 들며, 북쪽이 낮고 남쪽이 높아 문제가 있다"고 반대했으나 吳 수석은 "많은 곳을 조사했으나 그만한 지역이 없다"고 했다. 盧武

鉉 정부가 확정한 행정복합도시 입지는 吳源哲 팀이 想定(상정)했던 장기면과 일부 겹치되 동쪽으로 약 5km 밀려난 곳이다.

　吳 씨는 "풍수지리적으로도 우리가 정했던 곳이 낫다. 이번에 정한 곳은 低지대이고 지하로 들어가는 기분이 들어 걱정이다"고 했다. 吳 씨는 "朴 대통령이 임시행정수도 건설이라고 했지만 청와대도 옮기는 사실상의 遷都(천도)였다"고 했다. 청와대가 들어갈 자리에는 경회루와 똑같은 연못도 마련했다고 한다.

통일 후의 수도 개념

　吳 수석에 따르면, 朴 대통령은 백지계획이 거의 마무리될 때쯤인 1996년에 올림픽을 유치하기로 하고, 경기장을 계획도면에 집어넣도록 지시했었다고 한다. 吳源哲 씨는 통일 이후에도 新행정수도가 통일한국의 수도가 되어야 한다는 생각을 갖고 계획을 짰다고 말했다.

　"북한이 적화통일하면 평양이 수도가 되는 것이고, 자유통일을 하면 그대로 가는 거지요. 이유는 간단해요. 북한은 생각할 필요가 없는 게 그쪽은 동해안도 서해안도 좋은 항구 자리가 없어요. 동해안은 수심이 너무 갑자기 깊어져서, 서해안은 얕아서 그렇죠. 북한은 통일이 되어도 좋은 항구가 있는 남한에 의존할 수밖에 없습니다. 그쪽은 물건을 만들고 남한을 통해서 수출해야 할 운명이지요.

　한국은 해양국가라는 원칙이 지리적으로 이미 나와 있습니다. 한반도는 어디까지나 남한이 중심입니다. 장기면이 내륙이라도 가로림만이 서울에 대한 인천 역할을 하는 거지요."

吳 씨는 新행정수도 건설은 국민투표로 결정할 문제라 생각하고 그 준비도 했다고 한다. 그런데 朴 대통령이 결정을 미루는 것이었다. 장기면을 朴 대통령이 시찰하면 바로 그 자리에서 입지를 공식적으로 결정하려 했는데 朴 대통령은 움직이지 않았다. 朴 대통령은 헬기로 국토개발 현장을 시찰하고 와선 "꼭 내가 그린 그림을 보는 것 같다"는 말을 할 만큼 건설과 토목에 취미가 있었다.

吳 수석은 朴 대통령이 유신체제와 1970년대의 宿願(숙원)이던 중화학공업 건설을 궤도에 올려놓은 다음엔 국토개조와 그 핵심인 遷都에 착수할 것이라고 예상했다. 吳 씨는 "대통령을 했다는 것과 遷都를 했다는 것은 역사에 어느 쪽이 더 높게 평가되겠느냐"고 반문하면서 "그래서 朴 대통령이 결정을 못 내리고 있다가 10·26 사건을 맞았다"고 보고 있다.

하나 흥미로운 것은 吳源哲 前 수석을 비롯해 행정수도 백지계획에 참여했던 사람들일수록 盧武鉉 정부의 遷都 계획과 그 뒤의 이른바 수도분할式 행정복합도시 건설에 부정적이란 점이다. 吳 씨는 이렇게 말했다.

"행정기능을 분할해 일부만 옮긴다는 건 말이 안 돼요. 연방국가인 미국이 만약 행정부처를 각 州(주)에 나눠 버리면 어떻게 되겠습니까. 행정기능 분할은 효율성을 결정적으로 약화시킵니다.

행정이란 것은 지휘소가 분명해야 카리스마가 생기고 명령에 따라 딱딱 움직입니다. 나눠 놓고 싸움만 한다면 일이 됩니까."

임시행정수도 실무팀에 근무했던 유원규(現 우정건설 부회장) 씨는 이렇게 썼다.

「혹자는 행정수도는 충청권으로 옮기고 경제중심지로 계속 키워

나간다고 주장하지만, 미국과 같은 나라는 연방형 국가 운영이 이루어지고 있기 때문에 州정부가 자치권을 명실공히 행사하고 있어 政經(정경)분리가 잘 기능하고 있는 반면 우리나라는 연방제도 아니고 地自體(지자체)의 分權(분권)도 여의치 못하기 때문에 政經일치로 움직이고 있어 행정수도가 건설되면 경제도 옮겨 가게 될 것이다.

그렇게 되면 수도 서울은 최악의 상태로 되어 버릴 것이고, 신행정수도에 정부기능과 민간기능이 이전하면서 政經일치로 체계를 갖추는 상당기간은 혼돈상태에 빠질 수밖에 없으니 이 기간 우리나라는 국제경쟁대열에서 뒤처지리라 예상된다.」(《임시행정수도 백지계획은 살아 있다》 해토 출판)

56
이슬숲 프로젝트

3억坪에 800만 명이 들어갈 수 있는
加露林灣(가로림만) 계획을 세우다가…

1978년의 세상

KAL기 蘇무르만스크 강제착륙
제3땅굴 발견
朴正熙 9대 대통령으로 선출
세종문화회관 개관
崔銀姬씨 홍콩서 납북
로마교황에 요한 바오로2세 즉위

"싱가포르를 능가합니다"

1973년 1월12일 朴 대통령이 연두기자회견에서 중화학공업 선언을 할 때 '제2의 석유화학과 제2의 종합제철'을 건설한다고 했다. 朴 대통령은 중화학공업 건설에서 석유화학과 종합제철을 2대 기본공장으로 설정했다. 여기서 생산된 제품이 한국 공업구조 전체의 기본 소재로 제공되기 때문이었다.

제2석유화학 단지는 麗川(여천)에 건설되어 민간업체 간 경쟁체제로 들어갔다. 종합제철만큼은 포항종합제철 하나만 존속되어, 독점체제로 남게 되었다. 포항 제철소가 확장을 계속하다 보니 입지여건상, 포항에서는 증설이 어렵게 되었다. 종합제철을 건설할 만한 다른 입지를 선정하는 데는 어려움이 많았다.

석탄과 철광석을 호주나 캐나다에서 수입하려면 20만 톤급의 화물선을 이용해야 수송비가 낮아져서 생산원가가 내려간다. 20만 톤급 화물선이 출입할 수 있는 항구를 찾는다는 것은 쉬운 일이 아니다. 連關團地(연관단지)까지를 생각하면 1000만 평의 공장용지가 필요하다.

제2종합제철 입지선정 작업을 하고 있을 때, 吳源哲 수석은 국토개편 계획에도 관여하고 있었다. 1976년부터 그는 '행정수도건설 계획과 이에 따른 국토개편 계획'을 수립 중이었다. 이때 전국 인구의 再배치 문제가 큰 과제로 등장했다. 농촌으로부터는 계속 인구가 빠져 나오는데, 2000년대 초까지 1500만 명이 될 것이란 계산이 나왔다.

이 중 기존 공업 基地(기지), 즉 포항·울산·창원·巨濟·구미·여천·溫山의 7대 基地에서 한 基地당 50만 명의 인구를 흡수한다고 계산하더라도 흡수 가능 인구는 350만 명 정도밖에 되지 않는다. 그렇다면 나머지 약 1000만 명에게는 새로운 공업지구를 건설해서 일자리를 마련해 줘야 한다. 그렇지 않으면 농촌에서 빠져나오는 인구는 서울 등 대도시로 모여들 것이다.

吳源哲 수석은 국토개편 작업을 하면서 획기적 개념의 공업지구를 구상하게 된다. 그 전에 吳 수석이 산파 역할을 한 것은 한국 기계공업의 메카로 불리는 창원공업기지였다. 吳 수석은 창원공업기지만 한 공업기지를 10개 이상, 한 지구內에 건설하는 거대한 구상을 하기 시작했다. 이 지구엔 초기 400만 명, 최종적으론 800만 명 정도의 인구가 살아야 할 것이고 그러자면 약 3억 평이라는 토지가 필요하게 된다. 물론 20만 톤급 대형선박이 정박할 수 있는 항구를 끼고 있어야 한다.

1978년 어느 날 吳 수석은 그런 조건의 땅이 있으리라고는 크게 기대도 하지 않은 채, 행운만 바라며 작업에 착수했다. 우선 大항만을 건설할 자리를 알아보려고 海圖(해도)를 구해서 전국의 해안지대를 살피기 시작했다.

「그런데 나도 모르게 환성이 터져 나왔다. 이상적인 장소를 발견한 것이다. 黃海(황해·서해)에는 큰 항구가 없다는 것이 정설이었는데, 이렇게 이상적인 장소가 있다니, 이런 것을 天運(천운)이라고 하나 보다. 20만 톤급 배 여러 척이 정박하는 데 문제가 없고, 배후에는 넓은 野山지대가 있었다.

나는 숲엔지니어링의 鄭鎭行(정진행) 씨로 하여금 곧 현지답사를 하라고 지시했다. 鄭 씨는 창원공업기지, 구미공업기지의 토지계획안을 수립했고, 그땐 행정수도 계획안을 작성 중이었다.」(吳源哲 씨의 최근 메모)

현지답사 후 확신을 갖게 된 吳 수석은 朴 대통령에게 보고했다.

"각하! 오늘은 참으로 좋은 소식을 보고 올리겠습니다. 서해안에서 20만 톤급 배를 정박시킬 수 있는 항만 자리를 발견했습니다"

朴 대통령은 금세 그 중요성을 알아차리고 "어디야?"라고 되물었다.

"可露林灣(가로림만)입니다. 가로림만은 그 넓이가 바다와 같습니다. 오랜 세월 동안 그 灣 안으로 막대한 양의 潮水(조수)가 매일 드나들다 보니, 입구가 파여 水深(수심)이 20m가 넘습니다. 20m의 수심이라면, 20만 톤급 화물선이 출입 가능합니다. 방파제도 필요 없습니다. 부두 岸壁(안벽)만 건설하면 되는데, 안벽을 만들 수 있는 길이도 9000m나 됩니다. 실로 보기 드문 이상적인 항만 자리입니다. 그 외에 10만 톤급 선박이 정박 가능한 항만을 건설할 수 있는 장소도 그 주위에 있는데, 이곳의 안벽 길이가 2000m나 됩니다. 이것만 해도 대단히 큰 항만이 됩니다."

吳 수석은 도면들을 펼쳤다. 도면에는 5개의 항만 자리가 표시돼 있었다. 朴 대통령은 이 도면들을 한참 보고 있었다.

"각하! 이만하면 동양 최대의 항구를 건설할 수 있습니다. 황해에서 가장 큰 항구가 上海(상해)인데 그 수심은 10m에도 못 미칩니다. 대대적인 준설 공사를 하더라도 5만 톤급 화물선 정도가 겨우 출입 가능합니다. 그 외에 황해에 있는 靑島나 天津이나 大連, 북한의 남포항 등은 2만~3만 톤급 항만에 불과합니다.

더욱이 가로림만 주변에는 아직 개발되지 않은 야산지대가 많습니다. 3억 평 정도는 됩니다. 이곳을 정리하면 공장대지 또는 주택용지로 사용할 수 있는데, 400만~800만 명을 수용할 수 있는 규모가 됩니다."

설명의 내용이 중대해지자, 朴 대통령은 얼굴을 들고 그를 직시했다. 吳 수석은 보고를 계속했다.

"각하, 싱가포르도 이만한 항구조건은 되지 못합니다. 싱가포르의 국토 면적은 685.4km²로서, 2억 평 정도입니다. 이 안에서 300만~400만 명 정도의 인구가 경제 번영을 누리면서 살고 있습니다.

가로림만을 개발한다는 것은 모든 면에서 싱가포르의 1.5~2배가 되는 공업지대를 국토 안에 새로 건설한다는 결론이 됩니다. 환언하면 싱가포르의 두 배가 되는 항만과 공업지구가 우리나라에 예속된다는 말과 같습니다.

마지막으로 국토종합개발 계획상의 효과에 대해서 말씀드리겠습니다. 현재까지 우리나라의 산업지구는 浦項·蔚山·釜山·창원·여수灣 등 동남해안에 집중되어 있습니다. 그 결과 이들 산업 벨트에서 생산되는 鐵鋼材(철강재), 석유화학제품 등의 소재나 원료 등은 긴 거리를 수송해서 서울이나 수도권 및 기타 전국에 산재하는 공장에서 가공한 후 또다시 부산港 등으로 수송해서 수출하고 있습니다.

특히 철강재는 重量物(중량물)이라서 수송비가 많이 듭니다. 이에 반해 앞으로 건설될 중부공업기지는 수도권이라는 대규모 消費地(소비지)와 인접해 있으므로, 공업의 효율화를 가일층 촉진시킬 수 있는 위치에 있습니다. 현재 서울이나 수도권으로 집중되는 가장 큰 규모의 노동력 공급원은 호남권과 중부지방입니다. 중부공업기지는 이들 지방의 遊休(유휴) 노동력을 흡수하는 데도 크게 작용할 것이며, 아울러 호남권과 충청권의 공업발전 및 지역개발에 크게 이바지할 것입니다.

　결론적으로 중부공업기지를 중심으로 해서 북쪽은 수도권까지, 남쪽은 호남지방까지의 거대한 서부공업지대가 새로 구축되는 것입니다. 더욱이 가로림 港灣을 중심으로 해서, 仁川항·아산만·비인만·長項항·群山항·木浦항·麗水항 등을 연결하는 경제적이고 편리한 해상교통망이 짜임새 있게 구성될 것입니다. 장차 우리나라의 공업지구는 서부공업벨트와 동남공업벨트로 양분된다는 뜻이 되겠습니다. 이로써 호남이나 충청도의 소외감도 완전히 소멸될 것입니다."

　朴 대통령은 이 보고를 다 듣고도, 아무 질문이나 의견을 달지 않았다. "한번 가보도록 하지"라고 딱 한마디 했다.

가로림만 시찰

　며칠 후 朴 대통령 일행은 헬기를 탔다. 일행 중에는 현대의 鄭周永 회장도 끼어 있었다. 도착지는 충남 서산군(당시) 가로림만 북쪽 입구 모래둑. 허허벌판에 집 한 채 없고 사람의 발길조차 뜸한 곳인데 바람이 셌다. 가로림만의 물은 푸르다 못해 검정빛이 돌고 있었는데, 물결치는 파도가 요란해서 넓은 바다 그대로였다. 넓다는 것 외에는 아무것도 보이지 않는데, 가로림만 입구의 남쪽에 돌산이 우뚝 서 있는 것이 보였다.

　朴 대통령은 빙 둘러보고는 "과연 넓긴 넓구먼"이라고 했다. 동쪽

멀리 끝자락에 높게 보이는 산이 있었는데, 산꼭대기에는 공군 레이더 기지의 둥근 안테나가 보였다. 일행은 바람을 피해, 모래 언덕 밑으로 내려갔다. 여기에서는 몇 사람의 일꾼들이 메주 덩어리만 한 돌들을 파내고 있었다. 朴 대통령이 "무엇에 쓰려고 하오?"라고 묻자, 이들은 하도 깡 시골에 사는지라 朴 대통령을 알아보지 못한 듯 일을 계속하면서 "硅石(규석)입니다. 품질이 세계 최상이지요. 몽땅 수출합니다"라고 대답했다.

朴 대통령은 다시 헬기를 타고 가로림만 주위를 한 바퀴 돌고는, 공군 레이더 기지에 착륙했다. 거기서 가로림만을 바라보니, 얕은 야산들이 해변까지 계속 이어 나갔는데, 가로림만의 윤곽은 너무 멀고 커서 알아보기 힘들었다. 朴 대통령은 "꼭 조선시대의 烽燧臺(봉수대)에 올라온 것 같구먼"이라고 했다. 그리고는 기지內를 돌아보고 장병들을 위로했다. 朴 대통령은 돌아오는 헬기 안에서 金正濂 비서실장에게 지시했다.

"건설부에 지시해서 우선 산업도로부터 건설토록 하지."

이것이 이날의 시찰 결과였다.

새로운 가능성

며칠 지나서 현대의 鄭周永 회장이 吳源哲 수석을 찾아와서 빙그레 웃으며 한마디 했다.

"내 나이 칠십인데 이제부터 큰일을 또 한번 시작해 봐?"

吳 수석이 "무슨 뜻이오?"라고 하니 鄭 회장은 "종합제철을 내가 해볼까 해"라고 했다. 吳 수석이 "朴 대통령의 내락은 얻은 것이

오?" 하니 鄭 회장은 빙그레 웃고 답은 하지 않았다.

아마도 "검토는 해보지"라는 정도의 뜻은 받은 것 같았다. 당시 현대그룹에서는 각종 대형 토목 공사, 많은 아파트 공사, 플랜트 건설, 선박 건조, 자동차 생산 등으로 철강재 수요가 많았다. 현대그룹은 자금력도 있었다. 이런 이유로 현대는 종합제철을 원했고, 그 뜻을 대통령에게 비쳤을지도 모른다. 吳 수석은 그래서 朴 대통령이 가로림만을 시찰할 때 鄭 회장을 동행시켰던 것이 아닐까 하는 추측도 해보았다. 여하간 鄭 회장은 가로림만에 대해서 그 가치를 직감적으로 파악한 것만은 틀림이 없었다.

吳 수석이 나중에 들으니 鄭 회장은 지난번 시찰에서 돌아오자마자, "가로림만 입구에 있는 돌산(石山)을 구매하라"는 지시를 했다고 한다. 가로림만을 개발하자면 앞으로 많은 암석이 필요하게 될 터인데, 암석을 구하는 길은 그 돌산에서 얻을 수밖에 없다고 판단했던 것 같다. 1978년 12월 吳 수석은 중화학공업기획단을 시켜 '중부종합공업기지 기본구상'이란 125페이지짜리 보고서를 만들어 朴 대통령에게 보고했다.

산업도로는 곧 착수돼서 완공을 보았다. 중부공업기지에 공업용수를 공급하게 될, 삽교천의 담수호도 완공했다. 바로 그날 朴 대통령은 세상을 떠난다. 그 후, 제2종합제철은 현대에게 돌아가지 않았다. 포항제철 소속의 제2기 제철소는 중부공업기지에 입주하지 않았다. 포항제철의 제2공장은 '중화학공업육성계획'에서 여천 석유화학공업基地의 확장 예정지로 잡아 놓았던 光陽에 건설되었다. 그 대신 加露林灣에는 현대정유와 현대석유화학, 그리고 삼성석유화학이 들어섰다. 종합제철과 석유화학의 입지가 서로 바뀐 것이다.

2004년 9월, 吳源哲 前 수석은 加露林灣으로 가서, 朴 대통령이 시찰했던 바로 그 장소를 다시 찾아가 보았다. 그곳 바닷가, 종합제철소 예정지였던 곳에는 현대와 삼성의 석유화학 공장들이 널찍하게 자리를 차지하고 있었고, 작은 항만 하나가 건설되어 있었다. 그리고 항만 입구에는 해안 경비용 탱크 한 대가 加露林灣을 혼자서 지키듯, 포신을 높이 들고 버티고 있었는데, 光化門 앞 해태像을 보는 느낌이 들었다.

 2004년 11월 호주에서 개최된 '朴 대통령 서거 25주년을 기념하는 포럼' 때의 일이다. 회의는 朴 대통령이 벌였던 30~40년 전의 일에 대해 贊否가 엇갈리는 논쟁을 계속했다. 吳源哲 씨는 "미래에 대한 朴 대통령의 이야기도 나와야 되지 않겠는가?"라는 생각이 들었다. 그래서 주최 측에 부탁을 해서 회의종료 전 30분의 시간을 얻어 즉석 강연을 했다. 제목은 '가로림만 프로젝트'였다.

 吳 前 수석이 새삼 加露林灣 프로젝트에 대해서 애착을 갖게 된 것은 최근 발생한 새로운 국면 때문이었다. 盧 정권이 공주-연기 지방에 행정복합도시 건설을 추진한 일과 중국 상해항의 개발로 부산항의 경쟁력이 약해지고 있다는 점이었다. 吳源哲 씨는 가로림만 프로젝트가 이 두 가지 요소를 한꺼번에 해결하고 보완해 줄 수 있다고 믿는다.

 중화학공업기획단에서 만든 '중부종합공업기지 기본구상' 보고서도 그때 朴 대통령이 추진했던 행정수도 건설과 이 계획을 연결시키고 있다.

 「대전 부근에 위치하게 될 2000년대 신행정수도의 형성에 따라 本종합공업기지는 新수도와 강력한 張力(장력)을 유지할 것이다. 본 계획지에서 新수도에 이르는 간선 도로망이 구축되어 도시 간

소통이 원활하게 될 것이며, 본 계획지는 경제적 측면에서 新수도로, 新수도는 문화적 측면에서 계획지로 상호 상승효과를 부여함으로써 중부권은 국토의 중심적 기능을 발휘하며, 이에 따라 본 계획지는 바람직한 국가기간산업의 中核(중핵)기지가 될 것이다.」

이 논리를 진행 중인 공주-연기 행정복합도시 건설에 적용한다면 가로림만 기지는 이 도시를 경제적으로 뒷받침할 공업특구가 된다는 이야기이다.

이 보고서에 따르면, 가로림만에 대규모 공업특구가 들어설 경우 몇 가지 점에서 결정적 優位(우위)를 차지하게 된다.

첫째, 이 공업특구에서 생산되는 물건의 상당량은 수도권에 공급되거나 수출될 것인데, 서울과 가깝고 항만이 좋아 물류비가 아주 적게 먹힌다.

둘째, 노동력도 호남권과 충청권에서 확보할 수 있다.

셋째, 깊은 바다에 면하면서 넓은 평야지대를 갖고 있어 400만 명이 수용될 수 있다(지금은 800만 명 가능). 개발지역을 표고 80m 이하, 경사도 30% 이하로 한정해도 공업지 약 5800만 평, 주거지 약 6360만 평, 상업 업무용지 약 610만 평, 공원녹지 약 4030만 평, 기반시설 약 2100만 평이 나오고, 자연녹지 등으로 약 1억 1000만 평이 남는다.

세계 최대의 산업特區

吳 前 수석은 "현재 한국에서 남아 있는 마지막 要地(요지)이기 때문에 이를 소중하게 써야 한다"고 강조했다.

1978년 吳 수석 팀이 만든 보고서에는 이 산업기지에 유치할 업종을 이렇게 설명했다.
▲자원을 많이 필요로 하는 공업
▲해외 원료 의존도가 높은 공업
▲원자재 및 제품수송에 항만시설을 요하는 공업
▲단위면적당 생산성이 높은 공업
▲대규모 공업용수를 필요로 하되 회수율이 높은 공업

이런 기준에 따라 이 산업기지에 유치하기로 한 공장은 세계적인 규모로서 '이슬숲'이란 뜻을 가진 加露林灣이 세계에서 가장 큰 중화학 산업기지가 되도록 계획했다. 종합제철소는 연간 2000만 톤 생산 능력을 가진 부지 500만 평, 철강 관련산업 부지는 360만 평, 기계공업은 국내 총수요의 37%를 공급할 수 있는 규모로 하고 부지는 820만 평, 자동차공장은 年産 50만 대로서 부지는 120만 평, 非鐵금속 공장 부지는 240만 평, 석유정제 업종의 부지는 300만 평, 석유화학공업 시설은 에틸렌 기준 年産 200만 톤 규모로 하여 부지가 300만 평, 전기전자 공업은 전국 수요의 15%를 감당할 것으로 계산하여 300만 평, 기타 화학공업은 전국 수요의 10%로 잡고 부지가 210만 평이었다.

이 보고서는 '개발전략' 항목에서 가로림만 일대를 '새로운 지역사회를 창조한다'는 개념으로 개발해야 한다고 강조했다. '사회계층, 연령별 주민 대다수가 지역의 산업구조에 유기적인 결합을 갖고 적극적인 형태로서 관여할 수 있는 새로운 지역사회를 건설토록 한다'는 것이었다.

이 가로림만 기지의 핵심은 항만이다. 이 거대한 기지에서 연간 발생하는 물동량은 5408만 톤으로 예상되었다. 이를 처리할 항만은 다섯 개 만든다. 가장 큰 것은 안벽의 길이가 9000m이고, 20만 톤 선박이 접안할 수 있는 수심 20m 항만이다.

이 기지가 필요한 電力은 400만~500만kW로 추정되었다. 현재 한국 전체 전력 생산량의 약 10%에 해당한다.

57
카터와 朴正熙, 앙숙의 對座

朴 대통령은 손님을 앉혀놓고
'일장 훈시'式 안보 강연을 했다.
화가 난 카터는…

1979년의 세상

朴正熙·카터 정상회담
金泳三 의원 국회 제명
釜馬사태
朴 대통령 金載圭에 피격, 사망
12·12 군사 변란
호메이니, 이란 정권 장악
이란주재 美대사관 인질사건

朴 대통령, 카터에게 '안보강의'

1979년 6월29일 카터는 도쿄에서 7개국 경제 頂上회담을 마치고 김포로 들어오게 되어 있었다. 김포 지역의 안개로 착륙이 늦어져 영접 나간 朴 대통령은 거의 두 시간을 기다려야 했다. 보도진에 둘러싸인 채 朴 대통령과 악수만 나눈 카터 대통령은 시동을 걸고 대기 중이던 美 해병대 헬기를 타고 회오리바람만 남긴 채 동두천 미군부대로 떠났다.

朴東鎭 외무장관이 곁에서 지켜보니 '양 대통령은 非사교적인 성향이 있을 뿐 아니라 초면인 관계로 악수는 했지만, 주변 사람들에게 다소 서먹서먹한 인상을 주었다'(朴東鎭 회고록《길은 멀어도 뜻은 하나》, 동아출판사 刊)고 한다.

6월30일 여의도 광장에서 환영행사를 같이 하고 청와대로 들어온 두 대통령은 제1차 頂上회담에 들어갔다. 미국 측에서는 밴스 국무장관, 브라운 국방장관, 브레진스키 안보보좌관, 글라이스틴 대사, 배시 주한미군 사령관이 배석했다. 한국 측에선 崔圭夏 총리, 朴東鎭 외무장관, 盧載鉉 국방장관, 徐鐘喆 안보특보, 金溶植 주미대사, 金桂元 비서실장, 그리고 통역을 맡은 崔侊洙 의전수석 비서관이 배석했다.

朴 외무장관은 韓·美 간에 사전에 협의한 회담진행 방식을 미리 朴 대통령에게 보고해 두었는데, 회담은 처음부터 이상하게 흘러갔다. 朴 대통령은 회담을 어떻게 진행하겠다는 것을 설명하여 상대방의 양해를 구하는 관례를 무시하고, 곧 바로 주한미군 철수 문제

를 꺼냈다. 회담을 준비하면서 미국 측이 가장 신경을 썼던 것이 이 부분이었다. 美 국무부 홀브룩 차관보는, 이미 주한미군 철수 계획은 사실상 포기된 마당에 朴 대통령이 새삼 이 문제를 거론해서 카터의 자존심을 상하게 해선 안 된다고 金溶植 대사에게 신신당부를 해놓았을 뿐 아니라 여러 경로를 통해서 재삼 다짐을 받아 놓았던 것이다.

朴 대통령은 자신이 메모해 둔 종이를 꺼내 놓고 일방통행식이고 강의조의 발언을 시작했는데, 이것이 통역시간을 포함해 45분간 진행되었다. 배석했던 글라이스틴 대사는 이를 '장황하고 딱딱한 연설조의 주장'이었다고 표현했다. 朴 외무장관은 "일방통행식 발언이었을 뿐만 아니라 통역을 통해 하는 말이었으므로 매우 지루한 시간"이었다고 했다. 朴 대통령이 강조한 것은 주한미군이 한국의 방위뿐 아니라 東아시아와 자유세계의 방어를 위해서 얼마나 중요한 것인가 하는 점이었다. 金溶植 대사가 보니 카터 대통령은 펜을 들고 메모지에 무엇인가 쓰는 자세를 취했는데 경청하는 것 같지 않았다.

朴 대통령은 자신의 발언에 열중하여 카터의 불쾌감을 느끼지 못하는 듯했다. 느꼈다고 하더라도 약 3년간 카터의 인권정책과 철군계획으로 속이 상할 대로 상해 있었던 그로서는 하고 싶은 이야기를 쏟아 놓아야 할 판이었다. 朴 대통령은 손가락으로 탁자를 '탁탁' 치면서 '안보강의'를 계속했는데, 이는 스트레스를 받으면 나오는 행동이었다.

카터의 턱 근육이 조용히 씰룩거렸다. 해럴드 브라운 국방장관은 옆자리의 글라이스틴 대사에게 "카터 대통령의 표정을 보니 매우 화가 나 있는 것 같다"고 귀띔했다. 카터는 메모를 써서 브라운 장관과 밴스 장관에게 슬쩍 넘겼다. 거기엔 "만약 朴正熙가 이런 식으로 나온다면 주한미군 전원을 철수시키고 말겠소"라고 적혀 있었다.

화가 난 카터의 주문

朴 대통령의 연설조 발언이 끝나자 카터도 반격을 시작했다. "인구도 많고 경제력도 우세한 한국은 왜 북한이 군사력의 優位(우위)를 점하도록 허용했는가"라고 공박했다. 韓·美관계의 정상화를 목표로 했던 회담이 바야흐로 舌戰場(설전장)이 될 판이었다.

글라이스틴 대사는 "과거 여러 번 頂上회담에 배석했지만 그날의 두 사람처럼 회담 자체를 엉망으로 만든 지도자들은 본 적이 없다"고 회고록에서 고백했다. 그는 "韓·美관계 개선을 위한 우리의 노력이 물거품이 될지도 모른다는 우려 외에도 한국에 주재하는 미국의 고위 외교관으로서 개인적 실패감을 억누를 수 없었다"고 한다.

회담 중 휴식이 있었다. 미국인들은 그들끼리, 한국인들은 따로 모였다. 두 頂上의 험악한 언쟁으로 분위기가 무거워져 서로 대화조차 나누려 하지 않았다. 휴식이 끝나자 두 대통령은 기록자만 데리고 단독 회담에 들어갔다. 글라이스틴 대사는 별실에서 기다리는 것이 "정말로 고통스러웠다"고 했다.

단독회담은 본격적인 공방전이 되었다. 카터는 "朴 대통령이 요구한 철군계획의 완전한 동결을 거부하고 아무런 약속도 할 수 없다"고 말했다. 그는 또 "한국 정부가 방위비를 더 지출해 남북한 戰

力 불균형을 감소시켜야 할 것이 아니냐"고 들이댔다. 朴 대통령은 "방위비 지출을 늘리는 데는 시간이 걸린다"면서 "한국은 북한과 여러 가지 여건이 다르다"고 지적했다. 드디어 카터가 인권문제를 들고 나와 긴급조치 9호의 해제를 요구했다. 朴 대통령은 북한의 위협으로 가까운 장래에 해제하는 것은 어렵다면서 "助言(조언)에 유의하겠다"고 넘겼다.

단독회담을 하고 나오는 두 대통령의 표정은 밝지 않았다. 카터 대통령은 청와대를 떠나면서 미국대사 관저로 향하는 자신의 車에 밴스·브라운·브레진스키, 그리고 글라이스틴 대사를 태웠다. 그는 즉시 글라이스틴 대사를 힐난했다. 그 사이 차가 한 10분간 청와대 본관 앞을 떠나지 못했다. 전송 나온 金桂元 비서실장은 차가 떠날 때까지 한참 기다려야 했다. 대사관저로 가는 車中에서도 카터의 공격은 계속되었다. 글라이스틴 대사를 향해서 삿대질까지 했다.

"왜 그는 한국의 군사비 지출을 최소한 미국 수준(GDP의 6%)으로 늘리지 않는가. 왜 그는 정치적 자유화를 위한 조치에 반대하는가."

글라이스틴은 朴正熙를 위한 변호를 하지 않으면 안 되었다.

"朴 대통령은 철군문제에 있어서 만족스러운 대답을 듣지 못해 난감했을 것입니다. 한국은 개발도상국으로서는 과도한 방위비를 부담하고 있습니다. 미국은 과거 한국 군부의 독재적 경향을 우려해 의도적으로 방위비 증액 요구를 자제해 왔습니다."

카터는 글라이스틴 대사의 주장을 일축하고 또다시 朴 정권의 인권탄압을 규탄했다. 자동차가 대사 관저 현관 앞에 도착했는 데도 車中 토론은 계속되었다. 밴스와 브라운 장관도 끼어들어 몰리는 글라이스틴을 감쌌다. 욕을 실컷 먹은 글라이스틴은 카터에게 물었다.

"朴 대통령이 무엇을 해주기를 기대하십니까?"

카터는 두 가지를 주문했다. '한국이 국방비 지출을 국내총생산(GDP)의 6%까지 높일 것'과 '괄목할 만한 인권신장 조치 약속을 받아 내라'는 것이었다.

글라이스틴 대사는 "각하가 돌아가시기 전에 최선의 결과를 만들도록 하겠다"고 다짐했다. 그제서야 카터는 차에서 내렸다. 카터를 예방하기 위하여 뒤따라온 崔圭夏 국무총리, 朴東鎭 외무장관들이 탄 승용차가 긴 행렬을 이루며 대사 관저 정문을 지나 길에까지 늘어서 있었다.

그날 오후 밴스 장관과 홀브룩 차관은 金溶植 대사를 통해서, 글라이스틴 대사는 金桂元 비서실장과 崔侊洙 의전수석을 통해서 朴대통령에게 두 가지 주문을 전했다. 그날은 토요일이었는데 오후에 金桂元 실장이 글라이스틴 대사에게 연락을 취했다. "전날 頂上회담에서 충분히 설명하지 못한 부분이 있으므로 내일 오후 밴스 국무장관을 朴 대통령이 따로 만나기를 원한다"는 전갈이었다. 金 실장은 대사에게 "좋은 소식을 기대해도 좋다"고 말했다.

이런 경과가 카터 대통령에게 보고되어 그의 기분도 좋아졌다. 6월30일 밤 청와대 國賓(국빈) 만찬장의 분위기도 한결 부드러웠다. 7월1일 朴 대통령은 밴스 국무장관에게 방위비 지출을 GDP의 6%로 올릴 것을 약속하고, 카터 대통령의 인권에 관한 생각을 '이해한다'고 말했다.

카터 대통령이 그날 오후 離韓 인사차 朴 대통령을 찾아왔을 때도 실속 있는 대화가 오고 갔다. 먼저 카터 대통령은 "방위비 증액 요구를 받아들여 준 데 대해서 감사하고, 워싱턴으로 돌아가면 주한미군의 계속 주둔에 대한 朴 대통령의 희망을 고려해 '만족할 만한' 결론을 내겠다"고 약속했다.

이는 朴 대통령이 오랫동안 고대하던 말이었다. 끝으로 카터는 인권개선 조치가 양국 간의 가장 중요한 문제임을 강조했다. 朴 대통령은 "현재로서는 어떤 조치를 취해야 할지 확언할 수 없으나 각하를 만족시키기 위해서 최선을 다하겠다"고 말했다.

두 사람은 김포공항으로 향하는 리무진에 동승했다. 카터는 朴 대통령에게 "종교가 있느냐"고 물었다. 어린 시절 고향에서 교회의 주일학교에 다닌 경험밖에 없는 그는 "없다"고 했다. 카터는 "각하께서 예수 그리스도를 만나게 되기를 희망한다"고 말했다. 그는 침례교회 목사 김장환 씨를 보내 "우리의 신앙에 관해 알려드리고 싶다"고 덧붙였다. 朴 대통령은 평소부터 잘 아는 金 목사를 환영하겠다고 했다.

카터가 탄 전용기가 이륙하자 朴 대통령은 드문 웃음을 짓더니 글라이스틴 대사를 껴안았다. 朴正熙로서도 스트레스를 크게 받았던 3일간이었다. 이로써 정권적 차원에서 가장 큰 골칫거리인 韓·美 갈등이 완전히 해소되었다고 그는 생각했을 것이다. 글라이스틴 대사도 그렇게 낙관했다. 한국 현대사는 그러나 권력자의 희망대로 굴러가지 않는다는 특징이 있다. 또 다른 진짜 위기가 막 시작되려 하고 있었던 것이다.

58
釜馬사태와 金載圭

정보부장, 야간비행으로 현장에 도착하다.

金載圭의 야간 비행

1979년 10월18일 새벽 중앙정보부장 金載圭는 부산의 계엄사령부(군수기지사령부)에 나타났다. 야간 비행으로 급히 내려온 것이었다. 金載圭는 朴興柱 대령(수행 비서관) 등 참모들을 데리고 왔다. 그는 몇 시간 전 소요사태가 일어난 부산지역의 계엄사령관으로 임명된 朴贊兢 중장에게 朴 대통령의 지시를 구두로 전달했다. 그 골자는 "데모의 징후가 여러 타 지역에서도 엿보이니까 빨리 사태를 진정시키라"는 것이었다.

朴 중장은 金載圭가 3군단장일 때 그 휘하에서 사단장으로 1년 정도 근무해서 친면이 있었다. 金載圭는 18일 아침 계엄사령부에서 열린 계엄위원회의에 참석했다. 崔錫元 부산시장을 비롯, 부산지검장, 시경국장, 교육감, 관구 사령관, 법원장 등 계엄위원들이 모인 자리에서 金載圭는 이렇게 말했다.

"4·19는 우리 軍의 수치였다. 계엄군이 본분을 이탈, 시민과 합세한 것은 잘못된 일이었다. 이번에는 軍의 본분에 충실하라."

金 부장은 또 1964년의 6·3 사태 때 6사단장으로서 서울지구 계엄 업무를 맡았던 자신의 경험을 이야기했다. 金載圭의 이 부산 출장은 그와 朴 대통령의 운명을 결정하는 데 하나의 요인이 됐다. 부산에서 그가 보고 듣고 판단하고, 또 이용하려고 한 것이 10·26의 중요한 동기가 됐기 때문이다. 부산사태는 金載圭의 마음을 통해 계산되고, 과장되고, 왜곡되기도 하면서 커 가고 있었다.

金載圭가 밤중에 부산사태의 현장을 살피고 있던 바로 그 순간 丁

一權 前 총리는 악몽을 꾸고 있었다. 그는 생전에 이런 증언을 남겼다.

"朴 대통령의 얼굴이 온통 피투성이였습니다. 눈꺼풀에도 피가 엉겨붙어 있었어요. 그런 얼굴로 대통령은 '정 형!'이라고 부르며 저를 껴안는 게 아니겠습니까. 그러면서 '이놈들, 이놈들' 하며 쓰러졌습니다. 이 순간 나는 깨어났는데, 집사람을 깨워 꿈 이야기를 했더니, 아내는 '꿈에 피를 보면 좋은 일이 생긴다'고 저를 안심시킵디다. 전에도 큰 사건 전에 들어맞는 꿈을 몇 번 꾼 적이 있어 불안을 떨쳐 버릴 수 없었습니다."

부산에 비상계엄령이 선포되면서 계엄사령관으로 임명된 군수사령관 朴贊兢 중장(뒤에 총무처 장관)은 '발포문제'로 고민하고 있었다. 간밤에 들이닥친 金載圭는 "사태를 빨리 수습하고, 연행자들을 서둘러 선별하라"는 朴正熙 대통령의 지침만 전달했을 뿐 발포문제에 대해선 일언반구 언급이 없었다.

朴 사령관은 경찰이 시위 군중에 밀려서 軍이 나서게 된 것이니까 軍까지 밀려서는 안 된다는 생각을 했으나, 발포를 최악의 순간까지 억제하는 지침을 휘하 부대에 내렸다.

「첫째, 사령관의 직접 명령에 의해서만 발포를 할 수 있다.

둘째, 이 직접 명령은 문서를 통해서가 아니라 직접 면담을 통해서 받아야 한다. 급박한 상황에서 전화로 발포 지시를 받아야 할 땐 먼저 사령관의 육성을 확인해야 한다.」

정부는 계엄 선포 첫날 신속하게 병력을 투입했다. 18일 새벽에 서울로부터 1개 공수특전 여단이 날아왔고, 아침에는 포항으로부터 1개 해병연대가 부산으로 이동했다. 부산의 현지 병력과 합쳐서 계엄군의 규모는 5500명에 달했다.

19일에 다시 2개 공수여단 병력 3600명이 추가로 투입되었다. 약 9100명으로 불어난 軍 병력에다가 약 1800명의 경찰 병력을 더해 총 1만 900명의 계엄병력이 편성되었다. 이들 중 1500명 가량은 휴교에 들어간 10개 대학에 배치되었다. 부산시청, 방송국 등 주요 공공건물 26개 소에서 약 6000명이 경비에 임했고, 나머지 3400명은 기동 부대로서 시내를 순찰하는 등의 임무를 받았다.

朴 장군은 계엄군에게 실탄을 지급하지 말도록 지시했다. 최루탄도 소·중대장에게만 주었다. 데모대는 개머리판으로 진압토록 했다. 1개 소대에 경찰관 1~2명을 배치시켰다. 현지 사정에 밝은 경찰관이 데모 군중 속에서 불량배를 지적해 주면 그들을 붙잡기 위해서였다. 朴 장군은 이번 데모의 원인을 파악하기 위하여 여론조사를 실시하도록 합동수사단에 명령했다.

그는 지게꾼에서 대학교수까지 각계각층의 여론을 정확히 수집하도록 지시했다. 며칠 뒤 집계 분석된 여론조사의 결과에 따르면 부산 시위의 가장 큰 원인은 '경제 침체에 의한 서민·상인층의 불만'으로 나타났다. 다음이 金泳三 의원 제명 뒤 야당 의원들이 낸 의원직 사퇴서에 대해서 여당 측이 선별수리한다는 보도였다. 석유파동에 의한 경기 침체와 金泳三 제명이 2大 요인이었다는 얘기다.

18일 오전 10시, 간밤에 부산에 온 金載圭는 부산대학교에 나타났다. 본관 현관에서 박기채 총장이 그를 맞았다. 金載圭는 의례적인 말투로 "학생들은 어떻습니까?"고 물었다. 朴 총장이 총장실로 안내하려니까 金 부장은 "사실은 우리 부대가 여기 주둔하게 돼서 한 번 찾아보고 싶어 왔다"면서 "수고하십시오"라고 말하곤 軍 부대의 지휘부가 들어 있는 2층으로 올라갔다. 金 부장은 침착했고 잔말이 통 없었다.

구타

정부가 계엄령 선포 직후 전투력이 가장 뛰어난 공수단과 해병대를 긴급 투입한 것은 부산사태를 철저하게 진압하겠다는 의지를 보여 준 것이었다. 특수훈련을 받고 특수전에 쓰이도록 만들어진 공수부대는 시위자들은 물론이고 일반시민들에게도 무차별 폭행을 가했다. 이로써 6·25 전쟁 이후 처음으로 일반인들이 군인들에 대한 악감정을 갖게 되었다. 특전사령부나 軍 지휘부에서는 이 과잉진압을 성공사례로 평가하여 1980년 5월18일 광주에 또 공수단을 투입하였다가 유혈사태를 부른다.

동래구 동상동에 사는 회사원 신희철(당시 37세) 씨는 10월18일 밤 8시50분쯤 서구 충무동 상륙다방 앞에서 공수부대 군인들에게 끌려가 개머리판으로 얻어맞아 머리를 크게 다쳤다. 뇌좌상과 뇌경막 손상을 당한 그는 봉생 신경외과에서 뇌수술까지 받았다.

부산지구 당감동에 사는 금은방 종업원인 전병진(당시 32세) 씨는 계엄령 첫날인 10월18일 밤 9시30분쯤 서면 태화극장 앞에서 택시를 먼저 잡으려고 찻길로 조금 나가 서 있었다. 앞당겨진 통행금지 시간이 30분밖에 남지 않아 시민들은 서로 먼저 타려고 법석을 떨고 있었다. 이때 공수부대 한 소대병력이 찻길을 따라 남쪽으로 행진해 오고 있었다. 그들은 앞에 걸리는 사람들을 청소하듯 해버렸다.

술에 조금 취해 있었던 전병진 씨는 미처 피할 틈도 없이 당했다. 개머리판으로 머리를 몇 대나 맞았는지 구둣발로 얼마나 채였는지 알 수 없었다. 정신을 차렸을 때 그는 정차한 택시 꽁무니에서 몸을 피하고 있었다. 군인 네 명이 다시 그를 끌어내 발길질과 개머리판으로 녹초를 만들었다. 그는 쓰러졌다. 군인들이 다 지나갔을 때 그는 벌떡 일어났다. 얼굴에서 피가 쏟아지고 있었다. 갑자기 머리가 핑 돌았다. 지하도를 건너서 한독병원을 찾았다. 한독병원에서는 간단한 응급치료만 해주고 자가용에 태워 당감동 한태일 신경외과로 옮겨다 주었다.

진단을 해보니 앞 이빨 다섯 개가 부러졌고 오른쪽 귀 위의 머리뼈에 분쇄골절이 생겼음이 드러났다. 그는 분쇄골절된 부분을 잘라내는 수술과 그 자리에 플라스틱을 대신 끼우는 수술을 두 차례 받았다.

공수부대에서 쓰는 곤봉은 야간 전투에 쓰도록 만든 것으로서 경찰관의 그것보다 훨씬 길며 조금 휘어 있어 이슬람 기병들의 환도처럼 생겼다.

시민들은 길바닥에 꿇어앉혀져 몽둥이질을 당하고 있는 사람들을 못 본 체하고 지나가는 버릇을 익혀야 했다. 구타를 말리려다가 얻어맞기도 했다. 경찰관들도 안전하지 못했다. 동부경찰서 ㄱ경위는 두 형사와 함께 남포동에 나왔다가 공수부대 군인 두 명이 한 시민을 개머리판과 발길질로 심하게 때리는 것을 보았다. ㄱ경위는 불끈 화가 치밀었다. 몇째 동생 나이밖에 안 되는 그 군인들에게 "이러면 안 된다"고 타일렀다.

"넌 뭐야?"

"경찰관이다."

ㄱ경위는 신분증을 보여주었다. 이때 대위 계급장을 단 장교가 오더니 버럭 고함을 질렀다.

"경찰 같은 것 쓸데없어. 이 새끼들 조져!"

이 명령이 떨어지자 근처에 배치돼 있던 공수부대 사병들 10여 명이 몰려와 세 경찰관을 으슥한 골목으로 끌고 갔다. 주먹과 발길이 어지럽게 오갔다. ㄱ경위는 전치 2주의 상처, 형사 한 명은 고막을 다쳤다.

군인들에게 맞아 다친 시민들의 80% 이상이 머리에 상처를 입었다. 다친 시민들의 진단 병명을 늘어놓으면 군인들이 어떻게 두들겨 팼는지를 알 수 있을 것이다. 창자파열, 뇌좌상, 뇌진탕, 전두부파열상, 후두부열창, 안면열창, 안면부내부열창, 전신타박상, 뇌경막손상….

마산으로 번진 시위

18일 마산 경남대학교. 점심 때 도서관 앞 잔디밭에선 이야기꽃이 피고 있었다. 경제과 3학년엔 부산에서 통학하던 학생이 둘 있었다. 이 두 학생은 부산 데모 이야기를 하고 있었고, 다른 학생들은 귀를 쫑긋하여 듣고 있었다. 이날 아침 학생들은 부산에 비상계엄령이 내려졌다는 사실을 알고 등교했다. 학교 게시판에는 '박정희 파쇼정권 타도'라고 쓰인 격문이 붙어 있었다. 술렁대는 분위기 속에서 점심시간이 끝나 가고 있었는데, 이때 느닷없이 교내 스피커에서 "오늘은 휴강을 실시하니 학생들은 빨리 집으로 돌아가 주기 바랍니다"는 방송이 흘러나왔다. 학생들은 웅성웅성했다.

"우리는 데모도 안 했는데…."

학생들은 납득할 수 없는 휴강령에 불만을 토로하기 시작했다. 부산 데모가 경찰의 개입으로 확대된 것과 똑같이 마산 데모에 기름을 부은 것은 이 휴강 조치였다.

귀가하는 학생들은 저절로 길목인 도서관 앞으로 모여들었다. 군중이 되면 용기도 전염된다. 누가 나서 주기를 바라는 분위기가 됐다. 말하자면 인화물질에 기름은 끼얹어졌는데 성냥을 그어 댈 사람이 아직 안 나타난 상황이었다.

부산이나 마산사태의 발단은 모두 우발적인 것 같아 보이지만 자세히 들여다보면 因果(인과)관계가 분명하다. 부산에서 부산대학생 鄭光敏이 한 역할을 마산에서 한 것이 국제개발학과 2학년 정인권(당시 22세)이었다. 두 鄭 군은 울컥하는 충동적 심정으로 성냥을 그어 댄 것이 아니라 오랜 고민과 결심의 결과에 따라 행동한 것이었다.

정인권은 며칠 전부터 일곱 명의 학생들과 데모 계획을 짜 놓고 있었다. 중간고사가 시작되는 10월21일을 D 데이로 잡고 있었다. 휴업이 길어지면 D 데이를 지킬 수 없게 된다. 당황한 정인권은 대책을 의논하려고 동료들을 찾아 우왕좌왕하다가 스스로 결단을 내렸다. 그는 학생들 앞으로 나섰다.

"부산 학생들과 같이 싸우자."

"3·15 정신을 되살리자."

"부모들이 피땀 흘려 공부시킨 것이 이럴 때 바보처럼 가만히 있으라고 한 줄 아느냐."

鄭 군의 일장 연설은 학생들을 움직이기에 충분했다. 그는 뇌관을 터뜨렸고, 그 다음부터는 학생과 시민의 자체 추진력에 의해 저절로 굴러갈 것이었다. 그 뒤로는 鄭 군이 다시 지도자로 나설 필요조차 없었다.

마산 시위도 부산과 거의 같은 생리로 진행됐다. 학생들은 어깨동무를 하고 구호를 외치며 학교 바깥으로 나가려 했다. 정문 앞을 경찰이 막자 "3·15 의거탑에서 만나자", "불종거리(의거탑에서 가까움)에서 만나자"고 속삭였다. 일부는 담을 뛰어넘어, 일부는 집으로 가는 체하다 정문을 통해 노동자와 시민들이 기다리는 시내로 빠져나가기 시작했다.

"4·19는 시작됐습니다"

金載圭는 10월18일 오후 항공편으로 부산에서 서울로 올라갔다. 그는 10·26 사건의 재판과정에서 이렇게 진술했다.

「부산사태는 그 진상이 일반 국민에게는 잘 알려지지 않았지만 굉장한 것이었습니다. 본인이 확인한 바로는 불순세력이나 정치세력의 배후조종이나 사주로 일어난 것이 아니라 순수한 일반 시민에 의한 민중봉기로서 시민이 데모대원에게 음료수와 맥주를 날라다 주고 피신처를 제공하는 등 데모하는 사람과 시민이 완전히 의기투합하여 한 덩어리가 되어 있었고, 수십 대의 경찰차와 수십 개 소의 파출소를 파괴하였을 정도로 심각한 것이었습니다.

본인이 부산을 다녀오면서 바로 朴 대통령에게 보고를 드린 일이 있습니다. 김계원·차지철 실장이 동석하여 저녁식사를 막 끝낸 식당에서였습니다. 부산사태는 체제저항과 정책 불신 및 물가高에 대한 반발에 조세저항까지 겹친 民亂(민란)이라는 것과 전국 5대 도시로 확산될 것이라는 것, 따라서 정부로서는 근본적인 대책을 강구하지 않으면 안 되겠다는 것 등 본인이 직접 시찰하고 판단한 대로 솔직하게 보고를 드렸음은 물론입니다.

그랬더니 朴 대통령은 버럭 화를 내더니 앞으로 '부산 같은 사태가 생기면 이제는 내가 직접 발포명령을 내리겠다. 자유당 때는 최인규나 곽영주가 발포명령을 하여 사형을 당하였지만 내가 직접 발포명령을 하면 대통령인 나를 누가 사형하겠느냐'고 역정을 내셨고, 같은 자리에 있던 車 실장은 이 말 끝에 '캄보디아에서는 300만 명을 죽이고도 까딱 없었는데 우리도 데모대원 100만~200만 명 정도 죽인다고 까딱 있겠습니까' 하는 무시무시한 말들을 함부로 하는 것이었습니다. 그런데 朴 대통령의 이와 같은 반응은 절대로 말만에 그치는 것이 아니라는 것이 본인의 판단이었습니다.

朴 대통령은 누구보다도 본인이 잘 압니다. 그는 군인 출신이고 절대로 물러설 줄을 모르는 분입니다. 더구나 10월 유신 이후 집권욕이 애국심보다 훨씬 강해져서, 심지어 국가의 안보조차도 집권욕의 아래에 두고 있던 분입니다. 李承晩 대통령과 여러 모로 비교해 보았지만 朴 대통령은 李 박사와는 달라서 물러설 줄을 모르고 어떠한 저항이 있더라도 기필코 방어해 내고 말 분입니다.

4·19와 같은 사태가 오면 국민과 정부 사이에 치열한 공방전이 벌어질 것은 분명하고 그렇게 되면 얼마나 많은 국민이 희생될 것인지 상상하기에 어렵지 아니한 일이었습니다. 그런데 4·19와 같은 사태는 눈앞에 다가왔고, 아니 부산에서 이미 4·19와 같은 사태

는 벌어지고 있었습니다」(《항소이유 보충서》中 발췌)

金載圭는 1979년 초에 일어난 이란 혁명에 대해 연구를 시킨 적이 있었다. 일반 시민의 봉기를 제압하는 것이 매우 어렵다는 얘기를 평소에 자주 했다. 그는 부산사태의 현장 시찰을 하고 서울에 올라와서는 부산에 연고가 있는 간부들을 현지로 내려보내 사태의 원인을 분석하도록 지시했다.

부산 시위 현장에 다녀온 직후의 金載圭를 가장 가까이에서 관찰했던 사람은 김봉태였다. 金載圭 부인의 여동생 남편으로서 의사인 김봉태 씨는 퇴근 뒤 거의 매일 남산 기슭의 정보부장 공관으로 손위 동서를 찾아갔다. 金載圭 부부와 저녁을 먹으면서 가끔 충고를 하기도 했다. 金 씨는 이렇게 기억했다.

"부산사태를 시찰하고 돌아온 다음날인가, 저녁식사 때 이런 대화를 나눈 기억이 납니다. 제가 '民亂이라면 반란 아닙니까'라고 되물었더니 그분은 '자네가 그런 말을 하나'고 하더니 '그렇지, 그건 민중봉기야, 민중봉기'라고 말하더군요."

李光耀의 찬사

이날부터 金載圭의 분위기는 싹 달라졌다고 한다. 식탁에서도 말이 없었고 굳은 표정으로 무엇을 골똘히 생각하는 것 같았다. 사람도 피했다. 저녁식사 뒤에는 여느 때처럼 잡담도 하지 않고 바로 2층으로 올라가 버렸다.

金載圭는 10월24일 당시 공화당 의원 李厚洛을 만났을 때 지나치는 말처럼 "제가 싹 해치우겠습니다"고 했다고 한다. 李厚洛은 그

때는 "신민당을 해치우겠다"는 뜻으로 알아들었다는 것이다. 金載圭가 존경했던 李鍾贊 장군(당시 유정회 의원)도 이 무렵 金載圭를 찾아가 "유정회 의원을 더 이상 못 해먹겠다"고 하소연을 했다. 金載圭는 "조금만 기다려 주십시오"라고 사정하더란 것이다.

朴 대통령은 10월19일 오후 싱가포르 李光耀 총리의 예방을 받았다. 李 총리는 10월16일에 來韓했었다. 朴 대통령은 李 총리에게 우리 농촌에 대한 인상을 물었다. 李 총리는 "농민의 생활 수준이 대단히 높은 데 놀랐다"고 답했다. 대접견실에서 훈장 수여와 기념 촬영이 끝나자 두 사람은 서재로 옮겨 요담에 들어갔다. 창가에는 가을 양광이 따스하게 비치고 있었다. 이날 朴 대통령은 대단히 만족해하였다. 李 총리와 뜻이 통했던 것이다.

그해 6월 말에 있었던 카터 대통령과의 거북한 만남과는 대조적인 대면이었다. 朴正熙·李光耀 두 사람 다 공산주의자와 싸워 가면서 아시아의 후진국을 개발도상국으로 도약시키는 데 성공한 국가 지도자인 만큼 서로의 고뇌를 同病相憐(동병상련)의 마음으로 이해했던 것 같다.

이날 저녁에 베풀어진 만찬에서 李光耀 총리는 답사를 통해 이렇게 말했다.

"대한민국의 성공과 경제 번영은 대한민국 국민과 그 지도자들의 자질이 어떠한가를 가장 잘 나타내는 징표이며, 한국이 공업·농업 분야에서 이룩한 발전은 다양하고 뚜렷하다. 이와 같은 발전은 첫째, 능력 있고 추진력이 강한 국민과 둘째, 확고한 지도력 없이는 성취될 수 없는 것이다.

어떤 지도자들은 그들의 관심과 정력을 대중매체로부터 각광을 받고 여론조사에서 호의적인 반응을 얻는 데 소모하고, 다른 지도자들은 일에 모든 정력을 집중하고 자신들의 평가를 역사의 심판에 맡긴다. 朴 대통령 각하가 바로 눈앞의 현실에 집착하는 분이었다면 오늘의 대한민국은 존재하지 않았을 것이다."

金致烈과 밀담

1979년 10월22일 金致烈 법무장관은 朴 대통령의 부름을 받고 밤에 청와대에 들어갔다. 두 사람은 장시간 釜馬사태 등 時局문제를 이야기했다. 다음날도 金致烈 장관은 두 번째의 단독 면담을 했다. 金 장관은 난국을 타개할 근본 대책으로 유신헌법의 개정을 건의했다. 개헌의 골자는 유정회 제도를 없애고 통일주체국민회의에 의한 대통령 간선제를 바꾸자는 것이었다.

朴 대통령은 "나도 같은 의견이다"는 태도를 보였다. 金 장관은 이를 "개헌 문제를 연구해 보라"는 뜻으로 해석했다. 첫날 면담 도중 朴 대통령은 "정보부에서 몇 년 근무했지" 하고 물었다. 金 장관은 1970~1973년 사이 金桂元·李厚洛 부장 아래서 차장으로 일한 적이 있었다. 朴 대통령의 물음에서 金 장관은 대통령이 자신을 정보부장감으로 생각하고 있다는 인상을 받았다.

朴 대통령과 金 장관의 면담 직후 권력층 주변에선 '후임 정보부장은 金致烈'이란 얘기가 돌았다. 당시 공화당 의원이었던 李厚洛은 10월24일에 같은 선거구 출신인 신민당 의원 崔炯佑를 만나 당직 사퇴를 권유하면서 그런 귀띔을 했다.

金 장관은 신민당 金泳三 총재에 대한 의원직 제명 직전엔 "강경

책이 百藥之長(백약지장)이라면 팔레비나 소모사의 말로가 왜 그렇게 되었겠습니까"라는 일종의 '상소문'을 개인적으로 朴 대통령에게 올린 적도 있었다. 이러한 金 장관에게 朴 대통령이 중앙정보부장 자리를 맡기기로 결심했다면 그것은 정국의 근본적인 전환뿐만 아니라 유신체제의 進路(진로)에 대한 재검토를 뜻하는 것이었으리라.

金載圭도 자신의 후임으로 金致烈 장관의 이름이 오르고 있다는 것을 알았을 가능성이 있다. 상당수 정보부 간부들도 "금명간 부장이 바뀐다"고 믿고 있었을 정도였으니까 金載圭로서는 "내가 해치울 수 있는 시간도 며칠 남지 않았다"는 강박관념이 생겼을 것이다.

玄鴻柱 국장은 10월22일 오후 2시부터 청와대에서 釜馬사태에 대한 중간 보고를 했다. 朴 대통령, 金載圭 정보부장, 金桂元 비서실장을 비롯하여 내무·국방·법무·문교·문공장관 등이 참석한 자리였다. 玄 국장은 보고서의 제목을 '부산·마산 소요사건의 실태와 대책'이라고 붙였다. 그 요지는 이러했다.

「이번 사태는 단순한 학생데모가 아니라 시민 일부가 가담한 폭동에 가까운 소요였다. 시민들이 가세한 이유는 각 계층별로 차이는 있으나 租稅(조세) 저항, 일선 경찰관 등 행정기관의 부조리에 대한 불만, 貧富 격차에 따른 위화감, 변화에 대한 기대감 등이다. 민심 수습을 위한 각종 대책과 함께 현 정부가 안정되어 있으나 정체함이 없이 항상 쇄신하는 정부라는 것을 보여 주어야 한다.

정부 각 부처가 국민들에게 희망을 줄 수 있는 원대한 비전을 제시하고 항상 새로운 면모를 보이는 것이 중요하다. 구체적으로는 부산·마산 사건 수사결과를 빨리 발표할 것, 지방도시의 소요진압

능력을 강화할 것, 관계기관의 예방정보활동을 강화할 것, 서민생활 안정대책을 세울 것 등이다.」

朴 대통령은 이 보고에 대단히 만족했다. 그는 "이 보고서를 국무위원들에게 읽어 주고 총리 책임 하에 대책을 시행하도록 하라"고 지시했다. 朴 대통령은 또 "이번 사태는 충분히 사전에 예방할 수 있었는데도 불구하고 중앙정보부, 내무부 등 정보기관의 활동이 미흡하였다"고 지적했다. 이날 오후 5시 釜馬사태 대책 수립을 위한 긴급 국무회의가 소집되었다. 朴 대통령 대신 崔圭夏 국무총리가 주재했다.

10월23일 오전 金載圭 정보부장은 부장실에서 간부들을 불러 놓고 전날 청와대에서 있었던 대책회의 결과를 설명했다. 그는 "각하께서 中情은 그동안 무엇을 했는가, 학원 내의 정보망은 도대체 어떻게 된 것인가, 크게 꾸중을 하셨다"고 솔직히 털어놓았다. 金 부장은 朴 대통령으로부터 받은 지적사항을 그대로 전달하는 성격이었다.

59
카빈과 효자손

1979년 10월 26일 오전

효자손, 카빈소총, 벽돌

썰렁한 침대 위에서 朴正熙 대통령은 눈을 떴다. 맞은편 벽에 걸린 故 陸英修 여사의 커다란 초상화가 맨 먼저 시야에 들어왔다. 동창 밖으로 번지는 여명에 아내의 미소 띤 얼굴이 점차 또렷하게 드러나기 시작했다. 유화로 그려진 초상화 아래로는 붙박이 단이 있고 그 위에는 국화가 꽂힌 노란색 화병 두 개와 책 한 권이 놓여 있었다. 책은 朴木月 시인이 쓴《육영수 여사》로 나무 상자에 들어 있었다. 대통령은 1974년 8월15일 광복절 행사에서 文世光의 총탄에 喪妻(상처)한 이후 아내 생일에는 직접 꺾은 국화 송이를 초상화 밑에 가지런히 얹어 놓곤 했다. 아내가 없는 공간을 대신한 것은 朴正熙의 머리맡을 차지한 '효자손'이었다. 스테인리스 막대 끝에 플라스틱 손이 달린 것이었다.

62세로는 단단한 체구를 가졌던 박정희는 그 무렵 노인성 소양증세를 비롯해 세 가지 질병을 갖고 있었다. 온몸, 특히 등쪽이 가려웠던 박 대통령은 이 때문에 순면 내복을 입었고 가려움증을 없애준다는 알파케일을 주치의로부터 구해 목욕물에 풀어 몸을 적셔 보기도 했지만 별무효과였다. 밤중에 가려움이 심해도 등을 긁어 줄 사람이 곁에 없어 효자손을 반려자로 삼고 있었던 홀아비가 박정희였다.

1960년대에 그는 축농증의 일종인 副鼻洞炎(부비동염) 수술을 받았으나 곧 재발했다. 1978년 하반기에 대통령은 국군서울지구병원에서 다시 코 수술을 받았다. 그래도 코를 통한 호흡이 원활하지 못하여 편도선주위염이나 목감기를 자주 앓았다. 그 며칠 전에도 대통령은 목감기에 걸렸다. 노인 박정희를 괴롭힌 세 번째 질병은 가벼운 궤양성 소화장애였다. 그 1년 전쯤 박 대통령은 2층 침실에서 자다가 토사곽란을 만난 적이 있었다. 고통을 참지 못한 대통령은 1층 부속실로 통하는 인터폰 부저를 눌렀다. 숙직 중이던 朴鶴奉(박학봉) 비서관이 뛰어 올라왔다. 대통령은 기진맥진한 표정으로 "내가 변소에 열 번 이상이나 다녀왔는데…"라고 했다. 주치의를 긴급 호출한 박 비서관은 대통령의 배를 주물러 드렸다. 연락을 받은 주치의가 한밤중에 청와대로 달려와 진통제를 주사했다. 잠시 후 고통이 수그러들자 비로소 대통령은 잠이 들었다. 박 비서관은 잠든 대통령에게 이불을 덮어 드렸다. 그 휑한 방에 대통령을 혼자 남겨두고 나오려니까 눈물이 왈칵 쏟아졌다.

한 달 전까지만 해도 침대 발끝 오른편엔 카빈소총 두 정을 걸어 둔 나무 총가가 놓여 있었다. 탄창과 실탄은 총가 밑 서랍에 들어 있었다. 대통령은 한 달 전쯤 박 비서관을 시켜 이 총을 청와대 경호단에 반납시켰다. 총가가 있던 자리에는 희미한 자국만 카펫 위에 남아 있었다. 총으로 권력을 쟁취했던 박정희는 그 銃口(총구)가 언젠가는 자신을 향할 것이란 불길한 예감을 버리지 못하고 있었다.

아침에 일어나면 대통령은 맨 먼저 정원이 내려다보이는 동쪽 창문을 비롯, 서재와 거실의 창문들을 활짝 열어 젖혔다. 청와대 본관에 거주하는 사람들은 박 대통령의 창문 여는 소리와 함께 아침 일과를 시작했다. 지어진 지 40년째가 되었던 청와대 본관은 대통령이 욕실에 들어가 물 트는 소리조차 아래층에서 다 들을 수 있었다. 침실 옆 욕실 변기의 물통 속에는 대통령이 아무도 모르게 넣어 둔 빨간 벽돌 한 장이 들어 있었다. 자신이 일과시간에 사용하는 1층 집무실 옆 대통령 전용 화장실도 마찬가지였다. 물을 절약하기 위해서였다. 석유파동 이후부터 골프를 삼간 대통령은 자리에서 일어나 창문을 열고 나면 어김없이 본관 부속실로 연결된 인터폰을 눌렀다.

"운동하자"

대통령을 측근에서 수발하는 제1부속실 직원은 당시 박학봉 비서관과 李光炯(이광형) 부관 두 사람이었다. 이들이 대통령 집무실에 근무하면서 교대로 숙직을 했다. 그날 아침 숙직한 직원은 이광형 부관(당시 32세)이었다. 李 부관은 운동복 차림에 배드민턴 라켓을 들고 현관 앞으로 나와 대통령을 기다렸다. 잠시 후 대통령도 운동복을 입고 나타났다. 두 사람은 나란히 달렸다. 청와대 본관을 빙 둘러쳐진 철망을 벗어나 동쪽으로 난 소로를 따라가면 상춘제가 나타나고 이어서 실내 수영장이 보인다.

석유파동 직후 대통령은 "수영장에 물을 넣고 하면 돈도 많이 드는데 마루를 깔고 배드민턴이나 치도록 하자"고 지시해 실내 수영장이 실내 배드민턴 경기장으로 바뀌었다. 환갑을 넘긴 대통령과 배드민턴을 치고 나면 젊은 이 부관도 땀으로 온몸을 적셔야 했다. 운동이 끝나자 이 부관은 도구를 챙겨 들고 대통령과 함께 본관으로 돌아왔다.

이날 대통령은 삽교천 방조제 준공식 행사에 참석하기로 일정이 잡혀 있었다. 이 부관은 박 대통령의 양복과 구두를 챙기기 시작했다. 바로 그때였다. 2층 거실의 대통령으로부터 인터폰이 울렸다.

"예, 이광형입니다."

"어제 입었던 그 양복하고 구두, 그거 가져오게."

"예, 알겠습니다."

'어제 입었던 양복과 구두'란 허리단을 수선한 곤색 양복과 금강제화에서 맞춘 검정색 구두를 말한다. 한해 전 코 수술을 받은 직후부터 담배를 끊었던 대통령은 몸무게가 60kg에서 3~4kg쯤 불었다. 1층 집무실로 출근할 때 자신이 전날 입었던 양복바지를 든 채 내려온 적도 있었다. 대통령은 부관에게 바지를 뒤집어 허리 뒷단을 보여주며 손가락으로 정확히 폭을 재 보이고는 "여기 요만큼만 더 늘려 주게"라고 했다. 부속실 직원들은 을지로 2가에 있던 '세기양복점'으로 옷을 보내어 고쳐 오도록 했다.

그날 대통령의 마지막 양복을 준비했던 이광형은 "바지는 수선해서 입고 구두 뒤축을 갈아 신은 적도 한두 번이 아니었다"고 회상했다. 이 부관은 평소보다 십여 분 늦게 양복과 구두를 들고 2층 거실로 올라갔다.

그때까지 대통령은 거울 앞에서 하얀 와이셔츠에 자주색 넥타이를 맨 차림으로 기다리고 있었다. 하체는 반바지 모양의 팬티 차림 그대로였다. 대통령은 李 부관이 들어서자 "어, 어, 이리 가져와" 하며 반겼다. 농촌 시찰이 있는 날이면 대통령은 소풍 가는 소년처럼 들떠 있곤 했다. 이날도 늦게 올라온 양복을 받아 입으며 연신 어깨를 들썩이면서 알 수 없는 콧노래를 흥얼흥얼했다. 권력이란 갑옷을 걸치기 직전 朴正熙(박정희)라는 한 인간의 내면을 엿보게 하는 것은 孤獨(고독), 武人(무인), 節約(절약)의 상징물인 효자손, 카빈 그리고 변기 속의 벽돌이었다. 그는 양복을 입음으로써 이 같은 자신의 내면을 누구도 범접하지 못하도록 감싸 버렸다.

대통령의 장부

대통령과 아침운동을 마친 李光炯은 즉시 부속실로 돌아왔다. 웨이터 전영생이 주방에서 부속실 직원의 아침식사를 쟁반에 담아 이광형에게 갖다 주었다. 부속실 직원은 대통령보다 먼저 식사를 하고 대통령보다 먼저 마쳐야 했다. 식사 도중에 대통령으로부터 인터폰을 받게 되면 부관은 입속에 든 밥을 얼른 손바닥으로 받아 낸 다음 즉시 물로 입을 헹군 뒤 인터폰을 받곤 했다.

박 대통령 부속실에서는 세 가지 장부를 유지하고 있었다.

'가족장부'는 대통령을 제외한 두 딸과 한 아들의 잡비 씀씀이를 다룬 것이었다. 1979년10월에는 27만 9388원이 지출됐다. 2층 내실 담당 가정부 미스 원에게 10만 원, 신당동의 대통령 사저를 관리하고 있던 박환영 비서관과 아주머니에게 월급 이외의 보조비로 2만 원씩, 선물인 듯한 동양란 구입비 3만 2000원, 志晩 생도의 콘택트렌즈 구입비 5만원, 세탁비 2만여 원 등이었다.

본관에는 식당이 있었다. 본관 근무자와 대통령 가족이 식사하는 곳이었다. 저녁에 대통령이 주관하는 수석비서관 회식, 특별보좌관 회식도 여기서 했다. 이 식당의 식료품 구입비는 1979년 8월에 80만 8765원이었다. 박 대통령의 개인지출을 기록한 장부에 따르면 그는 1979년에 약 70만 원을 양복, 허리띠, 구두 구입비로 썼다. 10월 3일에 구두 세 켤레 11만 2200원, 8월5일에 흰색 반바지 두 벌 3만 원, 허리띠(반바지용) 2만 원, 5월28일에 잠옷 네 벌 2만원…. 박 대통령 개인 잡비는 대통령 이름으로 된 통장에서 빼 쓰고 입금해

두기도 했다. 1979년 초에 9만 9830원이 전년도에서 이월됐다가 10월26일 현재 9만 7330원이 잔고로 남아 있었다.

대통령은 아침식사를 항상 2층 침실 옆 작은 식당에서 했다. 웨이터 전영생은 본관 1층 부속실 옆에 있는 주방에서 아침을 준비하고 나면 주방 옆으로 난 계단을 통해 2층 식당으로 음식을 날랐다. 대통령의 두 딸 槿惠, 槿暎이 먼저 자리에 앉아 아버지를 기다리고 있었다.

2층 식당 한쪽 구석에는 전자 오르간과 톱악기, 퉁소도 있었다. 대통령은 밤에 홀로 퉁소를 불기도 했다. 적막한 청와대 본관에 울려 퍼진 퉁소 소리는 애끊는 음률이었다고 한다. 1층에는 피아노가 놓인 작은 방이 하나 있었다. 대통령은 가끔 피아노방을 찾아가 혼자서 '황성 옛터' 같은 노래를 연주하기도 했다.

모든 직원들이 퇴근한 오후 6시 이후가 되면 525평의 본관에는 대통령과 두 딸 그리고 숙직 당번인 부속실 직원, 그리고 경호원들만이 남았다. 청와대 본관에서 근무한 사람들은 일과 후를 '적막강산'이라 표현했다. 외부세계와 철저하게 차단된 이곳에서 대통령은 못다 본 서류를 열람하거나 국가의 중대사 그리고 자신의 몫이었던 고독과 대면했다.

1960년대 중반 대통령이 패기만만했을 당시에도 청와대는 항상 도시 속의 쓸쓸한 섬이었다. 그래서 대통령이 수없이 되뇌인 말이 있었다.

"이 자들이 나만 이 깊은 감옥에 처넣고 저희들은 마음대로 뛰어다니며 사사건건 말썽만 부리니…."

이 고독의 섬에 아침이 찾아오면 대통령은 자신의 썰렁한 내면을 이불 개듯 걷어 접고서 아무렇지도 않은 듯 정장 차림으로 가족들과 아침을 함께했다. 청와대의 아침 식단은 찌개와 멸치볶음 등 대여섯 가지 밑반찬이 전부였다. 대통령의 오른편으로는 조간신문들이 가지런히 놓여 있었다. 아침식사를 마친 대통령은 늘 그러하듯 커피까지 마시고 일어섰다. 이때 근혜 양이 선물로 들어온 족자를 들고 와 아버지께 보여드렸다. 대통령은 족자를 펴 벽에 걸어 보더니, "그 사람이 벌써 이렇게 됐나"면서 흐뭇해했다. 그 족자는 그로부터 40여 년 전 경북 문경에서 박정희가 보통학교 교사로 있을 때 제자였던 사람이 써 보낸 것이었다.

대통령이 2층 식당에서 가족들과 함께 식사를 하던 그 시간에 맞은편 비서실장실에서는 金桂元 실장이 주재하는 수석비서관 회의가 열리고 있었다. 매일 오전 8시부터 열리는 회의였다. 柳赫仁 정무 제1수석, 高建 정무 제2수석, 徐錫俊 경제 제1수석, 吳源哲 경제 제2수석, 崔侊洙 의전수석, 朴承圭 민정수석, 林芳鉉 공보수석비서관들이 참석했다. 매주 1회꼴로 대통령에게 친인척 관련 상황보고를 해 온 박승규 민정수석은 비상계엄령이 펼쳐진 부산지역의 민심 동향을 조사하고 올라왔었다. 그는 다음 날인 토요일에 대통령을 면담, 민심동향과 함께 대통령의 친인척들에 대한 보고를 하기로 돼 있었다. 이날 수석비서관 회의가 끝나자 김계원 비서실장은 박승규를 따로 불렀다. 박 수석은 이렇게 보고했다.

"부산지역에 계엄군으로 투입된 공수단 병력이 시민들을 때려 민심이 反정부적으로 돌아서고 있습니다."

"내일 각하에게 그 사실을 보고할 때 金載圭 부장과 車智澈 경호실장의 불화에 대해서도 보고하시오. 특히 차 실장의 월권적 행동에 대해서 보고하시오."

　김 실장은 그전에도 한번 대통령에게 "차 실장이 정치에서 손을 떼도록 하셔야 되겠습니다"라고 건의한 적이 있었다. 박 대통령은 "차 실장이 국회의원을 했기 때문에 정치를 잘 알아"라고 했다. 김 실장은 비슷한 건의를 다시 하기가 뭣해서 박 수석에게 그런 부탁을 한 것이었다. 김 실장은 박 수석의 그런 보고 후 대통령을 만나 김 부장과 차 실장의 암투가 심하니 차라리 두 사람의 자리를 맞바꾸어 주자는 건의를 할 예정이었다.

　차지철 경호실장은 이날 아침 8시20분쯤 연희동 집을 떠났다. 차 실장은 두 부관을 데리고 있었는데, 이날 그를 수행한 것은 李錫雨였다. 李 부관은 아침 8시에 연희동 車 실장 집에 도착, 1층에서 근무 중인 경호실 직원으로부터 차 실장의 5연발짜리 리볼버 권총이 든 가죽 손가방을 넘겨받았다. 차 실장은 8시40분쯤 청와대 정문 우측 첫 번째 4층 건물인 경호실에 도착했다. 그는 집무실에 들어가자마자 金載圭 정보부장을 전화로 찾아 통화했다. 8시45분경이었다.

　金 부장은 이날 박 대통령이 들르게 돼 있는 KBS 唐津(당진)송신소 준공식에 참석하고 싶다면서 대통령과 함께 헬리콥터 1호기에 동승할 뜻을 비쳤다. 김 부장은 그런 뜻을 김계원 비서실장에게도 전했으나 결정권은 차 실장이 갖고 있었다. 차 실장은 김 부장에게 "지금 시국이 불안하고 대통령께서 서울을 비우시니까 김 부장은 자리를 지켜 주면 좋겠다"며 냉정하게 거절했다.

　朴 대통령은 오전 9시쯤 2층 식당에서 일어나 1층 집무실로 내려가는 계단으로 몸을 옮겼다.

　"나 오늘 삽교천에…."

대통령은 "갔다 올 거야"라는 뒷말을 망설이다 끝내 하지 않았다.
"아버지 안녕히 다녀오세요."

두 딸이 머리 숙여 인사했다. 이것이 영원한 작별인사가 됐다. 박 대통령은 필기도구와 안경, 연설문 따위가 담긴 누런 가죽가방을 직접 챙겨 들고 콧노래를 부르며 계단을 내려왔다. 2층에서 1층으로 출근한 것이다.

서재 풍경

김계원 실장은 이런 식의 출근이 대통령의 기분전환에 문제가 있다고 생각하여 별채건물을 지어 내실을 그곳으로 옮기자고 건의했으나 청와대 건물에 돈을 쓰는 것을 싫어한 박 대통령에 의해 거부됐다. 대통령은 빨간 카펫이 깔린 계단을 내려와 우측으로 난 문을 열고 집무실로 통하는 '전실'로 들어섰다. 부속실 역할을 하는 전실에는 박학봉 비서관과 이광형 부관이 교대로 '미스 리'라 불리는 李惠蘭과 함께 근무했다. 이광형 부관과 이혜란이 자리에서 일어나 대통령에게 인사를 했다. 대통령의 가죽가방은 이혜란이 받아 들었다.

박 대통령이 집무실로 들어가자 잠시 후 김계원 실장이 보고를 하러 들어갔다. 김 실장은 정보부와 경찰에서 올라온 일일 보고서를 노란 봉투에 넣어 대통령에게 올렸다. 평소에는 대통령이 봉투 끝을 잘라 보고서를 꺼내 읽어 보지만 이날은 봉투째 서랍 속에 집어 넣었다.

박정희의 집무실은 서재로 불리기도 했다. 그는 군인 출신이었지만 책 속에서 살았다. 이 서재 겸 집무실에는 약 600권의 책이 꽂혀 있었는데 소설이나 수필집, 시집은 단 한 권도 없었다. 세계대백과사전, 파월한국군전사, 난중일기, 박정희 대통령(중국어 판), 불확실성의 시대, 감사원 결산 감사 보고서, 성경, 성경사전, 崔水雲 연구, 단재 申采浩 전집, 白斗鎭 회고록, 지미 카터 자서전, 자본론의 誤譯(오역)(일어판), 金日成(일어판), 사상범죄론, 한국 헌법, 다국적기업, 정경문화(잡지)….

《암살사 연구》란 책도 있었다. 朴鐘圭 경호실장 시절인 1973년에 경호실의 연구발전실에서 펴낸 상·하권으로 된 책이었다. 세계 각국의 암살 사례를 분석, 암살을 예방하는 방법을 개발하자는 취지로 쓰인 책이었다.

이 도서목록이 풍기는 분위기는 실용주의자의 그것이었다. 관념적인 것과는 거리가 먼 실무적이고 물질적인 소재로 꽉 차 있었다. 집무실 비품들을 보면 재미있는 것들이 있었다. 계산자, 돋보기, 은단통, 소독솜통, 라디오, 정원수 整枝用 톱, 그리고 부채와 파리채.

대통령은 기름을 절약한다고 여름에도 에어컨을 틀지 않고 창문을 열어 놓고는 부채를 부치며 파리를 잡았다. 그해 여름 이광형 부관이 집무실에 들어갔을 때였다. 대통령은 더위를 먹은 듯 얼굴이 벌겋게 돼 있었다. 李 부관은 보일러실 직원을 불러 에어컨을 정식으로 틀지 말고 실내 공기순환만 시켜 달라고 했다. 그날 저녁 박 대통령은 가족과 식사를 하다 말고 근혜 양에게 이런 말을 했다.

"그놈들이 에어컨을 틀었더군. 갑자기 시원해지던데 내가 모를 줄 알고. 앞으로는 절대 틀지 말라고 해."

비품 중에 재떨이가 없었던 것은 박 대통령이 말년에 금연을 선언한 때문인데 간혹 한 개비씩 피우기도 했다. 대통령은 가끔 부속실 직원에게 담배를 가져오라고 하여 개비 담배를 빼내 피웠다. 점심을 먹고는 김계원 실장을 불러 마치 고교생이 숨어서 담배 피우듯 함께 피우기도 했다. 대통령의 건강 파수꾼 노릇을 했던 金秉洙 국군서울지구병원장이 말렸더니, 대통령은 "임마, 그러면 너는 뭣 때문에 있노?" 하더란 것이다.

서재에는 비디오테이프도 몇 개 있었다. '일본 후지 텔레비전과의 인터뷰', '吳元春사건', '500MD 헬기' 등이었다. 서재 겸 집무실은 1967년에 청와대 본관을 증축하면서 기존의 벽을 헐고 방을 낸 것으로 약 40평 정도가 됐다. 그때까지는 전실을 집무실로 사용해 왔다.

서재 남쪽 벽으로 출입문이 하나 있었다. 밖에는 잔디밭에 평행봉과 철봉이 설치돼 있었다. 이 문 옆에는 가로 50cm, 세로 80cm가량 되는 커다란 日曆이 걸려 있었다. 매일 아침 부속실 직원이 청소부를 데리고 들어가 청소를 하면서 한 장씩 찢어 내고 있었다. 일력은 날짜만을 크게 인쇄하고 연도와 달을 작게 표기한 것으로 1979년 10월26일자가 걸려 있었다. 서재에 걸렸던 일력은 이날로 역사의 化石이 됐다.

이날 오전 9시20분경 김 비서실장은 보고를 마치고 집무실을 나왔다. 이때부터 대통령은 그날 결재할 서류를 모두 처리하고 일상적인 여타 업무도 거의 다 정리했다.

얼마 후 둔중한 프로펠러 소리가 점점 가까워지고 있었다. 'K-16' 성남비행장(현재 서울비행장)에서 이륙한 세 대의 청색 UH-1H 헬리콥터가 청와대 동편으로 날아와 지하벙커 지붕 위로 내려앉고 있었다. 오전 10시가 막 넘어설 무렵이었다. 헬리콥터가 착륙한 직후 전실 입구 복도에 차지철 경호실장과 千炳得 수행과장이 도착했다. 김계원 비서실장도 2층 집무실에서 복도로 내려왔다. 비서실장을 본 車 실장은 들으라는 듯 이렇게 중얼거렸다.

"비서실장도 내려가는데 中情부장까지 거길 가려 하다니… 이런 비상시국에는 서울을 지켜야지…."

조금 전에 있었던 김재규 정보부장과의 통화내용에 관한 언급이었다. 김계원은 일언반구 대응이 없었다. 잠시 어색한 침묵. 이윽고 문이 열리고 박 대통령이 걸어 나왔다. 기다리던 세 사람은 인사했다. 대통령을 뒤따라 나온 이혜란이 박 대통령의 가죽가방을 천병득 과장에게 넘겨주었다. 현관을 나서는 대통령의 뒤에서 미스 리와 이광형 부관이 "안녕히 다녀오십시오"라고 인사했다. 대통령은 연신 콧노래에 맞춰 고개를 끄덕임으로써 인사에 답했다.

본관 앞마당에는 대통령 전용차량 슈퍼살롱과 비서실장 차량 및 경호차량 등 다섯 대가 줄지어 대기하고 있었다. 행사에 참석할 수행원들과 관계 장관들이 차 옆으로 도열해 서 있다가 대통령을 보고 일제히 인사를 했다. 청와대 내 헬리콥터 착륙장으로 향하는 대통령 전용차에는 김계원 비서실장이 대통령 왼쪽에 동승했다. 대통령은 김 실장에게 "실장 모친이 편찮으신 모양인데, 내일모레는 내가 찾지 않을 테니 고향에 다녀오시오"라고 했다.

가버린 목소리

청와대 내 헬기장에서 세 대의 헬리콥터가 이륙한 것은 이날 오전 10시30분쯤이었다. 3호기에는 보도진, 2호기에는 수석비서관들과 경호실 수행팀이 탔다. 대통령이 탄 공군 1호기는 승무원을 포함하여 정원이 13명이었다. 앞의 네 자리는 조종사, 부조종사, 정비사, 공군연락관 차지였다. 그 뒷자리에 박 대통령이 앉았다. 대통령 좌석에는 쌍안경과 큰 지도가 놓여 있었다. 이 지도에는 주요시설, 공장, 공단, 공사장이 표시돼 있었다. 경호실 소속 상황실에서는 이 지도에 새로운 정보사항을 늘 유지하여 대통령이 잘 알아볼 수 있도록 신경을 곤두세웠다.

대통령은 누구보다 공중시찰을 많이 하여 지리에 밝았다. 전에 없던 시설물 같은 것이 보이면 궁금해했다. 그럴 때는 수행과장이 지상으로 긴급 무전 연락을 취해 상황을 파악, 보고해야 했다. 이날 대통령 옆자리에는 삽교천 방조제 준공식의 주무장관인 李熺逸 농수산부장관이 앉았다. 그 뒤로는 김계원, 차지철, 徐錫俊 경제수석 비서관 및 천병득 수행과장과 吳世林 계장이 경호원으로 자리 잡았다.

機內에서 박 대통령은 이 장관에게 전날 확정된 추곡 매입가 결정에 따른 농민들의 반응을 물었다. 추곡 매입가 결정과정에 우여곡절이 많았다. 경제기획원에서는 前年대비 10% 선의 인상을, 농수산부에선 20% 이상의 인상을 주장하여 좀처럼 결말이 나지 않았다. 申鉉碻(신현확) 경제기획원장관 겸 부총리와 李 농수산부장관이 대통령 앞에서도 합의를 보지 못하자 대통령이 일방적으로 인상률을 22%로 결정했다.

'박 대통령이 농민들에게 주는 보너스'라고 표현된 선심 때문이기도 했지만 대통령은 이날 무척 기분이 좋았다. 박 대통령은 농촌시찰에 나서면 언제나 신이 나는 사람이었다.

비행 중에 박 대통령은 쌍안경으로 地上을 두루 살폈다. 반월공단

위를 지날 때는 자신이 펼쳐보던 지도와 일일이 대조하기도 했다. 아산 화력발전소 공사장에서 굴뚝 연기가 솟아오르는 것을 가리키며 "이곳은 공장입지가 좋은 곳"이라고 설명도 했다. 김계원 실장은 대만 대사로 오래 근무하여 국내 사정에 어두웠다. 박 대통령은 김 실장에게 그동안의 업적을 자랑하듯 지상의 변화를 이야기하고 있었다. 경지정리가 잘 돼 있고 막 추수가 끝난 농촌지역은 평화로웠다.

헬기가 唐津·禮山 상공을 지날 때 김 실장은 대통령에게 말을 건넸다. "각하, 초가집이 다 없어진 줄 알았는데 저기에는 남아 있지 않습니까?" 대통령은 씩 웃으며 대답했다.

"우선 큰 길가부터 하고 있소."

대통령 일행을 태운 세 대의 헬기가 삽교천 방조제 준공식장인 당진군 신평면 운정리에 도착한 것은 오전 11시 2분이었다. 헬기는 새로 닦인 포장도로 위에 착륙했다. 헬기에서 내린 대통령은 도열한 현지 주민들로부터 박수를 받자 활짝 미소를 지으며 손을 흔들어 답례를 했다. 넓은 공터에 설치된 단상까지 약 50여 미터를 걸어가 단상 위로 올라섰다. 관계 공무원들과 근로자들이 도열해 있었다. 행사장 앞줄에는 마을 노인들이 한복을 입고 참석했다. 대통령은 방조제 건설 유공자 표창을 한 뒤 약 8분에 걸친 致辭(치사)를 낭독했다. 대통령은 "국토개발이 국력의 원천"이며 "오는 83년부터는 홍수와 가뭄이 없는 농촌이 될 것이다"라고 연설했다. 목소리가 예전 같지 않았다.

이희일 장관은 "의아하게 생각했습니다. 쇳소리 나는 특유의 카랑카랑한 음성이 아니고 그날은 힘이 좀 빠진 듯했어요. 나이를 드신 때문인가 하고 생각했지요"라고 했다. 경호실 수행계장 오세림은

"목감기 때문에 저런가"하고 생각했다고 한다. 당시 수행과장 천병득은 "그날 바람이 세게 불었는데 바람소리를 제거하기 위해 방송국에서 오디오 시스템을 조작한 때문이 아닐까"라고 했다. 박수 속에 치사를 마친 박 대통령은 단상에서 내려와 테이프 절단식장으로 발걸음을 옮기면서 참석자들의 환호에 손을 흔들어 답례했다.

그날 맨 앞줄에 참석한 노인들 가운데는 갓을 쓴 이들도 보였다. 대통령은 동행하던 측근들에게 이런 말을 했다.

"이 고을의 元老 어른이 어디 계신가. 이런 경사에 같이 모셔야겠지. 가서 모시고 오게."

천병득 수행과장은 즉시 무전으로 경호원들에게 지시했다. 孫守益 충남지사도 부하 공무원들에게 재촉했다. 이들이 마을 이장을 통해 원로를 찾는 사이 대통령은 노인들이 서 있는 곳에 다가가 "연세가 제일 높으신 분은 나오셔서 저와 함께 테이프를 끊으시지요"라고 직접 말하기도 했다. 테이프 절단식장은 방조제 입구에 마련되어 있었다. 대통령은 가위를 받아 이희일 장관 등 관계 공무원들과 함께 테이프를 자르기 위해 줄을 섰다. 그동안 합덕읍에 사는 李吉淳(이길순·당시 83세) 노인이 그날 참석한 사람들 중 가장 연로한 사람임이 밝혀졌다.

하얀 턱수염에 돋보기를 끼고 새마을 모자를 쓴 한복 차림의 이 노인은 몸 둘 바를 모르며 대통령 곁으로 다가와 인사를 했다. 대통령보다 작은 체구의 이 노인은 주위에서 급히 마련해 준 흰 장갑과 가위를 떨리는 손으로 받아 들었다. 대통령은 한 손으로 이 노인이 자를 오색 테이프의 한 허리를 들고 미소를 머금은 채 잠시 기다렸다.

긴장한 이 노인의 오색 테이프는 좀처럼 잘려지지 않았다. 대통령은 함박웃음을 터뜨리며 가위질을 도와주었다. 주위에서 박수가 터졌다. 대통령은 자리를 뜨지 않고 잠시 이 노인의 등을 어루만지며 "올 농사는 잘 지으셨겠지요. 댁내도 모두 편하시고?"라고 안부를 물었다. 박 대통령은 "버튼도 같이 누르시죠" 하며 이 노인을 끌었다.

박 대통령은 배수갑문을 여는 버튼을 눌렀다. 이 순간을 잡은 것이 그의 마지막 공식 사진이 됐다. 버튼을 눌러도 삽교호의 막혔던 물이 갑문을 통해서 서해로 쏴— 빠져나가는 장면은 둑에 가려 보이지 않았다. 대통령은 옆에 있던 이희일 장관에게 "어디야, 어디야?"라고 물으면서 두리번거렸다.

박 대통령은 배수갑문이 열린 삽교천 방조제 위로 걸어가 갑문 사이로 물이 빠지는 것을 구경했다. 그리고 이희일 장관과 함께 승용차로 3360m의 방조제 위를 달렸다. 李 장관은 방조제 도로 옆에 자란 잔디가 몇 달 전에 씨를 뿌렸던 미국産 '켄터키 블루'라고 설명했다.

건너편 牙山군 쪽에 도착한 박 대통령은 湛水碑(담수비)를 제막했다. 물개 세 마리가 하늘을 향해 서 있는 모양이었다. 碑를 감싼 흰 천이 세찬 바람에 휘감겨 있어 박 대통령이 줄을 잡아당겨도 벗겨지지 않았다. 급기야 수행 경호원들이 비 위로 올라가 천을 벗겨 내려야 했다.

死神(사신)

박정희 대통령은 삽교천 방조제 담수비 제막을 마친 뒤 주위의 평야에 야적된 볏단을 바라보더니 수행한 관계자들과 출입기자들을 향해 말했다.

"물이 괸 논은 십자형으로 나무를 세우고 벼를 다발로 묶어 그 위에 걸쳐 말리면 습기가 완전히 제거되어서 벼이삭도 잘 건조됩니다."

시동을 건 채 대기하고 있던 공군 1호기에 오른 대통령은 헬기가 이륙준비를 하는 동안 먼 들판을 응시했다. 기체가 떠오르기 직전에 그는 좀 떨어진 곳에 모여 있던 출입 기자들에게 손을 흔들어 보였다. 비공식 행사가 기다리고 있는 唐津을 향해 출발한 시각은 11시40분경.

박 대통령이 삽교천 행사장을 둘러보던 그 시각, 金聖鎭 문공부장관은 두 시간째 꼬불거리는 시골길을 달려서 겨우 목적지에 도착했다. 김 장관은 하루 전날 도고호텔로 내려와 있었다. 10월26일 오전에 김 장관은 삽교천 행사장을 들르지 않은 채 느지막이 승용차편으로 새로 건립된 KBS 對北방송 중계소로 향했다. 예전 같으면 먼저 열리는 행사장에 장관이 참석했다가 대통령을 모시고 자신의 소관 행사장으로 와야 했다. 차지철의 경호실은 대통령과의 과잉접촉을 근절한다는 이유로 이 관례를 바꾸어 주무장관은 자신의 행사장에서 대통령을 기다려야 했다.

건평 500평 남짓한 2층 건물에 안테나 두 개가 솟아오른 자그마한 중계소는 아주 후미진 곳에 세워져 있었다. 이곳은 중앙정보부가 관할하고 있었으므로 아침에 金載圭가 대통령 전용기에 동승할 뜻을 비쳤던 것이다. 김 장관이 중계소에 상주할 직원들과 함께 건물을 먼저 둘러보는 동안 맑은 가을 하늘에서 헬리콥터 소리가 들리기 시작했다. 잠시 후 왕모래 섞인 먼지바람을 일으키며 공군 1호기와 2호기가 중계소 앞뜰에 착륙했다. 2호기에서 내린 경호원들이 경호 배치를 한 후 1호기에서 박 대통령이 내려오고 차지철이 그 뒤를 따라 내려왔다. 대통령을 모시고 행사장으로 간 김 장관은 대통령과 함께 중계소 현관 앞에서 준공과 개관을 축하하는 테이프를 잘랐다. 그리고 건물 안으로 들어가 몇 가지 시설들을 설명한 뒤 미리 준비해 둔 방으로 안내했다. 시멘트 냄새가 채 가시지 않은 방에 들어선 박 대통령은 의자에 털썩 앉았다. 그 순간 김 장관은 흠칫 놀랐다.

"그토록 또렷하던 대통령의 날카로운 눈빛이 간데 없었어요. 나를 바라보던 눈빛은 휑하니 眼光이 비어 있었습니다. 더구나 얼굴에는 윤기도 없고 대통령 특유의 긴장감도 없었습니다. 마치 죽은 사람의 얼굴을 보는 것 같았습니다."

잠시 침묵이 흘렀다.

"김 장관, 나 물 한 잔 주어."

대통령의 목소리에도 힘이 없었다.

한 시간도 채 걸리지 않은 작은 행사를 마치고 대통령이 이렇게 기진맥진한 채 물을 청하는 모습에 김성진 장관은 목이 멨다. 냉수를 받아 든 대통령은 단숨에 꿀꺽꿀꺽 다 들이켰다. 그러고는 어깨의 힘을 쭈욱 빼더니 의자에 비스듬히 기대며 묵묵히 무엇인가 생각에 잠기는 듯했다. 그때까지 박 대통령을 만 9년 동안 모셔왔던 김성진으로서는 처음 보는 광경에 애가 탔다. 김 장관은 불안해졌다.

"어디가 편찮으신가? 아니면 삽교천 행사 때 무언가 마음에 들지 않은 언짢은 일이 있었나?"

그렇다고 대통령에게 함부로 물어볼 수도 없었다. 잠시 후 대통령은 밖으로 나가 예정된 기념식수를 한 뒤 헬리콥터로 향했다. 헬기 동승자 명단에 포함되지 않았던 김 장관은 대통령의 뒤를 따라가다가 헬기 문밖에까지 전송하게 됐다. 헬기에 올라탄 박 대통령은 김 장관을 보더니 "왜 안 타나?"라고 했다. 행사 후 KBS 직원들과 동네 유지들을 모시고 점심을 같이하기로 되어 있었던 김 장관은 대통령의 채근에 헬기로 뛰어올랐다. 먼지를 일으키며 1호기가 이륙했다. 뒤따라 이륙을 시도하던 2호기는 엔진 고장을 일으켜 주저앉고 말았다. 약 30분 동안 2호기는 KBS 중계소 앞뜰에서 긴급수리를 해야 했다. 먼저 이륙한 1호기는 한 시간 전에 행사를 치렀던 삽교천 방조제 부근 상공으로 비행했다. 그동안 대통령은 아무 말 없이 무슨 생각에 골몰하는 듯하더니 갑자기 아래를 내려다보며 뭐라고 혼자 중얼거리기 시작했다. 옆에 앉은 김 장관이 귀를 기울여도 무슨 말인지 통 알아들을 수 없는 말을 혼자서 계속했다. 그러더니 갑자기 김 장관에게 얼굴을 돌리고는 이렇게 물었다.

"그렇게 하면 안 되지?"

"……?"

말뜻을 알아차리지 못한 김 장관이 머뭇거리자 박 대통령은 아무 일도 아니었다는 듯 또다시 깊은 생각에 잠기는 것이었다.

도고호텔 앞마당에 공군 1호기가 착륙한 것은 12시40분이었다. 소음으로 가득 찬 좁은 공간에서 바람과 먼지가 휘말려 올랐다. 마당 한 구석에 있는 사슴 사육장에서는 헬기 소리에 놀란 새끼 밴 사슴 한 마리가 머리를 벽에 들이받고 죽었다. 잇단 사고들은 대통령에게 보고되지 않았다.

도고호텔 2층 회의실에서는 오찬이 있었다. 대통령의 좌석은 맨 끝에 독상 차림으로 마련되어 외딴섬처럼 느끼게 되어 있었다. 그 좌우로 길다란 탁자가 배치되어 있었고 孫守益 충남지사 등 17명이 앉았다.

예전에는 대통령과의 오찬석상에서 비서관들은 예의를 깍듯하게 차리면서도 유쾌한 분위기를 만들어 나가는 데 지혜를 모으곤 했다. 웃음도 있었고 농담과 재담이 넘치곤 했다. 그날 김성진 장관은 '딱딱하게 말라 버린 가랑잎 같은 존재들만이 대통령을 저 멀리 쳐다보면서 밥술만 뜨는 참으로 한심하고 송구스러운 점심'으로 기억했다.

농담은 대통령이 주로 했다. 대통령은 "金元基 장관이 뜻밖에 준 공식장에 나타나 이상하게 생각했어"라고 말했다. 김 장관이 "당진이 제 고향입니다"라고 말하자 대통령은 "그렇군"이라고 가볍게 받으면서 농담조로 이런 말도 했다.

"이희일 장관이 청와대에 있을 때는 쌀값을 높게 책정해서는 안 된다고 하더니 농수산부 장관이 되자 추곡수매가를 올리자고 하는데, 입장이 바뀌면 모두 그렇게 되는 건가?"

박 대통령은 또 7일 전에 있었던 싱가포르 李光耀(리콴유) 수상과의 대화 내용을 소개했다.

"이 수상이 그러는데, 공산당과의 싸움에서는 내가 죽든지 적을 죽이든지 하는 두 길밖에 없다는 거야. 어중간한 방법으로는 안 된다는 거야."

60
殺意의 탄생

박선호가 주춤하는 기색을 보이자 金 부장은 다시
밀어붙였다.
"똑똑한 놈, 세 명 있겠지?"

자리를 빠져나와

1979년 10월 26일 저녁 7시를 지난 시간, 청와대 앞 궁정동 식당. 신재순·심수봉, 두 여자의 등장으로 술자리의 분위기는 다소 누그러졌다. 朴 대통령은 빠른 속도로 술잔을 비웠다. 그는 시바스 리갈을 주전자에 부어서 마시고 있었다. 양주잔은 주로 대통령과 김계원 비서실장 사이에서 오고갔다. 차지철 경호실장과 김재규 정보부장은 술잔에 입술을 갖다 대는 시늉만 하고 있었다. 김재규는 담배도 피우지 않았다.

신재순 양이 보니 김재규가 맞은편에 앉아서 고개를 떨구고 있는데, 신 양의 오른쪽에 앉아 있던 차 실장이 또 한마디를 거는 것이었다.

"요즘 정보부는 뭘 하는지 모르겠어. 부산사태만 해도 그렇지."

대통령은 또 시국문제를 꺼냈다. 차 실장이 계속해서 자극적인 발언으로써 대통령을 부추겨 이 화제에서 벗어나지 못하게 하고 있는 형국이었다.

"오늘 삽교천에 가 보니 공해도 없고 공기는 그렇게 좋은데, 신민당은 왜 그 모양이오."

"신민당은 주류가 중심이 되어 강경으로 돌아섰습니다. 정운갑을 미는 것은 非주류인데 국민들은 이들을 사쿠라視(시)하니 힘이 없습니다. 주류의 협조가 없이는 鄭 代行 체제의 출범이 불가능합니다. 우리가 공작하던 현 당직자 백지화도 수포로 돌아갔습니다."

"그까짓 새끼들 싹 쓸어버리겠습니다."

차 실장은 예의 강경한 소리를 되풀이했고, 김 부장은 대책 없는 비관론을 되풀이하니 대통령도 난감한 표정이었다.

한편 정승화 총장은 오후 5시30분경에 총장실에서 나와 한남동 공관에 가서 사복으로 갈아입었다. 오후 6시10분경에 공관을 출발했다. 전속부관 李在千 소령이 승용차 앞자리에 앉았다. 鄭 총장은, 6시35분쯤 궁정동 정보부 사무실에 도착했다. 정문초소 안에서 경비원이 바깥을 보더니 문을 열어 주고 누군가가 나와서 안내를 해 주었다.

정 총장이 안내자를 따라서 들어가는데 뒤에 도착한 승용차에서 내린 한 중년 신사가 따라왔다. 사복차림의 전속부관 이재천이 그 신사에게 "우리 참모총장이십니다"라고 소개를 했다.

신사는 門前에서 "제2차장보입니다"라고 인사를 하더니 정 총장을 안내하여 1층 대기실로 같이 들어가 앉았다. 이때 정보부장 수행비서관 朴興柱 대령이 오더니 차장보에게 귓속말로 말했다.

"부장께서 각하와의 만찬자리에 가시면서 두 분이 먼저 식사를 하시라고 했습니다."

金正燮 차장보는 정승화 총장에게 양해를 구했다.

"부장님이 대통령 각하의 저녁 부름을 받아서 제가 대신 왔습니다. 미안하다고 말씀하시면서 총장님을 모시고 있으면 끝나는 대로 오시겠다고 하셨습니다."

정승화 총장은 기분이 나빴다. 돌아갈까 하다가 전에도 있었던 비슷한 일이 생각났다. 지난 봄인데 김재규가 3군 참모총장들을 저녁에 어느 음식점으로 초대해 놓고서 불참했다. 갑자기 대통령의 호출을 받았다는 것이었다. 이때도 金學浩(김학호) 정보부 감찰실장이 대신 와서 접대를 하다가 김재규가 늦게 합류한 적이 있었던 것이다.

다시 나棟 안방. 김계원은 왼쪽 자리에 앉은 김재규 부장이 너무 몰리는 것이 안타까웠다. 분위기를 바꾸어 보려고 이렇게 말했다.

"김 부장이 칵테일도 잘합니다. 그런데 김 부장, 칵테일은 어떻게 하는 거요."

"술 한 잔에 물 두잔을 부으면 됩니다."

무뚝뚝하게 대답하는 김 부장에게 위로의 뜻으로 술을 권했더니 큰 잔에다가 양주를 희석시키지도 않고 그냥 부어서 돌려주는 것이었다. 김재규가 암살준비를 위해서 만찬장을 뜬 시각은 지금까지의 수사발표에선 저녁 7시 직후로 되어 있었다. 이번에 필자가 관련 수사 자료를 면밀히 검토한 결과 저녁 6시40분경임이 확실해졌다. 김재규가 두 번째 자리를 뜨고 나서 상당히 오랫동안 돌아오지 않자 (아마도 10~15분간 자리를 뜸) 김계원 비서실장은 불안해졌다. 「각하를 모시고 하는 행사인데 주인이 되는 사람이 자리를 비워 송구스럽고 그 전에 정치문제로 이야기가 전개되었을 때 난처한 입장에 놓여 있었기 때문에 혹시 하는 생각이 나서 불안해졌다.」(合搜部 진술서)

그 사이 김재규는 슬그머니 안방을 나와 마당을 지나서 쪽문을 통해 한 50m 떨어진 본관으로 갔다. 식당으로도 쓰이는 1층 회의실 문을 여니 정승화 총장과 김정섭 2차장보가 환담하고 있었다. 양복 차림의 김재규는 좀 과장된 말투로 말했다.

"정 총장, 정말 미안합니다. 계엄사태하에서 정보부가 여러 가지로 판단한 자료를 가지고 이야기를 좀 나누려고 했는데, 대통령 각하께서 갑자기 만찬에 부르시니 안 갈 수도 없고…. 금방 끝내고 올 테니 이 사람과 이야기를 나누고 계십시오."

김재규는 억지氣가 있는 너털웃음을 터트리더니 이렇게 덧붙였다.

"이 사람, 국내담당 차장보는 나라 안이 돌아가는 것을 저보다 더 잘 알고 있습니다. 저도 빨리 끝내고 오겠습니다. 같이 식사를 하면서 기다려 주십시오. 김영삼이도 내가 다 손들게 만들어 놓았는데, 제 말을 안 들어 이 지경이 되었습니다."

정 총장과 김정섭 차장보를 모시는 책임을 지고 있던 尹炳書 비서는 김재규가 이 두 사람과 한 5~10분쯤 이야기하다가 나왔다고 기억했다. 김재규는 회의실을 나와서 2층으로 올라갔다. 화장실에서 소변을 보면서 그는 엄청난 생각을 하기 시작했다.

「차 실장을 쏘아 버릴까. 그런데 차 하나 쏘아서 근본적인 문제 해결은 안 되지 않는가. 한다면 각하를 제거해야지 하고 거사를 결심하게 되었습니다.」(合搜部 진술서)

김재규가 범행 이틀 뒤인 10월28일에 작성한 자필진술서의 이 대목은 당시 殺意의 발전경로를 정직하게 고백하고 있다. 범행 직후에 썼다는 점에서도 그러하고 그 뒤 여유가 생겨서 자신의 행동을 과장, 미화, 합리화하기 전 비교적 순수한 상황 아래에서 작성했다는 점에서도 그러하다. 이 진술서 그대로 그의 살의를 격발시킨 것은 이날 밤 차 실장의 오만방자한 언동이었다. 대통령과 저녁을 같이 하게 되어 있다는 것을 알고도 육군참모총장을 별실로 초대할 때부터 김재규는 살의의 불씨를 지펴 가고 있었으나 확정된 의지는 아니었다.

이날 대통령과 경호실장이 다른 모습을 보였더라면 김재규의 생각도 바뀌었을 것이다.

그런데 이날 분위기는 두 사람이 마치 짜고 그러는 듯이 김재규 부장을 일방적으로 몰아붙이고 있었다. 여기서 결정적으로 울컥해 버린 김재규는 문제의 차지철을 죽이려고 했으나 대통령이 걸림돌이 됐다.

"더구나 대통령은 저 오만방자한 차지철을 편애해 왔고 이날도 합세하다시피하여 나를 몰아세우지 않는가"하는 생각.

바야흐로 배신감이 殺意로 바뀌고 있었다.

"각하까집니까?"

"박정희까지 쏘자"는 결론에 도달한 김재규에게는 옆집에 초대해 둔 정승화 총장의 존재가 새로운 의미를 띠게 됐다. 김재규는 화장실에서 나오자 책장 선반 책 뒤에 감추어 두었던 32구경의 작은 독일제 호신용 권총을 꺼내 바지 오른쪽 호주머니 속의 유달리 크게 만든 라이터용 주머니에 집어넣었다. 나棟의 관리책임자인 남효주는 대통령 일행이 식사 중인 안방에 음식을 들고 들어갔다가 부장이 보이지 않자 신경이 쓰였다. 그는 방을 나오자마자 현관으로 가 보았다. 부장의 신발이 없었다. 주방으로 돌아오니 식당차 운전사 김용남이 보였다.

"과장님이 어디에 계신가?"
"저 뒤 어디에 있을 것입니다."

남효주는 경호원 대기실로 가 보았다. 그는 의전과장 박선호를 발견하고는 "부장이 나가신 지 오래되었는데요"라고 일러주었다. 박선호는 항상 갖고 다니는 손전등을 비추면서 구관 쪽으로 건너갔다. 구관과 본관 사이 쪽문에서 경비를 서고 있던 張珉淳(장민순) 경비원에게 물어보니 부장은 5분 전에 쪽문을 지나 본관으로 갔다고 했다.

부장 수행비서관 박흥주 대령은 본관 1층에 있는 부속실에서 오전에 하던 여권 서류정리를 계속하고 있었다. 박 대령은 김재규가 정승화 총장을 만난 뒤 2층으로 올라가서 권총을 꺼내 바지 호주머니에 넣고 내려올 때까지도 서류정리에 몰두하고 있었다.

본관 정문에서 인터폰으로 "부장이 나가십니다"는 연락을 받고서야 현관 문밖으로 나가서 부장이 나오기를 기다렸다. 김재규는 본관을 나오더니 박흥주 대령에게는 아무 말을 하지 않고 구관 쪽으로 걸어갔다. 이때 박선호는 본관 현관을 걸어 내려오는 김재규·박흥주 두 사람을 만나자 플래시를 비추면서 부장 곁을 따라갔다. 박흥주는 뒤에 처졌다. 구관으로 통하는 쪽문에 거의 다 가더니 김재규는 돌아서서 박 대령을 향해서 이리로 오라는 손짓을 했다. 세 사람은 구관으로 들어가서 잔디밭에 들어섰다. 김재규가 말했다.

"둘 다 이리 와."

어두운 가을밤 찬 공기를 마시면서 이야기하는 모습이 됐다. 박흥주가 보니 김 부장은 '酒氣가 어리고 긴장된 표정'이었다. 김재규는 상의를 들어올리고 오른쪽 바지 호주머니를 툭툭 치면서 흥분된 말투로 말했다. 박선호가 보니 호주머니가 불룩했다. 박 대령의 시야에는 호주머니에 있는 권총이 살짝 들어왔다.

"자네들 어떻게 생각하나. 나라가 잘못되면 자네들과 나는 죽는 거야. 오늘 저녁에 내가 해치운다. 방에서 총소리가 나면 너희들은 경호원들을 처치하라. 육군총장과 2차장보도 와 있다. 너희들 각오는 다 되어 있겠지."

"각오는 되어 있습니다."

박선호는 얼떨결에 대답했다. 그는 이 말을 하면서 박흥주의 표정을 슬쩍 보았다. 박흥주는 "느닷없는 이야기에 입만 벌리고 듣는 수밖에 없었다"(합수부 진술서)면서도 "예" 하고 대답했다. 침통한 표정이었다. 김재규는 본관 쪽을 가리키면서 "이미 총장, 차장보도 와 있다"는 말을 여러 번 했다. 박선호가 입을 김 부장의 귀에다 대고 속삭이듯 말했다.

"각하까집니까?"

김재규는 고개를 끄떡하면서 "응" 했다. 박선호는 내키지 않는 표정이었다. 그는 거짓말을 했다.

"오늘 저녁은 좋지 않습니다. 경호원이 일곱 명이나 됩니다. 다음에 하지요."

"안 돼. 오늘 처치하지 않으면 보안이 누설되어서 안 돼. 똑똑한 놈 세 명만 골라 나를 지원해. 다 해치워."

박선호가 주춤하는 기색을 보이자 김 부장은 다시 밀어붙였다.

"믿을 만한 놈 세 놈 있겠지."

박선호는 엉겁결에 "예, 있습니다"라고 답했다(군검찰 진술).

"좋습니다. 그러시면 30분의 여유를 주십시오."

"안 돼. 너무 늦어."

"30분이 필요합니다. 30분 전에는 절대로 행동해서는 안 됩니다."

"알았어."

김재규는 박흥주 대령을 향해서 느닷없이 "자유민주주의를 위하여"라고 중얼거리더니 권총이 든 호주머니를 탁 쳤다. 그러고는 두말 없이 나동으로 들어가는 것이었다. 박선호는 플래시를 비추면서 부장을 따라서 나동 현관까지 수행했다. 이들의 수작하는 장면을 바라보고 있었던 본관정문 초소 근무자 이말윤에 따르면 이 세 사람들이 붙어 서서 대화한 시간은 1분쯤이었다고 한다. 이 짧은 시간에 무슨 진지한 논의가 있을 수 없었다. 김 부장의 일방적인·저돌적인 명령이 있을 뿐이었다. 그는 엄청난 계획을 던져 놓고는 그냥 만찬장으로 들어가 버렸다.

담배만 피우는 朴 대령

이 계획이 성공하느냐 실패하느냐 하는 열쇠는 이제 김재규의 손을 떠나 두 朴 씨 손에 넘어온 셈이었다. 나중에 계엄사 합동수사본부 수사관 앞에서, 그리고 법정에서 박흥주는 당시의 기분을 이런 줄거리로 설명했다.

"부장이 '오늘 해치운다'고 했을 때 처음에는 무슨 말인지 몰라서 어안이 벙벙했습니다. 부장과 박선호 과장 사이의 대화 내용과 그 뒤에 계속되는 말을 듣고 보니 대통령 각하와 경호실장은 자기가 살해할 테니 경호관들은 박선호와 제가 처치하라는 뜻으로 알아들었습니다. 김 부장의 말을 듣고 정신이 없을 정도로 놀랐습니다. 헤어져서 제 사무실로 오면서도, 부장은 '민주주의를 위해서' 하면서 각오가 서서 들어갔는데 나는 어떻게 해야 하는가 하는 생각을 골똘히 했습니다.

 저는 이미 호신용 25구경 베레타 권총을 오른쪽 허리에 차고 있었으나 너무 작아 쓸 생각을 하지 않았습니다. 본관 주차장에 가서 부장 차에 두고 내렸던 저의 휴대용 가방을 열고 독일제 9연발 권총을 꺼내어 일곱 발을 장전한 다음 왼쪽 허리에 찼습니다. 이 총은 1978년 4월1일 수행비서관으로 부임하면서 정보부에서 지급받은 것이었지만 너무 무거워서 차고 다니지 않고 항상 가방에 넣고 다녔습니다.

 그러고는 1층 부속실에 들어가서 담배를 피우면서 생각해 보았습니다. '육군총장과 정보부 2차장보도 와 있다. 준비도 다 되어 있다고 한다. 부장은 한국에서 모든 정보를 다 알고 있는 분이다. 부장은 나도 모르게 이미 모든 준비와 계획을 다 해 놓고 있다가 오늘 기회를 포착하게 되자 갑자기 명령하는 것이 아닌가.' 한편으로는 저의 마음 한구석에 언제 그런 준비를 했을까 하는 의심도 생겼으며 착잡한 심경이었습니다. 시간은 자꾸 흘러갔습니다. 내가 김 부장과 아무런 인연이 없었다면 이런 일도 없는 것인데…. 이제는 어쩔 수 없다는 생각이 들었습니다."

 궁정동 본관 1층 부속실에서 생각에 잠긴 박흥주 대령이 초조해 보였던 모양인지 옆에 있던 윤병서 비서가 물었다.

 "과장님, 왜 담배만 피우세요?"
 "아무것도 아냐."

61
金載圭, '야수의 마음으로' 朴正熙를 쏘다!

김재규는 달아나는 차지철을 따라갈 듯
일어나서 다소 엉거주춤 한 자세에서
박정희를 내려다보면서
발사했다.

노래와 銃聲

암살작전의 지휘자 朴善浩 의전과장은 작전 배치를 끝내고는 (1979년 10월26일) 저녁 7시20분쯤 경호원 대기실로 들어갔다. 대통령이 식사하고 있는 안방과는 마루를 사이에 두고 있었다. 두 해병대 친구는 자신이 맡겠다고 결심한 터였다. 사살하지 않고 무장해제시킬 수도 있을 것이라는 생각을 했다. 해병대 간부후보 동기생 鄭仁炯 처장과 후배인 安載松 부처장은 땅콩을 먹으면서 텔레비전을 보고 있었다. 미8군 방송이었다. 박선호는 문 쪽에 있는 소파에 앉아서 같이 텔레비전을 보고 있다가 7시38분쯤 문밖으로 나왔다. 그는 아무것도 모르는 식당관리인 남효주를 시켜 부장에게 전화가 왔다고 전하라고 했다. 안방 앞에 있는 부속실로 나온 김재규는 박선호에게 "준비 다 되었지" 하고 물었다.

준비 완료를 확인한 김 부장이 곧장 안방으로 돌아가는 바로 그때 세계사격대회 한국 대표선수이기도 했던 안재송이 대기실에서 나와 복도를 건너 화장실로 들어가는 게 아닌가. 박선호가 질려서 마루에 서 있는데 안재송은 이내 화장실에서 나오더니 대기실로 다시 들어갔다. 박선호는 안재송을 따라 대기실로 들어가 입구 쪽에 있는 소파에 앉았다. 손은 허리에 가 있었다.

저녁 7시40분쯤 김재규가 슬그머니 바깥으로 나간 사이에 차지철 경호실장의 지명으로 신재순이 노래를 부를 차례가 됐다. "사랑해 당신을 정말로 사랑해…"까지 부르는데 기타가 멎었다. 음치에 가까운 신 양의 노래를 심수봉의 기타 반주가 따라갈 수가 없었던 것이다. 심수봉이 신 양의 음정에 맞추려고 기타를 퉁겨 보고 있는 사이에 대통령이 말했다.

"이 노래는 나도 아는 노래인 것 같은데. 우리 아이들이 가끔씩 부르거든."

김재규가 안방으로 돌아오니 신재순이 노래를 부르고 있었다. 작곡을 할 정도로 노래에 소양이 있는 대통령은 나지막하게 따라 불렀다.

"각하도 그 노래 아십니까?" 차지철이 말했다. 신 양은 노래를 부르면서도 김재규가 소리 없이 들어와서 맞은편 자리에 앉는 것을 눈여겨볼 수 있었다.

"사랑해 당신을. 정말로 사랑해. 당신이 내 곁을 떠나간 뒤에 얼마나 눈물을 흘렸는지 모른다오…"

박정희가 신재순과 함께 이렇게 콧노래로 흥얼거리고 있을 때였다. 노래는 후렴으로 들어와서 "예이 예이 예이…"로 넘어가고 있었다.

김재규가 행동을 개시했다. 오른손으로 옆에 앉은 김계원의 허벅지를 툭 치고는 "각하를 똑바로 모십시오"라면서 권총을 오른쪽 바지 호주머니에서 뽑았다.

"각하, 이 따위 버러지 같은 자식을 데리고 정치를 하니 똑바로 되겠습니까?"

"탕!" 소리와 거의 동시에 "김 부장, 왜 이래" 하는 차지철. 그는 "피, 피, 피" 하면서 피가 솟는 오른 팔목을 붙잡고 일어나 실내 화장실로 뛰어갔다. 차 실장은 "경호원, 경호원 어디 있어"라고 소리쳤다. 제1탄은 차지철이 엉겁결에 내민 오른 손목을 관통했던 것이다.

이 순간 김계원은 일어서면서 "각하 앞에서 무슨 짓이야"라고 소리치고 바로 왼쪽에 있던 김재규를 밀었다고 주장한다.

"뭣들 하는 거야."

노래를 흥얼거리던 대통령은 이 한마디를 벽력같이 지른 뒤에는 정자세 그대로 가만히 있었다. 최후의 대통령을 옆자리에서 가장 냉정하게, 가장 정확하게 관찰한 신재순은 "대통령은 그 모양을 보지 않으려는 듯 눈을 감고 정좌를 하고 있었다. 위기일발의 상황에서도 미동도 하지 않았다"고 기억하고 있다.

"움직이지마!"

김재규는 달아나는 차지철을 따라갈 듯 일어나서 다소 엉거주춤한 자세에서 박정희를 내려다보면서 발사했다. 오른쪽 가슴 상부에서 들어간 총알은 허파를 지나 오른쪽 등 아래쪽을 관통하고 나왔다. 차지철을 쏜 제1탄과 박정희를 쏜 제2탄 사이에는 몇 초의 간극이 있었다. 김재규가 말했듯이 '야수의 마음으로 유신의 심장을 쏘기 위한' 결심에 필요한 시간이었는지, 자신을 친동생처럼 아껴 주면서 능력에 비해 과분한 배려를 해 주었던 동향의 선배에 대한 순간적인 주저였는지는 알 수가 없다.

김재규는 법정에서 "차 실장에게 쾅 하고 각하에게 쾅 했으니까 1초도 안 걸렸습니다"라고 진술했다. 여러 사람들의 증언을 종합하면 김재규의 이 주장은 사실과 다르다. 그는 차 실장을 쏜 뒤에 4, 5초 정도 머뭇거렸다.

김계원은 박정희가 총을 맞고 왼쪽으로 스르르 쓰러지는 것까지 보고 마루로 뛰어나갔다. 김계원은 "김재규와 차지철이 싸우는데 각하가 옆으로 피하는 줄 알았다"는 것이다(1심 법정 진술).

대통령 바로 오른쪽 옆자리에 있었던 신재순(현재 미국 로스앤젤레스 거주)은 "박 대통령은 총탄을 맞은 뒤 고개를 떨구고 기울어졌는데, 이마가 식탁 위에 닿았다"고 기억한다.

"김계원 씨가 김재규를 말리는 행동을 본 적은 없고 일어서는 것을 본 적도 없습니다. 김 실장은 아마 전깃불이 나가 제가 볼 수 없었을 때 일어나 마루로 나간 것 같습니다. 거무튀튀한 권총을 손에 든 제 정면의 김재규 표정은 무서웠습니다. 저의 오른쪽에 앉아 있던 차지철은 어이없다는 표정이었습니다."

김재규는 박정희에게 한 발을 쏜 뒤에 다시 연발사격을 하려고 방아쇠를 당겼다. 방아쇠를 당겼는데 발사가 되지 않았다. 그는 차지철의 반격이 있을까 당황하여 연거푸 노리쇠를 후퇴시켜 보았지만 노리쇠가 움직이지 않자 마루로 뛰어나갔다. 김재규는 차지철이 권총을 차고 있다고 생각하고 있었다.

그 순간 전깃불이 일제히 나갔다. 옆방인 대기실과 주방에서는 탕, 탕, 탕하는 권총 소리와 "움직이지 마!" 하는 고함소리가 뒤범벅이 되어 아수라장을 연출하고 있었다. 안방에서 마루로 뛰어나간 김계원은 "불 켜, 불 켜"라고 소리쳤다.

10·26사건 수사에서 풀리지 않고 있는 부분이 김재규의 권총 고장이다. 고장 이유에 대해서 조사가 이루어지지 않았기 때문이다. 사건 직후 합수부에서 김재규는 "박정희를 쏜 제2탄의 탄피가 방출되지 않아서 장전이 되지 않았다"고 주장했다. 그러나 기자가 이 독일제 월터PPK 권총을 작동시켜 보고 내린 결론은 김재규의 주장이

사실과 부합하지 않는다는 점이었다.

합수부의 현장검증조서를 보면 이 권총에서 발사된 두 발의 탄피가 다 발견되었으므로 김재규의 진술은 사실오인이다. 이 권총은 007영화에서 제임스 본드가 즐겨 쓰던 것이다. 32구경에 손잡이가 짧고 얇아 손아귀에 잡혔을 때 안정감이 크다. 이 권총은 손잡이를 잡은 오른손의 엄지손가락을 위로 펴서 안전장치, 즉 자물쇠를 올리고 사격을 하도록 되어 있다. 어떤 충격이나 손가락의 작용으로 해서 이 자물쇠가 내려오면 실탄장전이 되지 않는데, 사격 중에 그런 고장이 잦다는 것이 이 권총의 약점이다. 김재규는 자물쇠가 내려와서 잠겨진 것을 모르고 노리쇠만 후퇴시키려다 실패했던 것으로 보인다.

결투

대통령 일행의 만찬장과 마루 하나를 사이에 두고 붙어 있는 경호원 대기실. 직선거리로는 박정희와 약 12m쯤 떨어진 곳에 정보부 의전과장이자 이날 밤의 암살작전 지휘자 朴善浩가 앉아 있었다. 박선호는 마루와 통하는 대기실 문을 들어가서 바로 오른쪽에 있는 응접 의자에 앉아 총성을 기다리고 있었다. 이 경호원 대기실은 여섯 평쯤 되는데, 가운데엔 길쭉한 탁자가 있고 그 3면을 둘러서 의자 일곱 개가 놓여 있었다. 안쪽 벽에는 텔레비전이 붙어 있었다.

박선호와는 친형제보다도 더 가까운 해병대 간부후보 동기생 鄭仁炯 경호처장은 박선호와는 오른쪽 대각선 방향의 의자에 앉아 안주를 먹으면서 텔레비전을 보고 있었다. 국가대표 사격선수 安載松

부처장도 방금 전에 화장실에 갔다 와서는 박선호의 왼쪽편 맨 안쪽 의자에 앉아 무얼 먹으면서 텔레비전을 보고 있었다.

박선호는 손을 허리에 찬 권총에 대고 옆방인 만찬장에 신경을 집중시켜 놓고 있었다. 沈守峰의 기타 소리가 들려왔다. 박선호는 박정희의 콧노래 소리는 듣지 못했다. 기타 소리 속에서 총성 일발. 김재규가 차지철을 쏜 것이다. 박선호는 권총을 뽑아 들고 일어났다. 경호처장 정인형, 부처장 안재송 두 사람은 의자에 앉은 채 박선호의 얼굴을 쳐다보았다. 의아한 표정. 안재송이 허리에 찬 총을 뽑으려고 손을 가져갈 때 박선호가 소리쳤다.

"꼼짝 마!"

이어서 두 번째 총성. 김재규가 박정희의 가슴을 내려다보면서 쏜 것이다. 박선호는 제1발과 제2발 사이는 4~5초 간격이었을 것이라고 했다. 두 경호관의 손이 권총으로 향했다.

"총 뽑지 마! 움직이면 쏜다! 야, 우리 같이 살자!"

박선호는 둘도 없는 친구 정인형을 향해서 소리쳤다. 정 처장의 안색이 변하더니 포기하는 기색이었다. 옆방인 주방 쪽에서는 연발 총성과 고함이 잇따라 들려왔다. 안재송이 정인형의 얼굴을 보더니 결심한 듯 권총을 뽑으려고 앉은 자세에서 상체를 오른쪽으로 휙 돌렸다. 박선호의 권총이 불을 뿜었다. 안재송은 엎어지듯이 쓰러졌다.

檢屍(검시) 결과 왼쪽 어깨로 들어간 총탄은 등판의 오른쪽 아래를 향해서 진행하다가 살에 박혔다. 이 彈道(탄도)는 안재송이 일어서지도 못한 상태에서 피격되었음을 말해 준다. 육군과학수사연구소 법의과장 정상우 소령의 사체검안서에 따르면 안재송은 이 한 발에 허파나 심장이 손상되어 사망에 이르게 된 것으로 사료된다는 것이다.

이 순간, 박선호의 맞은편 의자에 앉아 있던 정인형도 몸을 일으켜 권총을 뽑으면서 박선호를 향해서 덮쳐 오듯 다가왔다. 박선호는 문 쪽으로 2보가량 뒤로 물러서면서 절친한 친구를 향해서 방아쇠를 당겼다. "탕!"
  정인형은 앞으로 꼬꾸라졌다. 탄알은 왼쪽 목으로 들어가 오른쪽으로 직선관통을 했다. 육군과학수사연구소 법의과장 정상우 소령이 작성한 사체검안서에 따르면 목 관통상으로 목에 나 있는 氣道와 혈관이 파괴되어 질식사 또는 공기전색증으로 사망케 된 것으로 보인다는 것이다.
  박선호는 "그때 두 사람이 동시에 달려들었으면 나는 당했을 것이다. 뒷걸음치다가 문지방에 걸려 넘어질 뻔했다"고 재판정에서 진술했다. "같이 살자"면서 그가 두 경호원을 붙들어 둔 시간은 약 15초. 박선호는 그 15초가 길게 느껴지더라고 했다. 박선호는 또 "안재송이가 총을 뽑지 않았더라면 정인형도 뽑지 않았을 것이고, 그랬다면 본인도 그들을 죽이지는 않았을 것입니다"고 군검찰에서 진술했다. 안재송은 0.7초 안에 권총을 뽑아서 25m 떨어진 곳에 있는 박카스 병을 맞힐 정도의 실력을 갖고 있었지만 先手를 빼앗겼던 것이다.

"움직이면 쏜다!"

  박선호가 대기실에서 마루로 뛰어나가는 순간 전깃불이 나갔다. 이 전깃불이 조금 일찍 나갔더라면 박선호가 당했을지 모른다. 그랬다면 두 경호원이 안방으로 뛰어 들어가서 치명상을 입지 않은 박정희를 구출할 수 있었을 가능성도 있다. 마루로 나선 박선호는 주방을 향하여 플래시를 비추면서 "나 과장이다. 불 켜!"라고 고함을 질렀다.

나棟의 지하실에는 보일러와 냉동시설 및 배전시설을 통제하는 방이 있었다. 이곳을 관리하는 姜茂弘(강무홍) 기관공은 신문을 읽고 있다가 총성을 들었다. 그는 순간적으로 전기 합선이라고 생각했다. 냉동실 문 바깥에 있는 배전판을 열고 인입선 主 스위치를 내렸다. 나동 전체가 停電이 된 것이다. 강무홍이 지하실 계단을 통해서 지상으로 올라가는데, 주방 쪽에서 "꼼짝 마! 움직이면 쏜다!"는 소리가 들렸다. 그는 합선은 아닌 것으로 판단했다. 급히 뛰어내려와서는 라이터를 켜고는 배전판을 비추면서 스위치를 다시 올렸다. 겁이 난 그는 지하실 문을 안으로 걸어 잠그고 전등을 다 끄고는 숨을 죽이고 있었다.

불이 다시 켜지는 것과 동시에 박선호의 눈에는 안방 문 모퉁이를 도는 마루에 金桂元이 엉거주춤 서 있는 것이 보였다. 김계원은 金載圭가 안방에서 두 발을 쏘고 불이 꺼지자 자신은 마루로 나와서 "대기실, 주방, 안방 사이 중간 지점 벽에 (기대고) 있었다"고 진술했다. 그는 "한 20초 뒤에 다시 전깃불이 들어오고 김재규가 마루에서 박선호의 권총을 빼앗아 가는 것을 보지 못했다"고 진술했다. 이게 사실이라면 김계원은 공포와 酒氣로 해서 벽에 기대어 눈을 감고 있었다는 뜻이다.

승용차 제미니 안에서 朴興柱·李基柱·柳成玉 세 사람은 허리에 찬 권총에 손을 대고 총성이 나기만을 기다리고 있었다. 차의 앞뒤 문은 살짝 열려 있었다. 이 제미니는 주방 벽면과는 나란히 놓여 있었다. 유성옥과 이기주가 앉은 자리는 주방 쪽이었고 박흥주는 반대편이었다. 유성옥이 차 안에서 주방 쪽을 주시하고 있는데 청와대 경호원으로 보이는 세 사람은 주방 밖 정원에 모여 잡담을 하고 있었다. 식당차 운전기사 金勇南이 제미니 쪽으로 다가오더니 앞자리에 앉은 박흥주 대령을 힐끗 살펴보고는 주방 안으로 사라졌다. 조금 후에 두 경호관이 주방 안으로 들어가고 한 사람이 혼자 바깥에 남아 있었다. 차 안의 세 사람은 손을 권총에 갖다 대고 총성을 기다리고 있었다.

안방에서 첫 총성. 해병대 하사 출신 경비원 이기주는 딱총 소리 같다고 느꼈다. 박흥주와 이기주·유성옥은 권총을 빼들고 미리 열어 둔 차문을 밀고 나가 약 7m 떨어진 주방을 향해서 뛰었다. 박흥주 대령은 권총의 안전장치를 풀면서 뛰었다. 총성과 함께 주방 바깥에 남아 있던 사람(대통령 승용차 운전기사 金容太)이 안으로 뛰어 들어갔다. 그를 향해서 유성옥은 뛰었다. 그 사람(유성옥은 그를 경호원이라고 생각했다)은 오른쪽 출입문을 통해서 주방으로 들어서더니 뒤돌아보는 동작을 취했다. 유성옥은 그가 권총을 빼고 있다는 판단을 했다. 약 3m 앞에 있는 그를 조준하여 첫 총탄을 발사했다. 그는 푹 쓰러지더니 안쪽 바닥으로 기어가고 있었다.

"난 괜찮아"

정보부 운전사 柳成玉은 제1탄을 맞고 안쪽으로 기어가는 대통령 승용차 운전사 金容太를 향해서 세 발을 연속 사격했다. 김용태는 왼쪽 허리와 등에 두 발을 맞고 절명했다.

부장 수행비서관 朴興柱 대령은 제미니에서 뛰어나와 주방을 향하여 달리면서 권총의 안전장치를 푸느라고 사격개시가 약간 늦었다. 경비원 李基柱, 유성옥 두 사람이 먼저 달려가 벌써 탕탕 하는 소리가 들렸다. 박흥주 대령은 주방 벽면 밑으로 난 지하실 입구 계단으로 가서 창문을 통해서 주방 안을 들여다보니 아무도 안 보이고 벽만 시야에 들어왔다. 박흥주는 "꼼짝 마! 일어나면 죽어!" 하면서 갈겼다. 그는 다섯 발을 쏘았다. 다시 오른쪽으로 가서 출입문에 붙으면서 두 발을 더 쏘았다. 이기주는 차에서 튀어나와서 주방을 향해 뛰면서 보니 오른쪽 문으로는 박흥주·유성옥 두 사람이 달려가고 있었다. 그 문에서 세 사람이 쏘기에는 너무 좁다는 생각이 들었다. 주방 안을 내려다보게 되어 있는 높이 70cm 블록난간 위로 뛰어올라 갔다. 방 안에 하얀 벽과 사람이 보였다. 5, 6명이 가운데에 식탁을 놓고 둥글게 앉아 있었다. 창문 안을 향해서 "꼼짝 마! 손 들어!" 하는데 벌써 총소리가 났다. 창에 쳐져 있는 방충망을 통해서 안으로 두 발을 발사했다.

　이기주는 주방 안 경호원들이 자신을 향하여 쏜다고 생각하고 몸을 낮추면서 난간에서 내려왔다. 그는 오른쪽 문으로 이동하면서 두 발을 더 쏘았다. 이기주는 "총에 실탄이 남아 있으면 남들은 다 쐈는데 꾸지람 들을까 봐서 두 발을 더 쏘았다"는 것이다. 이 순간 전깃불이 꺼졌다. 마루로 통하는 주방 안쪽 문에서 플래시 불이 주방 천장을 비쳤다.

　"나, 과장이다! 불 켜라!"

　유성옥은 옆에 있는 박흥주와 이기주를 향해서 "과장님이다! 쏘지 마!"라고 외쳤다. 플래시 불빛, 고함소리. 다시 전깃불이 들어왔다. 경호원들에 대한 일제사격에 걸린 시간은 20초를 넘지 못할 것이다. 세 저격수가 쏜 권총 실탄은 모두 열다섯 발이었다. 열다섯 발이 집중사격이었기 때문에 '콩 볶듯 했다' 느니 '기관총 사격 같았다' 느니 하는 과장된 표현이 생기게 된 것이다.

不意의 기습을 당한 경호원 편에서 상황을 다시 보자. 저녁 7시 30분쯤 정보부 궁정동 시설의 대통령 만찬장 나棟(동) 식당차 운전사 김용남이 주방 바깥에서 잡담하고 있던 대통령 경호원 朴相範에게 다가왔다.

"주방에 저녁을 준비해 놓았으니 식사를 하시지요."

朴相範·金鏞燮은 주방 안으로 들어가고 대통령 차 기사 金容太는 식사를 안 하겠다고 하여 바깥 의자에 앉아 있었다. 박·김 두 사람은 주방 가운데에 있는 조리대에 국과 밥이 놓여 있는 것을 보고는 의자에 앉았다. 두 경호원에게 식사를 차려 주고 있던 김용남은 경비원 관리책임자 이기주한테서 걸려온 인터폰을 받았다. 이기주는 "과장님을 바꾸어 달라"고 했다가 김용남이 "지금 대기실에 계신다"고 하니까 "그러면 과장님께 말씀을 전해 달라"고 하면서 이렇게 말했다.

"손님이 왔다고만 전해 주세요.(이 말은 준비가 끝났다는 뜻인 듯)"

김용남은 경호원 대기실로 갔다. 朴善浩 과장에게 말을 전한 뒤에 주방으로 돌아와서 식사를 2인분 차려서 대기실로 가져갔다. 평소에는 형제처럼 친한 해병대 출신 세 사람이 함께 식사를 할 터인데 이날은 박 과장만이 문 쪽 의자에 멀리 떨어져 앉아 있었다. 김용남이 처장, 부처장 앞으로 찬을 놓고 있는데, 鄭仁炯 처장이 박선호 과장을 향해서 말했다.

"식사 안 해?"

"바깥에서 먹었어."

김용남은 주방으로 돌아와서 매운 것을 싫어하는 안재송 부처장한테 줄 국을 따로 끓이고 있었다. 몇 숟갈을 떴을까 박상범은 안방 쪽에서 희미한 총성을 들었다. 일어서면서 총을 뽑아 안방으로 통하는 마루로 연결되는 문 쪽으로 향하면서 보니 왼쪽에 앉아 있던 김용섭이 자신과 같이 일어나 오른쪽 옆으로 돌아서면서 총을 빼어 드는 것이었다.

그 순간 오른쪽 창문에서 총알이 쏟아져 들어오기 시작했다. 박상범은 하체를 쇠막대기로 얻어맞는 것 같은 충격을 받고는 정신을 잃었다. 김용섭 경호원은 이때 다섯 발을 맞았다. 이는 몸집이 큰 그가 일어나 대응자세를 취하니까 주방 바깥에서 보기에는 좋은 표적이 되었기 때문이다.

"응, 나는 괜찮아"

그는 오른쪽 어깨, 오른쪽 가슴, 왼쪽 옆구리, 왼쪽 아랫가슴, 오른쪽 아랫배를 피격당했다. 주로 이기주 경비원이 주방 바깥의 낮은 담처럼 생긴 난간에 올라가서 창에 쳐진 방충망을 통하여 그를 내리쏠 때 맞았던 것으로 추정된다. 김용섭의 몸에 난 彈道(탄도)검사 결과 총알은 모두 위에서 아래쪽으로 향하고 있었다. 이날 대통령 경호원들은 항상 입게 되어 있었던 방탄조끼도 입고 있지 않았다. 김용섭 경호원의 경우 그 조끼를 입고 있었더라면 치명상을 면하고 반격도 할 수 있었을 것이다.

조리대에서 요리를 하고 있던 金日先은 총성이 나자 주방 한구석으로 가서 쪼그리고 앉았다. 한바탕 충격이 스쳐간 뒤에 주위를 살펴보았다. 몇 발자국 거리에 요리사 이정오가 누워서 왼쪽 옆구리에서 피를 흘리고 있었다. 그 바로 옆에는 박상범이 쓰러져 있었고 어느 곳에서는 "날 살려 줘… 나 좀 살려 줘…"하며 애원하는 소리가 들렸다. 그는 정신을 못 차리고 그냥 쪼그리고 있었다. 그는 외부에서 테러분자들이 침입하여 각하 일행이 기습당했다고 생각했다. 식당차 기사 김용남은 엎드린 채 있었는데 "아이구, 아이구…" 하는 소리가 들려 돌아보니 김용섭 경호원이 바닥에 엎어져 지르는 비명이었다.

다시 안방. 박정희가 엉거주춤 일어선 김재규로부터 가슴에 최초의 한 발을 맞았을 때 대통령의 왼편에 앉아 있던 심수봉은 기타를 치우려 몸을 약간 빼려고 했다. 그때 대통령의 이마가 식탁에 닿을 정도로 스르르 상체가 숙여졌다.

심수봉이 기타를 왼쪽 벽에 세우고 돌아와 자신 쪽으로 쓰러진 박정희의 몸을 부축하여 앉히면서 비명을 질렀다. 신재순은 일어나 심수봉 쪽으로 가서 대통령의 등에 손을 댔다. 뜨거운 게 물컹 잡혔다. 피였다. 한 차례 총성이 멎자 실내 화장실로 피했던 車智澈이 문을 빼꼼히 열고 머리만 내밀고는 "각하, 괜찮습니까?"라고 물었다. 신재순이 보니 총 맞은 차지철의 오른 손목에서 피가 뚝뚝 떨어지고 있었다.

"난 괜찮아."

대통령은 나지막하게 말했다. 심수봉이 앉았던 방석이 대통령의 流血로 적셔졌다. 신 양은 손수건 같은 것을 찾았으나 보이지 않았다. 피가 솟고 있는 대통령의 등에 손을 꼭 댔다. 신재순의 손가락 사이로 선혈이 콸콸 쏟아지고 있었다. 박정희의 숨소리는 '크르렁, 크르렁' 하고 있었다.

"각하, 정말 괜찮습니까?"

신 양이 물었다.

"응, 나는 괜찮아……."

野獸(야수)의 마음으로

신재순이 朴 대통령의 등에서 솟고 있는 피를 손바닥으로 막으면서 "각하, 정말 괜찮습니까?"라고 물었을 때 박정희 대통령이 한 말—"응, 나는 괜찮아…"는 그가 이승에 남긴 마지막 肉聲(육성)이 됐다. 신재순은 이 말엔 "난 괜찮으니 너희들은 여기를 빨리 피하라"는 뜻이 담겨 있었다고 말하고 있다.

"그 말을 들으면서 그 자리에서 느꼈던 것이 아직도 생생합니다. 일국의 대통령이시니까 역시 절박한 순간에도 우리를 더 생각해 주시는구나 하는 느낌을 가졌습니다."

27일 새벽 金鍾泌이 연락을 받고 청와대에 갔을 때 金桂元은 간밤에 있었던 이야기를 실토하면서 "각하께서는 그 상황에서도 여자아이들 걱정을 하십디다"라고 말하더란 것이다. 마루로 피해 나온 金 실장은 대통령이 "난 괜찮아"라고 말하는 것을 다 듣고 있었다는 의미이다.

"각하, 진짜 괜찮습니까?"

신재순, 심수봉 두 여자가 번갈아 물었다. 이제는 대답이 없었다.

대통령의 신음소리가 간헐적으로 들렸다.

정보부장 의전비서관 朴興柱 대령은 이기주, 유성옥과 함께 대통령 경호원들을 죽이기 위해서 주방 안으로 집중사격을 가한 뒤 안이 조용해지자 나동 건물을 오른편으로 돌아서 현관 앞으로 뛰어갔다. 어두운 잔디밭에서 흰 와이셔츠 차림의 김재규가 황급하게 뭔가를 작동시키려고 하는 모습이 보였다. 구부린 자세로 양손을 비비는 것 같았다. 불발된 권총의 노리쇠를 앞뒤로 진퇴시키려 했으나 움직이지 않았다. 다가간 박흥주 대령은 "박 비서관입니다"라고 하면서 김재규의 두 팔을 잡으려고 했다. 김재규는 박 대령의 손부터 보았는데 총이 없었다. 그는 팔꿈치로 朴 대령을 밀고는 다시 현관 안으로 뛰어 들어갔다. 현관에는 위에 달려 앞뒤로 흔들거리는 쪽문이 붙어 있었다. 박흥주가 그 쪽문 사이로 보니 안쪽 마루에서 양복 상의를 벗은 김계원 실장이 안방에서 나와 후다닥 뛰는 것이었다. 황급히 피하는 모습이었다.

이때 金載圭는 車智澈이 권총을 차고 있다고 생각하고 있었기 때문에 여간 마음이 급한 게 아니었다. 그는 고장난 권총을 고치지도 못하고 현관에서 마루로 다시 뛰어들어 가는데 플래시를 든 박선호 의전과장과 마주쳤다. 박 과장은 대기실에서 두 경호관을 사살하고 마루로 나와 있었다. 그의 오른손에는 권총이 들려 있었다. 김재규는 들고 있던 자신의 권총을 바닥에 던져 버리고는 박선호의 권총을 낚아채더니 안방으로 들어갔다.

그 직전 차 실장이 화장실에서 빠져나와 "경호원, 경호원" 하면서 문 쪽으로 달려나가고 있었다. 차지철이 흘리는 피가 오른쪽 벽 아래를 따라서 선을 그렸다. 차지철이 문으로 뛰어나가려는 찰나에 권총을 들고 들어오는 김재규와 딱 맞서게 됐다. 김재규가 박선호로부터 받아든 38구경 리볼버 5연발 권총에는 세 발이 남아 있었다. 원래 다섯 발이 장전되어 있었는데 박선호가 두 발을 쏘았던 것이다. 차지철은 안쪽 병풍 옆에 있던 장식용 문갑을 방패처럼 치켜들었다.

"김 부장, 김 부장…."

차지철은 애원하고 있었다. 그는 문갑을 앞세우고 김재규를 향해 덤벼들었다. 김재규는 차 실장의 가슴을 향해서 한 발을 발사했다. 탄도검사 결과에 따르면 피격 당시 차지철은 문갑을 들고 자세를 낮추고 있었음이 밝혀졌다. 오른쪽 가슴 상부에서 들어간 총탄은 허파 부위를 지나 왼쪽 등 아래로 진행하다가 몸속에서 멈추었다. 육군과학수사연구소 법의과장 정상우 소령의 사체검안서에 따르면 이 제2탄이 치명상으로서 血胸(혈흉)에 의한 호흡부전과 심장부전을 일으켜 죽음에 이르게 한 것으로 추정된다는 것이다. 이게 사실이라면 한 20여 분 뒤에 일어난 김태원에 의한 두 발의 총격은 확인사살이 아니라 이미 죽었거나 죽을 사람에 대한 사격이란 뜻이 된다. 차 실장은 잡고 있던 문갑과 함께 뒤로 넘어졌다. 와장창하는 소리와 함께 문갑 속에 있던 물건들이 쏟아졌다. 이때 심수봉이 박정희 곁을 떠나 방 안을 뛰쳐나갔다.

김재규는 다음 순간에 벌어진 상황을 1979년 11월8일에 작성한 제2차 자필진술조서에서 이렇게 묘사하고 있다.

「차 실장을 거꾸러뜨리고 앞을 보니 대통령은 여자의 무릎에 머리를 대고 있어 식탁을 왼쪽으로 돌아서 대통령이 있는 데로 가자 거기에 앉아 있던 여자가 본인의 얼굴을 쳐다보며 공포에 떠는 눈초리로 보고 있어 총을 대통령 머리에서 약 50센티미터까지 가까이 대고 1발을 발사하여 대통령을 즉사시키고 나온 것이 기억이 되며….」

제2탄은 박정희의 오른쪽 귀 위로 들어가 뇌수를 관통하고 콧잔등까지 나와서 살 속에서 멈추었다. 이것이 치명상이 되었지만 즉사는 아니고 아직 생명은 붙어 있었다. 끝까지 대통령 곁을 지킨 신재순은 김재규가 방에 들어올 때 발 밑으로 푹 파인 아래쪽으로 숨었다가 차지철을 쏘는 총성을 듣고 몸을 일으켰다. 그녀는 박정희를 안고 있다가 다가오는 김재규와 눈이 마주쳤다. 신재순은 지금도 "그것은 인간의 눈이 아니라 미친 동물의 눈이었다"고 기억한다. 그녀는 김재규가 박정희의 머리에 총을 갖다 대었을 때는 "이제는 나도 죽는구나" 하고 후다닥 일어났다. 실내 화장실을 향해서 뛰는 그녀의 등 뒤에서 총성. 귀가 멍멍하고 잠깐 정신이 나갔다가 깨어 보니 주위가 조용했다. 방 안은 화약 냄새로 자욱했다. 신 양은 실내 화장실 안에서 문을 잠그고도 손잡이를 꼭 잡고 있었다. 김재규가 박정희의 머리를 향해 쏜 총탄은 이 5연발 리볼버의 네 번째 총탄이었다.

김계원은 김재규가 차 실장과 대통령에게 치명상을 입히고 나올 때까지 마루에 서 있었다. 이 마루와 만찬장은 붙어 있고 마루에서는 열려 있던 문을 통해서 방 안에서 김재규가 차 실장과 대통령을 쏘는 것을 볼 수 있는 위치였다. 김재규와 그 부하들이 총질을 해 대는 가운데서 무장하지 않은 김계원이 취한 피신행동을 어느 정도 비판할 수 있을지는 쟁점으로 남는다. 김계원은 "낭하에 나가서 불을 켜려고 했다. 대기실, 주방, 만찬장 사이의 중간지점에 있는 화장실 입구에 머리를 대고 멍하니 서 있었다"고 법정에서 진술했다. 김재규가 다시 방으로 들어가는 것은 못 보았고 전깃불이 다시 켜지고 방안에서 "총성과 싸우는 소리가 나고 쾅하고 넘어지는 소리가 나고, 내가 방 안으로 들어가려는데 나오는 김재규와 마주쳤다"는 것이다. 마루에서 두 사람이 스치면서 나눈 대화에 대해서 김재규는 합수부 조사에서 이렇게 진술했다(1979년 11월8일 2차 자필진술조서).

「본인: 나는 한다면 합니다. 이제 다 끝났습니다. 보안 유지를 철저히 하십시오.

김계원: 뭐라고 하지.

본인: 각하께서 과로로 졸도했다고 하든지 적당히 하십시오.

김계원: 알았어.」

김계원은 법정에서 "그때 김재규가 총을 들고 살기가 등등하여 그 장소를 모면하기 위하여 '알았어'라고 한 것뿐이다"라고 증언했다.

超人

총구 앞에서, 그리고 가슴을 관통당하고서, 또 꺼져 가는 의식 속에서 다가오는 제2탄을 기다리면서 박정희가 보여 준 행동은 세계 암살사에서 찾아보기 힘든 超人的인 모습이었다. 김재규의 벽력같은 고함과 차지철을 쏜 첫 총성, 그리고 한 4초간의 여유. 이때 박정희는 "뭣들 하는 거야!"란 한마디만 외친 뒤 그냥 눈을 감고 정좌한 채 가만히 있다가 김재규의 총탄을 가슴으로 받았다. 그리고 "난 괜찮아…"란 말을 두 번 남겼다. 우선 이런 행동의 목격자인 두 여인의 합수부 진술을 검토하고 미국 캘리포니아에 살고 있는 신재순의 기억을 되살려 이것이 사실인가를 알아보았다. 확인 결과 이것은 사실이었다. 그렇다면 박정희는 술을 너무 많이 마셔 이성을 잃었기 때문에 이런 무모하리만큼 태연한 행동이 가능했던가. 그날 밤 시바스 리갈 한 병 반을 주로 김계원, 박정희 두 사람이 1시간 40분 사이에 마셨으니 酒氣가 올라 있었던 것은 확실하다. 酒量이 엄청난 박정희는 총격 직전까지 자세를 흐트러뜨리지 않았고 그의 언동은 정상이었다.

거의 같은 양의 술을 마신 김계원은 총성이 나자 마루로 피신했고 그날 밤 정상적으로 행동했다. 따라서 술기운으로 해서 그런 '무모한' 행동이 가능했으리라고 보는 것은 무리이다.

박정희의 不可思議(불가사의)한 행동을 이해하기 위해서 필자는 총상을 경험한 사람들의 이야기를 들어 보고 포천의 실탄사격장에 가서 권총사격도 해 보았다. 6·25 때 허리에 총상을 당했던 孫章來(손장래·전 안기부 2차장) 장군은 "벌겋게 달군 쇠갈고리로 푹 쑤셨다가 빼내는 것 같았다"고 했다. 머리를 스치는 가벼운 파편상을 입고도 기절한 경험을 가진 李秉衡(전 2군 사령관) 장군은 "발뒤꿈치에 총상을 당했을 때도 쇠몽둥이로 뒤통수를 얻어맞는 듯한 충격을 받았다"고 했다. 그는 또 "朴 대통령의 최후는 체험으로써 단련된 고귀한 정신력의 소유자였음을 보여 준다"고 말했다.

가슴을 관통당하는 총상을 입은 박정희가 어떻게 그 고통을 누르고 "난 괜찮아…"라고 할 수 있었을까는 여전히 불가사의로 남는다. 박정희는 시저가 암살단에 끼인 브루투스에게 말했던 원망 같은 것도 하지 않았다.

1995년 암살당한 이스라엘의 라빈 수상이 박정희와 비슷한 말을 남기고 운명한 사람이다. 그는 등과 배에 총을 맞고 병원으로 실려

가면서 "아프긴 한데 별것 아니야"라고 말한 뒤 혼수상태에 빠져 사망했다. 필자는 이 라빈 수상이 암살되기 하루 전에 마지막 인터뷰를 했었다. 라빈의 인상은 박정희와 흡사했다. 단아하고 소탈한 모습. 어렵게 태어난 국가의 짐을 고독하게 지고 걸어가다가 동족의 총탄에 맞아 죽어 간 모습까지도 두 사람은 비슷했다. 라빈 수상은 참모총장 시절이던 1966년에 한국을 방문하여 박 대통령을 만났었다. 그때의 추억을 이야기하면서 그는 박정희의 지도력을 높게 평가했다.

박정희는 설마 나를 쏘겠는가 하는 자신감 때문에 피신 동작을 하지 않았으리라고 말하는 사람도 있다. 바로 눈앞에서 총격이 이루어지고 피를 쏟으며 경호실장이 달아나고 하는 아수라장에서 평범한 사람들은 계산보다 본능적인, 조건반사적인 행동에 지배당한다. 박정희의 태연자약한 행동은 그의 본능으로 내면화된 死生觀과 지도자道의 자연스런 발로였다고 보아야 할 것이다.

그는 남 앞에서는 부끄럼 타고 누가 面前에서 칭찬을 하면 쑥스러워하고 육영수와 선을 보러 갈 때는 가슴이 떨려서 소주를 마시고 간 사람이었지만 죽음과 대면할 때는 항상 의연했다. 그는 여순반란사건 이후에 軍內 남로당 조직 수사에 연루되어 체포되고 전기고문을 당한 뒤에 수사책임자 白善燁 정보국장에게 구원을 요청한다.

박정희의 生殺여탈권을 쥐고 있었던 백선엽과 수사실무자 金安日은 지옥의 문턱에 서서 구원을 요청하던 박정희의 모습이 비굴하지가 않았고 의연했다고 전한다. 백선엽 장군은 "도와드리지요" 하는 말이 무심코 나오더라고 회고했다. 인격이 그를 살린 것이었다. 1961년 5월16일 새벽 한강 다리 위에서 혁명군 선발대를 저지하는 헌병들의 사격이 쏟아질 때도 박정희는 태연했다. 1974년 8월15일 국립극장에서 文世光의 총탄이 날아올 때, 육영수가 피격되어 실려가고 나서 연설을 계속할 때 그는 비정하리만큼 냉정했다.

10월26일 밤 나타난 박정희의 행동은 이런 과거 행태의 연장선에서 자연스럽게 표출된 것이지 그에게 있어서는 특별한 것이 아닐 수도 있다. 死線을 넘나들면서 죽음과 친해지고 그 죽음을 끊임없이 사색하여 드디어 죽음과 친구가 되어 버린 박정희. 그가 제1탄을 가슴에 맞고서 제2탄을 기다릴 때까지의 시간은 1분 내외였을 것이다. 이 시간에 그는 의식을 지니고 있었을 가능성이 매우 높다.

허파 관통상을 당하면 허파의 혈관이 터져 다량의 출혈이 생기고 호흡이 곤란하게 된다. 가래 끓는 소리를 내면서 숨이 찬다. 이 상태에서도 한 10분간은 의식을 유지할 수가 있다. 박정희의 사망진단서를 끊었던 국군서울지구병원 金秉洙 원장은 "김재규가 제2탄을 발사하려고 권총을 갖다 대었을 때 박정희는 의식은 하고 있었지만 거부할 힘은 없었을 것"이라고 말했다.

박정희는 죽음이 다가오는 것을 의식하면서 그 1분을 기다렸다는 얘기다. 죽었다가 깨어난 사람들의 거의 일치된 증언은 숨이 넘어가기 직전에는 자신의 생애, 그 중요한 장면들이 走馬燈처럼 눈앞을 스쳐 지나간다는 것이다. 이 1분 사이 박정희의 뇌리를 스쳐 지나갔던 장면들은 무엇이었을까.

어머니의 얼굴. 며느리를 둘이나 본 44세의 나이에 박정희를 임신한 것이 부끄러워 이 생명을 지우려고 간장을 두 사발이나 마시고 기절했던 어머니는 효과가 없자 언덕에서 뛰어내리고 디딜방아를 배에 올려놓고 뒤로 넘어지기도 했으나 뱃속의 생명은 죽어 주지 않았다. 그리하여 '태어나지 못할 뻔했던 생명'이 태어났고 그에 의하여 우리나라의 운명이 바뀌었다.

첫 부인과 별거한 뒤에 장교시절에 만나 동거했던 李現蘭(이현란)은 박정희가 肅軍(숙군)수사에 걸려 사형선고까지 받았다가 생환하여 군복을 벗었을 때 문관신분으로 겨우 군에서 밥벌이를 하고 있던 이 조그만 장교를 버렸다. 집을 나간 이 여인을 찾아 헤매던 때 박정희의 어머니는 아들 때문에 병을 얻어 죽었다. 직장, 연인, 어머니를 동시에 잃었던 이 시기의 박정희를 구해 준 것은 金日成이었다. 그의 남침이 박정희를 군대에 복귀시켰고, 그 박정희에 의해서 김일성의 북한은 몰락의 길로 들어서게 된다. 역사의 오묘한 복수인가.

맞선을 보는 날 육영수는 박정희의 뒷모습을 먼저 보았다고 한다. "군화를 벗고 계시는 뒷모습이 말할 수 없이 든든해 보였어요. 사람은 얼굴로는 속일 수 있지만 뒷모습으로는 속이지 못하는 법이에요."

궁정동에서 박정희가 보여 준 최후의 모습이 바로 그의 뒷모습일 것이다. 박정희의 뇌리에 마지막으로 남은 영상은 아마도 소복 입고 손짓하는 육영수였을 것이다. 가난과 亡國과 전란의 시대를 살면서 마음속 깊이 뭉쳐 두었던 恨의 덩어리를 뇌관으로 삼아 잠자던 민족의 에너지를 폭발시켰던 사람. 쏟아지는 비난에 대해서는 "내가 죽거든 내 무덤에 침을 뱉어라"면서 일체의 변명을 생략한 채 가슴을 뚫리고도 '체념한 듯 담담하게(신재순 증언)' 최후를 맞은 이가 혁명가 박정희였다.

62
"짜라투스트라는 이렇게 말하였다"

"인간이란 실로 더러운 강물일 뿐이다.
인간이 스스로를 더럽히지 않고 이 강물을 삼켜 버리려면
모름지기 바다가 되지 않으면 안 된다"

해진 혁대

1979년 10월 26일 밤 국군통합병원 分院으로 옮겨지는 車中에서 운명한 박정희의 屍身을 검안하였던 군의관 정규형 대위는 朴 대통령인 줄 몰랐다. 그는 나중에 合搜部(합수부)에서 조사를 받을 때 "얼굴을 보고도 왜 각하인 줄 몰랐는가"란 질문에 대하여 이렇게 답하였다.

"병원에 들어왔을 때는 얼굴에 피가 묻어 있었고 中情 감시자들이 응급 처치 중에도 자꾸 수건으로 얼굴을 덮었습니다. 그리고 시계가 평범한 세이코였고 넥타이핀의 멕기가 벗겨져 있었으며 혁대도 해져 있었습니다. 머리에 흰 머리카락이 약간 있어 50여 세로 보았습니다. 이런 여러 가지 사실로 미루어 각하라고는 상상도 할 수가 없었던 것입니다."

10월 27일 새벽 5시를 조금 넘어 鄭炯謨(정형모) 화백은 친구로부터 "대통령이 돌아가신 것 같다"는 전화를 받았다. 그는 충격 속에서도 "내가 무엇을 할 것인가"를 생각해 보았다. 예상했던 대로 오후에 문공부에서 "좀 들어오라"는 연락이 왔다. 國葬(국장)에 쓸 대통령의 영정을 그려 달라는 당부였다. 그날부터 鄭 화백은 철야작업을 하기 시작했다. 그는 朴 대통령의 얼굴을 어떻게 표현할까로 고민했다. 4년 전 대통령을 만났을 때의 인상적이었던 그의 눈을 떠올려 보았다.

부끄럼타듯 아래로 내리뜬 눈, 그러나 正視(정시)할 때는 가슴을 서늘하게 만드는 빛나는 眼光(안광)을 영정에 담아야겠다고 생각했다.

　박정희의 눈매는 보는 사람들로 하여금 "내 가슴속을 훤히 꿰뚫어 보는구나"하는 느낌을 주어 거짓말을 못 하게 하는 힘이 있었다. 정형모는 陸英修 여사가 죽은 뒤에 청와대 본관에 걸어 둘 육영수 초상화의 작가로 뽑혀서 陸 여사의 사진만 참고하여 많은 그림을 그렸다. 그는 대통령 부부의 초상화 모두를 死後에 그리는 인연을 갖게 된 것이다. 鄭 화백은 대통령 영정을 그리면서 1975년 8월 28일에 그를 만났던 기억을 되살려 보았다.

　尹胄榮(윤주영) 문공부 장관과 함께 대통령 집무실로 들어서니 대통령은 딸 槿惠와 함께 책장을 정리하고 있었다. 대통령은 긴장하고 있는 정형모에게 "청와대에는 정 화백의 그림이 가장 많아요"라고 하면서 자리를 권했다. 그는 의자에 앉자마자 정 화백에게 담배를 권하더니 라이터를 켜서 불을 붙여 주었다. 정형모는 "부모 앞에서도 피우지 못하는 담배를 대통령 앞에서 피우다니"하는 생각이 나서 서너 모금 피우다가 재떨이에 비볐다. 완전히 껐다고 생각했는데 연기가 모락모락 나면서 대통령 얼굴 쪽으로 날아가는 것이었다. 당황해 하는 정 화백을 보고 근혜가 재떨이의 뚜껑을 덮었다. 식당으로 옮겨 점심식사를 하는데 정 화백이 그린 육영수의 초상화가 벽면에서 내려다보고 있었다. 陸 여사의 특징을 살리려고 웃음 띤 입술과 우아한 목을 신경 써서 그렸지만 만족을 느끼지 못한 정 화백이었다.

　대통령은 옆 자리에 앉은 근혜에게 "너도 알렉산더 대왕 전기를 읽고 있지?"라고 하더니 2층으로 올라가 아내의 사진 앨범을 가지고 내려왔다. 그는 햇살이 드는 창가에 앨범을 펴 놓더니 정 화백에게 사진을 고르라고 했다. 그때 37세였던 정 화백은 대통령이 꼭 자상한 아버지처럼 느껴졌다. 그날 식단은 토스트와 만두국, 그리고 반찬 세 가지가 전부였다.

정형모는 國葬 하루 전인 11월2일에 朴 대통령의 영정을 완성하여 납품했다. 7일간 밤낮을 가리지 않고 탁자만한 150호짜리 화폭에다가 근대화 혁명가의 비장한 혼을 불어넣어 보려고 했던 정씨는 곧 곤한 잠에 떨어졌다.

"짜라투스트라는 이렇게 말하였다"

1979년 11월3일 故 朴正熙 대통령 국장 영결식이 중앙청 앞 광장에서 열렸다. 崔圭夏 대통령권한대행이 건국훈장 대한민국장을 영전에 바쳤다. 이때 국립교향악단이 연주한 교향詩가 '짜라투스트라는 이렇게 말했다' 였다. 독일의 리하르트 슈트라우스가 작곡한 이 장엄한 곡은 낮은 音에서 시작하여 高音으로 치달은 뒤에 꼭지점에 도달했다가 갑자기 사라진다. 이 곡은 독일 철학자 니체가 쓴 같은 이름의 책 序文을 음악으로 표현한 작품이다. 이 곡을 선택한 것은 국립교향악단의 洪燕澤(홍연택) 상임지휘자였다. 그는 "朴 대통령과 超人의 이미지를 연결하고 말고 할 겨를이 없었다"면서 "분위기를 가라앉히기 위해서 내가 평소에 좋아하던 곡을 연주한 것이다"고 했다.

니체의 《짜라투스트라는 이렇게 말했다》의 序文에는 이런 대목이 있다.

"인간이란 실로 더러운 강물일 뿐이다. 인간이 스스로를 더럽히지 않고 이 강물을 삼켜 버리려면 모름지기 바다가 되지 않으면 안 된다."

　박정희는 疾風怒濤(질풍노도)의 시대를 헤쳐 가면서 영욕과 淸濁(청탁)을 같이 들이마셨던 사람이다. 더러운 강물 같은 한 시대를 삼켜서 바다와 같은 다른 시대를 빚어 낸 사람이다. 박정희가 그런 용광로의 역할을 할 수 있었던 것은 그의 순수한 마음이 권력을 잡고 나서도 스스로의 魂을 더럽히지 않고서 맑게 유지되었기 때문일 것이다.

　그는 글라이스틴 駐韓미국대사가 평한 대로 '한시도 자신이 태어난 곳과 농민들을 잊어 본 적이 없었던' 토종 한국인이었다. 그는 死後 지식인들로부터 뭇매를 맞았으나 서민들의 마음속에서는 항상 살아 있었다.

　영결식에서는 박정희의 육성연설 녹음을 두 편 골라서 틀었다. 지금 들으면 국민들에 대한 遺言(유언)처럼 느껴진다.

　1978년 한국정신문화연구원 개원식 치사. 여기서 박정희는 自主정신을 강조하고 있다. 그는 "自主정신이란 우리 스스로가 이 나라의 주인이며 역사창조의 주체라는 自覺"이라면서 "우리의 전통과 역사에 뿌리를 둔 주체적 民族史觀을 정립하여 자주정신을 북돋움으로써 민족중흥의 활력을 제공하자"고 역설했다.

　박정희는 《국가와 혁명과 나》의 끝 章에서도 "소박하고 근면하고 정직하고 성실한 서민사회가 바탕이 된 자주독립된 한국의 창건, 그것이 본인의 소망의 전부이다. 동시에 이것은 본인의 생리인 것이다. 본인이 특권 계층, 파벌적 계보를 부정하고 군림사회를 증오하는 소이도 여기에 있을 것이다"고 했었다.

　박정희가 自助정신·自立경제·自主국방을 강조한 것은 이 3自를 갖추어야 진정한 자주독립국가 행세를 할 수 있다는 확신 때문이었다. 박정희의 이 확신은 국수주의나 폐쇄적 민족주의를 반영하는 것이 아니라 서민들에 대한 동정심과 서민들을 괴롭히는 힘센 자들에 대한 정의감의 확대판이었다. 그에게 있어서는 서민들을 괴롭히는 強者에 대한 반발심이나 우리나라를 누르려는 강대국에 대한 반발이나 같은 심정에서 출발한 다른 표현이었던 것이다. 그는 서민적 반골정신을 대통령이 된 뒤에는 민족의 자주정신으로 승화시켰던 사람이다.

영결식 기도에서 천주교계를 대표한 金壽煥(김수환) 추기경은 이렇게 말했다.

"인자하신 주여, 이제 이 분은 대통령으로서가 아니라 한 인간으로서 엎드려 주님의 자비를 빌고 생명을 목말라 합니다. 이 분의 영혼을 받아주십시오. 죄와 죽음의 사슬을 끊고 생명과 광명의 나라로 인도하여 주십시오."

새문안교회 姜信明(강신명) 목사는 이렇게 말했다.

"저 공중을 날으는 참새 한 마리도 당신의 허락이 없이는 땅에 떨어지지 않는다고 하셨기에 우리는 지금 이 뜻하지 않은 일의 뜻을 알지 못하여 안타까워하고 있습니다. 하기야 이 길은 인간이면 누구나 한번은 가야 할 피할 수 없는 일이기는 하지만 너무나 뜻밖에 비참하게 가셨기에…."

방울이

박 대통령의 친척과 측근 인사들은 지금도 김재규의 背恩忘德(배은망덕)을 말할 때 '개보다 못한…'이란 표현을 쓴다. 인간을 차별하지 않았던 박정희는 평소 개에도 함부로 대하지 않는 사람이었다. 방울이가 자신의 의자에 앉아 있으면 쫓아내지 않고 그 옆자리에 가 앉았다. 더운 여름날 방울이가 혀를 빼물고 헐떡거리면 대통령은 자신이 부치던 부채로 방울이에게 바람을 보냈다.

5·16 전 朴 장군은 신당동에서 살 때 '와이마루너' 라는 독일産 경기견을 '와이마루' 라 부르며 키웠다. 아내 陸英修는 이 개가 새끼를 낳으면 시장이나 蓄犬舍(축견사)에 팔아 집수리 비용을 마련하기도 했다. 지금도 신당동 집에 남아 있는 벽돌담과 채양은 이 강아지 판매대금으로 지은 것이라고 한다. 와이마루는 여섯 차례가량 새끼를 낳았다는 것이다.

朴 대통령의 9일장 기간에 청와대 본관 2층에 혼자 남은 방울이는 우울해지기 시작했다. 대통령을 항상 쫄쫄 따라다니던 스피츠 수컷 방울이는 대통령을 찾아 침실과 前室을 기웃거렸다. 나중에는 대통령의 슬리퍼가 놓여 있는 곳에서 조용히 엎드려 있었다. 2층 침실의 문만 열리면 대통령이 나타난 줄 알고 꼬리 치며 달려갔다가 이내 시무룩해져서 돌아오기도 했다.

방울이가 본관 2층의 주민이 되기 전에는 한 마리의 진돗개가 살고 있었다. 아내를 잃은 朴 대통령은 허전한 공간을 메우기 위해서였던지 개를 키우려고 했다. 1975년 무렵 전남 진도 군수가 상납한 것은 황구와 백구라고 불린 진돗개 수컷 두 마리였다. 全錫榮(전석영) 총무비서관과 朴鶴奉(박학봉) 부속실장이 두 마리의 진돗개를 목욕시킨 뒤에 2층 내실로 데리고 올라갔다. 대통령은 백구를 선택했다. 이름은 '진도' 라고 붙였다. 탈락된 황구는 경호경비대(경찰)에 보내져 경비견으로 쓰이다가 곧 병을 얻어 죽었다.

진도는 주인한테만 충성을 바치는 진돗개의 성격 그대로였다. 야성이 살아 있어 먹을 것을 주는 대통령을 할퀴기도 했다. 진도는 대통령에게는 절대적으로 충성했으나 다른 사람들에게는 매우 사나웠다. 그래서 박학봉은 이 흰둥이 진돗개를 '박진도'라고 놀리기도 했다. 전석영 비서관은 "각하가 아시면 어쩌려고…"라면서 눈총을 주기도 했다. 2층으로 올라가던 차지철 경호실장이 달려드는 진도에 혼이 나서 박학봉에게 구원을 청한 적도 있었다. 부속실 사람들에 대해서는 진도가 고분고분했다. 먹을 것들이 부속실을 통해서 나오곤 했기 때문이다. 그러나 부속실의 '미스 리'는 진도에 엉덩이를 물린 적도 있었다. 진도의 정위치는 대통령의 침실 앞 거실이었다. 의젓한 자세로 버티고 있는 진도는 든든하게 보였다.

1978년 이 진도는 박 대통령의 私邸(사저)인 신당동 집으로 下放(하방)됐다. 진도가 너무 사나워 청와대 본관 안에서 원성을 산 것도 한 원인이었다. 진도는 신당동 집 관리인 朴煥榮(박환영)의 손에 넘어갔다. 여기서 진도의 운명은 또 한 번 바뀐다. 청와대 본관 시절의 진도는 대통령의 위광을 믿고 멋대로 싸돌아다녔으나 신당동에서는 쇠사슬에 묶이는 신세가 됐다. 워낙 사나워 밥을 주는 박환영만 물지 않았으니 격리조치를 하지 않을 수가 없었다. 진도는 쇠사슬을 이빨로 빡빡 물어뜯는 등 저항도 해 보았으나 때늦은 후회였다. 박 대통령이 가끔 신당동에 들르는 날이 진도가 사슬로부터 해방되는 날이었다. 재회도 잠깐, 대통령이 떠날 때면 진도는 車가 시야에서 사라질 때까지 꼬리를 흔들고 달려가려고 했다. 울화통이 터진 생활 때문인지 진도는 신당동 집에서 1년쯤 살다가 1979년 봄에 시름시름 앓더니 죽고 말았다.

박환영이 대통령에게 보고했더니 "잘 묻어 주라"는 지시가 내려왔다. 박환영은 북한산의 양지바른 기슭에 진도를 묻고는 돌멩이로 표시를 해 놓았다. 진도가 청와대에서 신당동 집으로 밀려나갈 무렵에 들어온 것이 방울이었다. 朴槿惠가 방울이를 구해서 육발이 수술도 해 주면서 귀여워했다. 방울이는 박정희 유족이 청와대를 나올 때 신당동 집으로 따라갔다.

李光耀가 뽑은 아시아의 3大 인물

1994년 1월19일 朴 대통령 시해 사건 때 문공부 장관을 지냈던 金聖鎭(당시 대우그룹 부회장·싱가포르 대사 역임)이 〈月刊朝鮮〉을 위하여 싱가포르 李光耀 수상과 인터뷰할 때 이런 질문을 던졌다.

─만약 아시아에서 귀하를 제외하고 위대한 지도자를 세 사람만 든다면 누구를 꼽겠습니까?

"먼저 鄧小平을 꼽겠습니다. 그 노인은 정말 어려운 시대에 험한 인생을 살아왔습니다. 그는 중국이 막다른 골목에 처해 있다는 것을 뒤늦게 깨닫고 방향을 전환시켰습니다. 만일 등소평이 모택동 이후에 정권을 잡지 못했더라면 중국은 소련처럼 붕괴하고 말았을 것입니다."

─두 번째로는 누구를 생각하고 계십니까?

"일본의 요시다 수상을 꼽을 수가 있습니다. 그는 한국전쟁과 냉전이 시작되자 기회를 놓치지 않고 일본이 미국 편에 확실히 서도록 하였습니다."

─이제 마지막 한 사람이 남았습니다.

"글쎄요. 세 번째 사람을 거론하게 되면 한국의 국내정치에 영향을 끼치게 될 것 같아서…."

李光耀는 '아시아의 3대 지도자에 들어갈만한 사람'의 이름을 말하지 않았다. 그때 金泳三 대통령은 우리 현대사와 前 정권, 특히 군사정권을 전면적으로 부정하는 정치공세를 강화하고 있었다. 아시아의 3大 지도자에 현직 대통령이 싫어하는 朴正熙를 포함시켜서 괜히 한국·싱가포르 관계에 악영향을 주고 싶지 않다고 생각했던 그가 김영삼 대통령을 어떻게 보고 있었는지는 짐작만 할 뿐이었다.

서민의 인정 속에서 生이 끝나기를

 국민으로서는 열여덟 해나 받든 지도자요
 개인으로는 서른 해나 된 오랜 친구
 하느님! 하찮은 저의 축원이오나
 인류의 贖罪羊(속죄양), 예수의 이름으로 비오니
 그의 영혼이 당신 안에 고이 쉬게 하소서. 이 세상에서 그가 지니고 떨쳤던
 그 장한 義氣(의기)와 行動力(행동력)과 質朴(질박)한 인간성과
 이 나라 이 겨레에 그가 남긴 바
 그 크고 많은 功德(공덕)의 자취를 헤아리시고
 하느님, 그지없이 자비로우신 하느님
 설령 그가 당신 뜻에 어긋난 잘못이 있었거나
 그 스스로가 깨닫지 못한 허물이 있었더라도

그가 앞장서 애쓰며 흘린 땀과
그가 마침내 무참히 흘린 피를 굽어보사
그의 영혼이 당신 안에 길이 살게 하소서

친구 박정희가 죽었다는 소식을 들었을 때 써 내려간 具常(구상) 시인(작고)의 이 '鎭魂祝(진혼축)'은 대령에서 대통령 시절까지 인간 박정희와 交友하면서 남긴 일곱 편의 詩作 중 마지막 편이 됐다.
具常이 친구의 죽음을 알게 된 것은 베네딕트 수도원에서 《나자렛 예수》를 쓰고 있을 때였다. 그는 그 자리에서 亡者가 되어 버린 친구를 위해 진혼축을 썼고, 그 뒤 5년간 친구의 安息(안식)을 기원하는 미사를 올렸다. 具常은 "그 친구는 의협심과 인정이 강하고 詩心이 있는 사람이었다"면서 "亂世에 파격적인 인물들을 모아서 혁명을 일으킨 뒤에 정상적인 사람들로 주변을 교체해 가는 과정에서 갈등도 많았지만 정치적인 목적으로 사람을 죽인 적이 한 번도 없었다"는 점을 강조했다.
朴正熙의 꿈은 自主的 근대화를 통한 民族中興(민족중흥)이었다. 그는 그 꿈을 이루기 위해서, 권력과 부패의 늪 속에 발을 담그고, 三面(3면)의 敵으로부터 공격을 당해 가면서, 자신들도 지킬 수 없는 도덕과 명분론을 무기로 삼아 대책 없는 비난을 業으로 삼는 위선적 守舊 지식인 세력의 도전을 극복해야 했다. 그를 공격한 세력은 좌익뿐이 아니었다. 민주주의의 경험이 한 세대도 안 되는 나라가 서구식 先進 민주주의를 그대로 따라 하지 않는다고 朴正熙를 독재로 몰았던 관념론자들이 더 많았다. 이들은 카터類의 미국인들로부터 응원을 받고 있었다.

기회주의자들과 기능주의자들이 主流를 형성한 정권 안에서 오직 朴正熙만이 이들 위선자들과 맞설 수 있는 논리와 확신을 갖고 있었다. 그러한 朴正熙의 절대고독이 담긴 獨白(독백)이 바로 "내 무덤에 침을 뱉어라"였다. 朴正熙의 소망은 '소박하고, 근면하고, 성실한 서민사회가 바탕이 된 자주 독립된 한국의 창건'이었다.
　그는 1963년 자신의 魂(혼)을 불어넣어 쓴 《국가와 혁명과 나》에서 "동시에 이것은 본인의 생리이다"고 말했다. 그는 이 책에 미리 이렇게 유언해 놓았던 것이다.
　「본인이 특권계층, 파벌적 계보를 부정하고 군림사회를 증오하는 所以(소이)도 여기에 있을 것이라 생각한다. 본인은 한마디로 말해서 서민 속에서 나고, 자라고, 일하고, 그리하여 그 서민의 人情(인정) 속에서 生이 끝나기를 염원한다.」

朴正熙의 결정적 순간들
62년 생애의 62개 장면

초판 1쇄 발행일 2009년 10월 15일
초판 14쇄 인쇄일 2025년 01월 02일

지은이 | 趙甲濟
펴낸이 | 안병훈
북디자인 | design54

펴낸곳 | 도서출판 기파랑
등록 | 2004년 12월 27일 제300 2004 204호
주소 | 서울시 종로구 대학로가길 56 동숭빌딩 301호
전화 | 02-763-8996, 02-3288-0077
팩스 | 02-763-8936

이메일 | guiparang_b@naver.com
ISBN | 978-89-91965-20-1 03900